W0299247

Felix Novak

Pädagogik und Psychologie

- Leitgedanken und kontroverse Auffassungen
- Wissenschaftliche Erkenntnisse und methodische Hinweise
- Pädagogische Modelle als Reflexionshilfen
- Kulturelle und geschichtliche Grundlagen
- Hilfen zur Prüfungsvorbereitung

1. Auflage

Bildungsverlag EINS – Kieser

www.bildungsverlag1.de

Gehlen, Kieser und Stam sind unter dem Dach des Bildungsverlages EINS zusammengeführt.

Bildungsverlag EINS
Sieglarer Straße 2, 53842 Troisdorf

ISBN 3-8242-**1114**-9

© Copyright 2000: Bildungsverlag EINS GmbH, Troisdorf
Das Werk und seine Teile sind urheberrechtlich geschützt. Jede Nutzung in anderen als den gesetzlich zugelassenen Fällen bedarf der vorherigen schriftlichen Einwilligung des Verlages. Hinweis zu § 52a UrhG: Weder das Werk noch seine Teile dürfen ohne eine solche Einwilligung eingescannt und in ein Netzwerk eingestellt werden. Dies gilt auch für Intranets von Schulen und sonstigen Bildungseinrichtungen.

Vorwort und Einführung

20 Jahre später – Die Suche nach neuen Wegen

Von 1976 bis 1978 habe ich gemeinsam mit einigen Kollegen und Kolleginnen vier Lehrbücher (zwei zum Unterrichtsfach Psychologie und zwei zur Pädagogik) verfasst und war überzeugt, dass uns anschauliche, kreative und für das Unterrichten gut geeignete Bücher gelungen sind, die die Schüler und Lehrer ansprechen und das Lernen unterstützen.

Heute, 20 Jahre später, ist mir klar geworden, dass die rasante gesellschaftliche Entwicklung mit vielen Veränderungen auf dem Gebiet der Technik, Wirtschaft, Kommunikation und Kultur Innovationen der Bildungsarbeit in den Schulen notwendig macht. Auch die Schüler haben sich geändert und brauchen neue Anregungen und neue Herausforderungen, um zu wachsen. Nach meinen Erfahrungen sind Schülerbücher, die auf 300 bis 450 Seiten Kapitel für Kapitel nach dem gleichen didaktisch-methodischen-Schema aufbereitete Lerninhalte der Psychologie und Pädagogik zur Behandlung im Unterricht anbieten, nicht mehr zeitgemäß.

International gesehen sind zur Zeit Schülerbücher gefragt, die einerseits der Selbstbestimmung der am Unterricht beteiligten Lehrer und Schüler sowie einer kreativen, fächerübergreifenden und projektorientierten Arbeitsweise viel Spielraum einräumen und andererseits auch den Erwerb des für das Durchdenken und Lösen von fachspezifischen Problemen unabdingbaren Wissens optimal unterstützen. Ich habe mich für ein Bausteinkonzept entschieden, der den Lehrern und Schülern viel Freiheit lässt beim Einsteigen (Gewinnen von Fragestellungen, Wachwerden von Interessen und persönlichen Anliegen, Bewusstwerden des bereits vorhandenen Denkens und Urteilens), Durcharbeiten und Behandeln (Auseinandersetzung mit zentralen Beispielen aus den Wissenschaften Pädagogik und Psychologie z. B. Analyse von klassischen Untersuchungen, Erörterung pädagogischer Modelle, Lernen aus der geschichtlichen Entwicklung der Sozial- und Sonderpädagogik) und beim Zusammenfassen, Wiederholen und Vorbereiten von Prüfungen (Erwerb des Grundwissens, Kompendium, Lexikonwissen, Beispiele für mögliche Lösungen zu zentralen Themen).

Gründe für die Suche nach einem neuen Schulbuchkonzept

Die wichtigsten Gründe, die mich bewogen haben, nach einem neuen Schulbuchkonzept zu suchen und das Bausteinmodell zu wählen, sind:

1. Spätestens nach einem Schuljahr, also in der 12. Klasse der Fachoberschule, leisten die Schüler viel Widerstand gegen das Lernen im Fach Pädagogik/Psychologie. Dieser – zwar unterschiedlich erklärbare – Widerstand führt oft zu massiven Beziehungsproblemen zwischen Schülern und Lehrkräften. Könnte der Widerstand gegen das Lernen auch durch die Methodik/Didaktik bedingt sein? Könnte es sein, dass die Schüler zu sehr mit vielen einfachen Beispielen verwöhnt werden? Es erschien mir wichtig, das Schülerbuch so zu konzipieren, dass der Lehrer wieder eine wichtige Rolle übernehmen kann. Er soll wieder »gebraucht werden«, die Schüler sollen Textstellen und auch Namen und Begriffe finden, die sie nur mit Hilfe des Lehrers entschlüsseln können, der Lehrer soll gängige Folien einsetzen können, weil die Abbil-

dungen im Schulbuch nicht vorhanden sind usw. Den Schülern soll möglichst bald bewusst werden, dass das Fach Pädagogik/Psychologie vergleichbar schwer und »anstrengend« ist wie Physik (Ausbildungsrichtung Technik) und Rechnungswesen (Ausbildungsrichtung Wirtschaft).

2. Die Frage nach der Wissenschaftspropädeutik führte zu der Überlegung, dass eine klare Darstellung der Wissenschaften Pädagogik und Psychologie und des wissenschaftlichen Denkens notwendig ist. »Sofortige« Anwendung und Veranschaulichung durch viele einfache Beispiele scheint im Widerspruch mit der Zielsetzung Wissenschaftspropädeutik zu stehen. Hier erwähne ich die Feststellung von Pestalozzi: »Der Zeitpunkt des Lernens ist nicht der Zeitpunkt des Urteilens.«

Als Konsequenz waren eine unverfälschte Darstellung des pädagogischen und psychologischen Denkens, die Bewusstmachung der »Privatpädagogik« und des naiven Denkens, die Vorstellung der Methoden mit Hilfe klassischer Untersuchungen und die Erörterung der Modelle der Pädagogik (mit Zitaten von Steiner und Montessori und mit wichtigen Aussagen aus der Geschichte der Sonder- und Sozialpädagogik) nahe liegend.

3. Das Problem der »konstruierten Fälle«, die mit gängigen Theorien lösbar sind und auf Theorien zugeschnitten sind, musste umgangen werden. Die Schüler »durchschauen« solche konstruierten Beispiele und leisten Widerstand.

Als Konsequenz habe ich mich für einen ausführlichen, authentischen und möglicherweise auch »unlösbaren« Fall entschieden. Mit einem solchen Fall soll auch veranschaulicht werden, was »Hilfe zur Selbsthilfe« bedeutet, dass lebende Systeme von außen nicht änderbar sind, sondern sich selbst organisieren und ändern können, wie wichtig für eine Therapie der richtige Zeitpunkt und die Motivation der Patienten ist, dass es auf eine richtige Diagnose und die geeignete Methode ankommt usw. In den Fächern Pädagogik und Psychologie spielt das Problem der Multikausalität, der Wirkungsverzögerung, der sich selbst organisierenden und sich selbst steuernden Systeme eine wichtige Rolle. Es stellt sich die Frage, ob die Gefahr besteht, dass durch viele kleine Beispiele und Fallbeispiele, die in der Regel monokausal, linear bis mechanistisch oder zumindest aus dem Zusammenhang gerissen und isoliert betrachtet behandelt werden, die Suche nach der »Ordnung des Verborgenen« (F. Lauxmann) eher erschwert als unterstützt wird, die Fragehaltung der Schüler eher abgewürgt als gepflegt wird und dass außerdem laufend unzulässige Verallgemeinerungen vorgenommen werden. Bleibt die Suche nach Beispielen dem Unterricht und den Schülern überlassen, so können auf diese Weise die Kreativität und das Transferdenken der Schüler gefördert werden.

4. Oft lernen Schüler im Pädagogik- und Psychologieunterricht, dass z. B. mit erfolgreicher Kommunikation fast alle Probleme zu lösen sind, dass mit guten Konzepten jede Einstellung änderbar ist, dass mit der richtig gewählten und durchgeführten Therapie jede Störung und Neurose erfolgreich behandelt werden kann, dass eine optimale Erziehung ihr Ziel niemals verfehlt usw. Gleichzeitig wissen die Schüler, dass immer mehr Ehen (oft handelt es sich um ihre eigenen Familien) geschieden werden (warum hilft keine erfolgreiche Kommunikation oder Beratung?), dass ihre Freunde, Bekannte oder gar Familienangehörige keine geeignete Therapie oder Beratung finden, dass es in jeder Schulklasse oft mehrere Schüler und Schülerinnen

gibt, die von ihren Eltern in die Beratung »geschleppt« worden sind und auf die Frage, wie war's? unisono antworten: »Schrecklich!«

Um mehr Glaubwürdigkeit und Realitätsnähe zu erreichen, musste – so weit wie möglich – auf einfache Beispiele und auf konstruierte Fallbeispiele verzichtet werden. Das Studium der Originalliteratur führte zu einer gewissen »Bereinigung« der Stellen, die durch die Sekundärliteratur im Laufe der Jahrzehnte – vor allem durch die Bemühung um Verständlichkeit – verfälscht worden sind. Erwähnt seien z. B. das Problem von Skinner mit der Statistik, die Deutung des Psychischen als höhere Nerventätigkeit, die aus verschiedenen Gründen gestört werden kann, nach Pawlow, das methodisch unsaubere Vorgehen von Watson, die Relativierung der Dissonanztheorie nach Festinger, die korrekte Darstellung der Position von Rogers, die Relativierung der erfolgreichen Kommunikation durch Berücksichtigung der Anleitung zum Unglücklichsein von Watzlawick u. a.

- 5. Im Sinne des so genannten Paradigmawechsels und der Hinwendung zur »Postmoderne« (siehe z. B. Otto Speck) in der Wissenschaftstheorie und Methodenlehre musste die Vielfalt der Methoden, die geforderte Pluralität und Integration in Forschung und Praxis berücksichtigt werden. Als Konsequenz hat sich eine genaue Darstellung klassischer Experimente (Allgemeingut oder Kulturgut der Psychologie) angeboten, war die Aufnahme geisteswissenschaftlicher Methoden und der Fallanalyse von Freud nahe liegend, erschien die Analyse eines Falles unter Berücksichtigung vieler Denkmodelle (Paradigmen oder Theorien und Therapieformen) ratsam und es war das Zulassen der anthroposophischen Weltdeutung bei der Analyse des Fallbeispieles notwendig.
- 6. Wie geht man in einem Schulbuch mit den Modeerscheinungen in der Pädagogik um? Zu solchen Modeerscheinungen, die viele Erzieher verunsichert haben, gehören z. B. Themen wie Antiautoritäre Erziehung, Erziehungsstilforschung, Mut zur Erziehung, Fordern statt Fördern, soziologische Dimensionen, Risikogesellschaft und Wertewandel, Interkulturalität und Globalisierung, moderne Mediengesellschaft (Entgrenzung der Information, Verlust der Kindheit), Technologisierung und Konsumverhalten, Verlust der Familienerziehung u. a. m. Modeerscheinungen und Erziehung bzw. Reflexion der Erziehung scheinen sich nicht zu vertragen. Als Konsequenz wurden nur pädagogische Modelle als Reflexionshilfen gewählt, die alle Modeerscheinungen überlebt und sich in der Praxis bewährt haben (Waldorf- und Montessoripädagogik). Aufschlussreich ist auch die Geschichte der Sozial- und Sonderpädagogik.
- 7. Nicht zuletzt musste ich mir angesichts der Forderung nach Innovation der Schulen die Frage stellen: Welchen Beitrag kann der Unterricht in Pädagogik und Psychologie leisten? Was müssen Schulbuchautoren unternehmen, um z. B. fächerübergreifenden Unterricht und Projektunterricht zu unterstützen? Wie kann die Kreativität und pädagogische Freiheit der Lehrer gefördert werden? Aus dieser Überlegung wurde ein konsequenter Verzicht auf Gängelung der Lehrer und Schüler durch Fragen und viele Arbeitsaufträge abgeleitet. Durch Unterlassen von Aufforderungen wie, »Sei spontan und erfinde kreativ die Fragen und Beispiele, die du im Buch bereits formuliert findest!«, soll die Kreativität und Spontaneität der Schüler und Lehrer nicht behindert sondern möglich gemacht werden.

Das Konzept der Bausteine

Die monotone Aneinanderreihung von Kapiteln, die oft zur Übersättigung und Langeweile führt, wurde durch einzelne, voneinander relativ unabhängige Bausteine ersetzt.

Die einzelnen Bausteine können in Eigenverantwortung gewichtet und in selbst gewählter Reihenfolge bearbeitet werden. Sie sind so gestaltet, dass sie unterschiedliche Bearbeitung (Übungen, Reflexion, Problemdiskussion, Projektarbeit, Gruppenarbeit, moderierenden Unterricht usw.) ermöglichen. Der Inhalt der Bausteine ist so gewählt, dass für jeden Schüler interessante Möglichkeiten dabei sind, die ihm den Einstieg in pädagogisch-psychologische Themen erleichtern. Es sind auch Texte vorhanden, die betroffen machen, die Selbstkritik und -reflexion anregen und die einen verantwortungsvollen Umgang mit kulturellen Errungenschaften nahe legen.

Im Pädagogik- und Psychologieunterricht müssen sich Lehrer und Schüler engagieren, sie müssen Farbe bekennen, dürfen nicht mehr gleichgültig sein, müssen sich des kulturellen Erbes ebenso bewusst sein wie derjenigen wissenschaftlichen Erkenntnisse, die wertvoll sind, die das Denken bereichern, Problemlösungen erleichtern und Handeln reflektieren. Mehr Engagement bedeutet auch mehr Lust auf Schule!

Der außerordentlich umfangreiche Stoff der Wissenschaften Pädagogik und Psychologie wurde unter Berücksichtigung der gültigen Lehrpläne so reduziert, dass wieder mehr Spielraum für selbständiges Arbeiten der Schüler entsteht. Durch ein »bereinigtes« Konzept, in dem für das Bearbeiten der Lerninhalte und des »Prüfungsstoffs« und für das Erreichen wichtiger Lernziele, wie Wissenschaftspropädeutik, Transfer, kritisches Denken, kompetenter Umgang mit wissenschaftlichen Methoden und Theorien, Reflexion der pädagogischen Praxis getrennte Bausteine angeboten werden, konnte der Umfang im Vergleich zu den bisherigen Schulbüchern erheblich reduziert werden. Es entstand ein Lernbuch für drei Schuljahre.

Die nach dem gültigen Lehrplan vorgeschriebenen Themen wurden als »Musterlösungen« aufbereitet, weil sich herausgestellt hat, dass die Schüler überfordert sind, wenn sie einen gedruckten Text von 20, 30 oder mehr Seiten auf vier handgeschriebene Seiten zusammenfassen sollen. Mit überschaubar (zwei gegenüber liegende Seiten) gestalteten Texten wird den Schülern das Lernen erleichtert, sie werden aber auch zum Lernen »verpflichtet«.

Im Hinblick auf die künftig immer wichtigere Nutzung der Angebote im Internet enthält das Schulbuch vor allem die Lern- und Unterrichtshilfen, die im Internet in der Regel nicht vorhanden sind. Gemeint sind vor allem die Hinführung zum vernetzten und kritischen Denken (Baustein 1), Hinweise auf zentrale Prinzipien (Baustein 3), geschlossene Darstellungen verschiedener Reflexionshilfen zur Praxis der Psychologie und Pädagogik und vor allem Beispiele für mögliche Lösungen zu den wichtigsten Themen der Pädagogik/Psychologie im Baustein 7. Weitere Informationen sind nach meiner Erfahrung leicht im Internet zu finden.

Es sei noch angemerkt, dass die Darstellung methodischer Vorgehensweisen in diesem Buch nur auf der Was-Ebene erfolgt. Wie man eine Einzelfallhilfe oder Gemeinwesenarbeit, ein Organisationsentwicklungsverfahren oder eine Gesprächspsychotherapie durchführt, ist keine Frage einer theoretischen Darstellung oder Beschreibung, sondern eine Frage der Übung. Das prozedurale Wissen kann nur durch Üben und Rückmeldung erworben werden. Die Wie-Ebene ist z. B. eine

Angelegenheit der Praxis und Methodenlehre in der Erzieherausbildung. Um den Schüler nicht zur praktischen Durchführung eines Verfahrens zu verführen, von dem er nur gelesen hat, wurde auf solche Beschreibungsversuche verzichtet.

Kurze Informationen über die einzelnen Bausteine

- **Baustein 1:** Entweder zum Einstieg in Fragestellungen der Pädagogik und Psychologie und als Einführung in die »Komplexität des Psychischen« sowie der Erziehung oder als Übungsbeispiel zur Anwendung des erworbenen Wissens im Sinne wissenschaftlicher Erklärungen und Deutungen dient eine ausführliche Darstellung der aktuellen Problematik »Magersucht«. Die Konzeption dieses Bausteins orientierte sich an der Idee, dass durch eine gründliche Bearbeitung eines Fallbeispiels weit mehr zu erreichen ist als durch oberflächliches Andiskutieren vieler Beispiele. Es ist gedacht, dass durch die Bearbeitung des in diesem Baustein angebotenen Beispiels alle wichtigen Fragen und Interessen der Fächer Pädagogik und Psychologie zur Sprache kommen und an Bedeutung gewinnen. An einem Beispiel soll den Schülern klar werden, wie die Fäden zusammenhängen und warum z. B. das Lernen vieler Theorien unerlässlich ist.
- **Baustein 2:** Der zweite Baustein hat eine kritische Darlegung des Theorie-Praxis-Problems und der Spannung zwischen wissenschaftlicher und Alltagspsychologie zum Inhalt. Der Einstieg in das wissenschaftliche Denken ist erst möglich, wenn man sich bewusst wird, auf welche Art und Weise im Alltag pädagogische und psychologische Fragen und Probleme gelöst werden.
- **Baustein 3:** Angesichts der unübersehbaren Fülle an Einzeltheorien, Erkenntnissen, Fragestellungen und Vorgehensweisen in den Wissenschaften Pädagogik und Psychologie habe ich im dritten Baustein das so genannte deduktive Vorgehen gewählt. Aus der Befürchtung, vor »lauter Bäumen wird man keinen Wald sehen« wurde die Idee geboren, zunächst die Schüler und Leser in Form von »Leitgedanken« über das »Ganze« zu informieren. Pate für diese Idee war sicher auch die Auffassung des Sprachphilosophen Wittgenstein, der meinte, dass wir durch das Beantworten unzähliger Fragen und über die Durchführung vieler Experimente und Untersuchungen wegen fehlender ganzheitlicher Sicht dem wahren Problem des Menschseins noch kein Stück näher gekommen seien. In diesem Baustein wird der Leser daher von einem ganzheitlichen Standpunkt aus über die zentralen Probleme und kontroversen Auffassungen der Pädagogik und Psychologie informiert. Es mag sein, dass vielen Lehrern und Schülern die in diesem Baustein zusammengestellten Erkenntnisse zu stark »verdichtet« sind. In solchen Fällen kann man mit dem Baustein 2 oder mit dem Baustein 4 oder 5 oder 6 oder aber mit dem Baustein 1 (Falldarstellung) beginnen und später auf den Baustein 3 zurückgreifen.
- **Baustein 4:** Aus der Überzeugung, dass Erziehungsstilforschung und Erziehungsmittelpädagogik nicht mehr geeignet sind, um mit den Schülern über das »angemessene« oder »richtige« Erzieherverhalten zu diskutieren oder die Reflexion der eigenen Vorstellungen zu wagen, wurde das Konzept zum Baustein vier entwickelt. Die ausgewählten literarischen Anregungen sind eher dazu in der Lage, um beim Leser Betroffenheit, Nachdenken, Problembewusstsein und Diskussionsbereitschaft auszulösen.

- **Bausteine 5 und 6:** Die Einführung in wissenschaftliche Methoden wird in der Psychologie über die Zusammenstellung und detaillierte Beschreibung klassischer Untersuchungen und Experimente geleistet. In Pädagogik lässt sich die Einführung in die wissenschaftliche Denk- und Vorgehensweise am besten über das Studium geschlossener pädagogischer Konzepte, die von großen Pädagogen stammen, erzielen. Das Material dazu enthalten die Bausteine fünf und sechs. Die in diesen Bausteinen dargestellten Erkenntnisse und Ergebnisse der Forschung dienen auch als Begründungen und Veranschaulichungen zu den im dritten Baustein zusammengestellten Leitgedanken.
- **Baustein 7:** Von ganz entscheidender Bedeutung war die Überlegung, dass das Schülerbuch auch zum Lernen des für Prüfungen verschiedener Art notwendigen Wissens geeignet werden muss. Aus diesem Grund wurden auf »zweiseitigen« Texten, die auch als Musterlösungen oder als mögliche Lösungen angesehen werden können, alle wichtigen Lerninhalte in Form eines Wissenskompendiums aufbereitet. Die aus verschiedenen Gründen gewählte und sinnvolle Beschränkung auf zwei Seiten war dabei sehr hilfreich. Das »Selbstbewusstsein«, die Fähigkeit, über sich selbst nachzudenken und die Gefühle und Gedanken über das eigene Selbst zum Bezugspunkt des Erlebens, Verhaltens und Handelns zu machen, ist zu einem zentralen Anliegen der neuesten Forschung geworden. Im letzten Thema des Bausteins Nr. 7 wurden die wichtigsten Gedanken zum »Ich« oder »Selbst« sozusagen als »Schlusspunkt« zusammengestellt.
- **Baustein 8:** Im letzten Baustein wird den Lernenden, Lehrenden und Lesern in Form eines »Wörterbuchs« oder Lexikons eine Nachschlagemöglichkeit angeboten. Bereits beim Bearbeiten des Beispiels aus dem ersten Baustein wird die Notwendigkeit einer Fachsprache deutlich. In den kurzen Artikeln wird die Bedeutung erläutert, mit der die Fachtermini am häufigsten in der Fachliteratur benutzt werden. Neben dem Hinweis auf den Ursprung (Name des Autors bzw. des Forschers) und den Zusammenhang (wo wird der Fachterminus wie gebraucht) werden zur Erweiterung des Wortschatzes in der Regel auch einfache »Dudenübersetzungen« aufgeführt.

Der Dank

- Ich bedanke mich beim Kieser Verlag, der mir durch großzügige und sachkundige Unterstützung ermöglicht hat zu zeigen, dass kreative Lösungen gewagt werden müssen. Es muss auch im Pädagogik- und Psychologieunterricht gelingen, mehr zu leisten als reine Wissensvermittlung. Das vorliegende Bausteinkonzept wurde auch mit dem Anliegen entwickelt, dass sich Pädagogik- und Psychologie-Lehrer am fächerübergreifenden Unterricht beteiligen können, um solche Schlüsselqualifikationen zu fördern, die für die Bewältigung künftiger Aufgaben unerlässlich sind.

  Ganz besonderer Dank gilt auch meinen geschätzten Freunden und Kollegen Margerete Brand, Dr. Utho Grieser, Karlheinz Herrbach, Christian Michel und Sybille Stoltz-Heinz, die mich mit fachlichem Rat, motivierenden Ermutigungen und mit Korrekturenlesen unterstützt haben.

Schweinfurt, Mitte Mai 1999

1

Die Komplexität des Psychischen oder »Kann die Angst den Selbsterhaltungstrieb besiegen«?

0 Eine philosophische Abhandlung als Hinführung

Im 13. »Rundweg« durch den »philosophischen Garten« stellt Frieder Lauxmann unter der Überschrift »Geometrische Katastrophen« auf eine einfache und leicht verständliche Art und Weise das Problem der Multikausalität oder das Eintreten so genannter »Katastrophen« dar. Auch der Fall Katja kann als eine »Katastrophe« verstanden werden, die nicht vorhersehbar war, aber im Nachhinein verstanden werden kann. Seinen Ausführungen, die nachfolgend auszugsweise abgedruckt werden, hat Lauxmann die Frage vorangestellt:

Kann eine Taube einen Turm einstürzen lassen? und die Feststellung von Heraklit (ca. 540-480 v. Christus), *»Niemand kann zweimal in den gleichen Fluss steigen.«*

Mit dem Zitat von **James Clerck Maxwell**, Britischer Physiker (1831–1879), stellt Lauxmann zunächst die Grenzen des Ursache-Wirkung-Denkens im Bereich der Lebewesen heraus, um dann mit weiteren anschaulichen Beispielen die Probleme der Multikausalität, des linearen Denkens, der Herstellung eines ursprünglichen Zustandes ohne Beseitigung von Folgen zu verdeutlichen. Er zeigt, dass die Zahl der Ursachen und Einflüsse in der Natur unendlich groß ist in ihrer Kombination.

»Es ist eine metaphysische Doktrin, dass gleiche Ursachen gleiche Wirkungen nach sich zögen. Niemand kann sie bestreiten. Ihr Nutzen ist aber gering in einer Welt wie dieser, in der gleiche Ursachen niemals wieder eintreten und nichts zum zweiten Mal geschieht«. (J. C. Maxwell).

Auszug aus dem Text:
Die Fähre aus Korsika kam bei Sonnenaufgang in Genua an. Da wir für die Heimfahrt den ganzen Tag zur Verfügung hatten, beschlossen wir, einen touristischen Abstecher in die alte Universitätsstadt Pavia südlich von Mailand zu unternehmen. Wir waren nicht vorbereitet und lasen daher kurz vor der Ankunft in Pavia im Reiseführer einiges über diese Stadt. Da wurde unter anderem auf den neben dem Dom stehenden Stadtturm aus dem zwölften Jahrhundert hingewiesen. Kurze Zeit später standen wir an dieser Stelle, vermissten aber den »versprochenen« Turm. Statt dessen waren da nur eine leere Fläche und einige beschädigte Häuser. Wir fragten einen älteren Herrn, wo denn der Turm geblieben sei. »Das wissen Sie nicht?« sagte er; »der ist doch erst vor einigen Wochen eingestürzt, fünf Tote!« Dann nahm er seinen Taschentuchzipfel zwischen zwei Finger und ließ ihn auf die andere Hand fallen. »Sehen Sie, so war es. Der Turm ist nicht umgefallen, sondern plötzlich in sich zusammengesackt.« Wir fragten nach der Ursache. »Das weiß keiner; vielleicht hat sich eine Taube auf den Turmhelm gesetzt.«

Diese Erklärung erschien uns zunächst ironisch. Aber wer weiß, womöglich hatte der Mann Recht. Natürlich haben siebenhundert Jahre dem Turm zugesetzt, er mag Risse gehabt haben, die Ziegel waren brüchig. So gesehen gab es sicher viele Ursachen, aber was brachte buchstäblich den Stein ins Rollen? (Übrigens war auf ähnliche Weise am 14. Juli 1902 der Campanile von San Marco in Venedig eingestürzt.)

Im Jahr 1972 erschien das Buch Stabilité structurelle et morphogenèse des Mathematikers Renè Thom, der darauf hinwies, dass unter mehreren Einflussgrößen scheinbar linear verlaufende mathematische Entwicklungen und regelmäßige geometrische Gebilde bei weiterer Fortschreibung zusammenbrechen, einen Knick erhalten oder sich in diffuse Felder auflösen können, kurz gesagt: Es gibt mathematische Entwicklungen, die zunächst regelmäßig verlaufen und dann irgendwann einmal, scheinbar unerwartet, ihr Wesen ändern. Das abrupte Abbrechen von Entwicklungen, diesen auch geometrisch darstellbaren »Knick«, nannte Thom die »Katastrophe«, andere sprechen hier vom »Chaos«.

Dass die Mathematik längst nicht das ist, wofür sie der Laie hält, ist nichts Neues. Dass sie aber derart aus den Fugen geraten kann, war eine Überraschung. So zeigte sich beispielsweise, dass, je nachdem, ob man mit sechs oder acht Dezimalen rechnete, bei manchen Problemen nicht ähnliche, sondern völlig verschiedene Ergebnisse herauskamen. Die gerundeten Dezimalen machten das Ergebnis nicht etwa nur ungenauer; sondern sie veränderten es völlig. Der Zusammenbruch beziehungsweise das plötzliche Abknicken der Entwicklung war also nicht linear; etwa im Voraus abschätzbar; sondern es zeigte sich ein »chaotisches« Verhalten. Frei übersetzt: Wann die mathematische Fortschreibung, die Kurve oder der Turm zusammenbrechen, kann mit linearen Vorstellungen nicht vorausgesehen werden, sondern das hängt davon ab, wie die Einflussgrößen zusammenwirken. So gesehen war also das Wort von der Taube, die den Turm zum Einsturz gebracht habe, eine plausible Erklärung. Hätte sie sich eine Minute vorher oder nachher auf den Turm gesetzt, wäre der vielleicht an einem anderen Tag oder erst Jahre später zusammengebrochen. Es wird behauptet, sogar der Flügelschlag eines Schmetterlings beeinflusse unser Wetter.

Wie kommt nun eine solche Katastrophe zustande? In dem 1985 in deutscher Übersetzung erschienenen Buch des in Paris lehrenden Mathematikers Ivar Ekeland Das Vorhersehbare und das Unvorhersehbare zeigt dieser ein extrem vereinfachtes Beispiel, wie man sich als Laie eine solche Entwicklung vorstellen kann. Dieses Beispiel wird hier in etwas abgeänderter Form gezeigt. Man stelle sich eine Kugel in einer halbkugelförmigen Schale vor; die sich langsam neigt. Zunächst bleibt die Kugel unverändert im stabilen Gleichgewicht. Hat sich die Schale allmählich um neunzig Grad geneigt, dann gerät die Kugel aus dem stabilen ins labile Gleichgewicht. An dieser Stelle braucht es wahrlich nur noch den Flügelschlag eines Schmetterlings, um sie abstürzen zu lassen. Bewegt sich nun aber die Schale in ihre ursprüngliche Stellung zurück, dann verbleibt die Kugel trotzdem dort, wo sie hingefallen ist und springt nicht zurück in die Schale. Wer die alte Ausgangsposition wiederherstellt, beseitigt damit also nicht die Folgen der Katastrophe. Aus Heraklits Fluss ist im Vorüberströmen ein anderer geworden.

Wer die Entwicklung im Nachhinein beobachten kann, für den ist es natürlich klar; dass die Katastrophe kommen »musste«. Leider tut uns die Natur in der Regel nicht den Gefallen, uns in ihr Netz aller wirkenden Ursachen schauen zu lassen. Die Zahl der Ursachen und Einflüsse ist unendlich in ihrer Kombination. Ein Elektron am Rande des Weltalls, so wird gesagt, kann unser Leben noch beeinflussen. Normalerweise sehen wir nur die Auswirkungen, nicht aber das komplizierte Geflecht, aus dem sie wachsen. Wir erkennen also in dem gezeigten Beispiel nur das Verhalten der Kugel, ihren Stillstand und plötzlichen Fall, nicht aber die sich neigende Schale.

Beobachten wir das Verhalten der Kugel als zeitlichen Ablauf, dann sehen wir bis zum Zeitpunkt des Falls noch die heile Welt, den unbeschädigten Turm, das gesunde Herz, den grünen Wald, den lebenden Schmetterling, das florierende Unternehmen. Was wir so nicht sehen können, das ist die vielleicht schon ganz nahe Katastrophe. Man kann das allerdings auch umgekehrt sehen: Das plötzliche und nicht vorhergesehene Ereignis mag auch die Rettung aus der Not sein, ein neuer; bisher nicht für möglich gehaltener Zustand.

(...) Wo »alles fließt«, wie Heraklit sagte, gibt es Ähnlichkeiten, Analogien, Wahrscheinlichkeiten, aber keine exakte Wiederholung des Lebendigen. Katastrophen und Glücksfälle kommen aus dem Untergrund, sie kommen oft nicht allmählich, sondern sie sind plötzlich da. (...)

Wir haben uns daran gewöhnt, das zu erforschen, was sich zuverlässig zu wiederholen scheint. Aber an den Rändern der Routine lauert das Chaos, die Überraschung, die Schöpfung, die Katastrophe oder die Erlösung und der neue Lichtblick. (...) Oder gibt es Ordnungen, die jenseits aller uns zugänglichen Gesetzmäßigkeiten neue, eigene, höhere Gesetze haben, die nur denen »einleuchten«, die sich von den uns zugänglichen Gesetzen nicht blenden lassen? (...)

Die Antwort auf solche Fragen werden wir zumindest dann nicht finden, wenn wir zur Lösung eines solchen Problems die uns bekannten Gesetze heranziehen. Das Neue kommt von außen. Vielleicht ist es schon da und wir können oder wollen es nur nicht sehen!

(Aus: Frieder Lauxmann. Der philosophische Garten. Deutscher Taschenbuch Verlag, München 1998, S. 105 bis 111)

1 Zur Wahl des Beispiels Magersucht

- Nachfolgend wird an einem Beispiel die Komplexität des Psychischen und der Erziehung verdeutlicht. Es handelt sich hierbei um einen authentischen Fall, der ausführlich geschildert und aus wissenschaftlicher Sicht interpretiert wird.

1.1 Die Gründe

- Das Beispiel der so genannten Magersucht wurde aus mehreren Gründen gewählt:
  - Es handelt sich um ein aktuelles Problem, denn immer mehr junge Mädchen und auch Jugendliche männlichen Geschlechts leiden an Magersucht.
  - In der Magersucht oder anorexia nervosa (Fachausdruck) kommt außerordentlich deutlich, man könnte sagen: auf eine »faszinierende« Art und Weise, der Mensch als Leib-Seele-Geist-Einheit zum Ausdruck.
  - Aus medizinischer Sicht handelt es sich bei der Magersucht um eine schwere

Erkrankung. Aus psychologischer Sicht könnte man von einer psychischen Störung sprechen. Bis auf die Zeit des in fast allen Krankheitsfällen notwendigen Klinikaufenthalts sind Magersüchtige in der Schule leistungsfähig und verhalten sich ihrer Umwelt gegenüber »angepasst«. Damit ist das in der Fachliteratur viel diskutierte Problem der Begriffe Gesundheit und Krankheit sowie der Etiketten »normal« und »gestört« angesprochen.

- Magersucht tritt in der Regel zwischen dem 15. und 20. Lebensjahr auf. Aus entwicklungspsychologischer Sicht ist das die Lebensphase der Ichfindung und der Identitätssuche. Die Beantwortung der Frage »Wer bin ich?« kann nicht mehr aufgeschoben werden. Kann Magersucht also als eine Entwicklungsstörung oder Krise gedeutet werden?
- Auf der anderen Seite scheinen Zusammenhänge zwischen dem Auftreten der Magersucht und bestimmten gesellschaftlichen oder kulturellen Normen und Erwartungen deutlich sichtbar zu sein. Man muss sich daher fragen, welche Rolle spielen Schönheitsideale und die durch Medien verbreiteten Erwartungen an das körperliche Aussehen? Wie wirkt sich die so genannte Überflussgesellschaft auf die Entwicklung junger Menschen aus?
- Das gewählte Beispiel Magersucht scheint sehr gut geeignet, um das viel und kontrovers diskutierte Anlage-Umwelt-Problem zu veranschaulichen. In der entwicklungspsychologischen und pädagogischen Literatur wird der Mensch als »Agent seiner Entwicklung« gedeutet. Diese »aktive« Rolle, die Tatsache der Selbstregulierung oder der Selbststeuerung ist bei Magersüchtigen besonders krass wirksam.
- Auch einige zentrale Fragen der Beratung und der Psychotherapie – auch solche der Medizin – lassen sich am Beispiel Magersucht veranschaulichen. Die Frage der »richtigen« oder »wirksamen Hilfe« ist noch weitgehend ungeklärt. Angesichts der Magersucht stehen sowohl die direkt Betroffenen (z. B. Eltern) als auch die professionellen Helfer (Ärzte, Psychotherapeuten, diplomierte Berater) vor dem Problem, eine »Behandlung« der jungen Menschen leisten zu müssen trotz fehlender Motivation und Mitarbeit der Klienten und angesichts verschiedener Methoden, die zur Auswahl stehen.
- Damit ist ein weiteres zentrales Problem der Wissenschaften Psychologie und Pädagogik angesprochen. Gemeint ist die Suche nach der »wahren« oder »richtigen« Theorie. In den genannten Wissenschaften gibt es sehr viele kontroverse Auffassungen zu mehreren zentralen Fragestellungen. Welche Konsequenzen ergeben sich daraus? Welchen Umgang mit solchen sich teilweise widersprechenden Auffassungen müssen wir erlernen?
- Mit der »Theoriefrage« ist das Problem wissenschaftlicher Methoden der Psychologie und Pädagogik eng verknüpft. Die Unzulänglichkeit so genannter kausaler Erklärungen und insbesondere monokausaler (Erklärung psychischer Erscheinungen mit Hilfe einer Ursache) ist im Zeitalter der »Postmoderne« (die Wissenschaften sind von der Pluralität geprägt) in der wissenschaftstheoretischen Diskussion kein Thema mehr. Inwieweit man die Fragestellungen der Psychologie und Pädagogik mit Hilfe erfahrungswissenschaftlicher Methoden und mit naturwissenschaftlicher Denkweise bearbeiten und lösen kann, scheint immer noch weitge-

hend ungeklärt. Vielfach werden geisteswissenschaftliche Deutungen und systemisches Denken gefordert. Zur Verdeutlichung solcher methodischer Fragen ist das gewählte – zweifelsohne sehr vielschichtige und komplexe – Beispiel sehr gut geeignet.

- Die meisten an der Magersucht erkrankten jungen Menschen wachsen in geordneten Familienverhältnissen auf. In der Regel fallen – zumindest auf den ersten Blick – keine Erziehungsfehler auf. Damit stellt sich die Frage nach den Möglichkeiten und Grenzen der Erziehung. In der Geschichte der Pädagogik sind zu diesem Problem unterschiedliche Auffassungen entwickelt und begründet worden. Sie werden in der Erziehungswissenschaft unter den Stichworten »pädagogischer Pessimismus, Optimismus und Realismus« thematisiert.
- Nicht zuletzt begegnet man in den Wissenschaften Psychologie und Pädagogik wiederholt dem so genannten Theorie-Praxis-Problem. Es geht um das Verhältnis zwischen theoretischen Erkenntnissen und praktischen Vorgehensweisen. Im Fall Magersucht wird man oft mit der Spannung zwischen Theorie und Praxis konfrontiert.

1.2 Die Zielsetzung

Mit diesem Beispiel soll die Notwendigkeit des psychologischen und pädagogischen Wissens, aber auch die Grenzen der Wissenschaften Psychologie und Pädagogik deutlich werden.

Es geht außerdem darum, zu verstehen, dass die Vielfalt der Erkenntnisse und praktischen Lösungen sowohl die Denk- und Sichtweisen der Eltern und professionellen Helfer als auch deren Wertvorstellungen und gefühlsmäßige Beteiligung bereichern kann und eine unerlässliche Ergänzung der Laienpsychologie und der Privatpädagogik darstellt.

Wenn menschliche Anliegen und Probleme zum Mittelpunkt wissenschaftlicher Auseinandersetzung werden, dann muss man verschiedene Denk- und Vorgehensweisen akzeptieren. Man darf nicht fragen, welche Theorie oder Sichtweise die richtigere ist. Im Gegenteil, man muss viele Denkmodelle heranziehen, um dem Geheimnis des Menschlichen näher zu kommen. Im geschilderten Beispiel werden kausale und finale Deutungen, tiefenpsychologische, entwicklungspsychologische und auch anthroposophische Erklärungsversuche (Theorien) herangezogen, um den Gründen und den nicht beobachtbaren Vorgängen bei einem magersüchtigen Mädchen nachzuspüren. Dabei ist es wünschenswert, dass den referierten Sichtweisen und Denkmodellen mit Respekt begegnet wird.

Mit der Darstellung des Falles wird auch die Zielsetzung verfolgt, eine der schwierigsten und kontrovers diskutierten Fragestellungen der Pädagogik und Psychologie zu veranschaulichen. Gemeint ist das noch weitgehend ungelöste Anlage-Umwelt-Problem. Es soll deutlich werden, dass unter bestimmten Umständen sowohl die Erzieher als auch berufliche Helfer erst dann aus der Ohnmacht entlassen werden, wenn sie die Vererbung ebenso ernst nehmen, wie die Freiheit des menschlichen Geistes.

Die Einflüsse der Umwelt kausal deuten zu wollen käme der Reduktion des Lebendigen auf mechanische Vorgänge gleich. Das will kein Psychologe oder Pädagoge, der sich für das Wohl der Kinder und für eine humane Lebensweise einsetzt.

Mit dem Fall Katja wird auch der Zusammenhang zwischen körperlichen und psychischen Vorgängen veranschaulicht. Sowohl der Selbsterhaltungstrieb als auch die Angst scheinen Wesensmerkmale von Lebewesen zu sein. Es handelt sich vielleicht um zwei Gesichter eines Lebensprinzips. Dabei können Widersprüche auftreten, so dass man zurecht die Frage stellen kann: »Kann die Angst den Selbsterhaltungstrieb besiegen?« Die Problematik scheint bereits zum Kulturerbe der Menschheit zu gehören, denn ein altes russisches Sprichwort lautet: »Das Gehirn ist in der Lage, mit dem Körper ein Gespräch zu führen, das zum Tode führt.«

» Lerne denken mit dem **Herzen,** lerne fühlen mit dem **Geist.** «

Theodor Fontane

2 Der Fall Katja

Bei der nachfolgenden, authentischen »Falldarstellung« handelt es sich um ein exemplarisches Beispiel. Die beschriebenen Ereignisse und Verhaltensweisen entsprechen in allen wesentlichen Punkten dem in der Fachliteratur beschriebenen Krankheitsverlauf. Unterschiedliche Verhaltensweisen der Eltern – im Fall Katja reagierten sie mit viel Verständnis, in anderen Fällen wird zunächst eher mit Drohungen, Zwängen und Verboten gearbeitet – können nach bisherigen Erfahrungen auf den Krankheitsverlauf keinen bedeutenden Einfluss nehmen.

2.1 Die Ausgangssituation

Beim Frühstück am 21. Mai 1995 teilt Katja, Anfang Juni 1978 geboren, den Eltern mit, dass sie abnehmen will. Der Vater wundert sich, denn das Mädchen, 170 cm groß, bringt 60 Kilogramm auf die Waage. Die Mutter hat Verständnis für das Vorhaben. Sie denkt an Pubertät, an mögliche Äußerungen der Gleichaltrigen, z. B. beim Tanzkurs und an eigene Erfahrungen mit dem Abnehmen.

Die Beschreibung der Familie M: Der Vater von Katja, Herr M, ist 47 Jahre alt und als Diplompsychologe in einer psychotherapeutischen Praxis tätig. Er kann sich seine Arbeitszeit relativ frei einteilen, so dass er viel Arbeit im Haushalt und bei der Betreuung der Kinder übernommen hat (z. B. Einkaufen, Kochen). Die Mutter ist 42 Jahre alt und geht als Lehrerin einer Teilzeitbeschäftigung nach. Die Schwester von Katja ist 14 Jahre alt und unproblematisch. Sie hat mehrere Freundinnen, kommt in der Schule gut zurecht und ist sportlich aktiv. Die Familie besitzt ein eigenes Haus in einer bevorzugten Wohngegend der Stadt von ca. 80.000 Einwohnern und hat einen großen Bekannten- und Freundeskreis.

2.2 Der Beginn der »Essstörung«

In den ersten sechs Wochen nach dem »Entschluss« abzunehmen hat Katja ca. sechs Kilogramm abgenommen. Kalorienreiche Speisen, z. B. Süßigkeiten oder Kuchen, die sie vorher gern gegessen hat, rührt sie nicht mehr an. Dem Vater fällt auf, dass sie ihr »Programm« außerordentlich konsequent und völlig problemlos einhalten kann. Normalerweise leiden Menschen darunter, wenn sie wegen einer Diät bestimmte Lieblingsspeisen nicht mehr essen dürfen, und geben deshalb immer wieder der Versuchung nach. Das ist bei Katja nicht der Fall. Sie bleibt eisern und scheint überhaupt nicht darunter zu leiden, dass sie sich einschränkt und verzichtet.

2.3 Weigerung von Katja zum Arzt zu gehen

Die Eltern von Katja sind immer mehr besorgt und versuchen Katja zu überreden, dass sie sich von einem Arzt untersuchen lässt, um sicherzugehen, dass – wie sie ihr Anliegen Katja gegenüber zu begründen versuchen – kein Vitaminmangel vorliegt. Sie hoffen auch, dass ein Arzt Katja sehr deutlich sagen würde, wie gesundheitsschädlich und problematisch ihr Verhalten ist. Vom Arzt will Katja aber nichts wissen. Wenn vom Arzt die Rede ist, reagiert Katja sehr heftig, aggressiv, sperrt sich in ihr Zimmer ein und lehnt jede weitere Aussprache ab. Der Vater, selbst Psychotherapeut, weiß nicht, was er noch unternehmen könnte. Auch die Mutter ist hilflos.

2.4 Die Sorgen des Vaters

An ihrem 17. Geburtstag, Anfang Juni, wiegt Katja 54 Kilo. Sie ist psychisch »gut drauf«, isst sogar ein Stückchen vom Geburtstagskuchen und unterhält sich mit den Geburtstagsgästen. Zu diesem Zeitpunkt hat sie dem Vater fest versprochen, dass sie ihr jetziges Gewicht halten und nicht mehr abnehmen wird. Das gelingt ihr nicht. Es wird sehr schnell deutlich, dass sie weiter abnimmt und ihr Essverhalten immer zwanghafter wird. Sie kann nur noch zu bestimmten Zeiten und dann nur bestimmte Speisen essen. Der Vater macht sich große Sorgen und spricht immer wieder mit seiner Frau und Freunden über seine Befürchtung, dass Katja an Magersucht erkrankt ist. Auf seine Tochter können er und seine Frau keinen Einfluss nehmen, da Katja der Ernst der Situation scheinbar überhaupt nicht bewusst ist. Der Mutter erzählt sie, sie könne nicht gleich wieder normal essen, weil die Gefahr einer zu schnellen Gewichtszunahme sehr groß sei, da ihr Körper auf Sparfunktionen umgeschaltet habe. Schon zu diesem Zeitpunkt fiel den Eltern auf, dass Katja ihr Verhalten und Handeln sehr plausibel und logisch begründen kann und sich von außen überhaupt nicht verunsichern lässt.

2.5 Unterschiedliche Sicht der Eltern

Sowohl die Freunde der Familie, die der Vater um Unterstützung gebeten hat, als auch seine Frau vertreten zu diesem Zeitpunkt die Meinung, dass das Abnehmen von Katja keine richtige Magersucht ist, sondern nur eine vorübergehende Essstörung. Sie meinen, man solle Katja Zeit lassen, nicht auf sie einreden. Zunächst ist der Vater von Katja völlig allein mit seiner Meinung, dass es sich hier um eine ernsthafte Erkrankung handeln könnte und dass man Katja dazu überreden müsste, wenigstens einen Arzt oder einen Psychologen aufzusuchen. Irgendwie hat der

Vater von Katja das Gefühl, seine Meinung würde von seinen Freunden nicht ernst genommen.

Zu diesem Zeitpunkt glaubt der Vater von Katja noch, seine Freunde und seine Frau könnten der Tochter klar machen, dass sie ernsthaft erkrankt ist und dass sie daher Hilfe braucht. Im Nachhinein ist dem Vater klar, dass auch seine Freunde keine Chance gehabt hätten, mit seiner Tochter über ihr Problem zu reden oder sie von der Behandlungsbedürftigkeit zu überzeugen.

2.6 Die Meinung des beratenden Psychologen

Die Eltern von Katja entschließen sich gegen Ende Juli – die Situation wurde immer kritischer –, eine Beratungsstelle aufzusuchen. Einerseits gibt es inzwischen große Spannungen in der Beziehung zwischen den Eltern, andererseits hoffen sie, Hinweise und Hilfen zu erhalten, wie sie sich Katja gegenüber verhalten sollen. Überraschenderweise willigt Katja ein, mit den Eltern eine Beratungsstelle aufzusuchen. Die Beratung bringt keine Wende. Katja vertritt gegenüber dem Psychologen, der sehr geduldig ist und gesprächstherapeutisch näher an das Problem herankommen will, die Auffassung, sie habe keine Probleme. Sie ist wütend, wenn die Mutter weint oder der Vater sich darüber beklagt, dass er keinen näheren Kontakt zur Tochter aufbauen kann. Nach zwei Sitzungen meint der Psychologe, es habe wenig Sinn, dass Katja weiterhin in die Beratung komme, wenn »sie keine Probleme hat«. Sie könne jederzeit gerne wieder kommen, wenn sie »mit ihm reden will«. Die Eltern führen ohne ihre Tochter die Arbeit mit dem Psychologen fort. Die Spannung zwischen ihnen kann zwar ein wenig abgebaut werden, das Verhalten der Tochter wird aber immer kritischer. Mit Sorge beobachtet ihr Vater, wie sie immer zwanghafter wird, sich stark zurückzieht, soziale Kontakte zu Klassenkameraden völlig reduziert und nicht mehr bereit ist, ihre Freundin zu besuchen. Wenn jemand sie besuchen will, meint sie, sie habe keine Zeit.

Der beratende Psychologe vertritt die Auffassung, die Erkrankung der Tochter sei zu akzeptieren, sie habe sicherlich eine wichtige Funktion im Familiensystem und im Bestreben, erwachsen zu werden. Er meint, eine akute Lebensgefahr bestehe nicht und Katja werde schon rechtzeitig wieder genug essen.

Zu Beginn der Schulferien 1995 war Katja bereit, mit der Mutter zu einer den Eltern empfohlenen Ärztin zu fahren. Die Ärztin hat mit Katja ein Essensplan ausgehandelt, den Katja zunächst peinlichst genau einhalten wollte. Nach einigen Tagen hat sie das Zählen der Kalorien wieder aufgegeben mit der Begründung, so könnte sie nicht mehr essen und außerdem sei das Achten auf Kalorien lästig und eher belastend als hilfreich.

2.7 Die »Bereitschaft« zum Klinikaufenthalt

Mitte August ist Katja bereit, mit den Eltern zu einem ersten Gespräch in eine Klinik zu fahren, die den Eltern wegen ihrer Erfolge in der Behandlung magersüchtiger Mädchen empfohlen wurde. Sie waren sehr erleichtert, als Katja einwilligt, sich die Klinik anzuschauen und mit Dr. K. zu reden. Einige Tage vor dem Termin ändert Katja ihr Essverhalten. Sie meint, sie brauche keine Hilfe mehr, ihr Problem sei gelöst, sie könne wieder mehr essen. Die Eltern sind misstrauisch. Nach langem Hin und Her schließt sich der Vater der Meinung der Mutter an, es sei zu riskant den weiten Weg zur Klinik in Kauf zu nehmen, denn es bestehe die Gefahr, dass sich der Zustand von Katja wegen der anstrengenden Fahrt wieder verschlechtern könnte. Dieses Risiko wollen beide Eltern vermeiden. Der Anruf in der Klinik, um den Termin abzusagen, ist sehr entmutigend. Dr. K. ist verärgert und äußert unmissverständlich die Auffassung, das Verhalten der Tochter sei typisch für Magersucht und es sei falsch, aus Angst vor möglicher Verschlechterung den Termin abzusagen.

Die Eltern bleiben bei ihrer Entscheidung. Sehr bald stellt sich heraus, dass Dr. K. Recht hatte. Das Essverhalten von Katja verschlechtert sich von Tag zu Tag. Den Eltern von Katja wird klar, zu welch genialen Leistungen ihre Tochter fähig ist, wenn es gilt zu vermeiden, dass der Teufelskreis der Erkrankung durchbrochen wird.

Der Zustand von Katja wird immer kritischer, ihr Essverhalten zwanghafter, ihr Gewicht nähert sich der unteren, aus medizinischer Sicht gerade noch als nicht lebensgefährlich eingestuften Grenze. Sie besucht zwar wieder die Schule und kommt im Unterricht ganz gut zurecht. Sie willigt ein, dass die Eltern die Klassenlehrerin und die Schulleitung über ihre Krankheit informieren, weil sie große Angst hat, plötzlich im Unterricht aufgerufen zu werden. Sie ist auch bereit, verschiedene »Behandlungen« zu akzeptieren. So ist es ihr z. B. wichtig, dass sie jeden Abend von ihrer Mutter massiert wird und sie macht mit dem Vater verschiedene Entspannungsübungen und Phantasiereisen.

Dem Vater gelingt es nicht, mit ihr ein direktes Gespräch über das Essverhalten und die Magersucht zu führen. Auf solche Fragen reagiert sie mit Weinen, Aggressionen und mit Rückzug. Sie gibt inzwischen zu, dass sie sehr gern mehr essen würde, sie könne aber nicht. Trotzdem vertritt sie weiterhin über ihren Gesundheitszustand und ihre Verfassung eine so wirklichkeitsfremde Überzeugung, dass sich ihr Vater eines Abends zum spontanen Ausruf hinreißen lässt: »Mein Gott, sie ist ja total verrückt. Sie hat kein Bezug mehr zur Realität!«

Einige Wochen später ändert Katja ihre feste Überzeugung, dass sie ohne jede Hilfe und ohne Krankenhausaufenthalt mit der Magersucht fertig wird. Da in ihrer Schulklasse ein Mitschüler auch an Magersucht erkrankt war und erfolgreich in der Klinik der Stadt behandelt wurde, ist sie bereit, Mitte Oktober in die Klinik zu gehen. Zur Mutter sagt sie, sie werde es bestimmt schaffen, in der Adventszeit wieder zu Hause sein zu können.

2.8 Die ersten sechs Wochen im Krankenhaus

Im Städtischen Krankenhaus wird Katja auf der Kinderstation ein Einzelzimmer zugewiesen. Ihre Behandlung übernimmt Dr. S., ein Facharzt für Jugendpsychiatrie und Psychotherapie. Dr. S. handelt mit Katja einen Behandlungsvertrag aus, in dem vereinbart wird, dass Katja zunächst keinen Besuch von Mitschülern erhält und die Eltern nur zweimal pro Woche kommen dürfen. Bei der Aufnahme in die Klinik wird ein Gewicht von 42 Kilogramm gemessen. Nach dem Vertrag erhält Katja mit jedem Kilogramm Gewichtszunahme mehr Freiheiten und darf mehr Besuch empfangen. Dr. S. hat den Eindruck, dass Katja zur Mitarbeit bereit ist. Das Pflegepersonal der Station glaubt auch, dass Katja Fortschritte macht und den mit ihr vereinbarten Essensplan (2000 Kalorien pro Tag) einhält. Obwohl sie einmal pro Woche gewogen wird, stellt man erst nach sechs Wochen mit Erstaunen fest, dass sie ein Kilo abgenommen hat. Die Vorwürfe, sie sei unehrlich, weist Katja mit großer Entrüstung zurück und beschwert sich bitter bei den Eltern über das unmögliche Verhalten der Krankenschwestern. Nach diesem Vorfall will sie die Klinik sofort verlassen.

Trotz Gewichtsabnahme möchte Katja zum 1. Advent das Wochenende zu Hause verbringen. Es kommt zu einer Aussprache im Behandlungszimmer von Dr. S. Die Mutter von Katja neigt dazu nachzugeben. Ihr Vater besteht darauf, dass sie erst dann die Klinik verlassen darf, wenn die Ärzte dies verantworten können und sie ein Gewicht von mindestens 50 Kilogramm erreicht hat. Mit der Drohung, sie werde sich umbringen, flüchtet Katja aus dem Behandlungszimmer. Dr. S. vereinbart mit den Eltern, dass sie Katja erst dann besuchen, wenn er dies für sinnvoll erachtet.

2.9 Die Wende unter Druck

Es ist immer noch ein Rätsel, wie es Katja gelungen ist, während der ersten sechs Wochen ihres Klinikaufenthaltes den Eindruck zu erwecken, ihr Essverhalten mache Fortschritte, aber gleichzeitig sich ihr Gewicht um ein Kilogramm verringerte. Dr. S. ordnet nun einige Maßnahmen an, die sicherstellen sollen, dass Katja nicht mehr abnimmt. Katja wird während des Essens beaufsichtigt. Nach dem Essen darf sie eine Stunde lang das Bad nicht benutzen.

Zur gleichen Zeit befinden sich auf der Kinderstation zwei magersüchtige Mädchen, die beide über die Sonde ernährt werden müssen. Katja hat panische Angst vor der Magensonde. Nach der Androhung, sie werde über die Sonde ernährt, und wahrscheinlich wegen der eindeutigen Haltung der Eltern, sie dürfe das Krankenhaus erst verlassen, wenn die Ärzte dies verantworten könnten, kommt es zu einer Wende in ihrem Verhalten. Zu Weihnachten erhält sie eine Woche Urlaub, weil sie inzwischen ohne Sonde sieben Kilogramm zugenommen hat. Auch ihr Gesamtzustand verbessert sich zusehends. Mit ihrer Krankengymnastin übt sie einen Tanz nach der Musik ihrer Lieblingsband ein.

2.10 Die Wochen und Monate nach der Entlassung

Ende Januar 1996 wird Katja mit einem Gewicht von 51 Kilogramm aus der Klinik entlassen. Dr. S. hat mit Katja vereinbart, dass sie einmal in der Woche ihr Gewicht vom Vater kontrollieren lässt und dass sie erneut in die Klinik muss, wenn sie nur noch 48 Kilogramm wiegt. Katja wünscht, dass sie noch für 14 Tage schulunfähig geschrieben wird, damit sie sich zu Hause seelisch auf die Schule vorbereiten kann. Außerdem habe es wenig Sinn, wenn sie jetzt so kurz vor dem Zwischenzeugnis die Schule besuche. Katja kann ihr Gewicht bis zum Ende des Schuljahres halten. Sie schließt mit gutem Erfolg die 10. Klasse des Gymnasiums ab.

Ihr Essverhalten ist immer noch sehr zwanghaft. Sie ernährt sich wochenlang nach dem gleichen Muster (gleiche Speisen, gleiche Zeit). Unvorhergesehene Ereignisse, z. B. ein bestimmtes Nahrungsmittel ist im Haus nicht vorhanden, bringen sie völlig aus der Fassung. Sie legt genau fest, was für sie eingekauft wird. Oft kauft sie Babynahrung in Gläschen.

Die mit Dr. S. vereinbarte Kontrolle des Gewichts hält Katja peinlich genau ein. Einmal in der Woche weckt sie ihren Vater sehr früh am Morgen zur Durchführung der Gewichtskontrolle. Drei Monate nach der Entlassung aus dem Krankenhaus will Katja auch nicht mehr zur ambulanten Nachbehandlung zu Dr. S. Das Thema Krankenhaus ist für sie Tabu; darüber darf in ihrer Anwesenheit nicht gesprochen werden. Auch der Name der Krankengymnastin, zu der sie im Krankenhaus eine sehr enge Beziehung aufgebaut hat, darf nicht mehr genannt werden. Sie reagiert mit Aggression und Panik, als ihr Vater einmal zu Hause erwähnt, dass er in der Stadt die Krankengymnastin getroffen hat.

Die Eltern von Katja bemühen sich sehr um eine Therapie für ihre Tochter. Trotz guter Kontakte zur Fachwelt gelingt es ihnen nicht, einen geeigneten Therapieplatz zu finden, da Katja nicht bereit ist, weite Fahrten auf sich zu nehmen. Sie willigt jedoch später ein, zu einem niedergelassenen und mit einer Fachärztin für Neurologie und Psychotherapie kooperierenden Diplompsychologen zu gehen. Nach drei »probatorischen« Sitzungen will der Psychotherapeut die Behandlung nicht mehr fortführen mit der Begründung, Katja müsse in eine Gruppentherapie. Er sehe keine Möglichkeit, mit Katja erfolgreich zu arbeiten. Seitdem weigert sich Katja, einen Arzt oder Psychotherapeuten aufzusuchen.

Zu Beginn der Ferien äußert Katja die Bitte, auf das Wiegen zu verzichten, weil sie zunehmen möchte. Sie meint, wenn sie durch Wiegen feststellt, dass sie zugenommen hat, dann bekommt sie vielleicht Angst und nimmt wieder ab. Es sei besser, wenn sie sich nicht mehr wiegen müsste. Herr M gibt nach, möglicherweise auch, weil er die Tochter mit der Gewichtskontrolle nicht quälen will.

Gemeinsam mit einer befreundeten Familie fährt Katja in den Urlaub, wo sie recht gut zurecht kommt. Das Schuljahr 96/97 bewältigt Katja ohne irgendeine außergewöhnliche Veränderung. Im Mai 1997 meldet sie sich in einer Fahrschule an. Im Juli fährt sie mit der Schulklasse nach Berlin. Von dort aus ruft sie die Eltern an und beklagt sich über das schlechte Essen, ansonsten sei alles sehr aufregend und interessant.

2.11 Im August 1997

Die Eltern von Katja sind zuversichtlich und hoffnungsvoll. Nach ihrer Meinung hat der Gesundheitszustand von Katja gewisse Stabilität erreicht und Katja könnte wieder zu einem einigermaßen normalen Leben zurückfinden, wenn sie Glück habe und sie sich die Zeit nehmen könne, die sie noch braucht, damit ihr Körper und Geist, ihr Denken und Fühlen, ihr Müssen (sie ist immer noch sehr zwanghaft und orientiert sich stark an den Normen) und Wollen (spontane Handlungen, das Leben nach eigenen Bedürfnissen) zusammenwachse, zu einer Einheit werde.

Sie seien sehr erfreut darüber, dass Katja in der letzten Zeit, in bescheidenem Umfang zwar, mit ihnen über sich reden könne. Dem Vater sind folgende Beispiele in Erinnerung geblieben: Als sie vor einigen Tagen eine Fahrstunde wegen einer missverständlichen Vereinbarung versäumt hatte, weinte sie und war nicht zu beruhigen. Sie sagte: »Weißt du, Papa, das macht mir sehr zu schaffen. Was wird der Fahrlehrer von mir denken. Ich bin nun mal so, du kennst mich ja.« Als ihre Schwester wegen einer nicht ganz eindeutigen Erkrankung eines Morgens nicht in die Schule wollte, war sie sehr dagegen, dass ihr die Eltern erlaubten, zu Hause zu bleiben. Sie »rastete« sozusagen aus: Weinte, schrie, wurde aggressiv. Während der Fahrt zum

Einkaufen kam es zwischen ihr und ihrem Vater zum Gespräch über die Vorgänge am gleichen Morgen. Da hätte sie – nach Meinung des Vaters – zum ersten Mal mit ihm von ihrer Eifersucht auf die Schwester gesprochen. Sie hätte in etwa gesagt: »Ich kann nicht anders. Da habe ich das Gefühl, dass meine Schwester schon wieder bevorzugt behandelt wird. Ich hatte schon immer den Eindruck, sie ist viel besser als ich. In allem ist sie viel besser als ich. Und wenn wir irgendwo waren, stand sie immer im Mittelpunkt.« Auf Hinweise des Vaters, sie sei in der Schule genauso gut und sie habe immer eher wertvollere Geschenke bekommen als ihre Schwester, habe sie gemeint: »Das kann schon stimmen, aber ich habe es immer anders erlebt. Ich fühle das so, dann kann ich nicht anders.«

Im Allgemeinen vergehen zwischen dem Ausbruch der Krankheit und bis zum annähernd normalen, gesunden Zustand vier Jahre. Zu diesem Zeitpunkt waren bereits gut zwei Jahre vergangen.

Der Leser mag sich fragen, wie es der Schwester von Katja in dieser Zeit erging. Sie ist mittlerweile über 17 Jahre alt, weiterhin sportlich aktiv, in der Schule kommt sie gut zurecht. Im Herbst 1998 kommt sie in die 12. Klasse eines humanistischen Gymnasiums und will das Abitur erwerben mit der Absicht, Architekt oder Ingenieur zu werden. Ihr Kommentar auf die Nachfrage, wie sie die Krankheit ihrer Schwester erlebt hat, war: »Lästig«. In Gesprächen gibt sie zu, dass ihr objektiv gesehen aus der Krankheit der Schwester keine Nachteile erwachsen seien, denn die Eltern seien sehr darum besorgt, dass sie ihr »normales« Leben gestalten könne. Was »nervt«, sei der Umstand, dass sie auf die Schwester Rücksicht nehmen müsse, z. B. wenn sie im Fernsehen eine bestimmte Sendung sehen wolle. Überhaupt würde sie sich oft wie ein Baby benehmen und bei jeder Kleinigkeit heulen. Am Anfang habe sie auch Probleme gehabt, weil sie nicht gewusst habe, wie ihre Schulfreundinnen reagieren würden, wenn es in der Schule bekannt werden würde, dass ihre Schwester an Magersucht erkrankt sei. Aber manchmal komme sie mit ihrer Schwester ganz gut klar, vor allem, wenn sie nach dem Unterricht auf dem Weg nach Hause über die Schule redeten. Leider hätten sie sich nicht über einen gemeinsamen Urlaub im Sommer 97 einigen können.

Nach Meinung der Mutter sei bei ihrer jüngeren Tochter sehr viel Verdrängung ihm Spiel. Sie wolle über die Probleme ihrer Schwester nicht reden und habe auch nicht mit zur Beratung gewollt. Dazu meinte sie, das sei ihre oder die Sache ihrer Eltern. Sie habe damit nichts zu tun.

»Eine **Eule**, deren Nachtaugen am **Tage** blind sind, kann das **Mysterium** des **Lichtes** nicht entschleiern.«

Kahlil Gibram

2.12 Einige ergänzende Informationen zum Fall Katja

Auf der Suche nach Ursachen für die Magersucht von Katja sind folgende interessante Einzelheiten zusammengetragen worden.

Die Eltern von Katja blieben auf Grund eigener Entscheidung lange kinderlos. Irgendwann kam der Zeitpunkt, dass Frau M sich mit der Frage auseinander setzte, ob sie sich nicht doch ein Kind wünschte.

Nach Ausbleiben der Regel suchte Frau M einen Frauenarzt auf, der ihr ein Hormonpräparat verschrieb. Als die Wirkung ausblieb, wurde bei einer erneuten Untersuchung Schwangerschaft diagnostiziert. Da zur gleichen Zeit in der Öffentlichkeit viel über mögliche schädliche Wirkungen des eingenommenen Hormonpräparates auf das ungeborene Kind diskutiert wurde, hatten die Eltern große Angst, dass das Kind behindert geboren wird. Die Mutter von Katja meint, ihre Ängste hätten sich möglicherweise auf das ungeborene Kind übertragen. Außerdem hätte der Arzt drei Wochen vor dem errechneten Geburtstermin die Schwangerschaft eingeleitet, weil angeblich wegen der Krampfadern der Mutter Schwierigkeiten zu befürchten waren.

Verschiedene Verhaltensweisen von Katja deuten darauf hin, dass sie der Welt mit Urmisstrauen begegnete. Sie entwickelte sehr früh, bereits mit vier Monaten, die sog. Fremdenangst, wachte nachts in panischer Angst auf und konnte nur schwer beruhigt werden. Diese Symptomatik wird in der Fachliteratur als »pavor nocturnus« beschrieben. Sie hat erst mit 18 Monaten gelernt zu laufen und war lange nicht bereit, sich aus der Bauchlage auf den Rücken umzudrehen. Alle Bemühungen der Eltern, sie mit Spielzeug zum Umdrehen zu verführen, wie es der Kinderarzt geraten hatte, blieben damals erfolglos. Sie erreichte jedoch besondere Perfektion und Schnelligkeit im Krabbeln (auch rückwärts).

Während der späteren Entwicklung hatte man nach übereinstimmender Meinung der Eltern immer wieder den Eindruck, dass Katja einen eigenen, schwierigen Weg einschlägt. Sie ließ sich nie helfen. Sie lernte selbständig, ohne Hilfe Rad fahren. Mit sieben Jahren fing sie an, Klavierspielen zu lernen. Sie ist recht begabt. Im Alter von elf Jahren spielte sie Tennis. Alle diese Aktivitäten gab sie nach und nach auf. Sie weigerte sich, schwimmen zu gehen. Sie wollte nicht mehr Rad fahren. Sie hörte auf Klavier zu spielen, und niemand konnte sie mehr dazu überreden. Es schien so, als ob Katja über ihre Tätigkeiten nachgedacht habe mit dem Ergebnis, sie sei nicht gut genug, andere Kinder seien besser. Auf Nachfragen meinte sie, sie habe keine Lust mehr, es sei langweilig und es habe keinen Sinn.

Ein besonderes Problem besteht für Katja darin, neue Kleider anzuziehen. Sie hatte eine außerordentlich empfindliche Haut und konnte keine engen Kleider anziehen. Außerdem kann es Katja nicht ertragen, Kleider zu wechseln. Sie zieht tagelang dieselben Kleider an. Wenn ein T-Shirt gewaschen werden muss, dann so, dass sie es am nächsten Morgen wieder anziehen kann. Eine neue Hose oder ein neuer Pullover wird erst gekauft, wenn Katja den Zeitpunkt bestimmt.

Es sei noch erwähnt, dass Katja anscheinend eine recht gute Beziehung zur Mutter und zum Vater hatte, aber nie bereit war, über ihre Probleme zu reden. Zu Beginn der Erkrankung entwickelte Katja eine sehr innige, zärtliche Beziehung zur Mutter. Sie durfte ihr jeden Abend Bauch, Rücken und Füße massieren und Geschichten erzählen. Zwei Jahre später ging sie auf Distanz zur Mutter und wollte fast ausschließlich vom Vater betreut werden. Nach einem halben Jahr hatte sie wiederum bei ihrer Mutter die Nähe und den Ansprechpartner gesucht. Über ihre Krankheit wollte sie nicht sprechen.

3 Magersucht aus wissenschaftlicher Sicht

Magersucht wird in der Fachliteratur anorexia nervosa bezeichnet. In der Regel erkranken Mädchen im Alter von 12 bis 18 Jahren an Magersucht. Es wird neuerdings beobachtet, dass auch Jungen immer häufiger an Magersucht leiden. Anorexia nervosa ist eine Krankheit mit dramatischem Verlauf, wobei die Erkrankung schleichend beginnt. Auch wenn die Symptome sehr deutlich sind, wird die Krankheit von den Betroffenen in der Regel geleugnet. Es ist kaum Krankheitseinsicht zu finden. Dies ist mit ein Grund, weshalb die Behandlung auch erst nach einer Krise erfolgen kann, wenn die Einweisung in eine Klinik unvermeidbar ist.

3.1 Zur Geschichte der Magersucht

Das Krankheitsbild der Anorexie wurde schon 1689 vom englischen Arzt Morton geschildert. Zwischen 1860 bis 1890 wurde diese Krankheit immer häufiger erwähnt, wobei es auffiel, dass sie gehäuft in den Zeiten des Wohlstandes (Kolonialismus, Gründung von Industrieunternehmen) und in privilegierten Familien auftrat. Während der Weltwirtschaftskrise und während der Weltkriege spielte die Krankheit kaum eine Rolle. Heute schätzt man, dass allein in den USA über vier Millionen an Anorexie erkrankt sind. Neben der Magersucht treten auch Esssucht mit Erbrechen (Bulimia nervosa) und Esssucht ohne Erbrechen (Bulimie) immer häufiger auf. Die Zahl der an Bulimie erkrankten Mädchen ist schwer zu schätzen, da bulimisch Kranke äußerlich weniger auffallen als Magersüchtige.

Die Bezeichnung »Anorexia nervosa« führte der englische Internist Sir Withey Gull im Jahre 1873 ein. Diese Bezeichnung setzte sich gegenüber anderen wie »Pubertätsmagersucht«, »psychogene Magersucht« oder »vegetative Psychose« durch. Viele Kenner der Magersucht meinen, dass mit der Bezeichnung zu viel Aufmerksamkeit auf körperliche Symptome der Magersucht und zu wenig auf psychische Probleme gelenkt wird.

Die Heilungsprognose ist bei Magersucht recht ungünstig. Als Faustregel gilt, dass eine stationäre Behandlung in einem Drittel der Fälle zur völligen Heilung, in einem Drittel zur erheblichen Besserung und in einem Drittel zum chronischen Verlauf führt. Das bedeutet, dass die Erkrankung Magersucht viele junge Menschen für den Rest ihres Lebens zu Behinderten machen kann. In 7 bis 9% der Fälle führt die Erkrankung zum Tod.

3.2 Körperliche und psychische Symptome

Häufig scheinen zu Beginn der Erkrankung »Figurprobleme« im Vordergrund zu stehen. Deswegen wird angenommen, dass die Entstehung der Erkrankung durch Werbung, durch zunehmende Beschäftigung mit dem Körper und dessen Idealgewicht, mit dem idealen Aussehen (Schönheitsideal) und durch den von der Mode ausgeübten Druck (schlanke Models) begünstigt wird. Da oft das Einsetzen der Regel mit dem Beginn der Erkrankung in Verbindung gebracht werden kann, werden Vermutungen geäußert, die Krankheit sei ein Zeichen für die Triebabwehr und für die Ablehnung der weiblichen Rolle.

Auch mit Hilfe modernster medizinischer Labordiagnostik finden sich keine verursachenden körperlichen Befunde, auch dann nicht, wenn nach dem Essen über heftige Magenschmerzen geklagt wird.

Magersucht wird diagnostiziert, wenn in einer relativ kurzen Zeit und nur durch verändertes Essverhalten (strenge Kontrolle der Nahrungsaufnahme) der Verlust von mehr als 25% des Ausgangsgewichts zu beobachten ist. Sinkt Körpergewicht unter die untere Grenze des Normalgewichts, so treten so genannte »sekundäre somatische Veränderungen« auf, die als »Sparfunktionen des Organismus« zu verstehen sind: trocken-schuppige, graue Haut, Haarausfall, Verlangsamung der Herztätigkeit, Absinken des Blutdrucks und der Körpertemperatur, Einsetzen der kindlichen Flaumbehaarung am Körper, abnehmende Säureproduktion des Magens und Obstipation (Verstopfung). Das Ausbleiben der Regel tritt bei Mädchen schon zu Beginn der Abmagerung ein.

Der Heilpädagoge Henning Köhler schreibt auf Grund seiner langjährigen Erfahrungen, die er im direkten therapeutischen Kontakt mit Magersüchtigen sammeln konnte, dass Magersucht keineswegs als entgleister, maßloser Wunsch nach Abmagerung gesehen werden darf. Nach seinen Beobachtungen steht im Vordergrund eine unbezwingbare Antipathie gegen den Vorgang der Nahrungsaufnahme. Die Nahrung und Getränke können nur noch nach einem bestimmtem Ritual, zwanghaft, unter unvorstellbaren Ekelgefühlen und begleitet von einem übersteigertem Wunsch, nichts essen zu müssen, eingenommen werden.

Auch wenn magersüchtige Mädchen vordergründig betonen, wie wichtig es ihnen ist, dass sie ein bestimmtes Körpergewicht einhalten und dass sie Angst vor Zunehmen haben, spricht nach Köhler die Erfahrung dagegen, dass sie einem allgemeinen Schlankheitsideal nacheifern. Es scheint so, dass sie ihr Verhalten und Handeln mit gesellschaftlichen Normen und Idealen begründen wollen, um nicht aufzufallen oder um zu betonen, dass sie nicht krank und behandlungsbedürftig sind.

Leider werden körperliche Symptome in der Fachliteratur noch immer in den Vordergrund gestellt. Das verwundert nicht, denn erstens sind das Essverhalten und der abgemagerte Körper sehr auffällig und zweitens sind in der Regel medizinische Maßnahmen zur Erhaltung des Lebens unverzichtbar.

**Die sichtbaren Symptome
sind aber nicht die Krankheit.**

»Ebensowenig haltbar wie die These des entgleisten Abmagerungswunsches ist diejenige des Appetitmangels«, schreibt Henning Köhler. Er nimmt an, dass Appetit von den Magersüchtigen als etwas Bedrohliches erlebt und solange mit aller Kraft bekämpft wird, bis er keine lebenserhaltende Funktion mehr hat. Er fragt sich, wieso wird der Appetit – als etwas bedrohlich von außen Eindringendes, Fremdartiges – von den Ich-Kräften der Seele zurückgewiesen? Nach seiner Meinung ist die Bezeichnung Anorexia nervosa irreführend und der Ausdruck »Magersucht« treffender, weil bei der Erkrankung der Suchtcharakter unverkennbar ist. Wie bei der Sucht fehlt die Einsicht in die Krankheit, wie bei der Sucht wird die Notwendigkeit der Hilfe vehement abgelehnt.

Magersüchtige scheinen Ähnliches wie Drogensüchtige beim Entzug (Krämpfe, Panikzustände, Angst, Schmerzen) zu erleben, wenn sie sich zum Essen zwingen oder gezwungen werden. Im abgemagerten Zustand fühlen sich Kranke stark, als könnten sie Bäume ausreißen, sind trotz akuter Gefahr des Kreislaufzusammenbruchs (Todesgefahr) körperlich aktiv, sind überzeugt, dass es ihnen gut geht – ähnlich wie Drogensüchtige nach Einnahme von Drogen.

Zum typischen Bild der Magersucht (in den meisten Fällen) gehören folgende psychische Eigenarten: Magersüchtige sind pedantisch, bevorzugen monotone, phantasielose Beschäftigungen, zeigen infantile Züge wie Unselbständigkeit, Sehnsucht nach Geborgenheit, eingeschränkte Entscheidungsfähigkeit, sie sind einerseits wie Kinder im Alter von zehn Jahren (Regression) und andererseits zeigen sie oft überdurchschnittliche intellektuelle Leistungsfähigkeit, Hang zum logischen Denken und neigen zum strikten Einhalten bestimmter Normen. Es liegt eine Mischung vor aus Folgsamkeit, Überempfindlichkeit, Verschlossenheit, Gewissenhaftigkeit, intellektueller Frühreife und Verängstigung.

Nach Meinung vieler Therapeuten und Ärzte steht eine auffallende soziale Unreife bis hin zur Beziehungsunfähigkeit, gekoppelt mit einer extrem egoistischen Haltung, als ob die Welt verpflichtet wäre, sich nach den Bedürfnissen der Magersüchtigen zu richten, im Kontrast mit hohen Leistungsansprüchen und mit Verantwortungsgefühl, gepaart mit einem übersteigerten Bedürfnis, gesellschaftliche Normen und Konventionen einzuhalten. In diesem Widerstreit haben z. B. magersüchtige Schüler und Schülerinnen große Angst vor unvorhergesehenen Ereignissen, z. B. davor, im Unterricht vom Lehrer plötzlich abgefragt oder aufgerufen zu werden. Andererseits entwickeln sie panische Angst davor, in den Unterricht zu spät zu kommen. Es wird deutlich: Die psychischen Symptome wie Infantilismus, sozialer Rückzug, Verlust an Phantasie und Wahrnehmungsfähigkeit bei gleichzeitiger Überbewertung des Verstandes und kultureller Konventionen erschweren die Kontaktaufnahme und die Therapie.

Die in der Literatur beschriebenen Symptome waren auch bei Katja voll ausgeprägt. Einige Wochen lang hörte sie immer die gleiche Musik. Tagelang malte sie Mandalas aus. Sie weinte wie ein kleines Kind, wenn etwas Unerwartetes passierte oder wenn ihre Wünsche nicht sofort erfüllt wurden. Andererseits war es für sie völlig selbstverständlich, den Unterricht zu besuchen und Hausaufgaben zu machen. Sie ärgerte sich sehr, wenn Familienmitglieder Normen und Konventionen sowie Regeln des guten Tons nicht peinlich genau einhielten.

Sie zog sich sozial immer mehr zurück. Auf Drängen der Eltern, sie könnte gemeinsam mit ihrer Schulfreundin in eine Jugendgruppe gehen, meinte sie, was sie dort solle; es sei langweilig. Oft meinte sie auch, sie hätte keine Zeit, sie müsste für die Schule lernen. Einige Wochen später wollte sie von ihren Freundinnen auch nicht mehr besucht werden.

3.3 Mögliche Ursachen und Erklärungen der Entstehung

Eine so schwer wiegende Erkrankung wie die Magersucht entsteht ganz sicher nicht aufgrund einer einzigen Ursache. Oft wird in der Fachliteratur betont, dass ein Zusammenwirken individueller und sozialer Einflüsse zur Störung der Entwicklung im Sinne der Magersucht führen kann. Mit individuellen Faktoren sind dabei sowohl genetische Dispositionen als auch psychische Vorgänge wie Minderwertigkeitsgefühle, Stress und z. B. soziale Isolierung gemeint.

Gerald C. Davison und John M. Neale schreiben in ihrem Handbuch »Klinische Psychologie«: »*Die Theorien zur Erklärung der Anorexia sind sehr unterschiedlich und empirisch überwiegend wenig fundiert. Einige psychologische Erklärungen stützen sich auf Freud, der im Essen einen Ersatz für sexuellen Ausdruck vermutete. In der Nahrungsverweigerung der Magersüchtigen zeigt sich demzufolge eine Furcht vor gesteigerten sexuellen Bedürfnissen. ... Einige sehen die Anorexie als Widerspiegelung eines Konflikts zwischen dem Wunsch nach Unabhängigkeit und Selbstverwirklichung in der Familie und Angst, erwachsen zu werden.*

Nach der lerntheoretischen Auffassung kommt in der Anorexia möglicherweise eine Gewichtsphobie zum Ausdruck, oder auch das Verlangen, dem in unserer Gesellschaft so sehr gefragten Bild einer gertenschlanken Frau zu entsprechen. ... Und schließlich gibt es noch eine Vielzahl organischer Erklärungsversuche. Bei der Anorexia, so behauptet die vielleicht führende physiologische Theorie, funktioniere der Teil des Hypothalamus abnorm, der die Menge der Nahrungsaufnahme, die sexuelle Aktivität und die Menstruation kontrolliert. Es ist jedoch nicht bekannt, ob eine Störung im Hypothalamus eine Ursache der Anorexie, eine Folge des Gewichtsverlustes und der Mangelernährung oder einer emotionalen Belastung des Patienten ist«.

Die Ärzte Monika Gerlinghoff und Herbert Backmund äußern sich zur Frage der Ursachen: »*Die Ursachen der Magersucht und der Bulimie sind komplex. Sie lassen sich nicht einfach aufzählen, sondern können für den einzelnen nur im Rahmen der psychotherapeutischen Arbeit geklärt werden. Wir wollen Sie anregen, sich mit der Vielschichtigkeit der Bedingungen auseinander zu setzen, und versuchen, Ihnen zu helfen, Ihre Entwicklungs- und Lebensgeschichte besser zu verstehen. Ein Begreifen, das nicht fixiert bleibt auf Hungern, Heißhungerattacken oder Erbrechen, kann sich dem Wesen der Krankheit annähern und sich positiv auf den Gesundungsprozess auswirken. Auch für Angehörige lohnt es sich, die eigene Lebensgeschichte zu überdenken und nicht nur die ihrer essgestörten Töchter.*

> *Unser Anliegen ist es, aufzuklären und falsche Vorstellungen und gefährliche Verharmlosungen zu korrigieren, nicht aber einen Schuldigen zu suchen.*
>
> *Magersucht und Bulimie haben nicht eine Ursache. Es muss viel geschehen, damit jemand magersüchtig oder bulimisch wird. Moderne Vorstellungen schließen biologische, soziokulturelle, familiendynamische und persönlichkeitsspezifische Faktoren ein.*«

3.3.1 Erklärung mit Hilfe gesellschaftlicher Entwicklung

Die Gründe für die starke Zunahme der Essstörungen in den letzten Jahren werden in der gesellschaftlichen Entwicklung gesehen. Schlankheitsideale, gesellschaftlicher Druck, Modeerscheinungen, die zunehmende Beschäftigung mit dem Idealgewicht und dem idealen Aussehen, Überfluss an Nahrungsmitteln und die nahezu unbegrenzte Auswahl zu jeder Jahreszeit werden in einen unmittelbaren Zusammenhang mit der Entstehung der Magersucht und anderer Essstörungen gebracht. Viele Autoren meinen, dass diese Sicht zu einseitig sei und dass in diesen Erklärungen der Körper und sein Aussehen zu sehr in den Mittelpunkt gestellt werden, denn die psychischen Vorgänge und Symptome, die bei Magersucht weit wichtiger sind als die Unfähigkeit, genug zu essen, werden zu wenig beachtet. Einige Autoren ergänzen diese stark gesellschaftlich orientierte Erklärungen mit dem Hinweis auf die »Verkopfung in den Schulen«. Sie meinen, dass gesellschaftliche Vorstellungen vom idealen Aussehen, gekoppelt mit einer Weltentfremdung und Gefühlsverarmung, und einhergehend mit dem Leistungsdruck in den Schulen zur Entstehung der Magersucht führen. Auf musische Fächer, auf körperliche Bewegung und auf eine gleichwertige Bildung von Herz und Verstand würde in den Schulen, z. B. in Gymnasien, viel zu wenig Wert gelegt.

Auch Christa Wührer setzt sich ausführlich mit diesem Problem auseinander. Sie schreibt: *»Erfolg und Karriere werden in unserer Gesellschaft gleichgesetzt mit Schlanksein. Schlank ist gleich schön, und wer schön ist, ist auch erfolgreich. In unserer Kultur wird diese Botschaft ständig übermittelt durch Medien, durch Werbung etc. Die Werbung sagt uns, wie Frauen sein sollen und sein müssen, um erfolgreich sein zu können. Für Individualität bleibt hier kein Platz. Es entwickeln sich Scheinidentitäten aufgrund von Konformität, die Identitätsentwicklung ist dabei aber gehemmt. Diese Schönheits- und Sexualstandards sind sehr schwer zu erreichen, deshalb werden sie vermutlich auch umso begehrter und alle Anstrengungen werden unternommen, um diese Standards auch zu erreichen. Je mehr sie sich diesem Schönheitsideal annähern, umsomehr können sich magersüchtige Mädchen selbst annehmen und können sich auch in der Gesellschaft Platz schaffen, in ihrem eigenen engeren Umfeld Anerkennung und Akzeptanz erreichen. Wahre menschliche Werte sind nicht gefragt, Äußerlichkeiten sind ausschlaggebend.«* (Zitat aus Internet)

Es scheint festzustehen, dass Magersucht an den gehobenen Mittelstand und den Überfluss gebunden ist. Vieles spricht dafür, dass Magersucht nur dann ihren Sinn erfüllt, wenn das Hungern einen freiwilligen Verzicht darstellt. Man könnte einen Zusammenhang zwischen den Entbehrungen der Eltern und dem Verzichtverhalten ihrer Kinder sehen. Magersucht tritt vermehrt in solchen Familien auf, in denen die Eltern noch eher unter Armut und Entbehrungen aufgewachsen sind, es selbst aber zu geordneten und eher wohlhabenden Verhältnissen geschafft haben. Familientherapeuten neigen zu der Vermutung, solche Eltern würde sozusagen aus erzieherischen Gründen bei ihren Kindern auf die Verhältnisse hinweisen, die sie selbst noch erdulden mussten und deren Gegenteil sie ihren Kindern als persönliche Leistung präsentieren.

Es könnte auch sein, dass gesellschaftliche Ideale den Entschluss zum Abnehmen begünstigen. Wann dann der Umschlag vom Hungern und Abnehmen zum magersüchtigen Verhalten erfolgt, lässt sich nicht feststellen. Bei vielen Magersüchtigen mögen die aufgeführten Umstände und Bedingungen vor allem beim Einstieg in die Krankheit eine Rolle spielen mögen, aber durchaus nicht bei allen.

Unter Würdigung aller Symptome und der Umstände, die bei Magersüchtigen zu beobachten sind, kann man nicht annehmen, die gesellschaftlichen Bedingungen allein könnten die Krankheit verursachen. Mag sein, dass der gesellschaftliche Druck im Zusammenwirken mit vielen anderen Faktoren eine begünstigende Rolle spielt.

3.3.2 Deutung der Magersucht als Entwicklungskrise

In vielen Erklärungen werden die Angst vor dem Erwachsen-Werden, das Ablehnen der Rolle als Frau und schwer wiegende psychische Konflikte sowie Minderwertigkeitsgefühle als die entscheidenden Gründe für die Entstehung der Magersucht angenommen. Die Magersucht wird so als Entwicklungskrise gedeutet.

Christa Wührer sieht eine Verschärfung der Pubertätskrise im komplizierten Rollenverständnis der Frau, in der Vermischung von traditionellen Rollen und Emanzipationsbestrebungen. Sie schreibt: *»Für junge Mädchen ist dies eine besonders schwierige Phase, da traditionelle Rollenmuster von den Müttern sehr stark aufrechterhalten werden, mehr noch werden diese Muster aufrechterhalten von den Vätern, die wünschen, dass sich Mütter danach richten, und dass sich auch die Mädchen an diesen Rollenklischees orientieren und diese übernehmen. Dazu tauchen emanzipatorische Muster auf, die mit diesen traditionellen Rollen sehr stark in Konfrontation liegen. Zwischen diesen beiden Polen einen Mittelweg zu finden, und eine Identität zu finden, ist Aufgabe von Mädchen im Pubertätsalter, und diese Aufgabe kann oft zu schwierig sein, kann Überforderung mit sich bringen, wenn vermittelt wird durch das Elternhaus, dass einer dieser Pole der richtige und der andere nicht wünschenswert ist. In diesem Spannungsgefüge befinden sich pubertierende Mädchen und aus diesem Spannungsgefüge heraus entstehen auch oft große Probleme in der Ausbildung von Identität.«*

Die meisten Magersüchtigen erkranken im so genannten Pubertätsalter. Das genügt aber nicht, um die Übergangsphase zwischen Kindheit und Erwachsenendasein als alleinige Ursache für die Entstehung der Krankheit anzunehmen.

Die zur Bewältigung der Entwicklungsaufgabe »Ichfindung« notwendigen Konfliktlösungen können zu vielfältigen psychischen Manifestationen führen. Die Zahl derer, die während der Pubertät von zu Hause weglaufen, steigt an. Alkohol, Drogenmissbrauch, Depressionen, und auch Suizidversuche sind in der Pubertät keine Seltenheit. Es könnte sein, dass Jugendliche, die an Magersucht erkranken, in ihrem Inneren starke Ohnmachtsgefühle entwickeln.

In der Regel verläuft ihre Entwicklung problemlos. An der Oberfläche sind sie angepasst, »funktionieren« perfekt, erfüllen ihre Pflichten und verhalten sich entsprechend den gesellschaftlichen Erwartungen. Es kann aber sein, dass sie die Anforderungen des Erwachsenenlebens fürchten, dass sie Angst vor der Zukunft haben und dass sie gleichzeitig Schuldgefühle entwickeln, weil sie sich noch nicht stark genug fühlen. Sie können nicht über ihre Ängste und Probleme reden und geraten immer mehr in einen Teufelskreis. Sie ziehen sich zurück, lehnen soziale Kontakte ab, können dadurch Enttäuschungen zwar vermeiden; ihre Lage wird aber immer hoffnungsloser.

Mag sein, dass die Magersucht in einer solchen Situation als Rettung erscheinen kann. Die Entwicklung zum Erwachsenwerden wird aufgehalten, man gewinnt Zeit, um die schwierige Aufgabe der Identitätsuche zu lösen. Essstörungen können nach Charlotte Buhl, Verfasserin des Buches »Magersucht und Esssucht« »als Kampf um die Identität angesehen werden, ein Kampf um Besitz und Kontrolle eigener Gefühle.«

Auch die bereits zitierten Verfasser des Standardwerks »Klinische Psychologie« Davison und Neale ordnen Magersucht unter »Entwicklungsstörungen« ein, weil sie vorwiegend im Jugendalter auftritt. Ihre Entstehung deuten sie aber nicht als Entwicklungskrise.

Trotz aller Unsicherheiten und Widersprüche ist die Sicht, bei der Entstehung der Magersucht spiele der Kampf um eine eigene Identität eine gewichtige Rolle, nicht von der Hand zu weisen. Bezieht man in die Überlegungen einige andere Gründe mit ein, die im Zusammenhang mit der Entstehung der Magersucht beobachtet wurden, wie z. B. Wohlstand, geordnete Familienverhältnisse, starke Orientierung an Normen und am Leistungsprinzip der Gesellschaft, Hungern als Verzicht oder sogar als Leistung und Mutprobe, Unterdrückung der Gefühle bzw. Neigung zu eher kognitiven Problemlösungen, dann erscheint ein Ausweichen in die Symptome der Magersucht nahe liegend und plausibel.

Dazu schreiben Gerlinghoff und Backmund: *»Es ist vermutlich eine Entwicklung in kleinen Schritten und kein spontaner Einfall. Das Verlangen, weiterzuhungern, selbst wenn das Traumziel längst überschritten ist, das Verschieben eines immer neuen Zielgewichts nach unten, hat vielschichtige Gründe. Es sind wahrscheinlich ›neue‹ Gefühle und Erfahrungen, wie etwa das wohltuende Erlebnis, dass die Bewunderung der Eltern für die Leistungen des Abnehmens allmählich in Sorge umschlägt; oder die heimliche Genugtuung, dass das Ausmaß der Gewichtsabnahme schon weit größer ist als die Eltern vermuten; oder das Erleben des Hungergefühls, das als Spüren des eigenen Körpers wahrgenommen wird; oder der Stolz über die Leistung, sich beherrschen und den Hungertrieb kontrollieren zu können, also sich im Griff zu haben. ...wenn aus dem Hungergefühl das Bewusstsein erwächst, etwas Elitäres zu sein – spätestens dann ist der Umschlag zur Magersucht vollzogen. Ab diesem Zeitpunkt fangen die Magersüchtigen an, sich ihre eigenen Gesetze zu schaffen, sie entfernen sich immer mehr von der realen Welt.«*

3.3.3 Die Bedeutung der Anlage und der Persönlichkeit

- Wahrscheinlich üben genetische Faktoren einen entscheidenden Einfluss auf die Entstehung der Erkrankung aus. Die Fachliteratur spricht von einer »prämorbiden Persönlichkeitsanlage«, die sich nach Köhler schon in der frühen Kindheit ungünstig vor allem auf die Entwicklung so genannter Ich-Kräfte und des Ich-Bewusstseins auswirkt.

Die Auffassungen darüber, welche Rolle die Anlage und die individuellen Faktoren bei der Entstehung der Magersucht spielen, gehen weit auseinander. Biologen haben durch Tierversuche herausgefunden, dass Störungen des Essverhaltens durch fehlerhafte Darm-Gehirn-Zusammenarbeit verursacht sein könnten. Normalerweise wandern zwei im Darm produzierte Peptide zum Gehirn und verursachen dort Sättigungs- bzw. Hungergefühle. Bei der Magersucht scheint die Peptidproduktion gestört zu sein.

Es könnte sich auch um eine angeborene Störung im Zentralnervensystem handeln, d. h. das Gehirn würde die Informationen aus dem Magen-Darm-Bereich falsch verarbeiten. Es stellt sich natürlich sofort die Frage, warum diese Störung erst im Jugendalter so deutlich wirksam wird.

Einige Neurophysiologen sehen den Grund für die Entstehung der Magersucht eher in einem gestörten Gefühlszentrum (Hypothalamus) oder im fehlenden Zusammenspiel der linken und rechten Gehirnhälfte. Auch hier muss man sich fragen, warum die angeborene oder physiologisch bedingte Störung der Zusammenarbeit zwischen den beiden Gehirnhälften erst im Jugendalter zum Ausbruch einer so gravierenden Erkrankung wie Magersucht führt. Es bietet sich die Antwort an: Weil der Schritt in die Selbständigkeit, die Entwicklung des Selbstbildes, des eigenen Körpergefühls und der Identität gleichermaßen das Denken und Fühlen herausfordert.

Bei Personen, die die emotional belastenden Probleme wegen der dominanten linken Gehirnhälfte nur mit Hilfe des Denkens lösen wollen, käme es nach dieser Sicht unweigerlich zu schweren Krisen. Wenn man sich auf die Urteilskraft der Gefühle nicht verlassen kann, weil sie laufend durch die dominante linke Gehirnhälfte zurückgedrängt werden, und wenn die Tendenz hinzukommt, sich selbst »vom Kopf her« für minderwertig und unzulänglich zu halten, dann wird es fast unmöglich, ohne Abgleiten in außergewöhnliche Vorgänge ein Gefühl für den eigenen Körper, den Grundpfeiler unserer Identität, zu entwickeln.

Für diese Sicht sprechen folgende Symptome der Magersucht: fehlendes Körpergefühl, völlig gestörte Körperwahrnehmung, Verlust der Fähigkeit, Körperreize wahrzunehmen. Das Erleben der Gefühle ist sehr eng an körperliche Vorgänge und die Wahrnehmung des Körpers gebunden. Auch die Symptome Leugnung der Krankheit und stark ausgeprägte Orientierung an gesellschaftlichen Normen sprechen für die Dominanz der linken Gehirnhälfte. Das Denken der Magersüchtigen kann nicht zulassen, dass man krank ist.

3.3.4 Familiäre Einflüsse und finale Deutungen

● Seit der Verbreitung der systemischen Familientherapie finden auch so genannte »Um-zu-Erklärungen« immer mehr Beachtung. Vereinfacht ausgedrückt wird der Grund für die Entstehung bestimmter Symptome in einer verborgenen Funktion gesehen. Es wird gefragt, was uns die Symptome mitteilen, wozu sie nützlich sind, was mit Hilfe der Symptome erreicht werden soll. So könnte man z. B. annehmen, dass magersüchtige Mädchen bestimmte »unter den Teppich gekehrte«, d. h. nicht ausgetragene, Familienkonflikte zum Ausdruck bringen wollen, dass sie z. B. mit ihrer Krankheit zu verhindern versuchen, dass sich die Eltern scheiden lassen. Die Krankheit zieht alle Aufmerksamkeit auf sich und verringert so die Spannung zwischen den Familienmitgliedern. Oder umgekehrt: Die Magersucht wird dazu benutzt, um die Konflikte zwischen den Eltern auf die Spitze zu treiben. Naheliegend scheint auch die Deutung, dass die Magersucht für die Symptomträger von Vorteil sein kann. Magersüchtige erhalten viel Zuwendung, stehen im Mittelpunkt, können den Eintritt in die Erwachsenenwelt mit allen Pflichten und der Verantwortung, die diese mit sich bringt, verzögern.

Dazu schreiben Davison und Neale: *»Ein Überblick über die Untersuchungen über die familiären Interaktionen bei Anorexie-Patienten liefert einiges an Unter-*

stützung für die Theorie von Minuchin. (Anmerkung des Autors: S. Minuchin ist Familientherapeut und glaubt, dass »kranke« Mitglieder dazu dienen, die Aufmerksamkeit vom zugrundeliegenden Familienkonflikt abzulenken.) *Familien von Anorektikern zeigen sich beispielsweise als mehr miteinander verstrickt, was durch stärkere Koalitionen zwischen jedem der Elternteile und dem anorektischen Kind belegt wird, die stärker sind als zwischen den Eltern als Ehepartner. Auf Video aufgenommene Rollenspiele von anorektischen Familien zeigten einen Mangel an Konfliktlösung, eine Konzentration auf die Tochter, und dass die Eltern selten direkt miteinander sprachen.«*

Manche Familien von Magersüchtigen erwecken auf den ersten Blick den Eindruck von »Bilderbuchfamilien«. Zunächst fällt nichts Negatives oder Außergewöhnliches auf. Die Eltern sind von der Richtigkeit ihres Lebens- und Erziehungsstils überzeugt. Es kann sein, dass in solchen Familien Auseinandersetzungen gemieden werden, dass Vernunft über allem steht und dass Gefühle nicht oder nur in beherrschter Form zum Ausdruck gebracht werden. Oft fehlt es an vertrauensvoller Verbundenheit und Intimität unter den Familienmitgliedern.

Man kann sich vorstellen, dass in solchen Familien die Jugendlichen in der Pubertät vor einer schwierigen Aufgabe stehen. Der Ausdruck der Gefühle ist erschwert; die Pflicht und Orientierung an gesellschaftlichen Normen sind großgeschrieben; vertrauensvolle Verbundenheit fehlt; Konflikte werden – wenn überhaupt – mit gebremster Energie ausgetragen. Alles Umstände, die den Übergang vom Kind zum Erwachsenen und das Hineinwachsen in die Selbständigkeit erschweren können. Solche Umstände sprechen auch für die Erklärung von Minuchin, in den Symptomen der Magersucht kämen verborgene Familienkonflikte zum Ausdruck.

3.3.5 Magersucht als Inkarnationsproblem

Aus der anthroposophischen Sicht deuten psychosomatische Störungen, also Störungen, die sowohl die Psyche als auch den Körper betreffen, immer auf Probleme im Inkarnationsprozess, wobei Inkarnation als ein Hineinwachsen des geistigen Ich-Wesens des Menschen in seine Leiblichkeit verstanden wird. Es ist eine Disharmonie zwischen den oberen Seelentätigkeiten, wie Denken, Fühlen, Wollen und den unteren Wesensmerkmalen des Menschen, wie Atmung, Herz-Kreislauf-Vorgänge und Verdauung. Der unmittelbare Zusammenhang zwischen Geist und Körper, zwischen seelischen und körperlichen Erscheinungen wird bei Magersucht »geradezu ideal anschaulich« (Henning Köhler).

Inkarnation bedeutet bildlich gesprochen, dass sich eine geistige Ich-Wesenheit auf das Stadium des Verweilens auf der Erde durch den Aufbau eines geeigneten Körpers vorbereitet. Nach der anthroposophischen Deutung ist *»der Mensch ein Wesen, das Teil hat an zwei Welten, an einer stofflich-körperlichen und einer göttlich-geistigen. Das Kind kommt zur Welt mit einem durch die Vererbung gebildeten Körper und mit seiner geistigen Individualität (Entelechie), einem Wesen spezifisch geistiger Natur.«* Die Ich-Kräfte, das Bewusstsein des Ichs und der eigenen Identität entwickeln sich durch die Gefühlserfahrung des Körpers, durch die Abgrenzung von der Außenwelt (Identitätsfindung), durch Einnehmen einer eigenen Haltung. Die Entwicklung des Ich-Bewusstseins ist immer mit Krisen und Konflikten verbunden.

Man könnte nun meinen, dass Magersüchtige ein Leben ohne Körper, als geistige Wesen, anstreben. Diesen Triumph des Geistes über den Körper hält Köhler für fraglich. Er überlegt, ob es sich nicht um »Heimweh« handeln könnte, Heimweh nach kindlicher Geborgenheit, nach Sicherheit, die diese Kinder nie erlebt hätten. Möglicherweise weil sie eine Hilflosigkeit als erbliche Belastung oder als vorgeburtliche Erfahrung mitgebracht haben.

Das »Doppelleben« der Magersüchtigen, das sich in der rigorosen Beachtung der Pflichten und Normen auf der einen Seite und als realitätsfremdes, kindisches und selbstzerstörerisches Verhalten auf der anderen Seite zeigt, spricht für die These von Köhler. Infolge des »Heimwehs« nach Sicherheit und Geborgenheit findet eine Regression in die frühe Kindheit statt. Und gleichzeitig wird der Beweis geführt, kein Kind mehr zu sein, sich den Anforderungen ans Erwachsensein stellen zu wollen, »geistig« auf der Höhe zu sein und mithalten zu können.

3.3.6 Kritische Würdigung

● Zweifelsohne steht fest, dass einseitige genetische, soziale oder die psychischen Vorgänge betonende Erklärungen, die nach einem Kausalmodell konstruiert werden, dem freiheitsbegabten und zu geistigen Leistungen fähigen Wesen Mensch in keiner Weise gerecht werden. Die Suche nach eigener Identität, die Spannung zwischen geistigen und körperlichen Kräften ist immer auch eine Auseinandersetzung mit den umgebenden Realitäten.

In der entwicklungspsychologischen Literatur wird die Pubertät einhellig als Krisenzeitraum gesehen, in dem sich die Wesensteile des Menschen entwickeln, die über das Sinnlich-Wahrnehmbare hinausgehen. Nach Steiner handelt es sich um die Entwicklung des Astralleibes. Die Entwicklungspsychologen sprechen von Ich-Entwicklung, von Identitätssuche oder der Entwicklung des Selbstbewusstseins, Selbstwertgefühls und des Selbstbildes.

Die Entdeckung des Ich-Bewusstseins, der eigenen Identität, die Abgrenzung von der Umwelt kann zu Angst führen, zur Angst vor dem nun "endgültigen" Körper und der Art und Weise, wie man sich eingelassen hat auf die sinnliche Welt. In Therapiegesprächen mit Magersüchtigen ist oft zu hören, wie sie von Schuldgefühlen gequält werden, wie sie sich schämen und dass sie »solche Angst« haben, und nicht wissen wovor. In einer Zeit des Überflusses, der einseitigen Betonung intellektueller Leistungen und von Schönheitsidealen können sich innerpsychische Konflikte, Schuldgefühle und Ängste weit stärker breit machen als in Zeiten der Armut, des Hungers und der Weltkriege.

3.3.7 Die Auffassung von Katjas Vater

● Der Vater zweifelte angesichts der Entwicklung von Katja an seinen erzieherischen Fähigkeiten. Er konnte ihr Verhalten nicht verstehen. Nach dem Verlauf der Magersucht glaubt Herr M, dass sich Katjas Verhalten als eine lange nicht durchschaubare Entwicklung der Magersucht, als eine Kluft zwischen Körper und Geist, zwischen den Bewegungen des Körpers und sinnlichen Aktivitäten einerseits sowie den geistigen, intellektuellen Versuchen der Ich-Findung andererseits, deuten lässt. Er glaubt, dass hier eine genetische Veranlagung für das Auseinanderstreben des Körpers und

Geistes vorliegt, dass die beiden Gehirnhälften, die für Gefühle und für das Denken verantwortlich sind, gegeneinander arbeiten, und dass es keine Möglichkeit gab, der Krankheit vorzubeugen und ihren Ausbruch zu verhindern.

Als Psychologe und Psychotherapeut hat der Vater von Katja viel über mögliche Ursachen, und darüber, wie die Entstehung der Magersucht erklärt werden könnte, nachgedacht. Seine Meinung lässt sich mit folgender, in etwa wörtlich wiedergegebener Aussage des Herrn M. zusammenfassen: *»Es stimmt alles, was in der Fachliteratur über die Ursachen der Magersucht steht. Vieles spricht dafür, dass die Krankheit meiner Tochter als eine Pubertätskrise gedeutet werden kann. Ich glaube auch, dass Schönheitsideale, Bemerkungen der Mitschüler oder anderer Jugendlicher eine Rolle spielen. Ebenso bin ich überzeugt, dass bei Katja eine ausgeprägte Anlage, also genetische Disposition vorliegt.*

Da bei ihr auch Angst, Schuldgefühle und eine totale Leugnung der Krankheit zu beobachten sind, neige ich zu der Deutung, dass psychische Vorgänge eine zentrale Rolle spielen.

Die Krankheit könnte auch eine wichtige Funktion im Familiensystem übernehmen, denn Spannungen mit meiner Ehefrau und auch Unklarheiten in der Rollenverteilung bei der Bewältigung familiärer Aufgaben sind unzweifelhaft vorhanden.

Aber, wenn alle Erklärungen zutreffen, dann kann keine einzelne gültig sein. Und es steht fest: Alle Erklärungen zusammen sind nicht annähernd in der Lage, das zu erklären, was meine Tochter, meine Familie und ich durchmachen. Alle Erklärungen und Deutungen sind richtig und doch falsch, weil sie mir keinen Weg zeigen, um mit meiner Tochter Kontakt aufzunehmen, um einen Weg aus dem unvorstellbaren Geschehen zu finden. Per definitionem müssten wissenschaftliche Erkenntnisse nützlich sein, Prognosen ermöglichen und die Kontrolle der Realität verbessern.

Oft habe ich das Gefühl, dass Katja mit Hilfe des Intellekts, also durch Nachdenken und Planen, das richtige Handeln und den Weg aus der Pubertät herausfinden will. Das gelingt ihr nicht. Das kann ihr auch nicht gelingen. Sie ist bei der Suche nach der eigenen Identität zu keinem Risiko bereit. Genauso wie damals, als sie nicht das Laufen lernen wollte. So befindet sie sich in einer ausweglosen Situation.

Katja hat schon immer alle Probleme mit Denken gelöst. Sie hat erst mit 18 Monaten das Laufen gelernt. Als sie anfing zu laufen, stolperte sie nicht mehr und fiel auch nicht mehr hin. Das war auch beim Fahrradfahren-Lernen der Fall. Niemand durfte ihr helfen. Sie hat nicht aufgehört zu üben, bis sie das Radfahren beherrschte.

Ich könnte viele weitere Beispiele für ihre Neigung aufführen, Probleme eigenständig durch Nachdenken lösen zu wollen, selbst dort, wo man sich besser helfen lassen sollte, oder dort, wo man einfach etwas ausprobieren muss, um Erfahrungen zu sammeln. Wenn Katja aus irgendwelchen Gründen zu der Auffassung kommt, sie sei in einem bestimmten Tätigkeitsbereich nicht gut genug oder schlechter als andere, dann gibt sie auf wie z. B. das Klavierspielen oder Tennisspielen.

Die Festlegung auf eine bestimmte Erklärung im Fall Katja erscheint mir unmöglich.«

4 Informationen zur Therapie der Magersucht

Eine Behandlungsmethode, die bei jeder an Magersucht erkrankten Person Erfolg versprechend wäre, gibt es nicht. Obwohl Patienten und Patientinnen mit Magersucht gemeinsame Symptome zeigen und auch große Ähnlichkeit der Persönlichkeitsmerkmale aufweisen, muss in jedem Fall ein eigenes therapeutisches Konzept entwickelt werden. Dazu ist viel Einfühlungsvermögen, Geduld, Toleranz, Fachwissen und Teamarbeit (Ärzte, Psychotherapeuten, Krankengymnasten, Familienangehörige) notwendig. Körperliche Symptome und Essverhalten spielen dabei eine wichtige Rolle, stehen aber keineswegs im Mittelpunkt des Interesses. Die Therapie basiert auf dem Wiedererlernen eines normalen Essverhaltens und auf dem Aufbau des Gewichts, wobei diese Symptome keine zentrale Rolle spielen. Hinzu kommen Physio-, Musik- und Gestaltungstherapie zur Verbesserung der Selbst- und Körperwahrnehmung. Die Behandlung der Magersucht ist mit vielen Problemen verbunden, was aus dem nachfolgenden Zeitungsbericht hervorgeht:

»Wird die Essstörung offensichtlich, kommt es in den Familien zu einem verzweifelten ›Kampf‹. Appelle, Bitten und Drohungen seitens der Eltern bringen jedoch meist nichts. Die Angst um Gesundheit und Leben ihres Kindes, Selbstzweifel und Schuldgefühle zermürben die Eltern. Unbedingt sollte in dieser Situation fachlicher Rat eingeholt werden. Im Berliner Beratungszentrum bei Essstörungen 'Dick Dünn' werden Eltern auf ein klärendes und einfühlsames Gespräch mit ihren Kindern vorbereitet. ›Wichtig ist‹, so Geschäftsführerin Sylvia Baeck, ›dass Tochter oder Sohn einwilligen, einen Arzt aufzusuchen, denn die ärztliche Diagnose gibt oftmals den entscheidenden Anstoß zur Einsicht in die Krankheit.‹ Schon im Vorfeld sollte allerdings geklärt werden, ob der Mediziner Erfahrungen auf dem Gebiet der Essstörungen hat. Entsprechende Adressen nennt beispielsweise ›Dick Dünn‹.

Erzwingen kann man eine Behandlungsbereitschaft nicht. Nur wenn das Leben unmittelbar bedroht ist, lässt sich eine Zwangseinweisung ins Krankenhaus und die Ernährung per Magensonde bzw. Infusion vertreten. ›Das ist eine Notbremse‹, sagt Prof. Neumärker, ›keine Lösung‹. Gleichwohl kann es nötig werden, diese Notbremse zu ziehen. Rund sechs Prozent der Magersüchtigen sterben an den Folgen ihrer Auszehrung.

Wann ein lebensbedrohliches Untergewicht erreicht ist, ist individuell verschieden. Als Richtwert werden 35 Kilo angenommen. Die Klinikeinweisung ist dann als lebensrettende Maßnahme absolut notwendig. Denn die Hoffnung, niemand werde sich ›freiwillig‹ zu Tode hungern, trügt.« (Dieser Text wurde 1997 in der Berliner Morgenpost abgedruckt.)

4.1 Allgemeine Richtlinien

In den meisten Fällen von Magersucht können folgende Erfahrungen als Orientierungshilfe herangezogen werden:

Je früher die Einwilligung der Erkrankten zum Klinikaufenthalt erreicht werden kann, desto besser sind die Heilungsaussichten. Die Behandlung von »einfachen« Essstörungen kann auch ambulant erfolgen, eine »echte« Magersucht erfordert einen längeren Aufenthalt in einem Krankenhaus oder in einer Spezialeinrichtung. Bereits die Änderung der Umgebung durch die Einweisung in ein Krankenhaus scheint für die Behandlung von zentraler Bedeutung zu sein.

Wie bereits erwähnt, gibt es wenig Aussicht auf Erfolg, wenn sich die Behandlung nur auf die Beseitigung körperlicher Symptome konzentriert. Appetitanregende Medikamente, Vitaminpräparate, Aufbauspritzen oder strenge Kontrollen des Essverhaltens sind nicht empfehlenswert. Die Sondenernährung ist umstritten, weil sie in der Regel gegen den Willen der Magersüchtigen erzwungen werden muss und weil man annimmt, dass die Patientinnen so nicht lernen, normal mit der Nahrung umzugehen. Unabhängig von diesen Bedenken zeigt die Erfahrung, dass oft eine Wende in der Krankheitsgeschichte nach der Sondenernährung eintritt.

Mit dem Auszug aus den Merkblättern psychosomatischer Kliniken, in denen vor allem Magersüchtige Klienten behandelt werden, wird verdeutlicht, welche psychotherapeutischen Methoden bei der Behandlung der Magersucht am häufigsten zur Anwendung kommen.

In Kliniken, die unter anderem auch Magersuchttherapien durchführen, werden in der Regel ganzheitliche Therapiekonzepte angewandt, die medizinische, psychiatrische und psychotherapeutische Verfahren integrieren. Das therapeutische Vorgehen in solchen Klinikzentren ist darauf ausgerichtet, selbstzerstörerische, dem Leben nicht dienliche Denk- und Verhaltensmuster aufzuzeigen sowie Fehlhaltungen und Erfahrungsdefizite deutlich zu machen, die Kranksein aufrechterhalten. Jeder einzelne wird angehalten, seine eigenen Gefühle und Bedürfnisse wieder zu entdecken und zu lernen, diese in der Auseinandersetzung mit seinen Mitmenschen zuzulassen.

Dazu werden therapeutische Lehr-/Lerngemeinschaften organisiert, die hierfür die erforderliche Atmosphäre der Geborgenheit und des Angenommenseins bieten. Besonderer Wert wird dabei sowohl für die Patienten als auch für ihre Angehörigen auf Hilfe zur Selbsthilfe gelegt. In vielen Kliniken wird versucht, eine »Hausatmosphäre« zu schaffen, die Menschen ermutigt, sich als Gäste zu fühlen, die nach neuen Wegen für ihr Leben suchen. Die Patienten sollen nicht ein Behandlungsprogramm über sich ergehen lassen, sondern gemeinsam mit Therapeuten nach Lösungsmöglichkeiten zur Bewältigung ihrer psychosozialen und somatischen Konflikte suchen.

Oft ist die gruppen- und einzeltherapeutische Arbeit tiefenpsychologisch fundiert, wobei bewährte Ansätze der Verhaltenstherapie, der systemischen Familientherapie, der Gestalttherapie, der Gesprächspsychotherapie u. a. m. ergänzend mit einfließen. In den Merkblättern verschiedener Fachkliniken für psychotherapeutische Medizin wird oft betont, dass sie konfliktzentirerte, aufdeckende Therapie durchführen, die das Menschenbild der Humanistischen Psychologie zur Grundlage hat. Des weiteren werden oft angeboten: Entspannungsverfahren, Krankengymnastik, Meditation, Yoga, themenzentrierte Informationsveranstaltungen, Bewegungstherapie, Spezialgruppen über Beziehungsstörungen oder Sucht, Familienwoche, denn oft sind Familienangehörige im Umgang mit den Patienten überfordert und fühlen sich allein gelassen, Intensivgruppen, in denen der Zugang zu abgewehrten Emotionen und Bedürfnissen gesucht wird, intensive Körperarbeit und andere Ermutigungen, eine eigene Identität zu entwickeln.

Vorbedingung für die Durchführung des Behandlungsprogamms, so steht es im Informationsblatt einer Klinik, sind Fastenvereinbarungen (z. B. kein Kontakt zur Familie in den ersten 2 Wochen, Verzicht auf Ausgang in den ersten 10 Tagen, Verzicht auf Ablenkung und Zerstreuung z. B. durch Fernsehen, Radiohören, Zeitunglesen, Basteln, Telefonieren usw.), die als Herausforderung und Motivationsprüfung zugleich gesehen werden. Es wird erwartet, dass die Patienten nicht mehr »fliehen, sondern stehen bleiben, standhalten und sich der Realität, wie sie ist, stellen«.

4.2 Ziele der therapeutischen Maßnahmen

- Im Rahmen der psychotherapeutischen Behandlung ist das Anstreben folgender Ziele nahe liegend:
  - Gefühlsleben erweitern; Fähigkeit, über Gefühle zu reden, sich der eigenen Gefühle bewusst zu werden; lernen, Gefühle zuzulassen (Trauer, Zorn, Wut, Zuneigung); Angstbewältigung üben;
  - Soziale Beziehungen aufbauen; soziales Training durchführen; Meistern von unerwarteten Situationen; Steigerung der Spontaneität;
  - Selbständigkeit fördern; Steigerung der Flexibilität; Verringerung der Ängstlichkeit und Unsicherheit; Stärkung der Entscheidungsfähigkeit; Abbau des Perfektionismus und der Zwänge.

Monika Gerlinghoff und Herbert Backmund haben in ihrem Buch auch über eine mögliche »Funktion« der Krankheit nachgedacht, die sie in der Steigerung der Lebensqualität für die gesamte Familie sehen. Zitat: »*Wir sind davon überzeugt, dass mit der Bewältigung der Essstörung die Chance auf ›mehr‹ Leben gegeben ist, im günstigsten Fall nicht nur für die Betroffene selbst, sondern für die gesamte Familie. So betrachtet, kann die Krankheit für die Betroffenen zu einem Anstoß, zu einer Chance werden, mehr Lebensqualität zu erwerben – eine in der Medizin ungewöhnliche Perspektive für eine Krankheit.*«

Zur Frage der Therapieziele schreiben sie:

»Ein allgemeines Ziel dürfte sein, dass sich ein junger Mensch nicht mehr über Magersucht artikulieren muss, sondern eine neue Sprache gefunden hat, die verstanden wird.

Konkrete Nahziele können sein: zu Hause ausziehen, eine Ausbildung beginnen, ein Studium aufgeben, das unter magersuchtspezifischen Ansprüchen oder den Eltern zuliebe gewählt wurde, nicht aber den eigenen Fähigkeiten und Bedürfnissen entsprochen hat.

Was aber Selbstwert, Lebenssinn, Lebensinhalt und Lebensqualität für den einzelnen bedeuten, kann nur jeder für sich selbst entscheiden. Somit kann nicht vorausgesagt werden, was es für ein Individuum bedeutet, die Magersucht zu bewältigen und ohne Magersucht zu leben.«

Eine Psychotherapie gegen den freien Willen eines Menschen ist nicht möglich. Eine Einwilligung allein genügt noch nicht. Notwendig ist ein ernsthafter Entschluss, sich bei der Bewältigung einer Krankheit helfen zu lassen und sich nach Kräften um eine Veränderung des eigenen Lebens zu bemühen.

4.3 Einige Informationen zur Familientherapie

- Davison und Neale stufen die Familientherapie im Vergleich zu »bescheidenen Erfolgen anderer Methoden« als Erfolg versprechend ein. Familientherapie ist zur Zeit »in«. Sie geht vom systemischen Denken aus, d. h. sie lehnt die Suche nach Ursachen im Sinne des linearen, die Rückkoppelungen nicht beachtenden Denkens, ab.

In der Familientherapie hat sich die Erkenntnis durchgesetzt, dass einzelne Teile als isolierte Gebilde nicht existieren und nur in »der Beziehung ihre Bedeutung haben«.

Nach der systemischen Betrachtungsweise wird das Symptom nicht als isolierte Abnormität, sondern als etwas betrachtet, das in dem System eine wichtige Funktion erfüllt. Durch das Leiden eines Familienmitglieds wird z. B. die Familie als Ganzes (als System) stabilisiert.

Die Kommunikation in der Familie dient nicht nur der Vermittlung von Inhalten, sondern insbesondere der Regelung von Beziehungen. Die wichtigsten Regelgrößen in der Familie sind dabei Nähe-Distanz und Kontrolle-Unabhängigkeit. Die Nähe zwischen einem Kind (in der Regel dem Symptomträger) und einem Elternteil (z. B. Mutter) führt zur Distanz zwischen den Ehepartnern. Mit Hilfe des Symptoms (z. B. Essensverweigerung) werden die anderen Familienmitglieder kontrolliert und in die Rolle der Fürsorge und Hilflosigkeit (oder Abhängigkeit) gedrängt. Lassen sich z. B. Familienmitglieder durch Suchtverhalten in die Fürsorge und Hilflosigkeit drängen, so spricht man von Co-Abhängigkeit, d. h. das Suchtverhalten kann so lange aufrechterhalten werden, solange Familienmitglieder »mitspielen«.

Oft wird in den Familien durch solche Co-Abhängigkeiten, durch Kontrolle und Hilflosigkeit, durch Verschieben der Nähe und Distanz die natürliche Familienhierarchie durchbrochen. Um das zu Verdeutlichen werden im Rahmen der Familientherapie oft Inszenierungen von neuen Grenzen und Koalitionen, Änderung der Sequenzen in der Kommunikation und auch so genannte »Familienskulpturen« eingesetzt.

In der Familientherapie geht es weniger darum, die Entstehung des problematischen Verhaltens zu erklären, sondern eher darum, neue Sichtweisen einzuführen, die in der Lage sind, die familiäre Wirklichkeit so zu verändern, dass das problematische Verhalten (scheinbar) unmöglich gemacht wird. Dazu werden z. B. paradoxe Interventionen (z. B. nach Paul Watzlawick) eingesetzt: Es kann sich um eine Umdeutung des Symptoms handeln (Symptom wird nicht als Leiden und als Problem, sondern als Stärke und Ressource gesehen), um Symptomverschreibung (Eskalation), mit der erreicht werden soll, das das problematische Verhalten »spontan« – weil es ja verschrieben wird – nicht mehr erfolgen kann und um Aufdeckung der Rituale mit verdecktem Charakter (was wird z. B. mit Essensritualen verdeckt?). Bekannt geworden ist folgende Umdeutung in Familien mit magersüchtigen Töchtern: Statt die Magersucht als Krankheit zu sehen, wird die Opferrolle des Kindes betont, das in einem Alter, in dem andere Jugendliche sich der Kontaktpflege mit Gleichaltrigen widmen, dafür sorgt, daß das gesamte Konfliktpotential der Familie sich auf sie konzentriert.

Tiefenpsychologisch orientierte Familientherapeuten (z. B. Helm Stierlin) deuten die Regeln des familiären Zusammenlebens als »Vermächtnisse«, die von Generation zu Generation weitergegeben werden und das Zusammenleben bestimmen. Es wird von Verschuldung gesprochen, wenn sich ein Elternteil aufopfert und das Kind eine Hypothek von Verpflichtungen übernimmt, von »Berechtigung«, wenn ein Elternteil durch eigene schlechte Behandlung das Recht zur Weitergabe dieser Destruktivität erwirbt. Therapeutisch kann man diese Destruktivität als Loyalität gegenüber eigenen Eltern umdeuten. Auch die von den Eltern nicht erreichten Lebensziele können zur Verpflichtung für die Kinder und sozusagen zur »Familientradition« werden. Hier wird schon deutlich, dass bei einer Magersucht solche unbewussten »Destruktivitäten« eine wichtige Rolle spielen könnten. Um diese unbewussten Vorgänge sichtbar zu machen werden die bereits erwähnten »Familienskulpturen« (Der oder die Betroffenen begeben sich in Körperstellungen zueinander, die sie mit den Problemsituationen assoziieren und aktualisieren so die damit verbundenen Gefühle; daran wird dann gearbeitet) und Inszenierungen des Problems, z. B. mit Hilfe eines Psychodrama eingesetzt.

In seinem strukturellen Ansatz definiert Minuchin eine Störung nicht individuell, sondern interpersonal. Er glaubt, dass sich in der Störung die Struktur der Familie offenbart, die eine andere ist als die Realität einzelner Individuen. Veränderungen in der Familienstruktur tragen zu Veränderungen im Verhalten und den innerpsychischen Prozessen der Mitglieder bei.

Das Ziel der Familientherapie besteht in der Veränderung der Rolle des Anorektikers. Weitere Ziele sind: die Definition der Krankheit als interpersonales Problem und das Verhindern, dass Eltern die Anorexie als Mittel zur Vermeidung von Konflikten einsetzen.

In einer Gesellschaft, die extrem hohe Anforderungen an ihre Mitglieder stellt, hat die Familie die Funktion, ihre Mitglieder zu schützen und zu unterstützen. Die Familie vermittelt ihren Angehörigen das Gefühl der Identität und zwar über das Gleichgewicht zwischen Zugehörigkeit und Getrenntsein. Dieses Gleichgewicht ist nur über klare und flexible »Grenzen« zwischen dem System Familie und den Subsystemen, d. h. einzelnen Angehörigen der Familie, zu erreichen.

Die Klarheit der Grenzen im Spannungsfeld zwischen Zugehörigkeit und Trennung ist nach Minuchin unerlässlich für eine »gesunde« Familienstruktur. Mit verschiedenen Strategien wird im Rahmen der Familientherapie an den Grenzen gearbeitet und den Familien ihre »Verstrickung« (zu viel Einmischung) oder »Isolierung« (zu viel Trennung zwischen einzelnen Subsystemen) bewusst gemacht.

Man könnte die Anorexie als Versuch der Grenzziehung durch die erkrankten Jugendlichen sehen. Wenn die Familienmitglieder, vor allem Eltern versuchen, das magersüchtige Familienmitglied zu »heilen«, z. B. zum Essen zu bewegen, so entsteht zu viel Einmischung und Verstrickung. Mit paradoxen Interventionen wird versucht die Erwartungsangst zu durchbrechen sowie durch Übertreibung und Karikierung des Symptoms Distanzierung zu ermöglichen.

4.4 Kurze Darstellung der anthroposophisch orientierten Therapie

● Nach Henning Köhler handelt es sich bei der Magersucht um unbewältigte Entwicklungsschritte. Die Probleme in der Entwicklung sind das Ergebnis einer ungünstigen »mitgebrachten« Anlage und der kulturspezifischen Einwirkungen. Zwangsneurotische Symptome der Magersucht deuten dabei auf Entwicklungsdefizite in der Ausbildung des physischen Leibes (die ersten sieben Jahre). Die depressiven Symptome stehen nach Köhler im Zusammenhang mit der Entwicklung des Ätherleibs (7. bis 14. Lebensjahr) und die Ängste deuten auf eine Fehlentwicklung nach dem 14. Lebensjahr (Astralleib). (Vgl. hierzu den Baustein 5 »Waldorfpädagogik«.)

Die Behandlung in den anthroposophisch orientierten Kliniken ist entsprechend dieser Deutung konzipiert. Durch geeignete Maßnahmen werden die erste, zweite, dritte »Nachreifung« (Nachholung der nicht bewältigten Entwicklungsschritte) und die Ichfindung sowie Zukunftseröffnung angestrebt.

Für die Bewältigung der ersten Nachreifung (physischer Leib) sind physiotherapeutische Anwendungen (Ganzkörperreibungen, Hautpflege, Düfte, Massagen, Umgang mit Sand, Ton, Wolle, Stein, Holz, Bewegungsübungen, regelmäßige Gymnastik und ähnliches) angebracht. Natürlich werden diese Maßnahmen durch eine klare rhythmische Gestaltung des Tagesablaufs und von Gesprächstherapie begleitet. H. Köhler berichtet, dass durch eine konsequente Anwendung der geschilderten Maßnahmen die zwanghaften Symptome aufgeweicht werden und sich in der Regel eine tiefe Niedergeschlagenheit (Depression) einstellt.

Die Depression ist nach der Lehre Rudolf Steiners Symbol für Probleme im Ätherleib. Die zweite Nachreifung wird durch Intensivierung der Körpertherapie und vor allem durch Arbeit mit Farben und Musik angestrebt. Köhler betont, dass bei der Durchführung des therapeutischen Konzepts »nicht die Bequemlichkeit federführend sein darf«. Der bewussten Pflege des sozialen Klimas ist ebenso hohe Aufmerksamkeit zu widmen wie der Durchführung pädagogischer Aufgaben (Arbeit im Garten, Spaziergänge in der Natur, Beschäftigung mit der Umwelt, Leben in der Gemeinschaft, Aufbau sozialer Beziehungen).

Laut Köhler sind nach einer angemessenen Zeit der zweiten Nachreifung eine gewisse ängstliche Unruhe und wechselnde Körperbeschwerden zu beobachten. Sie sind ein Zeichen für den Einstieg in die dritte Nachreifung. Als Maßnahmen haben sich Atemübungen, Arbeit mit Farbkontrasten (Malen), Musizieren und persönliches Engagement (Kompetenzerweiterung, Spiele, Kulturfahrten, Märchenarbeit) bewährt.

Die Phase der Ichfindung und der Zukunfteröffnung ist nach Köhler geprägt durch Rezitationen, Gespräche über die Beziehungen und die Zukunft sowie durch die Übernahme von Pflichten. Allgemein gilt: Die Phasen dürfen nicht schematisch aufgefasst werden. Übergänge sind fließend. Handwerkliche Betätigungen, therapeutische Gespräche, intensive soziale Bindungen, Eingliederung in die Gruppe, Teilnahme am Gemeinschaftsleben, rhythmische Übungen und vieles andere mehr sind ein unverzichtbarer Bestandteil jeder Therapie der Magersucht.

4.5 Entstehung und Behandlung der Magersucht nach Peggy Claude-Pierre

Im September 1998 erschien das Buch von Peggy Claude-Pierre »Der Weg zurück ins Leben. Magersucht und Bulimie verstehen und heilen.« Da in der von Peggy Claude-Pierre gegründeten und geleiteten Montreux-Klinik (in Victoria, Kanada) überwiegend nur solche Klienten behandelt werden, die nach mehreren Klinikaufenthalten als nicht therapierbar eingestuft wurden, folgt eine Zusammenstellung wesentlicher Gedanken der Autorin.

Zur Vorgeschichte der Montreux-Klinik

Peggy Claude-Pierre, deren beide Töchter im Alter von 13 und 15 Jahren schwer an Magersucht erkrankt waren, ist der Meinung, dass wir verstehen könnten, was die magersüchtigen Patientinnen zur Selbstvernichtung treibt, wenn wir nicht allzu rasch zu den weit verbreiteten und irreführenden Klischees zurückgreifen würden, um das Verhalten zu erklären. Als erstes müsste nach Meinung der Autorin die Last der Schuldvorwürfe von den Betroffenen und ihren Familien genommen werden, denn wenn die Betroffenen nicht mehr durch Schuldvorwürfe, Klischees und das Gefühl des Versagens belastet werden, könnten sie sich nach Meinung der Therapeutin mit ganzer Kraft auf die Genesung konzentrieren.

Claude-Pierre meint, dass den Menschen, die an Essstörungen leiden, viele Zerrbilder übergestülpt werden. Zu den Klischees gehörten z. B. sie seien selbstsüchtig, egoistisch, nach Schlankheitsidealen strebend, nach Zuwendung und Aufmerksamkeit suchend. Sie sei beeindruckt von »der Übermacht der Krankheit« und verunsichert, weil das »ungeheure Leid der Opfer von Essstörungen und der ihnen Nahestehenden« in der breiten Öffentlichkeit so wenig erkannt wird.

Der Negativismussyndrom

Den wahren Grund für die Entstehung von Essstörungen sieht Claude-Pierre im so genannten »Negativismussyndrom«. Mit diesem Begriff umschreibt sie die komplexen Denkprozesse und Gedankenketten, mit denen sich die magersüchtigen Menschen quälen. Sie halten sich für völlig wertlos, glauben schlecht zu sein, wollen wieder ganz klein sein, entwickeln Schuldgefühle, können sich nicht ausstehen, glauben Strafen zu verdienen und sind Opfer eines »grauenhaften Bürgerkriegs im Kopf«. Die tyrannische, überkritische, destruktive innere Stimme treibt die an Magersucht erkrankten Menschen immer tiefer in die Verzweiflung.

Peggy Claude-Pierre schreibt: »*Oft bleibt das Opfer einer Essstörung jahrelang im Kreuzfeuer zwischen der negativen und der Wahren Inneren Stimme gefangen und leidet, ohne zu sterben. Man kann sich die erbärmliche Qualität eines Lebens als ewige Geisel kaum vorstellen – stets dazu verdammt, um Gnade, um jeden Bissen zu flehen wie ein Straßenbettler.*«

Es stellt sich die Frage, wie es dazu kommt, dass manche Jugendliche dieses Negativsyndrom entwickeln und andere nicht. Die Autorin ist überzeugt, dass sich die Negative Stimme nur in einer Person einnisten kann, die ihrem »*Wesen nach altruistisch ist und Familie oder Gesellschaft nicht zu Last fallen möchte, indem sie Hilfe sucht.*« Diese Feststellung bekräftigt Claude-Pierre mit den Erfahrungen aus der Montreux Klinik und mit dem Schreiben ihrer Tochter Kirsten zehn Jahre nach ihrer Genesung: »*Ich erinnere mich, dass ich bei jeder Gelegenheit misstrauisch und verängstigt war; ich zögerte und konnte zu praktisch nichts und niemandem eine Beziehung herstellen.*«

Es scheint so, dass Anorektiker zwischen dem Wunsch zu leben und zu sterben schweben, weil sie nicht wissen, wer sie sind. Sie versuchen, perfekt zu sein, um andere zufrieden zu stellen, und sie besitzen nicht die emotionale Reife, um zu akzeptieren, dass es unmöglich ist, perfekt zu sein.

Oft wird der Versuch und der Wunsch der Magersüchtigen, Struktur und Ordnung zu schaffen, als der Versuch, die Kontrolle über seine Umwelt zu gewinnen, interpretiert. Dabei wird übersehen, dass die Betroffenen selbst verzweifelt nach der Identität suchen.

Nach Claude-Pierre liegen die Wurzeln für die Negative Innere Stimme in einer genetischen Prädisposition. In den Menschen, die für die Bedürfnisse anderer besonders sensibel sind, sieht Claude-Pierre potentielle Opfer des Negativismussyndroms. Sie sind um das Wohl ihrer Familie und des gesamten Universums besorgt. Menschen mit Negativismussyndrom streben nach Perfektionismus, um den anderen dadurch ihren Wert zu beweisen, weil ihnen ein Selbstwertgefühl fehlt. Angesichts der gesellschaftlichen Widersprüche und der eigenen Voraussage von Misserfolgen müssen Negativismusopfer mit ihrem Perfektionismusdrang scheitern. Dies ruft ein alles überlagerndes Gefühl der Wertlosigkeit hervor, und dies führt dann zum Ausbruch der Essstörung.

»Fabeln und Fehlschlüsse«

Claude-Pierre setzt sich kritisch und ausführlich mit den weit verbreiteten Erklärungen der Entstehung von Magersucht auseinander. Sie meint, dass es sich um »Fabeln und Fehlschlüsse« handelt und bedauert, dass »diese Märchen« auch heute noch sehr einflussreich sind und unser Bild von Patienten mit Essstörungen bestimmen.

Zu den Fabeln und Fehlschlüssen zählt sie folgende Deutungen:

Anorexie sei die Begleiterscheinung einer Kultur, die Schlankheit über alles andere stellt. Diese Deutung hält Claude-Pierre für völlig falsch. Denn wenn die anorektischen Mädchen dem Schönheitsideal der schlanken Models nacheifern würden, dann wäre es nach ihrer Meinung völlig unverständlich, warum die Mädchen gegen die Wertvorstellungen der Gesellschaft verstoßen, indem sie bis zum Tode hungern und ihre Körper über die Schlankheit hinaus zu hässlichen Skeletten auszehren.

Anorexie würde von distanzierten, fordernden, wenig fürsorglichen Eltern verursacht oder durch andere nicht ausgetragene Familienkonflikte. Die beiden Töchter der Leiterin der Montreux-Klinik erkrankten nach der Trennung der Mutter von ihrem Mann, wobei die Töchter diese Konfliktlösung mitgetragen hatten. Andererseits sind die meisten Eltern der an Anorexie erkrankten Menschen nicht geschieden. Die meisten Eltern, deren Kinder in der Montreux-Klinik behandelt wurden, hat Claude-Pierre als sehr liebevoll, fürsorglich, keineswegs fordernd oder perfektionistisch erlebt. Wenn überhaupt, dann würden Familienkonflikte und belastende Familiensituationen nur als Auslöser und nicht als Ursache der Erkrankung in Frage kommen.

Das Argument, die Anorexie sei eine Krankheit der »wirtschaftlich Bessergestellten« entkräftet Claude-Pierre mit der Feststellung, dass in die Montreux-Klinik Patienten aus allen sozialen Schichten kommen.

Anorexie sei eine psychosomatische Störung, die auf der Weigerung des Kindes gründet, erwachsen zu werden. Claude-Pierre fiel auf, dass viele ihrer Patientinnen vor der Erkrankung ausgeprägte Eigenschaften erwachsener Menschen besaßen, z. B. Verantwortungsbewusstsein, Pflichtgefühl, Sorge um ihre Mitmenschen.

Der Behauptung, anorektische Mädchen hätten Angst vor der sexuellen Reife, setzt Claude-Pierre die Beobachtung entgegen, dass die anorektischen Mädchen mit der Vermeidung der sexuellen Reife ihre Schuldgefühle beschwichtigen.

Wenn die Anorexie ein unbewusstes Mittel wäre, um Aufmerksamkeit auf sich zu lenken, um im Mittelpunkt zu stehen, dann muss man sich fragen, warum die Magersüchtigen um jeden Preis verhindern wollen, aufzufallen.

Auch die Auffassung, die Magersüchtigen würden ihr Essverhalten als Kontrollinstrument, als Macht über andere, z. B. Eltern einsetzen, hält Claude-Pierre für einen problematischen Fehlschluss. Sie ist überzeugt, und das belegt sie mit entsprechenden Äußerungen ihrer Patientinnen, dass die Magersüchtigen nicht die Mitmenschen kontrollieren wollen, sondern mit allen Kräften verzweifelt nach irgendeiner Form von Halt und Struktur suchen.

Behandlungsmethoden und deren Begründung

Claude-Pierre beobachtete, dass sich die Negative Innere Stimmen mit »raffiniertesten Methoden« ihren Status erhält. Die Magersüchtigen erscheinen als geniale Erfinder, wenn es darum geht, ihr Verhalten als »normal« erscheinen zu lassen, um der Außenwelt vorzuspiegeln, sie verhalten sich wie jeder normale Mensch. So wird zu Beginn der Erkrankung die Weigerung, normal zu essen, mit dem Argument begründet, zu dick zu sein. Die Außenwelt akzeptiert diese Erklärung, und so kann sich die Krankheit, ohne dass der Außenwelt etwas auffällt, weiterentwickeln.

Claude-Pierre glaubt viele Anzeichen des inneren Kampfes der Opfer mit Essstörung entdeckt zu haben. Weil sie von dem Gedanken beherrscht werden, völlig wertlos zu sein, ziehen sie sich sozial zurück. Sie werden zu asexuellen Wesen. Die Krankheit treibt sie in die soziale Isolation, und so besitzen sie kein unterstützendes soziales Netzwerk mehr.

Die bedingungslose Liebe ist in der Montreux-Klinik von besonderer therapeutischer Bedeutung. Die Magersüchtigen müssen von jedem Vorwurf, von jeder Verantwortung für die Genesung befreit werden. Hier sieht sie die Problematik von Behandlungsplänen, die mit Verstärkungen arbeiten.

Ein Betreuer, der immer bei der Patientin ist, der für die Ablenkung von den negativen Gedanken sorgt und den Erkrankten einen sicheren Halt geben kann, ist ebenso wichtig wie körperliche Nähe und In-den-Armen-Wiegen. Es geht darum, der Subjektivität der negativen Gedanken und Vorstellungen die Objektivität entgegen zu setzen.

In Gesprächen darf man die Betroffenen niemals verurteilen, z. B. mit gesprächstherapeutischen Äußerungen wie »du hast ein Problem«. Jeder negativen Aussage muss man eine positive gegenüber stellen. Die Bemerkungen über die körperliche Erscheinung sind unbedingt zu unterlassen, da dadurch die negativen Gedanken an Macht gewinnen. Es ist von Vorteil, wenn man Konkurrenzdruck, z. B. in der Schule, abbauen kann.

4.6 Einige Argumente gegen »bevorzugte« Erklärungen

Selbstverständlich hat mich interessiert, wie von den Lesern die Entstehung der Magersucht im Fall Katja gedeutet wird. Einem Leser der Falldarstellung fiel vor allem auf, dass die »Wende« in der Klinik erst dann eingetreten ist, nachdem die Eltern nicht mehr nachgegeben haben. Er meinte, Katja hätte das Geschehen in der Familie M bestimmt und kontrolliert. Sie hätte sehr viel Macht ausgeübt und wäre durch das Nachgeben der Eltern in ihrem Verhalten laufend verstärkt worden.

Die Deutung ist nahe liegend, aber wahrscheinlich zu einfach oder nicht zutreffend. Als erstes stellt sich die Frage, wodurch die angeborenen, natürlichen Anpassungsmechanismen (Selbsterhaltungstrieb) außer Kraft gesetzt werden. Katja hat gern gegessen, auch Süßigkeiten. Plötzlich hat sie ihr Verhalten geändert. Sie hat nicht nur auf angenehme Speisen verzichtet, sondern gegen den Selbsterhaltungstrieb und damit gegen die Naturgesetze und Instinkte, die für das Lernen von entscheidender Bedeutung sind, gehandelt. Sowohl Pawlow als auch Skinner haben immer wieder herausgestellt, dass sich Lernen nach Naturgesetzen richtet und dass angeborene Reflexe, Instinkte und Selbsterhaltungsmechanismen die Grundlage des Lernens bilden (vgl. hierzu Baustein 6).

Als Nächstes muss man sich fragen, warum der von Dr. S. mit Katja ausgehandelte Behandlungsplan, der auf lerntheoretischer Basis ausgearbeitet wurde, erfolglos blieb. Man könnte einwenden, die von Dr. S. bei Gewichtszunahme in Aussicht gestellten »Belohnungen« waren für Katja bedeutungslos, da sie ohnehin soziale Isolierung bevorzugte und daher auf mehr und häufigere Besuche leicht verzichten konnte.

Die konsequente Haltung der Eltern muss lerntheoretisch gesehen als Entzug der Verstärkung gesehen werden. Weil Katja mit ihrer Verweigerung des Essens die Familie nicht mehr beherrschen kann, gibt sie dieses Verhalten (Löschung) auf. Lerntheoretisch kann man nicht erklären, warum diese »Wende« so plötzlich, ohne Übung und Verstärkung erfolgt.

Seit der Entlassung von Katja aus der Klinik sind inzwischen mehr als zweieinhalb Jahre vergangen. Katja hält zwar ihr Gewicht, sie hat aber in dieser langen Zeit nicht gelernt, »normal« zu essen. Wieso finden die Lernprozesse, die zur Normalisierung des Essens führen würden, nicht statt?

Einige Leser neigten eher zu der Auffassung, die Erkrankung von Katja ließe sich durch das »Familiensystem« erklären. Sie glaubten, in der Fallschilderung Hinweise auf nicht ausgetragene Konflikte, auf Spannungen und für gestörte Kommunikation gefunden zu haben. Zunächst neigte auch ich zu dieser Deutung. Verunsichert haben mich folgende Überlegungen: Dem Entschluss von Katja, abzunehmen, sind nach meinen Recherchen einige Anstöße von außen (Bemerkungen der Mitschüler, Tanzkurs) direkt vorausgegangen. Wieso wird Katja erst mit 16 Jahren zum so genannten »Symptomträger« familiärer Spannungen? Mir sind Familien bekannt, in denen alle Voraussetzungen (Spannungen, nicht ausgetragene Konflikte, gestörte Kommunikation, Leistungsdruck) für die Entstehung der Magersucht gegeben sind, aber die Kinder bleiben gesund. Wie gelingt es Katja, seit zweieineinhalb Jahren das Gewicht zu halten, die Schule mit Erfolg zu besuchen, den Führerschein zu erwerben und gleichzeitig ihren Gesundheits- oder Krankheitszustand ohne auffallende Veränderungen aufrechtzuerhalten? Wieso brechen die Symptome der Krankheit nicht erneut voll aus, um den Familienkonflikt auf die Spitze zu treiben, oder warum wird sie nicht gesund, wenn ihre Erkrankung die Familie doch nicht zu verändern vermag oder die Familie sich bereits geändert hat?

Es gilt festzuhalten: Je genauer man den Fall Katja kennt, je sorgfältiger man alle Umstände und wissenschaftliche Erkenntnisse in die Überlegungen miteinbezieht, desto weniger wird man geneigt sein, eine oder einige »Erklärungen« als die »richtigen« oder zutreffendsten zu favorisieren.

4.7 Kriterien der Gesundheit

- Als Faustregel gilt, dass man bei Magersucht mit einer Behandlungsdauer von drei bis vier Jahren rechnen muss. Die stationäre Behandlung dauert dabei mehrere Monate bis zu einem Jahr.

Wenn die Symptome der Magersucht bereits mehrere Monate andauern, ist die Chance der sog. Spontanheilung, also Besserung ohne professionelle Hilfe, kaum gegeben. Als Zeichen für eine dauerhafte Besserung werden folgende Kriterien genannt: Normalisierung des Essverhaltens und über längere Zeit stabiles, fast normales Gewicht, regelmäßige Menstruation, Kontakt zu Freunden, Fähigkeit zu sexuellen Kontakten, keine weiteren psychischen Probleme (z.B. Zwänge, Ängste, Depressionen).

Ein Zeichen der Gesundheit ist nach Carl Rogers (vgl. Baustein 6) die Selbstaktualisierungstendenz, die für Veränderung, Reifung und Wachstum entsprechend den äußeren Bedingungen sorgt. Die »fully functioning person« ist offen für die eigenen Erfahrungen und frei von Abwehrhaltungen. Sie akzeptiert sich selbst und ist ständig im Werden. Sie ist flexibel in neuen Situationen und lebt mit anderen in größtmöglicher Harmonie. Kriterien der Gesundheit sind also: Offenheit gegenüber Erfahrungen, keine Abwehr; Lokalisation von Bewertungen und Entscheidungen im Selbst; bedingungslose, positive Wertschätzung des eigenen Selbst; kreative Anpassung an neue Situationen; erfolgreiche Steuerung des Verhaltens, die sich an eigenen Bedürfnissen orientiert; unverzerrte Realitätswahrnehmung; leichte Korrektur von Fehlentscheidungen; ungehindertes Annehmen und Geben positiver Wertschätzung; reife und befriedigende soziale Interaktion.

Auch wenn nach Gerlinghoff/Backmund jede Magersüchtige die Chance hat, die Krankheit zu bewältigen, ist Katja nach den aufgeführten Kriterien noch weit davon entfernt, gesund zu sein. Der Weg dahin »ist hart, mühsam und langwierig und erfordert den ganzen Einsatz der Person« (Gerlinghoff/Backmund).

Der Vater von Katja neigt dazu, die Symptome seiner Tochter als »Behinderung« einzustufen. Er meint, dass sie schon ca drei Jahre lang gehindert ist, sich in wichtigen Bereichen des Lebens (Essen, Freunde, soziale Beziehungen, Sexualität, Teilnahme am Familienleben, Ausgehen) »normal« zu verhalten. Sie besucht die Schule und kann recht gute Leistungen erzielen, deswegen könnte er nicht von Krankheit sprechen. Hier wird deutlich, dass die Übergänge zwischen Gesundheit, Krankheit, Behinderung fließend sind.

5 Zusammenfassung

- Die wissenschaftlichen Beschreibungen und Erklärungen der Magersucht mögen zutreffen, sind aber nur unzureichend. Die Wissenschaft ist nicht in der Lage, das Geheimnis der Krankheit – oder ist es keine Krankheit? – zufrieden stellend zu erhellen. Wenn man die Beschreibung der Symptome der Magersucht liest, dann ist man nach der Meinung des direkt betroffenen Herrn M noch weit davon entfernt, das Geheimnis der Vorgänge und Zusammenhänge dieser Krankheit zu begreifen.

Monokausales Erklären ist irreführend und nicht hilfreich. Es kann sehr leicht vorkommen, dass man eine Ursache überbetont und andere Gründe, die vielleicht eher zutreffen, aus dem Auge verliert. Es besteht die Gefahr, dass sich Anhänger monokausaler Erklärungen sehr oft irren und damit den Betroffenen wehtun und dazu beitragen, dass die Probleme noch größer werden. Im vorgestellten Beispiel wird deutlich, wie komplex und undurchschaubar das Zusammenwirken verschiedener Ursachen sein kann.

Die sichtbaren Symptome sind nicht die Krankheit oder Störung. Sie können Ausdruck verborgener Entwicklungskrise sein. In ihnen kann sich ein nicht zugelassener Familienkonflikt artikulieren. Durch sichtbare Verhaltensweisen wehrt sich evtl. die Natur des Menschen gegen den gesellschaftlichen Druck oder Überfluss und Idealvorstellungen. In ihrem Auftreten mag die Polarität des Lebewesens Mensch sichtbar werden: die Polarität zwischen Gefühl und Verstand, zwischen Geist und Körper, zwischen Chaos und Ordnung.

Die finale Deutung nach der die Krankheit im Familiensystem eine wichtige das System erhaltende oder verbessernde Funktion übernimmt, stellt zwar eine interessante Perspektive dar, kann aber keinen Weg der Hilfe aufzeigen. Finale Deutungen werden oft missbraucht und vorschnell geäußert. Das kann dazu führen, dass den Familienmitgliedern eines Kindes Schuldgefühle suggeriert werden.

Auch mystisch anmutende Deutungen und Darstellungen, die von einer naturwissenschaftlich orientierten Wissenschaft nicht akzeptiert werden, z. B. die kurz erläuterte anthroposophische Sicht von Henning Köhler, verdienen Beachtung und Respekt.

In der Praxis (Erziehung, Therapie) ist in vielen Situationen unklar, welches Vorgehen erfolgreich sein wird, oder es ist schwierig, herauszufinden, warum ein bestimmtes Vorgehen zum Erfolg geführt hat. Manche an sich Erfolg versprechende therapeutische Methoden können oft wegen fehlender Mitarbeit der Klienten nicht eingesetzt werden.

Wie Menschen – als selbständige, sich selbst regulierende Systeme – bestimmte Eingriffe und Versuche, von außen Einfluss zu nehmen, verarbeiten, ist weitgehend ungeklärt. Über Intuition, Einfühlung und die Reflexion eigener Erlebnisse, Erfahrungen und Nöte kann man sich die verborgenen Prozesse vorstellen. Die Wirkung eingesetzter körperlicher oder psychischer Behandlungsmaßnahmen tritt bei Lebewesen, die sich ja noch in Entwicklung befinden, möglicherweise erst nach Monaten oder Jahren auf.

Die Suche nach einer einzig richtigen Erklärung, nach einer Theorie, die in jedem Fall nützlich ist, dürfte bei den meisten psychologisch/pädagogischen Problemen keine angemessene Arbeitshaltung sein. Das Ordnungs- und Sicherheitsbedürfnis des Menschen, seine Tendenz, nach logischen, schlüssigen, wahren Erklärungen zu suchen, muss zugunsten einer Bereitschaft aufgegeben werden, Widersprüche zu ertragen, verschiedene, wenn auch nicht gleichwertige Theorien als interessant und aufschlussreich nebeneinander zuzulassen und einer andersartigen und auf den ersten Blick sehr fragwürdigen Meinung mit Respekt und Wertschätzung zu begegnen.

Die Suche nach Erklärungen und Lösungen beachtet das Prinzip »und« sowie »oder auch«. Mit der gewohnten Haltung des »aber« besteht die Gefahr einseitiger Betrachtung!

6 Anhang

- Tabellarische Übersicht über die in der Falldarstellung aufgegriffenen, veranschaulichten oder erörterten zentralen Themen und Fragestellungen der Pädagogik und Psychologie mit Thesen und Hinweisen auf die relevanten Stellen in der Fallschilderung.

Themen, Fragestellungen und die dazugehörigen Thesen	Hinweise auf relevante Textstellen
Anlage-Umwelt-Problem: Die Entwicklung (des gesunden und kranken) Erlebens und Verhaltens muss als das Zusammenspiel von Anlage und Umwelt verstanden werden.	Bedeutung der Anlage von Katja siehe z. B. 2.12 und 3.3.3; Bedeutung der Umwelt vgl. 3.3.1, problematische Interaktionen vgl. 4.5; u.a.m.
Leib-Seele-Geist-Einheit: Körperliche Vorgänge, psychische Prozesse und Verhaltensdeterminanten sowie geistige Akte sind untrennbar miteinander verbunden. Der Zusammenhang lässt sich nicht in Ursache-Wirkungs-Folgen aufgliedern, sondern muss als Wechselwirkung oder als Sich-Selbst-Regulierendes-System gedeutet werden.	Geistige und psychische Vorgänge beeinflussen körperliche z. B. 2.2., 2.7 bis 2.10, 2.12, 3.2, 3.3, 3.3.5; 3.3.7; Selbststeuerung vgl. z. B. 4, 4.1 bis 4.5, 3.3.7, 3.3.3, 2.6
Problematik der Begriffe Krankheit, Gesundheit, Behinderung, Störung: Es gibt keine eindeutigen, objektiven Kriterien oder Normen zur Bestimmung darüber, ob es sich bei einem körperlichen und psychischen »Zustand« um Krankheit, Gesundheit, Behinderung oder Störung handelt. Es gibt Kriterien und Modelle (z. B. nach Carl Rogers) für Gesundheit und Krankheit.	Vgl. hierzu vor allem 4.7, 4.1 und 4.2 aber auch 3.3.7, Beschreibung der Symptome in 2.1 bis 2.12; Katja besucht die Schule, ist leistungsfähig und doch krank oder behindert.
Entwicklungskrisen, das Problem der Identitätsfindung, Pubertätskrisen: Im Laufe der Entwicklung des Menschen müssen viele Entwicklungsaufgaben bewältigt werden. Dabei können als Folge anlagebedingter Gegebenheiten, der Anforderungen der Umwelt (z. B. Leistungsdruck) und wegen kritischer Lebensereignisse schwere Entwicklungskrisen auftreten, die als Krankheit oder Störung oft behandlungsbedürftig sind.	Ausbruch der Symptome im Alter von 16 Jahren; Regression in die frühe Kindheit (vgl. z. B. 2.10), frühkindliche Vorgänge vgl. 2.12, infantiles Verhalten siehe z. B. 3.2, Magersucht als Entwicklungskrise (siehe 3.3.2), Bedeutung der Anlage siehe unter 3.3.3, Druck durch die Umwelt (3.3.1) usw.
Päd. Pessimismus, Realismus und Optimismus: Der Glaube an Ohnmacht (Pessimismus), Allmacht (Optimismus) der Erziehung muss zugunsten einer realistischen Sichtweise aufgegeben werden. Die Erziehung muss die jeweiligen Anlagen des Kindes berücksichtigen. Die Entfaltung der Anlagen ist auf die Unterstützung durch die Erziehung angewiesen. Auch optimale Erziehungsbemühungen können unter Umständen das Auftreten von Krisen nicht verhindern und ungünstige Erziehungseinflüsse können unter Umständen ohne negative Auswirkung bleiben.	Die Bedeutung der Anlage (siehe z. B. 3.3.3), Sorgen der Eltern (siehe 2.4), Grenzen der Einflussnahme (siehe z. B. 2.7, 2.8 und auch 2.9), bestimmte Themen sind Tabu (siehe 2.10), Umwelt gewinnt an Bedeutung (siehe 2.11), Ohnmacht der Umwelt angesichts bestimmter Eigenarten von Katja (siehe 2.12), Bedeutung der Umwelt (siehe 3.3.1), Bedeutung familiärer Einflüsse (siehe z. B. 3.3.4)
Möglichkeiten und Grenzen der Behandlung und Therapie: Es gibt keine Therapie mit »Wirkungsgarantie«. Therapie kann nur Hilfe zur Selbsthilfe sein. Wichtige Bedingungen: Motivation und Mitarbeit des Klienten, richtige Diagnose (Bestimmung des wahren Problems), Wahl der angemessenen Methode, richtiger Zeitpunkt, Integration verschiedener Maßnahmen, Vertrauen in die Selbstheilungskräfte und Berücksichtigung (Änderung) der die Symptome erhaltenden Umweltbedingungen (z. B. Familie als System).	Hierzu siehe vor allem Abschnitt 4 sowie 4.1 bis 4.5; Bei Katja fehlt Krankheitseinsicht, sie weigert sich zum Arzt zu gehen (siehe 2.3 und 2.4); das Verhalten von Katja in der Beratung (siehe 2.6); Katjas Bereitschaft zum Klinikaufenthalt aber weitere Gewichtsabnahme (siehe 4.7 bis 4.8); Notwendigkeit verschiedener therapeutischer Methoden (siehe 4.1 bis 4.5); Notwendigkeit der Familientherapie (siehe 4.3)
Theoriefrage, Wechsel des Paradigma (Denkmodell): In Psychologie und Pädagogik (wie auch in anderen Wissenschaften) gibt es keine wahren und falschen (unwahren) Aussagen und Erkenntnisse. Es gibt keine richtigen	Beachte hierzu die Vielfalt mehr oder weniger gut fundierter und plausibler wissenschaftlicher Deutungen und Erklärungen (Abschnitt 3, vor allem 3.3.1 bis 3.3.6); Jede der aufgeführten Theorien leistet einen wichtigen Beitrag

oder falschen Theorien. Theorien sind Denkmodelle oder Interpretationshilfen, die unsere Suche nach der verborgenen Ordnung organisieren und effektiver machen können. Sie dienen auch der Verbesserung der Praxis (der Erziehung, der Therapie). Die Haltung des »**aber**« muss zugunsten des »**und**« aufgegeben werden.	bei der Erklärung des Erlebens und Verhaltens von Katja. Die Haltung des »**und**« statt »**aber**« (siehe 5); Verschiedene Theorien führen zu verschiedenen Behandlungsmethoden.
Das Problem des monokausalen Denkens und die Notwendigkeit multikausaler Deutungen: Mit einfachem mechanischen, linearen oder monokausalen Ursache-Wirkung-Denken kann man das »Verhalten« lebendiger Systeme bzw. der Lebewesen nicht erklären. Das Erleben und Verhalten des Menschen und vor allem auch seine Entwicklung wird durch das Zusammenspiel vieler Ursachen, die zu verschiedenen Zeitpunkten wirksam sein können, bestimmt. Es kann sein, dass durch einen winzigen Einfluss ein Verhalten und Erleben »ausgelöst« wird, dass bereits in der Vergangenheit »verursacht« wurde.	Fall Katja führt zu gewisser Ratlosigkeit. Es gibt keine einzelne, alles entscheidende Ursache. Siehe hierzu Ausführungen unter 2.13, 2.11 und vor allem 3.3.7; Aufschlussreich sind auch die verschiedenen Erklärungsversuche (siehe dazu 3.1 bis 3.6); Zur Bedeutung des Zusammenwirkens von Körper und Psyche siehe z. B. 3.3 und 3.12, zum Zusammenwirken körperlicher, gesellschaftlicher und entwicklungspsychologischer Faktoren siehe z. B. 3.3.1 und 3.3.2.
Selbststeuerung, Selbstwirksamkeit des Menschen, das Verhalten der Sich-Selbst-Regulierenden-Systeme: Als ein sich-selbst-regulierendes System ist der Mensch von außen, durch die Umwelt nicht direkt beeinflussbar, er ist aber auf Begegnungen und den Austausch (Kommunikation und Interaktion) mit der Umwelt angewiesen.	Hierzu siehe vor allem 3.3.7 (Katja ist autonomes System und bestimmt, was geschieht), auch 4.5 (Bedeutung negativer Gedanken und Selbstbewertungen), 4.1 (Hilfe zur Selbsthilfe), Eigendynamik der Entwicklung (3.3.2), finale Deutung (3.3.4) usw.
Der Mensch als soziales Wesen und die Bedeutung, aber auch Grenzen der Kommunikation: Der Mensch ist auf soziale Beziehungen, Körperkontakt, Geborgenheit und auf sprachliche sowie nicht sprachliche Kommunikation angewiesen. Die Einflussnahme über Kommunikation ist nicht immer erfolgreich. Kommunikation und Interaktion ist immer Agieren und Reagieren, ein zweiseitiger Prozess, eine Form der gegenseitigen Beeinflussung.	Katja braucht Unterstützung und Geborgenheit (siehe z. B. 2.12), Katja verweigert Kommunikation und Arztbesuch (siehe z. B. 2.3, 2.4 und 2.10), Katja hat in der Beratung »keine Probleme« (siehe 2.6) und daher ist eine erfolgreiche Kommunikation nicht möglich. Hilfe zur Selbsthilfe, verschiedene Formen der Therapie erfolgen mit Hilfe des Gesprächs, der Kommunikation.
Subjektivität der Wahrnehmung: Wahrnehmungsprozesse führen vor allem in komplexen Situationen und unter extremen Bedingungen zu einer subjektiv konstruierten Wirklichkeit und nicht zu einem objektiven Abbild. Die Wahrnehmung wird durch individuelle (z. B. Gefühle und Bedürfnisse) und soziale (z. B. kulturelle Normen und Werte) Faktoren beeinflusst.	Katja kann in der Wahrnehmung der eigenen Situation nicht beeinflusst werden, diese ist stark subjektiv (z. B. 2.4 und 2.5); Körperwahrnehmung ist gestört (3.3.3), Schönheitsideale, kulturelle Normen beeinflussen die Wahrnehmung (siehe z. B. 3.3.1), Bedeutung negativer Gedanken (4.5)
Wechselwirkung zwischen Emotionen, Denken und Wollen: Das Erleben und Verhalten ergibt sich aus dem Zusammenspiel zwischen psychischen Funktionen (z. B. Denken, Wahrnehmen) und psychischen Kräften (Emotionen und Motivation).	Probleme bei Katja in der Koordination von Kognition und Gefühl, der rechten und linken Gehirnhälfte (siehe z. B. 3.3.3), das Bewerten eigener Fähigkeiten (Kognition) beeinflusst die Motivation (siehe dazu z. B. 2.12), negative Gedanken führen zu Schuldgefühlen und zu sozialem Rückzug (z. B. 3.2 und 4.5).
Theorie-Praxis-Problem: Die Komplexität der pädagogischen und psychologischen Praxis verbietet das Ziel-Mittel-Denken oder die Annahme des direkt anwendbaren Wissens. Die Theorie muss als Orientierungswissen verstanden werden, als Orientierungshilfe und nicht als Handlungsanweisung. Erfolgreiche Praxis ist auf die Theorie angewiesen.	Im Fall Katja wird deutlich, dass z. B. die klinische Praxis (Diagnose, Therapie) auf theoretische Erkenntnisse angewiesen ist, aber auch, dass das Wissen nicht direkt angewandt werden kann. Wenn Katja nicht »mitmacht« sind Praktiker hilflos.

Weiterhin können am dargestellten Fallbeispiel **folgende Fragen** veranschaulicht und behandelt werden: Was ist eine Fallanalyse? Was versteht man unter Anamnese, Exploration, Diagnose, Behandlung, Evaluation (z. B. im Rahmen einer Einzelfallhilfe – Sozialpädagogik)? Worin besteht der Unterschied zwischen Ursachen-Erklärung (Erklärung I. Ordnung) und Prozess-Erklärung (Erklärung II. Ordnung oder Erklärung mit Hilfe hypothetischer Konstrukta)? Welche Rolle spielen im Fall Katja verstehende (hermeneutische) und erklärende Positionen? Was könnte man unter Urvertrauen und Urmisstrauen verstehen? Was liegt im Fall Katja vor? Gibt es möglicherweise vorgeburtliche Einflüsse auf die Entwicklung? Welche Rolle spielt Geschwisterrivalität (Eifersucht) und die Stellung in der Geschwisterreihe? Welchen Einfluss üben Medien, gesellschaftliche Modeerscheinungen, Normen und Werte aus? Wo besteht die Gefahr unzulässiger Verallgemeinerung oder einseitiger Sicht? Wie sind Selbst-, Sozial- und Sachkompetenz bei Katja ausgebildet? Wann könnte man vom Erreichen des Erziehungsziels Mündigkeit sprechen? Welche Informationen über den Aufbau und die Struktur der Persönlichkeit erhalten wird durch die Analyse des Fallbeispiels Katja? Welche Prinzipien der sozialen Einzelfallhilfe müssen während der Behandlung von Katja verwirklicht werden? Was sind Indikatoren oder Merkmale der Gesundheit und Krankheit? Wodurch wird das Gesundheitsbewusstsein von Katja beeinflusst? Wo werden im Fall Katja Fragestellungen und Gegenstand (Diagnostik, Behandlung, wissenschaftliche Fundierung) der Klinischen Psychologie deutlich? Welche Rolle spielen Ängste bei der Entstehung psychischer Störungen? u. a. m.

Fall Katja als Musterbeispiel für eine Fallanalyse;
Anamnese: Siehe z. B. 2.1 (Ausgangssituation) und 2.12 (ergänzende Informationen); Exploration: siehe z: B. 2.4, 2.5 »Sorgen«, »unterschiedliche Sicht«; Diagnose s. z. B. 3.2 und 3.3; Behandlung s. z. B. 4.1 bis 4.5;
Ursachen-Erklärung s. z. B. 3.3.1;
Prozess-Erklärung s. z. B. 3.3.2 bis 3.3.5;
Verstehende Position z. B. 3.3.5;
erklärende Position z. B. 4.6;

Urvertrauen-Urmisstrauen s. z. B. 4.5 und 2.12;
Vorgeburtliche Einflüsse z. B. 2.12;

Geschwisterrivalität s. z. B. 2.11;

Modeerscheinungen, Normen, Medien s. z. B. 3.3.1;
Einseitige Sicht siehe 3.3.1 bis 3.3.6 und 4.6;
Mündigkeit s. z. B. körperliche und psychische Symptome, Negativismussyndrom, Leugnung der Krankheit usw. (z. B. 3.2)
Z. B. Vergleich Instanzenmodell und Persönlichkeit von Katja – Auswertung der Fallbeschreibung (z. B. zu strenges Über-Ich, überladenes Es, Ich-Schwäche (Realitätsverlust) aber auch Ich-Stärke (Fahrradfahren-Lernen);
Indikatoren s. z. B. 4.7, 4.2 (Ziele der Behandlung);
Klinische Psychologie z. B. Abschnitt 2 und 3 als Diagnose, Abschnitt 4 als Behandlung und Therapie; Rolle der Ängste z. B. Angst vor Versagen in der Schule (z. B. 3.2), Leugnung der Krankheit und Angst vor Behandlung, Angst vor sozialen Kontakten, Angst vor Verletzung der Normen, Angst vor Erwachsenwerden usw.

7 Literatur

Bruch, H. (1982). Der goldene Käfig. Das Rätsel der Magersucht. Frankfurt a. Main: Fischer

Buhl, C. (1991). Magersucht und Esssucht. Ursachen, Beispiele, Behandlung. Stuttgart: TRIAS Thieme Hippokrates Enke

Claude-Pierre, P. (1998). Der Weg zurück ins Leben. Magersucht und Bulimie verstehen und heilen. Frankfurt: Wolfgang Krüger Verlag

Davison, G. C. und J. M Neale (1996). Klinische Psychologie. Weinheim: Psychologie Verlags Union

Gerlinghoff, M und H. Backmund (1995). Essstörungen. Anstöße zur Krankheitsbewältigung. Stuttgart: TRIAS Thieme Hippokrates Enke

Köhler, H. (1995, 2. Aufl.). Die stille Sehnsucht nach Heimkehr. Stuttgart: Verlag Freies Geistesleben

Leibold, G. (1992). Magersucht. Ursachen, Verlauf und neue Behandlungsmethoden. Rastatt: Moewig Verlag

Schlippe, A. von (1991). Familientherapie im Überblick. Paderborn: Junfermann-Verlag

2

Wissenschaftliches und naives Denken in der Psychologie – Theorie-Praxis-Problem in der Pädagogik

1 Eine entmutigende Erkenntnis als Einführung

Psychologie wird in der Regel beschrieben als eine Wissenschaft, die das Erleben, Verhalten und Handeln der Menschen erforscht, um Erscheinungen des »Psychischen« (Seele, Geist, Gegenteil oder Ergänzung des Körperlichen) zu beschreiben, zu erklären und auch voraussagen zu können. Vereinfacht gesagt beschäftigt sich die wissenschaftliche Psychologie mit den gleichen Fragen wie der Laie im Alltag: Warum reagiert ein Mensch in einer bestimmten Situation aggressiv, ängstlich, schlagfertig, humorvoll? Wodurch werden Menschen zu bestimmten Verhaltensweisen und Handlungen motiviert? Wie funktioniert das Gedächtnis, die Wahrnehmung, das Denken? Wie kann man Mitmenschen zu bestimmten Handlungen überreden, sie beeinflussen? Warum ändern Menschen ihr Verhalten? Welche Rolle spielt die Anlage, welche die Umwelt? Wie wirkt sich die Gewaltdarstellung in den Medien auf die Kinder aus? Welche Verhaltensweisen des Menschen sind determiniert, festgelegt, welche sind frei? Die hier allgemein formulierten Fragen beschäftigen uns im Alltag und aus der Sicht der Praxis in konkreter Form: Was kann ich tun, damit ich eine wichtige Prüfung bestehe? Welchen Beruf soll ich lernen? Warum hat mich meine Freundin oder mein Freund verlassen? Was habe ich falsch gemacht? Wieso fällt mir immer erst hinterher ein, wie ich hätte reagieren sollen?

Meistens finden die Menschen mehr oder weniger plausible und nützliche Antworten auf ihre Fragen. Die Antworten sind Leistungen des »gesunden Menschenverstandes«, sie erfolgen mit Hilfe der so genannten »naiven Verhaltenstheorie«, die sich zusammensetzt aus dem psychologischen Alltagswissen und aus den Überzeugungen der Populärpsychologie (Common-Sense-Psychologie).

Lyle E. Bourne und Bruce R. Ekstrand schlagen in ihrer »Einführung in die Psychologie« folgenden Test des naiven Denkens oder der »Gesunden-Menschenverstand- Psychologie« vor:

»Testen Sie im folgenden Ihre Überzeugungen. Schreiben Sie ein ›Ja‹ jedes Mal vor die Aussagen, die Sie für richtig halten, und ein ›Nein‹ vor diejenigen, die Ihrer Meinung nach falsch sind.

1. *Einer der Hauptunterschiede zwischen Menschen und Tieren ist der, dass Tiere nicht denken können.*
2. *Je schneller man etwas lernt, umso langsamer wird man es vergessen.*
3. *Die Titel Psychiater, Psychoanalytiker, Psychologe und Psychotherapeut sind mehr oder weniger austauschbar.*
4. *Kinder mit geringer Intelligenz werden meist kluge Erwachsene.*
5. *Rothaarige Menschen sind von Natur aus leicht aufbrausend.*
6. *Meistens wird Homosexualität durch Anomalien in den Genen verursacht, die das Geschlecht bestimmen, d. h. durch Anomalien in den so genannten X- und Y-Chromosomen.*
7. *Das Unbewusste befindet sich im unteren Teil des Gehirns unter dem Bewussten.*
8. *Sehr intelligente Kinder sind emotional weniger angepasst als Kinder von durchschnittlicher Intelligenz.*
9. *Genie ist nahe verwandt mit Geisteskrankheit.*

Sie werden überrascht sein, wenn Sie erfahren, dass alle diese Aussagen, wie sie da stehen, falsch sind, obwohl manche dem gesunden Menschenverstand, der Intuition oder landläufigen Meinungen zu entsprechen scheinen.«

Die zitierten Autoren stellen anschließend »die entmutigende Erkenntnis heraus, dass die meisten Leute sehr wenig aus ihrem Psychologiekurs mitnehmen«. Sie behaupten, dass nach einem Test die Leute durch Psychologiekurse nur ungefähr 10% ihrer falschen Vorstellungen revidieren. Dabei wurde auch festgestellt, dass »kluge« Kursteilnehmer ihre vorgefassten Meinungen nicht mehr ändern als durchschnittlich begabte. Den meisten Gewinn konnten nach diesem Test hochmotivierte und sehr interessierte Kursteilnehmer erzielen.

Aus dem Gesagten lässt sich eine erste Schlussfolgerung ziehen: Dem Erwerb des pädagogischen und psychologischen Wissens muss die Bereitschaft vorangehen, die eigene »Privatpädagogik« und die Gesunden-Menschenverstand-Psychologie aufzugeben, zu verlernen. Das sich Bewusstwerden der eigenen, liebgewonnenen und bei Bedarf praktizierten Einsichten ist ein erster Schritt dazu.

2 Merkmale und Funktionen des naiven Denkens

Die wissenschaftliche Erforschung des psychologischen und pädagogischen Alltagswissens stellte als Erstes fest, dass ein stark ausgeprägtes Bedürfnis vorhanden ist, das psychologische und pädagogische Wissen zu sammeln, um eigenes und fremdes Verhalten erklären und verstehen zu können. Die Gründe für dieses Bestreben der

Menschen sind nahe liegend. Sich selbst und andere verstehen oder gar »durchschauen« zu können bedeutet Sicherheit, verspricht private und berufliche Erfolge und ist damit ein Aspekt der allgemeinen Lebensqualität.

Die stärksten Impulse hat die Erforschung der Common-Sense-Psychologie in Amerika durch Fritz Heider und in Deutschland durch Uwe Laucken erhalten.

2.1 Gleichgewicht und Logik

Nach Fritz Heider organisieren Menschen ihr alltagspsychologisches Wissen zu kognitiven Einheiten, und zwar so, dass stimmige, ausbalancierte Konzepte und Schemata entstehen. Wir wollen, dass unsere Gefühle, unsere Meinungen und unsere Verhaltensweisen gegenüber anderen Menschen und Dingen zueinander passen, folgerichtig sind und ein Gleichgewicht ergeben. Dabei geht der Mensch nach Gesetzen der Logik vor. Altbekannte Schlussfolgerungen wie »Wer lügt, der stiehlt auch«, oder »Zeige mir, wie du wohnst, und ich sage dir, wer du bist« werden dabei ebenso benutzt wie die Tendenz, für jedes Ereignis eine Ursache zu finden bzw. zu konstruieren. Diesen Prozess der Zuordnung von Ursachen zu beobachteten Verhaltensweisen nennt man »Attribuierung«. Dabei erklären Alltagspsychologen das Erleben, Verhalten und Handeln entweder über eine »interne« Ursache, indem sie einer Person eine bestimmte Eigenschaft oder Fähigkeit zuschreiben, oder über eine »externe«, indem sie die Ursache für das beobachtete Ereignis in den Umweltkräften und -einflüssen sehen. Ob ein Verhalten durch interne oder externe Ursachen erklärt wird, hängt von der Information ab, die dem Alltagspsychologen zur Verfügung steht. Es wurde herausgefunden, dass Menschen dazu neigen, Erfolge eher durch interne und Misserfolge eher durch externe Ursachen zu erklären. Aus dieser Erkenntnis wird deutlich: Der Privatpsychologe geht so vor, dass für ihn ein möglichst vorteilhaftes Bild entsteht. Die logische Schlussfolgerung, die zum Erstellen eines stimmigen Gleichgewichts angewandt wird, ist egoistisch motiviert.

2.2 Akt- oder Prozess- und Dispositionskonstrukta

Uwe Laucken hat über die Erkenntnisse von Heider hinaus herausgefunden, dass sich das gesamte alltagspsychologische Wissen in »Aktkonstrukta« oder »Prozesskonstrukta« und in »Dispositionskonstrukta« einteilen lässt. Ursachen, mit denen der naive Denker das Verhalten anderer oder auch das eigene erklären kann, sind also entweder Aktkonstrukta, d. h. willkürlich und je nach Bedarf konstruierte Prozesse des Abwägens, Planens, Denkens und Wollens (z. B. weil er/sie denkt, will, befürchtet, vergisst, hofft) oder Dispositonskonstrukta, d. h. angenommene, über längere Zeit hinweg gleich bleibende innere Fähigkeiten und Verhaltensbereitschaften (z. B. intelligent, konzentriert, fleißig, mutig, dominant, ängstlich).

Einfache Beispiele: Habe ich oder ein Freund von mir in einer Prüfung versagt, so ist die Angelegenheit naiv-psychologisch schnell erklärt. Es wird eine externe Ursache gefunden, z. B. die vom Lehrer gestellten Aufgaben waren zu schwer bzw. unverständlich formuliert oder er hat etwas gefragt, was noch nicht durchgenommen war. Ist die Prüfung erfolgreich verlaufen, so wird intern attribuiert. Es lag am eigenen Können, an der Begabung (Dispositionskonstrukta) oder weil ich bzw. mein Freund gut abschneiden wollte und auch richtig gedacht habe (Prozesskonstrukta).

Weiß man, dass ein Lehrer einen bestimmten Schüler mag, so ist es logisch, dass der Schüler gute Note bekommt (Gleichgewicht).

In den Sprechstunden der Lehrer beklagen die Eltern oft, dass ihre Söhne oder Töchter nur deswegen schlechte Noten bekommen, weil sie zu faul seien. Sie sagen z. B.: »Er/sie macht ja nie Hausaufgaben und wenn, dann ganz schnell. Wenn er/sie bloß nicht so faul wäre?« Auf die Frage des Lehrers, woher sie denn wissen, dass ihr Kind faul sei, reagieren die Eltern zunächst mit Unverständnis. Was soll die Frage? Stellt der Lehrer seine Frage erneut, dann folgt in der Regel die Antwort: »Weil er/sie die Hausaufgaben nicht macht, sich nicht aufraffen kann zu lernen.« Es könnte die Frage folgen: »Und woher wissen Sie, dass er/sie sich nicht aufraffen kann zu lernen?« »Weil er/sie denkt, dass er/sie es auch ohne Lernen schafft.« Diese Fragen- und Erklärungsfolge könnte man beliebig fortsetzen. Es werden immer sofort Ursachen gefunden und das Verhalten wird entweder mit Hilfe der Prozesskonstrukta (denkt, will) oder mit Dispositionskonstrukta (faul, begabt) erklärt. Dass dabei die Erklärungen zirkulär und nichts sagend sind, fällt nicht auf oder stört niemanden. Ein Schüler ist faul, weil er die Hausaufgaben nicht macht, und er macht keine Hausaufgaben, weil er faul ist. Ein Schüler bekommt schlechte Noten, weil der Lehrer was gegen ihn hat, und warum mag ihn der Lehrer nicht? Weil er ihm schlechte Noten erteilt.

2.3 Zirkularität und Projektion

Die bisher geschilderten Merkmale der naiven Psychologie sind: Logik, Gleichgewicht, Zirkularität, Zuordnen von internen oder externen Ursachen, die durch je nach Situation gefundenen Prozess- und Dispositionskonstrukta verblüffende Stimmigkeit aufweisen. So ergibt sich ein weiteres Merkmal: Naiv-psychologische Erklärungen sind immer »wahr«, d. h. die Gesunder-Menschenverstand-Psychologie irrt nie. Es hat keinen Sinn, privatpsychologische Erklärungen in Frage zu stellen, sie sind subjektiv immer in Ordnung und wahr. Da man die Ursachen oft über den Mechanismus der Projektion findet, d. h. dass eigene Vorgänge, Verhaltensbereitschaften und auch verbotene Gefühle oder Wünsche an den uns umgebenden Menschen gesehen, und dann zur Erklärung verwendet werden, wird jedes Hinterfragen mit Nachdruck zurückgewiesen. Der Vorgang der Projektion läuft unbewusst ab, der Projizierende ist überzeugt, die Ursache des erklärten Verhaltens »gesehen«, »wahrgenommen« zu haben. Man kann den Privatpsychologen nicht einfach für verrückt erklären.

2.4 Denken in Gegensatzpaaren

Die bisher dargestellte Sicherheit und Unumstößlichkeit privatpsychologischer Erklärungen wird durch die Tendenz, in Gegensatzpaaren zu denken, gestützt. Der Mensch nimmt dauernd Erscheinungen und Vorgänge wahr und bewertet diese gleichzeitig. Die spontane Bewertung erfolgt durch einfache Einteilungen in richtig-falsch, gut-böse, schön-hässlich, wünschenswert-verabscheuungswürdig. Da viele Wörter zugleich ein beschreibendes und ein wertendes Urteil abgeben, wird diese Eigenart des naiven Urteilens einerseits durch die Sprache unterstützt und andererseits verschleiert. Es fällt niemandem auf und keiner stellt solche Urteile in Frage.

Sagt man z. B., dass sich jemand idiotisch benommen hat, dann ist diese Aussage eine Beschreibung (jemand hat sich zu seinem Nachteil verhalten), eine Erklärung (weil er dumm oder Idiot ist) und eine Wertung (im Gegensatz zu allen anderen, die nicht so dumm sind) zugleich. Ein Klärungsversuch, wie die Aussage gemeint ist, endet in der Regel im Streit.

2.5 Denken in Metaphern

Ein weiteres Merkmal der Privatpsychologie ist das Denken in Metaphern. Eine Metapher ist ein bildhafter Vergleich. Metaphern helfen Phänomene zu veranschaulichen, die der Beobachtung und Beschreibung ansonsten nicht zugänglich sind. In der Privatpsychologie werden oft durch eine Metapher Beziehungen oder Ähnlichkeiten zwischen Dingen hergestellt, die miteinander nichts zu tun haben. Beispiel: »Lange Haare, kurzer Sinn«, »schräger« Blick, ein »schräger« Typ oder »Was mich nicht umbringt, macht mich stärker«. Oder man sagt: Sie benimmt sich wie »die Prinzessin auf der Erbse«. So wie lange Haare in keinem Zusammenhang mit der Intelligenz stehen, so hat auch ein überempfindliches, sensibles, verwöhntes Auftreten mit einer Prinzessin nichts Gemeinsames. Werden Erklärungen in Form von Metaphern gegeben, so fühlen sich die Privatpsychologen nicht nur im Recht, sondern glauben auch kreativ, humorvoll und intelligent zu sein. Metaphern sind auch in der Privatpädagogik sehr beliebt. Es wird z. B. von »Entfaltung« der Persönlichkeit gesprochen, vom Erzieher als »Gärtner«, vom »Sprudeln des Wissens« und von der »Erziehungskunst« oder »Zucht«.

2.6 Funktionen des naiven Denkens

Es wird klar: Im Laufe der Jahrtausende hat die Menschheit eine Privatpsychologie und Alltagspädagogik entwickelt, die sehr viel zur Sicherheit und persönlichen Zufriedenheit beiträgt. Die Deutungen sind immer wahr und können leicht verteidigt werden. Die Willkürlichkeit, der wertende Charakter und die Subjektivität der Deutungen fallen nicht auf. So werden mit Hilfe der naiven Psychologie wichtige Bedürfnisse befriedigt.

Die Alltagspsychologie dient der Orientierung, sie hilft uns, mit einer Flut von Informationen fertig zu werden. Sie befriedigt das Bedürfnis nach Systematisierung und Ordnung von ankommenden Informationen, z. B. durch die Einteilung in Gegensatzpaare oder durch bildhafte Vergleiche.

Sie ermöglicht schnelle Beurteilungen von Personen und verkürzt dadurch den Weg zur angemessenen Beantwortung des Erlebten oder Wahrgenommenen.

Es entsteht so ein Gefühl der Handlungssicherheit und der Überzeugung, sich in einer bestimmten Situation angemessen und richtig verhalten zu haben.

Die Alltagspsychologie und Privatpädagogik sind hervorragende Instrumente, um im normalen Alltag, in Situationen, die nicht allzu belastend und problematisch sind, zurechtzukommen. Sie werden zum Problem, wenn Schüler privat-pädagogische Lösungen und naiv-psychologische Deutungen nicht aufgeben können und nicht einsehen wollen, warum sie nichts sagend sind. Noch problematischer wird das naive Denken in echt belastenden, kritischen und stresshaften Krisensituationen. Durch naive Erklärungen werden die Probleme, z. B. Konflikte zwischen Partnern, zwischen Erziehern und Kindern, immer größer. Es entsteht ein Teufelskreis. In ausweglos scheinenden Problemsituationen, bei schwer wiegenden Konflikten und in persönlichen Krisen sind wissenschaftliche Erkenntnisse und professionell arbeitende Psychologen gefragt.

3 Merkmale und Funktionen des wissenschaftlichen Denkens

»Eine wissenschaftliche Aussage ist so gut wie die Methode, mit der sie gewonnen wurde.« Es gilt also: Je besser die Methode, desto wertvoller ist die Erkenntnis. Die Qualität (Nützlichkeit, Tragweite, Aussagekraft) wissenschaftlicher Erkenntnisse misst sich an der Qualität wissenschaftlicher Methoden.

3.1 Überprüfbarkeit

Damit Erkenntnisse und Aussagen wissenschaftlich genannt werden dürfen, müssen sie überprüfbar sein, d.h. der Weg, auf dem die Erkenntnis gewonnen wurde, muss nachvollziehbar, die angewandte Forschungsmethode muss wiederholbar sein. Wenn z. B. behauptet wird, hungrige Schüler lernen besser als satte, dann kann die Qualität dieser »Erkenntnis« überprüft werden, wenn man die Untersuchung, die zu dieser Aussagen führte, wiederholen kann. Das bedeutet, dass der »Wissenschaftler« oder Forscher seine Methode genau beschreiben und die Begriffe eindeutig definieren muss. Wann ist das Merkmal »Hunger« nachvollziehbar definiert? Eine Definition des Hungers als subjektives Gefühl in der Magengegend oder als Verlangen nach Essen macht die Überprüfbarkeit der Erkenntnis unmöglich. Teilt aber der Wissenschaftler mit, dass er »Hunger« erzeugt hat, indem er Versuchspersonen 6 Stunden lang jede Nahrung vorenthalten hat, dann ist das Verfahren nachvollziehbar.

3.2 Objektivität

Wissenschaftliche Aussagen müssen objektiv sein, d. h. sie müssen von den subjektiven Einflüssen und Auslegungen verschiedener Menschen unabhängig sein. Anders ausgedrückt: Unter gleichen Bedingungen kommen verschiedene Personen (Forscher) zu gleichen Ergebnissen. Ein psychologischer Test ist z. B. objektiv, wenn ein Testergebnis von verschiedenen Personen in gleicher Weise interpretiert wird. Um hohe Objektivität von Aussagen zu erreichen, müssen bei der Anwendung naturwissenschaftlicher Methoden die Bedingungen, unter denen ein Experiment oder eine Untersuchung durchgeführt wurde, genau kontrolliert und von allen Zufallsfehlern geschützt werden. Die Objektivierung der Beobachtung kann z. B. durch Aufzeichnung mit Hilfe von Videokameras oder durch Einsatz von Messinstrumenten (evtl. auch Strichlisten) erreicht werden. Wird z. B. gesagt, in der autoritär geführten Gruppe zeigten die Jugendlichen durchschnittlich zehn aggressive Verhaltensweisen pro Stunde und in der demokratisch geführten nur drei, dann ist völlig ungeklärt, welches Verhalten der Jugendlichen als »aggressiv« eingestuft wurde. Eine solche Aussage ist nicht objektiv.

3.3 Allgemeine Gültigkeit

Weiterhin wird der Anspruch erhoben, dass wissenschaftliche Aussagen allgemein gültig sein müssen. Allgemein gültig ist eine Aussage, wenn sie in »jedem Fall« zutrifft. Behauptet man z. B., dass auf Frustration Aggression folgt, dann ist die Aussage allgemein gültig, wenn jeder frustrierte Mensch aggressiv reagiert. Allgemein gültige Aussagen dieser Art sind in der physikalischen oder chemischen Welt eher zu finden als in der belebten. Ein Gegenstand, der schwerer ist als Luft, wird dem Gravitationsgesetz zufolge immer nach unten fallen, wenn er losgelassen wird. »Immer wenn, dann Beziehungen« nennt man Gesetze oder nomothetische Aussagen.

Als Gesetzmäßigkeit bezeichnet man die Beziehung folgender Art: »Wenn, dann sehr wahrscheinlich auch«. In der Psychologie und Pädagogik sind Gesetzesaussagen nur selten möglich, häufiger liegen Gesetzmäßigkeiten vor. Wenn Aussagen nur eingeschränkte Gültigkeit besitzen, dann muss der Grad der Einschränkung mitgeteilt werden. Ein Beispiel: Kinder, die autoritär erzogen werden, neigen in 30% der Fälle zu Aggressionen, in 30% der Fälle zur Ängstlichkeit und in den restlichen 40% der Fälle zu einer gesunden Persönlichkeitsentwicklung. Solche Aussagen werden, entweder wegen der umständlichen Formulierung oder weil sie zu wenig aussagekräftig sind, gemieden. Und doch sind die meisten Erkenntnisse der Pädagogik und Psychologie von diesem Typus.

3.4 Das Problem der Signifikanz

Um trotz der eingeschränkten Gültigkeit nicht gegen das Prinzip der Wissenschaftlichkeit zu verstoßen, werden die Aussagen als »Annahmen«, »Thesen«, »Hypothesen«, »Wahrscheinlichkeiten«, »Erwartungen« formuliert. Leider wird in der Öffentlichkeit die Einschränkung des Wissenschaftlers oft weggelassen oder falsch verstanden. Das lässt sich am Beispiel des Umgangs mit dem Begriff »signifikant« verdeutlichen. Signifikanz ist ein Begriff aus der Entscheidungsstatistik. Mit Hilfe ausgeklügelter Wahrscheinlichkeitsrechnung wird geprüft, ob ein errechnetes Ergebnis zufallsbedingt sein kann. Ein Experiment kann man mit einer nur begrenzten Zahl von Personen (so genannte Versuchspersonen) durchführen. Die Zahl der beobachteten Personen wird Stichprobe genannt. Die Bildung der Stichprobe muss nach Zufall erfolgen, d.h. für jede Person der Gesamtpopulation muss die gleiche Wahrscheinlichkeit bestehen, in die Stichprobe aufgenommen zu werden. Liegt nun ein Ergebnis vor, wird geprüft, ob man die gewonnene Erkenntnis auf die gesamte Population verallgemeinern darf. Ein Lehrer will z. B. untersuchen, ob sich die durchschnittliche Intelligenz der Fachoberschüler von derjenigen der Fachoberschülerinnen unterscheidet. Er misst mit Hilfe eines Intelligenztests die Intelligenz von 30 Fachoberschülern und 30 Fachoberschülerinnen, die er per Zufallsverfahren aus der Gesamtpopulation von 3000 Schülern/innen ausgewählt hatte. Rechnerisch stellt er fest, dass der Durchschnitt für die Fachoberschüler 104 IQ-Punkte beträgt und für die Fachoberschülerinnen 108 IQ-Punkte. Er veröffentlicht seine Erkenntnis unter der Überschrift: »Fachoberschülerinnen sind intelligenter als Fachoberschüler; das empirisch gewonnene Ergebnis ist signifikant«. Signifikant bedeutet in diesem Fall, dass dann, wenn die Stichprobe 100 mal neu gezogen werden würde, in 95% der Fälle, d. h. in 95 Stichproben, der Durchschnittswert für die weiblichen Personen höher ausfallen würde als der für die männlichen. In fünf Stichproben muss das nicht der Fall sein, weil es vorkommen könnte, dass man per Zufall mehr überdurchschnittlich intelligente Fachoberschüler in die Stichprobe aufnimmt als tatsächlich in der Population vorhanden sind. Was sind nun 4 IQ-Punkte wert? Könnte es sein, dass weibliche Schülerinnen motivierter waren, beim Test mitzumachen, als männliche, weil nämlich der Test von einem Mann durchgeführt wurde? Darf man bei einem Mittelwertsunterschied von nur 4 Punkten die Schlussfolgerung ziehen, dass Schülerinnen intelligenter sind als Schüler? Es kann sehr viele Gründe für den Unterschied zwischen den Mittelwerten geben. Es kann sein, dass der Mittelwertunterschied von 4 Punkten bei einer Stichprobengröße von 30 Versuchspersonen (Vpn) nicht signifikant ist. Bei einer Stichprobe von 200 Personen ist er bestimmt signifikant, weil bei so großen Stichproben die Wahrscheinlichkeitsrechnung in der Regel ergibt, dass die Zusammensetzung der Stichprobe der Gesamtpopulation entspricht. Je größer die Stichprobe ist, desto bedeutungslosere Ergebnisse werden »signifikant«. Es wird deutlich: Auch wissenschaftlich gewonnene Erkenntnisse sind mit Vorsicht zu interpretieren.

3.5 Theorien

Weitere Kriterien für die Wissenschaftlichkeit bestimmter Aussagen sind deren systematische Ordnung und Nützlichkeit. Man erwartet von einer Wissenschaft, dass sie ihr Wissen systematisch gliedert und einzelnen Themenbereichen, Teildisziplinen sowie Theorierichtungen (Schulen) zuordnet. Der Ursprung oder die Quelle der Erkenntnis muss selbstverständlich mitgeteilt werden. Das in Theorien zusammengefasste Wissen muss außerdem in irgendeiner Hinsicht zur Erhellung der Realität beitragen oder von praktischer Bedeutung sein. In der Fachliteratur wird man z. B. lesen, dass es sich bei einer bestimmten Erkenntnis um eine sozialpsychologische (Teildisziplin), tiefenpsychologische (Ursprung), lerntheoretische (Quelle) handelt. Systematisch geordnetes Wissen zu einem bestimmten Themenbereich wird oft Theorie genannt. Theorien sind Aussagensysteme (Gedankengebäude), die bestimmte ausgewählte Erscheinungen beschreiben und durch Erfahrung ermittelte Zusammenhänge und Vorgänge erklären. Die Erklärungen erfolgen in der Regel mit Hilfe so genannter Erklärungsbegriffe oder Konstrukta. Häufig verwendete Erklärungsbegriffe sind Gleichgewicht, Trieb, Motivation, Denken, Lernen, Bewusstsein, Unbewusstes usw. Bis zu einem gewissen Grad sind Theorien immer subjektiv, d. h. man kann nicht genau nachvollziehen, was der Autor einer Theorie meint und wie er zu seiner Theorie kommt. Eine Theorie wird als wissenschaftlich akzeptiert, wenn sie so genannte Bewährungsproben besteht. Mit Hilfe der Theorien kann man neue Fragestellungen gewinnen. Entspricht das Ergebnis der durchgeführten Untersuchungen dem »theoretisch« erwarteten, dann hat die Theorie die Bewährungsprobe bestanden. Die in einer Theorie verwendeten Erklärungsbegriffe müssen möglichst umfassend bestimmt werden.

3.6 Aufgaben und Ziele des wissenschaftlichen Denkens

Von einer Wissenschaft erwartet man, dass sie – weit besser als das naive Denken – zur Befriedigung bestimmter Bedürfnisse beiträgt und die Verwirklichung folgender Ziele ermöglicht:

- Die Beschreibung des Forschungsgegenstandes,
- die Erklärung von Zusammenhängen und ermittelten Vorgängen
- sowie die Prognose von Ereignissen und deren Manipulation zu bestimmten Zwecken.

Das Ziel der Psychologie ist es, alle Aspekte, Merkmale, Elemente, Bestandteile, Prozesse zu beschreiben, die mit Erleben, Verhalten und Handeln zusammenhängen. Es geht also um die Beschreibung des »Psychischen«, um die Erfassung des Menschen als Leib-Seele-Geist-Einheit. Analog der Psychologie besteht das Beschreibungsziel der Pädagogik in der Suche nach Antworten z. B. auf folgende Fragen: Was ist Erziehung? Was sind Ziele der Erziehung? Wo wird erzogen? Wie sind Erziehungseinrichtungen wie Kindergarten, Schule organisiert? Was erschwert die Erziehung? usw.

Mit dem Ziel der Erklärung sucht die Psychologie nach Antworten auf Fragen, wie etwas funktioniert, z. B. die Wahrnehmung oder das Gedächtnis, und was unter bestimmten Bedingungen geschieht. Es wird erklärt, wie bestimmte Ereignisse zustande kommen, wodurch sie verursacht werden, welche Folgen bestimmte Ursachen haben. In der Pädagogik wird nach Erklärungen gesucht, was bestimmte Verhaltensweisen der Erzieher bewirken oder wie bestimmte Erziehungsziele zu verwirklichen sind.

In der Psychologie und Pädagogik wird zwischen der »Erklärung erster Ordnung« und »Erklärung zweiter Ordnung« unterschieden. Erklärungen erster Ordnung bestehen im Ermitteln von Ursache-Wirkung-Zusammenhängen, im Feststellen, wie sich bestimmte Einflüsse auswirken, im »Erklären« von Ereignissen mit Hilfe von Gesetzmäßigkeiten (wahrscheinliche Wenn-dann-Beziehungen). Mit Erklärungen zweiter Ordnung wird die Antwort auf die Frage gegeben, warum eine Wenn-dann-Beziehung »funktioniert«, also warum ein sehr wahrscheinlicher Zusammenhang zwischen zwei Ereignissen oder Erscheinungen besteht.

Nehmen wir als Beispiel die Frage: Warum führt häufiges Bestrafen in der Erziehung bei sensiblen Kindern zu Ängstlichkeit und bei robusten zur Aggressivität? Der Zusammenhang wird mit Hilfe der Erkenntnisse über das Lernen und damit mit Hilfe eines nicht beobachtbaren Prozesses (Lernen) erklärt. Man könnte den Zusammenhang auch über die Wirkung bestimmter Hormone erklären. Voraussetzung wäre die Beobachtung, dass Strafen bei sensiblen Kindern andere Hormone zur Wirkung bringen als bei robusten Kindern. Eine weitere Erklärung wäre evtl. mit Hilfe unbewusster Vorgänge und Mechanismen möglich. Robuste Kinder sind in der Lage, ihre aggressiven Impulse gegenüber Personen, die ihnen Schaden zufügen, auszuleben. Ängstliche Kinder projizieren (unbewusster Abwehrmechanismus) ihre aggressiven Wünsche auf die Person, die sie bestraft, und haben umso mehr Angst vor ihr.

Es wird deutlich: Die Erklärungen zweiter Ordnung enthalten Annahmen über nicht beobachtbare Vorgänge. Das gilt aber auch für viele Erklärungen im Bereich der Physik: Die Gravitationskraft oder die Anziehungskraft der Erde, mit der das Fallen von Gegenständen erklärt wird, ist z. B. nicht direkt beobachtbar.

Wie bereits ausgeführt, sollen wissenschaftliche Erkenntnisse zweckdienlich sein. Wenn man das Zustandekommen von Ereignissen erklären kann, dann kann man deren Auftreten auch »künstlich«, willkürlich, auf Bestellung sozusagen, herbeiführen. Aus der Beschreibung und Erklärung folgt als drittes Ziel die Prognose, d. h. Vorhersage und damit auch die Kontrolle von Ereignissen. Wissenschaftliche Erkenntnisse werden angewandt, um im Bereich der Psychologie das Erleben, Verhalten und Handeln gezielt zu kontrollieren und zu beeinflussen, und im Bereich der Pädagogik, um Erziehung erfolgreich zu planen. Bekannt sind z. B. die durch die Erziehungsstilforschung erarbeiteten Konzepte, auf welche Art und Weise bestimmte Erziehungsziele realisiert werden könnten.

4 Angemessenheit des naiven und wissenschaftlichen Denkens

Die meisten Menschen begegnen professionellen Psychologen mit Unbehagen, mit Distanz oder sogar mit Vorurteilen. In dieser Haltung spiegelt sich die nicht erfüllbare Erwartung an die Psychologie als Wissenschaft wider. Es sieht so aus, dass sehr viele Laien überzeugt sind, die Psychologie als Wissenschaft habe Ursachen und Bedingungen des Erlebens und Handelns vollständig erfasst und die Psychologen seien daher in der Lage, einen sofort zu »durchschauen«, was immer auch damit gemeint ist.

Oft wird auch erwartet, dass man durch Lernen psychologischer Erkenntnisse und durch Lesen entsprechender Fachliteratur persönliche und Probleme anderer lösen könnte. Sowohl bei solchen Erwartungen als auch bei der oben geschilderten Befürchtung handelt es sich um Vorurteile.

Es kann mit gutem Grund angenommen werden, dass jeder »studierte« Psychologe im »Durchschauen« von Mitmenschen zurückhaltender und skeptischer ist als Laien, weil ihm bekannt sein dürfte, wie schwer es ist, die Mitmenschen richtig zu beurteilen.

Im Alltag sind alle Menschen auf Leistungen der naiven Psychologie und der Privatpädagogik angewiesen. Eine Unterscheidung zwischen naivem und wissenschaftlichem Denken ist im Alltag nicht sinnvoll und auch nicht möglich. In normalen Situationen, wenn das Zusammenleben relativ spannungsfrei gestaltet wird und sich Menschen im Sinne der Anpassung verhalten können, entsteht eine Umkehrung der Verhältnisse: Das naive Denken ist effektiver als das wissenschaftliche und das wissenschaftliche erhält einen naiven Charakter, d. h. dass derjenige, der sich in Alltagssituationen übertrieben wissenschaftlich gibt oder gar gebärdet, als naiver, unangepasster Mensch erlebt wird.

Stellen Sie sich vor, eine Hausfrau richtet sich beim Zubereiten des Mittagessens genau nach wissenschaftlichen Erkenntnissen über sparsamen Umgang mit Energie, schonenden Umgang mit Vitaminen, optimale Gartemperatur, Entstehung schädlicher Stoffe beim Verwenden bestimmter Gewürze usw. Man wird sie für dumm oder für verrückt erklären und die so zubereiteten Speisen werden vermutlich nicht besonders gut schmecken. Die Erkenntnisse der Ernährungswissenschaft über Nährstoffe, Vitamine, Eiweiße oder Kohlehydrate sind aber sicherlich von großer praktischer Bedeutung.

So ähnlich ist es mit Pädagogik und Psychologie. Die Funktion des wissenschaftlichen Denkens könnte man bereits in der Definition der beiden Wissenschaften deutlich herausstellen. Psychologie ist eine Wissenschaft, die Erkenntnisse über das Erleben, Verhalten und Handeln sammelt, damit diese in Lebenskrisen, in schwierigen

Situationen zur Verbesserung der Praxis genutzt werden. Das Handeln unter Berücksichtigung wissenschaftlicher Erkenntnisse ist nur in kritischen Situationen und nur dann, wenn professionelle Unterstützung gewünscht wird, hilfreich. Unter Pädagogik wird hier eine Wissenschaft verstanden, die Erkenntnisse zur Organisation, zur Planung, zur Reflexion der Erziehung bereithält. Will man in konkreten Situationen »normal« und angepasst bleiben, so muss man sich von wissenschaftlichem Anspruch frei machen.

Einige Merksätze:

- Jeder Mensch ist praktizierender Pädagoge und Psychologe. Voraussetzung für eine effektive Beschäftigung mit wissenschaftlicher Psychologie und Pädagogik ist die Bereitschaft, sich bewusst mit dem eigenen naiven Denken und Handeln auseinander zu setzen.
- Die Instrumente der naiven Psychologie und Pädagogik sind auch für den Wissenschaftler unerlässliche Helfer für die Bewältigung des Alltags.
- Wissenschaftliche Erkenntnisse haben Beschreibung, Erklärung und Prognose zum Ziel. Sie können nicht direkt angewandt werden. Sie dienen der Organisation, der Planung und Reflexion und damit der Verbesserung der Praxis.
- In Alltagssituationen sind eher praktische Fähigkeiten und naives Denken, in wissenschaftlichen Einrichtungen wie Schule, Universität, am Schreibtisch, in Prüfungen ist dagegen eher wissenschaftliches Denken gefragt.
- Das naive Denken gibt uns das Gefühl der Orientierung, der Sicherheit und des fehlerfreien Vorgehens. Das wissenschaftliche Denken ist überprüfbar, relativ allgemein gültig und objektiv. Dagegen muss man in der Praxis individuell, subjektiv, engagiert, verantwortungsbewusst, zielstrebig, konkret denken und handeln.
- Das wissenschaftliche Denken muss präzise, systematisch, logisch, theoriegeleitet, relativ allgemein gültig und abstrakt sein.

4.1 Die Komplexität des »Pädagogischen« und »Psychologischen«

Es gibt sehr verschiedene Kinder, die erzogen werden sollen, wollen und müssen. Zu nennen sind brave, fleißige, trotzige, ängstliche, aggressive, sensible, dumme, intelligente, gestörte, behinderte, begabte, vor Kraft strotzende, nette, gehemmte, sehr junge und ältere u.a. Kinder mehr. Es gibt verschiedene Situationen, die erzieherisch zu nutzen sind: Vor dem Bettgehen, nach dem Aufstehen, beim Essen, im Spiel, während der Geburtstagsfeier, an Weihnachten, vor dem Fernseher und im Wald, im Stall, wenn Verwandte zu Besuch kommen, die Vorbereitung auf Kommunion/Konfirmation, am ersten Schultag, wenn sich Kinder prügeln oder in der Schule versagen usw. Es gibt viele verschiedene Erzieher, die ihr Vorgehen für das einzig Richtige halten: Es sind Eltern und Großeltern, Profis und Laien, Gleichaltrige und Verschiedenaltrige, strenge und unsichere, autoritäre und verwöhnende, behütende und auf Selbständigkeit der Kinder schwörende, einfühlsame und nur in sich selbst verliebte, religiöse und atheistische, zielstrebige und spontane, fanatische und »geborene« Erzieher und noch viele andere. Es gibt viele Einrichtungen, deren Hauptaufgabe es ist, zu erziehen. Allen bekannt sind Familie, Kindergarten, Schule, Heim. Es gibt sehr viele Quellen des »pädagogischen Wissens«. Erzieher lernen aus Kinder- und Bilderbüchern (z. B. Struwwelpeter), aus literarischen Texten und Gedichten, aus Comicfiguren

(z. B. Peanuts) und Karikaturen (z. B. Marie Marcks), aus Schulbank-Inschriften und Metaphern aller Art (Erzieher als Gärtner), aus den Medien wie Fernsehen und aus philosophischen Texten, aus der Bibel und aus wissenschaftlichen Abhandlungen zur Erziehung, aus Fabeln, aus verschiedenen Erziehungspraktika, auf Grund eigener Erfahrung (Erinnerungen an die eigene Erziehung oder Reflexion des eigenen Erzieherverhaltens) und Erfahrung anderer (Biographien großer Pädagogen). Das Wissen kann von unterschiedlicher Relevanz und Qualität sein. Möglich sind Tipps, Rezepte und Empfehlungen zum Handeln in bestimmten Situationen oder aus verschiedenen Anlässen. Es können Thesen, Soll-Forderungen, Normen, Vorschriften, Gebote sein, die unbedingt einzuhalten sind. Oft begegnet man Belehrungen, Ermahnungen, Sorgen, die als Disziplinierung oder als Verursacher von Schuldgefühlen ge- oder missbraucht werden. Manche bevorzugen naturwissenschaftlich (durch Beobachtung, Experiment) gewonnene Erkenntnisse, andere geisteswissenschaftlich begründete Lehrmeinungen. Angesichts der bisher geschilderten Vielfalt des Geschehens und des Wissens verwundert es nicht, dass – frei nach Goethe – oft die Meinung vertreten wird: »Grau ist alle Theorie, allein auf die Praxis kommt es an.« Die Praxis verlangt aber weniger nach »Wissen« und eher nach Augenmaß, Gespür, Einfühlung, Überzeugung, Verantwortung, Kreativität, Spontaneität, Leidenschaft und Liebe, nach Klugheit, Fairness und Takt. Zusammengefasst: Nach Können in der Handhabung der Beziehung und Kommunikation.

Die vorliegenden Ausführungen, die mehr aus der Sicht der Theorie und Praxis der Erziehung verfasst worden sind, gelten in ähnlicher Form auch für die Theorie und Praxis der Psychologie. Auch die Psychologie ist eine »praktische« Wissenschaft, denn jeder Mensch ist in irgendeiner Hinsicht und in vielen Situationen Anwender psychologischen Wissens oder praktisch tätiger Psychologe.

4.2 Zusammenwirken von Theorie und Praxis

Ob Pädagogik oder Erziehungswissenschaft, ob Theorie oder Praxis, für alle an der Erziehung und allgemein an der Interaktion Beteiligten gilt: Der Mensch ist ein Werk der Natur und damit ein »Wesen der Notwendigkeit«, weil Naturgesetze nicht außer Kraft gesetzt werden können. Kenntnisse natürlich bedingter Zusammenhänge, z. B. dass auf Strafe Angst oder Aggression folgt, sind zweifelsohne sinnvolle Hinweise für die Praxis der Erziehung. »Naturereignisse« im Bereich der menschlichen Entwicklung werden mit Hilfe der Beobachtung erfasst. Erziehungswissenschaftler und Psychologen haben viel Wissen über Ursache-Wirkung-Zusammenhänge gesammelt. Solches Wissen wird auch nomologisch oder nomothetisch (gesetzmäßig) genannt. Sind Zusammenhänge zwischen bestimmten Ereignissen oder Merkmalen bekannt, so kann man deren Entstehung erklären. Ist bekannt, dass Kinder auf Drohung lügen, dann kann man erklären, warum ein Kind gelogen hat, wenn man feststellen konnte, dass dem Kind gedroht wurde. In der Regel wird der Zusammenhang von Drohen und Lügen durch eine weitere »Erklärung« oder Begründung ergänzt. Man sagt z. B., das Kind hätte gelogen, um Strafe zu vermeiden. Mit dieser »Um-zu-Erklärung« wird die Wirkung der Drohung erklärt. Solche Erklärungen, die die Ursache einer Handlung in deren Intention sehen, die also ein Ereignis mit seinem Ziel, das es – angeblich – verfolgt, erklären, werden finale Erklärungen genannt.

Natürlich kann man weiter fragen, warum denn ein Erzieher droht, wenn ihm doch bekannt sein dürfte, dass Drohung sehr oft zum Lügen führt. Eine einfache Antwort könnte lauten: Weil der Erzieher versagt hat. Abgesehen davon, dass es sich um eine zirkuläre Erklärung handelt, d. h. zwei Ereignisse werden nach Belieben sowohl als Ursache als auch als Wirkung benutzt, um deren Auftreten gegenseitig zu erklären (die Drohung ist Folge des Versagens, das Versagen ist Folge der Drohung), können wir nach weiteren Gründen für das Versagen suchen. Es sind viele mehr oder weniger »gesicherte«, d. h. durch wissenschaftliche Erkenntnisse gestützte (abgesicherte) Antworten möglich: Der Erzieher handelte spontan, aus dem Gefühl heraus. Spontanes Handeln richtet sich nicht nach Wissen. In einer konkreten Situation sind Fähigkeiten, das Können und nicht das Wissen gefragt. Die Drohung des Erziehers ist aus der Interaktion zu erklären: Das Kind hat ihn zu sehr genervt. Der Erzieher glaubte, so »perfekt« zu drohen, dass keine unerwünschte Folge auftritt. Der Erzieher drohte aus Erfahrung, denn er beobachtete, dass »sein« Kind sich nach einer Drohung erwünscht verhält usw.

Was wird deutlich? Es kann nicht Sinn und Zweck des theoretischen Wissens sein, den Praktiker im Einzelfall und vor allem dann, wenn er nicht um Hilfe bittet, zu hinterfragen, zu kritisieren, sein Handeln zu rechtfertigen oder zu begründen. Wird mit Hilfe der Theorie, so wie hier dargestellt, die Praxis »erklärt«, dann liegt ein Missbrauch der Theorie vor. Dem Praktiker wird nicht geholfen. Er wird verwirrt oder »fertig gemacht«. Es liegt eine Art »Hase-Igel-Effekt« vor, d. h. was der Praktiker auch tut, der Theoretiker weiß es besser und kann ihn belehren. Wie der Hase auch lief, der Igel (oder die Igeline), seine Frau, war – so wie die Fabel es erzählt – schon da. Hat eine Mutter Probleme irgendeiner Art mit ihrem Kind oder Kindern, dann können sie die guten Freunde, Bekannten und vor allem Verwandten mit ihrem »Besserwissen« zur Verzweiflung treiben. Es ist einfach schrecklich, das haben auch die Eltern von Katja (siehe Baustein 1) erfahren, wie rücksichtslos, wie belehrend, wie »helfend« die Mitmenschen ihr Wissen anwenden, wenn jemand Probleme hat. Die Begegnung könnte nur dann positiv ablaufen, wenn »Menschen«, nicht »Theoretiker«, dem Erzieher in Schwierigkeiten Mut zusprechen, wenn Praktiker dem Praktiker solidarisch zur Seite stehen würden. Eine Mutter mit unlösbar scheinenden Problemen will, wenn sie ihre Lage schildert, nicht theoretisieren, sondern Unterstützung finden. Diese Unterstützung wird sie bei professionellen Beratern, die mit der Theorie sorgfältig, zurückhaltend, individuell und die Person der Problemgeberin wertschätzend vorgehen, in der Regel auch erhalten.

Theorie und Praxis befruchten sich nur dann gegenseitig wenn sie im »Allgemeinen« und nicht im konkreten Fall zusammentreffen. Im »Allgemeinen« bedeutet: Die Theorie muss als Orientierungswissen verstanden werden und niemals als Handlungsanweisung. Das gilt für jede Praxis: für Erziehung, für Gesprächsführung, für Kritik, für Bearbeitung von Konflikten, für Gestaltung des Unterrichts, für Beratung und Therapie.

Mit Hilfe der Theorie kann man die Organisation der Praxis in einer bestimmten Erziehungseinrichtung (z. B. Kindergarten) oder in einem Lebensbereich beschreiben und planen, aber niemals die Praxis durchführen.

Die Theorie kann auf viele Zusammenhänge in der Praxis hinweisen und so die Verantwortung mehren und Alternativen aufzeigen. Sie soll die Urteilskraft und den

Geist des Praktikers beweglicher machen und ihn nicht verunsichern, indem sie ihm Fehler vorwirft.

Der Praktiker wird niemals durch die Theorie zum Praktiker, denn erfolgreiches Handeln braucht eine andere Spezialisierung als professionelles Denken.

Die Praxis kann Lücken der Theorie aufdecken und neue Fragestellungen der Forschung anregen. Das wird immer dann der Fall sein, wenn der Praktiker der Theorie nicht mit einem Nutzlosigkeitsverdacht oder -vorwurf gegenübertritt, sondern mit Respekt und Wertschätzung so genannter allgemein gültiger Aussagen.

Viele Fortschritte der Wissenschaft haben sich direkt aus der Auswertung praktischer Erfahrungen entwickelt.

Es gilt: Die Theorie ist auf die Praxis angewiesen. Die Organisation, Planung und Reflexion der Praxis ist ohne Theorie nicht denkbar.

4.3 Begegnung zwischen Theorie und Praxis

In diesem Abschnitt wird das Problem erörtert, wie Praktiker mit der Theorie umgehen können oder sollen und wie Theoretiker sich sinnvollerweise verhalten mögen, wenn sie dem Praktiker begegnen.

Liebe Leser/innen, vor Ihnen liegt ein Buch, dessen Inhalte man als Theorie bezeichnen kann. Sie erwarten möglicherweise, dass Sie mit Hilfe dieser Theorie Ihre Praxis verbessern können. Es ist zu hoffen, dass dieses Buch zur Verbesserung der Praxis beiträgt, aber keineswegs direkt. Das hier gesammelte Wissen ist keine Handlungsanweisung, die in der Praxis direkt anwendbar wäre. Der Praxisschock entsteht immer dann, wenn theoretisch ausgebildete Berufsabsolventen glauben, ihr theoretisches Wissen in der Praxis direkt anwenden zu können.

Eine »Partnerschaft« könnte beginnen, wenn es den Praktikern gelingt, der Theorie zwar kritisch, aber mit Wertschätzung zu begegnen. D. h. dass man die eigene Erfahrung vergleichend einbringt, aber der Theorie mit Respekt gegenübertritt, wohl wissend, dass die Theorie auf Erfahrungen und Denkleistungen beruht, die man selber noch nicht gemacht hat.

Die Praktiker werden immer enttäuscht sein, wenn sie von der Theorie die Lösung persönlicher Probleme erwarten. Schüler, die persönliche Probleme haben und diese mit Hilfe der Lerninhalte der Psychologie (z. B. mit Annahmen von Freud, die im Unterricht behandelt werden) zu lösen versuchen, sind in der Regel doppelte Verlierer. Aus der Enttäuschung, weil ihr Vorhaben misslingt, erwächst oft eine negative Einstellung gegenüber dem zu lernenden Stoff. Diese führt dann dazu, dass die Schüler den Prüfungsstoff nicht lernen können und in Prüfungen schlecht abschneiden. Zu den bereits vorhandenen Problemen kommen so neue hinzu. Bei persönlichen Problemen sind Praktiker gefragt, Praktiker, die beratend tätig sind, die therapeutisch wirken oder wenigstens einfühlsam und solidarisch auftreten können. Theoretiker und abstrakte Theorien sind niemals geeignet, solch persönliche Probleme zu lösen.

Es führt in die Sackgasse, wenn frustrierte Praktiker die Richtigkeit der Theorie in Frage stellen. Aus der Komplexität des Pädagogischen und Psychologischen ergeben sich immer neue Fragestellungen, die mit verschiedenen Methoden (natur-, geistes-, sozialwissenschaftlich) angegangen werden und zu vielen verschiedenen Theorien und Denkmodellen führen. Die Suche nach der richtigen Theorie und Kritik an der angeblich falschen oder unwahren sollte durch die Suche nach der nützlichen Theorie, nach der Theorie, die zu einer genaueren Sicht der Dinge beitragen kann, ersetzt werden.

Für die Praktiker und alle, die Theorien zu praktischen Zwecken nutzen wollen, ist von Vorteil, wenn sie die Art und Qualität pädagogischer und psychologischer Aussagen beachten. Normative Aussagen sind nur dann sinnvoll, wenn der Praktiker wählen kann, wenn er frei handeln kann und für sein Handeln selbst Verantwortung übernehmen muss. Normative Aussagen z. B. über die Ziele der Erziehung stellen Idealvorstellungen dar. Sie beschreiben nicht die reale Erziehungswirklichkeit. Mit normativen Aussagen sagt man nichts darüber, was der Praktiker tun soll, sondern nur etwas darüber, was er anstreben soll. Oft wird zirkulär und nichts sagend argumentiert. Beispiel: Die Erzieher sollen sich so verhalten, dass sie das Kind zur Selbständigkeit erziehen. Oder: Der Therapeut muss die Freiheit und die Würde des Klienten beachten. Beide Aussagen stimmen, aber wissen Sie nun, was der Erzieher wirklich tun soll oder welches Handeln des Therapeuten der Beachtung der Würde angemessen ist?

Zur Beschreibung der Praxis können eher Erkenntnisse über Zusammenhänge beitragen. Was wissen wir über das Verhalten der Erzieher und die Selbständigkeit der Kinder? Was wissen wir darüber, durch welches Handeln der Therapeuten sich die Klienten in ihrer Würde nicht verletzt fühlen? Solches Wissen kann zur Planung und Beschreibung der Praxis, nicht aber oder nur bedingt zur Verbesserung der Praxis beitragen. Will man das Handeln der Praktiker verbessern, so sind Übungen, Trainings, Supervision, Beratung, Therapie, Selbsterfahrung notwendig. Natürlich können gewisse Fortschritte z. B. auch über mentales Training oder über den Erwerb präziser Kenntnisse erzielt werden, denn zwischen Kognition und Handeln besteht enge Wechselwirkung.

Natürlich können Praktiker Kritik an Theorien üben, ohne dass man ihnen vorwerfen kann, sie würden etwas kritisieren, was sie selbst nicht beherrschen. Das gilt umgekehrt auch für die Kritik der Praktiker durch Theoretiker. Denn auch Schauspielkritiker können sehr gute Kritiken über Schauspieler schreiben, ohne selbst jemals Schauspieler gewesen zu sein. In beiden Fällen aber gilt: Die Kritik darf nicht an Personen geübt werden. Sie muss sich auf Sachverhalte beschränken, also sachlich bleiben. Kritik an Personen ist nur dann möglich und angebracht, wenn man die Beweggründe, die Motive des Handelns kennt und unterstellen kann, der Handelnde hätte sich auch anders verhalten können. Eine Kritik hat immer sehr viel mit dem Kritiker zu tun. Immer dann, wenn man Kritik übt, muss man sich bewusst sein, dass die eigene subjektive Sicht, also eine persönliche Wertung und Betroffenheit geäußert wird. Es handelt sich um die Meinung eines Einzelnen. Andere Menschen können den Sachverhalt ganz anders erleben, sehen und bewerten.

Theoretiker müssen sich immer bewusst sein, dass sie das Handeln einzelner Praktiker in konkreten Situationen nicht mit Hilfe allgemein gültiger Erkenntnisse bewerten, kritisieren oder verbessern dürfen. Dies wird von Praktikern als Entmündigung, als ungefragte Einmischung, als unfreundliche Stellungnahme erlebt und energisch zurückgewiesen. In der beschreibend neutralen therapeutischen Sprache sagt man dazu: Der handelnde Mensch leistet Widerstand, weil er mit allgemein gültigen Aussagen ungerecht behandelt wird. Wie schon erwähnt, kann die Hilfe zur Verbesserung der Praxis einzelner Menschen nur durch Supervision, durch Beratung, durch Coaching und andere ähnliche Verfahren geleistet werden, und auch nur dann, wenn um Hilfe gebeten wird, wenn der Praktiker Verbesserungsvorschläge wünscht. Leider ist das vielen, die auf welchem Weg auch immer, interessantes Wissen erwerben, nicht bewusst oder sie sind nicht in der Lage, mit ihrem Wissen sorgfältig umzugehen. Es mag oft vorkommen, dass ein Pädagogik- und/oder Psychologielehrer sich im Widerspruch mit dem Wissen verhält, das er seinen Schülern vermittelt. Er unterrichtet z. B. über die Möglichkeiten der erfolgreichen Kommunikation, kann sich aber in schwierigen Situationen nicht mit seinen Schülern verständigen, er betont die Problematik des autoritären Verhaltens in der Erziehung und handelt selbst unangemessen autoritär usw. Sein Handeln stellt die Gültigkeit des Wissens keineswegs in Frage und die Schüler handeln unklug, wenn sie ihren Lehrer mit dem Wissen kritisieren, das sie bei ihm lernen müssen. Ebenso unklug handelt ein Jugendlicher, der mit dem in der Schule erworbenen Wissen die Beziehung zu seinen Eltern »verbessern« will, indem er ihr Verhalten kritisiert.

Abschließend kann man sagen, dass es oft sehr schwer ist, auf gegenseitige Schuldzuweisung zwischen Theorie und Praxis zu verzichten. Es ist eine Frage des Charakters und weniger eine Frage des Wissens. Und doch: Obwohl das in diesem Abschnitt zusammengestellte Wissen zum Verhältnis zwischen Theorie und Praxis nicht direkt anwendbar ist, könnte es dazu beitragen, dass manche Konfliktsituation entschärft wird oder erst gar nicht entsteht.

5 Zusammenfassung

Das pädagogische und psychologische Wissen hat viele Quellen und ist von unterschiedlicher Qualität. Theorie enthält immer allgemein gültige Erkenntnisse, die zur Planung, Beschreibung, Organisation und auch Reflexion der Praxis dienen können, aber niemals direkt anwendbar sind. Wer Theorie in konkreten Situationen, in Begegnungen mit Praktikern direkt anwendet, handelt in der Regel gegen ethische Grundsätze, unmoralisch, unhöflich und unfreundlich.

Für das Lernen und Beherrschen der Theorie sind Denk- und Gedächtnisleistungen, Sprachbeherrschung, Tätigkeiten des Erkennens, Urteilens, Planens entscheidend. Sehr vorteilhaft wirkt sich kritische, aber positive, wertschätzende Haltung gegenüber der Theorie aus, denn damit kann man auch grundlegende Voraussetzungen für eine Verbesserung des eigenen Handelns gewinnen.

Andererseits sind Beweglichkeit des Körpers, lebendige und angemessene Gefühle, Spontaneität und Kreativität, Zielstrebigkeit und Rücksichtnahme grundlegende Voraussetzungen für eine erfolgreiche Praxis. Solche »Schlüsselqualifikationen« können vor allem durch Übung und über Rückmeldung erlernt werden.

Daher gilt: Lesen, Sprechen, Denken, Schreiben allein genügt im Pädagogik- und Psychologieunterricht nicht. Ebenso wichtig sind praktische Übungen, Anstöße zur Selbsterfahrung, Bewusstwerdung eigener Stärken und Schwächen, rücksichtsvolles Geben und bereitwilliges Empfangen von Rückmeldungen, Arbeit an und mit Projekten und vor allem die Übernahme von Verantwortung.

3

Leitgedanken der Pädagogik und Psychologie

1 Einleitung

Die beiden Wissenschaften Psychologie und Pädagogik haben eine unübersehbare Vielfalt an Einzelerkenntnissen gesammelt. Zur Steigerung der Effektivität des Lesens und Lernens werden in diesem Werk den Einzelerkenntnissen und Theorien Leitgedanken und -prinzipien vorangestellt. Es handelt sich um allgemein gültige Thesen, um Axiome, um grundlegende Erkenntnisse, die geeignet erscheinen, die Herstellung der Zusammenhänge zwischen vielen Einzelerkenntnissen, Annahmen und Behauptungen zu erleichtern.

Durch die Zusammenstellung zentraler psychologischer und pädagogischer Thesen werden zwei Ziele verfolgt: Erstens erscheint angesichts einer Fülle von Einzelerkenntnissen das deduktive Vorgehen, d. h. vom Allgemeinen zum Besonderen sinnvoller als induktives. Beim induktiven Vorgehen werden viele Einzeldaten (Beobachtungen, Erkenntnisse) gesammelt, um zu allgemeinen Schlüssen zu kommen. Geht man von allgemeinen Thesen aus, so kann sich der Leser oder der Schüler relativ bald eine Übersicht über den Lernstoff verschaffen und die einzelnen Aussagen nach ihrer Bedeutung einordnen. Zweitens dienen die zusammengestellten Leitgedanken und zentralen Erkenntnisse einer systematischen Reduktion des Stoffes auf solche Inhalte, die für das Begreifen wesentlicher Aspekte des Erlebens, Verhaltens und pädagogischen Handelns unbedingt notwendig sind. Beide Ziele werden in der relevanten didaktisch-methodischen Literatur, d. h. in den Abhandlungen zur Gestaltung des Unterrichts, gefordert und entsprechend begründet.

Die Aussagen von Richard Bach »Über das Lernen« beschreiben sehr treffend die Situation im Pädagogik- und Psychologieunterricht.

**»Lernen ist, herauszufinden, was du schon weißt.
Tun ist, zu zeigen, dass du es weißt.
Lehren ist, andere zu erinnern, dass sie es wissen, genau wie du es weißt
Ihr seid alle Lernende, Tuende, Lehrende.«**

2 Widersprüchliche Auffassungen der Psychologie

In der über 100-jährigen Geschichte der modernen Psychologie (im Jahr 1879 gründete Wilhelm Wundt in Leipzig das Erste psychologische Laboratorium) sind bei der Suche nach Erklärungen des menschlichen Verhaltens mehrere Kontroversen oder widersprüchliche Auffassungen entstanden. Solche gegensätzlichen Auffassungen oder polare Sichtweisen und Denkmodelle in der Psychologie sind: Freiheit-Determinismus-Widerspruch, Anlage-Umwelt-Problem, Leib-Seele-Primat, Bewusst-Unbewusst-Deutung, Allgemeingültige Gesetzmäßigkeiten-Individuelle Einzigartigkeit-Gesichtspunkt, Vergangenheit-Gegenwart-Schwerpunkt.

Natürlich fragt man sich, ob die Widersprüche über die mehrdeutigen Begriffe, also über die unterschiedliche Verwendung der Sprache zustande kommen, oder aber deswegen, weil die Wirklichkeit an sich so widersprüchlich und komplex ist. Der komplexe Zusammenhang Sprache-Erfahrung-Realität wird durch das Zitat aus dem neurolinguistischen Programmieren verdeutlicht:

»Wörter sind Anker für Sinneserfahrung, aber die Erfahrung ist nicht die Realität. Die Sprache ist zwei Schritte von der Realität entfernt. Über die wahre Bedeutung eines Wortes zu streiten ist ähnlich, als wollte man darüber streiten, dass eine Speisekarte besser schmeckt als eine andere, weil man die Speisen bevorzugt, die darauf stehen.« (Aus: NLP = neurolinguistisches Programmieren)

2.1 Freiheit-Determinismus-Widerspruch:

»Kann ich, was ich will« oder »Will ich, was ich muss?«

Wie frei kann der Mensch in konkreten Situationen handeln? Wird sein Verhalten stärker durch bestimmte unbewusste Kräfte und genetisch festgelegte biologische Faktoren gesteuert oder kann sich der so genannte freie Wille durchsetzen.

Der angesehene amerikanische Psychoanalytiker, Romanautor, Dramatiker und Essayist, Allen Wheelis, setzte sich mit der Frage auseinander, warum sich manche Menschen nach Jahren psychotherapeutischer Behandlung grundlegend verändern und andere bleiben, wie sie immer waren. Er meint, dass viele Patienten zum Therapeuten gehen wie zu einem Chirurgen. In solchen Fällen kann zwar eine lange Beziehung zwischen dem Therapeuten und Klienten entstehen, die aber niemals zu einer echten Veränderung führen wird. Die Hilfe des Therapeuten ist zwar notwendig, aber für Veränderungen niemals ausreichend. Wheelis schreibt: »Manche Patienten wollen sich nicht verändern. Wenn ein Therapeut die Aufgabe übernimmt, einen solchen zu verändern, dann lässt er sich auf einen Wettkampf ein, den der Patient immer gewinnt.« Er vertritt die Auffassung, dass wir die Freiheit haben, unseren Weg im Leben zu wählen. Nur dann, wenn der Patient Veränderungen will, kann ihm der Therapeut helfen.

Der Gründer der psychoanalytischen Therapiemethode Sigmund Freud neigte zu der Auffassung, wir seien unfrei. In vielen Situationen wird das Verhalten durch unbewusste Kräfte gesteuert, die in der frühen Kindheit entstanden sind. Unbewusste Abwehrmechanismen der Angst führen dazu, dass wir oft nicht mehr realitätsgerecht und angepasst reagieren können. Unser Verhalten und Handeln ist determiniert, unfrei, wir haben keine Wahlmöglichkeit.

Die Alltags- oder Gesunder-Menschenverstand-Psychologie nimmt an, dass sich ein gesunder Mensch in der Regel frei entscheiden kann, dass er den freien Willen besitzt und sein Handeln rational kontrollieren kann. Dieser Auffassung kann man unwillkürliche Gründe für »unfreies« Handeln (wie starke Gefühle oder Affekte), soziale Faktoren (wie Gruppendruck) und biologische Vorgänge (wie Erkrankungen und Einfluss von Drogen) entgegensetzen.

Die humanistische Psychologie und die modernen kognitiven Theorien des Psychischen betonen die Bedeutung des Strebens nach Selbstverwirklichung und weisen den höheren geistigen Aktivitäten des Menschen eine hervorragende Rolle zu. Diese Theorien sind ausgesprochen indeterministisch, d.h. sie lehnen die deterministische These ab. Nach ihrer Auffassung besitzen die Menschen ein angeborenes Potential zur Selbsthilfe, zur freien Entfaltung und zur freien Wahl der Umwelt. Wenn die äußeren Ereignisse nicht abwendbar oder änderbar sind, so hat der Mensch immer noch die Möglichkeit, diese »frei« und alternativ zu interpretieren.

»Erfahrung ist nicht etwas, das Ihnen passiert, sie ist vielmehr das, was Sie damit tun, was Ihnen passiert.«
(Aldous Huxley)

2.2 Anlage-Umwelt-Problem:

»Der Apfel fällt nicht weit vom Baum« und »Jeder ist seines Glückes Schmied.«

Das Anlage-Umwelt-Problem ist ein zentrales und viel diskutiertes Thema der Psychologie. Die Erbtheoretiker vertreten die Auffassung, dass unser Verhalten weitgehend durch genetische Informationen gesteuert wird. Anfang der 70er Jahre glaubte A. Jensen nachweisen zu können, dass 80% der Intelligenz erbgenetisch festgelegt sind. Jensen wurden späte methodische Fehler und auch Fälschungen der Daten nachgewiesen.

Umwelttheoretiker betonen, dass die erheblichen Unterschiede im Verhalten von Menschen umweltbedingt sind. Beide Thesen konnten durch die Ergebnisse vieler Untersuchungen gestützt werden. Die hohe Korrelation zwischen der Intelligenz von eineiigen Zwillingen, die in verschiedener Umgebung aufgewachsen sind, spricht für die Bedeutung der Anlage. Im Widerspruch dazu steht die Tatsache, dass für die Entwicklung der Sprache, einem wichtigen Teilfaktor der Intelligenz, nachweislich eine entsprechende Förderung durch die Umwelt notwendig ist. Mit Hilfe lerntheoretischer Erkenntnisse (Lernen als Folge von Erfahrung) kann man erklären, wie bestimmte Bedürfnisse, Gefühle und Verhaltensweisen, wie z. B. Aggression, entstehen. Das Auftreten so genannter universeller Bedürfnisse, z. B. nach Geborgenheit, Sicherheit und sozialer Nähe, sowie die Entwicklung bestimmter Grundängste spricht wiederum für die Bedeutung der Anlage.

Das Anlage-Umwelt-Problem ist immer noch aktuell. So führte die moderne Genbiologie zur Entdeckung spezieller Gene, die z. B. für die Ausprägung der Schüchternheit verantwortlich sind.

Man ist sich in der Fachwelt aber darüber einig, dass die Frage nicht nach dem Verhältnis, sondern nach der Wechselwirkung zwischen Anlage und Umwelt gestellt werden muss. Sicher brauchen genetische Gegebenheiten für ihre Entfaltung die Unterstützung durch die Umwelt. Ebenso wird anerkannt, dass jeder Mensch in gewissem Maße frei ist und aktiv in das Zusammenwirken von Anlage und Umwelt eingreift. Die Umwelt ist nicht schicksalhaft aufgezwungen – der Mensch sucht sich seine prägende Umwelt selbst.

Es lässt sich leicht nachweisen, dass sich viele Umwelteinflüsse schädlich auswirken und dass Erzieher oft angesichts bestimmter Aktivitäten des Kindes hilflos sind. Misshandelte oder vernachlässigte Kinder, die ohne Zuwendung, Zärtlichkeit und Sicherheit aufwachen, werden psychisch geschädigt, egal, welche Gene sie haben. Die vielen Veröffentlichungen zum Thema Anlage-Umwelt-Problem belegen eindeutig: Die Unterschiede im menschlichen Erleben und Verhalten lassen sich nicht auf einzelne Ursachen zurückführen. David Reiss, ein Washingtoner Psychiatrieprofessor meint, der Kalte Krieg zwischen Vererbung und Umwelt sei vorbei.

»Die Naturgesetze lehren uns, was möglich ist, aber nicht, was richtig ist.«

(H. R. Rapp)

2.3 Leib-Seele-Primat:

»Weinen wir, weil wir traurig sind« oder »Sind wir traurig, weil wir weinen?«

Über den Zusammenhang zwischen Körper und Seele, über die Frage, ob dem Körper oder der Psyche eine ursächliche und damit primäre Rolle zufällt, sind in der Geschichte der Psychologie und Philosophie viele Auffassungen gebildet worden.

Im so genannten »psychophysischen Parallelismus« wurden Geist und Körper als zwei voneinander unabhängige Gegebenheiten interpretiert. Geist und Körper wurden als zwei Äußerungsformen der gleichen Substanz gesehen.

Der psychophysische Dualismus oder Wechselwirkungstheorie betont, dass sich körperliche und psychische Vorgänge gegenseitig beeinflussen, sieht aber einseitig in den körperlichen Vorgängen die Ursache für psychische Prozesse. Psychische Vorgänge können nach dieser Theorie die körperlichen beeinflussen, aber nicht verursachen, weil dann die psychischen Prozesse zumindest kurzfristig unabhängig vom Nervensystem und der Gehirntätigkeit vorhanden sein müssten.

Nach dem gegenwärtigen Stand der Erkenntnisse sind das Körperliche und Psychische aufs engste miteinander verknüpft. Das Ursache-Wirkung-Denken und die Suche nach dem Primat des Körpers oder der Seele wurde zugunsten eines unlösbaren Zusammenhangs zwischen Körper und Psyche aufgegeben. Leib und Seele ergänzen, vervollständigen sich, sind untrennbar miteinander verbunden, ergeben ein selbstregulierendes System. Es handelt sich um ein offenes System, das ständig neuen Anpassungen unterliegt.

2.4 Bewusst-unbewusst-Deutung:

»Sie wissen nicht, was sie tun!« und »Das Bewusste ist nur die Spitze des Eisberges.«

Die Psychologie ist eine Wissenschaft, die u. a. nach Erkenntnissen sucht, die in schwierigen Lebenslagen, in kritischen Situationen, bei ausweglos scheinenden psychischen Problemen und bei Konflikten, die auf den ersten Blick nicht lösbar sind, gebraucht werden. Ihre entscheidenden Fortschritte verdankt sie den genialen Leistungen großer Psychologen, die tief liegende, nicht beobachtbare Mechanismen und Vorgänge aufgedeckt und beschrieben haben.

Der Alltagspsychologe findet sich in der Regel mit Hilfe der Logik zurecht und glaubt durch zirkuläre Schlüsse Bescheid zu wissen. (Beispiel: Warum macht ein Schüler keine Hausaufgaben? Weil er faul ist. Und woher weiß man, dass er faul ist? Na klar, weil er keine Hausaufgaben macht. Oder: Die Person XY ist ehrlich, weil sie die Wahrheit liebt. Das gleiche Merkmal der Person wird einmal auf der Eigenschaftsebene mit »ehrlich« und auf der Verhaltensebene mit »Wahrheit liebt« beschrieben. Ein weiteres Beispiel: Frank ist 1,83 Meter groß, weil er von Kopf bis Fuß 183 Zentimeter misst.) Die wissenschaftliche Psychologie hat diese Hürde überwunden und die nicht beobachtbaren Vorgänge »nachkonstruiert«. Mit Hilfe solcher »Konstrukta« wird die nicht beobachtbare Wirklichkeit greifbar und verstehbar. Das Verstehen und Erklären der Wirklichkeit ist in vielen kritischen Situationen Voraussetzung für effektive Hilfe.

Zu den nicht direkt beobachtbaren Vorgängen gehören vor allem unbewusste Determinanten des Verhaltens. Seit Freud wird nicht mehr bezweifelt, dass unbewusste Kräfte in vielen Situationen bedeutender sind als bewusste. Die Tiefenpsychologie und deren Begründer Sigmund Freud konnten feststellen, dass das Erleben und Verhalten in Problemsituationen vorwiegend über Emotionen und unbewusste Kräfte gesteuert wird und sich so der rationalen Kontrolle entzieht. Diese These ruft in der Regel Unbehagen hervor. Wir fühlen uns wohler, wenn wir glauben, dass wir »alles unter Kontrolle haben«. Wenn wir daran denken, dass es Kräfte in uns gibt, die wir nicht kennen und die uns sozusagen »in der Hand haben«, werden wir unsicher.

In allen Bereichen des menschlichen Lebens üben die unbewussten Kräfte ihren Einfluss aus: Auf unsere Informationsverarbeitung, vor allem die Wahrnehmung, auf das Gedächtnis und das Denken. Sie sind dafür verantwortlich, dass wir in harmlosen Situationen völlig unkontrolliert und übertrieben emotional reagieren. Sie sind der Grund für solche Handlungen, die wir nicht verstehen und uns fragen: »Warum mache ich das?« Jeder von uns weiß, wie schnell es in wichtigen Situationen zu Missverständnissen, zu Kommunikationsstörungen kommt. Der Grund sind die unbewussten Kräfte.

Jeder von uns muss zugeben, dass uns die Gründe für unser Verhalten und Handeln nicht immer bewusst sind. Freud war fest davon überzeugt, dass neurotische Symptome durch Ereignisse aus der frühen Kindheit determiniert werden, die wir »vergessen« haben oder ihnen auf eine andere Weise den Zugang zum Bewussten versperren. Zusammen mit seinem Lehrer Joseph Breuer beobachtete Freud, dass körperliche Symptome, z. B. Asthma, hysterische Anfälle wie Lähmungen und auch Blindheit, mit einem früheren vergessenen Ereignis zusammenhängen. So konnte sich z. B. eine »blinde« Patientin unter Hypnose daran erinnern, dass sie als kleines Mädchen ihre Eltern beim Geschlechtsverkehr beobachtet hatte. Ihre »Blindheit« konnte als Leugnung des damaligen Geschehens oder als Kontrolle eigener sexueller Gefühle und Wünsche gedeutet werden. Durch ihr Symptom hat sie außerdem Trost, Mitleid, Aufmerksamkeit und Zuwendung ihrer Mitmenschen, vor allem der Eltern, erreicht. Dies wird als sekundärer Krankheitsgewinn oder auch als Bestrafung der Eltern gedeutet. Solche Vorgänge laufen unbewusst ab; sie entziehen sich der rationalen, bewussten Kontrolle.

»Stressursache Nr. 1 ist also, dass wir nicht gewahr sind, in welch starkem Maße wir ständig auf alles und jeden unsere verzerrten Ansichten projizieren, auf deren Basis wir Urteile fällen und Bewertungen abgeben.«

(Jon Kabat-Zinn)

Die unbewussten Vorgänge konnten experimentell nachgewiesen werden. Bilder, die den Versuchspersonen so kurzfristig gezeigt wurden, dass die Einzelheiten nicht bewusst wahrgenommen werden konnten, tauchten später in den Träumen wieder auf. Man stellte auch fest, dass solche Bilder, als Werbung eingesetzt, das Kaufverhalten beeinflusst haben. Nach Freud kommt das Unbewusste in so genannten Fehlleistungen, Witzen oder Versprechern zum Ausdruck. Unbewusste Vorgänge und Kräfte können sich auch im Schlafzustand durchsetzen und im Traum »manifest« (d. h. nicht mehr im Verborgenen wirksam) werden. Damit der Träumer nicht aufwacht, werden unbewusste Wünsche und Gefühle »maskiert«, verschlüsselt und müssen im Sinne der »Traumdeutung« wieder entschlüsselt werden.

Der kanadische Psychologe Phil Merikle und seine Kollegin Meredyth Daneman hatten Erinnerungsleistungen während der Narkose untersucht. Den Patienten wurden im Zustand der Bewusstlosigkeit positive Suggestionen in Bezug auf Schmerzen und den Genesungsverlauf nach der Operation über Kopfhörer eingespielt. Das positive Einreden im unbewussten Zustand während der Operation beeinflusste sowohl das bewusste Schmerzerleben nach der Operation als auch den Heilungsprozess (kürzere Verweildauer im Krankenhaus gegenüber der Kontrollgruppe).

Carl Gustav Jung erweiterte die Vorstellungen Freuds vom »persönlichen Unbewussten« um das so genannte »kollektive Unbewusste«. Die Inhalte des kollektiven Unbewussten, die bei allen Menschen und in verschiedenen Kulturen sehr stark das Erleben und Verhalten beeinflussen, nannte er »Archetypen«. Sie stellen eine »geistige Erbmasse« dar. Da Menschen in der Auseinandersetzung mit zentralen Fragen des Lebens – wie Gut und Böse, Umgang mit Geburt, Krankheit und Tod, die Vorgänge zwischen Eltern und Kindern, die Suche nach dem Sinn des Lebens – immer wieder die gleichen Erfahrungen machen, werden diese als unbewusste Kräfte vererbt und bestimmen unser Verhalten. Das kollektive Unbewusste äußert sich auch in Mythen, Märchen, religiösen Bildern und Ritualen sowie in Sagen.

»In nichts spiegeln wir uns so gut wie im Urteilen und Denken über die anderen!«

(Erich Fromm)

Angesichts der enormen Bedeutung der unbewussten Kräfte fragt man sich, wie könnte man deren Einfluss unter Kontrolle bekommen. Freud sagt: Durch Bewusstmachung. Die Bewusstmachung sei aber seiner Meinung nach nur durch die Psychoanalyse möglich, also nur durch eine aufwendige, kostspielige und zeitraubende Therapie. Es gibt weitere Möglichkeiten: Wenn man weiß, wie sich die unbewussten Kräfte entwickeln, welche Umstände und Erlebnisse zu welchen innerpsychischen Folgen führen, dann kann man durch Reflexion der eigenen Biographie die Spur der Entstehung eigener Schattenseiten verfolgen.

Die Energie und der Einfluss der unbewussten Kräfte werden auch dann geringer, wenn wir Selbstbewusstsein gekoppelt mit Wertschätzung unserer Mitmenschen besitzen. Wenn ich zulasse, dass auch in mir, in meinem Unbewussten Gefühle und Absichten zu finden sind, die ich normalerweise an anderen verurteile, dann werde ich toleranter, vorsichtiger, dann kann ich großzügiger mit meinen Mitmenschen umgehen.

Aus dieser These zur Bedeutung des Unbewussten und dessen Entstehung lassen sich erste Schlussfolgerungen für die Erziehung ableiten: Je mehr durch die Erziehung das Selbstwertgefühl, das Selbstbewusstsein gestärkt, die Wertschätzung von Mitmenschen gepflegt und je weniger das Kind mit Vorgängen konfrontiert wird, die ins Unbewusste versenkt werden müssen, desto stärker kann der Mensch tolerant auftreten und das Leben »in eigener Regie« führen.

Auf der anderen Seite wurde in den ersten Jahrzehnten des 20. Jahrhunderts in Amerika eine Richtung der Psychologie entwickelt, die von der Existenz des Unbewussten nichts wissen wollte. Die »Reiz-Reaktions-Psychologie«, auch als Verhaltenspsychologie oder »Behaviorismus« bekannt, ging davon aus, dass unbewusste Vorgänge, falls sie existent sein sollten, nicht beobachtbar und daher der wissenschaftlichen Erforschung nicht zugänglich sind. Das Interesse der Behavioristen richtete sich auf die Beobachtung von Reiz-Reaktions-Verbindungen. Diese Richtung der Psychologie konzentrierte sich auf die Erforschung des Lernens, weil man der Meinung war, dass Eigenschaften und Gewohnheiten des Menschen ausschließlich von den Umwelteinflüssen abhängen. Neurosen und andere psychische Störungen wurden als Folge des Lernens gedeutet.

2.5 Nomothetisch-idiographische-Erklärung

»Was für alle gilt, trifft bei mir nicht zu« oder »Die Ausnahme bestätigt die Regel«

Die meisten Wissenschaften suchen nach allgemeinen Prinzipien oder Gesetzen. Gesetzmäßigkeiten werden auch nomothetische Aussagen genannt. Das gilt auch für die Psychologie. Wegen interindividueller Unterschiede zwischen den Menschen sind Aussagen des Typs »Immer wenn, dann« (Gesetzesaussagen) nicht möglich. Weil jeder Mensch in irgendeiner Hinsicht einmalig und einzigartig ist, können in der Psychologie nur relativ allgemein gültige Aussagen formuliert werden. Man spricht von Hypothesen, Wahrscheinlichkeitsaussagen oder Gesetzmäßigkeiten. Ein Beispiel: Nach der Frustrations-Aggressions-Hypothese reagieren Menschen (viele, in der Regel, oft, wahrscheinlich) mit Aggression, wenn sie frustriert werden.

Will man im Einzelfall Verhalten oder Handeln erklären oder voraussagen, so muss man sowohl allgemeine Gesetzmäßigkeiten als auch individuelle Eigenarten, so genannte idiographische Aussagen, berücksichtigen. Die Deutung des Verhaltens unter Berücksichtigung individueller Eigenarten als auch der relativ allgemein gültigen Erkenntnisse wird in psychologischen Gutachten geleistet. Der Gutachter erfasst, auch mit Hilfe von psychologischen Testverfahren, die Eigenarten der untersuchten Person und prüft, ob sich das zu erklärende Verhalten unter Berücksichtigung situativer Bedingungen mit Hilfe bekannter Gesetzmäßigkeiten erklären lässt. Die Gutachter formulieren in der Regel ihre Deutungen in Konjuktivform, denn das Verhalten eines Menschen lässt sich nicht mit Sicherheit erklären oder voraussagen.

2.6 Vergangenheit-Gegenwart-Schwerpunkt:

»Ist die Kindheit an allem schuld?« oder »Ich bin verantwortlich, obwohl ich nichts dafür kann!«

Es wird nicht bezweifelt, dass das Verhalten in bestimmten Situationen nicht nur durch die aktuell gegebenen Umstände, sondern auch durch vergangene Erfahrungen bestimmt wird. Über die Frage, ob in einer Psychotherapie die weit zurückliegenden Erfahrungen außer Acht gelassen oder geklärt, bewusst gemacht werden müssen, wurde unter Psychologen heftig gestritten. Während die Verhaltenstherapeuten überzeugt sind, dass zurückliegende Ereignisse bedeutungslos sind und das Lernen des erwünschten und Verlernen des unerwünschten Verhaltens im Mittelpunkt der therapeutischen Bemühung stehen soll, glauben Psychoanalytiker, dass die nicht geklärten Vorgänge aus der frühen Kindheit zum erneuten Ausbruch der Symptome führen werden.

Humanistisch orientierte und gestaltpsychologisch arbeitende Psychologen betonen das so genannte Hier-und-Jetzt-Prinzip. Nach ihrer Auffassung ist entscheidend, was ein Mensch jetzt fühlt, denkt, wünscht und wie er aktuell eine Situation wahrnimmt oder bewertet. Von Bedeutung ist das aktuelle Selbstbild oder Selbstwertgefühl eines Menschen und nicht die Umstände, die in der Vergangenheit zu einem bestimmten Selbstkonzept geführt haben. Natürlich wird sich ein so denkender Psychologe zwangsläufig auch mit der Entstehung eines Selbstkonzeptes befassen und diese z. B. in einem psychologischen Gutachten erläutern.

Der Mensch ist ein »historisches« Wesen. Jeder Mensch besitzt eine individuelle Biographie und Entwicklungsgeschichte. Jeder Mensch plant seine Zukunft und beschäftigt sich mit seiner Vergangenheit. Hinzu kommen die konkreten Umstände und Anforderungen. Wie das Bewusstsein einer bestimmten Vergangenheit oder die Gedanken über die Zukunft ein konkretes Verhalten oder Handeln beeinflussen, wird z. B. in der sozial-kognitiven Theorie von A. Bandura näher ausgeführt. Sowohl Erfahrungen und Lernprozesse aus der Vergangenheit als auch aktuelle Wahrnehmung und Bewertung einer Situationen bestimmen das Verhalten.

Eine allgemein gültige Festlegung, ob vergangene Erfahrungen oder aktuelle Einflüsse wirksamer sind, ist nicht möglich. Es kann sein, dass sich in bestimmten Fällen bei einem Menschen unbewusste, in der Kindheit entstandene Kräfte im vollen Umfang durchsetzen und das Verhalten bestimmen. Der gleiche Mensch wird aber in einer anderen Situation rein rational, frei und nur unter Würdigung aktueller Gegebenheiten entscheiden und handeln können.

»Gespenster hausen nicht in alten Schlössern,
sie hausen in uns selbst.«

(Luigi Pirandello)

3 Mensch als Leib-Seele-Geist-Einheit – Prinzipien des psychologischen Denkens

Die dargestellten polaren oder gegensätzlichen Sichtweisen und Antworten auf zentrale psychologische Fragen ergeben folgende Synthese: Der Mensch ist eine »Leib-Seele-Geist-Einheit«. Diese Einheit kann man zu Forschungszwecken in einzelne Teile aufgliedern. So untersuchen z. B. Neurophysiologen und -psychologen mit geeigneten Methoden und Instrumenten vorwiegend Bauteile des menschlichen Organismus und deren Funktionsweisen (Gehirn, Zentralnervensystem, autonomes Nervensystem, Hormonsystem, Sinnesorgane). Die Erkenntnisse über Umwandlung von Reizenergien in körpereigene elektromagnetische Impulse (formuliert im so genannten Weber-Fechnerschen-Gesetz), über Lokalisation psychischer Funktionen im Gehirn (Gehirnkarten) oder über hormonelle Veränderungen bei Stress sind z. B. von großem Wert für das Verstehen und Erklären des Erlebens und Verhaltens in bestimmten Situationen.

Im Laufe der Jahrzehnte wurden auch sehr viele Erkenntnisse über psychische oder seelische Vorgänge gewonnen. Man hat z. B. verschiedene Intelligenzmodelle entwickelt (z. B. das Modell der sieben Primärfaktoren nach Thurstone, vgl. Baustein 6), die Motivation und das Antriebsverhalten analysiert (man denke an die Bedürfnishierarchie nach Maslow, an differenzierte Darstellung der Leistungsmotivation von Heckhausen, an Beschreibung der Ängste nach Riemann) und psychische Auswirkungen der Deprivation ermittelt (Hospitalismus). Im Baustein 6 werden die wichtigsten Einzelaussagen der hier genannten Psychologen vorgestellt.

Immer dann, wenn man diese gewonnenen Einzelerkenntnisse praktisch nutzen, zur Voraussage oder Änderung des Verhaltens anwenden wollte, musste man feststellen, dass bestimmte »Verbindungsglieder« zwischen Leib und Seele, zwischen Fühlen (eher seelische Erscheinung) und Denken (eher geistige Tätigkeit) fehlen. Lange Zeit hat man entsprechend dem abendländischen und naturwissenschaftlichen Denken versucht, die Zusammenhänge nach dem Ursache-Wirkung-Modell zu deuten. W. James (1884) und K. Lange (1885) nahmen an, dass Emotionen (= Wirkung) aus der Wahrnehmung körperlicher Reaktionen (= Ursache) entstehen. Organische Veränderungen sind nicht Folge, sondern Ursache von Gefühlen. Dagegen nimmt die Cannon-Bard-Theorie an, dass körperliche Begleiterscheinungen Folge (= Wirkung) zentraler Erlebnisse (= Ursache) sind.

Wie sind so unterschiedliche Positionen – wie soeben dargestellt – möglich? Selbstverständlich waren sowohl James/Lange als auch Cannon/Bard hervorragende Wissenschaftler und konnten ihre Thesen mit vielen Erscheinungen belegen. Die Thesen können wir also nicht einfach als falsch zurückweisen. Wir müssen akzeptieren, dass das Ursache-Wirkung-Denkmodell dem komplexen Zusammenhang zwischen Leib und Seele nicht gerecht wird.

»Das Gehirn ist in der Lage, mit dem Körper ein Gespräch zu führen, das zum Tode führt.«

(Russisches Sprichwort)

In den vergangenen Jahrzehnten haben Psychologen immer stärker die Tatsache gewürdigt, dass der Mensch nicht nur aus Körper und Seele besteht, sondern auch denken kann. Es wurden viele Denkmodelle und Theorien entwickelt, die den Zusammenhang zwischen Denken als einer geistigen Tätigkeit und körperlichen und seelischen Vorgängen gewürdigt haben. Als ein Beispiel ist die sozialkognitive Theorie von A. Bandura (vgl. Baustein 6 und auch das Thema 4.3 im Baustein 7) aufzuführen. Zunächst hat Bandura mit seinen Mitarbeitern das Lernen am Modell – ohne Berücksichtigung der Denkvorgänge – untersucht. Mit den gewonnenen Erkenntnissen konnte er die Frage nicht zufrieden stellend beantworten, warum das beobachtete und im Gedächtnis gespeicherte Verhalten von einem Kind dann auch gezeigt bzw. eingesetzt wird und von einem anderen nicht. Er stellte fest, dass die Motivation zum Einsatz des beobachteten Verhaltens von den Erwartungshaltungen, die er Kognitionen (Denkvorgängen) zugeordnet hatte, abhängt. Das Lernen am Modell wurde zur sozialkognitiven Theorie umgestaltet, um die Bedeutung sozialer Einflüsse und kognitiver Prozesse angemessen zu berücksichtigen.

Die Würdigung des Zusammenhangs zwischen Lernen im Sinne physiologischer und gedächtnispsychologischer Vorgänge (Assoziation, Konditionierung, Speicherung = körperliche, organische Vorgänge), Motivation (Antrieb, Wille, Gefühle = seelische Aspekte) und Denken (Erwartungen, Bewertung eigener Fähigkeiten und der Ergebnisse, gedankliche Vorwegnahme von Folgen = geistige Aspekte) hat sich für die Praxis als fruchtbar erwiesen. In der Verhaltenstherapie wurde kognitiven Vorgängen ein hoher Stellenwert eingeräumt. Durch die Berücksichtigung kognitiver Prozesse konnte die Effektivität verschiedener verhaltenstherapeutischer Techniken erheblich gesteigert werden.

»Eigenlob stinkt sehr viel weniger als Eigenzerstörung.«

(Ruth Cohn, Gründerin der Themenzentrierten Interaktion)

Mit dem Konzept des positiven Denkens wurden praktische Möglichkeiten zur Unterstützung der Überwindung von Krisen und der Bewältigung von Alltagsproblemen entwickelt. Die Möglichkeit, mit Hilfe geistiger Akte (wie Visualisierung, intensive Vorstellung und positives Denken) Einfluss auf Heilungsprozesse körperlicher Erkrankungen zu nehmen, ist unbestritten. Der Glaube an die Wirksamkeit eines Schmerzmittels oder einer bestimmten Behandlungsmethode reicht oft aus, um physiologische Veränderungen herbeizuführen. Das wurde durch so genannte Placebo-Experimente, bei denen den Versuchspersonen Leerpräparate oder Tabletten ohne Wirkstoffe verabreicht wurden, bewiesen.

In seinem Stressmodell erläutert Richard Lazarus das Zusammenwirken von psychischen und körperlichen Reaktionen. Die kognitive Bewertung spielt eine zentrale Rolle beim Stresserleben. Wird eine Situation durch die primäre oder erste Bewertung als interessant, als Herausforderung eingestuft, so beginnt durch die sekundäre Bewertung die Prüfung persönlicher oder sozialer Ressourcen. Die körperliche oder physiologische Stressreaktion hängt von der primären und sekundären Bewertung ab. Wird eine Situation als Bedrohung bewertet und werden die persönlichen Bewältigungsmöglichkeiten als zu niedrig eingeschätzt, so treten als physiologische Stressreaktion Hormonausschüttung, Anfälligkeit für Krankheiten, Erschöpfung, hoher Blutdruck, Magenprobleme u. a. m. auf.

Auch bei der Bewältigung von Stress wirken körperliche, seelische und geistige Aktivitäten zusammen. Die Bewältigung, auch coping genannt, kann durch Aktivitäten geistiger Art (Neubewertung des Problems) oder durch andere Aktivitäten zur Problemlösung bzw. Beseitigung des Stressors oder aber über Veränderung der Gefühle (emotionale Entlastung), z. B. durch die Einnahme von Drogen, erreicht werden.

Wie die bisherigen Beispiele zeigen, lässt sich das Verhalten des Menschen nicht nach einem einfachen Ursache-Wirkung-Schema deuten. Als Leib-Seele-Geist-Einheit ist jeder Mensch ein selbständig agierendes System. Die vielen Erkenntnisse der wissenschaftlichen Psychologie zeigen, dass sich das Erleben, Verhalten und Handeln durch einige grundlegende Prinzipien auszeichnen und charakterisieren lassen. Diese sind: Das Prinzip der Ordnung und des Chaos, das Prinzip der Anpassung und der Störung, das Prinzip der Entwicklung und der Stagnation oder Regression, das Prinzip des Austausches und der Abgrenzung oder Isolierung, das Prinzip des Egoismus und der Zugehörigkeit sowie das Prinzip der Gegensätze und der Ergänzung. Den Zugang zum komplexen System Mensch bildet das systemische Denken.

3.1 Das systemische Denken

Jedes Lebewesen ist ein mehr oder weniger komplexes System. Bei komplexen Systemen sind eindeutige Prognosen oder Ursachenerklärungen unmöglich, weil die Komplexität des Systems dazu führt, dass trotz »deterministischer Ausgangsbedingungen indeterministische oder chaotische Lösungen« auftreten. Diese Eigenschaft komplexer Systeme wurde bereits durch die philosophische Abhandlung von Lauxman (Hinführung zum Baustein 1) und auch mit dem Fall Katja anschaulich demonstriert (vgl. Baustein 1).

Die Komplexität des Systems Mensch entsteht aus der Fülle verschiedener Teilsysteme, die man grob in Körper, Psyche, Geist aufgliedern kann. Psychologisch relevant sind körperliche Teilsysteme: Sinnesorgane, Gehirn, Hormonsystem, Bewegungsapparat u. a. m. Jedes Teilsystem hat eine Menge der Informationen und ihrer Verflechtungen zu verarbeiten. Das System wird zur Selektion gezwungen, damit es funktionsfähig bleibt. Das gilt auch für die wissenschaftliche Betrachtung. Nur eine begrenzte Menge von Elementen und Beziehungen ist überschaubar. Wegen der Verflechtung der Teile verlieren einseitige Kausalitäten (Monokausalitäten) an Bedeutung. Mit der Bildung des Systems entsteht eine System-Umwelt-Differenz, und nur solange sie besteht, existiert das System.

Jedes System, ob ein Individuum, eine Schulklasse, eine soziale Gruppe oder eine Familie, stellt eine Einheit mit eigener Intentionalität dar und hebt sich von der Umwelt ab. Es ist ein in sich geschlossenes, aber nach außen hin offenes System.

Kontingenz als ein weiteres Merkmal der Systeme bedeutet, dass sich zwei Einheiten, zwei Individuen, ein Individuum und eine soziale Gruppe mit völlig offenem Ergebnis begegnen (contigere = sich berühren). Zwischen Erzieher und Kind kommt es zu »Begegnungen«, zu kommunikativen Berührungen, aber das Ergebnis der individuellen Veränderungen ist prinzipiell offen. Als Lehrer oder Erzieher kommt man nur selten da an, wo man hin wollte. Die beste Absicht kann sich ins Gegenteil verkehren.

Die Interaktion und Kommunikation zwischen Menschen wird immer mit offenem Ergebnis geführt. Daher gibt es zwischen pädagogischem Handeln und deren Wirkungen keine Kausalität. Die Wirkungen sind nicht kalkulierbar. Die Vielzahl der beteiligten Faktoren ist zu groß. Hier wird deutlich, wie irreführend die Überlegungen einer Erziehungsmittel-Pädagogik sein müssen. Die Erziehungsmittelpädagogik argumentierte monokausal und mechanistisch und zwar so, als ob ein bestimmtes Mittel, z. B. Strafe als Ursache, zu einem bestimmten erwünschten Erziehungsergebnis als Folge oder Wirkung führen würde.

Ein System, ein Mensch, eine Familie, eine Gruppe oder eine andere lebendige Organisation orientiert sich an sich selbst. Man spricht von der Selbstreferenz, auch Selbstbezüglichkeit der Systeme. Dieses Merkmal der Systeme wird oft als Autonomie, als Subjektivität oder auch als sich selbst regulierendes Ganzes beschrieben. Die Selbstreferenz des Systems Mensch führte in der Psychologie zur Entwicklung des Selbstkonzepts. Die Individualität eines Ichs ergibt sich nicht aus dem Unterschied zu den anderen, sondern durch den Bezug auf sich selbst, durch Selbstreflexion.

Systeme organisieren und regulieren sich selbst (Selbststeuerung). Die Form und die Verbindung der Teile wird durch die Idee des Ganzen, z. B. durch Selbstkonzept bestimmt. Der Zwang zur Selbstgestaltung, im systemischen Denken auch Selbsthervorbringung genannt, führt dazu, dass Menschen Einmischungen von außen nicht einfach abwehren können, sondern sie entsprechend dem Selbstkonzept verarbeiten müssen. Die Wirklichkeit wird nicht einfach wahrgenommen, sondern »konstruiert«. Die Umwelt, so wie wir sie wahrnehmen, ist unsere Erfindung, meint Paul Watzlawick.

Systeme als selbstregulierende, nach Erhaltung strebende Ganzheiten oder Gebilde sind auf Informationsaustausch mit der Umwelt, auf Abgeben und Gewinnen von Energie angewiesen. Die Autonomie des Systems muss dabei erhalten bleiben. Kann ein System nicht mehr autonom agieren, dann kann es die Informationen nicht mehr auswählen und zu sinnvollen Einheiten verarbeiten. Es wird sich von der Umwelt abgrenzen wollen. Das ist z. B. der Fall, wenn Kinder von zu Hause weglaufen, und sich sozial zurückziehen. Solche Abgrenzungen sind uns als Kontakt- oder Kommunikationsstörungen bekannt. Werden erhebliche Anstrengungen zum Zwecke der Abschottung oder des Schutzes unternommen, kommt es zum Ungleichgewicht, zu Anpassungsproblemen und psychischen Störungen. Daher gilt: Vertrauen ist das wichtigste Prinzip im menschlichen Zusammenleben.

»...Und er sagte:

Eure Kinder sind nicht eure Kinder.

Sie sind die Söhne und Töchter

der Sehnsucht des Lebens nach sich selber...«

(Kahlil Gibran in Der Prophet)

3.2 Prinzip der Ordnung und des Chaos

Max Wertheimer und Wolfgang Köhler gelten als Begründer der Gestaltpsychologie (Berliner Schule). Die Gestaltpsychologie konzentrierte sich zunächst auf die Organisationsprozesse der visuellen Wahrnehmung. Schon bald hat man herausgefunden, dass zwischen den Reizen und den Wahrnehmungsergebnissen keine konstante Zuordnung im Sinne des Ursache-Wirkungs-Denkens besteht. Die Welt wäre für uns zu verwirrend und wir wären unfähig, unzählige Informationen, die vom Auge aufgenommen werden, zu verarbeiten, wenn es keine (angeborenen) Ordnungsprozesse der Wahrnehmung gäbe.

Aufgrund der dynamischen Beziehung zwischen einzelnen Teilen zeichnen sich die Wahrnehmung und andere psychische Prozesse – wie z. B. Denken, Vorstellungen und auch Gefühle – durch die Tendenz zur Ordnung, Organisation, Regelmäßigkeit und Einfachheit und durch die Neigung zu »guten Gestalten« aus. »Gute« Gestalten sind für uns bedeutungsvoll, heben sich vom Hintergrund ab, sind mehr als »die Summe der Einzelteile« und die »Gestaltqualität« ist nicht in den Einzelteilen (Elementen) zu finden. Die Gestaltqualität bleibt erhalten, wenn alle Teile, z. B. Noten einer Melodie ausgetauscht werden, aber die Beziehung zwischen den Teilen, also die Struktur erhalten bleibt. »Gute« Gestalten werden nach so genannten Gestaltgesetzen gebildet. Wichtig sind das Gesetz der Nähe (Merkmale oder Einzelteile, die nah beieinander liegen, werden als zusammengehörig und als eine Figur oder Gestalt wahrgenommen), der Symmetrie, der Geschlossenheit (vorhandene Lücken werden so ergänzt, dass eine sinnvolle Gestalt oder Figur entsteht), der gemeinsamen Bewegung (Objekte, Personen oder Tiere, die sich in gleicher Weise oder in gleiche Richtung bewegen, werden als eine Gestalt gesehen) und der sinnvollen Fortsetzung.

Jede Situation besitzt für die Menschen etwas »Prägnantes«, Typisches, Charakteristisches, nach dem sich die psychischen Prozesse organisieren. Die Prägnanztendenz besagt, dass das Psychische nicht nur im Sinne der guten Gestalten organisiert wird, sondern auch, dass die Bildung der »guten Gestalt« von der jeweils besonderen Eigenart einer Situation geprägt wird. Die Prägnanztendenz führt z. B. dazu, dass Menschen, die sich in einer depressiven Stimmung befinden, ihre Wahrnehmung, ihr Denken, Fühlen, Verhalten und Handeln zu »depressiven guten Gestalten« organisieren. Die Organisation läuft natürlich unbewusst ab. So gesehen erleichtert das Prinzip der Ordnung einerseits die Informationsverarbeitung, führt aber andererseits zu einer immer stärkeren Entfernung von der Realität. Die Prägnanztendenz erleichtert uns die Orientierung im Sinne einer »typischen« Geburtstagsfeier oder Unterrichtsstunde oder eines Telefongesprächs usw. Wir wissen sozusagen unbewusst, was zur einer Geburtstagsfeier »gehört« und welche Informationen von Bedeutung sind. So können wir sehr schnell die Informationen auswählen und verarbeiten.

Neben der Gestalttheorie sind in der Psychologie weitere Theorien entwickelt worden, in deren Mittelpunkt das »Prinzip der Ordnung« steht. Die Theorie der »Kognitiven Konsonanz bzw. Dissonanz« von Leon Festinger (vgl. auch Baustein 6 und das Thema 6.6 im Baustein 7) geht von der Annahme aus, dass zwischen kognitiven Elementen Ordnung durch Streben nach Konsonanz bzw. nach Vermeidung der Dissonanz hergestellt wird. Die Übereinstimmung zwischen Überzeugung, Denken, Urteilen, Gefühlen und Handlungsweisen hat Zufriedenheit, Beständigkeit und auch Berechenbarkeit des Menschen zur Folge. Das Vermeiden von Dissonanzen wird oft über selektives Verhalten erzielt, was einerseits die Orientierung, die Verarbeitung von Informationen erleichtert, andererseits aber auch Entfernung von der Realität und Fest halten an bestehenden Gegebenheiten zur Folge hat.

Fritz Heider, amerikanischer Sozialpsychologe nimmt in seiner Theorie des kognitiven Gleichgewichts (auch Balance-Theorie genannt) an, dass sich Menschen ihre Beziehungen (Sympathie oder Ablehnung) zu Personen und Objekten der Umwelt im Sinne des Gleichgewichts organisieren. In einer Struktur von drei Beziehungen herrscht Gleichgewicht oder Balance, wenn keine oder aber immer zwei negative Beziehungen vorhanden sind. Beispiel: Person A mag (+) Person B; Person B setzt sich für das Verbot des Rauchens ein (-); eine ausgewogene Situation entsteht, wenn sich auch die Person A gegen Rauchen (-) ausspricht. Ist Person B für das Rauchen und Person A dagegen, dann entsteht eine unausgewogene Situation. Die Situation wird ausgewogen, wenn Person A die Person B ablehnt und Person B ist gegen das Rauchen, Person A aber dafür. Liebt eine Frau einen Mann, der gegen Atomkraft ist, sie aber ist dafür, dann entsteht eine schwierige Situation.

Das Prinzip der Ordnung gilt auch für die Entwicklung des Erlebens und Verhaltens. Sind auf Grund von Erfahrungen und Reifungsprozessen mehrere neue Strukturen, Verhaltensweisen, Gefühle, Wünsche oder Interessen entstanden, dann muss das Kind diese durch den Vorgang der Integration zu sinnvollen Ganzheiten zusammenfassen und ordnen, bevor die Entwicklung weiterer neuer Teile einsetzen kann. Gelingt die Ordnung, die Herstellung des Gleichgewichts oder der Stimmigkeit zwischen Innen und Außen, zwischen Fähigkeiten und Bedürfnissen nicht, kommt es zur Verzögerung oder zu Störungen der Entwicklung.

Menschen, die nicht in der Lage sind, Ordnung in ihr Leben zu bringen, sind uns als labile, sprunghafte, unberechenbare Persönlichkeiten bekannt; Menschen mit zu viel Ordnung fallen als pedantisch, zwanghaft und rigide auf.

Es scheint, dass jeder Ordnung Chaos oder ein ungeordneter Zustand vorausgehen muss. Am deutlichsten tritt dieses Prinzip im Bereich der Entwicklung zu Tage. Den Lebensabschnitten der Beruhigung oder Ordnung gehen Zeiten der Erregung voraus, in denen das psychische Leben in Unordnung ist. Jedem Entwicklungsfortschritt muss ein chaotischer Zustand vorausgehen. Diese Zustände bewerten Erzieher oft als Störungen, Verhaltensauffälligkeiten oder als Erziehungsschwierigkeiten. Die moderne Physik hat entdeckt, dass auch Chaos eine besondere Ordnung darstellt. Ohne Chaos gibt es scheinbar keinen Fortschritt, keine Entwicklung, keine Änderungen, und einen lebensbedrohenden Stillstand.

3.3 Prinzip der Anpassung oder der Störung

In der psychologischen und pädagogischen Literatur wird die Fähigkeit des Menschen zur Anpassung an verschiedene Umwelten besonders hervorgehoben. Der Erwerb neuer Verhaltensweisen, das Übernehmen von Gruppennormen, die Verarbeitung von Informationen und andere wichtige Lebensvorgänge laufen nach dem Prinzip der Anpassung ab.

Die Fähigkeit der Sinnesorgane, sich an bestehende Umweltverhältnisse (Licht, Geruch, Wärme, Kälte) anzupassen, wird Adaptation genannt. Die am meisten untersuchte Form der Anpassung ist das Lernen. Lernprozesse stehen immer im Dienst der Anpassung, d. h. das Lernen bringt Verhaltensweisen und Reaktionen hervor, die »bessere« Anpassung bedeuten. Mit besserer Anpassung ist gemeint, dass solche Verhaltensweisen, die der Befriedigung wichtiger Bedürfnisse dienen, beibehalten, und solche, die »nutzlos« sind, »vergessen« werden. Sowohl die Verknüpfung zwischen angeborenen und neutralen Reizen (Klassische Konditionierung) als auch das Lernen durch Verstärkung ist als Anpassungsleistung, die unbewusst abläuft, zu verstehen.

Unzählige psychische Vorgänge können als Anpassungsleistungen gedeutet werden, die unbewusst, ohne gezielte Steuerung z. B., durch kognitive Prozesse ablaufen. Einige Beispiele: Unsere sozialen Einstellungen sorgen dafür, dass wir uns sicher fühlen (Orientierungsfunktion), Anerkennung erhalten (Anpassungsfunktion), Angriffe auf unser Selbstwertgefühl abwehren können (Ich-Verteidigungsfunktion) und das Gefühl haben, uns für die Verwirklichung wichtiger Werte einsetzen zu können (Wertexpressive Funktion).

In der sozialen Kommunikation und Interaktion sorgen unbewusste Anpassungsmechanismen dafür, dass wir bei einer negativen Beziehung für das Scheitern einer Kommunikation immer dem Partner die Verantwortung zusprechen. Artet eine Auseinandersetzung zum Streit aus, so wird dieser immer lauter geführt – ganz im Sinne des Gleichgewichts oder der Anpassung an die Lautstärke und an die Argumente des Partners.

Auch so genannte Attributionstheorien, die verschiedene Einzelheiten des Zuschreibens von Ursachen zu Ereignissen, vor allem zu menschlichen Handlungen, untersucht und aufgezeigt haben, bestätigen das Prinzip der Anpassung. Die Ursache für eigene Misserfolge wird in der Regel »external attribuiert«, d. h. für den Misserfolg werden äußere Umstände verantwortlich gemacht. Die Ursache für Erfolge wird dagegen eher in der eigenen Leistungsfähigkeit oder Anstrengung gesehen, sie wird »internal attribuiert«.

Auch die Tatsache, dass sich Menschen in ihrer Wahrnehmung dem Gruppendruck beugen und Wahrnehmungsurteile gegen besseres Wissen aber in Anpassung an die Gruppe abgeben (Asch-Experimente; vgl. Baustein 6), verdeutlicht die herausragende Rolle des Prinzips der Anpassung.

Je nach Bezugspunkt bzw. Blickwinkel können die Leistungen der »Psyche« als Anpassung oder als Störung eingestuft werden. Verhält sich ein Mensch im Sinne des Gruppendrucks und passt sich an, dann geht diese Anpassung auf Kosten seiner Integrität, für sein Selbstbild ist es eine Störung. Beugt sich ein Kind dem Druck der Erzieher, dann kann das eine Störung der Entwicklung zur Selbständigkeit sein. Es mag wichtig sein, dass Anpassungsleistungen, die nicht der Selbstverwirklichung dienen als Störungen erlebt werden. Auf diese Weise kommen Prozesse in Gang, die Letztendlich doch der Selbstverwirklichung und dem individuellen Wachstum dienen.

3.4 Prinzip der Entwicklung und der Stagnation oder Regression

Die Entwicklung wird als ein zentrales Merkmal der Lebewesen gesehen, die sich systemisch organisieren. Im Leben eines Menschen gibt es nie Stillstand. Es unterliegt laufenden Veränderungen, die entweder als Wachstum, Fortschritt und als Gewinn oder als Abbau, Rückschritt und Verlust auftreten. Das Prinzip der Entwicklung gilt für Systeme als Ganzes (Entwicklung des Menschen, der Familie, der Gesellschaft, der Wirtschaft usw.) oder für Teilbereiche, z. B. Entwicklung einer Beziehung, Entwicklung des Denkens, Entwicklung einer Störung. Auch in einer Beziehung gibt es keinen Stillstand. Je nachdem, ob sich die Partner um die Pflege der Beziehung bemühen oder durch Alltagsprobleme belastet sind, finden laufend Verbesserungen oder Verschlechterungen der Beziehung statt.

Die sich selbst regulierenden Systeme sind immer bestrebt, den einmal erreichten Zustand aufrechtzuerhalten. Die sich selbst regulierenden offenen Systeme können aus sich heraus auch neue Soll-Werte (Ziele, Maßstäbe, Bedürfnisse) hervorbringen und sich so – sozusagen von Innen – selbst ändern. Die Eigendynamik der Entwicklung in und von Systemen führt dazu, dass die eingesetzte Entwicklung von außen nicht steuerbar oder beeinflussbar ist. Nehmen wir als Beispiel die Sich-selbst-erfüllende-Prophezeihung. Wird einer Person eine »Entwicklung« vorausgesagt, z. B. Versagen in der Schule, dann verhält sich die von der »Prophezeihung« betroffene Person in der Regel so, dass das vorausgesagte Ereignis eintritt.

Die Entwicklung dient der Aufrechterhaltung des Gleichgewichts zwischen Ist- und Soll-Werten, zwischen Körper und Psyche, zwischen Individuum und Umwelt, zwischen individuellen Bedürfnissen und Anforderungen der Umwelt. Beispiel Drogenabhängigkeit oder Alkoholismus: Die Einnahme von Drogen oder das Trinken größerer Mengen von Alkohol führt zur Umstellung der Soll-Werte im Organismus. Der Alkoholiker oder der Drogenabhängige kann sich dieser Entwicklung nicht entziehen, er muss mehr trinken, um den Ist-Zustand an die veränderten Soll-Werte anzupassen.

Werden durch genetisch programmierte Zellteilung und Wachstum funktionsfähige Organe ausgebildet (als Folge der Organreifung), dann ist das System Mensch bestrebt (oder gezwungen), die gesamte Funktionsweise des Systems an die veränderten Teile anzupassen. Die dazu notwendige Aktivität des Kindes, z. B. Lallmonologe bei der Sprachentwicklung oder Nachahmung von Erwachsenen ist durch große Anstrengungsbereitschaft und unermüdliche Wiederholung gekennzeichnet.

Jean Piaget nimmt in seiner Theorie der kognitiven Entwicklung an, dass der Veränderung innerer Strukturen oder Denkschemata (Akkomodation) eine »Einverleibung der Umwelt« durch vorhandene innere Werkzeuge, die so genannte Assimilation«, vorausgehen muss. Voraussetzung der Assimilation ist die Aktivität, das Handeln des Kindes. Hier wird deutlich, wie wichtig es ist, dass das Kind selbständig handeln, Verschiedenes ausprobieren kann.

Die Entwicklung bedeutet Abschaffung bisheriger Strukturen und Einsatz von neuen. Diese Umbruchprozesse können sich nicht ohne Krisen vollziehen. Wie schon erwähnt hat bereits der Entwicklungspsychologe Frank Busemann beobachtet, dass auf kurze Erregungsphasen in der Entwicklung längere Phasen der »Beruhigung« folgen, die der Stabilisierung des Systems dienen.

Jedes System ist neben der Bewältigung von Veränderungen innerhalb auch auf die Lösung von Aufgaben, die von außerhalb an das System herangetragen werden, angewiesen. Aus der Bewältigung solcher Aufgaben ergeben sich wichtige Entwicklungsfortschritte. R. J. Havighurst hat unter Berücksichtigung dieser Tatsache die Entwicklung als Bewältigung so genannter Entwicklungsaufgaben definiert. Solche

Aufgaben sind typisch für bestimmte Altersstufen und werden »normativ«, d. h. vorhersagbar genannt. Sie können aber auch plötzlich, unvorhergesehen und schicksalhaft wie z. B. Verlust wichtiger Personen, Krankheit oder Umzug, sozusagen »nonnormativ«, auftreten.

**»Sein ganzes Leben lang, in jedem Alter,
soll man Schwierigkeiten nicht ausweichen,
sondern sich ihnen zuwenden und versuchen,
sie zu überwinden.
Nur so wachsen Fähigkeiten, nur so erreicht man das Glück.«**

(Quelle unbekannt)

Zusammenfassend gilt: Das Prinzip der Entwicklung bestimmt das Erleben und Verhalten des Menschen. Entwicklung bedeutet Wachstum und Differenzierung bei gleichzeitiger Stabilisierung des Systems. Stillstand ist nicht möglich. Einzelnen Entwicklungsfortschritten gehen Umbruchphasen voraus, die wir als Stagnation oder sogar als Regression (Umkehren der Entwicklung, Zurückfallen auf bereits überwundene Entwicklungsstufen) erleben.

3.5 Prinzip des Austausches und der Abgrenzung

Als System ist der Mensch auf Empfangen und Abgeben der Energie, auf Austauschprozesse mit der Umgebung (und mit sich selbst, also innerhalb des Systems zwischen einzelnen Teilen oder Teilsystemen) angewiesen. Das Prinzip des Austausches führte zur Entwicklung mehrerer wichtiger psychologischer Theorien.

Nach der Theorie sozialer Tauschprozesse von John Thibauts und Harold Kelley wird eine Beziehung zwischen zwei Menschen aufgenommen und aufrechterhalten, wenn für beide die Gewinne aus der Interaktion die Kosten übersteigen. Attraktiv sind Beziehungen, die hohe Gewinne versprechen. Die Beobachtung, dass sich körperlich gleich attraktive Menschen anziehen (»Gleich zu gleich gesellt sich gern«) und dass hinsichtlich der Charaktereigenschaften eher Gegensätze bevorzugt werden (»Gegensätze ziehen sich an«), stützt die Theorie der Kosten-Nutzen-Analyse. Bei körperlich sehr attraktiven Menschen scheint der weniger attraktive Partner auf lange Sicht offensichtlich zu befürchten, dass die Kosten den Gewinn übersteigen. Bei charakterlichen Unterschieden oder Gegensätzen verspricht man sich mehr Gewinn und Ergänzung als Verlust. Die Kosten-Nutzen-Analyse wird dabei nicht bewusst vorgenommen. Gewinn und Verlust werden im Lauf der Interaktion unbewusst registriert.

Eine besonders wichtige Rolle im Austausch zwischen Systemen spielen die Kommunikation und Interaktion. Kommunikation und Interaktion sind wichtige Instrumente der Bedürfnisbefriedigung. Sie führen zu Konflikten und Störungen, wenn ein System mit Hilfe des Informationsaustausches das andere ändern will. Systeme sind, wie bereits ausgeführt, grundsätzlich autonom, und können von außen nicht geändert werden. Die Änderung kann von innen erfolgen, z. B. über Entwicklung oder über den Austausch von Informationen innerhalb des Systems. Die Entwicklung des Selbstkonzepts, der Gefühle und Überzeugungen über sich selbst, spielt hier eine wichtige Rolle.

Dem Menschen steht nur eine bestimmte Energiemenge zur Verfügung. Wird die Energie z. B. für Tagträume, für Rachephantasien, für Angstbewältigung oder für Schutz vor psychischer Demontage verbraucht, dann steht sie nicht zur Verfügung, um bestimmte Ziele (z. B. gute Leistungen in der Schule) zu erreichen. Beispiel: Wird ein Geschwisterchen geboren, dann entstehen für das erstgeborene, drei bis vier Jahre alte Kind viele Nachteile, deren Bewältigung viel Energie des Kindes verbraucht. Die noch frei vorhandene Energie reicht dann nicht mehr aus, um die Trennung von der Mutter zu verkraften, wenn es in den Kindergarten gehen soll, um die Aggressionen gegenüber dem jüngeren Kind zu kontrollieren oder um rechtzeitig zu merken, dass die Blase voll ist. Als Folge des Energieverlustes tritt häufig Bettnässen auf.

In konkreten Situationen sind folgende beiden Fragen hilfreich: Wie kann ich Energie gewinnen? Wofür verbrauche ich zu viel Energie? Echte Begegnungen und Interaktionen sind nur möglich zwischen Menschen, so wie sie sind, und nicht zwischen Menschen, wie ich sie haben will, die also nur in meinen Vorstellungen existieren. Echte Begegnungen sind Energieträger oder Energielieferanten. Will ich die Welt und die Personen nach meinen Vorstellungen formen, so verliere, verbrauche ich Energie. Vergeblich, denn Systeme können Änderungen nur durch sich selbst hervorbringen; von außen lassen sie sich nicht ändern.

Das Prinzip des Austausches ist eng verknüpft mit dem Prinzip des Egoismus. Erfüllt der Austausch nicht die für das System lebenswichtigen Funktionen, sucht es Schutz durch Abgrenzung oder Isolierung. Wir können uns diesen Aspekt folgendermaßen vorstellen: »Bevor mich der Austausch, mich die Begegnungen mit Mitmenschen weiterhin bedrohen, gefährden und meine innere Informationsverarbeitung erheblich stören sowie behindern, grenze ich mich ab, ziehe ich mich zurück und kann so mein selbst geschaffenes Gleichgewicht aufrechterhalten.« Die Tatsache der Abgrenzung wird sehr deutlich im personzentrierten Ansatz von Carl Rogers und auch in der strukturellen Familientherapie von S. S. Minuchin (vgl. Baustein 1) thematisiert. Die Abgrenzung, die wir als Beeinträchtigung des Individuums erleben oder einstufen und der jeweilige Mensch sehr wahrscheinlich leidet, erfüllt also eine wichtige systemerhaltende Funktion.

3.6 Prinzip des Egoismus und der sozialen Zugehörigkeit

Die Menschen sind egoistische Wesen. Gesunder Egoismus bildet die Basis des Zusammenlebens. Es zeigt sich, dass stark entwickelte Selbstwertgefühle sehr wichtig sind, um egoistische Haltung mit den sozialen Ansprüchen in Einklang zu bringen. Dagegen führen Minderwertigkeitsgefühle oft dazu, dass der Egoismus sozial nicht erträglich wird und sich sehr negativ auf die Beziehungen zu Mitmenschen auswirkt.

Auch wenn es paradox klingt, es gilt folgende Faustregel: Gesunder Egoismus ist die beste Grundlage für das soziale Zusammenleben. Beispiel: Menschen mit Minderwertigkeitsgefühlen neigen sehr stark dazu, laufend zu testen, ob sie von Mitmenschen geliebt und geschätzt werden. Das kann oft dazu führen, dass Freundschaften und Partnerschaften zerbrechen. Wer kann schon auf Dauer ertragen, wenn jede sachliche Auseinandersetzung oder Meinungsverschiedenheit als mangelnder Beweis der Liebe erlebt wird. Man hat z. B. keine Lust ins Kino zu gehen und der Freund/die Freundin ist plötzlich »beleidigt«, weil sie die Absage als Nicht-geliebt-

Werden erlebt. Ein weiteres Beispiel: Menschen mit Minderwertigkeitsgefühlen wollen bei jeder passenden oder unpassenden Situation »nützlich« und hilfsbereit sein, um Anerkennung und Liebe zu erhalten. In solchen Fällen spricht man von »Helfersyndrom«. Dabei gilt: In vielen Problemsituationen, vor allem in Konfliktsituationen und bei ambivalenten Gefühlen, ist nicht erbetene Hilfe keine Hilfe.

Der Egoismus der Freunde und der Bekannten besteht darin, dass sie dem »Problemgeber« helfen wollen. Sie wollen den Freund oder Bekannten trösten, ihm helfen, und daher verniedlichen, bagatellisieren sie das Problem (»Es wird nicht so schlimm sein.«). Dadurch wird das Problem noch größer.

Nicht nur das Helfersyndrom, sondern auch das an Säuglingen beobachtete Bindungsverhalten ist ein deutlicher Beweis für die enge Verknüpfung zwischen Egoismus und sozialer Zugehörigkeit. Harry Harlow stellte durch die Untersuchung des Zuwendungsverhaltens von Affenbabys die lebenswichtige Bedeutung sozialer Kontakte heraus. Mary Ainsworth konnte experimentell nachweisen, dass Säuglinge mit Hilfe verschiedener Verhaltensweisen (z. B. Lächeln, Greifen, Weinen, Stampfen, Juchzen) das Zuwendungsverhalten der Mutter auf sich lenken und gegen das Weggehen protestieren. Säuglinge mit »gesicherter Bindung« können egoistischer, selbständiger und neugieriger gegenüber fremden Personen und Objekten auftreten als Säuglinge ohne gesicherte Bindung (vgl. dazu Baustein 6).

»Nichts macht uns feiger als der Versuch, von allen Menschen geliebt zu werden.«

(Marie von Ebner-Eschenbach)

3.7 Das Prinzip der Gegensätze und der Ergänzung

Viele Beobachtungen sprechen dafür, dass die Systeme über die Ausbildung von Gegensätzen ihre Selbsterhaltung, Reproduktion und ihren Energiehaushalt gesichert haben. Beim Menschen sind u. a. folgende Gegensätze, die sich gleichzeitig sinnvoll ergänzen und für Spannung sorgen, vorhanden: männlich-weiblich, linke-rechte Gehirnhälfte, Trieb-Moral, Natur-Kultur, Hass-Liebe, Kognition-Emotion. Polaritäten, wie z. B. stark-schwach, dominant-unterwürfig, aktiv-passiv, kalt-warm, hell-dunkel, oben-unten, geistig-körperlich, sind das beherrschende Prinzip des Erlebens, Verhaltens und Handelns. Diese Polaritäten sind als so genannte Konnotationen oder Nebenbedeutungen zu einem festen Bestandteil der Begriffsprache geworden. Mit dem Begriff »Stein« verbinden wir z. B. »hart«, »stark«, »kalt« und »schwer«; mit dem Begriff »weiblich« eher »schwach«, »warm«, »sensibel« und »weich«.

Wie bereits erwähnt leistet das Prinzip der Gegensätze und der Ergänzung eine wichtige lebenserhaltende Funktion. Obwohl die Emotionen einen größeren Einfluss auf das Erleben und Verhalten ausüben als das Rationale, kann der Mensch durch seine Gedanken und Bewertungen sehr viel bewirken.

Die psychischen Vorgänge bzw. das Erleben, Verhalten und Handeln ist als Spiel der Kräfte zu verstehen. Dabei bildet das Kräftespiel oft Gegensätze und Konflikte, wie z. B. zwischen Natur und Kultur, zwischen dem Streben nach Lust, den Trieben auf der einen Seite und Geboten und Verboten auf der anderen Seite. Beispiel: Ein Kind ist wütend auf die Mutter, es hasst sie, hegt insgeheim Todeswünsche. Und andererseits hat es bereits die Wertvorstellung verinnerlicht, dass Mütter etwas ganz Besonderes sind, dass man eine Mutter verehren, lieben muss. Solche Konflikte und Gegensätze können auch zwischen Gefühlen und Gedanken entstehen. Beispiel: Ein Schüler hat große Angst vor einer Prüfung. Diese Angst zeigt sich darin, dass er glaubt, brechen zu müssen, er hat Bauch- und Magenschmerzen, muss oft auf die Toilette, zittert, schwitzt und glaubt, alles vergessen zu haben. Auf der anderen Seite muss er daran denken, dass er viel gelernt hat, dass die Prüfungsangst schädlich ist, dass es für ihn keinen Grund und Anlass gibt, Angst zu haben.

Es gilt: Positiv denken, Gefühle zulassen und nicht bekämpfen. Bekämpfen heißt doppelt leiden: Einmal leiden wir durch die Gefühle, die wir haben, dann leiden wird durch die Sorge, wie Mitmenschen unsere Gefühle erleben.

»Gefühle schaden niemandem, wenn sie gezeigt werden!«
(Ruth Cohn)

Diese Auffassung von Ruth Cohn fordert die Schüler zum heftigen Widerspruch heraus. Sie meinen, sie hätten ihre Gefühle gezeigt, und das hätten sie lieber nicht tun sollen, denn daraus seien ihnen nur Nachteile entstanden. Folgendem Lösungsvorschlag wird in der Regel zugestimmt: Das Zeigen der Gefühle ist ein kommunikativer Akt. Wenn das Zeigen der Gefühle mit der Intention erfolgt, den Partner zu ändern oder zu einem bestimmten Verhalten zu bewegen, dann entwickelt sich wahrscheinlich eine belastende Auseinandersetzung. Das wird auch dann der Fall sein, wenn die Gefühle auf eine Art und Weise gezeigt werden, die der Partner als Vorwurf (»Du bist schuld, dass es mir so schlecht geht!«) erlebt. Auch hier gilt: Das Zeigen der Gefühle ist zuallererst ein egoistischer Akt. Ich muss mir bewusst sein: Es sind meine Gefühle, es sind Gefühle, die ich »produziere« und es tut mir gut, wenn ich die Gefühle zulasse und auslebe.

Je mehr wir darüber wissen, wie man positiv denken kann, wie unsere Mitmenschen fühlen, desto klarer können wir schwierige Situationen meistern und die Mitmenschen verstehen und ihnen bei Nachfrage auch helfen.

Für die Beziehung zwischen den Gegensätzen gilt folgende aus China stammende Erkenntnis: Will man eine Seite schwächer machen, dann muss man sie zunächst stärken, sie größer werden lassen. Will man im Hass-Liebe-Gegensatz das Gefühl Hass schwächer machen, dann muss man dieses Gefühl zunächst zulassen und es ausleben bevor der Prozess der Abschwächung beginnen kann.

Zur Verdeutlichung des Prinzips der Gegensätze und der Ergänzung werden noch einige weitere Beispiele aufgeführt.

Aufschlussreich für das Verständnis vieler Auseinandersetzungen in den Beziehungen zwischen Mann und Frau sind folgende Beobachtungen: Frauen und Männer sind zwei verschiedene Wesen. Unterschiede, vor allem im Bereich der Sexualität führen zu unzähligen Konflikten und Missverständnissen. Vom anerkannten Sexualforscher und Psychotherapeuten Ulrich Clement wird betont, dass diese Spannung lustfördernd wirkt.

Auch in der Kommunikation werden zwischen Mann und Frau stark ausgeprägte Gegensätze beobachtet. Es sieht so aus, dass Frauen und Männer unterschiedliche

Sprache sprechen. Es mag sein, dass die digitale Bedeutung gleich ist, die Semantik aber ist völlig verschieden. Frauen und Männer können über bestimmte Themen nicht miteinander reden: über die Erziehung, Sexualität, Gleichberechtigung.

Die Spannung im Bereich der Geschlechterrollen und -beziehungen kann sehr vielfältig sein. Es gibt auch »weibliche« Männer und »männliche« Frauen. Wenn Frauen Positionen der Männer einnehmen (z. B. in der Politik oder im Management), dann handeln sie oft männlicher als Männer in solchen Positionen.

Auch die Beziehung zwischen der linken und rechten Gehirnhälfte lässt sich als »Kampf« der Gegensätze oder als Kooperation deuten, die einer schnellen und effektiven Informationsverarbeitung dient. Es ist inzwischen bekannt, dass die beiden Gehirnhälften auf verschiedene Prozesse spezialisiert sind. Die linke Gehirnhälfte wird als analytisch, rational, verbal, logisch, linear, zielorientiert beschrieben. Die rechte als ganzheitlich, intuitiv, bildhaft, kreativ, künstlerisch, räumlich. Die linke ist für Sprache und Zahlen zuständig, die rechte für Vorstellungen und Phantasie. Die Gehirnhälften können sich gegenseitig blockieren oder unterstützen und ergänzen. Vieles deutet darauf hin, dass sowohl für kognitive als auch für emotionale Reaktionen beide Gehirnhälften verantwortlich sind, wobei die eine Hirnhälfte dazu bestimmt ist, die Vorzüge einer Situation zu bewerten, und die andere die Nachteile. Die Integration beider Beiträge ergibt einen gesunden Zustand. Durch Musik und Entspannung kann das Zusammenwirken erreicht werden; Stress, Angst und Anspannung bewirken gegenseitige Blockaden.

3.8 Das Prinzip des Selbstbewusstseins und der Selbstentfremdung

Viele Philosophen, Neurobiologen, Bewusstseinsforscher und Psychologen sehen im Selbstbewusstsein das entscheidende Wesensmerkmal des Menschen. Die Fähigkeit des Menschen, das Erleben und Verhalten aus der Perspektive der eigenen Person zu betrachten und zu reflektieren, fand Eingang in mehrere wichtige psychologische Theorien.

Die Selbstfindung, die Entwicklung der Ich-Identität, ist für jeden Menschen zwingend notwendig und verläuft selten ungestört und ohne große Erschütterungen und Krisen. Die Antwortsuche auf die Fragen »Wer bin ich? Wie sehen mich die anderen? Was kann ich? Woher komme ich? Wozu lebe ich? Was ist Sinn meines Lebens?« dauert oft ein Leben lang. Jeder Mensch hat aber ein Bild von sich selbst, von seinen Fähigkeiten und Möglichkeiten, von seinen Grenzen und Hemmungen, von gelebten und nicht gelebten (Schatten nach C.G. Jung) Teilen. Nach Carl Rogers sind im Selbstkonzept sowohl Wahrnehmungen des realen Ichs als auch Vorstellungen, wie man sein möchte (Ich-Ideal oder Ideal-Ich), enthalten.

Das Bild von sich selbst, das Selbstkonzept hat eine wichtige verhaltenssteuernde Funktion. Das Selbstkonzept und Selbstbewusstsein wird als eine interne Regulationsinstanz für Gedanken, Gefühle, und Handlungen verstanden. Menschen, die unter Selbstzweifeln leiden, vermeiden die Überprüfung der eigenen Leistungsfähigkeit und steuern sich in eine Art Selbstbenachteiligung. Hohes Selbstwertgefühl oder Minderwertigkeitsgefühle steuern – oder irreführen – unsere Anpassung und unsere Überzeugung von der eigenen Selbstwirksamkeit.

Die Reflexion über sich selbst, das Selbstbild und das mit ihm verknüpfte Selbstwertgefühl sowie die Übereinstimmung oder Diskrepanz zwischen Real- und Ideal-Selbst sind entscheidende Einflussgrößen auf unser Erleben und Verhalten, die von uns selbst ausgehen. Diese Selbstreferenz oder Selbstbezüglichkeit des Systems Mensch muss als ein allgemeines Prinzip des Psychischen verstanden werden.

Das Selbst des Menschen ist auf fortlaufende Entwicklung angelegt und braucht wachstumsfördernde Bedingungen (Entwicklungsprinzip). Können die im Menschen vorhandenen Wachstumskräfte und das Streben nach Selbstverwirklichung nicht vorankommen, entstehen krankhafte Symptome und psychisches Leiden. Leiden entsteht auch, wenn Erfahrungen und Begegnungen mit der Umwelt verzerrt, geleugnet, ignoriert werden müssen, weil sie nicht mit dem Selbstkonzept übereinstimmen. Es kommt zu einer Entfremdung, zu einer Unmöglichkeit, Innen und Außen, das Selbstbild mit den Rückmeldungen in Einklang zu bringen.

Hier setzt die von Carl Rogers entwickelte klienten-zentrierte Psychotherapie an. Das Hauptziel der Therapie ist die Förderung des gesunden psychischen Wachstums. Uneingeschränkte Wertschätzung des Klienten durch den Therapeuten, Echtheit und einfühlendes Verstehen ermöglichen dem Klienten, Konflikte zwischen dem Selbstbild und den Erfahrungen mit der Umwelt zu akzeptieren und zu bearbeiten.

»Nur wer ein Selbst hat, kann auch selbstlos handeln!«

(Quelle unbekannt)

4 Kontroversen in der Pädagogik – Spannung zwischen Theorie und Praxis

Die Pädagogik beschäftigt sich in erster Linie mit der Frage, wie die Praxis der Erziehung zu organisieren und durchzuführen ist, um optimale Erziehungserfolge, sprich »gut erzogene Kinder«, zu erreichen. Die Praxis gehorcht nicht natürlichen Gesetzmäßigkeiten und unterliegt nicht den unsichtbaren Vorgängen wie das Erleben und Verhalten. Die Praxis, d. h. das menschliche Handeln, kann das Ziel verfehlen, kann erfolglos sein, kann das Glück mehren oder Leid und Unglück stiften. Im Laufe der Jahrhunderte haben die Menschen viele Erfahrungen gemacht, wie die Erziehung erfolgreich »praktiziert« werden kann. Diese Erfahrungen können als Spielregeln, als Handlungswissen, als Reflexionshilfen, als Forderungen, Vorschriften für die Gestaltung der Praxis zur Verfügung gestellt werden. Werden diese Spielregeln eingehalten, dann handeln Erzieher so, dass die Kinder in ihrer Würde unterstützt und beachtet werden, dass weniger Konflikte und Stress auftreten. Es ist nicht leicht, die Erfahrungen vergangener Generationen in die Praxis der Erziehung umzusetzen. Die Umsetzung wird z. B. durch kontroverse Auffassungen, durch Widersprüche zwischen wissenschaftlichen Erkenntnissen und persönlichen Erfahrungen und vor allem durch unvereinbare Vorstellungen der Erzieher mit den Anlagen der Kinder erschwert.

Im Laufe der Pädagogikgeschichte sind über die Praxis der Erziehung verschiedene kontroverse Auffassungen entstanden. Noch immer herrscht Uneinigkeit über die

Frage des Verhältnisses zwischen Anlage und Umwelt. Auch über die Notwendigkeit und die Wirkung der Strafe bestehen verschiedene Ansichten. Die Frage, ob und in welchem Umfang durch Erzieher den Kindern Grenzen gesetzt werden sollen oder dürfen, wird immer wieder neu diskutiert. Anlass dazu entsteht immer dann, wenn man glaubt, die Jugend sei heute schlechter erzogen als früher. Es ist nicht leicht, in der Erziehung den Mittelweg zwischen Anpassung und Emanzipation zu finden. Auf der einen Seite wird das Ziel der Erziehung vorrangig in der Anpassung an die Kultur und gesellschaftliche Normen gesehen, auf der anderen Seite befürchtet man, dies könne auf Kosten der Emanzipation und der Selbständigkeit oder der Mündigkeit der heranwachsenden Generation geschehen. Als instinktreduziertes Wesen muss der Mensch die kulturelle Lebensform erlernen. Die Kultur darf dabei nicht zur Unterdrückung natürlicher Triebe und Fähigkeiten dienen. Ihre Funktion besteht im Steuern, Regulieren und Anpassen der menschlichen Natur an die bestehende Kultur.

4.1 Erziehung zwischen Anlage und Umwelt:

»Weil sich die Gene durchsetzen, sind die Eltern machtlos!?«

Über die Möglichkeiten bzw. Grenzen der Erziehung bestehen viele verschiedene Auffassungen. Während die einen meinen, die Macht der Erziehung sei unermesslich (A. S. Makarenko), glauben andere, dass alles Glück und Elend dieser Welt nicht durch die Umwelt verursacht wird, sondern auf Erbanlagen zurückzuführen ist (A. E. Wiggam).

Den Standpunkt des »pädagogischen Pessimismus« haben in früheren Jahrhunderten Aurelius Augustinus (324–430), Johannes Calvin (1509–1564), Jean Jacques Rousseau (1712 – 1778) und in neuerer Zeit der Entwicklungspsychologe Oswald Kroh, der Verhaltensforscher Irenäus Eibl-Eibesfeldt und die Psychologen Arthur R. Jensen sowie Hans-Jürgen Eysenck vertreten.

Dagegen betonen die Milieutheoretiker wie z. B. James Watson (Lerntheoretiker, um 1930) die Allmacht der Erziehung. Watson glaubte, gesunde Kinder in seiner eigenen Umgebung nach Wunsch zu jedem Beruf erziehen zu können. Vertreter des pädagogischen Optimismus waren Thomas Hobbes (1588–1679), Gottfried Wilhelm Leibniz (1664–1716), John Locke (1632–1704) und Immanuel Kant (1724–1804).

Unter den meisten Pädagogen des 20. Jahrhunderts hat sich der pädagogische Realismus durchgesetzt. Der Mensch wird als Agent seiner eigenen Entwicklung gesehen. Diese wichtige aktive Rolle kann er aber nur in einer pädagogisch günstigen Umgebung übernehmen. So gesehen sind Anlage und Umwelt gleichbedeutend. Die Erziehung ist ebenso wichtig wie die Anlage. Man muss aber akzeptieren, dass sich Kinder entsprechend ihrer Anlage die Umwelt aussuchen und die Erzieher nur dann erfolgreich sein werden, wenn sie die Anlagen des Kindes zu schätzen wissen.

Kinder sind Gäste, die nach dem Weg fragen.
(Aus dem Himalaya)

4.2 Strafe in der Erziehung:

»Muss das Kind, das nicht hören will, wirklich fühlen?« oder »Gibt es bessere Möglichkeiten, um sich durchzusetzen?«

Über die Strafe als »Erziehungsmittel« gibt es in der Pädagogik sehr viele kontroverse Darstellungen. Mit Strafe ist die Anwendung eines aversiven, unangenehmen, unlusterzeugenden Reizes ohne Zustimmung des Bestraften gemeint, mit der Absicht, künftiges Auftreten eines unerwünschten Verhaltens zu verhindern. In der Erziehungspraxis wird bestraft wegen Nichteinhaltens von Verboten oder aus Nichtbefolgen von Geboten. Besonders bedenklich sind Strafen bei Unterlassung bestimmter Handlungen aus Angst oder wegen des Versagens in der Schule.

Entgegen der Alltagsmeinung, eine Ohrfeige hätte noch niemals geschadet, ist Strafe immer ein bedenkliches Erziehungsmittel. Strafe führt in der Regel nur zur Unterdrückung des unerwünschten Verhaltens, aber nicht zu dessen dauerhaften Auslöschung. Das unterdrückte Verhalten muss kontrolliert werden, was in der Regel in Anwesenheit der bestrafenden Person gelingt. Die Energie, die zur Kontrolle des unterdrückten Verhaltens verbraucht wird, sowie der Triebstau haben eine labile und explosive psychische Situation der bestraften Person zur Folge.

Strafen haben viele unerwünschte Nebenwirkungen. Strafe verschlechtert die Beziehung zwischen dem Kind und Erzieher. Sie führt, je nach Vitalität, Robustheit oder Sensibilität des Kindes entweder zu Aggression oder zur Ängstlichkeit. Durch Strafen werden Gefühle des Hasses, des Misstrauens, der Abneigung provoziert. Über Vermeidungslernen sowie als Folge negativer Verstärkung führen häufige Strafen zur allgemeinen Passivität, Gehemmtheit und zu Vermeidungsreaktionen wie Weglaufen, Schuleschwänzen, Lügen. Gelingt es dem Kind, durch Lügen die drohende Strafe zu vermeiden oder zu verringern, so wird das Lügen negativ verstärkt. Die unerwünschte Verhaltensweise tritt immer häufiger auf.

Aus psychoanalytischer Sicht ist Strafe als Triebfrustration zu interpretieren und führt zur Ausbildung eines strengen Über-Ichs. Wenn viele Triebwünsche frustriert werden bzw. wenn das Über-Ich viele Triebwünsche aus Angst vor Strafe nicht zulässt, dann entsteht eine unbewusste Angstdynamik, die das Ich über Abwehrmechanismen zu lösen versucht. Verlust der Ich-Energie und des Bezugs zur Realität ist die Folge.

In der pädagogischen Literatur wird betont, dass Strafen, wenn sie unumgänglich erscheinen, unter Beachtung folgender Bedingungen angewandt werden sollen: Es darf keine Fluchtmöglichkeit bestehen, die Strafe soll kurz und intensiv sein, sie muss sofort nach dem Auftreten des unerwünschten Verhaltens erfolgen. Als pädagogisch sinnvoll werden so genannte natürliche Strafen herausgestellt, die im logischen Zusammenhang mit dem unerwünschten Verhalten stehen und eine Wiedergutmachung darstellen bzw. sich direkt aus dem unerwünschten Verhalten ergeben. Wenn ein Kind z. B. eine Scheibe einschlägt, dann muss es das kalte Zimmer ertragen.

4.3 Verwöhnung und Grenzen setzen:

»Müssen Kinder alles dürfen?«

Am Dilemma Grenzen-Setzen oder Verwöhnen und Gewähren-Lassen sind sowohl die »antiautoritäre« Erziehung der späten 60er und frühen 70er Jahre als auch die psychoanalytische Pädagogik, die in Anlehnung an die Theorie Sigmund Freuds entwickelt wurde, gescheitert. Je nach Zeitgeist, Ideologie, politischer Situation und angeregt durch wissenschaftliche Bewegungen wird entweder die Position der Verwöhnung oder die des Grenzen-Setzen entschieden vertreten.

Schlagworte wie »Mut zur Erziehung« oder »Fordern statt Fördern« beherrschen die Diskussion in den letzten zehn Jahren. Man glaubt, dass viele unerwünschte Verhaltensweisen der »heutigen Jugend« auf Verwöhnung (die Bedürfnisse werden ohne eigene Anstrengung befriedigt, Folge der Überflussgesellschaft) oder darauf zurückzuführen sind, dass den Kindern und Jugendlichen zu viel erlaubt bzw. zu viel Toleranz geübt wird. Kulturpessimisten sprechen auch vom Verfall wichtiger Werte des Zusammenlebens wie Höflichkeit, Hilfsbereitschaft, Verzicht und Sparsamkeit.

Nach Alfred Bandura ist der Mensch ein leistungsbesessenes Wesen. Kinder und Jugendliche wollen gefordert, herausgefordert werden. Natürlich lässt sich der Überfluss der heutigen Zeit aus der Erziehung nicht fern halten. Aber aus Armut Grenzen zu setzen kann viel echter und überzeugender gelingen als aus Überfluss. Erfolgt die Grenzziehung und Forderung ohne Not, ohne echte Überzeugung nur als Spielen einer Rolle, wird sie bestimmt die angestrebte Wirkung verfehlen und mehr Unheil anrichten als konsequente Haltung der Verwöhnung.

Unter Prinzipien der pädagogischen Praxis wird zu diesem Problem noch einmal Stellung bezogen.

4.4 Erziehung zwischen Anpassung und Emanzipation:

»Das Ich wird am du zum Wir.« (Martin Buber)

Im Jahr 1968 hat der Pädagogikprofessor Klaus Mollenhauer sein Buch »Erziehung und Emanzipation« veröffentlicht. Seit diesem Zeitpunkt wird oft Emanzipation als oberstes Ziel der Erziehung genannt. Andere stellen Emanzipation als leitende Zielvorstellung in Frage, weil dieser Begriff zu politisch, zu ideologieanfällig und auch inhaltsleer sei. Erziehung bedeutet nach Mollenhauer nicht nur Integration in bestehende Verhältnisse, sondern auch Emanzipation, also Befreiung aus solchen Verhältnissen. Emanzipation will von der Herrschaft befreien, will über Aufklärung, Rationalisierung und Aufzeigen von Widersprüchen sowie durch Förderung der Kritikfähigkeit Mitbestimmung im kulturellen, sozialen, ökonomischen und politischen Bereich erreichen.

Josef Derbolav, Professor für Pädagogik und Philosophie an der Universität in Bonn, sieht die Mündigkeit des Menschen als Ziel der Erziehung. Bereits der Psychologe, Anthropologe und Pädagoge Heinrich Roth hat Mündigkeit als Leitvorstellung der Erziehung beschrieben und begründet. Sozialkompetenz, Selbstkompetenz und

Sachkompetenz hat Roth als die zentralen Grundfähigkeiten der Mündigkeit genannt. Derbolav macht darauf aufmerksam, dass ein mündiger, sachverständiger, kritischer Mensch in vielen Lebenssituationen seine Mündigkeit unter Beweis stellen muss. Wer niemals etwas von der Kunst, Musik, Religion, Literatur gehört hat, ist in solchen Fragen »unmündig wie ein Säugling«.

Mündigkeit oder auch Emanzipation des Menschen ist so gesehen untrennbar mit der Integration und Anpassung verknüpft. Der Mensch kann nur mit etwas sachkundig, kompetent, kritisch umgehen, was er gut kennt und beherrscht. Ein mündiger und auch angepasster Mensch muss eigene Bedürfnisse und Interessen artikulieren können. Er muss sich durchsetzen können und eigene Wünsche mit Nachdruck vertreten. Er muss auch verzichten können und muss sich mit Teilerfolgen zufrieden geben. Er muss dem Konformitätszwang widerstehen können und die eigene Überzeugung begründen. Theodor Wilhelm meint, dass der Mensch zuerst annehmen muss, was ihm angeboten und vorgelebt wird. Erst nach der Identifikation ist Distanzierung und kritische Reflexion möglich.

Die Lösung des Problems zwischen Anpassung und Emanzipation wird in der Pädagogik oft mit dem Begriff Personalisation beschrieben. Ein angepasster Mensch, der mündig ist und frei entscheiden kann, wird in der Lage sein, zur notwendigen Erneuerung der Kultur beizutragen.

4.5 Erziehung zwischen Natur und Kultur:

»Leben zwischen Kür und Pflicht«

Rousseau hat mit seiner Forderung »Zurück zur Natur« darauf hingewiesen, dass die Natur weise ist, dass folglich der Mensch von Natur aus nur gut sein kann, denn die Naturgesetze stehen im Dienste der Bewahrung der besten Ideen und Kräfte (Evolutionsgedanke, Idee der Schöpfung). Daher wäre es nach Rousseau wichtig, dass die Entwicklung und das Wachsen natürlicher Kräfte durch die Erziehung nicht behindert werden. Die Gefahr ist nach Rousseau sehr groß, dass durch die Erziehung nicht das Gute, sondern eher das Böse gepflegt wird. Grundsatz: In Erziehung und Entwicklung gilt die These, dass schöne Prozesse (Liebe, Überzeugung, Vorbild, Ermutigung, Unterstützung, Lob und Anerkennung usw.) gute und schöne Ergebnisse bewirken (z. B. Aktivität, Liebesfähigkeit, Leistungsmotivation, Selbstwertgefühl, Einfühlungsvermögen usw.) und böse Prozesse (Strafen, Kritik, Frustrationen, Zwänge, Machtausübung usw.) negative und böse Folgen (Angst, Aggression, Passivität, Lügen, Hass usw.) anbahnen. Dabei muss man der Natur unterstellen, dass sie, wenn sie vom Menschen nicht manipuliert wird, schöne Prozesse und Ergebnisse hervorbringt.

Der Mensch braucht Kultur. Ohne Verinnerlichung kultureller Werte und Normen und ohne das Erlernen von Kulturtechniken kann der Mensch nicht überleben. Der Mensch braucht soziale Kontakte, er ist auf Mitmenschen angewiesen und muss sich daher an die jeweils vorherrschenden Formen des Zusammenlebens anpassen. Das bedeutet: Ohne Erziehung geht es nicht, die Erziehung ist notwendig und Erziehung ist möglich. Aber: Erziehung ist nicht machbar. Wer daran glaubt, im Umgang mit der heranwachsenden Generation könnte man sich beliebige Ziele setzen und diese Ziele mit bestimmten Mitteln erreichen, der irrt. Jedes Kind ist einzigartig, einmalig und bestimmt die Ziele mit. Der Erzieher muss die vom Kind aufgestellten Wegweiser beachten und das Kind auf dem Weg begleiten. Erkennt der Erzieher die Neigungen, Begabungen, genetisch vorprogrammierten Eigenschaften des Kindes, akzeptiert er diese und begegnet er dem Kind mit Wertschätzung, so wird das Kind mitmachen, sich anpassen. Deutet der Erzieher dic Signalc falsch oder will er das Kind nach eigenen Vorstellungen formen, so wird das Kind protestieren, verschiedene Formen des Widerstandes entwickeln. Grundsätzlich gilt: Es gibt keine Ziel-Mittel-Pädagogik. Das Handeln des Erziehers wird nicht durch Handlungsanweisungen und Spielregeln organisiert, sondern es orientiert sich an der jeweiligen Einzigartigkeit des Kindes und an der Situation.

5 Prinzipien der pädagogischen Praxis

Die Frage, wie der Mensch erzogen werden soll und welche Erziehung die besten Erfolge verspricht, ist zu allgemein gestellt. Es gibt keine Erziehung, die in jedem Alter, in jeder Situation und zu jedem Zeitpunkt die Richtige ist. Die Erziehung in einer Familie ist nicht mit der Vorgehensweise im Kindergarten, der Schule oder einem Heim vergleichbar. Die Erziehung im Säuglingsalter unterscheidet sich grundlegend von der in der Pubertät.

Es gibt andererseits allgemeine Merkmale und Prinzipien der Erziehung, die in jeder Situation und auf jeder Entwicklungsstufe sowie in jeder erzieherischer Einrichtung gültig sind. Erziehung ist immer soziale Interaktion, wobei es auf die Verwirklichung des »pädagogischen Bezugs« (nach Hermann Nohl) und auf Anerkennung des Erziehers als Autorität ankommt.

Wie durch die Erziehung die Entwicklung des Menschen unterstützt werden kann, wird in der so genannten Entwicklungspädagogik beschrieben. In der Familie kann Erziehung auch ohne systematische Planung und Organisation gelingen. Eine erfolgreiche Erziehung in pädagogischen Einrichtungen ist ohne systematische Planung und Organisation nicht zu verwirklichen.

Die Erziehung ist auf die Unterstützung durch die Gesellschaft und den Staat angewiesen. Andererseits ist das Überleben der staatlichen Ordnung ohne Erziehung nicht denkbar. Der Staat ist für die Verwirklichung des Rechts auf Erziehung verantwortlich. Ein humaner, demokratischer und sozialer Staat muss auch dafür sorgen, dass außerhalb der Familie und unter erschwerten Bedingungen (Sozial- und Sonderpädagogik) die Würde des Menschen gewahrt bleibt und das Recht auf Erziehung Anwendung findet.

Zwischen der Erziehung und den Wissenschaften Psychologie und Pädagogik herrscht ein gespanntes Verhältnis. Die Theorie kann zwar die Alternativen der Praxis aufzeigen und begründen, sie kann aber die Praktiker nicht direkt zur Anwendung der Theorie befähigen. Es kommt oft vor, dass Praktiker, verunsichert durch die Theorie, Neues ausprobieren und vieles besser machen wollen, wozu sie aber nicht fähig sind.

Mit Hilfe des nachfolgend dargestellten »Prinzipienwissens« kann man die Fülle der Erkenntnisse, Forderungen und Handlungsanweisungen zu den aufgeführten Problemfeldern der Pädagogik strukturieren und bewerten.

5.1 Das Prinzip der echten Begegnung

Erziehung geschieht über Kommunikation und Interaktion. Erziehung lebt von Begegnung. Das Gegenteil der Begegnung ist Erklärung, Belehrung. Das Kind wird nicht akzeptiert, sondern bevormundet. Mit zu viel Reden, mit einer belehrenden und erklärenden Sprache wird eine Mauer zwischen dem Kind und Erzieher aufgebaut, die zur Vereinsamung und Unsicherheit führt.

Unter dem Stichwort »Pädagogischer Bezug« hat Hermann Nohl (1879 – 1960) das »Geheimnis der pädagogischen Arbeit« beschrieben. Aus der Anerkennung der personalen Würde des Zöglings ergibt sich unbedingtes Vertrauen des Kindes gegenüber dem Erzieher. Als Maßstab der Erziehung gilt nach Nohl das Wohl des Kindes. »Alle erzieherischen Maßnahmen und Ansprüche müssen die Lebenssituation des Kindes, dessen momentane Fähigkeit und zukünftige Möglichkeiten berücksichtigen.« Das pädagogische Verhältnis hat die naturgegebenen familiären Beziehungen als Grundlage und ist als Lebensgemeinschaft anzusehen. Die Liebe des Erziehers bejaht das Kind wie es ist, d. h. mit all seiner Unzulänglichkeit, mit seinen Schwächen und Fehlern.

Die Liebe des Erziehers verlangt keine Gegenleistung. Durch die intensive Zuwendung kann sich beim Kind Vertrauen entwickeln.

Durch das Vertrauen des Kindes erlangt der Erzieher Autorität, nicht im Sinne eines Machtverhältnisses, sondern im Sinne von »Wertvermittlung zwischen einem, der mehr hat, z. B. Wissen, Erfahrung, Können, aber auch Güte, Geduld, Menschlichkeit, Weisheit und Humor, und einem der – sagen wir es positiv – noch mehr davon brauchen kann«. Der Erzieher zielt auf Selbständigkeit des Kindes und damit auf die Auflösung des pädagogischen Verhältnisses.

Zusammenfassend ergeben sich also folgende Momente des pädagogischen Bezugs: Vertrauen und Verantwortung, Autorität und Gehorsam; pädagogische Liebe und pädagogischer Takt; Vorbild und Leitbild; Befreien und Binden; Nähe und Distanz; einfühlsames Handeln, Warten, Gewähren, aber auch Handeln im richtigen Moment.

»Es ist das Schwerste, den anderen zu jedem Zeitpunkt so anzunehmen, wie er ist.«

(Carl Rogers)

Die nachfolgenden Beispiele verdeutlichen, dass Erzieher oft Beziehungsfehler begehen, weil es für sie einfacher ist, weil es schneller geht, weil sie aus ihrer Sicht wertvolle Ziele verfolgen:

- Ich tue etwas, obwohl es das Kind tun könnte.
- Ich sage etwas, obwohl es das Kind nicht hören will.
- Ich fordere etwas, was das Kind nicht leisten kann.
- Ich erwarte etwas vom Kind, was das Kind von mir nicht erwarten darf.
- Ich erkläre dem Kind etwas, was es nicht verstehen kann.
- Ich reagiere kontrolliert und »gefühllos« und erwarte, dass das Kind auf meine Gefühle Rücksicht nimmt.
- Ich verbiete dem Kind etwas, was mir Spaß macht.
- Ich lehne das Kind ab, will aber, dass es zärtlich zu mir ist.
- Ich bin freundlich dem »Kind zuliebe«, obwohl ich auf das Kind sauer bin.
- Ich erziehe das Kind, wenn es Liebe und Ermutigung braucht.

Zu jeder Äußerung lassen sich viele Beispiele aus dem Erziehungs- oder Beziehungsalltag finden. Handlungen und Äußerungen, die die Beziehung belasten, sind erzieherisch wertlos.

Wenn in der Erziehung Probleme, Konflikte, Störungen entstehen, dann werden oft Beratungsstellen aufgesucht, damit Kinder mit ihren Störungen behandelt werden. Diese einseitige Sicht ist völlig falsch. Nicht die Kinder sind gestört, sondern die Beziehung zwischen Kindern, Erziehern und der Gesellschaft ist belastet. Wie kann eine problematische Beziehung verbessert werden? Ratschläge sind Schläge! Erklärungen und Diagnosen sind Machtausübung. Will man Änderungen erreichen, so muss man bei sich anfangen und sich der eigenen Stärken und Schwächen bewusst werden!

Es gilt: Die beste Methode, den anderen zu ändern, ist, sich selbst zu ändern.

Erziehung als Beziehung heißt lieben, wahrnehmen, unterstützen, ermutigen, Forderungen stellen, Widerstand leisten, echt sein, Nestwärme aufbauen, sich um Gerechtigkeit und nicht um Gleichheit bemühen, dem Kind ganz nahe sein, so wie es ist. Das Kind wird über das Vorbild erzogen, wenn es gelingt, eine gute Beziehung zum Kind aufzubauen und vor allem dann aufrechtzuerhalten, wenn sich das Kind »unmöglich« benimmt.

5.2 Das Prinzip der Anpassung an die Entwicklung

Erziehung kann als Unterstützung des Kindes bei der selbständigen Bewältigung so genannter Entwicklungsaufgaben definiert werden. Das Kind braucht viele Umweltangebote, wenn es die sensiblen oder kritischen Phasen durchläuft (vgl. auch Baustein 5, Montessori-Pädagogik).

In den ersten Lebensjahren bis zur Einschulung besteht die Erziehung des Kindes in der Förderung und Unterstützung der Nachahmung, des Bewegungsverhaltens und des Spielens. Neurophysiologen konnten in neuesten Untersuchungen überzeugend belegen, dass das Kind die Sprache, das Verstehen von Mitmenschen, das Ausdrücken der Gefühle über das Bewegungsverhalten lernt. Diese Entdeckung stimmt mit der Forderung Steiners (Waldorf-Pädagogik, Baustein 5) überein, der immer herausgestellt hat, dass die Kinder in den ersten sieben Jahren über Nachahmung lernen. Damit wird die Bedeutung des Ausräumens von Schubladen, des Helfens beim Kochen, des Spülens, Sich-alleine-anziehen-Wollen und anderer Tätigkeiten, die den Erwachsenen oft zu lange dauern und sie »nerven«, für die Entwicklung des Kindes offensichtlich. Was das Kind in diesen Jahren braucht, ist eine »vorbereitete Umgebung« (Montessori).

Sehr wichtig ist auch die Sprache der Erzieher. Außerordentlich schädlich dürften Äußerungen sein wie »Das kannst du noch nicht«, »Dazu bist du noch zu klein«, »Lass es mich machen«, »Das verstehst du nicht«.

Jedes Kind ist Agent seiner Entwicklung und bestimmt das Tempo, in dem es – z. B. nach der Einschulung – bereit ist, die Kulturtechniken zu erlernen. Es kann sein, dass ein Kind erst in der dritten Klasse bereit ist, lesen zu lernen. Die Erzieher, Eltern und Lehrer nehmen viel zu wenig Rücksicht darauf, dass jedes Kind »seine« Zeit für die Integration neuer Verhaltensweisen und Fähigkeiten braucht.

Die schwierigste Entwicklungsaufgabe ist die Findung des Selbstbildes, der Ich-Identität. In diesem Entwicklungsabschnitt können Verhaltensweisen auftreten, die alle bisherigen Vorstellungen, Erwartungen und Befürchtungen der Erzieher in negativem Sinne übertreffen. Es geht nicht darum, dass der Jugendliche sich gegen die Erwachsenen durchsetzt oder sich von ihnen abgrenzt; es geht um die Beziehung zu sich selbst, um die Definition des eigenen Selbst, um Ich-Findung. Dieser Prozess mag mit vielen Verhaltensweisen und Handlungen verbunden sein, die Eltern gewöhnlich als Protest, als Auflehnung, als pubertäres Gehabe deuten. Die Erzieher können die Suche unterstützen, indem sie die Begleiterscheinungen nicht beachten und sich solchen Vorgänge zuwenden, die zum Jugendlichen »passen«, die mit den bisher erkannten Begabungen, Fähigkeiten und Interessen übereinstimmen.

In der psychoanalytischen Theorie der Entwicklung finden sich viele interessante Hinweise zum Prinzip der Anpassung erzieherischer Bemühungen an die Entwicklung.

»Kinder und Uhren
Dürfen nicht ständig
Aufgezogen werden
Man muss sie auch
Gehen lassen.«

(Jean Paul)

5.3 Das Prinzip der Organisation

Es wird sehr oft übersehen, dass Erziehung nach Meinung vieler in pädagogischen Einrichtungen praktizierender Erzieher nicht nur eine Frage der Liebe, der Wertschätzung des Kindes, der Beachtung von Entwicklungsaufgaben, sondern auch oder insbesondere eine Frage der Organisation ist.

In den letzten Jahren hat sich die Situation in den Familien erheblich gewandelt. Immer mehr Mütter und auch Väter stehen als Alleinerzieher vor vielen Organisationsproblemen. Neben der Berufstätigkeit gilt es Haushaltsprobleme zu lösen, die Fahrten des Kindes zum Sport, zur Musikschule, zu Freunden zu organisieren, in der Nachbarschaft Spielgruppen zu finden und den Alltag zu so gestalten, dass neben dem Computer und Fernseher noch andere wichtige Aktivitäten ihren Platz finden. Es ist eine Frage der Organisation und des »zärtlichen Managements« (Aussage eines Heimleiters), ob die »Kindheit« den Medien und anderen Verlockungen der postmodernen Gesellschaft zum Opfer fällt oder ob sie erhalten bleibt. Unter »zärtlichem Management« versteht man eine liebevolle, vom Kind akzeptierte Planung und Gestaltung des Tagesablaufs, ohne Machtausübung und Kampf.

Noch deutlicher als in der Familie tritt die Notwendigkeit der Organisation und des zärtlichen Managements in den pädagogischen Einrichtungen wie Kindergarten, Schule, Heim und in der Jugendarbeit auf. In den Erziehungseinrichtungen ist eine Organisation gefragt, die Chaos, Konflikte, Schuldzuweisungen, Stress, Hektik und schlechtes Betriebsklima verhindert und gleichzeitig viel Raum für spontane Entscheidungen, Freiheit und Kreativität, individuelle Verantwortung und Eigeninitiative lässt. Es ist eine Organisation gefragt, die im Voraus mögliche Schwierigkeiten erkennt, die Erzieher bei der Suche nach Problemlösungen unterstützt und Teamarbeit fördert.

In der Beschreibung sozialpädagogischer Methoden finden sich viele Hinweise, wie systematische Erziehung im Sinne der Hilfe zur Selbsthilfe zu »organisieren« ist. Ebenso wichtig wie methodische Schritte (Analyse, Planung, Handlung, Auswertung) sind auch Prinzipien des Handelns wie Wertschätzung, Nicht-Verurteilen, Schweigepflicht, Echtheit, Individualisierung, Partnerschaft, keine Manipulation und Orientierung an wissenschaftlichen Erkenntnissen.

Erziehung ist ein ökologisches Anliegen. Bewusste, kindgerechte Gestaltung verschiedener Umwelten des Kindes dürfte ebenso wichtig sein wie Vorbildverhalten und emotionale Zuwendung. Zentrale Erkenntnis der Ökologie (Lehre von der Beziehung zwischen Umwelt und Mensch) lautet: Der Mensch gestaltet seine Umwelt, die von ihm gestaltete Umwelt wirkt auf ihn zurück. Zur kindgerechten Gestaltung der Umwelt gehört auch die Pflege des Jahresrhythmus (Sommer und Winter, Frühling und Herbst, Sonnwendfeuer, Erntedankfest, religiöse Feste wie Weihnachten und Ostern, religiöse Rituale, Geburtstagsfeier). Angesichts der so genannten virtuellen Welt (Computer, Fernsehen) erfordert die Pflege der Beziehung zur echten Umwelt, zur Natur und zum Kosmos (kosmische Erziehung nach Maria Montessori) besondere Aufmerksamkeit.

5.4 Das Prinzip der staatlichen Garantie

Die Praxis der Erziehung kann weder in der Familie noch in den Erziehungsinstitutionen wie Kindergarten, Schule oder Heim besser sein als die gesellschaftlichen Verhältnisse (Wirtschaft, Politik, Überfluss, Armut, Arbeitslosigkeit) es zulassen. In der Erziehungspraxis spiegeln sich gesellschaftliche Verhältnisse wie Leistungsprinzip, Konkurrenzdenken, Ungerechtigkeit, Benachteiligung von Schwachen, Unterdrückung und Stress wieder. Dabei sind Äußerungen wie »Die Gesellschaft ist schuld« völlig falsch. Innerhalb der gegebenen gesellschaftlichen Bedingungen sind der Erziehungspraxis enge Grenzen gesetzt. Innerhalb dieser Grenzen ist die Verantwortung der Erzieher gefordert und nicht außerhalb. Hilfreich sind dabei alle Maßnahmen, welche die Verantwortung des einzelnen Erziehers stärken.

In unserer Gesellschaft wird sehr oft noch nach dem Motto gehandelt: Vertrauen ist gut, Kontrolle ist besser. Die Qualitätssicherung der Erziehung und Bildung ist durch die Kontrolle nicht zu erreichen. Die in Erziehung und Bildung Tätigen müssen

Verantwortung übernehmen, müssen Farbe bekennen und Stellung beziehen. Die Gesellschaft und die Erziehung lebt von Menschen, die sich einbringen, die sich engagieren, die mitmachen. Die Gesetzgebung und Verwaltung müssen die Verantwortung der Erzieher stärken und nicht schwächen, und umgekehrt.

Für das Wohl der nachwachsenden Generation sind alle Kräfte, Institutionen und erwachsene Mitglieder einer Gesellschaft verantwortlich. Die Zukunft einer jeden Gesellschaft hängt von der Leistungsfähigkeit der nachwachsenden Generation ab. Es wird immer wieder betont, dass die Investitionen für Erziehung und Bildung am besten von allen angelegt sind. Die Familie, die Eltern können die Eingliederung der Kinder in die Gesellschaft und Kultur nicht mehr allein leisten. In der Überflussgesellschaft können sie nicht mehr glaubwürdig genug auftreten, um die Kinder zu überzeugen. Das Hineinwachsen von Kindern und Jugendlichen in die Erwachsenenrollen wird durch die Vielfalt verführerischer Angebote und durch die Pluralität der zum Teil widersprüchlichen Normen und Erwartungen so stark behindert, dass Familien professionelle Unterstützung brauchen. Weil professionelle Erzieher unabhängig vom materiellen Wohlstand handeln können, haben sie mehr Möglichkeiten, überzeugend und glaubwürdig aufzutreten als die Eltern. Mehr denn je werden die Schule und verschiedene Einrichtungen der Jugendhilfe primäre Funktionen der Familie erfüllen müssen. An entsprechender Gesetzgebung und an den durch die Verfassung garantierten Rechten mangelt es nicht. Diejenigen, die Grenzen der Familienerziehung erkannt haben, müssen auch erkennen, dass Forderungen wie »Fordern statt Fördern« oder »Mut zur Erziehung« allein keinen Weg aus der Sackgasse aufzeigen.

Erziehung will einen »starken« Staat, der den Erziehern Sicherheit vermittelt und der ohne Machtmissbrauch für Ordnung und Beständigkeit sorgt. Sie will einen Staat, dessen Vertreter für die Jugend zum Vorbild werden. Sie braucht einen Staat, der sich Unterstützung der Familien und Förderung der Bildung finanziell leistet.

5.5 Das Prinzip der Orientierung an großen Vorbildern

Weit mehr als auf neue Konzepte, Ideen und Erkenntnisse ist die Erziehung auf Werte, humanistische Ideen und auf Personen, die diese Ideen in die Praxis umgesetzt haben, angewiesen. Einige Beispiele:

Johann Gottfried Herder (1744–1803), Lehrer, sieht in der Berücksichtigung der Individualität des Kindes, in der Förderung der Selbsttätigkeit und Selbständigkeit, im lebendigen Unterricht sowie in der persönlichen Beziehung zwischen Lehrer und Schüler die wichtigsten Grundlagen der Erziehung. Die Auswahl der Unterrichtsinhalte und Erziehungsziele richtet sich nach der seelischen Entwicklung: Im Kindesalter sind »Sinne und Gefühle, im Knabenalter Vorstellungskraft und Phantasie und im Jünglingsalter die Vernunft die dominanten Funktionsbereiche«, die die Auswahl bestimmen.

Georg Kerschensteiner (1854–1932), Lehrer, Stadtschulrat und Reichstagsabgeordneter beeinflusste die Erziehungspraxis durch seinen Gedanken über die Arbeitsschule. »Der Sinn der Arbeitsschule ist, mit einem Minimum von Wissensstoff ein Maximum von Fertigkeiten, Fähigkeiten und Arbeitsfreude im Dienste staatsbürgerlicher Gesinnung auszulösen.« Handarbeit hat nach Kerschensteiner Bildungswert, wenn sie geistig vorbereitet ist, nicht rein mechanisch abläuft, auf Sachlichkeit und Vollendung ausgerichtet ist, zwangsfrei, spontan, selbständig und unter der Selbstprüfung durch den Schüler erfolgt. Die Handarbeit und die Schärfung der Urteilskraft dient der Förderung der Selbsttätigkeit und Selbständigkeit, der Spontaneität und der Selbstprüfung.

Johann Heinrich Pestalozzi (1746–1827) setzte sich für Waisenkinder ein, gründete ein internationales Erziehungsinstitut und leitete eine Armenanstalt. Zur Erziehung seines Sohnes schrieb er: »Alles, was du durch die Folgen der inneren Natur der Sachen lehren kannst, das lehre nicht mit Worten. Lass ihn sehen und hören und finden und fallen und aufstehen und irren – keine Worte, wo Handlungen, wo Taten möglich sind.« Pestalozzi hält es für eine sittliche Pflicht der Besitzenden, den Armen zu helfen. Die Erziehung und Bildung müssen den ganzen Menschen mit Kopf, Herz und Hand umfassen.

Friedrich Fröbel (1782–1852) gründete verschiedene Erziehungsanstalten in Deutschland und Schweiz. Die Prinzipien der Erziehung sieht Fröbel in der Individualität und Selbstbestimmung des Kindes, in der Berücksichtigung von Entwicklungsstufen sowie in der Annahme des kindlichen Tätigkeitstriebes. Fröbel betont die Wichtigkeit der Erziehung in der frühen Kindheit. Er verfolgt die Idee eines »allgemeinen deutschen Kindergartens«, in dem das kindliche Spiel eine zentrale Rolle spielt. Er schrieb: »Ein Kind, welches tüchtig, still und ausdauernd spielt, wird gewiss auch ein tüchtiger, stiller und ausdauernder Mensch«.

»Man kann viel,
wenn man sich nur recht viel zutraut!«

(Wilhelm von Humboldt)

Die Vorstellungen sowie Vorbildwirkungen von Rudolf Steiner und Maria Montessori werden im Baustein 5 ausführlich dargestellt.

Sowohl die Praxis als auch die theoretischen Begründungen der ausgewählten großen Pädagogen machen deutlich: Entscheidend ist die Orientierung an der Entwicklung sowie an der Individualität des Kindes. Die Selbsttätigkeit des Kindes bewirkt weit mehr als Worte des Erziehers. Der Erziehung in der frühen Kindheit kommt schicksalhafte Bedeutung zu. Gute Beziehung zwischen dem Erzieher und Kind sowie das Spielen der Kinder garantieren optimale Erziehungserfolge.

6 Gedanken zu Erziehung heute

Nach der Definition der Erziehung sind Erzieher daran interessiert, dass die ihnen anvertrauten Kinder und Jugendliche selbständig werden, dass sie die Anforderungen der Realität bewältigen (Anpassung), dass sie alle (erwünschten) Fähigkeiten und Eigenschaften erwerben, die sie für das Berufsleben und eine kulturelle Lebensführung brauchen.

Wie sieht die Realität der Erziehung heute in ihren primären Einrichtungen – vor allem in den Familien – aus?

6.1 Kinder – umsorgt und verwöhnt

Meist sind zwei Kinder geplant. Vor allem die erste Schwangerschaft wird mit viel Aufwand und mit Ratgebern aller Art gestaltet. Schon während der Schwangerschaft werden Erziehungsbücher gelesen, Kindersendungen im Fernsehen zumindest für kurze Zeit eingeschaltet, Gespräche mit werdenden Müttern geführt, Pläne für eine optimale Erziehung gemacht. Gemeinsam belegen die zukünftigen Eltern einen Geburtsvorbereitungskurs an der Volkshochschule.

Nach der Geburt werden teuer gestaltete und auch mit liebevollen Sprüchen versehene Geburtstagskarten verschickt. Das Baby wird selbstverständlich mindestens sechs Monate gestillt. Das bedeutet auch, dass die Mutter ein Jahr zu Hause bleibt und sofern es der Beruf des Vaters möglich macht, danach er die Rolle der liebevollen Bezugsperson übernimmt.

Das Kind wird überall mitgenommen, stolz den Verwandten, Freunden und Bekannten vorgestellt. Es wird viel Spielzeug gekauft, möglicherweise zu viel. Das Kind wächst behütet auf, was ihm laut Tabellen oder Ratgebern schaden könnte, wird vermieden. Eine strenge Reinlichkeitserziehung findet nicht statt, denn mit den Pampers ist das kein Thema mehr.

Mit dem Kind wird sehr viel gesprochen. Es werden sehr »lehrreiche« Bilderbücher angeschaut, das Spielen mit Knete und Fingerfarben gehören selbstverständlich zum Alltag. Es wird ihm alles genauestens erklärt. Wenn unerwartet Probleme auftreten, dann wird mit dem Kind viel und ausführlich darüber geredet. Die Belehrungen übersteigen jedoch oft die kindliche Auffassungsfähigkeit und führen in der Regel nicht zu den gewünschten Folgen. Hat man sich aber so viel Mühe gegeben, dem Kind zu erklären, warum es jetzt z. B. Zeit zum Schlafengehen ist und es schreit trotzdem weiter, stehen die Eltern, mittlerweile genervt, in der Gefahr, aufzugeben. So scheitern gut durchdachte Vorhaben oft an der eigenen Kraftlosigkeit und der Angst, ja nicht autoritär auftreten zu dürfen. Oft stellen sich dann Problemlösungen sozusagen von allein ein. Vielleicht treten auch erste Ungeduldsreaktionen auf. Wenn die Betreuer doch mal zu unruhig, zu gestresst sind, und eine Oma steht auch nicht zur Entlastung zur Verfügung, dann darf das Kind auch fernsehen. So werden bereits Zweijährige an der Auseinandersetzung mit einer realen Welt, die ihre Entwicklung fördern könnte, gehindert.

Kinder müssen nicht aufräumen, denn es ist leichter, den Widerstand der Kinder zu vermeiden als ihm mit Überzeugung zu begegnen. Außerdem dauert es zu lange, bis die in den Augen der Eltern benötigte Ordnung wieder hergestellt ist.

Sind die lieben Kleinen im Kindergarten, bzw. in der Grundschule, beginnt für viele Eltern, in der Regel sind es aber die Mütter, der kostenlose Taxiservice. Die Kinder werden zum Sport, zur Musikschule, in die Schule gefahren. Der »Fahrdienst« der Eltern ist zur Selbstverständlichkeit geworden. Die Essgewohnheiten der Familie richten sich nach den Vorstellungen und Wünschen der Kinder. Das gilt auch für den Kauf der Kleider. Teuere Markenkleider sind gerade gut genug.

Die Kinder brauchen in der Regel nicht im Haushalt zu helfen. Wenn es um Spülen, Staubsagen oder Aufräumen geht, müssen sich die Kinder gerade ausruhen, mit Freunden telefonieren oder neue Computerspiele ausprobieren. Eltern vermeiden die Konfrontation, ziehen sich vielleicht beleidigt zurück und machen die Arbeit alleine. Ihre Stimmung und das gesamte Familienklima steigt dabei allerdings nicht.

6.2 Kinder mit wenig Chancen

Kinderwelten sind verschieden. Wachsen die einen (über)behütet auf, fehlt es den anderen an Zuwendung, Ansprache, Zeit und Geld. Aufgrund z. B. zu hoher Mieten müssen beide Elternteile arbeiten. Ihre Arbeitsplätze sind in der Regel nicht besonders attraktiv, d. h. sie sorgen nur selten für Zufriedenheit. Die wiederum trägt entscheidend zu einem guten Familienklima bei.

Wie leben diese Kinder? Ihr Kinderzimmer teilen sie sich mit ihren Geschwistern. Gespielt wird auf dem nahegelegenen Spielplatz oder auf der Straße. Können es sich die Eltern leisten, verbringen sie die ersten drei Jahre zu Hause und nicht in der Kindergruppe oder bei der Oma. Danach wartet ein Ganztageskindergartenplatz auf sie. Weiter geht es in die Grundschule mit angeschlossenem Hort oder zumindest einer Mittagsbetreuung. Es kann schon vorkommen, dass die Kinder ohne Frühstück in die Schule eilen. Die Eltern waren schon weg, und dann hat die Zeit nicht mehr gereicht, denn der Bus wartet nicht. Der Schlüssel um den Hals und die älteren Geschwister ermöglichen das Nachhausekommen. Gegen 17.00 Uhr ist die Familie dann komplett. Mehr oder weniger genervte Eltern und z. T. gruppenmüde Kinder begegnen sich vielleicht zum ersten Mal mit etwas mehr Zeit, denn am Morgen muss alles schnell, schnell gehen.

Womit wird nun diese Zeit gefüllt? Mit Gesprächen? »Wie war es heute bei Dir? Was habt Ihr im Kindergarten gemacht, hat es Dir gefallen? Und bei Dir in der Schule, habt ihr die »Mathe-Ex«, vor der Du Angst hattest, geschrieben?«

Meist fehlt für dies Art von Fragen, wo es um das Befinden des Einzelnen geht, die Muße oder auch das Denken dafür. »Man« kennt diese Gespräche nicht aus seinen früheren Familien. »Man« lebte, heiratete, bekam Kinder, arbeitete, wurde alt und älter. Das war so und das ist so, warum also darüber großartig ein Wort verlieren... So **ist** das Leben. Das es auch anders sein könnte, dieser Gedanke ist einem völlig fremd.

Mit der Erziehung ist es ähnlich. Anstelle des Gespräches oder des extrem schmerzhaften Liebesentzugs steht das laute Brüllen oder auch einmal die Hand auf Wange und Pobacke.

Ob und wie die Begabungen der Kinder gefördert werden könnten, spielt kaum eine Rolle. Auch hier greifen eher traditionelle Rollenmuster. Bildung wird nicht als Wert an sich gesehen, sondern dient lediglich dem Unterhalt zum Leben. Erwartungen an Sinnerfüllung oder gar Selbstverwirklichung spielen angesichts eines eher vorgertigten Lebensplanes eine sehr untergeordnete Rolle.

Das Fernsehen füllt häufig die Zeit am Abend, bzw. am Wochenende, in der Schulferienzeit und auch am Nachmittag, wenn die Kinder allein sind. Gemeinsamer Urlaub außerhalb der vier Wände ist eher selten.

Was ist es nun aber, was für diese Kinder problematisch werden könnte?

Ihnen fehlt es an innerer Teilnahme ihrer Eltern. Sie lernen schon sehr früh, für sich selber zu sorgen. Die Vielfalt des Lebens, ihre ganz individuellen Möglichkeiten bleiben ihnen oft verschlossen. Das macht ihre innere Welt klein. Ihre Empfindungen, ihre Wünsche, kurzum ihre gesamte Persönlichkeit bekommt wenig Anregungen und Freiräume zum Wachsen. Das wirkt sich massiv auf ihre Entwicklung aus. Auch sie suchen z. B. in Konfliktsituationen nach schnellen, wirksamen Lösungen.

In der Rechtsradikalenszene, wo es gleich eins auf die »Schnautze » gibt, wenn der andere nicht so ist, wie ich ihn haben will, wird das deutlich, denn diese Menschen brauchen andere, auf die sie eher verachtend schauen können. So müssen z.B. Homosexuelle, Arbeitslose, Ausländer ausgegrenzt, abgewertet werden, um den eigenen Wert behalten zu können.

Zum Schluss sei noch einmal herausgestellt, was die Tragik dieser Erziehung ist: Die Eltern vermitteln ihren Kindern eine Weltsicht, die geprägt ist von Notwendigkeiten und nicht von Wahlfreiheiten. Erleben sich die Kinder auch als Teil dieser Weltsicht, dann fehlt ihnen das Lebenselexier schlechthin: Gewollte Wesen, geliebt um ihrer selbst willen und nicht aus Tradition geboren.

Wichtig ist mir zu sagen, dass das aber auch den behüteten Kindern oft fehlt. Nur bei ihnen können die Eltern diese fehlende Liebe »besser« hinter den großen, von Spielzeug überfüllten Kinderzimmern verstecken.

6.3 Kinder mit allen Chancen

Angesichts dieser Bilder über die gegenwärtige »Erziehung« fragt man sich, ob die Erzieher, vor allem die Eltern, wirklich das Beste für ihre Kinder wollen oder einfach den Weg des geringsten Widerstandes für sich »wählen«.

Wann tun die Erzieher das Beste für die Kinder? Welche Erziehung brauchen wir heute? Auf Grund des Wandels der Gesellschaft und der Erziehung, angesichts des neuen Lebensstils der Kinder und ihrer Anspruchshaltung muss sich die Pädagogik mit der Haltung der Erzieher auseinander setzen. Die wohl bekannten »Traditionsthemen« Erziehungsmittel und Erziehungsstile sind nicht mehr aktuell oder relevant.

»Ich will ja nur dein bestes!«
Was ist eigentlich das Beste?
Darf ich bestimmen, was das Beste für mich ist?«

(Unbekannt)

Erzieher, die das Beste nicht für sich, sondern für ihre Kinder wollen, sind an Selbsterkenntnis interessiert, wollen ihre Schwächen und Stärken genau herausfinden und sich bewusst werden, was sie wirklich können und wollen.

Kinder müssen tief in ihrem Inneren wissen, dass sie willkommen sind, auch wenn vielleicht der Zeitpunkt ihrer Geburt nicht ganz in das Lebenskonzept der Eltern passt. Kinder müssen sich als Schatz ihrer Eltern fühlen und nicht als Klotz am Bein, der finanziert und ausgehalten werden muss.

Kinder zu haben sollte kein Muss für eine Ehe sein, sondern bewusst bejaht werden. Dann können diese anfangs ganz und gar auf die Eltern angewiesene Geschöpfe Zutrauen zu sich und der Welt und ein großes Maß an Eigenliebe entwickeln. Damit lässt es sich leben und nicht nur überleben, damit muss ich nicht die anderen klein machen, um selber gut dazustehen.

Was aber sind das für Eltern, die ihren Kindern ein solches kostbares Gut mit auf den Weg geben können? Irgendwelche Übermenschen, besonders klug oder gar an der Universität ausgebildet?

Das ist es wohl am allerwenigsten.

Das Geschenk der Natur, in den Kindern weiter zu leben und Eltern zu werden, verpflichtet mich dazu, an mir zu arbeiten. Was heißt das? Mir Gedanken um alles, was ich tue oder nicht tue, zu machen?

Für meine eigenen Verletzungen kann ich nichts, meine Eltern konnte ich mir nicht aussuchen, auch nicht das Gepäck, das ich von Zuhause mitbekommen habe.

Spätestens in der Pubertät kann ich aber bedingt Verantwortung für mein Tun übernehmen, kann ich mich und muss mich auch mit mir auseinander setzen.

Entschließe ich mich, für eigene Kinder da zu sein oder auch für einen erzieherischen Beruf, dann werde ich im besonderen Maße mit meinen Schwachpunkten konfrontiert. Was mache ich jetzt? Agiere ich sie weiter unbewusst, aber immerhin mit schlechtem Gewissen aus, oder mache ich mich auf den in der Regel schmerzhaften Weg der Selbsterfahrung? Was kann am Ende eines Weges der Selbsterfahrung stehen?

Vielleicht folgende Chance für die Kinder:

- Kinder erfahren ihre Eltern nicht als Obergurus, sie erleben ihre Eltern, die mit ihnen Ringen, die sie ernst nehmen und nicht aus der Scheu vor dem Konflikt zurücktreten.
- Sie erleben Eltern, die ihnen das Gefühl vermitteln können, an ihnen, ihren Ideen und Gefühlen wirklich interessiert zu sein, die sich Zeit zum Zuhören nehmen und ihre Kinder auch an ihrem Leben teilhaben lassen.
- Sie erleben Eltern, die an ihrer Liebesfähigkeit arbeiten, ohne den Anspruch auf Perfektion zu haben. Sie erleben Eltern, die sich für Fehler entschuldigen können, ohne dabei ihren Selbstwert zu verlieren.
- Sie erleben Eltern, die Ihre Ehe und Familie wichtiger nehmen als Geld, Auto, Mode, Haus.
- Sie erleben Eltern, die sich berühren und sich anrühren lassen von allem Lebendigen,
- Sie erleben Eltern, die leben und lieben können, vor allem sich, ihre Partner und ihre Kinder.
- Sie erleben Eltern, die Durststrecken aushalten, ohne sich mit diversen Dingen zu dopen.

Das zu erleben macht innerlich stark und satt, macht mutig und neugierig, auf der Suche nach sich selbst und dem Zauber, den das Leben für uns bereithält. Erziehung von heute, für eine Welt von morgen, sie ist es wert, gelebt zu werden von Eltern und professionellen Erziehern gleichermaßen.

Eltern, die durch die »Hölle« der Selbsterfahrung gegangen sind, haben keine guten Vorsätze, die in der Regel dazu da sind, dass sie nicht verwirklicht werden. Statt guter Vorsätze ergreifen sie spontan richtige Maßnahmen, weil sie ihre Kinder schätzen und lieben: So, wie sie sind, und nicht so, wie sie sie haben wollen.

Sie sind sich der Bedeutung des Vorbildes bewusst und gestalten ihr Leben so, wie sie wünschen, dass ihre Kinder leben sollen.

Sie sind mit Herz und Verstand in der Lage, in jeder Situation ihren eigenen Standpunkt zu zeigen und zu vertreten.

Sie sind penetrant (so wie Kinder penetrant sein können, wenn sie einen Wunsch durchsetzen wollen) und geduldig, haben eine unermessliche Energie, wenn es darum geht, ihre Überzeugung den Kindern zu zeigen und ihre Vorstellung den Wünschen der Kinder gegenüberzustellen.

Sie wissen, was sie wollen, und nicht, was die Kinder sollen.

Sie sind jederzeit bereit, ihre Schwächen und Fehler zuzugeben, haben aber deswegen keine Schuldgefühle oder Minderwertigkeitskomplexe.

Sie sind aufgeschlossen und tolerant gegenüber dem Anspruchsdenken der Kinder, können aber verzichten und den Kindern Vorbild sein.

Sie sind als Freund und Partner für die Kinder da, wenn Kinder einfühlsamen, emotionalen Beistand brauchen ohne den erzieherischen Zeigefinger.

Sie sind in der Lage, ohne »Wenn-dann-Erziehung« ihre Vorstellungen und Ziele zu verfolgen.

Geduldig und beharrlich, aufgeschlossen und standfest, echt im Vorbildverhalten und stark in der Überzeugungskraft, einfühlsam ohne den pädagogischen Zeigefinger, das ist die Haltung, die Erzieher heute brauchen.

Möglicherweise stellt sich nach dem Lesen der fett gedruckten Zeilen die Frage: »Wie wird man so als Erzieher?«

Geduldig und beharrlich, penetrant und aus voller Überzeugung (aus eigener Erfahrung) darf ich darauf hinweisen, dass die hier aufgezählten Fähigkeiten, Kompetenzen, Gefühle und Handlungen der Erzieher nur bis zu einem gewissen Grad erreichbar sind. Dem »Werden als Erzieher« geht die »Entwicklung zum Menschen« voraus. Die Voraussetzung für Einfühlung ohne den pädagogischen Zeigefinger ist z. B. die emotionale Intelligenz. Zu wissen, was man will und nicht, was die Kinder sollen, ist nur über den Weg der Selbsterkenntnis und der Selbsterfahrung zu erlangen. Schwächen und Fehler ohne Schuldgefühle zugeben zu können, erfordert viel Selbstvertrauen und die Fähigkeit, sich so zu akzeptieren, wie man ist. Viele Menschen, die selbst wenig Glück mit ihren Erziehern (Eltern, Lehrern) hatten, werden wahrscheinlich Hilfe (Beratung, Therapie) brauchen, um zu der Überzeugung zu kommen: »Ich bin O.K.«

Will man Erzieher werden, dann muss man sofort anfangen, hart zu arbeiten.

Kulturelle Angebote zur Reflexion der Erziehungspraxis

Inhalt Seite

1 Einleitung

Seit die Fächer »Erziehungskunde«, »Erziehungslehre«, »Pädagogik« und »Psychologie« in den Jahrgangsstufen 9 bis 13 verschiedener Schularten eingeführt worden sind, stehen die Lehrkräfte und natürlich auch die Schulbuchautoren vor der Frage, wie man Schüler und Studierende optimal auf die Praxis der Erziehung vorbereiten könnte. In beruflichen Schulen zur Ausbildung von Erziehern (z. B. Fachakademien in Bayern) hat man durch das Unterrichtsfach »Praxis und Methodenlehre«, einem Unterrichtsfach in dem für die Praxis geübt wird, und das Fach Pädagogik, einem Unterrichtsfach mit eindeutig theoretischen Ansprüchen, methodisch-didaktische Klarheit erreicht und eine eindeutige Trennung zwischen Theorie und Praxis vollzogen. In vielen Schulen wurde das Unterrichtsfach Pädagogik eingeführt mit dem Anspruch, die Theorie zu lehren und gleichzeitig verschiedene Lernziele für die Praxis zu verwirklichen. Inzwischen ist klar geworden, dass dieser Anspruch sowohl die Lehrer als auch die Schüler in Konflikte stürzt und vor unlösbare Aufgaben stellt.

Die Erfahrungen mit dem Einsatz von »Geschichten«, »Märchen«, Analogien, Gedichten, die sowohl die Praxis als auch die Theorie der Erziehung zum Thema haben, und dies auf eine unnachahmliche, künstlerische, das Herz und Verstand ansprechende Art und Weise tun, bildeten den Anstoß für die nachfolgende Zusammenstellung.

Die zusammengestellten Texte sind als eine Anregung und Ermutigung zu verstehen

- für einen ersten Einstieg in die Selbsterfahrung
- für die Reflexion eigener Vorstellungen, Fähigkeiten und Erfahrungen
- für die Erweiterung des Wissens darüber, was Kinder lebensnotwendig brauchen
- für die Suche nach eigenen Texten und Beispielen
- für die Überwindung der »guten Vorsätze«, was man alles besser machen will
- für die Sensibilisierung des Einfühlungsvermögens in die kindliche Seele, um die Kinder besser verstehen zu können
- für eine unmissverständliche Hinterfragung von Belehrungen, was in der Erziehungspraxis richtig und falsch ist.

Der Baustein »Angebote zur Reflexion der Erziehungspraxis« enthält keine weiteren Fragen, Aufgaben, Impulse und sonstige Anregungen zur Bearbeitung, wie sie in Schulbüchern gewöhnlich zu finden sind. Entweder, die ausgewählten Texte kommen an, sind geeignet, um wach zu werden, um sich gefühlsmäßig zu engagieren und wecken Bedürfnisse zum Erfahrungsaustausch oder sie tun es nicht. Die heutige Zeit braucht Menschen, die sich engagieren, die mitmachen, die Farbe bekennen und nicht solche, die sich nicht angesprochen fühlen.

2 *Von den Kindern*

Und eine Frau, die einen Säugling an der Brust hielt, sagte:
Sprich uns von den Kindern.

Und er sagte:
Eure Kinder sind nicht eure Kinder.
Sie sind die Söhne und Töchter der Sehnsucht des Lebens nach sich selber.

Sie kommen durch euch,
aber nicht von euch,
und obwohl sie mit euch sind, gehören sie euch doch nicht.

Ihr dürft ihnen eure Liebe geben,
aber nicht eure Gedanken,
denn sie haben ihre eigenen Gedanken.

Ihr dürft ihren Körpern ein Haus geben,
aber nicht ihren Seelen, denn ihre Seelen wohnen im Haus von morgen,
das ihr nicht besuchen könnt, nicht einmal in euren Träumen.

Ihr dürft euch bemühen, wie sie zu sein,
aber versucht nicht,
sie euch ähnlich zu machen.

Denn das Leben läuft nicht rückwärts,
noch verweilt es im Gestern.

Ihr seid die Bogen, von denen eure Kinder als
lebende Pfeile ausgeschickt werden.

Der Schütze sieht das Ziel auf dem Pfad der Unendlichkeit,
und Er spannt euch mit Seiner Macht,
damit Pfeile schnell und weit fliegen.

Laßt euren Bogen von der Hand des Schützen auf
Freude gerichtet sein;

Denn so wie er den Pfeil liebt, der fliegt,
so liebt Er auch den Bogen, der fest ist.

aus: Khalil Gibran, Der Prophet, Walter-Verlag, 1988, 23 Aufl. Seite 16f

3 Ein Märchen *von Heinz Körner*

Es war einmal ein Gärtner. Eines Tages nahm er seine Frau bei der Hand und sagte: »**Komm, Frau, wir wollen einen Baum pflanzen.**« Die Frau antwortete: *»Wenn du meinst, mein lieber Mann, dann wollen wir einen Baum pflanzen.«* Sie gingen in den Garten und pflanzten einen Baum.

Es dauerte nicht lange, da konnte man das erste Grün zart aus der Erde sprießen sehen. Der Baum, der eigentlich noch kein richtiger Baum war, erblickte zum ersten Mal die Sonne. Er fühlte die Wärme ihrer Strahlen auf seinen Blättchen und streckte sich ihnen hoch entgegen. Er begrüßte sie auf seine Weise, ließ sich glücklich bescheinen und fand es wunderschön, auf der Welt zu sein und zu wachsen.

»**Schau**«, sagte der Gärtner zu seiner Frau, »**ist er nicht niedlich, unser Baum?**« Und seine Frau antwortete: *»Ja, lieber Mann, wie du schon sagtest: Ein schöner Baum!«*

Der Baum begann größer und höher zu wachsen und reckte sich immer weiter der Sonne entgegen. Er fühlte den Wind und spürte den Regen, genoß die warme und feste Erde um seine Wurzeln und war glücklich. Und jedes Mal, wenn der Gärtner und seine Frau nach ihm sahen, ihn mit Wasser tränkten und ihn einen schönen Baum nannten, fühlte er sich wohl. Denn da war jemand, der ihn mochte, ihn hegte, pflegte und beschützte. Er wurde lieb gehabt und war nicht allein auf der Welt. So wuchs er zufrieden vor sich hin und wollte nichts weiter als leben und wachsen, Wind und Regen spüren, Erde und Sonne fühlen, lieb gehabt werden und andere liebhaben.
Eines Tages merkte der Baum, dass es besonders schön war, ein wenig nach links zu wachsen, denn von dort schien die Sonne mehr auf seine Blätter. Also wuchs er jetzt ein wenig nach links.

»**Schau**«, sagte der Gärtner zu seiner Frau, »**unser Baum wächst schief. Seit wann dürfen Bäume denn schief wachsen, und dazu noch in unserem Garten? Ausgerechnet unser Baum! Gott hat die Bäume nicht erschaffen, damit sie schief wachsen, nicht wahr, Frau?**« Seine Frau gab ihm natürlich recht. »**Du bist eine kluge und gottesfürchtige Frau**«, meinte daraufhin der Gärtner. »**Hol also unsere Schere, denn wir wollen unseren Baum gerade schneiden.**«

Der Baum weinte. Die Menschen, die ihn bisher so lieb gepflegt hatten, denen er vertraute, schnitten ihm die Äste ab, die der Sonne am nächsten waren. Er konnte nicht sprechen und deshalb nicht fragen. Er konnte nicht begreifen. Aber sie sagten ja, dass sie ihn lieb hätten und es gut mit ihm meinten. Und sie sagten, dass ein richtiger Baum gerade wachsen müsse. Uns Gott es nicht gern sähe, wenn er schief wachse. Also mußte es wohl stimmen. Er wuchs nicht mehr der Sonne entgegen.

»**Ist er nicht brav, unser Baum?**« fragte der Gärtner seine Frau. *»Sicher, lieber Mann«*, antwortete sie, *»du hast wie immer recht. Unser Baum ist ein braver Baum.«*

Der Baum begann zu verstehen. Wenn er machte, was ihm Spaß und Freude bereitete, dann war er anscheinend en böser Baum. Er war nur lieb und brav, wenn er tat, was der Gärtner und seine Frau von ihm erwarteten. Also wuchs er jetzt strebsam in die Höhe und gab darauf acht, nicht mehr schief zu wachsen.

> **»Sieh dir das an«**, sagte der Gärtner eines Tages zu seiner Frau, **»unser Baum wächst unverschämt schnell in die Höhe. Gehört sich das für einen rechten Baum?«** Seine Frau antwortete: *»Aber nein, lieber Mann, das gehört sich natürlich nicht. Gott will, dass Bäume langsam und in Ruhe wachsen. Und auch unser Nachbar meint, dass Bäume bescheiden sein müßten, ihrer wachse auch schön langsam.«* Der Gärtner lobte seine Frau und sagte, dass sie etwas von Bäumen verstehe. Und dann schickte er sie die Schere holen, um dem Baum die Äste zu stutzen.

Sehr lange weinte der Baum in dieser Nacht. Warum schnitt man ihm einfach die Äste ab, die dem Gärtner und seiner Frau nicht gefielen? Und wer war dieser Gott, der angeblich gegen alles war, was Spaß machte?

> **»Schau her, Frau«**, sagte der Gärtner, **»wir können stolz sein auf unseren Baum.«** Und seine Frau gab ihm wie immer recht.

Der Baum wurde trotzig. Nun gut, wenn nicht in die Höhe, dann eben in die Breite. Sie würden ja schon sehen, wohin sie damit kommen. Schließlich wollte er nur wachsen, Sonne, Wind und Erde fühlen, Freude haben und Freude bereiten. In seinem Innern spürte er ganz genau, dass es richtig war, zu wachsen. Also wuchs er jetzt in die Breite.

> **»Das ist doch nicht zu fassen.«** Der Gärtner holte empört die Schere und sagte zu seiner Frau: **»Stell dir vor, unser Baum wächst einfach in die Breite. Das könnte ihm so passen. Das scheint ihm ja geradezu Spaß zu machen. So etwas können wir auf keinen Fall dulden!«** Und seine Frau pflichtete ihm bei: *»Das können wir nicht zulassen. Dann müssen wir ihn eben wieder zurecht stutzen.«*

Der Baum konnte nicht mehr weinen, er hatte keine Tränen mehr. Er hörte auf zu wachsen. Ihm machte das Leben keine rechte Freude mehr. Immerhin, er schien nun dem Gärtner und seiner Frau zu gefallen. Wenn auch alles keine rechte Freude mehr bereitete, so wurde er wenigstens lieb gehabt. So dachte der Baum.

Viele Jahre später kam ein kleines Mädchen mit seinem Vater am Baum vorbei. Er war inzwischen erwachsen geworden, der Gärtner und seine Frau waren stolz auf ihn. Er war ein rechter und anständiger Baum geworden.

> Das kleine Mädchen blieb vor ihm stehen. *»Papa, findest du nicht auch, dass der Baum hier ein bißchen traurig aussieht?«* fragte es. **»Ich weiß nicht«**, sagte der Vater. **»Als ich so klein war wie du, konnte ich auch sehen, ob ein Baum fröhlich oder traurig ist. Aber heute sehe ich das nicht mehr.«** *»Der Baum sieht wirklich ganz traurig aus.«* Das kleine Mädchen sah den Baum mitfühlend an. *»Den hat bestimmt niemand richtig lieb. Schau mal, wie ordentlich der gewachsen ist. Ich glaube, der wollte mal ganz*

anders wachsen, durfte aber nicht. Und deshalb ist er jetzt traurig.« »**Vielleicht**«, antwortete der Vater versonnen. »**Aber wer kann schon wachsen wie er will?**« *»Warum denn nicht?«* fragte das Mädchen. *»Wenn jemand den Baum wirklich lieb hat, kann er ihn auch wachsen lassen, wie er selber will. Oder nicht? Er tut doch niemandem etwas zuleide.«*

Erstaunt und schließlich erschrocken blickte der Vater sein Kind an. Dann sagte er: »**Weißt du, keiner darf so wachsen wie er will, weil sonst die anderen merken würden, dass auch sie nicht so gewachsen sind, wie sie eigentlich mal wollten.**« *»Das verstehe ich nicht, Papa!«* »**Sicher, Kind, das kannst du noch nicht verstehen. Auch du bist vielleicht nicht immer so gewachsen, wie du gerne wolltest. Auch du durftest nicht.**« *»Aber warum denn nicht, Papa? Du hast mich doch lieb und Mama hat mich auch lieb, nicht wahr?«* Der Vater sah sie eine Weile nachdenklich an. »**Ja**«, sagte er dann, »**sicher haben wir dich lieb.**« Sie gingen langsam weiter und das kleine Mädchen dachte noch lange über dieses Gespräch und den traurigen Baum nach.

Der Baum hatte den beiden aufmerksam zugehört, und auch er dachte lange nach. Er blickte ihnen noch hinterher, als er sie eigentlich schon lange nicht mehr sehen konnte. Dann begriff der Baum. Und er begann hemmungslos zu weinen.

aus: Die Farben der Wirklichkeit.

4 Kind

Ein Kind, das ständig kritisiert wird,
lernt zu verdummen.
Ein Kind, das geschlagen wird,
lernt selbst zu schlagen.
Ein Kind, das verhöhnt wird,
lernt Schüchternheit.
Ein Kind, das der Ironie ausgesetzt wird,
bekommt ein schlechtes Gewissen.

Aber

ein Kind, das ermuntert wird,
lernt Selbstvertrauen.
Ein Kind, dem mit Toleranz begegnet wird,
lernt Geduld.
Ein Kind, das gelobt wird,
lernt Bewertung.
Ein Kind, das Ehrlichkeit erlebt,
lernt Gerechtigkeit.
Ein Kind, das Freundlichkeit erfährt,
lernt Freundschaft.
Ein Kind, das Geborgenheit erleben darf,
lernt Urvertrauen.
Ein Kind, das geliebt wird und umarmt,
lernt Liebe in dieser Welt zu empfinden.

Quelle unbekannt

Praktische Fähigkeiten kann man nicht durch Lesen oder durch Lernen von Texten erwerben. Aber Bücher und Texte können geeignet sein, um Menschen dazu zu bewegen, dass sie Anstrengungen und Belastungen einer eigenen Therapie oder Beratung in Kauf nehmen. Dazu folgende Geschichte:

5 *Text zur Selbsterfahrung*

Als der Junge sich anschickte, von seinem Lehrer Abschied zu nehmen, bat er ihn, den gemeinsamen Weg aufzuschreiben, damit auch andere ihn finden könnten.

Der Lehrer:
Kann man einen Kuß durch Boten senden?

Der Junge:
Es käme wohl anders an, als gemeint ist.

Der Lehrer:
Genausowenig kann ein Buch, wenn es um den inneren Weg geht, den Lehrer und die Erfahrung ersetzen.

Der Junge:
Ich weiß, dass Worte nicht alles vermitteln.

Der Lehrer:
Innere Erfahrung ist etwas, das einem geschieht, nicht etwas, das man jemandem geben kann, und schon gar nichts, das man durch Lesen erreicht.

Der Junge:
Selbst wenn einige glauben, gedruckte Erfahrungen seien wohlfeil, sollte es dich nicht hindern, unsere Gespräche aufzuschreiben. Es gibt auch andere, die sich durch ein Buch auf den Weg eigener Mühe führen lassen.

aus: Hubertus Halbfas, Der Sprung in den Brunnen, Patmos Verlag, 1996, S. 9f

In Erziehung, Beratung, Therapie ist die Selbstkenntnis ebenso wichtig wie die Sachkenntnis. Einfühlung, Nicht-Verurteilen, Akzeptieren, keine Wertung, bedingungsloses Annehmen und Liebe sind in Erziehung oft erst dann möglich, wenn man eigene Schwachstellen, eigene Schattenseiten, wie C.G. Jung sagt, eigene im »Keller versteckte Leichen«, d.h. die im Unbewussten verborgenen Kräfte kennt und akzeptiert. Die Annahme des eigenen Selbst geht der Annahme anderer voraus. Dabei ist das Problem der Angst vor Selbsterfahrung und vor Bewusstwerdung eigener Schwächen zu überwinden. Dies wird deutlich durch folgende von H. Halbfas erzählte Geschichte.

6 Der Sprung in den Brunnen

Da ging eines Tages der Knabe zu seinen Brüdern. Er sagte zu ihnen:

»Gebt acht! Ich will, dass wir zusammen einen merkwürdigen Ort aufsuchen.«

»Wohin willst du uns denn führen?« fragten die Brüder.

»Ich will euch dahin führen, wo ihr die Wahrheit über euch selbst erfahren sollt.«

Die Brüder baten ihn:

»Laß es doch sein, es lohnt sich nicht. Danke, wozu sollen wir schon wieder ausziehen?«

Sie wollten nicht gehen. Der Jüngste aber bestand darauf:

»Entweder kommt ihr mit, oder ich bringe mich um!«

So zwang er sie, mit ihm zu gehen.
Sie gingen lange, und noch am selben Tage kamen sie zu jenem Brunnen.
Der Jüngste sagte zum Ältesten:

»Ich will dich anbinden und in den Brunnen hinunterlassen. Schau dir an, was es dort im Brunnen gibt.«

Der Älteste fing zu weinen an.

»Was willst du mich in den Brunnen hinunterlassen?«

Er hatte Angst, in den Brunnen zu gehen. Er bat um Gnade.
Der Jüngste sagte zu ihm:

»Bitte nicht um Gnade, wir müssen dorthin!«

Er band ihm den Strick um und ließ ihn hinunter.
Aber kaum war der Bruder ein paar Klafter tief, fing er zu schreien und zu weinen an, – noch ein bißchen, und die Angst zerreißt ihn.

»Ich sterbe, ich sterbe!«

Er war noch nicht einmal ein Viertel des Brunnens hinunter.
Der Knabe zog ihn heraus, denn er sah, was für ein Mensch das war.
Dann kam der zweite. Der Knabe band auch ihn und ließ ihn hinunter.
Er war kaum bis zur Hälfte des Brunnens gekommen,
da begann er zu schreien vor lauter Angst.

»Ich sterbe, ich sterbe!«

Er zog ihn heraus.
Dann kam die Reihe an den Jüngsten. Er sagte:

»Hört zu! Wieviel ich auch weinen und schreien werde, zieht mich nicht hoch. Laßt mich hinunter, bis ihr fühlt, dass der Strick leicht geworden ist.«

Die Brüder fingen ihn zu bitten an:

»Du bist unser Jüngster! Warum willst du von uns gehen?«

Sie baten, er möge sie doch nicht verlassen, aber er wollte nicht auf sie hören.
Da banden sie ihn und ließen ihn hinunter.

Schüler *Das ist eine schöne Geschichte. Ich möchte wissen, wie sie weitergeht.*

Lehrer Es ist nicht irgendeine Geschichte, es soll deine Geschichte werden. Wohin sie führt, mußt du selbst erproben.

Schüler *Aber wo gibt es den Brunnen, in den ich springen könnte?*

Lehrer Weitab und doch nahe. »Sie gingen lange, und noch am selben Tag kamen sie an«, heißt es. Je weiter du in die Welt ausschweifst, um so entfernter bist du ihm. Suchst du bei dir, schaust du über seinen Rand.

Schüler *Dann ist der Brunnen in mir.*

Lehrer Deine eigene Tiefe.

Schüler *Aber warum dann Angst haben. Was in mir ist, muß ich doch nicht fürchten?*

Lehrer Nichts ist den Menschen unbekannter und erschreckender als die eigene Seele. Die meisten Menschen haben Todesängste, in das Brunnenloch zu steigen und den Abstieg zum unbekannten Seelengrund zu vagen. Sie leben nur außen, von allem gefesselt, was zur Schau gestellt wird, aber sie werden schon verwirrt, wenn sie nur einen Blick über den Brunnenrand werfen sollen. Ihre Sicherheit liegt im Geläufigen der äußeren Welt; vor der Tiefe in sich selbst sind sie voll hilfloser Not. Aber der Brunnen ist noch nicht verschüttet. Wer ehrlich will, kann ihn finden und das Wagnis beginnen.

Schüler *Ich bin nicht sicher, dass ich das will.*

Lehrer Dann zähl dich zu den älteren Brüdern. Sie bilden die Mehrheit. Mit ihnen verbindet sich keine Hoffnung.

Schüler *Wie also komme ich in die Tiefe?*

aus Hubert Halbfas, Der Sprung in ein Brunnen. Patmos Verlag, Düsseldorf, 1996, (S. 11-16)

7 Kinder lernen, was sie leben

Wenn Kinder *mit Kritik leben,* lernen sie zu verurteilen.

Wenn Kinder *mit Feindseligkeit leben,* lernen sie zu kämpfen.

Wenn Kinder *mit Angst leben,* lernen sie, ängstlich zu sein.

Wenn Kinder *mit Spott leben,* lernen sie, scheu zu sein.

Wenn Kinder *mit Eifersucht leben,* lernen sie, was Neid ist.

Wenn Kinder *mit Scham leben,* lernen sie, sich schuldig zu fühlen.

Wenn Kinder mit Toleranz leben, *lernen sie, geduldig zu sein.*

Wenn Kinder mit Ermutigung leben, *lernen sie zuversichtlich zu sein.*

Wenn Kinder mit Lob leben, *lernen sie anzuerkennen.*

Wenn Kinder mit Bestätigung leben, *lernen sie, sich selbst zu mögen.*

Wenn Kinder mit Bejahung leben, *lernen sie, Liebe in der Welt zu finden.*

Wenn Kinder mit Anerkennung leben, *lernen sie, ein Ziel zu haben.*

Wenn Kinder mit Teilen leben, *lernen sie, großzügig zu sein.*

Wenn Kinder mit Ehrlichkeit und Fairneß leben, *lernen sie, was Wahrheit und Gerechtigkeit sind.*

Wenn Kinder mit Sicherheit leben, *lernen sie an sich zu Glauben und an die, die um sie sind.*

Wenn Kinder mit Freundlichkeit leben, *lernen sie, dass die Welt ein schöner Ort zum Leben ist.*

Wenn Kinder mit Gelassenheit leben, *lernen sie, innerlich gelassen zu sein.*

Womit leben Deine Kinder?

Dorothy L. Nolte

8 Zuhause bin ich da …

Wo jemand mit **Sorge** auf mich wartet
Wo ich Fehler machen darf

Wo ich **Raum zum Träumen** habe

Wo ich meine Füße ausstrecken kann
*Wo ich **gestreichelt** werde*
Wo ich geradeaus reden kann

Wo ich **laut singen** darf
Wo immer ein **Platz** für mich da ist
Wo ich ohne Maske herumlaufen kann

Wo einer meine Sorgen anhört
*Wo ich **still** sein darf*
Wo jemand meine **Freude** teilt

Wo jemand das Essen zubereitet
Wo mir **Trost** zuteil wird
Wo ich **Wurzeln** schlagen kann

Quelle unbekannt

● 9 Eines Morgens, die Sonne ist gerade aufgestanden, entdeckt der kleine Prinz eine wunderschöne Rose. Er hat noch nie eine so hübsche Blume gesehen und ist ihr augenblicklich von ganzem Herzen zugetan. Bewundernd flüstert er: »Guten Morgen«, und ist gar nicht erstaunt, als sie ihm seinen Gruß erwidert. Ein seltsames Gefühl der Verbundenheit steigt in ihm auf. »Ich liebe dich«, sagte er. Als sie ihn später darum bittet, eine Glasglocke zum Schutz gegen Zugluft und wilde Tiere über sie zu stülpen, da ist er glücklich, ihr einen gefallen tun zu können. Zugleich ist er ein wenig verwirrt: »Diese Blume ist recht schwierig!« Die Rose, die die Bemühungen des kleinen Prinzen sehr schätzt, wird immer anspruchsvoller.

Der kleine Prinz

Eines Abends, als für den kleinen Prinzen die Zeit kommt, seine geliebte Blume zu verlassen, entdeckt er in sich das Bedürfnis zu weinen. »Adieu«, sagt er und holt die Glasglocke. Zu seiner Überraschung lehnt nun die sonst so anspruchsvolle Blume den Glasschutz ab. »Laß das«, sagt sie, »ich will ihn nicht mehr:« Der kleine Prinz ist erstaunt. Er erinnert sich an ihre Anfälligkeiten gegen Krankheiten und ihre Ängste vor den wilden Tieren. »Die frische Nachtluft wird mir guttun. Ich bin eine Blume«, erklärt ihm die Rose, »und was die Tiere anbelangt, da muß ich wohl zwei oder drei Raupen aushalten, wenn ich die Schmetterlinge kennenlernen will. Vor den großen Tieren fürchte ich mich auch nicht, ich habe meine Krallen!« Und sie zeigt treuherzig ihre vier Dornen. Dann fügt sie noch hinzu: »Zieh den Abschied nicht so in die Länge, geh jetzt«, denn sie will nicht, daß er sie weinen sieht. Es ist eine stolze Blume.

aus: A. de Saint-Exupéry, Der kleine Prinz.

● 10 *Erziehen heißt begegnen!*

Erziehen heißt: Einem Menschen begegnen!

Vielleicht ist er kleiner

Und schwächer,

noch unerfahren,

noch linkisch,

und hilflos,

noch ängstlich
So wie Begegnung
und ohne Wissen....
zwischen zwei Menschen
Aber er ist ein Mensch
geschieht,
Ein »Ich« voller Hoffnung
so auch Erziehung...
voller Träume,
Es ist ein Lernen
voll kleiner Sorgen und kleiner Freuden,
auf beiden Seiten.
als ein Ich...
Erziehen heißt: Einem Menschen begegnen,
ein Mensch, den es nur einmal gibt,
ein Du erkennen,
unersetzlich
ein Wir erleben
und kostbar!
und sich bewußt werden

aus: Pädagogische Führung. Zeitschrift für Schulleitung und Schulberatung.
Luchterhand Verlag, Heft 1, November 1990, S. 25

11 Zwölf Gebote an Eltern

Geben Sie ihm von Anfang an alles das, was es will.
Es wächst dann in der Überzeugung auf, dass die ganze Welt ihm gehört.

Wenn das Kind unpassende Ausdrücke gebraucht, so lachen Sie nur,
es wird sich dann für besonders geistreich halten.

Geben Sie ihm keinerlei geistige Erziehung.
Wenn es 18 Jahre alt ist, wird es dann ›selbst wählen‹.

Sagen Sie ihm niemals: ›Das ist nicht recht!‹
Es könnte vielleicht einen Schuldkomplex bekommen (und wenn es dann vielleicht später wegen eines Autodiebstahls festgenommen wird, so könnte es denken, dass es von der Menschheit verfolgt wird).

Räumen Sie alle seine Unordnung auf;
so wird das Kind überzeugt sein, dass immer die anderen verantwortlich sind.

Lassen Sie es lesen, was es will.
Sterilisieren Sie ruhig sein Essgeschirr, aber lassen Sie ruhig ihres Kindes Verstand ›Bakterien fressen‹.

Tragen Sie alle Ehestreitigkeiten vor dem Kinde aus.
Wenn es dann später zu einer Scheidung kommt, so wird es sich wenigstens nicht wundern.

Geben Sie ihm alles Geld, was es verlangt; es soll sich ja keins selbst verdienen.
Wie schrecklich wäre es für das Kind, wenn es begreifen würde, dass es ihm nicht besser geht, als Ihnen selbst.

Sorgen Sie, dass das Kind an Essen, Trinken und Komfort alles Erdenkliche erhält.
Wie leicht könnte es sonst deprimiert sein.

Geben Sie ihm immer Recht.
Die Lehrer und die Polizei haben es ja nur auf das arme Kind abgesehen… .

Wenn es dann wirklich ein Taugenichts geworden ist,
so erklären Sie einfach, dass Sie dafür nichts können!

Bereiten Sie sich beizeiten auf ein dornenvolles Leben vor.
Sie werden es ganz bestimmt bekommen!

(Aushang im Bremer Jugendgericht)

12 Zehn Gebote für den Umgang mit Kindern

1. DU SOLLST Kinder achten wie dich selbst.

2. DU SOLLST einem Kind nicht vorenthalten, was dir wichtig ist: Nützliche Arbeit, Verantwortung, Verfügung über ein Eigentum, über die Einteilung der Zeit, über die Wahl der Freunde.

3. DU SOLLST ein Kind nichts lehren, woran dir selber nichts liegt; du sollst es nicht langweilen.

4. DU SOLLST nichts für ein Kind tun, ohne es zu fragen, auch wenn es weder deine Fürsorge noch deine Frage versteht – es ist gut, wenn du diese Gewohnheit hast.

5. DU SOLLST nicht vergessen, es soll dir nicht gleichgültig sein, wenn ein Kind etwas Falsches tut, Unwahrheiten, Torheiten, Grausamkeiten begeht.

6. DU SOLLST eines Kindes Liebe und Vertrauen nicht zurückweisen – so wenig wie seine Trauer, seine Angst, seine Neugier, seine Phantasie.

7. DU SOLLST ein Kind nicht anders »machen« wollen, als es ist – aber du sollst ihm helfen, anders zu werden, wenn es das will. Du sollst vor allem nicht machen, dass es will...

8. DU SOLLST – wie du einen Zehnten für die Kirche gibst, in dieser Welt einen zweiten Zehnten für die Kinder geben die fernen wie die nahen, die dies brauchen.

9. DU SOLLST an der Welt arbeiten, so dass du sie ohne Scham den Kindern übergeben kannst.

10. DU SOLLST nicht Kinder haben, wenn du dir nicht vorzustellen vermagst, dass sie ein würdiges Leben in ihrer Zeit führen können.

(Vorgetragen von Hartmut von Hentig auf dem Kirchentag in Frankfurt, 1987)

● 13

Schreie, die keiner hört...

»Heutzutage tun sich die meisten Eltern schwer damit, zu akzeptieren, dass ihre Kinder Zeit brauchen, um erwachsen zu werden. Sie erkennen auch nicht, welchen entscheidenden Einfluss sie auf die Entwicklung des Selbstbildes ihres Kindes haben. Ich glaube, wenn es hier in den ersten Kindheitsjahren zu Störungen oder gar Zerstörungen kommt, ist der Nährboden für ernste Probleme geschaffen.

Doch es gibt noch mehr zu bedenken: Das rücksichtslose Wettbewerbsdenken, das so typisch für unsere Zeit ist, zwingt uns Erwachsene zwar zu Selbstdisziplin, doch wir disziplinieren unsere Kinder nicht. Wir haben Angst vor ihnen. Ihre zur Schau getragene Selbstsicherheit (hinter der sich oft nur ihre unerfüllten Bedürfnisse verstecken) verwirrt uns. Um unsere Ratlosigkeit zu kompensieren, betten wir sie in eine Welt materieller Bequemlichkeiten. Doch oft haben wir nicht die Kraft, ihnen mehr zu bieten als unseren Anblick im Fernsehsessel, in dem wir vor uns hin dösen, als seien wir ins Koma gefallen. ... Erwachsene müssen wieder mehr Eigenverantwortung übernehmen und ihre Kinder von klein auf dazu erziehen. Das wichtigste dabei ist, jungen Menschen ein Mitspracherecht an ihrem Leben zu geben. Sie müssen das Gefühl bekommen, dass wir sie als Individuen behandeln, nicht nur als Störfaktoren. Statt anzunehmen, dass Kinder, die sich auffällig verhalten, schlecht sein wollen, müssen wir sie zuallererst mit der Frage konfrontieren, warum sie sich so verhalten. Und wir müssen so lange mit ihnen arbeiten, bis sie diese Frage beantworten.«

(Gitta Sereny)

Schreie, die keiner hört oder Die Jagd auf das Böse (Zeit-Dossier vom 14. Mai 1998, von Reiner Luyken)

● 14

Der bessere Weg

Ein Kleiner Junge, der auf Besuch bei seinem Großvater war, fand eine kleine Landschildkröte und ging gleich daran, sie zu untersuchen. Im gleichen Moment zog sich die Schildkröte in ihren Panzer zurück, und der Junge versuchte vergebens, sie mit einem Stöckchen herauszuholen. Der Großvater hatte ihm zugesehen und hinderte ihn, das Tier weiter zu quälen. »Das ist falsch«, sagte er, »komm, ich zeig´ dir, wie man das macht.« Er nahm die Schildkröte mit ins Haus und setzte sie auf den warmen Kachelofen. In wenigen Minuten wurde das Tier warm, steckte seinen Kopf und seine Füße heraus und kroch auf den Jungen zu. –

»Menschen sind manchmal wie Schildkröten«, sagte der alte Mann. »Versuche niemals, jemanden zu zwingen. Wärme ihn nur mit etwas Güte auf, und er wird seinen Panzer verlassen können.«

Aus: Holle Schneider, Anstösse. Klens-Verlag, Düsseldorf, 1992

15 Ein wichtiger Grundsatz der Entwicklung und Erziehung lautet:

»Sein ganzes Leben lang, in jedem
Alter, soll man Schwierigkeiten
nicht ausweichen, sondern sich
ihnen zuwenden und versuchen,
sie zu überwinden.
Nur so wachsen Fähigkeiten, nur so
erreicht man das Glück.
Selbstdisziplin führt zu
Selbstbewusstsein, und
Selbstbewusstsein führt
zu einem glücklichen Leben.«

(Quelle unbekannt)

16 *Im Leitartikel zum Erntedank in einer Zeitung wurde von einer Lehrerin berichtet, die ihre Gruppe von Erstklässlern bat, ein Bild von etwas zu malen, wofür sie dankbar waren. Sie dachte daran, wie wenig es gab, wofür diese Kinder aus armen Gegenden wirklich dankbar sein müssten. Aber sie wusste, dass die meisten von ihnen Bilder von Truthähnen oder Tischen mit Essen malen würden. Die Lehrerin war über das Bild erstaunt, das Douglas abgab… eine einfache, auf kindliche Art gezeichnete Hand.*

Die Hand

Aber wessen Hand? Die Klasse war von dem abstrakten Bild gefangen genommen. Ich glaube, es muss die Hand Gottes sein, die uns Essen gibt«, sagte in Kind. »Ein Bauer«, sagte ein anderes, »weil er die Truthähne aufzieht«. Schließlich, als die anderen bei der Arbeit waren, beugte sich die Lehrerin über Douglas' Tisch und fragte, wessen Hand das sei. »Es ist Ihre Hand, Mrs. X«, murmelte er. Sie erinnerte sich daran, dass sie in der Pause wiederholt Douglas, ein struppiges, einsames Kind, an die Hand genommen hatte. Sie tat das oft mit den Kindern. Aber es bedeutete Douglas so viel. Vielleicht war das Jedermanns Erntedank, nicht für die materiellen Dinge, die uns gegeben werden, sondern für die noch so kleine Möglichkeit, anderen etwas zu geben.

(Anonym)

● 17 Redewendungen, die ich als Kind gehört habe:

Es ist noch kein Meister vom Himmel gefallen!

Jeder ist seines Glückes Schmied.

Was Hänschen nicht lernt, lernt Hans nimmermehr.

Ehrlich währt am längsten.

Wenn du erst mal arbeiten musst, dann...

Du bist ein liebes Kind, wenn...

Hast du auch schön »Danke« gesagt?

Das tut man doch nicht!

Aus dir wird nie was!

Was auf den Tisch kommt, wird gegessen!

Ein Junge weint nicht!

Der liebe Gott sieht alles!

Solange du deine Füße unter meinen Tisch stellst,....

Kinder soll man sehen, aber nicht hören!

Das hätten wir uns früher mal leisten sollen.

Komm du erst mal mit deinen Tagen in meine Jahre!

Du musst es nur wollen, dann klappt es schon!

Lerne Ordnung, liebe sie – sie erspart dir Zeit und Müh!

Wer rastet, der rostet!

Was du nicht willst, dass man dir tut, das füg' auch keinem anderen zu!

Vertrauen ist gut, Kontrolle ist besser!

Hast du nichts, bist du nichts!

Aus Schaden wird man klug!

Hilf dir selbst, dann hilft dir Gott!

Blüh wie das Veilchen im Moose, sittsam, bescheiden und rein,
und nicht wie die stolze Rose, die immer bewundert will sein!

(Aus: Holle Schneider: Anstösse. Klens-Verlag, Düsseldorf 1992)

Ausgewählte pädagogische Beispiele zur Reflexion der erzieherischen Praxis

1 Einleitung

Ohne Auseinandersetzung mit ausgewählten pädagogischen Modellen bzw. mit Vorstellungen »großer« Pädagogen kann man dem Geheimnis, was Theorie und Praxis der Erziehung ist, nicht annähernd auf die Spur kommen. Mit Hilfe des Studiums pädagogischer Modelle lassen sich am schnellsten wichtige Erkenntnisse über Theorie und Praxis der Erziehung gewinnen. Hier seien einige dieser Erkenntnisse aufgeführt:

- Erziehungspraxis braucht theoretische Grundlagen.
- Erziehungspraxis ist mehr als die Anwendung theoretischer Erkenntnisse.
- Erst durch jahrelange Auseinandersetzung mit Fragen der Erziehung und Entwicklung des Menschen ist man in der Lage, sich kompetente Urteile zu erlauben. Mit dem Erwerb der Urteilsfähigkeit ist man noch nicht in der Lage, kompetent zu handeln.
- Die Erziehungswissenschaft ist auf Erkenntnisse anderer Wissenschaften, vor allem auf die der Philosophie und der Psychologie, angewiesen.
- Erziehung muss die Erkenntnisse über die Entwicklung des Menschen berücksichtigen und zur Verwirklichung der Wesensmerkmale des Menschen beitragen.
- Der Mensch braucht feste Bindungen zu Mitmenschen und ist auf Erziehung angewiesen. Fehler in der Erziehung können zur großen Belastung für den einzelnen Menschen, für die Gemeinschaft und für die gesamte Gesellschaft werden.
- Die Fortschritte der Pädagogik sind das Ergebnis mühevoller Kleinarbeit und Leistungen großer Persönlichkeiten zu verdanken, die sich mit Herz und Verstand, mit Denken und Wollen dem Wohl der Kinder gewidmet haben.
- Die pädagogischen Modelle, mögen sie noch so unterschiedlich sein, sind alle eine Bereicherung für die gegenwärtige Gestaltung, Planung und allgemeine Theorie der Erziehung.

Für eine gründliche Auseinandersetzung mit der Theorie und Praxis der Erziehung wurden zwei reformpädagogische Modelle gewählt, die damals mit der traditionellen Pädagogik radikal brachen, sich in der Praxis bewährt haben und bis heute in vielfältiger Form weiter bestehen. Sie stellen hohe Ansprüche an die Haltung und das Handeln der Erzieher und unterscheiden sich auch heute noch substantiell von der allgemeinen Schulpädagogik. Es handelt sich um die Waldorfpädagogik, begründet durch den Anthroposophen Rudolf Steiner, und die Montessoripädagogik, entwickelt von der Ärztin Maria Montessori. Die ausgewählten pädagogischen Modelle gehen »vom Kind aus« und erheben in einer »kinderfeindlichen« Zeit die schöpferische Kraft des Kindes und die menschlichen Entwicklungsgesetze zum zentralen Bezugspunkt des Denkens und Handelns. In einer Zeit, in der »Verlust der Kindheit« (Neil Postman) droht, sind Modelle, die die Kindheit bewahren wollen, als Reflexionshilfen aktueller denn je.

Viele Leser werden möglicherweise der Auswahl von Rudolf Steiner mit großer Skepsis begegnen. Mit den gleichen Argumenten, die in der Regel zur Ablehnung des von Steiner entwickelten pädagogischen Modells führen, kann man seine Aufnahme in dieses Buch begründen. Abgelehnt werden oft die Anthroposophie, die den Menschen als Teil des Universums betrachtet, das von Steiner eingeführte Vokabular, wie z. B. physischer Leib, Ätherleib, Astralleib, Metamorphose, und die außerordentlich strenge Zuordnung von Erziehung zu den von ihm beschriebenen Entwicklungsstufen des Menschen.

In einer Zeit, in der die Existenz der Menschheit ernsthaft bedroht ist, dürfte unbestreitbar ein zentrales Anliegen des Pädagogikunterrichts sein, dass die Schüler den Menschen als einen Teil des Universums (der Schöpfung, der Umwelt) begreifen.

Ein zweites Anliegen des Pädagogik- und Psychologieunterrichts müsste sein, dass die Schüler verschiedenen Theorien und zentralen Begriffen dieser Theorien mit Respekt, Neugier und Wertschätzung begegnen.

Zur Reflexion über die Theorie und Praxis der Erziehung außerhalb der Familie und Schule werden im dritten Abschnitt die wichtigsten Grundlagen der Sozial- und Sonderpädagogik zusammengestellt.

Hinweise auf die von Steiner eingeführte Terminologie

Jeder Wissenschaftler, der sich intensiv mit der Entwicklung und Erziehung des Menschen auseinander setzt, wird irgendwann entdecken, dass die Entwicklung bestimmten Ordnungsprinzipien gehorcht und sich in Phasen einteilen lässt. Die Benennung der Entwicklungsabschnitte erfolgt nach dem zentralen Merkmal des Entwicklungsgeschehens. So spricht Piaget vom Egozentrismus, von der präoperationalen und der operationalen Phase der kognitiven Entwicklung. Freud benennt die Phasen der Libidoentwicklung nach der erogenen Zone oral, anal und genital. Die »frühe genitale« Phase wird nach dem zentralen Thema in Anlehnung an die griechische Sage »ödipal« genannt. Im ökologischen Ansatz wird unter Berücksichtigung der entscheidenden Lebensräume von der frühen Kindheit, vom Vorschulalter und Schulkindalter gesprochen. Diesen Entwicklungsabschnitten wird dann die Primar- oder Familienerziehung, Elementar- und Sekundarerziehung zugeordnet.

All diese Ordnungsversuche und Benennungen haben nur einen Aspekt der Entwicklung im Auge. Steiner betrachtet die Entwicklung immer aus dem Gesichtspunkt des Menschen als Leib-Seele-Geist-Einheit. Sowohl die Entwicklung der Seele als auch des Geistes manifestiert sich in körperlichen Veränderungen. So wählt Steiner das Wort »Leib«. Der Motor der Entwicklung in den ersten sieben Jahren (kurz »Jahrsiebt«) ist die Bewegung und Nachahmung der Bewegung (Physis). Diesem Abschnitt ordnet Steiner die zusammenfassende Bezeichnung »physischer Leib« zu. Über die Metamorphose – eine anerkannte Erscheinung in der Pflanzen- und Tierwelt – entwickeln sich nach Steiner aus der Bewegung und Nachahmung die Willenskräfte.

Im zweiten Jahrsiebt sind Atmung, Erzählung, Sprache und Rhythmus entscheidend für die Entwicklung. Atmung ist schon in der griechischen Philosophie ein Zeichen der Seele oder Psyche. Die Einführung der Bezeichnung »Ätherleib« ist nahe liegend.

Wie soll man die Entwicklung im dritten Jahrsiebt charakterisieren oder benennen? Wir alle stimmen der Auffassung zu, dass in diesem Altersabschnitt die Entwicklung der Ich-Identität, des Selbstbewusstseins, des abstrakten Denkens und entsprechender Ideen ansteht. Zentrales Merkmal des Geschehens ist also das Bilden und Finden von »Gestalten«, ist die »Sinn-Findung«. Sternenhimmel (astral) ist sicher ein Symbol für Gestalt und im analogen Denken auch für Geist (oben). Die an die körperlichen Veränderungen gebundene Entwicklung der geistigen Kräfte nennt Steiner »Astralleib«. Es kann sein, dass Steiner auch andere Gründe für die Einführung der genannten – um sich des Wortschatzes moderner Wissenschaften zu bedienen – »hypothetischen Konstrukta« hatte. Möglicherweise sind uns Begriffe wie Assimilation, Gravitation, Sozialisation, Homöostase und Kognition geläufiger als die von Steiner. Ob wir jedoch die Wahl und Einführung dieser Begriffe besser begründen können als die von Steiner, mag jeder für sich beantworten.

Hinweis auf den Unterschied zwischen Reflexionshilfe und Praxisanleitung

Die von Rudolf Steiner und Maria Montessori entwickelten Konzepte zur Theorie und Praxis der Erziehung wurden in dieses Pädagogik/Psychologielehrbuch als »Reflexionshilfen« und nicht als Musterbeispiele oder als Modelle für die Organisation und Durchführung der Erziehungspraxis aufgenommen.

Will man über die Theorie und Praxis der Erziehung nachdenken und sich ein Urteil darüber bilden, was man über die Entwicklung des Kindes und das Verhalten der Erzieher, über die Ziele der Erziehung und die Gestaltung der Umwelt des Kindes wissen muss (=Theorie) und welche Probleme, Hindernisse und Schwierigkeiten bei der Umsetzung der Theorie in die Praxis auftreten können, dann braucht man als Beurteilungshilfen pädagogische Konzepte, die sich in der Praxis bewährt haben, frei von Modeerscheinungen sind, in ausreichendem Maß humanistische Ideale und Erkenntnisse über die Entwicklung des Kindes berücksichtigen. Das wird durch das Konzept der Waldorf- und Montessoripädagogik geleistet.

Die Umsetzung der Konzepte in die Praxis in den zur Zeit existierenden Waldorf- und Montessorikindergärten sowie -schulen wird an dieser Stelle nicht thematisiert. Jede Umsetzung der Theorie in die Praxis ist mit vielen Problemen verbunden. Bei der Umsetzung pädagogischer Konzepte spielen z. B. die Persönlichkeitsmerkmale der Erzieher, kulturelle, gesellschaftliche, wirtschaftliche und politische Bedingungen, die Möglichkeit und Bereitschaft der Eltern zur Mitarbeit, finanzielle Umstände und andere Faktoren eine wichtige Rolle.

Es ist bekannt, dass die Praxis der Erziehung und Bildung in Waldorfschulen und auch in Montessorischulen in vielen Fällen »versagt«, für viele Familien nicht geeignet ist und entsprechend oft kritisiert wird oder insgesamt umstritten ist.

Auf die Frage der Schüler, ob ich meine Kinder in die Waldorfschulen schicken würde, antwortete ich in der Regel mit dem Hinweis auf die Risiken einer solchen Entscheidung. Man muss sich bei der Entscheidungsfindung z. B. bewusst sein, dass ein Wechsel von der Waldorfschule in die staatliche Schule mit großen Problemen verbunden ist und die Kinder acht Jahre lang mit dem selben Klassenlehrer auskommen müssen.

Die Vorstellung der Waldorf- und Montessoripädagogik in diesem Buch darf keineswegs als »Werbung« für diese pädagogischen Einrichtungen verstanden werden. Wenn man vor der Entscheidung steht, ob man die eigenen Kinder den Waldorf- oder Montessorischulen anvertrauen soll, wird man sich die in Frage kommenden Einrichtungen gründlich anschauen müssen, wird man mit den dort tätigen Erziehern und Lehrern sprechen, man wird sich ein eigenes Bild über die konkrete Umsetzung der »Theorie« verschaffen und man wird im Sinne der Selbsterkenntnis nachspüren müssen, ob man die pädagogischen Grundsätze mit Überzeugung vertreten kann, zur pädagogischen Zusammenarbeit mit der Schule bereit ist und ob man in der Lage ist, sich den entgegengesetzten Einflüssen gesellschaftlicher Trends und »Verführungen«, z. B. durch die Medien, zu widersetzen.

Sucht man aber nach Antworten und Argumenten zu den zentralen Themen und Kontroversen der Pädagogik, z. B. zum Anlage-Umwelt-Problem, zu den Themen Erziehungsziele, Zusammenhang zwischen Erziehung und Entwicklung, Bedeutung der Umwelt, Erzieherverhalten, Autonomie des Kindes, kritische Phasen, Organisation der Erziehung im Kindergarten und in der Schule, dann wird man in der Waldorf- und Montessoripädagogik sehr wertvolle Anregungen und Erläuterungen finden.

2 Waldorfpädagogik

Waldorfschulen sind heute, ebenso wie Montessorischulen, über die ganze Welt verbreitet. In der Bundesrepublik, und seit 1990 vor allem in den neuen Bundesländern, werden jedes Jahr neue Waldorfschulen gegründet. In diesem Kapitel soll deutlich werden, dass die Waldorfpädagogik ein umfassendes und in sich geschlossenes Modell der Theorie und Praxis der Erziehung darstellt.

2.1 Rudolf Steiner als Begründer der Waldorfpädagogik

Rudolf Steiner

Die Grundlage der Waldorfpädagogik bildet die Lehre Rudolf Steiners (1861 – 1925), die unter der Bezeichnung Anthroposophie (Wissen vom Menschen und seiner Verflechtung im Kosmos, auch mit übersinnlichen Kräften) verbreitet ist. Die von Steiner entwickelte Anthroposophie stellt eine ganzheitliche Deutung des Kosmos und des Menschen dar. Es handelt sich dabei um eine Deutung der Menschheit und der Menschheitsentwicklung, die häufig als Mystik und nicht als Wissenschaft eingestuft wird. Bekanntlich beurteilt man die Wissenschaftlichkeit eines Aussagensystems (Theorie) nach der Methode, mit der die zentralen Aussagen und Erkenntnisse gewonnen wurden. Rudolf Steiner hat seine Methode und das Erlernen der Methode genau beschrieben (in seinem Buch »Geheimwissenschaft im Umriss«). Im Gegensatz zu naturwissenschaftlichen Methoden (Beobachtung, Experiment) oder geisteswissenschaftlichen Methoden wie Interpretation und genaue Beschreibung von Erscheinungen (Phänomenologie) ist die Methode, mit der Steiner seine Lehre entwickelt hatte, nicht oder nur schwer erlernbar.

Die erste Quelle höherer Erkenntnisse ist nach Steiner die Imagination, d.h. vorstellende Denkkraft oder bilderzeugende Tätigkeit des Geistes. Voraussetzungen für eine Meditation, die in eine imaginative Welt eindringt, sind Übungen zur Stärkung der Konzentration und Sachlichkeit im Denken sowie zur Stärkung der Beständigkeit und der Willenskraft. Mit Hilfe der Übungen zur Harmonisierung des Gefühlslebens sei nach Steiner die Gelassenheit im Fühlen sowie Positivität und Unbefangenheit zu erreichen. Voraussetzungen für eine Meditation, die zur Inspiration als der zweiten höheren Erkenntnisquelle führen soll, sind reiches Innenleben (eine Wendung nach innen bedingt nach der Polaritätenlehre Goethes die Öffnung nach außen), Verständnis für die Fehler anderer, Anerkennung fremder Leistungen, Verehrung fremder Erkenntnisse und gesunde Ahnung und Geduld. Verehrung bedarf des Selbstvertrauens, damit keine blinde Toleranz entsteht. Gesunde Ahnung darf nach Steiner den Menschenverstand nicht überwältigen, damit das Hören auf »innere Stimmen« nicht zum Aberglauben führt.

Aus dem harmonischen Zusammenwirken von Imagination und Inspiration entsteht die dritte Erkenntnisquelle oder -stufe die Intuition. Imaginationsübungen wirken vorzugsweise auf das Denken, Inspirationsübungen auf das Fühlen, und Intuitionsübungen stärken nach Steiner die Willenskraft. Jede bewusst durchgeführte Übung, z. B. abendliche Rückschau über den Tag, ist eine Willensübung.

Steiner hat also seine Lehre mit Hilfe der Fähigkeit zur Imagination, Inspiration und Intuition entwickelt. Auf dem Weg zur Einübung dieser Fähigkeiten war für Steiner die Betreuung eines schwer behinderten Kindes eine der lehrreichsten Herausforderungen. Hierzu schreibt Steiner:

»Auf pädagogischem Gebiet brachte mir das Schicksal eine besondere Aufgabe. Ich wurde als Erzieher in eine Familie empfohlen, in der vier Knaben waren. Dreien hatte ich nur erst den vorbereitenden Volksschul- und dann den Nachhilfeunterricht für die Mittelschule zu geben. Der Vierte, der ungefähr zehn Jahre alt war, wurde mir zunächst zur vollständigen Erziehung übergeben. Er war das Sorgenkind der Eltern, besonders der Mutter. Er hatte, als ich ins Haus kam, sich kaum die allerersten Elemente des Lesens, Schreibens und Rechnens erworben. Er galt als abnormal in seiner körperlichen und seelischen Entwicklung in einem so hohen Grade, dass man in der Familie an seiner Bildungsfähigkeit zweifelte. Sein Denken war langsam und träge. Selbst geringe geistige Anstrengung bewirkte Kopfschmerz, Herabstimmung der Lebenstätigkeit, Blasswerden, Besorgnis erregendes seelisches Verhalten....

Ich hatte die Befriedigung, dass der Knabe im Verlaufe von zwei Jahren den Volksschulunterricht nachgeholt hatte und die Reifeprüfung in das Gymnasium bestehen konnte. Auch seine Gesundheitsverhältnisse hatten sich wesentlich gebessert. Die vorhandene Hydrocephalie war in starker Rückbildung begriffen. Ich konnte den Eltern den Vorschlag machen, den Knaben in die öffentliche Schule zu schicken....

Ich muss dem Schicksal dafür dankbar sein, dass es mich in ein solches Lebensverhältnis gebracht hat. Denn ich erwarb mir dadurch auf lebendige Art eine Erkenntnis der Menschenwesenheit, von der ich glaube, dass sie so lebendig auf einem anderen Wege von mir nicht hätte erworben werden können. ... Diese Erziehungsaufgabe war für mich eine reiche Quelle des Lernens. Ich wurde gewahr, wie Erziehung und Unterricht zu einer Kunst werden müssen, die in wirklicher Menschenerkenntnis ihre Grundlage hat. Ein ökonomisches Prinzip hatte ich sorgfältig durchzuführen. Ich musste mich oft für eine halbe Unterrichtsstunde zwei Stunden lang vorbereiten, um den Unterricht so zu gestalten, dass ich dann in der geringsten Zeit und mit möglichst wenig Anspannung der geistigen und körperlichen Kräfte ein Höchstmaß an Leistungsfähigkeit des Knaben erreichen konnte. ...

Mein Pflegling konnte durch das Gymnasium durchgeführt werden; ich blieb an seiner Seite bis zur Unterprima. Da war er so weit, dass er meiner nicht mehr bedurfte. Er ging nach dem absolvierten Gymnasium an die medizinische Fakultät, wurde Arzt und ist als solcher ein Opfer des Weltkrieges geworden.«

Die Betreuung des an Hydrocephalie erkrankten Kindes Otto Specht hat Steiner von 1884 bis 1890 wahrgenommen. Ein Jahr später promovierte er als 30-Jähriger zum Doktor der Philosophie. Durch beharrliche Schulung des Geistes – nach dem Vorbild Goethes – erlangte Steiner die Fähigkeit, höhere, den Sinnen nicht zugängliche Zusammenhänge direkt wahrzunehmen.

Nach der anthroposophischen Weltdeutung sind Makrokosmos (Universum) und Mikrokosmos (Mensch) eng miteinander verbunden, wobei die Entwicklung von den Elementen des Kosmos, über die Planeten, die unbelebte Materie, über Pflanzen, die Tiere zum Menschen mit seiner Leib-Seele-Geist-Einheit als sinnvoll aufeinander aufbauender und zusammenhängender Prozess gedeutet wird. Der Übergang oder die Umwandlung mineralischer Elemente zu pflanzlichen Organen und körperlicher Kräfte zu psychischen und geistigen wird Metamorphose genannt.

Auf der nächsten Seite wird der Zusammenhang zwischen Mikro- und Makrokosmos und zwischen Leib-Seele-Geist sowie der Übergang zwischen einzelnen qualitativ unterschiedlichen Stufen im Sinne der Metamorphose graphisch dargestellt. (Darstellung stammt aus »Kleines pädagogisches Wörterbuch«, Herder Verlag, S. 363, und wurde von mir entwickelt.)

Diese kompliziert wirkende, bei näherem Hinsehen aber einfach zu deutende Zusammenstellung anthroposophischer Sicht des Kosmos, hebt zunächst die Wesensmerkmale Bewegung, Rhythmus und Gestalt hervor. Es wird niemand, ob Naturwissenschaftler (Physiker, Astronom) oder Geisteswissenschaftler (Philosoph, Theologe) bezweifeln, dass sich sowohl das Planetensystem, als auch wirtschaftliche und gesellschaftliche Systeme und das Lebewesen Mensch durch diese drei Wesensmerkmale auszeichnen.

Als Beispiel für verschiedene Ebenen des Universums sei hier der Zusammenhang zwischen den schöpferischen Ideen Freiheit, Brüderlichkeit und Gleichheit sowie den menschlichen Tugenden Wahrheit, Phantasie und Verantwortung herausgegriffen. Auf der gesellschaftlichen Ebene müssen schöpferische Ideen als Recht (auf der Linie zwischen Freiheit und Brüderlichkeit), als Soziales (zwischen den Polen Brüderlichkeit und Gleichheit) sowie als Wirtschaft (im Spannungsfeld zwischen Freiheit und Gleichheit) verwirklicht werden. Die gegenüberliegenden Pole verdeutlichen, welche Elemente oder Strukturen zur Verwirklichung kosmischer Ideen notwendig sind. Nehmen wir als Beispiel Freiheit: Freiheit im sozialen Zusammenleben bedarf Partnerschaft. Für das partnerschaftliche Zusammenleben sind Phantasie und Ich-Kräfte unerlässlich. Analoges gilt für die Idee der Gleichheit: Recht, Vorbild, Willenskräfte und Wahrheit sind die wichtigsten Elemente.

Jedes Dreieck ist als ein für sich existierendes System des Kosmos zu sehen. Die höchste über die Metamorphose erreichte Stufe ist der Geist (siehe im Inneren des Gebildes). Der Geist realisiert sich über die Entwicklung des Physischen Leibes, des Ätherleibes und des Astralleibes. Die Tätigkeiten, die für die Entwicklung der Ich- ,

Seelen- und Willenskräfte notwendig sind, werden den Jahrsiebten zugeordnet und unter der Abbildung gesondert aufgezählt.

Neben den Schulen und Kindergärten gibt es auch zahlreiche andere Einrichtungen, die streng nach der Lehre Steiners organisiert sind. Es handelt sich um Nahrungsmittelerzeugung und Medikamentenherstellung sowie um Einrichtungen der Medizin, der Psychiatrie und der Heilpädagogik. Lehrer, Mediziner und Künstler, die sich in ihrem beruflichen Handeln streng an der Lehre Steiners orientieren, werden oft (wahrscheinlich zu Unrecht) als arrogant, weltanschaulich blind, fanatisch und als engstirnige Ideologen kritisiert.

Universum › Mensch › Zusammenhang

durch Metarmophose ergibt sich folgender Wandel

I. Makrokosmos	II. Makrokosmos	III. Mikrokosmos	IV. Mikrokosmos
Universum	› Weltganzes	› Institutionen	› Leib
Schöpferische Ideen	› Menschenrechte	› Werte + Normen	› Tugenden
Menschheit	› Gesellschaft	› Gemeinschaft	› Mensch
Ebene der Mineralien und Prinzipien	› Ebene der Systeme und der Beziehungen	› Ebene der Gestalten und der Kräfte	› Ebene der Lebewesen und des Geistes

Wesensmerkmale sind: Bewegung › Rhythmus › Gestalt

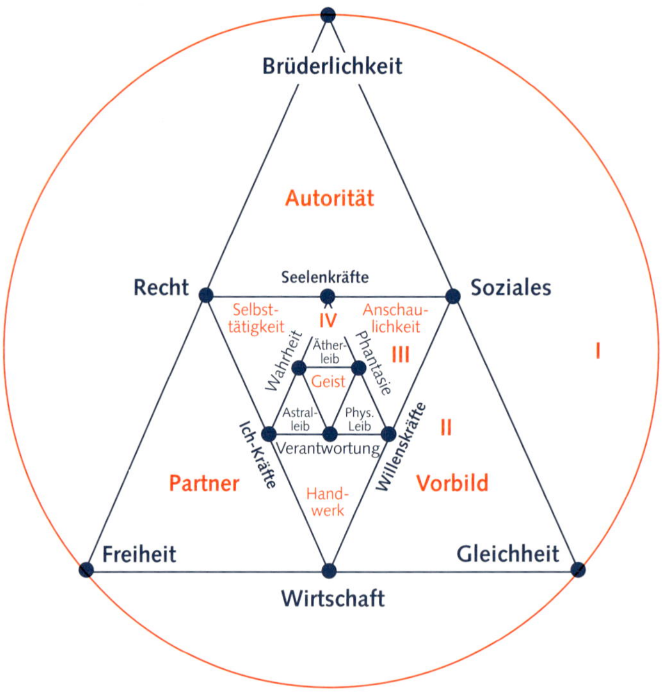

Vorbild im 1. Jahrsiebt führt zu:	**Willenskräften** durch Nachahmung, Bewegung und Rythmik.
Autorität im 2. Jahrsiebt führt zu:	**Seelenkräften** durch Atmung, Speicherung und Erzählen.
Partner im 3. Jahrsiebt führt zu:	**Ich-Kräften** durch Anstrengung, Urteilsbildung und Arbeit.

2.2 Die theoretischen Grundlagen der Waldorfpädagogik

Steiner hat seinerzeit von den Lehrern in der von ihm gegründeten Waldorfschule gefordert, dass sie sich in ihrem erzieherischen Handeln streng nach den Erkenntnissen über das Wesen des Menschen orientieren. Da die pädagogische Praxis vor allem auf das Wachstum seelischer und geistiger Kräfte und weniger auf die Entwicklung körperlicher Funktionen abzielt, können die Naturwissenschaften (Sinneswissenschaften) allein nicht die notwendigen Erkenntnisse über das Wesen des Menschen liefern. Die wichtigsten, pädagogisch bedeutsamen Erkenntnisse der Anthroposophie sind:

Freiheit im Geist und in sozialen Situationen, Gleichheit vor dem Recht und Brüderlichkeit in der Wirtschaft sind Werte des Makrokosmos und Ideen der Schöpfung (siehe Modelldarstellung).

Freiheit in sozialen Situationen braucht Phantasiefähigkeit, Gleichheit vor dem Recht Wahrheitsliebe, Brüderlichkeit in der Wirtschaft Verantwortungsgefühl. Damit sind die Kräfte des mündigen Menschen, eines angstfrei und selbstbewusst handelnden Menschen genannt.

Die Freiheit des Geistes stützt sich auf die Entwicklung der Ich-Kräfte (Phantasie), der Willenskräfte (Wahrheitsliebe) und der Seelenkräfte (Verantwortung).

Der Wille ist nach Steiner »nicht leicht in den Griff zu bekommen«. Eine immer wiederkehrende Übung macht den Willen stark. Für die Entwicklung des Willens sind die Tätigkeit, das Tun, die Bewegung wichtig und nicht die Ergebnisse des Tuns. Durch Tätig-Werden wird der Mensch handlungsfähig und frei und nicht abhängig von Ergebnissen, z. B. von Bildern im Fernsehen.

Alles Lebendige hat Gestalt. Alles Lebendige entsteht und vergeht. Alles Leben folgt Rhythmen. Der wichtigste Rhythmus ist der von Tag und Nacht (die Vorgänge in der Nacht sind nach Steiner die pädagogisch bedeutsameren). Der Jahresrhythmus ist in der Entwicklung der Pflanzen der wichtigste und in der Entwicklung des Menschen der Rhythmus von sieben Jahren (»Jahrsiebt«).

Innerhalb eines Lebensalters von 70 Jahren vollzieht sich die Entwicklung leiblicher, seelischer und geistiger Kräfte in 10 Jahrsiebten. Im ersten Jahrsiebt bildet sich über die Nachahmung und Bewegung der physische Leib (Bewegungsapparat, Muskeln) aus.

Mit dem Zahnwechsel als äußerem Zeichen des Übergangs setzt die Entwicklung im zweiten Jahrsiebt ein. In diesem Lebensabschnitt ist das Zuhören, das Speichern im Gedächtnis, das Lesen und Rechnen für die Entwicklung des Ätherleibes grundlegend. Mit Ätherleib umschreibt Steiner alle Wachstumskräfte, die Gewohnheiten und Neigungen sowie das Gedächtnis.

Im dritten Jahrsiebt setzt mit der Pubertät die Entwicklung des Astralleibes ein. Astralleib ist nach Steiner Träger der Gefühle, der Lust und Unlust, der Bedürfnisse und der Intelligenz. Entscheidend für die Entwicklung des Gefühlslebens sind soziale Begegnung und Urteilsbildung.

Die körperliche und seelische Entwicklung ist nun abgeschlossen, nicht aber die Entwicklung des Geistes. Als nächstes Wesensglied des Menschen entwickelt sich der Ich-Leib (Geist, Weisheit). Der Mensch kann sich selbst erfassen, sich von anderen abgrenzen. Er kann sich seiner Individualität, seiner Einzigartigkeit bewusst sein und kann nicht nur reagieren, sondern auch Initiative ergreifen, von sich aus agieren.

Übersicht über die Wesensglieder des Menschen nach Steiner (der »Aufbau« vollzieht sich von unten nach oben):

4. Ich als Person	(Ich-Leib)	Geist (bewusst)
3. Seelischer Organismus	(Astralleib)	Seele (unbewusst und bewusst)
2. Zeitlicher Organismus	(Ätherleib)	Leib (unbewusst)
1. Räumlicher Organismus	physischer Leib	Materie

Die hier geschilderten vier Wesensglieder des Menschen (physischer Leib, Ätherleib, Astralleib, Ich-Leib) sind von Anfang an vorhanden; sie sind aber von schützenden Hüllen umgeben. Mit der Geburt wird der Mensch aus der »schützenden physischen Mutterhülle entlassen«, mit dem Zahnwechsel aus der Ätherhülle und mit der Geschlechtsreife aus der Astralhülle. Nach Steiner dürfen die Erzieher die Hüllen nicht zerstören, sie dürfen das Kind nicht überfordern oder übereifrig und ungeduldig agieren. Sie dürfen erst dann entsprechend erzieherisch einwirken, wenn der jeweilige Leib aus der Hülle freigegeben ist.

Im Organischen tritt Metamorphose (Umwandlung) an die Stelle der Kausalität (Verursachung) und ersetzt mechanisches Denken und monokausale Erklärungen. Die Metamorphose führt im Bereich der menschlichen Entwicklung dazu, dass Seelisches sich körperlich äußert und dass umgekehrt Körperliches seelische Folgen hat. In der Auslegung der Metamorphose hat Steiner keine Kompromisse geduldet.

Die Erzieher, z. B. Lehrer, mussten die von Natur aus vorgegebene Entwicklung verschiedener Kräfte genau beachten. Steiner meinte z. B., dass sich sinnloses Pauken von fertigem Wissen über die Metamorphose in Rheumatismus umwandeln kann. Das Pauken des fertigen Wissens fördert nicht die geistigen Kräfte, sondern fesselt und hemmt die Entwicklung des Geistes. In der Erziehung kommt es auf das Zusammenspiel von Kopf und Hand, von Vorstellung und Wille, von Wahrnehmung und Gefühl an. Nur solches Tun, das den ganzen Menschen umfasst, führt über Metamorphose zur Mündigkeit und zur Selbstfindung.

Bewegung, Sprache und Arbeit sind Äußerungen des Menschenwesens. Analog zu diesen Wesensmerkmalen besteht der Unterricht in den Waldorfschulen aus einem Bewegungsteil (z. B. Eurythmie), Erzählteil (Lesen, Geschichten erzählen, Märchen) und Arbeitsteil (Handwerk, Kunst, Schnitzen, Gartenbau, Kupfer treiben u.a.). Das Ziel der Eurythmie ist, über Musik, Takt und Sprache die Gefühle und das innere Wesen des Kindes in die Bewegung zu übertragen und sichtbar werden zu lassen. Steiner schreibt der Eurythmie psychohygienische und therapeutische Wirkung zu.

Da sich in jedem Kind, auch im behinderten Kind, nach Auffassung Steiners eine Persönlichkeit aus der übersinnlichen Welt der Geister an die Oberfläche arbeitet, muss der Lehrer bzw. Erzieher lernen, diesem Kind mit Wertschätzung und Achtung zu begegnen. Er muss lernen, das Kind zu verstehen, er muss lernen zu beobachten, welche Folgen seine Aktivitäten beim Kind hervorrufen.

2.3 Die Organisation der freien Waldorfschulen

Die erste Freie Waldorfschule wurde im September 1919 in Stuttgart gegründet. Emil Molt, Inhaber und Leiter der Waldorf-Astoria-Zigarettenfabrik, wollte für die Kinder seiner Arbeiter eine Schule schaffen, in der Bildung unabhängig vom Wohlstand, Herkunft und Begabung vermittelt und damit soziale Gerechtigkeit im Bildungswesen verwirklicht werden sollte. Rudolf Steiner übernahm die Leitung der neuen Schule und arbeitete zusammen mit seinen Lehrern bis zu seinem Tod im Jahr 1925 an der Ausgestaltung der Waldorfpädagogik.

Freie Waldorfschulen haben das Prinzip der Auslese durch eine Pädagogik der Förderung ersetzt. Alle Schüler werden bis zum Ende der 12. Klasse ohne Sitzenbleiben im Klassenverband von ca. 30 Schülern unterrichtet. Der Klassenlehrer unterrichtet acht Jahre lang in der Unter- und Mittelstufe die Fächer Deutsch, Geschichte, Mathematik und Naturwissenschaften. Ab der 9. Klasse übernehmen Fachlehrer den Hauptunterricht.

Mit der Ablehnung der Auslese wurde auch die in staatlichen Schulen praktizierte Benotung abgeschafft. In der Waldorfschule gibt es kein »richtig« oder »falsch«. Entscheidend ist, was der Schüler tut und wie er es tut, und nicht, wie viel er leistet. Zeugnisse der Waldorfschule geben eine weit bessere Auskunft über den Schüler und seine Entwicklungsmöglichkeiten als Notenzeugnisse. In Waldorfzeugnissen wird präzise beschrieben, was ein Schüler z. B. im Fach Deutsch tut, welche Fehler er in der Rechtschreibung macht, was und wie er liest, wie er sich ausdrückt, wie er zu argumentieren versteht, welchen Erzählstil er beherrscht usw.

Erzieherische Fragen und Probleme der Kinder werden in der wöchentlich gehaltenen Pädagogischen Konferenz behandelt. Um Bildungsabschlüsse zu vermitteln, die in der heutigen Gesellschaft allgemein anerkannt und bekannt sind, können sich die Schüler in der 13. Klasse entsprechend ihrer Begabung auf das Abitur (der sprachliche Zweig) oder die Mittlere Reife (der praktische Zweig) vorbereiten. Nach der 10. Klasse können die Schüler in der Regel – je nach Interesse und Neigung – auch eine Berufsausbildung absolvieren.

In den Waldorfkindergärten und Waldorfschulen wird streng nach der von Steiner entwickelten Lehre über die Stufen der Leib-Seele-Geist-Entwicklung erzogen und unterrichtet. Leitendes Prinzip in der Früherziehung, wie sie in den Kindergärten praktiziert wird, ist das der Nachahmung. Die Umgebung der Kinder wird so eingerichtet, dass die Kinder zur Nachahmung von Erwachsenen angeregt werden und wie die Erwachsenen »arbeiten« (im Garten, in der Küche, in der Werkstatt). Einfache Arbeiten des häuslichen Lebens werden vor und mit den Kindern ausgeführt.

Nach dem Zahnwechsel im zweiten Jahrsiebt wird die Entwicklung über das Prinzip der Autorität gefördert. Es ist hier keine erzwungene Autorität, sondern die Persönlichkeitskraft des Erziehers oder Lehrers gemeint, die das Kind braucht und der es mit Hingabe folgt.

Die Fächer Lesen, Schreiben, Rechnen, Heimatkunde, Deutsch, Mathematik, Geschichte, Physik, Chemie, Kunsterziehung, Biologie und Erdkunde werden in vierwöchigen Epochen (Epochenunterricht) behandelt. Die Fremdsprachen (in der Regel Englisch und Französisch) werden in den ersten drei Jahren durch Spielen, Singen und Sprechen geübt, ab der vierten Klasse kommt das Lernen grammatikalischer Regeln und das Üben des Schreibens hinzu.

Die Gestaltung des Stundenplans folgt dem natürlichen Tagesrhythmus des Menschen. Nach dem Hauptunterricht werden solche Fächer unterrichtet, die laufender Übung bedürfen (Übungsunterricht). Dies sind Fremdsprachen, musische und handwerkliche Fächer und Sport sowie Eurythmie. Durch solche Gestaltung des Stundenplans wird nicht nur eine optimale Konzentration erreicht, sondern die Lehrer sind auch bestrebt, den Stoff lebendig zu erarbeiten und die künstlerischen Fähigkeiten sowie die innere Beweglichkeit des Kindes zu fördern.

Der Unterricht in der Waldorfschule besteht – wie oben dargestellt – aus einem Erzählteil, Arbeitsteil und rhythmischen Teil. Bewegung, Sprache und Arbeit (handwerklich-praktischer Unterricht) sind notwendig, um Willenskräfte, Seelenkräfte und Ich-Kräfte des Kindes im Wachstum zu unterstützen.

Jeder Schüler wird dazu angehalten, ein Instrument zu spielen, und die Schüler der 8. Klassen studieren ein größeres Theaterstück ein. In den so genannten Monatsfeiern erhalten die Schüler Gelegenheit, das Erarbeitete der Schulgemeinschaft vorzuführen. So lernen die Schüler, Initiative zu ergreifen, Unternehmungen zu organisieren, und dabei ihre sozialen Fähigkeiten zu erproben.

Nach Steiner werden um das 14. oder 15. Lebensjahr Gefühle, Gedanken und künstlerisch-praktische Fertigkeiten als eigene erlebt. Ab diesem Zeitpunkt müssen Kinder lernen, Verantwortung zu übernehmen. Daher gibt es keinen Klassenlehrer mehr. Der Lehrplan ist ab der 9. Klasse so angelegt, dass versucht wird, die inneren Kräfte des Astralleibes zu kultivieren, Ideale zu wecken, sich mit Sinnfragen zu beschäftigen.

Die innere Organisationsstruktur einer Waldorfschule beruht auf dem Prinzip der Gleichberechtigung aller Lehrer. Die Verwaltung ist kollegial, einen Schulleiter gibt es nicht. Für die Umsetzung der Entscheidungen der »Schulführungskonferenz«, die sozusagen den Schulleiter ersetzt, ist jeder Lehrer verantwortlich. Alle Entscheidungen werden so lange diskutiert, bis ein Konsens erzielt wird.

Der Zusammenarbeit zwischen Lehrern und Eltern wird viel Raum eingeräumt. Durch Informationsveranstaltungen, Klassenelternabende, Hausbesuche und Elternsprechtage, praktische und künstlerische Fortbildungskurse und ähnliche Unternehmungen wird der Kontakt zu den Eltern nach Kräften gepflegt. Die Bereitschaft der Eltern zur Mitarbeit ist Voraussetzung für die Aufnahme eines Kindes in die Waldorfschule.

2.4 Grundideen der Waldorfpädagogik

Steiner betonte, dass »*Erziehen und Lernen Lebensvorgänge sind und zugleich ein personales Geschehen zwischen Menschen. So wie Liebe, Aufmerksamkeit und Fürsorge der Mutter eine elementare Lebensbedingung für Gesundheit und Krankheit des Kindes ist, so sind auch bestimmte Tugenden der Lehrer elementare Lebensbedingungen für menschliches Lernen, für das Leben in der Schule. Phantasiebedürfnis, Wahrheitssinn, Verantwortlichkeit, das sind die drei Kräfte, die die Nerven der Pädagogik sind. Und wer Pädagogik in sich aufnehmen will, der schreibe sich vor diese Pädagogik als Motto:*

Durchdringe dich mit Phantasiefähigkeit,
habe den Mut zur Wahrheit,
schärfe dein Gefühl für seelische Verantwortlichkeit.«

Steiner betonte oft in seinen Reden vor den Lehrern, dass Unterricht und Erziehung dazu dienen müssen, »*einen vollständigen Menschen aus dem Menschen zu machen. Den Erziehern wird geraten: Sich abends vor dem Einschlafen das Bild des ihm anvertrauten Geschöpfes vor die Seele zu stellen in allen kleinen Einzelheiten, wie es geht, sich bewegt, die Hände hebt, lacht, weint, usw., usw. sich ganz in dieses Bild zu vertiefen, nicht es zergrübelnd und sich selbst zersorgend, sondern es anschauend und es so hinnehmend, wie es wirklich ist – nicht wie man es haben möchte. Der Genius des Kindes wird erst leise, dann deutlicher sagen, wie es gebildet, erzogen werden möchte, wie es in ihm selbst, nicht in den Vorstellungen des Erziehers veranlagt liegt. Selbst die schwierigsten Kinder wandeln sich durch ein solches verborgenes Tun ihrer Erzieher. Heilend wirkt es auf das Kind, wenn sein wahres Wesen so bewusst in der Seele des Erziehers lebt und waltet.*«

» Wir können die Kinder nach unserem Sinne nicht formen; so wie Gott sie uns gab, so muss man sie haben und lieben! «

(Johann Wolfgang von Goethe)

In einem Vortrag vor den Lehrern sagte Steiner (1919): »*Sie werden die Unterrichtsgegenstände nicht so zu verwenden haben, wie sie bisher verwendet worden sind. Sie werden sie gewissermaßen als Mittel zu verwenden haben, um die Seelen- und Körperkräfte des Menschen in der rechten Weise zur Entwicklung zu bringen. Daher wird es sich für sie nicht handeln um die Überlieferung eines Wissensstoffes als solchen, sondern um die Handhabung dieses Wissensstoffes zur Entwicklung der menschlichen Fähigkeiten. Der Stoff soll Werkzeug zur Entwicklung des Kindes werden.*«

Er betonte schon damals die Bedeutung des Lernens vom Leben: »*Aber das muss man erst lernen, vom Leben zu lernen. Und in der Schule muss das Kind lernen, vom Leben zu lernen. So, dass es nicht aufhört wegen seiner toten Begriffe und dergleichen im späteren Dasein vom Leben zu lernen. Das Leben wird uns förmlich verschlossen, wenn die Schule uns nicht die Kraft gibt, es uns zu erschließen.*«

Nach diesen Zitaten wird deutlich:
Die Schule muss dem Kind die Kraft geben, sich das Leben und die Welt zu erschließen. Das bedeutet, dass jede frühzeitige Intellektualisierung und Spezialisierung zu vermeiden ist und bei jedem Unterrichtsstoff die Beziehung zum Menschen hergestellt werden muss.

Das künstlerische Element muss alle Fächer durchdringen, der Unterricht muss ein Kunstwerk sein. In allen Fächern muss das Bild des Menschen in Erscheinung treten.

Es kommt in der Erziehung auf die Zusammenarbeit von Kopf und Hand, von Verstand und Wille an. Das Handeln erhält lebendig, vermittelt Kraft und Frische. Daher ist Selbständigkeit des Kindes sehr wichtig, damit das Kind die Fächer, in denen nur Betrachtung (passive Aufnahme) verlangt wird, gesund überstehen kann.

Wichtig sind: Vielseitiger Unterricht (ein Märchen kann man vorlesen, malen, spielen, nacherzählen), Bereitstellen verschiedener Lernorte (Garten, Werkstatt, Bühne, Eurythmieraum, Klassenzimmer) und Gelegenheiten für freie Initiative (Basar, Monatsfeste, Feste im Jahresrhythmus). Dies sind Möglichkeiten des individuellen Lernens. Das Kind soll nicht persönlich betreut werden. Wenn das Spektrum der Anregungen breit genug ist, und das Kind bei Bewältigung von Problemen, Konflikten pädagogisch begleitet wird, wird das Kind von sich aus lernen.

Nach Steiner entstehen durch (zielgerichtete, intentionale, bewusste) Handlungen Begriffe und durch (gewohnheitsmäßiges, unüberlegtes, spontanes) Tun die Gedanken. Daher kann man seiner Meinung nach einer Sache ihr Geheimnis durch den Prozess der Herstellung entlocken. Die Kinder können sich den Prozess der Herstellung anschauen: Was habe ich getan? Wie habe ich es getan? Was ist das Ergebnis meines Tuns? Dieser Weg des Etwas-sich-Anschauens führt zu selbst-bewusstem Handeln, d. h. mein Selbst, meine Eigenarten, Haltungen und Fähigkeiten, aber auch Unzulänglichkeiten werden mir bewusst.

In der Schule muss nach Steiner das Denken und Urteilen – wo immer möglich – zugunsten der Wahrnehmung und der Vorstellung zurückgedrängt werden. Gedanken sind träge, machen müde, die Wahrnehmung jedoch verbindet den Menschen mit der Welt. Die Wahrnehmung der Welt liefert Energie, die Produktion und Konstruktion der Welt mit Hilfe des Denkens verbraucht dagegen Energie.

In den Vorträgen vor den Lehrern setzte sich Steiner auch mit den Zielen der Erziehung auseinander. Seine Auffassung (zitiert nach Alois Leber): »*Wohin soll man die Kinder erziehen? Werden sie in 30 oder 50 Jahren in einer voll technisierten Überflussgesellschaft leben, oder in einer Welt, die am Umweltschmutz erstickt? In einer solchen Unwissenheit bleibt eigentlich nur eine Möglichkeit, nämlich die, junge Menschen nicht auf bestimmte Planungsziele oder angebliche Zukunftsnotwendigkeiten zu trimmen, sondern sie in ihrem eigenen Wesen und Können so zu wecken und zu steigern, dass sie in sich und aus sich selber die Mittel und Wege finden, ihr Leben zu meistern. Es kann nicht die Aufgabe einer jetzt lebenden Generation sein, die Marschroute der kommenden Generation festzulegen. Vielmehr muss es das Ziel sein, jedem jungen Menschen die innere Freiheit – etwa von eingefahrenen Denkmechanismen und Hemmungen – zu ermöglichen, ihm jenes selbstkritische Selbstvertrauen zu vermitteln und letztlich die Kräfte zu üben, die in Zukunft selbstbewusst handeln lassen.*«

Steiner würdigte die Bedeutung der Naturwissenschaften und führte in der Waldorfschule naturwissenschaftlichen Unterricht ein, wies aber auch auf die problematische Rolle der Naturwissenschaften hin, weil die Entwicklung und Erziehung junger Menschen für ihn im Vordergrund stand: »*Auch in der Physik muss man sich einlassen auf die Verständigung des Menschen mit sich selbst. Aber dem will gerade der Naturwissenschaftler entkommen. Er hat mehr Neigung, Sachbewegungen da draußen zu verfolgen und in die Hand zu nehmen, nicht jedoch seelische und geistige Bewegungen. Die populäre Hochschätzung der Naturwissenschaft beruht mit darauf, dass sie einer Schwäche des Menschen entgegenkommt, nämlich keine ganzheitliche Ordnung in seiner Erkenntnishaltung, in seinem Denken zu schaffen. Stattdessen lenkt die Naturwissenschaft nach außen. Sie entschuldigt die Schwäche nicht nur, sondern sieht in ihr noch Berechtigung, ja höhere Verpflichtung – z. B. zum Exakten, zum Tüchtigen. Naturwissenschaften werden damit zur Einschränkung des Menschen überhaupt. Sie reduzieren innere Regungen des Menschen und führen zur Schrumpfung innerer geistiger Dimensionen.«*

Immer wieder betonte Steiner, dass es in Erziehung und Schule notwendig sei, dem Schöpferischen, den Sinnfragen viel Raum zu geben. *»Die heutige empirisch orientierte Wissenschaft mit ihrer Verengung des Blickfeldes auf das Zählbare, Wägbare, Tastbare kann nur Verzweiflung produzieren. Die Welt des Lebendigen, des Schöpferischen, des Sinns ist dieser Art von Wissenschaft verschlossen. Die Jugend sucht eine Wissenschaft, die ihr Bewusstsein erweitert und nicht verengt. Nur solche Wissenschaft hat Platz in der Schule.... Die Fragen der Schüler dürfen nicht durch Faktenwissen abgewürgt werden; sie können nicht nur in Literatur und Religion, sondern auch in allen anderen Fächern auf den Weg der Beantwortung gebracht werden, wenn in den Fächern das Bild des Menschen in Erscheinung kommt.«*

Da das Kind keine leere Tafel ist, auf die Eltern und Lehrer schreiben, sondern von Anfang an aktiv an seiner Entwicklung mitarbeitet, entsteht zwischen Erziehern und Kindern eine enge Beziehung. Die Bilder, die Vorstellungen, die Erzieher von Kindern haben, leiten ihr Handeln und sind daher entscheidend für den Erziehungsprozess. Das Verhalten der Kinder dürfen Erzieher nicht von ihrem eigenen Verhalten trennen und objektiv betrachten, sondern die Erzieher müssen sich selbst mit einbeziehen, sich in Beziehung zum Problem setzen. Nicht das Kind ist zu kritisieren, sondern die Gestaltung der Beziehung zum Kind muss der Erzieher reflektieren und kritisieren. Die Eltern und Lehrer müssen lernen, ihre Haltung in Problemsituationen zu ändern. Sie müssen lernen, die Kinder zu verstehen. Erziehung ist immer Selbsterziehung und Kritik immer Selbstkritik. Steiner weiß, dass diese Art von Selbstkritik, in der die Erzieher ihr Verhalten in dem der Kinder erkennen, nicht leicht zu leisten ist.

2.5 Zusammenfassung und Anregungen zur Reflexion der Erziehungspraxis

Martin Wagenschein, der bereits 1921 die Waldorfpädagogik kannte, schrieb in seiner Autobiographie im Jahre 1983: *»Ich kann nicht beurteilen, ob die Waldorfschulen die besten aller möglichen Schulen sind. Aber ich halte sie für die besten, die wir heute haben.«*

Das Denkmodell von Steiner und seine Umsetzung in die Praxis durch die Waldorfpädagogik stellt eine wichtige Reflexions- und Orientierungshilfe dar in einer Zeit, in der Grenzen des naturwissenschaftlichen Denkens sehr deutlich sichtbar werden. Das Faktenwissen der Naturwissenschaften scheint das Wachstum geistiger und seelischer Kräfte des Menschen eher zu behindern als zu fördern. Viele Erkenntnisse über den Zusammenhang von Leib-Seele-Geist beim Menschen werden auch in anderen pädagogischen Modellen vertreten, aber selten so konsequent in die Praxis umgesetzt wie in Waldorfschulen.

Thesenartig lassen sich aus der Waldorfpädagogik folgende Prinzipien für Erziehung und Unterricht ableiten:

- Jedes Kind ist einmalig. In jedem Kind verwirklichen sich Ideen der Schöpfung. Jedes Kind, auch jedes behinderte Kind, verdient Achtung und Wertschätzung. Erziehung darf daher nicht als »Behandlung von Schwächeren« angesehen werden, sondern als Interaktion zwischen wertvollen Personen verschiedenen Alters und mit unterschiedlicher Erfahrung.

- Den Geist der Kinder mit »totem Wissen« zu fesseln steht im Widerspruch zu Wesensmerkmalen des Menschen. Der Mensch ist eine Leib-Seele-Geist-Einheit. Die Kinder lernen durch Tun, sie lernen und begreifen durch Probieren, Entdecken und Produzieren.
- Im Bereich des Lebendigen tritt Metamorphose an Stelle der Kausalität. Seelische Kräfte, z. B. der Wille, entwickeln sich aus den körperlichen, die z. B. durch Übung, Nachahmung und Bewegung im Wachstum unterstützt werden. Die Erziehung muss dabei beachten, dass isoliertes, verfrühtes und einseitiges Konfrontieren der Kinder mit Faktenwissen über die Metamorphose zu körperlichen Erkrankungen führen kann.
- Da die Kinder von sich aus lernen, müssen Erzieher und Lehrer das individuelle Lernen fördern. Sie müssen Autorität und Vorbild sein, und Bewegung und das künstlerische Element müssen alle Fächer durchdringen. Wichtig ist, dass sich Erziehung und Unterricht an den jeweiligen Bauplänen der menschlichen Entwicklung orientieren und akzeptieren, dass die nächste Stufe erst dann einsetzt, wenn die »schützende Hülle« diese freigegeben hat.
- In der Schule muss man darauf achten, dass der ganze Mensch angesprochen wird: Sein Gedächtnis, Intellekt und Gefühl. Es muss der Wille zum Einsatz kommen, z. B. durch kräftiges Sprechen. Neues darf nicht durch Definitionen, sondern über Erfahrungen und Bilder, am besten durch Selbsttätigkeit der Kinder eingeführt werden. Das Wiederholen des Behaltenen muss im richtigen Verhältnis zum neu Erarbeiteten stehen. Das Kind muss vom Leben lernen.

Will man das eigene Kind nach den Prinzipien der Waldorfpädagogik in seiner Entwicklung unterstützen und in einen Waldorfkindergarten oder eine Waldorfschule schicken, so muss man sich mit der Anthroposophie vertraut machen und sie akzeptieren. Es ist sicherlich schwer zu verstehen, dass uns bei genauem Hinsehen das Kind mitteilt, wie es erzogen werden will, und dass schon eine vertiefte, eine Nacht lang andauernde geistige und vorstellungsmäßige Auseinandersetzung mit einem schwierigen Kind Änderungen und Wandel des Kindes bewirken soll. Waldorfpädagogik fordert von den Erziehern und Lehrern Verzicht, Mitarbeit, Engagement, Geduld und Hinwendung zur Kunst und Natur. Alles Lebendige braucht Zeit. Die wichtigsten Entwicklungsprozesse vollziehen sich im Verborgenen, sozusagen während der Nacht.

In der Erziehungswissenschaft ist die Waldorfpädagogik ein lebhaft und kontrovers diskutiertes Thema. Das muss so sein, denn Erziehung braucht Menschen, die sich entscheiden, die sich einbringen, die Farbe bekennen, die lebendig sind, und nicht solche, die sich hinter dem Diskutieren und Debattieren verstecken.

Literatur

Bohnsack, F. und E.-M. Kranich, Hrsg. (1990).
Erziehungswissenschaft und Waldorfpädagogik. Weilheim, Beltz Verlag

Hellmich, A. und P. Teigeler (1992)
Montessori-, Freinet-, Waldorfpädagogik. Konzeption und aktuelle Praxis. Weilheim, Beltz Verlag
Leber, A. (1985)
Die Pädagogik der Waldorfschulen und ihre Grundlagen. Darmstadt, Wiss. Buchgesellschaft
Lindenberg, Ch. (1975).
Waldorfschulen: angstfrei lernen, selbstbewusst handeln. Hamburg, rororo
Steiner, R. (1960)
Die Erziehung des Kindes vom Gesichtspunkt der Geisteswissenschaft. In: Grundlegende Aufsätze 1903 – 1908. Dornach, R. Steiner Verlag
Steiner, R. (1973)
Allgemeine Menschenkunde als Grundlage der Pädagogik. Dornach, R. Steiner Verlag
Steiner, R. (1974)
Erziehungskunst. Methodisch-Didaktisches. Dornach, R. Steiner Verlag
Steiner, R. (1983)
Mein Lebensweg. Dornach, R. Steiner Verlag

3 Montessoripädagogik

Wenn die Eltern wünschen, dass ihren Kindern Freiheit, Spontaneität, Kreativität und Bereitschaft zu »arbeiten« möglichst lange erhalten bleiben, dann müssen sie eine private Montessori-Schule finden. Oft wird behauptet, die Pädagogik in den öffentlichen Schulen sei auch nach dem Prinzip der Selbsttätigkeit der Kinder organisiert. Daher bestünde kein Bedarf, die Kinder den Montessori-Schulen anzuvertrauen. Tatsache ist, dass die Montessoripädagogik heute aktueller ist denn je und dass immer mehr private Montessorischulen und -kindergärten gegründet werden.

3.1 Ärztin Maria Montessori (1870-1952)

Maria Montessori wurde im Jahr 1870 in der Nähe von Ancona geboren. Sie wuchs in einem bürgerlich-christlichen Elternhaus auf. Nach dem erfolgreichen Abschluss eines naturwissenschaftlichen Studiums studierte sie Medizin und wurde 1896 die erste promovierte Ärztin Italiens. Bald nach dem Abschluss des Medizinstudiums hatte sie in der psychiatrischen Universitätsklinik in Rom geistig behinderte – oder wie man damals sagte – schwachsinnige Kinder medizinisch zu betreuen. Während ihrer Arbeit kam sie sehr bald zu der Erkenntnis, dass solche Kinder kein medizinisches, sondern ein pädagogisches Problem darstellten. In Anlehnung an ein vom französischen Arzt Séguin Mitte des 19. Jahrhunderts entwickeltes Erziehungssystem für geistig behinderte Kinder entwickelte sie verschiedene Sinnesübungen, um die Entwicklung dieser Kinder zu fördern.

Maria Montessori

In öffentlichen Vorträgen setzte sich Maria Montessori für eine Sondererziehung von geistesschwachen Kindern ein und konnte nach 1900 in einer Schule ihr »didaktisches Material« einsetzen und Prinzipien und Methoden ihres pädagogischen Konzeptes erproben. In einer öffentlichen Prüfung zeigten sich die von ihr geförderten Kinder im Lesen und Schreiben den normalen Elementarschülern ebenbürtig. Aus diesem Anlass schrieb Montessori: *»Während alle die Fortschritte meiner Idioten bewunderten, machte ich mir Gedanken über die Gründe, aus denen glückliche und gesunde Kinder in den gewöhnlichen Schulen auf so niedrigem Niveau gehalten wurden«.*

Im Elendsviertel von San Lorenzo in Rom gründete sie im Jahr 1907 ihr erstes Kinderhaus. In dieser »Casa di Bambini« konnte sie an gesunden vorschulpflichtigen Kindern ihre Erfahrungen, ihr pädagogisches Material und Konzept erproben und weiterentwickeln. Bald wurden weltweit Kinderhäuser nach dem Modell der Ärztin Montessori gegründet. Sie selbst hat ihre Pädagogik auf das Grundschulalter ausgeweitet, sodass bereits zu Beginn des Ersten Weltkrieges ein geschlossenes Modell der Erziehung in Grundzügen vorlag, das seither als »Montessori-Erziehung« bekannt ist. Im Jahr 1929 kam es zur Gründung einer ersten internationalen Montessori-Organisation in Amsterdam. Heute ist Montessori-Pädagogik auf der ganzen Welt verbreitet.

Privat machte Maria Montessori einige leidvolle Erfahrungen. Nach der unehelichen Mutterschaft ist ihr Leben bestimmt durch eine völlige Hingabe an ihre pädagogische Arbeit, die weder durch die Weltkriege noch durch nationale Grenzen behindert werden konnte.

Ihr ganzes Werk gründet sie auf ein Phänomen, das sie die »Entdeckung des Kindes« bzw. mit einem Wort aus der Physik *»die Polarisation der Aufmerksamkeit«* nannte. Im Kinderhaus in San Lorenzo beobachtete sie ein etwa dreijähriges Mädchen ganz vertieft in die Beschäftigung mit sog. Einsatzblöcken. Das Mädchen ließ sich nicht von ihrer Tätigkeit ablenken, die verschieden großen Einsatzzylinder aus ihren Vertiefungen herauszunehmen und sie wieder einzuordnen. Selbst als Montessori das Mädchen mitsamt dem kleinen Korbstühlchen auf den Tisch hob, die anderen Kinder singen ließ und auf dem Klavier gespielt wurde, hielt das Mädchen sein Tablett auf den Lehnen des Korbstühlchens und machte seine Übung weiter. Montessori zählte 44 Wiederholungen, ehe das Mädchen mit seiner Tätigkeit aufhörte. Das Kind war hellwach, überhaupt nicht müde, sondern *»es schaute zufrieden um sich, als erwachte es aus einem erholsamen Schlaf«.*

In dieser Fähigkeit der Kinder, sich zu konzentrieren und ihre Aufmerksamkeit zu »polarisieren«, sah Montessori die wichtigste »normalisierende« und die Entwicklung der Kinder fördernde Kraft. Von nun an suchte sie nach Gegenständen, die Konzentration ermöglichten und gestaltete die Räume des Kinderhauses zur *»vorbereiteten Umgebung«* um, zu *»Räumen der steten Aufforderung zum hingebenden Tun«.*

Im hohen Alter beschäftigte sich Montessori intensiv mit der Zeit von der Geburt bis zum Ende des zweiten Lebensjahres. Nach dem zweiten Weltkrieg veranlasste sie aus diesem Grund in Rom die Gründung eines Instituts, dessen Aufgabe es war, die jungen Mütter auf die Behandlung der Neugeborenen vorzubereiten. Leider sind ihre pädagogischen Vorstellungen und Praxisanregungen für diese frühkindliche Entwicklung nicht so bekannt wie ihr Konzept für Vorschul- und Schulkinder.

Im letzten Jahrzehnt ihres Lebens hat sich Montessori sehr um eine »kosmische Erziehung« bemüht. Sie wollte die Jugend und auch schon die Sechs- bis Zwölfjährigen auf ihre Aufgabe als »Beschützer des menschlichen Lebens, als Verwalter der Welt und der Schöpfung« vorbereiten. In einer Rede sagte sie, dass uns »der Zorn Gottes immer wieder in der Gestalt vernichtender Kriege heimsuchen« wird, wenn wir den Menschen, das menschliche Leben und die Schöpfung »missachten«. Hier wird ein ganz moderner Aspekt ihrer Pädagogik deutlich, die ökologische Denkweise.

Maria Montessori hat sich während der Zeit des Nationalsozialismus und des Zweiten Weltkrieges leidenschaftlich für den Frieden eingesetzt. Für diesen Einsatz wurde sie von Italien und England mehrfach als Kandidatin für den Friedensnobelpreis vorgeschlagen. Sie arbeitete in vielen Ländern, so auch in Indien, bis zu ihrem Tod unermüdlich an ihrem Werk. Am 6. Mai 1952 starb sie in Holland.

3.2 Theoretische Grundlagen der Montessoripädagogik

Maria Montessori hat ihre »Methode der Erziehung« nicht aus einem philosophischen Verständnis des Menschseins (wie Steiner) entwickelt, sondern als eine Naturwissenschaftlerin, die gelernt hatte, mit Hilfe genauer Beobachtung und aufgrund von Erfahrungen Erkenntnisse zu gewinnen. Eine ebenso wichtige, wenn nicht noch bedeutendere Grundlage für ihre Vorstellungen von der Erziehung bildete ihre Liebe zu den Kindern. In ihrem Buch »Die Entdeckung des Kindes« schreibt sie:

»Was ist denn überhaupt ein Wissenschaftler?

Gewiss nicht jemand, der es versteht, mit physikalischen Instrumenten in einem Laboratorium zu hantieren, oder der in einem chemischen Labor alle Reagenzien sicher handhabt, oder der weiß, wie man in der Biologie mikroskopische Präparate vorbereitet. Sehr oft verfügen Menschen, die das Niveau des ›Wissenschaftlers‹ nicht erreichen, wie zum Beispiel Assistenten oder einfache Präparatoren, über die größte Sicherheit bei der Experimentiertechnik.

Wir nennen einen Wissenschaftler den Menschen, der empfindet, dass der Versuch die Möglichkeit bietet, die tiefgründigen Wahrheiten des Lebens zu erforschen, ein Stückchen vom Schleier seiner faszinierenden Geheimnisse zu lüften, und der dabei in seinem Innersten eine so leidenschaftliche Liebe für die Geheimnisse der Natur in sich aufkommen fühlt, dass er sich selbst darüber vergisst. Der Wissenschaftler ist kein Mensch, der mit Instrumenten hantiert, sondern jemand, der die Natur kennt. ... Es existiert also ein Geist des Wissenschaftlers über einem ›Mechanismus‹ des Wissenschaftlers. Der Wissenschaftler erreicht dann den Höhepunkt seines Aufstiegs, wenn der Geist den Mechanismus besiegt hat. Die Wissenschaft verdankt ihm nicht nur neue Erkenntnisse der Natur, sondern auch philosophische Synthesen des Denkens.

Nun bin ich der Auffassung, dass wir bei den Lehrern stärker den Geist als den Mechanismus des Wissenschaftlers schulen müssen,... bis er selbst die Natur liebt...«

Die Vorträge zur »Kosmischen Erziehung«, die Montessori im letzten Jahrzehnt ihres Lebens gehalten hatte, zeigen, dass sie sich von der Naturwissenschaftlerin zur

Philosophin entwickelt hatte, die einen bewegenden Appell an die Menschen zum Gehorsam gegenüber den Schöpfungsgesetzen (Schutz der Natur) richtete, der für uns heute höchst aktuell ist.

Die zentralen Erkenntnisse über die Natur des Menschen und über eine menschengerechte Erziehung verdankt Montessori ihrem Bemühen, herauszufinden, wie sich Kinder von sich aus, als aktive Wesen und nicht als reagierende Wesen in einer Umgebung verhalten, die ihre Spontaneität unterdrückt. Sie vertrat sie die Auffassung, dass sich die verborgenen Bedürfnisse und Neigungen der Kinder nur dann ausdrücken können, wenn für spontane Aktivität eine geeignete Umgebung vorhanden ist.

Mit Hilfe der nachfolgend zusammengestellten Gedanken, die Maria Montessori in den Vorträgen »Kosmische Erziehung« geäußert hat, soll die theoretische Grundlage ihrer Erziehungsmethode verdeutlicht werden.

»Die psychologischen Studien wurden außerhalb der Schulen durchgeführt, und ihren Schlüssen lagen Beobachtungen an Erwachsenen und experimentelle Untersuchungen des Unbewussten zugrunde; und man sah sich in der Erwartung enttäuscht, dass Kinder in einer speziellen Weise reagieren würden, wenn man diese neuen Methoden bei ihnen praktizierte. Aber wir haben gelernt, dass die Psychologie des Kindes nicht die des Erwachsenen ist und dass die wesentliche Bedingung ist: Die Freiheit zu handeln in einer vorbereiteten Umgebung, in der das Kind auf intelligente Weise aktiv sein kann.«

Wie sehr Montessori vom Erfolg ihrer erzieherischen Methode überzeugt war, verdeutlicht folgende Aussage: *»Die Psychologen gründeten ihre Theorien auf tierisches Verhalten und die Reaktion Erwachsener auf die Psychoanalyse. Von da aus streben sie zu einer Reform der Erziehung und treffen sich mit uns an einem bestimmten Punkt des Weges. Wir aber schreiten voran, indem wir vom Kind selbst ausgehen! Sie suchen eine Methode der Erziehung, die ihrer Theorie folgt, während wir eine psychologische Theorie suchen, die unserer Methode folgt.«*

Maria Montessori besaß sehr fundierte Erkenntnisse über die Entwicklung des Menschen. Sie nahm an, dass sich die Entwicklung über verschiedene »geistige Entwicklungsstadien« vollzieht, die so grundverschieden sind, dass man von »einer Reihe neuer Geburten« sprechen kann. Montessori betonte, dass die geistige und gefühlsmäßige Entwicklung eng miteinander verbunden sind, und »das Kind müsste alles, was es lernt, lieben«. Sie meinte, dass das Kind nur *»in diesem frühen Alter mit einer feineren Sensibilität und einem brennenderen Interesse ausgestattet ist als es später zeigt, in dem Alter, in dem es zu wissenschaftlichem und exaktem Studium nur fähig sein wird, wenn es schon Gefühl und Empfindung für diese Gegenstände erworben hat.«* Sie zitierte den Dichter Dante mit den Worten: *»Die höchste Weisheit ist, zuerst zu lieben.«*

Die Entwicklung des Menschen vom ersten bis zum achtzehnten Lebensjahr unterteilte Montessori in drei Perioden. Das erste Kindheitsstadium reicht von der Geburt bis zum sechsten Lebensjahr und steht ganz im Zeichen des »absorbierenden Geistes«. *»Das Kind verfügt über andere Kräfte, und die Schöpfung, die es vollbringt, ist keine Kleinigkeit: die Schöpfung des Ganzen. Es schafft nicht nur die Sprache, sondern formt auch die Organe, die es ihm ermöglichen, zu sprechen.*

Jede körperliche Bewegung, jedes Element unserer Intelligenz, alles, womit das menschliche Individuum ausgestattet ist, wird vom Kind geschaffen.«

Bemerkenswert ist, welche Kraft und aktive Rolle dem absorbierenden Geist zugeschrieben wird. Diese geistige Kraft kann bereits vor dem bewussten Lernen Umwelteindrücke aufnehmen und speichern. Das Kind absorbiert die Sprache und verschiedene Bewegungen schnell, präzise und leicht bereits zu einem Zeitpunkt, zu dem es noch nicht sprechen kann. Montessori vertritt den Standpunkt, dass das Kind selbst seine Seele aufbaut, indem es aktiv aus der Umwelt das absorbiert, was seinem inneren Bauplan entspricht. Nach Montessori ist das Kind der »Baumeister des Menschen« und nicht der Erwachsene. Die ersten sechs Jahre dienen vor allem dem Aufbau der menschlichen Individualität. In diesem Stadium braucht das Kind keine direkte Hilfe. Diese würde sein Wachstum nur hemmen. Was das Kind braucht, ist eine »vorbereitete Umgebung«, in der es sich frei und geschützt vor dem »oft unverständigen Eingreifen Erwachsener« betätigen darf.

Die zweite Kindheitsperiode vom sechsten bis zum zwölften Lebensjahr ist gekennzeichnet durch gleichmäßiges Wachstum, durch große Stabilität und durch die Fähigkeit des Kindes, eine große Fülle geistiger Arbeit zu leisten (»Jahre der Anreicherung«).

Die dritte Epoche in der Entwicklung des Menschen, die das Alter vom zwölften bis zum achtzehnten Lebensjahr umfasst, ist nach Montessori »gefährlich und schwierig«. Kennzeichen dieser Entwicklungsperiode sind: Zweifel, Unentschlossenheit, Erregbarkeit, Mutlosigkeit, starkes Bedürfnis nach Hebung des Selbstvertrauens, was oft zur Auflehnung gegen die Autorität führt. Der junge Mensch wird sich zum ersten Mal seiner selbst klar bewusst, verlangt danach, mit Achtung und Würde behandelt zu werden und ist hoch empfindlich gegen jede Kritik.

Das Kind und sein absorbierender Geist durchlebt sog. »Sensibilitäten«. »*Kinder durchlaufen bestimmte Perioden, in denen sie seelische Fähigkeiten und Möglichkeiten enthüllen, die später wieder verschwinden. In solchen Perioden ist das Kind mit einer speziellen Sensitivität begabt, die es drängt, seine Aufmerksamkeit auf bestimmte Seiten seiner Umwelt zu konzentrieren und andere unbeachtet zu lassen. Diese Art Aufmerksamkeit ist nicht das Ergebnis bloßer Neugier: Sie hat eher etwas von einem leidenschaftlichen Interesse: Aus den Tiefen des Unterbewussten entwickelt sich eine starke Emotion und setzt eine wunderbare schöpferische Tätigkeit in Gang, die bei ihrer lebendigen Berührung mit der Umwelt zur Ausbildung des Bewusstseins führt. (...) Auf ihrem Höhepunkt gleicht die sensitive Periode einem Scheinwerfer, der im Inneren der Seele aufleuchtet und gewisse Bezirke der Umwelt anstrahlt, das Übrige aber in verhältnismäßigem Dunkel lässt. Dieser Strahl konzentrierter Aufmerksamkeit hinterlässt Ordnung und Unterscheidung, wo zuvor Chaos und Durcheinander geherrscht haben. (...) In sensiblen Perioden vermag das Kind einen außerordentlich intensiven Zusammenhang zwischen sich und der Außenwelt herzustellen, und von diesem Augenblick an wird ihm alles leicht, begeisternd, lebendig. Jede Anstrengung verwandelt sich in einen Machtzuwachs. Erst wenn während einer solchen Empfänglichkeitsperiode die entsprechende Fähigkeit errungen worden ist, senkt sich ein Schleier der Gleichgültigkeit und Müdigkeit über die Seele des Kindes.«*

Maria Montessori weist auf sehr negative Folgen hin, wenn die innere Lebenskraft des Kindes während einer solchen sensiblen Periode behindert wird. »*Stößt das Kind jedoch während einer Empfänglichkeitsperiode auf ein Hindernis für seine Arbeit, so erfolgt in der Seele des Kindes eine Art Zusammenbruch, eine Verbildung. Die Folge ist ein geistiges Martyrium, von dem wir noch so gut wie nichts verstehen, dessen Wundmale jedoch beinahe alle Menschen unwissentlich in sich tragen.*«

Montessori hat beobachtet, dass Kinder auf äußere Hindernisse sehr heftig und schmerzhaft reagieren. Da solche Reaktionen von den Erziehern in der Regel nicht verstanden werden, halten diese sie für unbegründet, sprechen von »Launen«, reagieren mit Beruhigungsversuchen, worauf die Launen, die keine erkennbare Ursache haben und uns unlogisch erscheinen, noch stärker auftreten. Die Launen sollen nach Montessori als Ausdruck unbefriedigter Bedürfnisse verstanden werden.

Es wird deutlich: Die seelische Entwicklung wird nicht von den äußeren Eindrücken verursacht. Die Umwelt dient zwar als Material, aber sie hat für sich allein keine aufbauende oder bildende Kraft.

Hier erlaube ich mir auf die neuesten Thesen der Entwicklungspsychologie zu verweisen. Das ökologische Konzept der Entwicklung (Urie Bronfenbrenner, Ralph Oerter) betont, dass die Umwelt an sich relativ bedeutungslos ist. Entscheidend für die Entwicklung ist, wie die »Person die Umwelt wahrnimmt und sich mit ihr auseinander setzt«.

Als Erstes tritt die sensitive Phase für die Entwicklung der Bewegung auf. Die sensitive Periode für die Entwicklung der Sprache beginnt nach Montessori lange bevor das Kind sprechen kann und dauert länger als andere sensitive Perioden. Die sensitive Periode für Ordnung (Ordnungssinn) beginnt sich mit dem zweiten Lebensjahr zu äußern. Nach Montessori kann Unordnung in der Seele des Kindes einen quälenden Konflikt hervorrufen. Das Kind schreit und ist nicht zu beruhigen, wenn ein Gegenstand nicht mehr am gewohnten Ort zu finden ist. Das Bedürfnis des Kindes nach Ordnung darf nicht mit dem Streben der Erwachsenen nach einer ordentlichen (aufgeräumten) Umgebung verglichen werden. Das Kind ist Ordnung, das Kind lebt mit der Ordnung der Dinge, mit Hilfe der Elemente seiner Umwelt baut das Kind sich selbst auf.

Die Beobachtung der Kinder in verschiedener Umgebung hat Montessori dazu veranlasst, die Aktivität der Kinder nicht Spiel, sondern Arbeit zu nennen. Die Arbeit der Kinder unterscheidet sich aber von der Arbeit der Erwachsenen. Maria Montessori hat folgende Unterschiede aufgezeigt: »Die kindliche Arbeit hat kein äußeres Ziel, sondern ein inneres«, das Kind hat keine Eile mit dem Beenden einer Arbeit, das Kind arbeitet, weil es wachsen muss, das Kind lebt in der Gegenwart, »es liebt seine Arbeit, es genießt sie und wiederholt sie, weil es das Mittel zu seiner Selbstvervollkommnung ist.« Durch Wiederholung einer Tätigkeit baut das Kind in sich eine Fähigkeit auf, mit der es später außerhalb seiner selbst etwas vollbringen kann.

Montessori meint, dass eine harmonische Menschheit entstehen würde, »*eine nicht mehr so von Besitz und Machttrieb versklavte Menschheit*«, wenn man den Kindern in jedem Entwicklungsstadium ermöglichen würde, »*die Arbeit zu tun, zu der die Natur sie treibt*«.

Sehr interessant und aufschlussreich sind auch Montessoris Überlegungen bzw. Erkenntnisse zu der Frage, wie es in der kindlichen Entwicklung zu Abweichungen kommt. Zu einer »widernatürlichen Trennung von Leib und Seele« kommt es nach Montessori, wenn das Kind spontan handeln will und daran gehindert wird, wenn der Erwachsene dem kindlichen Willen den eigenen unterschiebt, und wenn das Kind sich selbst überlassen wird und deswegen das Kind den Willen der Erwachsenen und die natürlichen Ströme nicht zum harmonischen Einklang bringen kann. Als »kindliche Abwegigkeiten« beschreibt Montessori Verlogenheit, Schüchternheit, Streitsucht, Gefräßigkeit, Stottern, Zerstörungswut, Ungehorsam, Ängste der verschiedensten Art, Besitzsucht und überentwickelte Phantasiekräfte sowie Kinder, die unaufhörlich fragen, ohne die Antwort abzuwarten.

Arbeit und Konzentration sind nach Montessori Schlüssel zur Normalisierung. Wenn Entwicklungshindernisse beseitigt sind, erscheinen nach Montessori folgende »Kennzeichen« des normal entwickelten Kindes: Ordnungsliebe, Arbeitsliebe, spontane Konzentration, Liebe zur Wirklichkeit, Liebe zur Stille und zur Einzelarbeit, Verfeinerung des Besitzsinnes (das Kind will nicht alles haben, verhält sich gegenüber Gegenständen der Umwelt liebend und nicht besitzergreifend), Gehorsam, Freude sowie Unabhängigkeit und Initiative.

3.3 Grundsätze der Erziehungspraxis nach M. Montessori

»*Wenn wir dem Kind helfen wollen, müssen wir seinen Lebens- und Arbeitsrhythmus achten und schätzen lernen, statt ihn beschleunigen und dem unseren anpassen zu wollen. Das Material darf nicht auf abstrakte Weise interessieren, sondern muss das Kind zum konkreten Tun auffordern. Nötiger als Stille der Umgebung ist Sicherheit vor unnötiger Einmischung der Erwachsenen.*« Die Aktivität, das selbsttätige Handeln ist nach Montessori die wichtigste Grundlage der Entwicklung. Das Kind muss ständig in Bewegung sein, muss »hantieren« können, muss Mittel zur Verfügung haben, die es ihm ermöglichen, etwas zu tun. Für die tätige Bewegung gibt es nach Montessori in der Entwicklung des Kindes keinen Ersatz.

Seiner Darstellung der Montessori-Pädagogik stellt G. Schulz-Benesch folgende Aussage von Maria Montessori als Motto voraus:

> »*Unsere pädagogischen Methoden*
> *hingegen sind so ausgewählt, dass sie eine*
> *sich steigernde Serie psychischer Stimuli darstellen,*
> *die den Bedürfnissen eines Kindes*
> *vollkommen angepasst sind.*
> *Die Umgebung stimuliert jeden Schüler*
> *zu der ihm individuell gemäßen*
> *und seinen subjektiven Möglichkeiten entsprechenden*
> *psychischen Entwicklung.*
> *Die Kinder*
> *haben in all ihren Äußerungen Freiheit*
> *und werden mit viel Herzlichkeit behandelt.*«

Montessori fordert eine neue Erziehung, eine Erziehung, die auf den Gesetzen der Natur begründet ist und mit der Geburt beginnt. Eine solche Erziehung

- ist Verwirklichung von Freiheit der Kinder, damit sie die Materialien und Gegenstände frei wählen und sich bewegen können und sich die Zeit für Konzentration nehmen können, die sie brauchen;
- ist Schaffung einer vorbereiteten Umgebung, die es dem Kind ermöglicht, es »selbst zu tun«;
- ist Bereitstellung von Materialien, die seiner Entwicklung dienen.

Wer Freiheit der Kinder will, muss Freiheit ermöglichen. Wer Leistungsfähigkeit der Kinder fördern will, muss Achtung und Respekt vor kindlicher Konzentration haben. Die Konzentration zeigt sich nach Montessori als ein Aktivitätszyklus von drei Phasen:

In der Phase der Einübung, in der Phase der Suche nach dem passenden Material ist das Kind unruhig und zeigt Ermüdungserscheinungen. In dieser Phase kann der Erzieher oder der Lehrer eingreifen und das Kind unterstützen.

Damit ein diszipliniertes Verhalten und Konzentration zur Haltung werden, ist während der Phase der großen Arbeit, einem inneren Verweilen und aufmerksamen Handeln mit Material, Zurückhaltung der Erzieher und Lehrer geboten. Ein Mensch, der sich ohne praktisches Tun habe entwickeln müssen, befinde sich nach Montessori in einer noch viel schlimmeren Lage als einer, dem man auch nur einen seiner Sinne geraubt habe. Für die Sinne gibt es Ersatz, aber für die tätige Bewegung gibt es keinen. M. Montessori ist fest überzeugt, dass in der Seele des Kindes eine geistige Entwicklung nur dann stattfinden kann, wenn durch eine tätige Bewegung die Berührung mit der äußeren Welt zustande kommt. Selbstbildung kann nur durch Selbsttätigkeit erfolgen. Das »Material« muss das Kind immer zum konkreten Tun auffordern. Dabei ist Sicherheit vor unnötiger Einmischung Erwachsener wichtiger als Stille der Umgebung.

Auch hier erlaube ich mir auf die neuesten Erkenntnisse der Neurophysiologie zu verweisen. Wissenschaftler glauben, über die Aufzeichnung der Gehirntätigkeit nachweisen zu können, dass das Bewegungsverhalten die wichtigste Grundlage für die Entwicklung der Sprache und des Denken bildet.

Maria Montessori hat eine Vielzahl von sog. »Materialien« entwickelt, die für die Entwicklung der Sinne, der Sprache, des Lesens und Rechnens, allgemein für die Entwicklung des Geistes von grundlegender Bedeutung sind. Diese Materialien hat sie im Buch »Die Entdeckung des Kindes« beschrieben und ihren Einsatz begründet. Die Materialien zur Sinnesentwicklung sind so gestaltet, dass sie sich in nur einer Eigenschaft voneinander unterscheiden: Nach Klang, Farbe, Form, Masse, Zustand, wie z. B. Rauheit, Gewicht, Temperatur usw. Es wurde Material ausgewählt, das kleine Kinder interessiert und sie zu einer spontanen und wiederholten Beschäftigung herausfordert. Weitere wichtige »erzieherische« Eigenschaften des Materials sind: Die Fehlerkontrolle, die Ästhetik, die Aktivität und die Begrenzung.

Das dem Kind zur Verfügung stehende Material schließt das Merkmal Fehlerkontrolle mit ein, d. h. das Kind kann selbst merken, wann es Fehler macht. Die sachliche Fehlerkontrolle – also nicht die von Erwachsenen geübte Kritik – führt dazu, dass das Kind bei seinen Übungen überlegt, immer genauer werden will und dadurch sowohl die Aufmerksamkeit als auch seine Fähigkeiten steigert.

Das Merkmal Ästhetik regt das Kind dazu an, die Gegenstände sorgfältig, »pfleglich« zu behandeln, und nur solche Gegenstände besitzen für das Kind Anziehungskraft.

Die »Eignung für die Tätigkeit des Kindes« ist eines der wichtigsten Merkmale des Materials und wird »Aktivität« genannt. Das Material muss dem Tätigkeitsdrang des Kindes angemessen sein, muss möglichst lange seine Aufmerksamkeit fesseln und dem Kind immer wieder Anregungen zum Handeln bieten. Gegenstände, die zwar die Aufmerksamkeit des Kindes auf sich lenken, die das Kind aber nur sehen, hören oder anfassen darf, sind erzieherisch unbrauchbar.

Von größtem pädagogischen Interesse ist nach Montessori das Prinzip der Begrenzung. Das Material muss mengenmäßig begrenzt sein. Dies ist nach Montessori sehr wichtig, denn ein *»normales Kind braucht keine Reizmittel, die es aufwecken«*. Wird das Kind durch viele verschiedene Mittel »gereizt«, so muss es das Chaos ordnen, das sich in seinem Bewusstsein durch die vielen Empfindungen gebildet hat. Dabei ermüdet das Kind und hindert sich selbst am Fortkommen. Nicht das an »Spielzeug reichste« Kind kann sich am besten entwickeln, sondern das Kind, dessen »begrenzte« Hilfsmittel Ordnung in seinen Geist bringen und die ihm das Verständnis der ihn umgebenden Dinge erleichtern.

Eine Umgebung, in der die Kinder frei herumlaufen und spielen können, reicht nach Montessori nicht aus. Es muss eine auf die Bedürfnisse der Kinder zugeschnittene Umgebung sein. Die vorbereitete Umgebung soll vor allem Ordnung auszeichnen. Es sei für die Kinder außerordentlich befriedigend, die Dinge an ihrem Platz zu finden. Durch Ordnung entwickelt sich zwischen den Kindern und ihrer Umgebung eine enge Beziehung auf geistiger Ebene.

Während der Phase der Kontemplation, einem Ruhezustand, in dem die Entdeckungen verarbeitet werden, steht der Erzieher oder Lehrer dem Kind als Ansprechpartner zur Verfügung. Der Lehrer/Erzieher ist nach Montessori *»Leiter spontaner Arbeit der Kinder, Helfer zum Leben, Gestalter der Umgebung und Begleiter schöpferischer Aktivitäten. Der Erzieher muss sich scheuen, zu unterbinden, was gut ist. Gut ist jede Tätigkeit, die zu Ordnung, Harmonie, Selbstentfaltung und zu Disziplin führt.«*

In der Erziehung kommt es darauf an, nicht zu viel zu loben. Wird das Kind zu sehr gelobt, besteht die Gefahr, dass es arbeitet, weil es gelobt werden will. Damit wäre ein äußeres Ziel seiner Arbeit gesetzt und die Entwicklung gefährdet. Die Erzieher haben die Aufgabe, die kindlichen Impulse zu schützen, zu fördern, das Kind zum Selbsttätigsein zu ermutigen, dem Kind mit Rat und Hilfe beizustehen.

M. Montessori sieht den Erzieher oder Lehrer als einen Schutzengel, der »ein Auskunftsbüro betreibt«. Sie sagt: *»Aber eines Tages werden die Kleinen in ihrer Freiheit, auf der die Pädagogik gründet, nicht dies oder jenes Stück der Umgebung wählen, sondern den Lehrer selbst, den lebenden Schlüssel zu allen ihren Schätzen«*. Die Lehrer haben nicht mehr die Aufgabe zu lehren und zu unterrichten; sie übernehmen andere »nicht leichte und zahlreiche Aufgaben«, die nur mit Vorsicht, Feinfühligkeit, ohne viel Worte, Energie und Strenge bewältigt werden können.

Die Lehrer sollen dem Kind das »Material erklären«, d. h. eine Beziehung zwischen dem Kind und dem Material anbahnen. Dazu müssen sie sehr gute Materialkenner sein und die Übungen vorführen können.

Eine der wichtigsten Aufgaben der Lehrer und Erzieher ist die »Pflege der Ordnung«. Wenn die Kinder das Material nur von dem Platz wegnehmen können, wo es »zu Hause« und zur »freien Auswahl ausgestellt ist«, und wenn sie es nicht mehr brauchen, wieder an denselben Platz hinstellen müssen, dann wird die Fähigkeit der Kinder gefördert, die Arbeit mit Befriedigung zu beenden, geduldig zu warten, bis das Material »freigegeben« wird und Spielregeln des Zusammenlebens zu achten.

Angesichts vieler Klagen über die Disziplinlosigkeit der Schulkinder sind auch die Überlegungen von Montessori zu diesem Thema interessant. Disziplin lässt sich nach Montessori nicht durch Befehle, Ermahnungen, Strafen oder andere bekannte Disziplinarmaßnahmen erreichen. Es ist nutzlos auf Tadel, auf überzeugende Reden zu vertrauen. Die Disziplin ergibt sich aus der Arbeit. Ein Kind, das sich für seine Arbeit interessiert, mit Beständigkeit eine Übung ausführt, ist auf dem Weg zur Disziplin. Die Arbeit darf nicht willkürlich vorgeschlagen werden. Es muss sich um eine Arbeit handeln, die der Mensch in seinem Innersten anstrebt, nach der seine verborgenen Neigungen und Begabungen verlangen. Montessori schrieb: *»Unsere Bemühungen als Lehrerinnen zur Festigung der Disziplin bestehen darin, die Methode rigoros anzuwenden«*. Disziplin lässt sich also nur auf indirektem Weg erreichen; mit Worten wird der Mensch nicht an Ordnung gewöhnt. Äußere Arbeit und innere Entwicklung sind nach Montessori zwei Mittel der Erziehung, die sich gegenseitig durchdringen.

Im Rückblick auf ihre Beobachtungen und Erfahrungen, die Maria Montessori während dreißigjähriger Verwirklichung ihrer pädagogischen Ideen auf der ganzen Welt gesammelt hatte, stellte sie die These auf, dass das Kernproblem der Erziehung kein erzieherisches sei, sondern ein soziales. Es ist das Problem gemeint, dass Kinder nicht verstanden und als Schwächere unterdrückt werden. Diese Unterdrückung sei deswegen so verhängnisvoll, weil sie unbewusst und unabsichtlich geübt wird. Mehr noch: Es handele sich um die *»befremdlichste aller Unterdrückungsformen, weil die Unterdrücker die Unterdrückten lieben und alles für sie tun wollen, und die Unterdrückten lieben ihre Unterdrücker«*. Ihr Werk nennt Maria Montessori einen Feldzug zum Verständnis des Kindes.

3.4 Zusammenfassung und Anregungen zur Reflexion der Praxis

Das Buch »Kinder sind anders« von Maria Montessori wird als *»ein Klassiker der pädagogischen und kinderpsychologischen Literatur für alle, die mit Kindern leben und arbeiten«* (Klappentext) eingestuft. Es mag sein, dass viele der vor über 35 Jahren veröffentlichten Thesen zur Erziehung der Kinder inzwischen Allgemeingut geworden sind. An ihrem Wert zur Reflexion der Erziehungspraxis haben sie nichts verloren. Die Pädagogin Montessori hat erkannt und auch eindringlich gefordert, dass einer gelungenen Erziehung die Selbsterziehung des Erziehers, also Übungen zur Selbstdisziplin, Toleranz und zur strikten Achtung der kindlichen Persönlichkeit vorausgehen müssen.

Auch »liebevolle« Erziehung führt bei Kindern zu Launen, Ungehorsam, Lügen und anderen »Abwegigkeiten«, wenn die Erzieher den inneren Bauplan des Kindes nicht verstehen, wenn sie sich in die »Gedankenwelt« und innere Welt der Kinder nicht hineinversetzen können.

Die Eltern sind nach Montessori »Wächter des Kindes, aber nicht seine Bauherren«. Sie meint, dass Kinder, die die Geheimnisse der Natur in sich tragen, unsere Baumeister werden sollen. Diese Forderung wurde auf ähnliche Weise auch von Rudolf Steiner und bekanntermaßen auch von Jean-Jaques Rousseau (Zurück zur Natur) vertreten.

In den Überlegungen zur Entwicklung und Erziehung des Menschen lassen sich zwischen Steiner und Montessori, zwischen Waldorf- und Montessoripädagogik viele Parallelen finden. Es bietet sich an, dass die Schüler im Sinne der Selbsttätigkeit (entweder als Hausaufgabe oder als Partner- bzw. Gruppenarbeit im Unterricht) Gemeinsamkeiten und Unterschiede zwischen beiden vorgestellten pädagogischen Modellen erarbeiten.

Dem Leser sollen folgende zentrale Ideen der Montessoripädagogik in Erinnerung bleiben:

- Mit Hilfe des absorbierenden Geistes nimmt das Kind in den ersten Lebensjahren mühelos, schnell und genau die Reize aus der Umgebung auf.
- Während sog. Sensibilitäten für die Entwicklung des Bewegungsverhaltens, des Ordnungssinns und der Sprache ist das Kind besonderes empfänglich und lernbereit. Diese Empfänglichkeit und Lernbereitschaft zeigt sich äußerlich als gesteigertes Interesse an einer bestimmten Umgebung.
- Entscheidend für eine ungestörte Entwicklung des Kindes ist die Achtung der kindlichen Freiheit und die Unterstützung des Kindes, sich durch eigene Aktivität die Welt zu erschließen und die Kräfte des eigenen Geistes aufzubauen.
- Zur Achtung der kindlichen Freiheit gehört auch der Respekt vor der kindlichen Konzentration. Der Erzieher hilft dem Kind, etwas selbst zu tun. Der Erzieher ist Gestalter einer kindgerechten Umgebung und Begleiter schöpferischer Aktivitäten des Kindes.
- Die Eigenschaften oder Merkmale des pädagogischen Materials sind Gruppierung nach einem entscheidenden Merkmal, Fehlerkontrolle, Ästhetik, Aktivität und Begrenztheit.
- Die Erzieher haben die Aufgabe, das Kind zur Selbsttätigkeit und zur Arbeit mit dem Material zu ermutigen und mit Rat und Hilfe zur Verfügung zu stehen. Während der konzentrierten Arbeit des Kindes dürfen die Erzieher nicht stören.
- Die Disziplin, eine innere Ordnung im Geist oder Bewusstsein des Kindes ist nicht mit Worten oder Befehlen, sondern nur über Arbeit zu erreichen. Dies wird nur dann gelingen, wenn dem Kind eine Umgebung und Materialien angeboten werden, die seinen Neigungen und Begabungen entsprechen.

Aus dem Studium der Montessori- und der Waldorfpädagogik wird deutlich: Wenn wir die Kinder ernst nehmen, wenn wir die Aktivität der Kinder nicht behindern, wenn wir akzeptieren, dass Kinder ihren Weg gehen und wir sie dabei unterstützen, dann können wir auch für die Zukunft der Gesellschaft und für die Rettung der Umwelt etwas tun.

Literatur

Heiland, H. (1992).
Maria Montessori. Reinbek bei Hamburg, Rowohlt Verlag

Helmich, A. und P. Teigeler (Hrsg.) (1992).
Montessori-, Freinet-, Waldorfpädagogik. Weinheim und Basel, Beltz Verlag
Montessori, M. (1988).
Kosmische Erziehung.
Herausgegeben von P. Oswald und G. Schulz-Benesch. Freiburg, Herder Verlag
Montessori, M. (1989).
Die Entdeckung des Kindes.
Herausgegeben von P. Oswald und G. Schulz-Benesch. Freiburg, Herder Verlag
Montessori, M. (1994).
Kinder sind anders. München, dtv/Klett-Cotta
Standing, E. M. (o. J.).
Maria Montessori. Leben und Werk.
Frankfurt am Main, Selbstverlag der Deutschen Montessori-Gesellschaft.

4 Sozial- und Sonderpädagogik (Heilpädagogik)

Neben der Erziehung in der Familie und Schule haben sich in den letzten 150 Jahren Konzepte zur Erziehung außerhalb der Familie und zur Erziehung unter erschwerten Bedingungen etabliert. Diese »spezielle Pädagogik« umfasst inzwischen ein komplexes und differenziertes Arbeitsfeld.

Die Situation der familiären und schulischen Erziehung befindet sich wegen großer Veränderungen in der Lebenswirklichkeit in einer Phase der Verunsicherung. Angesichts dieser Orientierungslosigkeit sind umso mehr klare Antworten und Konzepte der Sozial- und Sonderpädagogik gefragt.

Obwohl die Sozialpädagogik und Sonderpädagogik an den Universitäten und Fachhochschulen als verschiedene Studiengänge geführt und in verschiedenen Veranstaltungen gelehrt werden, die Fachliteratur sich nach wie vor dem einen oder anderen Bereich zuordnen lässt und auch in den Lehrplänen in der Regel eigene Lernziele zur Sozial- und Sonderpädagogik formuliert werden, erscheint in diesem Baustein eine Zusammenführung beider Disziplinen sinnvoll. Und zwar aus folgenden Gründen:

Da sich sowohl in der Praxis als auch auf der Ebene der Wissenschaften beide Bereiche angenähert haben, erscheint mir die zusammenhängende Darstellung sinnvoll, damit der zentrale Gedanke der Integration und des ökologischen Prinzips deutlicher sichtbar wird.

Im Artikel über »Sozialpädagogik/Sozialarbeit/Psychosoziale Arbeit« schreibt Hans Hovorka vom »Naheverhältnis« zwischen den Disziplinen Sozialpädagogik und Sonderpädagogik. Er meint, dass die traditionelle Trennung zwischen den beiden Disziplinen wegen der Ausweitung des Aktionsfeldes der Sonderpädagogik und wegen der Tatsache, dass sozial gefährdete Menschen auch von Störungen und Behinderungen bedroht sind, nicht mehr angebracht erscheint.

In der »Geschichte der Heilpädagogik« schreibt Andreas Möckel: *»Die Geschichte der Erziehung verwahrloster Kinder ist ein Teilgebiet der Heilpädagogik und der Sozialpädagogik. Ein Vergleich zeigt, dass Heilpädagogik und Sozialpädagogik ins*

Zentrum allgemein pädagogischer Probleme führen. Erziehung und Unterricht können scheitern und scheitern in der Wirklichkeit oft genug. Erzieher und Lehrer von Beruf scheitern mit, wenn sich ihre Tätigkeit als Fehlschlag erweist. Heilpädagogik und Sozialpädagogik sind neue Versuche, nach dem Scheitern eines ersten. Sie sind Pädagogik, und nichts anderes.«

Auch wenn Möckel die Zusammenführung beider Disziplinen mit der Geschichte der Erziehung verwahrloster Kinder und nicht mit der Geschichte der Erziehung behinderter Kinder begründet, kann man nicht leugnen, dass zur Integration behinderter, verwahrloster, verhaltensgestörter und auch gefährdeter Kinder und Jugendlicher sowohl sonderpädagogische als auch sozialpädagogische Bemühungen notwendig sind.

Im Baustein 7 werden die einzelnen Themen der Sozial- und Sonderpädagogik, wie in der Regel in den Lehrplänen vorgesehen, getrennt abgehandelt.

4.1 Zur Geschichte der Sozial- und Sonderpädagogik (Heilpädagogik)

Was sich gegenwärtig in der Pädagogik, Sozialpädagogik und Heilpädagogik abspielt, ist ein grundlegender Umbruch, der oft eingestuft wird als Ende des Zeitalters der Moderne, die im Wesentlichen durch Aufklärung, Fortschritt, Wissenschaftsgläubigkeit und technologische Entwicklung gekennzeichnet war. Es wird heute von einer ökologischen Krise gesprochen und es wird nach neuen Bewältigungsstrategien gesucht. Das Studium der Geschichte der Sozial- und Sonderpädagogik belegt, dass solche ökologischen Krisen seit der Neuzeit wiederholt aufgetreten sind und von sozial engagierten Personen mit verschiedenen Mitteln angegangen wurden.

Das Wirken von Johann Heinrich Pestalozzi und von Johann Heinrich Wichern stuft Möckel als den besten Beweis für das gleiche Anliegen der Sonder- und Sozialpädagogik ein. Es ging um eine pädagogische Bewegung zur »Rettung Verwahrloster durch Erziehung«. Dabei wurde von Wichern mit der Bildung familienähnlicher Gruppen bereits die moderne Form der Heimerziehung entwickelt.

4.1.1 Pestalozzi und Wichern – erste Sozialpädagogen

Die Grundlage der so genannten »sozialen Praxis« (12. bis 19. Jahrhundert), die Seelsorge, Fürsorge, Armenfürsorge und Betreuung der Waisenkinder umfasste, wird in der christlichen Religion gesehen. Noch im 19. Jahrhundert waren kirchliche Hilfsorganisationen Hauptträger der sozialen Hilfe. Staatlich organisierte Hilfe war zu dieser Zeit eine Ausnahme. Sozialarbeit hat ihre Wurzeln in der Armutsverwaltung, die zu Beginn der Neuzeit entstand, um das Bettelwesen einzudämmen. Die ersten Einrichtungen und Bemühungen der Sozialpädagogik, der sozialen Hilfe mit einem eindeutigen pädagogischen Akzent also, entstanden gegen Ende des 18. und zu Beginn des 19. Jahrhunderts.

Der Schweizer Johann Heinrich Pestalozzi (1746 – 1827) wird als der erste praktizierende Sozialpädagoge genannt. Auf dem Neuhof hat er im Jahr 1774 das erste Waisenhaus gegründet. Sein Stanzer Brief, den er als Leiter des Kinderheims in Stanz (1799) verfasst hat, gilt als der erste sozialpädagogische Theorieansatz. Pestalozzis Ziel war, den Armen zu einem menschenwürdigen Dasein zu verhelfen.

Der Beginn der Sozialpädagogik als »organisierte, freiwillige Hilfe« wird in der Gründung des »Rauen Hauses« durch Johann Heinrich Wichern (1808–1881) gesehen. Wichern erlebte das Elend der Armenkinder und auch die Probleme der »verwahrlosten Arbeiterjugendlichen« und versammelte einen Kreis von Beamten und Handwerkern um sich, die durch Selbsthilfe das »Raue Haus« aufbauten. In seiner Eröffnungsrede erläuterte Wichern sein sozialpädagogisches Konzept: *»Die Rettungsanstalt hat zur Absicht, verwahrlosten Kindern (beiderlei Geschlechts) bis zur Konfirmation eine Zuflucht und diejenige Erziehung zu gewähren, welche die Stelle der elterlichen Fürsorge so viel als möglich vertreten soll. Sie ist kein Waisenhaus, keine Armenschule, keine Strafanstalt für jugendliche Verbrecher, keine bloße Herberge für bettelnd umherstreichende Kinder (...).«* Wichern betonte die Unabhängigkeit der Anstalt vom Staat und strebte an, die Jugendlichen wieder in ihre Familien einzugliedern.

4.1.2 Gründung der ersten freien Wohlfahrtsverbände

1848 gründete Wichern die »Innere Mission«, in der er die verschiedenen von ihm ins Leben gerufenen evangelischen Hilfswerke organisatorisch zusammenführte. Bereits zu Beginn des 20. Jahrhunderts wurden mehrere Schulen zur Ausbildung von Wohlfahrtspflegern, Erziehern und Krankenpflegern gegründet.

Auf der katholischen Seite haben Klöster, Krankenanstalten und verschiedene Orden sozialpädagogische Arbeit geleistet. Man nimmt an, dass zwischen 1820 und 1850 etwa 25 »Rettungshäuser« die Betreuung »schwachsinniger« und verwahrloster Kinder übernommen haben. Der katholische Priester Adolf Kolping (1813–1865) gründete im Jahre 1846 den »Kolpingschen Gesellenverein« mit dem Ziel, für moralische Orientierung junger Handwerker zu sorgen, Gemeinschaftsleben auf beruflicher Basis zu pflegen, der Verwahrlosung vorzubeugen und die Allgemeinbildung zu fördern. Die verschiedenen Hilfsaktionen der katholischen Kirche wurden 1897 zusammengefasst im »Deutschen Caritas-Verband«, heute der größte freie Wohlfahrtsverband.

4.1.3 Sozialgesetze – Entwicklung von der Armenpflege zur Fürsorge

Nach 1850 wurde zunehmend organisierte Hilfe unter staatlicher Kontrolle entwickelt. Voraussetzung war die Entwicklung des Kinder- und Jugendschutzes (1839 Preußisches Regulativ über die Beschäftigung jugendlicher Arbeiter, 1854 Verordnung Bayerns zum Schutz schulpflichtiger Kinder, 1861 nach dem Gewerbegesetz in Sachsen dürfen Kinder unter 12 Jahren in keinem Gewerbe arbeiten, 1878 Gesetz zur Kontrolle der Kinderarbeit, 1903 generelles Verbot der Kinderarbeit in Fabriken), Einführung der Krankenversicherung (1883), Entstehung des Vormundschaftswesens nach 1886 und die Entwicklung der Jugendfürsorge, die schließlich im Jahr 1922 zur Verabschiedung des Reichsjugendwohlfahrtsgesetzes führte.

Die Arbeit mit »normalen« und »verwahrlosten« Jugendlichen wurde bis zur Jahrhundertwende »Jugendfürsorge« genannt. Mit dem preußischen Jugendpflegeerlass im Jahr 1911 wurde der Begriff »Jugendpflege« für die Arbeit mit nicht verwahrlosten Jugendlichen eingeführt. Die Begriffe Jugendpflege, Jugendfürsorge, Jugendarbeit und Jugendschutz sind bis in die jüngste Zeit aktuell geblieben.

Dem Begriff Sozialpädagogik/Sozialarbeit gingen andere Bezeichnungen voraus: Armenpflege (bis 1900), Soziale Fürsorge (von 1900–1918), Wohlfahrtspflege (bis 1945), Fürsorge (nach 1945).

4.1.4 Die Gründung heilpädagogischer Einrichtungen

Die Geschichte der Sonderpädagogik, besser gesagt der Heilpädagogik, ist gleichzusetzen mit der Gründung verschiedener sonderpädagogischen Einrichtungen.

Bis zum 18. Jahrhundert war die »Fachwelt« der Meinung, taubstumme Kinder könnten keine Sprache erlernen, denn ohne Hören könne man nicht sprechen. Im Jahr 1770 gründete Abbé de L'Epée in Paris die erste Taubstummenschule der Welt. 1778 wurde in Leipzig die erste deutsche staatliche Schulanstalt für taubstumme Kinder errichtet. Es wurden verschiedene Verfahren entwickelt, die die Erziehung und Unterricht taubstummer Kinder möglich machen. Die ersten Gehörlosenlehrer gaben trotz großer Schwierigkeiten nicht auf.

Auch die Situation Blinder war im Mittelalter mit Armut und Bettel verbunden. Blinde Kinder wurden ohne Mitleid auf Jahrmärkten ausgestellt und für schamlos und verschlagen gehalten. So mussten mit der Gründung der Blindenschulen ganze Berge an Vorurteilen weggeräumt werden. Die erste Blindenschule in Paris im Jahr 1785 gründete Valentin Haüy. Danach wurden die »unentgeltliche Schule für Blindgeborene« in Wien und Liverpool errichtet. Bereits Haüy hat erkannt, dass »man den Mangel an Gesichtssinn durch die Betätigung des Tastsinns« ersetzen kann. Er entwickelte die erste Blindenschrift. Nach und nach wurden auch die ersten Schulen für Körperbehinderte eingerichtet. Die Bezeichnung »körperbehindert« musste sich aber gegen »krüppelhaft« durchsetzen.

Da die Regierungen die Situation behinderter Kinder überhaupt nicht verstanden, begann die Einrichtung heilpädagogischer Einrichtungen ohne gesetzliche Regelungen. Die Erziehung behinderter Kinder wurde als Wohltätigkeit angesehen und es dauerte sehr lange, bis das Recht auf Erziehung auch auf behinderte Kinder ausgedehnt wurde.

Interessant – auch im Hinblick auf Integrationsbemühungen in jüngster Zeit - ist die so genannte »Verallgemeinerungsbewegung«. Die Verallgemeinerung hatte zwei Ziele: Volksschullehrer sollen auch Taubstumme und Blinde unterrichten können und die behinderten Kinder sollen in ihren Heimat- oder Ortsschulen untergebracht werden.

Aus dem nachfolgend zitierten Erlass der Herzoglich Nassauischen Landes-Regierung von 1826 geht hervor, dass die Verallgemeinerungsbewegung ihr Ziel erreicht hatte. *»Es sind Uns neuerdings einzelne Fälle zur Anzeige gebracht worden, dass blinde oder taubstumme Kinder, wenn sie in das schulpflichtige Lebensalter getreten, dem Unterricht in der Ortselementarschule nicht überwiesen worden sind. Für ein solches Verfahren bieten die gesetzlichen Vorschriften über die Schul-Pflichtigkeit und über die Aufnahme der schulpflichtigen Kinder in die Volksschule keinerlei Anhaltspunkte dar, noch weniger die Aufgabe des christlichen Lehrerberufs, der sich auch der mangelhaft organisierten Kinder annimmt, wenn deren Bildung auch in besonderem Sinne als Rettungswerk erscheint und in pädagogischer sowohl wie didaktischer Beziehung eine ausnahmsweise Behandlung fordert.«*

Es fällt auf, dass die Regierung den Unterricht behinderter Kinder noch als Rettungswerk bezeichnet.

»Jedem **Anfang** wohnt ein **Zauber** inne.«
(Hermann Hesse)
und »Aller **Anfang** ist schwer!«
(wird oft gesagt)

4.1.5 Phase der Theorienbildung und die Suche nach Methoden

Mit der Erscheinung des zweibändigen Werkes »Die Heilpädagogik mit besonderer Berücksichtigung der Idiotie und der Idiotenanstalten« in den Jahren 1861 und 1863, verfasst von Jan Daniel Georgens und Heinrich Marianus Deinhardt, war die erste Phase der Suche nach heilpädagogischen Methoden abgeschlossen. Zu diesen heilpädagogischen Gedanken schreibt Andreas Möckel: *»Ihr Werk ist mit Abstand der stärkste Beitrag der heilpädagogischen Bewegung zur Pädagogik im 19. Jahrhundert und kann genauso gut als Soziologie der Erziehung, als Pädagogik oder als Sozialpädagogik bezeichnet werden.«* Die beiden Autoren haben erkannt, dass die Erziehung Behinderter nicht eine soziale Aufgabe im Sinne der Wohltätigkeit, sondern eine Aufgabe der Pädagogik war. Das Ausstoßen behinderter Kinder nannten sie »inhuman und zweckwidrig«. Heilpädagogische Einrichtungen sind nach Georgens und Deinhardt »Notanstalten«, die nicht durch die »Behinderung erzwungen« werden, sondern deshalb notwendig sind, weil die Gesellschaft in der Erziehung der Jugend das nicht leistet, was sie leisten sollte.

Nachfolgend setzte bis zum Ersten Weltkrieg eine Zeit der Differenzierung des allgemeinen Schulwesens ein. Es wurden »Hilfsschulen« eingeführt, Schwerhörigenschulen, Sehschwachenschulen, Sprachheilschulen, Schulen für schwach begabte Kinder, Schulen für Stotterer und für »erziehungsschwierige« Schüler.

Mit der Veröffentlichung des Buches »Sozialpädagogik« von Paul Natorp im Jahr 1899 setzt nach Nando Belardi (»Pädagogik. Sozialpädagogische Arbeitsfelder«) die »zweite bildungstheoretische Phase« der Sozialpädagogik ein.

Sozialpädagogik ist nach Natorp ein abgegrenzter Teil der Pädagogik, der die »Sozialerziehung« durch die Gemeinschaft und für die Gemeinschaft in den Vordergrund stellt. »Der Mensch wird zum Menschen allein durch die menschliche Gemeinschaft.«

4.1.6 Sozialpädagogik als »dritter Erziehungsraum«

Auf dem Gebiet der Heilpädagogik wurden nach dem Ersten Weltkrieg die ersten Erziehungsberatungsstellen eingerichtet. Die von August Homburger in Heidelberg im Jahr 1917 errichtete »heilpädagogische Beratungsstelle« und seine »Psychopathologie des Kindesalters« zählten zu den bedeutendsten Leistungen der Kinder- und Jugendpsychiatrie der Weimarer Zeit. Zum »Gebäude der Heilpädagogik« schrieb August Homburger: *»Auf dieser Grundlage wurde es auch möglich, dem Hilfsschulwesen und der Psychopathenfürsorge eine ärztliche Neuschöpfung anzugliedern, die heilpädagogische Beratungsstelle. Die erste war die von uns 1917 dank dem*

Entgegenkommen des Direktors der Kinderklinik in den Räumen seiner Ambulanz eröffnete. Diese Beratungsstellen geben Eltern, Lehrern, Behörden und Gerichten die Möglichkeit, Kinder, welche Erziehungsschwierigkeiten machen, in der Schule nicht vorwärts kommen, nervöse Symptome zeigen, sich charakterlich auffällig entwickeln oder mit der öffentlichen Ordnung in Zusammenstoß geraten, untersuchen zu lassen und fachärztlichen Rat einzuholen. Der Schwerpunkt dieser Einrichtung liegt in dem Meinungsaustausch und der Zusammenarbeit des Arztes mit den Eltern und der Schule; sie dient auch in besonderem Maße der Festigung der Beziehungen zwischen Schule und Haus, die gerade in diesen Fällen unentbehrlich ist. Denn die Einheitlichkeit und Sicherheit der erzieherischen Führung ist ja die Grundlage jeden heilpädagogischen Wirkens.«

Mit der Veröffentlichung des von Hermann Nohl und Ludwig Pallat herausgegeben Werks »Sozialpädagogik« wird Sozialpädagogik als der »dritte Erziehungsraum« außerhalb der Familie und Schule definiert.

Die Sozialpädagogik als »Inbegriff der gesellschaftlichen und staatlichen Erziehungsfürsorge«, wird dort tätig, wo »Lücken in der normalen Leistung der Familie« entstehen, und wird zu einer »erzieherisch begründeten Hilfsmaßnahme«, die »überall dort ansetzt, wo das Leben von sich aus nicht die entwicklungsgemäßen und – notwendigen Kräfte entfaltet«.

Die Sozialpädagogik ist zur »Nothilfe« geworden, zu einer »Notstandspädagogik«, aber auch zu einer »Theorie und Praxis der Jugendhilfe« und der Jugendpflege. Zu den Arbeitsfeldern und Funktionsgebieten der Sozialpädagogik gehören: Jugendwohlfahrtswesen, Familienfürsorge (Freiwillige Erziehungshilfe, FEH), Schulgesundheitspflege, Jugendpflege und Jugendarbeit, Jugendschutz, Fürsorgeerziehung und Jugendgerichtshilfe, Erziehungsberatung und Entwicklungshilfen bei Fehlentwicklungen und auch Erwachsenenbildung.

4.1.7 Sozial- und Sonderpädagogik in der Bundesrepublik Deutschland

Jugendwohlfahrt und »Sozialhilfe« (statt Fürsorge) wurden durch das Jugendwohlfahrtsgesetz (JWG) und Bundessozialhilfegesetz (BSHG) von 1961 geregelt. Im § 3 des JWG wird den freien Trägern, den freien Wohlfahrtsverbänden Vorrang vor öffentlichen oder staatlichen Maßnahmen eingeräumt (Subsidiaritätsprinzip). Das JWG wurde zum 1.1.1991 vom Kinder- und Jugendhilfegesetz (KJHG) abgelöst. Die wichtigsten Bestimmungen des KJHG werden im Abschnitt 4.6 abgedruckt. Als Arbeitsfelder der Sozialpädagogik haben sich etabliert:

- Vorschulerziehung familienergänzenden Charakters (Kindergärten, Kinderkrippen)
- Erziehungshilfen während der Schul- und Jugendzeit (Schulhorte, Heime, Einrichtungen der außerschulischen Jugendbildung, z. B. »Häuser der offenen Tür«, Maßnahmen der Jugendpflege, z. B. Freizeitangebote), Pflegekinderbetreuung und freiwillige Erziehungshilfe, Jugendgerichts- und Bewährungshilfe, Jugendfürsorge
- Altenarbeit und Altenpflege
- Maßnahmen zur Gesundheitshilfe (z. B. Gesundheitsberatung, Suchtberatung)
- Einrichtung verschiedener Beratungsstellen (Erziehungsberatung, Jugendberatung, Eheberatung, Suchtberatung)
- Erwachsenenbildung

Zur gleichen Zeit, also in den 60er und 70er Jahren setzte im Bereich der Sonderpädagogik in der Bundesrepublik Deutschland eine Differenzierung heilpädagogischer Einrichtungen und die Ausbildung der »Speziallehrer« ein sowie eine intensive sowohl theoretische als auch praktische Suche nach »Normalisierung und Integration«. Die Zielvorstellung wird in der Normalisierung, d. h. darin gesehen, das Leben behinderter Menschen so weit wie möglich den normalen Lebensbedingungen anzunähern. Die Einrichtung so genannter Sonderschul- und Rehabilitationszentren, die je nach Art der Behinderung eine optimale Förderung gewährleisten sollten, führte leider zu einer Ausgliederung und Separierung statt zur Integration. Aus diesem Grund steht heute wieder der Integrationsansatz im Mittelpunkt der Diskussion. An den Sonderschulen wird vielfach Kritik geübt.

4.2 Zur Begriffsbildung

In den letzten Jahrzehnten wurde in der Sozial- und Sonderpädagogik eine intensive Auseinandersetzung um das Finden wertneutraler Begriffe und die Bestimmung der Begriffe Sozialpädagogik und Sonderpädagogik geführt.

Einerseits ging es um die Trennung (oder Zusammenführung) der Arbeitsbereiche Sozialpädagogik und Sozialarbeit oder soziale Arbeit und andererseits um die Frage, ob der Begriff Heilpädagogik oder Sonderpädagogik der korrektere sei.

4.2.1 Zum Begriff Sozialpädagogik

Nach Klaus Mollenhauer könnte man »*Sozialpädagogik als Sammelbezeichnung für soziales, pädagogisches, soziologisches und psychologisches Handeln außerhalb der Familie, Schule und Berufsausbildung zur Verwirklichung des Rechts auf Erziehung, zur Sicherung der verfassungsmäßig garantierten Grundrechte und zur Ermöglichung eines menschenwürdigen Lebens verwenden.*«

Damit kann man Sozialpädagogik als Theorie und Praxis der Jugendhilfe (Recht auf Erziehung zur gesellschaftlichen, leiblichen und seelischen Tüchtigkeit) bezeichnen. Sozialpädagogik/Sozialarbeit wird oft auch als pädagogische Antwort auf materielle oder soziale Not verstanden und umfasst sowohl individuelle Hilfen zur Linderung der Not oder zur Wiedereingliederung in die Gesellschaft als auch Überlegungen, Planungen und Maßnahmen zur Veränderung gesellschaftlicher Bedingungen (politischer Aspekt der Sozialpädagogik).

Die Praxis der Sozialpädagogik/Sozialarbeit wird aufgegliedert in Jugendhilfe, Gesundheitshilfe und Sozialhilfe. Mit der Bezeichnung Sozialpädagogik wird stärker der bildnerische und erzieherische Aspekt sozialer Eingliederungshilfen herausgestellt, mit der Bezeichnung Sozialarbeit wird stärker das fürsorgerische, materielle Element der Integrationshilfen betont.

Gerd Iben hebt in seiner Begriffsbestimmung verschiedene Funktionsbereiche der Sozialpädagogik hervor: »*Sozialpädagogik bezeichnet einen spezifischen Bereich pädagogischer Einrichtungen, die ursprünglich als Antwort auf soziale und pädagogische Notlagen, vor allem der beginnenden industriellen Gesellschaft, entstanden sind. In den Einrichtungen der Jugend- und Familienfürsorge sowie der Jugendstrafrechtspflege dominiert noch dieser Nothilfecharakter, während Jugendschutz, Jugendpflege, Eltern- und Erziehungsberatung, außerschulische Jugend- und Erwach-*

senenbildung stärker vorbeugende und ergänzende Intentionen aufweisen. In beiden Fällen geht es um die Verhütung und die Beseitigung von erzieherischen und sozialen Mängeln und Gefährdungsmomenten sowie um die Befriedigung von neu entstandenen Erziehungsbedürfnissen, die im herkömmlichen Erziehungswesen nicht gestillt werden.«

Im Begriff Sozialpädagogik wird immer der pädagogische Anspruch herausgestellt, während der Begriff »Sozialarbeit« eher für Fürsorge, materielle und auch psychosoziale Hilfen in Notlagen verwendet wird. Teilweise werden beide Bezeichnungen in dem Begriff »Soziale Arbeit« zusammengefasst.

Massive Veränderungen der Gesellschaft in den letzten 20 Jahren führten dazu, dass pädagogische, materielle, politische und organisatorische (Sozialmanagement) Bemühungen zusammengewachsen sind zu einem Berufsfeld der Sozialen Arbeit. Angesichts vieler psychosozialer Probleme, verursacht durch die Wohlstandsgesellschaft, sind pädagogische Maßnahmen zur Unterstützung der Persönlichkeitsentwicklung notwendig. Hilfestellungen zur Integration von Einzelnen und Gruppen, die von verschiedenen Ausgliederungsprozessen bedroht sind, und zur Lebensbewältigung angesichts der neuen Armut können nur gemeinsam von der Sozialpädagogik und Sozialarbeit (und Heilpädagogik) geleistet werden.

Die Herausforderungen für die Soziale Arbeit, wie Armut, Benachteiligung, Gefährdung, Ausgrenzung, Abweichung und Überforderung, können am besten mit dem Begriff »soziale Probleme und Problembewältigung« zusammengefasst werden. Die Aufgabe der sozialen Arbeit besteht darin, Alternativen aufzuzeigen, Vorschläge und deren Umsetzung zu einer »Lebensführung bzw. Lebensbewältigung unter erschwerten Bedingungen« (Professor Albert Mühlum) zu erarbeiten. Es geht darum, die benachteiligten Menschen dazu zu motivieren und zu befähigen, dass sie individuelle Beeinträchtigungen ebenso wahrnehmen wie strukturelle Benachteiligungen. Ein dauerhaft »gelingendes Leben« ist nur durch Veränderungen von Person-Umwelt-Beziehungen auf dem Wege der Selbsthilfe (aus der Sicht der Betroffenen) und der Hilfe zur Selbsthilfe (aus der Sicht der Sozialpädagogen) zu erreichen.

4.2.2 Zum Begriff Sonderpädagogik (Heilpädagogik)

Heilpädagogik, Sonderpädagogik und Behindertenpädagogik benennen gleichermaßen den Tatbestand des pädagogischen Bemühens, Menschen mit Behinderungen und psychischen Beeinträchtigungen bei ihrem Hineinwachsen und Leben in der Gesellschaft zu helfen. Es ist die Theorie und Praxis der Erziehung in besonderen Fällen gemeint.

Von Vertretern der »Sonderschulpädagogik« wurde in den sechziger Jahren der Begriff »Heilpädagogik« in Frage gestellt und durch »Sonderpädagogik« ersetzt. Vor allem U. Bleidick hat in seinem Buch »Pädagogik der Behinderten« (1972) die Unangemessenheit des Begriffs Heilpädagogik zu begründen versucht. Man meinte, durch Erziehung könne man nicht »heilen«, die Bezeichnung sei zu sehr medizinischen Charakters, und man müsse dort »nach den Möglichkeiten der Erziehung suchen, wo etwas Unheilbares vorliegt«. Otto Speck argumentiert, dass durch die Bezeichnung »Sonderpädagogik« das »Besondere« allzu sehr betont wird und

Absonderung (Separierung) nahe legt. Der verengte Sprachgebrauch, d. h. Sonderpädagogik nur im engeren Sinne als Bezeichnung für Sonderschulwesen zu verwenden, erscheint ihm nicht angemessen. Nach einer ausführlichen Diskussion der Begriffe »Rehabilitationspädagogik« (wurde vor allem in der ehemaligen DDR verwendet) und »Behindertenpädagogik« plädiert Otto Speck im 1996 (3. Auflage) erschienenen Handbuch »System Heilpädagogik« für die Beibehaltung des Begriffs Heilpädagogik. *»Er ist der älteste Begriff und stößt gegenwärtig auf keine ausgeprägte, d. h. unwiderlegbare Kritik. Die hinreichend diskutierten Nachteile (Nähe zu Medizin, Problematik von Heilen aus medizinischer und pädagogischer Sicht) dürften für den gegenwärtigen Diskussionsstand als kaum noch relevant gelten. Heilpädagogik mit dem sog. Medizinischen Modell gleichzusetzen, ist vor dem Hintergrund der zur Genüge gelaufenen Diskussionen ebenso einseitig, ideologisch und fragwürdig bzw. überwunden wie die alte Geschichte von der ›Statuserhöhung der Sonderschullehrer im weißen Kittel‹, d. h. durch die Nähe zum Arzt.*

Das pädagogisch entscheidende Positivum im Begriff Heilpädagogik *liegt im impliziten, originär pädagogischen Inhalt von heil im Sinne von ganz. Das Wort ›heil‹ bedeutet etymologisch ›ganz‹ (griechisch holos), übrigens auch im Sinne von ›Glück‹. Der Begriff ist ein umfassender und auch in verschiedenen Kulturen heimischer. (...)* Heilpädagogik *kann verstanden werden als eine spezialisierte Pädagogik, die von einer Bedrohung durch personale und soziale Desintegration ausgeht, und der es im Besonderen um die Herstellung oder Wiederherstellung der Bedingungen für eigene Selbstverwirklichung und Zugehörigkeit, für den Erwerb von Kompetenz und Lebenssinn, also um ein Ganz-Werden geht, soweit es dazu spezieller Hilfe bedarf. Es dürfte keine semantischen Probleme bereiten, die pädagogische Aufgabe, die sich hier stellt, auch als eine integrative zu verstehen, als personale und soziale Integration. Das Leitinteresse der* Heilpädagogik *bezieht sich auf das Ganzheitliche in diesem Begriff.«*

Der Schweizer Professor für Heilpädagogik H. Hanselmann schreibt: *»Heilpädagogik ist die Lehre vom Unterricht, von der Erziehung und Fürsorge aller jener Kinder, deren körperlich-seelische Entwicklung dauernd durch individuelle und soziale Faktoren gehemmt ist.«*

Den Anlass (Indikation) für heilpädagogische Bemühungen sieht Hanselmann in »Entwicklungshemmungen«. Mit dieser Sicht regte Hanselmann eine intensive Diskussion darüber an, welcher Zusammenhang zwischen Behinderung, Störung, Gefährdung, Beeinträchtigung und Schädigung sowie Entwicklungshemmung besteht. Gesucht wurde eine klare Festlegung derjenigen Störungen und Hindernisse, die besondere Erziehungsbedürfnisse bedingen bzw. zur Entwicklungsbeeinträchtigung führen.

4.2.3 Zum Begriff Behinderung

Um feststellen zu können, ob eine Entwicklungshemmung oder andere Gründe für Ansprüche auf bestimmte Leistungen vorliegen, scheint es wichtig zu sein, sich mit dem Begriff »Behinderung« auseinander zu setzen.

Der vielfach verwendete Ansatz der Weltgesundheitsorganisation (WHO), zwischen gesundheitlichen Schädigungen (»impairments«), Beeinträchtigungen (»disabilities«) und Behinderungen (»handicaps«), die aus diesen Beeinträchtigungen erwachsen, zu unterscheiden, bietet eine erste Differenzierungsmöglichkeit. Eine einheitliche Definition des Begriffs Behinderung, die die Grundlage für staatliche Leistungen bildet, scheint zur Zeit nicht möglich.

Im Bundessozialhilfegesetz wird Behinderung definiert als *»eine nicht nur vorübergehende erhebliche Beeinträchtigung der Bewegungsfähigkeit, der Seh-, Hör- und Sprachfähigkeit, der geistigen oder seelischen Kräfte, wobei Missbildungen, Entstellungen und Rückgratverkrümmungen dazu zählen«*.

Eine allgemein in der Verwaltung anerkannte Definition lautet: *»Behinderte Menschen sind Personen jeglichen Alters, die in einem lebenswichtigen sozialen Beziehungsfeld körperlich, geistig oder seelisch dauernd wesentlich beeinträchtigt sind. Ihnen stehen jene Personen gleich, denen eine solche Beeinträchtigung in absehbarer Zeit droht. Lebenswichtige soziale Beziehungsfelder sind insbesondere die Bereiche Erziehung, Schulbildung, Erwerbstätigkeit, Beschäftigung, Kommunikation, Wohnen und Freizeitgestaltung.«*

Im so genannten medizinisch-defektologischen Modell wird Behinderung als etwas »Statisches«, als etwas in einer bestimmten Ausprägung (Behinderungsgrad) Vorhandenes definiert. Diese Sichtweise wird zunehmend hinterfragt. Otto Speck schlägt vor, in einem heilpädagogisch-ökologischen Ansatz von »speziellen Erziehungserfordernissen« und nicht von »Behinderung« zu sprechen.

Inzwischen werden große Anstrengungen unternommen, um die »defektologische« Haltung gegenüber einer »dialogischen« oder »ökologischen« aufzugeben. Die Behinderung wird nicht mehr als Folge eines Defektes angesehen, sondern als Ergebnis einer Interaktion, als Folge eines Prozesses, durch den Menschen an »unbedingter sozialer Zugehörigkeit« (Otto Speck) gehindert werden. Behinderung ist eine relative und deshalb veränderliche Größe.

4.2.4 Einige kritische Anmerkungen zum Begriff Behinderung:

Die Zuverlässigkeit und Sinnhaftigkeit einer starren Einteilung, sowohl nach dem Grad der Behinderung als auch nach dem Ausmaß der Leistungseinschränkung, wird zunehmend in Frage gestellt, weil Behinderung nicht mehr länger als statischer, sondern als dynamischer Begriff wahrgenommen werden muss.

- Die medizinisch festgestellten Schädigungen (körperliche, psychische, geistige) und Beeinträchtigungen stehen in keinem direkten Zusammenhang mit der konkreten Leistungsfähigkeit in einer bestimmten Situation. Unter besonderen Umständen können »Behinderte« bessere Leistungen bringen als »Normale«.
- Aus der Einstufung eines Menschen als »behindert« ergeben sich keine Hinweise darauf, was pädagogisch geboten oder erforderlich ist.
- Die Betonung der (behinderungsbedingten) Funktionsausfälle lenkt von den Fähigkeiten und individuellen Bedürfnissen behinderter Menschen ab. Das kann die Entwicklung zur persönlichen Selbständigkeit hemmen statt fördern.
- Der stigmatisierende Effekt des Wortes »Behinderung« führt zur sozialen Ausgrenzung.

Zitat aus dem Tagebuch einer Behinderten: *»Das ist der fehler unserer gesellschaft. Sie hat nicht gelernt, sich mit ungewohntem auseinander zu setzen. Sie* *schiebt einfach alles ab – alte ins altersheim, invalide ins invalidenheim, schwer erziehbare ins schwer erziehbarenheim, kriminelle ins gefängnis und was noch übrig bleibt an ungewohntem und unverstandenem in die psychiatrischen kliniken.«*

Nach den bisher aufgeführten Argumenten müsste man die Schlussfolgerung ziehen, dass nicht objektive Schädigungen, sondern soziale Ausgrenzung und Definitionsprozesse zu einer Behinderung im Sinne »Gehindert-Sein« oder »Behindert-Werden« führen.

4.3 Ökologischer und integrativer Ansatz

In den Jahren nach 1970 haben sowohl die Sozialpädagogik als auch die Sonderpädagogik die Schwächen und Grenzen der so genannten personzentrierten Hilfe entdeckt. Beide Disziplinen haben unabhängig voneinander eine ökologische Grundlegung ihres Wirkens entwickelt. Die Notlage einer Person (Sozialpädagogik) und die Entwicklungshemmung (Sonderpädagogik) wird nicht als ein individuelles, sondern als ein interaktives und ökologisches, aus der Beziehung zur Umwelt entstandenes Problem gedeutet.

4.3.1 Integrativer Ansatz der Sonderpädagogik/Heilpädagogik

Die Erkenntnis, dass große Förderzentren und Sondereinrichtungen nicht in der Lage sind, die Integration von Behinderten zu fördern, bildete den Ausgangspunkt für die Entwicklung des integrativen und ökologischen Ansatzes in der Heilpädagogik. Dazu schreibt G. Feuser (vgl. Speck, 1996): *»Mit der Begründung, ihre Integrierbarkeit in die menschliche Gesellschaft sei von einer spezifischen Erziehung, Förderung und Behandlung in besonderen Institutionen abhängig, werden Behinderte bis in die heutige Zeit etikettiert, stigmatisiert, diskriminiert und deklassiert, d. h. an einer menschenwürdigen, umfassenden Teilnahme am gesellschaftlichen Leben und an der Entfaltung der persönlichen Beziehungen zu Gleichaltrigen gehindert.«*

An der Notwendigkeit von Sondereinrichtungen und an deren Möglichkeit, wirksame Förderung und Integration der Kinder zu leisten, wird folgende Kritik geübt:

- Durch den Besuch von Ganztagssonderschulen wird die Interaktion mit den nicht behinderten Altersgenossen, mit Eltern und Geschwistern erheblich eingeschränkt.
- Der Aufbau fester Beziehungen zu Bezugspersonen und zu Altersgenossen ist äußerst schwierig.
- Soziale Interaktion ist in speziellen Einrichtungen auf Blinde, Hörgeschädigte, Geistig- oder Körperbehinderte beschränkt.
- Durch die Trennung von behinderten und nichtbehinderten Schülern ist die Gefahr gegeben, dass behinderte Kinder von den Gleichaltrigen als etwas Besonderes, Fremdes, Eigenartiges, Seltsames gesehen werden. Es kommt zu Fehleinschätzungen, Vorurteilen und zu Unsicherheiten, wie man sich behinderten Kindern gegenüber verhalten soll.
- Die Rückführungsquote von Kindern, die aus Regelschulen in spezielle Einrichtungen zur besonderen Förderung überwiesen wurden, war äußerst gering (1 bis 3%).

Aus dieser Kritik geht deutlich hervor, wie dringend ein Umdenken in der Sozial- und Sonderpädaqogik geworden ist, um bei sozial Schwachen, Behinderten und Unangepassten eine ausgrenzende, entmündigende und disziplinierende Aufbewahrung in Sondereinrichtungen zu verhindern.

Nach dem integrativen Konzept soll die Bildung integrativer Gruppen in den Kindergärten und Schulen die Einrichtung von Sondergruppen, -klassen und -schulen so weit wie möglich überflüssig machen und auslaufen lassen. Dies ist natürlich ein langfristiger, widersprüchlicher und problematischer Prozess mit vielen Umformungsgefahren, denn eine lediglich räumliche Zusammenlegung von Unterricht ohne pädagogische Veränderungen entwickelt natürlich noch keine neue Qualität. Die Verwirklichung der Integration hängt nicht von der äußeren Zusammenführung andersartiger aber gleichwertiger Menschen ab, sondern von der Qualität der Interaktion.

Am konsequentesten an einer Dialektik von Gleichheit und Verschiedenheit orientiert sich das Konzept der integrativen Regelklassen in Hamburg, über dessen Einführung inzwischen auch in anderen Bundesländern diskutiert wird.

Die Integration wird nicht nur als Ziel, sondern auch als Weg gesehen. Nach G. Feuser kann eine integrative Erziehung nicht gelingen ohne folgende unabdingbare Elemente. Es sind:

- Die Erhaltung und Wiederherstellung gemeinsamer Lernumwelten von behinderten und nichtbehinderten Kindern.
- Die Erhaltung der natürlichen Lebens- und Lernumwelt der Kinder.
- Spielen, Lernen und Arbeiten in Kooperation miteinander und auf dem jeweiligen Entwicklungsniveau.
- Das Lernen in Projekten, die innere Differenzierung ermöglichen.
- Die Entwicklung einer Pädagogik, die sich an den Grundlagen der menschlichen Entwicklung orientiert; das bedeutet Gewähren statt Vorenthalten, Handeln statt Behandeln.

Der integrative Ansatz orientiert sich an Bedürfnissen der Kinder und ist ganzheitlich, d. h. nicht als eine spezielle Förderung, sondern als eine ganzheitliche Erziehung zu verstehen. Er ist um den Erhalt der Familie und der natürlichen Umwelt des Kindes besorgt und prozessorientiert, d. h. die Integration muss als ein mühsamer und langwieriger Prozess verstanden werden.

4.3.2 Der ökologische Ansatz der Sozialpädagogik

Sozialpädagogisch/soziale Arbeit hat Probleme zu bewältigen und zu lösen, die im Inneren der Person begründet liegen (z. B. Ängste, Depressionen, Erwartungen von Misserfolgen, Gehemmtheit, mangelnde Motivation, übertriebene Bedürfnisse, Vorurteile), die in der Umwelt von Menschen begründet liegen (z. B. zu hohe Mieten, Gewalt in den Medien, Wohngegend ohne Spielplätze, keine Möglichkeit der Freizeitgestaltung, zu hohe Anforderungen in den Schulen) und die in der Beziehung zwischen Person und Umwelt liegen (z. B. Streit zwischen Kindern und Eltern, zwischen Schülern und Lehrern, ungünstiges emotionales Klima in der Schulklasse, Angst vor bestimmten Lehrern, Angst vor Ämtern, mangelnde Wahrnehmung von gesetzlich garantierten Hilfen, z. B. von Wohngeld).

Praktisch tätige Sozialpädagogen/Sozialarbeiter werden mit verschiedenen Problemen konfrontiert, die ihre Arbeit erschweren. Die wichtigsten Probleme sind: mangelnde Motivation und Mitarbeit des Klienten, negative Einstellung des Klienten, d. h. Menschen in Not erwarten schnelle Hilfe, glauben an eine Beseitigung des Problems von außen (Fremdhilfe), sie suchen mit Vorurteilen, übertriebenen Erwartungen Beratungsstellen auf und haben schon viel Negatives von Therapie und Beratung gehört.

Ein weiteres Problem stellt die Öffentlichkeit mit ihren Vorurteilen dar. Beklagt wird bürokratische Schwerfälligkeit (Hilfe kommt zu spät), wenig Wohlwollen seitens der Ämter und auch falsche Planungen. Sozialpädagogen stehen oft beschränkte finanzielle Mittel zu Verfügung oder sie stehen unter Rechtfertigungsdruck (sie müssen nachweisen, dass die Mittel »produktiv«, »effektiv« im Sinne einer kaufmännischen Rechnung eingesetzt wurden).

Oft wenden sich Menschen zu spät an Ämter und Beratungsstellen; die Problemsituation kann dann nur noch schwer geändert werden.

Um die hier aufgeführten Probleme zu lösen und um das bereits von Klaus Mollenhauer artikulierte Dilemma der Sozialpädagogen, man würde zwar kurzfristige Hilfe leisten, aber nur im Sinne der »Feuerwehr, die Brände löscht, aber nicht verhindert, dass neue gelegt werden«, zu überwinden, wurde der so genannte ökologische Ansatz entwickelt. Wenn Sozialpädagogen nicht nur »Flickschuster der Nation« und »Pflasteraufkleber« sein wollen, die Probleme eher zudecken, als sie einer dauerhaften Lösung zuzuführen, müssen sie die Person-Umwelt-Beziehung in den Mittelpunkt ihres Handelns rücken.

Seit Urie Bronfenbrenner (ein amerikanischer Entwicklungspsychologe) im Jahr 1981 in seinem Buch »Die Ökologie der menschlichen Entwicklung« überzeugend begründen konnte, dass die Entwicklung des Kindes nicht von inneren (ererbten) oder von äußeren Faktoren allein bewirkt wird, sondern aus der ganz individuellen Auseinandersetzung des Kindes mit seiner Umwelt hervorgeht, haben auch Sozialpädagogen umdenken müssen. Die entwicklungspsychologischen Thesen, jede dauerhafte Veränderung einer Person hängt von der Art und Weise ab, »wie sie die Umwelt wahrnimmt und sich mit ihr auseinander setzt« sowie von der wachsenden Fähigkeit des Kindes, »die Eigenschaften (seiner) Umwelt zu entdecken, zu erhalten und zu ändern« (Bronfenbrenner), führten zu der sozialpädagogischen Sicht, dass die Interaktionen zwischen Personen und Objekten in einem bestimmten Lebensbereich ausschlaggebend sind.

Der so genannte »Perspektivwechsel« oder »Paradigmawechsel« (Denkansatz, Denkmodell) führte zur Einführung folgender neuer »Leitbegriffe«: Es geht nicht um eine benachteiligte Person, sondern um die »Person in der Situation«. Wichtiger als ihre psychischen Probleme sind ihr »Alltag« und ihre »Lebenswelt«. Das Ziel der Bemühungen ist das Finden einer ökologischen Eigenwelt, einer »Nische«, d. h. einer Umwelt, die den Interessen, Fähigkeiten und Bedürfnissen der Menschen, die unter erschwerten Bedingungen leben, entgegenkommt. Dazu muss man möglicherweise die Person-Umwelt-Transaktionen so ändern, dass weniger »Lebensstress« entsteht. Hilfreich dabei ist der Aufbau »sozialer Netzwerke«, was nur durch Selbsthilfe (z. B. Selbsthilfegruppen) und durch ein »Sozialmanagement« geleistet werden kann. Die Managementarbeit der Sozialpädagogen kann man mit Leitbegriffen »von der Fallarbeit zur Feldarbeit«, »von der Problembehandlung zur Befähigungshilfe«, »von der Defizit- zur Ressourcenorientierung« kurz zusammenfassen.

Der ökologische Ansatz sieht nicht den Schüler, den Behinderten, den Verhaltensgestörten, die allein erziehende Mutter, den alten Menschen mit seinen Fähigkeiten, Funktionen und Bedürfnissen als »Forschungs- und Behandlungsgegenstand«, sondern die Auseinandersetzung solcher Menschen mit ihrer Umwelt, die Person-Umwelt-Beziehungen und Austauschprozesse, den Lebensstress und die Lebensumstände (Habitat). (Vgl. hierzu auch das Thema 7.5 im Baustein 7.)

4.4 Arbeitsprinzip Gemeinwesenarbeit

Im ökologischen Ansatz wurde die »Gemeinwesenarbeit« (GWA) als eine klassische Methode der Sozialarbeit neben der sozialen Einzelfallhilfe zum »allgemeinen Arbeitsprinzip der Sozialen Arbeit« aufgewertet.

Gemeinwesenarbeit (Community – die Gemeinschaft oder das Gemeinwesen) wird für und von Menschen eines Wohngebietes geleistet, die lokale Zustände (»Missstände«) wahrnehmen, Vorstellungen zur Veränderung entwickeln, sich Ziele setzen und Projekte vereinbaren, Kontakte zu Leuten mit gleichen Interessen knüpfen und sie zur Mitarbeit gewinnen, um auf lokaler Ebene soziale Räume für eine »neue« Lebensqualität zu schaffen.

Wer lokal und kommunal beteiligt sein will, wer sich einmischen will, muss viele Bürger aktivieren, sie informieren, auf Verantwortliche in verschiedenen Bereichen Druck ausüben, muss strategisch planen und professionell arbeiten.

4.4.1 Allgemeine Merkmale des Arbeitsprinzips GWA

Das Arbeitsprinzip der Gemeinwesenarbeit umfasst folgende Merkmale:

a) Soziale Probleme werden als ökonomisch und politisch verursachte begriffen. Daher ist die alltägliche Lebenssituation ganzheitlich zu erfassen, wobei Zusammenhänge von Leben, Wohnen und Arbeiten zu berücksichtigen sind.
b) Mit Hilfe pädagogisch-politischer Bildungsmaßnahmen sind die Bedürfnisse und Interessen der im Gemeinwesen lebenden Gruppen in Erfahrung zu bringen, zu aktivieren und langfristige Perspektiven zu entwickeln. Die Bewohner sind auch an planerischen Aufgaben zu beteiligen.
c) Über die spezifischen Zielgruppen hinaus, versucht eine solche Sozialarbeit die ganze Bevölkerung eines Gemeinwesens »um das Problem zu versammeln«.
d) Auch frustrierende Alltagserfahrungen und nicht nur soziale Probleme werden beachtet und bearbeitet.
e) Die Strategie solcher Sozialarbeit besteht darin, die sozialen und kulturellen Dienste in einem Gemeinwesen zur Wirkung zu bringen. Dabei achtet man auf eine Regionalisierung von sozialen Diensten und auf Unterstützung und Förderung von Selbsthilfe.
f) Das Wichtigste ist: Die Zielgruppen zum Mithandeln zu gewinnen.
g) Die Professionalität des Handelns hat Vorrang vor jeder Organisation oder Institution, d. h. die Projekte der Sozialarbeit werden systematisch geplant und durchgeführt (Erörterung der Probleme mit Hilfe wissenschaftlicher Erkenntnisse,

Gewinnung von Mitarbeitern, Organisation der Arbeit, z. B. Kommunikation, Leitung, Treffen, Organisation der Zusammenarbeit, Beschaffung von Geldmitteln, Festsetzung der Terminvorgaben usw.).

Zusammenfassend geht es darum, bestimmte Gruppen in einem Gemeinwesen dazu zu befähigen,

- dass sie intentional (zielgerichtet) aktiv werden
- dass sie ihre Lage wahrnehmen, sich mit ihrer Gemeinde identifizieren
- dass sie in den Umweltbedingungen die Gründe für ihren Stress, für ihre Probleme sehen und
- dass sie sich ihrer Einflussmöglichkeiten bewusst werden.

4.4.2 Veranschaulichung des Konzepts GWA am Beispiel einer Neubausiedlung

Versäumnisse der Städteplanung, fehlende soziale Infrastruktur, Missachtung ökologischer Prinzipien, dichte Bebauung und andere das Wohnen und Leben belastende Faktoren vieler Neubausiedlungen führen oft zu Aktionen nach dem Modell GWA, um der Verbreitung der Jugendgewalt, der Kriminalität, der Arbeitslosigkeit und anderer sozialer Probleme entgegenzuwirken.

In Neubausiedlungen treten in der Regel folgende Probleme auf: Anonymität, es fehlen Kindergartenplätze, es fehlen Spielplätze für Kinder; die Mieten sind sehr hoch und vor allem die sog. Nebenkosten (Bewirtschaftung der Gebäude), daher kommt es häufig zu finanziellen Problemen; zu wenig Einkaufsmöglichkeiten; keine Nachbarschaftshilfe; wenig Freizeitmöglichkeiten für Jugendliche (kein Kino, keine Sporteinrichtungen, kein Jugendzentrum); wenig Möglichkeiten für Geselligkeitsabende für Erwachsene und Senioren (keine Gaststätten) usw.

Bei einer Größe der Siedlung von 4 – 6.000 Einwohnern, wird in der Regel ein Sozialarbeiterteam von 3 bis 4 Sozialarbeitern mit der Aufgabe beauftragt, gemeinwesenorientierte Sozialarbeit zu leisten (Träger z. B. Caritas, Diakonie, kommunale Träger).

1. Die Aufgabe besteht in der Ermittlung der Probleme des Wohngebiets. Dies geschieht über die Kontaktaufnahme zu schon vorhandenen Bürgerinitiativen und zu den Trägern sozialer Dienste (Sozialamt, Jugendamt, Kirche); über die Einrichtung eines Kontaktbüros für die Bevölkerung, über die Einberufung einer Bürgerversammlung.
2. Aktivierung der Bürger: Dies geschieht über die Gründung von Interessengemeinschaften und Arbeitskreisen, z. B. Arbeitskreis für die Begrünung, Mieterverein, AK Kindergarten, Bildung von Gruppen zur Verwirklichung von Freizeitinteressen. Die Erfahrungen haben gezeigt, dass zuerst grundlegende Bedürfnisse befriedigt werden müssen, ehe es zum gemeinsamen Entwickeln von Initiativen und zum gemeinsamen Handeln kommen kann. Der Einstieg kann daher z. B. durch Bildung von Hobbygruppen geschehen (z. B. Tischtennis-, Film-, Werk-, Skat-, Funkergruppe).
3. Neben der Aktivierung der Bürger sind Einzelbetreuung und Beratung wichtig. Dies geschieht über Hausbesuche, regelmäßige Sprechstunde, durch Kontakte zu anderen Institutionen, um die Probleme der Sozialhilfeempfänger, der Wohngeldberechtigten zu lösen, um Familienkonflikte (Ehescheidung, Problemkinder)

zu lösen. Es kann z. B. mit dem Vermieter vereinbart werden, dass die Mietmahnungen auch an die GWA-Arbeiter geschickt werden. So sind GWAler über Problemfälle orientiert und können Kontakt aufnehmen.

4. Einzelaktionen: Auf dieser Ebene verfolgen die GWAler das Ziel, das Zusammen gehörigkeitsgefühl der Bewohner zu stärken. Es werden Busfahrten, Seniorenausflüge, Mieterfeste, Basare, Mieter-Infos, Diskussionsabende, Treffen »Alle Generationen sitzen an einem Tisch« (Siedlungsparlament), Kontaktpersonentreffen usw. organisiert und durchgeführt.
5. Wichtige Strategie: Schaffung von Basisstrukturen (Selbsthilfegruppen, Interessengruppen, Öffentlichkeitsarbeit), damit die Bewohner aktiv werden, an allen Entscheidungen partizipieren, aktiv werden (Hilfe zur Selbsthilfe); wenn nötig unmittelbare Hilfe und Unterstützung, (Einzelberatung); politische Aktivitäten (Öffentlichkeitsarbeit, Zusammenarbeit mit Ämtern, um Einfluss auf Entscheidungen zu nehmen, Bewohnerparlament, um Demokratie zu lernen).
6. Wichtiges Arbeitsprinzip: Interessengeleitete Selbsttätigkeit der Bürger, Verbesserung der wohngebietsspezifischen Umweltbedingungen (z. B. Schaffung von Spielplätzen, Einkaufsmöglichkeiten, Verkehrsanbindung, Seniorenbetreuung).

4.5 Das Kinder- und Jugendhilfegesetz (KJHG)

Die Bundesrepublik Deutschland ist ein demokratischer und sozialer Bundesstaat (Art. 20, Abs. 1 GG). Laut Bundesverfassungsgericht sind Kriterien des Sozialstaatsprinzips: Ausgleich sozialer Gegensätze und Ungleichheiten, Fürsorge bei Hilfs- und Schutzbedürftigkeit, Sicherung des Existenzminimums für alle Bürger, Rücksichtnahme auf schwache Schichten in der Sozialpolitik.

Der Verwirklichung der durch die Verfassung garantierten Rechte dienen verschiedene Versicherungssysteme (z. B. Krankenversicherung, Sozialversicherung, Rentenversicherung, Arbeitslosenversicherung) und Gesetzesvorschriften, z. B. das Kinder- und Jugendhilfegesetz (KJHG). Viele Maßnahmen und Aufgaben der sozialen Arbeit sind durch das KJHG abgesichert. Zur Veranschaulichung werden nachfolgend die wichtigsten §§ aufgeführt.

§ 1 Recht auf Erziehung, Elternverantwortung, Jugendhilfe

(1) Jeder junge Mensch hat ein Recht auf Förderung seiner Entwicklung und auf Erziehung zu einer eigenverantwortlichen und gemeinschaftsfähigen Persönlichkeit.
(2) Pflege und Erziehung der Kinder sind das natürliche Recht der Eltern und die zuvörderst ihnen obliegende Pflicht. Über ihre Betätigung wacht die staatliche Gemeinschaft.
(3) Jugendhilfe soll zur Verwirklichung des Rechts nach Absatz 1 insbesondere 1. junge Menschen in ihrer individuellen und sozialen Entwicklung fördern und dazu beitragen, Benachteiligungen zu vermeiden oder abzubauen, 2. Eltern und andere Erziehungsberechtigte bei der Erziehung beraten und unterstützen, 3. Kinder und Jugendliche vor Gefahren für ihr Wohl schützen, 4. dazu beitragen, positive Lebensbedingungen für jungen Menschen und ihre Familien sowie eine kinder- und familienfreundliche Umwelt zu erhalten oder zu schaffen.

§ 2 Aufgaben der Jugendhilfe

(1) Die Jugendhilfe umfasst Leistungen und andere Aufgaben zugunsten junger Menschen und Familien.
(2) Leistungen der Jugendhilfe sind: Angebote der Jugendarbeit, der Jugendsozialarbeit und des erzieherischen Kinder- und Jugendschutzes, Angebote zur Förderung der Erziehung in der Familie, Angebote zur Förderung von Kindern in Tageseinrichtungen und in Tagespflege. Hilfe zur Erziehung und ergänzende Leistungen, Hilfe für seelisch behinderte Kinder und Jugendliche und ergänzende Leistungen, Hilfe für junge Volljährige und Nachbetreuung.
(3) Andere Aufgaben der Jugendhilfe sind die Inobhutnahme von Kindern und Jugendlichen, die Herausnahme des Kindes oder des Jugendlichen ohne Zustimmung des Personensorgeberechtigten, die Erteilung, der Widerruf und die Zurücknahme der Pflegeerlaubnis, die Erteilung, der Widerruf und die Zurücknahme der Erlaubnis für den Betrieb einer Einrichtung sowie die Erteilung nachträglicher Auflagen und die damit verbundenen Aufgaben, die Tätigkeitsuntersagung, die Mitwirkung in Verfahren vor den Vormundschafts- und den Familiengerichten, die Beratung und Belehrung in Verfahren zur Annahme als Kind, die Mitwirkung in Verfahren nach dem Jugendgerichtsgesetz, die Beratung und Unterstützung von Pflegern und Vormündern, die Erteilung, der Widerruf und die Zurücknahme der Erlaubnis zur Übernahme von Vereinsvormundschaften, Amtspflegschaft und Amtsvormundschaft, Beistandschaft und Gegenvormundschaft des Jugendamts, Beurkundung und Beglaubigung, die Aufnahme von vollstreckbaren Urkunden.

§ 3 Freie und öffentliche Jugendhilfe

(1) Die Jugendhilfe ist gekennzeichnet durch die Vielfalt von Trägern unterschiedlicher Wertorientierungen und die Vielfalt von Inhalten, Methoden und Arbeitsformen.
(2) Leistungen der Jugendhilfe werden von Trägern der freien Jugendhilfe und von Trägern der öffentlichen Jugendhilfe erbracht. Leistungsverpflichtungen, die durch dieses Buch begründet werden, richten sich an die Träger der öffentlichen Jugendhilfe.
(3) Andere Aufgaben der Jugendhilfe werden von Trägern der öffentlichen Jugendhilfe wahrgenommen. Soweit dies ausdrücklich bestimmt ist, können Träger der freien Jugendhilfe diese Aufgaben wahrnehmen oder mit ihrer Ausführung betraut werden.

§ 4 Zusammenarbeit der öffentlichen Jugendhilfe mit der freien Jugendhilfe

(1) Die öffentliche Jugendhilfe soll mit der freien Jugendhilfe zum Wohl junger Menschen und ihrer Familien partnerschaftlich zusammenarbeiten. Sie hat dabei die Selbständigkeit der freien Jugendhilfe in Zielsetzung und Durchführung ihrer Aufgaben sowie in der Gestaltung ihrer Organisationsstruktur zu achten.
(2) Soweit geeignete Einrichtungen, Dienste und Veranstaltungen von anerkannten Trägern der freien Jugendhilfe betrieben werden oder rechtzeitig geschaffen werden können, soll die öffentliche Jugendhilfe von eigenen Maßnahmen absehen.
(3) Die öffentliche Jugendhilfe soll die freie Jugendhilfe nach Maßgabe dieses Buches fördern und dabei die verschiedenen Formen der Selbsthilfe stärken.

§ 8 Beteiligung von Kindern und Jugendlichen

(1) Kinder und Jugendliche sind entsprechend ihrem Entwicklungsstand an allen sie betreffenden Entscheidungen der öffentlichen Jugendhilfe zu beteiligen. Sie sind in geeigneter Weise auf ihre Rechte im Verwaltungsverfahren sowie im Verfahren vor dem Vormundschaftsgericht und dem Verwaltungsgericht hinzuweisen.
(2) Kinder und Jugendliche haben das Recht, sich in allen Angelegenheiten der Erziehung und Entwicklung an das Jugendamt zu wenden.
(3) Kinder und Jugendliche können ohne Kenntnis der Personensorgeberechtigten beraten werden, wenn die Beratung aufgrund einer Not- und Konfliktlage erforderlich ist und solange durch die Mitteilung an den Personensorgeberechtigten der Beratungszweck vereitelt würde.

4.6 Zusammenfassung

Die Verwirklichung des Rechts eines jeden jungen Menschen »*auf Förderung seiner Entwicklung und auf Erziehung zu einer eigenverantwortlichen und gemeinschaftsfähigen Persönlichkeit*« ist gesetzlich abgesichert. Das war nicht immer so. Die Geschichte der Sozial- und Sonderpädagogik verdeutlicht, wie lang und beschwerlich sich die Suche nach solchen theoretischen und praktischen Modellen gestaltet hat, die auch dann zur Verwirklichung des Rechts auf Erziehung beitragen, wenn widrige gesellschaftliche oder individuelle Umstände vorliegen.

Wenn man die historische Entwicklung der Sozial- und Sonderpädagogik – beide wachsen gegenwärtig zu einer pädagogischen Disziplin zusammen – studiert, dann könnte man auf den Gedanken kommen, die Verwirklichung des Rechts auf Erziehung sei in den letzten Jahrzehnten leichter geworden. In der Einleitung zu seinem Buch »System Heilpädagogik« vertritt Otto Speck die gegenteilige Auffassung:

»Globale Veränderungen in der Lebenswirklichkeit zum Ausgang dieses Jahrhunderts haben u. a. für die Erziehung und damit für die Pädagogik eine grundlegend neue Situation geschaffen. Sie ist von Verunsicherung und neuen Fragestellungen bestimmt. Dabei zeigt sich, dass Antworten nicht mehr wie früher von einem einzelnen Aspekt oder einer einzelnen Disziplin her gegeben und als gültig angenommen werden können, dass vielmehr eine unaufhebbare Verflochtenheit der Phänomene wirksam geworden ist. Bisherige Einheitsordnungen und Selbstverständnisse werden infragegestellt, ohne dass neue Ordnungen erkennbar und allgemein akzeptierbar würden. Zusammenhänge müssen neu gefunden und geknüpft werden und zwar so, dass die jeweiligen Teileinheiten zu ihrem Recht kommen, nicht also nur von außen her definiert wurden.«

In diesem Abschnitt wurden Sozial- und Sonderpädagogik bzw. Heilpädagogik als der »dritte Erziehungsraum« (Sozialpädagogik), als Konzepte zur Linderung individueller Not (Sozialarbeit) und als »spezialisierte Erziehung« (Heilpädagogik) bei Entwicklungshemmungen dargestellt. Das Anliegen aller Bemühungen ist Hilfe zur Selbsthilfe, ist eine an den Bedürfnissen betroffener Menschen orientierte Hilfe, die ohne jede Einschränkung Integration zum Ziel hat. Es ist eine »unteilbare« Integration gemeint, die man nicht in Rehabilitation (Wiederherstellung von Funktionen), sowie in berufliche, personale und soziale Integration zergliedern kann.

Das Ziel einer umfassenden Integration machte ein Umdenken in der Sozial- und Sonderpädaqogik notwendig, denn viele gut gemeinte Maßnahmen der 60er und 70er Jahre haben zu einer ausgrenzenden, entmündigenden und disziplinierenden Aufbewahrung sozial Schwacher, Behinderter und Unangepasster in Sondereinrichtungen geführt.

Das Umdenken führte zur Entwicklung des ökologischen (Sozialpädagogik) und integrativen (Sonderpädagogik) Ansatzes. Die personbezogene Sicht sozialer Probleme wurde zugunsten einer dynamischen, dialogischen oder strukturellen aufgegeben. Eine Behinderung wird nicht mehr medizinisch-defektologisch definiert, sondern als komplexer Interaktionsprozess, als »Behinderung der Erziehung«, als psychophysische Entwicklungsbeeinträchtigung. Bei Behinderungen sind spezielle Erziehungserfordernisse gegeben. Es besteht Bedarf an besonderer Unterstützung.

Der ökologische Ansatz der Sozialpädagogik rückt die Person-Umwelt-Beziehung in den Mittelpunkt des Interesses. Der Auftrag der Sozialpädagogen besteht im Aufzeigen der Wege zur Problembewältigung, im Erschließen der Möglichkeiten zu einer »gelungenen« Lebensführung – auch unter erschwerten Bedingungen. Die Gemeinwesenarbeit als klassische Methode der Sozialpädagogik wurde zum Arbeitsprinzip der Sozialpädagogik, denn die Verschiebung von der »Fallarbeit zu Feldarbeit« und von der »Problembehandlung zur Bewältigungshilfe« konnte nur durch die Einmischung in die jeweilige Lebensumwelt der sozial Benachteiligten erreicht werden.

Zusammenfassend gesehen führt die Auseinandersetzung mit den Grundlagen der Sozial- und Sonderpädagogik zu folgenden Einsichten und Erkenntnissen:

- Die Erziehung braucht einen starken Staat. Die Verwirklichung des Rechts auf Erziehung darf nicht an finanziellen Erwägungen scheitern.
- Der Staat ist auf eine effektive Erziehung angewiesen. Gerade in den Zeiten des Umbruchs, der so genannten Globalisierungen, der Jugendgewalt und der Politikverdrossenheit sind besondere Anstrengungen der Erzieher, vor allem auch der professionellen Erzieher gefragt.
- Die Erziehung in der Familie und Schule muss durch sozial- und sonderpädagogische Einrichtungen ergänzt, unterstützt und evtl. ersetzt werden.
- Die Erziehung außerhalb Familie und Schule muss professionell organisiert werden. Methodische Grundlage und Strategiedenken sind ebenso wichtig wie persönliches Engagement.
- Auch heilpädagogische oder sonderpädagogische Erziehung ist Erziehung, und sonst nichts. Wie schwer auch eine Behinderung sein mag, der Einsatz optimaler Eingliederungshilfen darf nicht hinterfragt werden.
- Auch eine spezielle Erziehung, die sich an Bedürfnissen benachteiligter Kinder orientiert, darf nicht zur Aussonderung führen, sondern muss immer Integration im ganzheitlichen Sinn zum Ziel haben.
- Im sozial- und sonderpädagogischen Bereich kann sich Erziehung nicht nur auf direkte Beeinflussung der Kinder und Jugendlichen beschränken. Eine kritische Auseinandersetzung mit der Gestaltung der Umwelt ist ebenso wichtig wie direkte Öffentlichkeitsarbeit.

- Dauerhafte Erfolge sind im Bereich der Sozial- und Sonderpädagogik nur über Hilfe zur Selbsthilfe und ökologisches Denken zu sichern. Im Zeitalter des vernetzten Denkens muss eine personzentrierte Betrachtung und Arbeitsweise durch systemische und strukturelle Handlungskonzepte ergänzt werden.
- Alle Bemühungen der Sozial- und Sonderpädagogik stützen sich auf das Grundgesetz der Bundesrepublik Deutschland und andere Gesetzeswerke, wie z. B. auf das Kinder- und Jugendhilfegesetz (KJHG).

Man muss
das **Unmögliche**
versuchen,
um das **Mögliche**
zu **erreichen!**

(Hermann Hesse)

Literatur

Bardy, E. u. a., Hrsg. (1992)
Pädagogik. Grundlagen und Arbeitsfelder.
Neuwied, Berlin, Hermann Luchterhand Verlag
Belardi, N. u. a., Hrsg. (1980)
Pädagogik. Sozialpädagogische Arbeitsfelder.
Frankfurt a. M., Berlin, München, Verlag Moritz Diesterweg
Bleidick, U. (1995)
Einführung in die Behindertenpädagogik. Stuttgart, Kohlhammer
Buchkremer, H. (1995).
Handbuch Sozialpädagogik. Dimensionen sozialer und gesellschaftlicher Entwicklungen durch Erziehung. Darmstadt, Wiss. Buchgesellschaft
Hierdeis/H., Hrsg. (1996).
Taschenbuch der Pädagogik, Baltmannsweiler: Schneider-Verlag
Möckel, A. (1988)
Geschichte der Heilpädagogik. Stuttgart, Klett-Cotta
Mühlum, A. 1996
Sozialpädagogik und Sozialarbeit. Ein Vergleich. Frankfurt am Main.
Rauschenbach, T., Hrsg. (1992)
Soziale Arbeit und Erziehung in der Risikogesellschaft.
Neuwied [u.a.]: Luchterhand
Speck, O. (1996).
System Heilpädagogik. Eine ökologisch reflexive Grundlegung.
München, Basel, Ernst Reinhardt Verlag
Staatsinstitut für Frühpädagogik und Familienforschung, München, Hrsg. (1990)
Handbuch der integrativen Erziehung behinderter und nichtbehinderter Kinder.
München, Basel, Ernst Reinhardt Verlag
Wendt, W.,R. (1997).
Case Management im Sozial- und Gesundheitswesen.
Freiburg im Breisgau, Lambertus

6

Psychologie als Wissenschaft – Materialien zur Reflexion der Praxis

1 Einleitung

Das Wort »Psychologie« wird als die »Lehre von der Seele« oder einfach »Seelenkunde« übersetzt. Da man den Begriff »Seele« wissenschaftlich nicht bestimmen kann, wird in den meisten Definitionen der Psychologie gesagt, sie untersucht Vorgänge, die sowohl von der Person selbst als auch von Außenstehenden als Erleben und Verhalten wahrgenommen werden. Mit dem Wort Psyché (übersetzt Seele) hat der griechische Philosoph Aristoteles diejenigen Merkmale des Lebewesens Mensch zusammengefasst, die über die animalischen (tierischen) und physiologischen Vorgänge (wie Atmung, Herztätigkeit) hinausgehen. Es sind die »höheren Nerventätigkeiten« (so Aristoteles) wie Wahrnehmung, Aufnahme von Reizen mit Hilfe der Sinnesorgane, das Wahrnehmen von Schmerzen, willkürliche Bewegungen, körperliche und psychische Reaktionen bei Gefühlen und auch Denken gemeint. Der Begriff Seele wird damit als Bezeichnung für das »Lebensprinzip« der Menschen verwendet.

Will man über eine Wissenschaft ein genaues Bild bekommen, so muss man zunächst nach Antworten auf folgende Fragen suchen: Nach welchem Wissen, nach welchen Erkenntnissen suchen Psychologen als Wissenschaftler? Welche Methoden erscheinen geeignet, um Antworten auf ihre Fragestellungen zu gewinnen? Wozu, mit welchem Ziel, zu welchem praktischen Nutzen werden die Erkenntnisse gesammelt? Wo und auf welche Art und Weise werden die Erkenntnisse der Psychologie angewandt?

In diesem Baustein wird mit Hilfe ausgewählter Forschungsbeispiele das methodische Vorgehen beim Gewinnen von Erkenntnissen verdeutlicht. Als Beispiele werden so genannte »klassische« Untersuchungen und Experimente der Psychologie gewählt. Dabei werden zwei Ziele verfolgt: Die Vorstellung des methodischen Vorgehens und die Darstellung zentraler psychologischer Erkenntnisse.

Außerdem wird auf die Bedeutung vorgestellter Experimente und Erkenntnisse für die praktische Anwendung verwiesen.

1.1 Probleme bei der Anwendung psychologischer Erkenntnisse

Psychologische Erkenntnisse werden in verschiedenen Bereichen des menschlichen Lebens und Zusammenlebens angewandt. Zu den wichtigsten zählen Beratung und Psychotherapie, Diagnostik, Schule, Arbeitsplatzgestaltung, Organisation, Werbung, Verkehr, Rechtsprechung und Wirtschaft.

Probleme der Anwendungspraxis lassen sich nicht mit Hilfe »klassischer« Beispiele veranschaulichen und reflektieren. Leider ist auch das Verhältnis zwischen Grundlagenforschung und Anwendung noch weitgehend ungeklärt. Es stellt sich die Frage, ob das Verhältnis zwischen Theorie und Anwendung in der Psychologie analog der Beziehung Naturwissenschaft zu Technik zu sehen ist? Dieses Problem wird durch das nachfolgende Beispiel näher beleuchtet.

Viele, zum Zwecke einer genauen Erforschung isolierte und abgegrenzte Tatbestände lassen sich so in der Praxis bzw. Realität nicht finden. Nehmen wir als Beispiel »Lernen«. Experimentell wurde jeweils nur ein bestimmter Aspekt des Lernens untersucht, z. B. wie wirkt sich eine bestimmte Verstärkung aus oder wie man eine Verbindung zwischen zwei Reizen löschen kann (meist im Labor und an Versuchstieren). So isoliert ist das Lernen vor allem in der Erziehungspraxis und in der Therapiepraxis nicht vorhanden. Die Übertragung lernpsychologischer Erkenntnisse in die Praxis ist daher mit vielen Problemen verbunden. Eine direkte Übertragung oder Anwendung lernpsychologischer Erkenntnisse ist nicht möglich. Die Lerntheorien haben aber sicherlich sehr viel zur kritischen Bewertung der bestehenden Erziehungspraxis und auch zur Entwicklung neuer praktischer Methoden und Verfahren z. B. in der Therapie beigetragen.

1.2 Modelle des Menschen

Von den vielen im Laufe der kurzen Geschichte der Psychologie entstandenen Schulen und Richtungen sind Tiefenpsychologie, kognitive Psychologie und Behaviorismus noch heute aktuell. Die Grundlage dieser Schulen bildet das so genannte »verborgene Menschenbild« (»verborgen«, weil es in den Theorien nicht ausdrücklich erörtert wird) oder »Modell des Menschen«.

Die Tiefenpsychologie stützt sich auf das psychodynamische Modell des Menschen, dem zufolge alles Verhalten durch Triebe, persönliche Bedürfnisse und vor allem durch unbewusste Kräfte gesteuert wird. Das Verhalten und Handeln hat Reduktion der Triebspannung zum Ziel.

Der klassische Behaviorismus nimmt an, dass das Verhalten vollständig durch Umweltbedingungen determiniert ist. Der Mensch wird nach dem S-R-Schema (S = Stimulus, R = Reaktion) erforscht, d. h. als Reiz-Reaktions-Mechanismus. Da Reize als Ursachen des Verhaltens gesehen werden, wird das behavioristische Modell des Menschen als ein »mechanisches« Modell eingestuft.

Die kognitive Psychologie sieht im Denken, Aufnehmen und Verarbeiten von Informationen die entscheidende Einflussgröße auf das Erleben und Verhalten. Das menschliche Handeln wird nicht als eine direkte Folge der Informationsaufnahme (Input), sondern als Ergebnis der Informationsverarbeitung (Output) gedeutet. Der Mensch ist nicht nur »Reagierer«, sondern auch »Agierer«, der von sich aus Aktivitäten entwickelt, sich Ziele setzt und verfolgt und über Selbststeuerungsmechanismen verfügt. Das Modell des Menschen von dem die kognitive Psychologie ausgeht, wird verkürzt »homo sapiens« (der denkende oder der vernunftbegabte Mensch) genannt.

1.3 Gegenstand und Methoden der Psychologie

Als komplexe Wissenschaft wird die Psychologie in viele Teilgebiete (z. B. Wahrnehmungspsychologie, Denkpsychologie, Lernpsychologie) und in mehrere Teildisziplinen (z. B. Allgemeine Psychologie, Sozialpsychologie, Pädagogische Psychologie, Klinische Psychologie, Angewandte Psychologie) aufgegliedert.

Verschiedene Wissenschaften wenden unterschiedliche Methoden an, um gültige und nützliche Erkenntnisse zu gewinnen, weil die Methoden auf den Untersuchungsgegenstand abgestimmt sein müssen. Methoden sind Instrumente der Erkenntnisgewinnung und man kann sagen, dass jede wissenschaftliche Erkenntnis nur so gut sein kann, wie die Methode, mit der sie gewonnen wurde.

Als Wissenschaftler geraten Psychologen bereits bei der Bestimmung des Forschungsgegenstandes in Schwierigkeiten. Das Erleben und Verhalten sind sehr komplexe und nur teilweise der Beobachtung zugängliche Vorgänge.

Das offen gezeigte und beobachtbare Verhalten (z. B. Aufgaben lösen, Essen, auf Fragen antworten, einen Hebel drücken, ein Musikinstrument spielen) sowie das nur der Selbstbeobachtung (Introspektion) oder dem Bewusstsein zugängliche Erleben (z. B. Gedanken, Gefühle, Wünsche, Vorstellungen, Bedürfnisse) ist mit körperlichen Vorgängen untrennbar verknüpft und auch von vielen anderen Bedingungen abhängig. Gegenstand der Psychologie ist also der Mensch als ganzheitliches Wesen mit unterschiedlichen Komponenten, der Mensch als Leib-Seele-Geist-Einheit in der Auseinandersetzung mit der Umwelt und mit sich selbst. Wenn nicht alle Vorgänge im Menschen der Beobachtung zugänglich sind, dann kann sich die Psychologie nicht allein auf erfahrungs- oder naturwissenschaftliche Methoden des Beobachtens, Zählens und Messens verlassen. Sie muss auch auf so genannte geisteswissenschaftliche Methoden zurückgreifen. Die anerkannten geisteswissenschaftlichen Methoden sind Phänomenologie und Hermeneutik. Zu den geisteswissenschaftlichen Methoden werden auch die Logik, die sich mit den Regeln des Schlussfolgerns, des Ziehens von gültigen Schlüssen aus bereits vorhandenen Erkenntnissen oder Aussagen befasst, und Dialektik gezählt. Die Dialektik stützt ihre Vorgehensweise auf die Annahme, dass die in der Welt vorhandenen Widersprüche und Gegensätze nach Auflösung drängen. Die Erkenntnisgewinnung ist durch das Aufdecken und Auflösen von Widersprüchen und Gegensätzen möglich. Durch Setzen von Thesen, die durch Antithesen verneint werden, sucht man nach der Synthese und kommt so der Erkenntnis immer näher.

1.4 Vorteile und Nachteile naturwissenschaftlicher Psychologie

Bereits zu Beginn des 20. Jahrhunderts und vor allem in den 60er und 70er Jahren waren Psychologen sehr darum bemüht, die Psychologie als Naturwissenschaft zu etablieren. Ebenso wie andere Naturwissenschaften ist die Psychologie auf Beobachtungen im Labor, d. h. auf präzise Untersuchungen verschiedener Zusammenhänge unter künstlich hergestellten und kontrollierten Bedingungen angewiesen.

Feldforschung, d. h. Beobachtung von Ereignissen in der natürlichen Umwelt hat gegenüber dem Experiment den Vorteil, dass reales und nicht ein künstlich hergestelltes Geschehen beobachtet wird. Das Zustandekommen realer Ereignisse wird allerdings in der Regel durch so viele Faktoren bedingt, dass man oft nicht entscheiden kann, durch welchen Faktor ein Ereignis am stärksten beeinflusst wird.

Beim Experiment wird nur ein Merkmal oder Faktor (unabhängige Variable genannt) geändert, alle anderen Faktoren werden konstant gehalten. So kann man herausfinden, wie sich die »unabhängige Variable« (die vom Forscher kontrollierte und gezielt eingesetzte Größe) auf die beobachtete oder gemessene »abhängige Variable« auswirkt. Verschiedene Merkmale, Eigenschaften oder Größen der Menschen werden in den Untersuchungen unter natürlichen Bedingungen und vor allem in Experimenten »Variablen« genannt.

Oft wird gesagt, dass die experimentelle Methode Rückschlüsse auf kausale Zusammenhänge erlaubt, weil im Experiment die systematische Kontrolle der auf die Versuchspersonen (wird in der Literatur in der Regel mit Vpn abgekürzt) einwirkenden Bedingungen möglich ist. Diesem Vorteil psychologischer Experimente stehen einige Probleme gegenüber: Man kann nicht ausschließen, dass sich Menschen unter künstlich hergestellten Bedingungen anders verhalten als unter natürlichen.

Die Übertragung der im Labor gewonnenen Ergebnisse auf natürliche Rahmenbedingungen ist daher nur mit Einschränkungen möglich.

Durch das Experiment stellt man Zusammenhänge zwischen Merkmalen, Ereignissen oder Vorgängen fest. Man weiß aber nicht, auf welche Art und Weise die beobachteten oder errechneten Zusammenhänge zustande kommen. Daher werden die gewonnenen Ergebnisse in der Regel mit Hilfe einer Theorie interpretiert und begründet.

Einige Überlegungen des Philosophen Erwin Chargaff verdeutlichen die schwierige Situation naturwissenschaftlich arbeitender Psychologen:

»Die schwerste Schuld der Naturwissenschaften, wie sie im letzten Jahrhundert gehandhabt wurden, liegt wahrscheinlich in der Fragmentierung unseres Naturbildes: Eine zwangsweise Folge der induktiven Verhaltensweise der Forschung. Gleichgültig ob die Natur in alten Zeiten lyrisch oder mystisch oder schamanisch betrachtet wurde, sie muss dem Menschen als ein strukturloses Magma erschienen sein, als ein Kontinuum, von dessen Anfang und Ende man nur träumen konnte. Dieser Traum, wie alle andern, ist jetzt ausgeträumt. Die verschiedenen Naturwissenschaften, mit ihren immer mehr verfeinerten Methoden, haben diesem Kontinuum an einigen, häufig sehr entfernt voneinander gelegenen Stellen gleichsam ein Raster oder ein feinmaschiges Netz aufgezwängt. Dadurch haben sie es zustande gebracht, den Riesenstrom in kleine, nicht miteinander kommunizierende Bächlein aufzuteilen. Die Vertiefung der Naturforschung hat eine Zersplitterung der Naturanschauung bewirkt. Je feiner das Netz, desto schmaler die Resultate. Und niemand ist übrig, der fähig wäre, die Riesenmenge von Einzeltatsachen, jede allein gesehen höchst banal, zusammenzufassen.«...

»Unsere Zeit gehört den Erklärern; niemals vorher wurde so viel erklärt, und nie gab es weniger wahres Verständnis. – Ich fürchte, dass ich mit meiner Unterscheidung zwischen Verständnis und Erklärung, in der Wissenschaft allein dastehe. – Zum wirklichen Erklären gehören zwei: Einer, der erklärt, und Einer, der versteht.«...

»Die Rätselhaftigkeit der Welt wurde durch ihre Erklärbarkeit ersetzt. Das hat sie nur rätselhafter gemacht; aber dies zu erkennen, – sind wir nicht mehr imstande; die Organe des Sichwunderns sind verkümmert. Wir haben vergessen, dass die Einzige wirkliche Verbindung zwischen einer Beobachtung und dem Verstehen des Beobachteten nicht immer eine Gerade ist.«

Dennoch bleibt fest zu halten, dass viele mit Hilfe naturwissenschaftlicher Methoden gewonnenen Erkenntnisse und die auf diesem Wege entwickelten Modelle und Theorien zur Verbesserung des Handelns in vielen Lebensbereichen geführt haben. So hat z. B. die Wahrnehmungsforschung dazu geführt, dass wir die Konstruktion von Geräten und die Gestaltung der Arbeitsplätze auf die Fähigkeiten des Menschen »zuschneiden« konnten, was zur Steigerung der Aufmerksamkeit, zur Verbesserung der Konzentration, zur Senkung der Ermüdung und natürlich auch zur Vermeidung von Unfällen beigetragen hat.

2 Methodische Grundbegriffe

Gewinnen wissenschaftlicher Erkenntnisse beginnt mit einer möglichst klar formulierten Fragestellung. Die Anregungen für das Durchführen wissenschaftlicher Untersuchungen ergeben sich aus den bereits vorhandenen Theorien, die auf ungeklärte Zusammenhänge hinweisen und aus den Problemen, die bei der Anwendung wissenschaftlicher Erkenntnisse auftreten (Theorie-Praxis-Problem) oder auch aus den Alltagserlebnissen. Oft werden Wissenschaftler durch Wirtschaft, den Staat oder private Institutionen mit der Erforschung bestimmter Fragestellungen beauftragt.

Die pädagogische Psychologie interessiert sich z. B. für die Frage: Welcher Zusammenhang besteht zwischen Intelligenz und schulischen Leistungen? In der Verkehrspsychologie spielt die Untersuchung des Zusammenhangs zwischen Alkoholkonsum und Verkehrstüchtigkeit eine wichtige Rolle: Wie wirkt sich Alkoholkonsum auf die Reaktionszeit aus? Die Persönlichkeitspsychologie interessiert sich unter anderem für die geschlechtsspezifischen Unterschiede: Sind Jungen aggressiver als Mädchen? Eine lernpsychologische Fragestellung lautet: Wie wirken sich positive Konsequenzen eines Verhaltens auf die Wiederholung des gezeigten Verhaltens aus?

2.1 Die Qualität der Datenerhebung

Wissenschaftliche Untersuchungen müssen wiederholbar und überprüfbar, man sagt auch »objektiv« sein. Daher wird von den Forschern gefordert, dass sie bei der Datenerhebung, Auswertung, Darstellung und Interpretation die Kriterien wissenschaftlichen Arbeitens beachten. Dazu gehören: Eindeutige Definition zentraler Begriffe, Vermeidung von Fehlern bei der Beobachtung und Messung (Datenerhebung) sowie Auswertung und Darstellung.

Die in der Fragestellung und in den Annahmen über zu erwartende Zusammenhänge (Hypothesen, Arbeitshypothesen) verwendeten Begriffe müssen eindeutig definiert sein. Bei nicht direkt messbaren Sachverhalten und Merkmalen wie z. B. Ängstlichkeit, Hunger, Intelligenz sind so genannte operationale Definitionen notwendig. Was ein Forscher unter Ängstlichkeit, Hunger oder Intelligenz versteht, kann er über die Angabe der »Operation«, mit der Beschreibung des verwendeten »Messinstruments« oder mit der Angabe der »Herstellung« des beobachteten Merkmals mitteilen.

Beispiele: »Hungrige« Ratten haben 24 Stunden keine Nahrung bekommen. Oder: Den Hunger der Ratten kann man über den unmittelbar vorausgehenden Gewichtsverlust definieren. Bei 15% Gewichtsverlust ist Hunger vorhanden. Die Intelligenz ist das, was der anerkannte Test IST (Intelligenz-Struktur-Test) misst. Wenn Versuchspersonen im Angstfragebogen einen Wert über 30 Punkte erreichen, dann werden sie der »ängstlichen« Gruppe zugeteilt.

Bei der Durchführung der Beobachtung sind Beobachtungsfehler zu vermeiden. Um fehlerfreie Beobachtungen zu erreichen werden in der Psychologie verschiedene Aufzeichnungsgeräte eingesetzt. Verbesserungen der Aufzeichnungen sind auch über entsprechende Trainings der Beobachter und mit Hilfe von Strichlisten, in denen die zu beobachtenden Merkmale aufgelistet sind, zu erreichen. In der Methodenlehre setzt man sich sehr kritisch mit verschiedenen Beobachtungsarten und typischen (systematischen oder zufälligen) Fehlerquellen auseinander. Die Selbstbeobachtung oder Introspektion wurde lange Zeit als unwissenschaftlich, subjektiv und als nicht überprüfbar abgelehnt.

2.2 Das Messen in der Psychologie

Da in der Psychologie Merkmale, Eigenschaften und Vorgänge beobachtet werden, die in unterschiedlicher Ausprägung im Sinne der Qualität (z. B. klein-groß, weiblich-männlich, intelligent-dumm) und in unterschiedlicher Ausprägung im Sinne der Quantität vorkommen (von klein zu groß, von wenig zu viel, von schwach zu stark), mussten Psychologen das Problem des »Messens«, d. h. des Zuordnens von Zahlen zu Merkmalen lösen. Je nach dem, wie sich die Abstufungen oder Ausprägungen eines Merkmals anordnen lassen, ergeben sich folgende Skalenniveaus (siehe Abbildung).

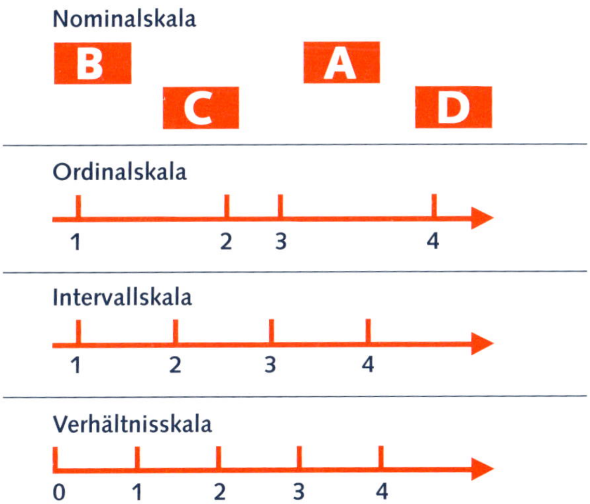

Abb. 1: Skalennievaus in der Psychologie

Bei der Nominalskala lassen sich Ausprägungen eines Merkmals, z. B. Geschlecht (weiblich, männlich), Haarfarbe (blond, braun, schwarz), Religionszugehörigkeit (katholisch, evangelisch) nur benennen. Nach der erbrachten Leistung könnte man die Schüler nur in »gute« und »schlechte« einteilen.

Auf einer Ordinalskala (Rangreihe) lassen sich Merkmale nach einer Rangfolge anordnen. Die Abstände zwischen den Zahlen (Rangziffern) können unterschiedlich groß sein. Die Schüler einer Klasse kann man nach ihrer Leistung vom besten zum schlechtesten »anordnen«.

Auf einer Intervallskala sind die Abstände zwischen zwei aufeinander folgenden Ziffern immer gleich groß. Misst man die Leistungsfähigkeit der Schüler mit einem Leistungstest, z. B. mit einem Intelligenztest, dann erhält man Werte, die einem Intervallskalennievau entsprechen. Intelligenztests sind so konstruiert, dass man IQ-Werte mit gleichen Abständen zwischen den einzelnen Stufen ermitteln kann. So könnte man behaupten, dass bei allen Schülern, die einen IQ-Wert von 100 und von 105 erreicht haben, der gleiche Abstand oder Unterschied besteht.

Eine Verhältnisskala ist eine Intervallskala mit Nullpunkt. Das wäre bei der Messung von Reaktionszeiten der Fall.

Die Qualität der Messung und das Skalenniveau wirkt sich entscheidend auf statistische Verarbeitung und Auswertung aus. Je nach Skalenniveau sind bestimmte Rechenoperationen möglich und andere nicht.

Für die durch eine Messung (Beobachtung von mehreren Vpn) gewonnenen Zahlenreihen lassen sich Parameter (Kennwerte) berechnen. Solche Kennwerte sind vor allem der Durchschnitt und die Streuung (das mittlere Maß der Abweichungen vom Durchschnitt). Durch die Berechnung des Korrelationskoeffizienten erhält man einen Wert, mit dem man die Abhängigkeit oder den Zusammenhang zwischen Variablen bzw. den dazu gehörigen Messwerten charakterisieren kann. Wenn im Zehnkampf von einem bestimmten Läufer 100 m in 11 Sekunden und 400 in 48 Sekunden und von einem anderen die 100 m in 13,6 Sekunden und die 400 m in 58,2 Sekunden zurückgelegt werden, dann sieht man, dass zwischen der Leistung im 100 m Lauf und 400 m Lauf eine Beziehung besteht. Wenn man z. B. die Leistung von 100 Zehnkämpfern erfasst, dann kann man einen Korrelationskoeffizienten berechnen (siehe hierzu die Tabelle 1 auf S.181)

2.3 Die Normalverteilung der Häufigkeiten

Bei einer großen Zahl von Messungen treten bestimmte Werte sehr häufig auf und andere wiederum sehr selten. Im Normalfall werden mittlere oder durchschnittliche Messwerte sehr häufig und extreme Ausprägungen sehr selten vorkommen. Es wird angenommen, dass sich Merkmale, deren Ausprägung von sehr vielen Bedingungen abhängt, wenn sie an einer sehr großen Stichprobe (z. B. 1.000 Menschen) gemessen werden, hinsichtlich ihrer Häufigkeit »normal« verteilen. Die Normalverteilung oder Gaussche Kurve (auch Glockenkurve genannt) ist symmetrisch und eingipflig, sie kann aber verschieden »steil« oder »breit« sein. Mit Hilfe des Mittelwerts und der Standardabweichung kann man angeben, wie viel Prozent der Messwerte sich in bestimmten Bereichen der Normalverteilung befinden.

Abb. 2: Normalverteilung
(Häufigkeiten der Werte von 1000 Personen)

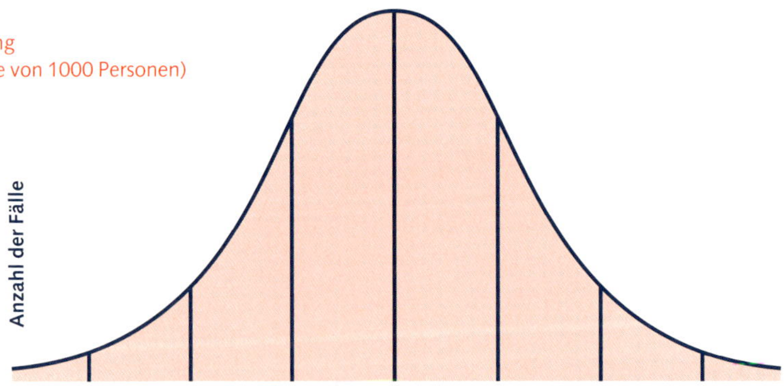

Standardabweichungen: -3s, -2s, -1s, x, +1s, +2s, +3s

Fälle pro Intervall falls die Gesamtzahl N = 1000 Fälle beträgt	1	22	136	341	341	136	22	1
Fälle pro Intervall %	0,13 %	2,14 %	13,59 %	34,13 %	34,13 %	13,59 %	2,14 %	0,13 %

Das Schaubild zeigt die Verteilung der Werte, die man erhalten oder erwarten würde, wenn man an 1000 zufällig ausgewählten Vpn ein Merkmal wie z. B. Intelligenz messen würde. Im Bereich zwischen einer Standardabweichung nach unten befinden sich 34,13 % und nach oben 34,13 %, also insgesamt liegen in diesem Bereich 68,2 % der »Fälle« oder 682 Personen. Kennt man die Intelligenzhöhe einer Person, dann ist man auch darüber informiert, wie viel Prozent der Bevölkerung schlechter bzw. besser abschneiden als die betreffende Person.

Die Intelligenztests sind in der Regel so konstruiert, dass die Standardabweichung vom Mittelwert 15 IQ-Punkte beträgt. Misst man die Intelligenz von 1000 Menschen, so ist zu erwarten, dass an 22 Personen ein Intelligenzquotient gemessen wird, der zwischen 70-55 Punkten liegt (Mittelwert minus 2s). Auf der anderen Seite sollten 22 Personen einen Intelligenzquotienten erreichen, der zwischen 130-145 Punkten liegt.

Bei kleinen Stichproben, z. B. in einer Schulklasse kann man keine Normalverteilung der ermittelten Werte erwarten. So ist es mathematisch und statistisch sinnlos, von einem Lehrer zu erwarten, dass sich die von ihm in einer Schulklasse erteilten Noten »normal« verteilen.

2.4 Gütekriterien der psychologischen Tests

Zur Beobachtung verschiedener Merkmale, Fähigkeiten, Eigenschaften und Einstellungen werden in der psychologischen Forschung und in der Diagnostik verschiedene Tests eingesetzt. Nach der Art des beobachteten Merkmals lassen sich psychologische Tests aufgliedern in Leistungstests und Persönlichkeitstests. In den Leistungstests wird von den »Probanden« (so werden die getesteten Personen in der Regel genannt) das Lösen von Aufgaben unterschiedlicher Schwierigkeit gefordert. Um Merkmale der Persönlichkeit, z. B. Ängstlichkeit, Aggressionsbereitschaft, emotionale Labilität, Kontaktfähigkeit, Pflichtbewusstsein zu erschließen, setzt man verschiedene Verfahren ein. Am häufigsten kommen so genannte »Projektive Verfahren« wie »Thematischer Apperzeptionstest« (Probanden werden aufgefordert, ein Bild zu deuten: Was geht vor? Was ist vorausgegangen? Wie wird es weiter gehen?) oder Rorschach-Test (Probanden werden aufgefordert, Tintenklekse zu deuten) zum Einsatz. Im Gegensatz zu den Persönlichkeitsfragebogen sind projektive Tests für die Probanden nicht durchschaubar und manipulierbar.

Die psychologische Befragung erfolgt in der Regel mit »standardisierten« Fragebögen. Für standardisierte Fragebögen sind die durchschnittlichen Antworthäufigkeiten und die Gesamtpunktwerte durch das Testen einer großen Personenzahl ermittelt worden. So kann man z. B. mit einem Angstfragebogen durch den bereits vorhandenen »Vergleich« eine Person nach der erreichten Punktzahl als nicht ängstlich oder »normal« oder als sehr ängstlich einstufen. Da Probanden leicht durchschauen können, worauf bestimmte Fragen abzielen, wird mit so genannten »Lügenfragen« (z. B. »Haben sie schon einmal gelogen?« Man geht davon aus, dass jeder Mensch schon gelogen hat!) geprüft, ob die Person zu »sozial erwünschten Antworten« neigt.

Die Qualität der psychologischen Messinstrumente, also der für das Beobachten bestimmter Eigenschaften und Fähigkeiten entwickelter Tests, wird mit den Kriterien **Objektivität, Reliabilität und Validität** beschrieben. Ein neu konstruierter Test, z. B.

zur Messung der Intelligenz, der Konzentration, der technischen Begabung, der Ängstlichkeit, wird erst dann von der Fachwelt als »wissenschaftlich« akzeptiert, wenn er nahezu 100 % objektiv ist. Wiederholt man mit einem Test die Datenerhebung an z. B. 100 Vpn, dann müsste man zwischen den beiden Messwertreihen für die erste und die zweite Messung eine Korrelation von $r = 0{,}95$ bis $0{,}99$ erhalten. Das würde bedeuten, dass die erhaltenen Werte unabhängig sind vom Einfluss der Tester und dass die Auswertung mit objektiver Auszählung, z. B. mit Anlegen einer Schablone, erfolgt.

Mit der Reliabilität oder Zuverlässigkeit wird die Genauigkeit der Messung angegeben. Der Reliabilitätskoeffizient (in der Regel Korrelationsmaß) beschreibt, wie »gut« ein Test das Merkmal misst, das er vorgibt zu messen.

Ob ein Test wirklich das Merkmal misst, das er vorgibt zu messen, z. B. ob ein Intelligenztest wirklich die Intelligenz und nicht die Kreativität oder emotionale Stabilität oder Konzentration misst, wird mit dem Kriterium Validität geprüft. Die Validität oder Gültigkeit eines Tests wird ermittelt, indem man z. B. bei Intelligenztests die Intelligenz einmal mit dem Test und dann mit Hilfe anderer Maßnahmen ermittelt. Auch hier wird zwischen den ermittelten Messwertreihen die Korrelation berechnet. Fällt der Korrelationskoeffizient hoch aus, dann ist der Test »valide«.

Zwischen Objektivität, Reliabilität und Validität besteht ein enger Zusammenhang. Ein Test kann nur dann zuverlässig sein, wenn er objektiv ist. Nur ein objektiver und zuverlässiger Test kann valide sein.

2.5 Umgang mit Umfangreichen Datensammlungen (Faktorenanalyse)

Manche Fragestellungen lassen sich nur mit Hilfe der Erhebung sehr vieler Daten über das Verhalten von Menschen beantworten. Will man z. B. ermitteln, aus welchen Teilfähigkeiten sich die komplexe Fähigkeit Intelligenz zusammensetzt, so muss man möglichst alle verschiedenen Formen des »intelligenten Verhaltens« beobachten und zahlenmäßig fest halten. Wenn man Rechnen, logisch Denken, sinnvolle Lösungen in schwierigen Situationen finden, Sich-flüssig-mitteilen-können, allgemeines Wissen besitzen, Rätsel lösen, sparsam mit Geld umgehen, Informationen im Gedächtnis behalten, das Wesentliche einer Situation schnell wahrnehmen usw. zum »intelligenten Verhalten« zählt, so muss man Situationen schaffen (Aufgaben stellen), in denen man dieses Verhalten beobachten kann. Intelligenztests enthalten sehr viele unterschiedlich schwierige Aufgaben verschiedener Art, die Probanden zu lösen oder zu beantworten haben.

Mit Hilfe der Faktorenanalyse kann man eine »Korrelationsmatrix« zwischen z. B. 10 Messwertreihen (man erfasst oder »misst« das intelligente Verhalten von 100 Personen bei 10 verschiedenen Aufgabentypen oder die Leistungen von 100 Zehnkämpfern in den bekannten zehn Sportdisziplinen) auf die entscheidenden Faktoren oder Einflussgrößen (Teilfähigkeiten des Zehnkämpfers oder der Intelligenz) zurückführen.

Robert Kail und James Pellegrino (Menschliche Intelligenz, 1985, S. 23-29) haben die »Leistung« der Faktorenanalyse mit dem hypothetischen Beispiel des Zehnkampfes veranschaulicht.

Beispiel Zehnkampf

	100-m-Lauf	400-m-Lauf	1500-m-Lauf	Hürdenlauf	Speerwerfen	Diskuswerfen	Kugelstoßen	Stabhochsprung	Hochsprung
100-m-Lauf	0.95	0.92	0.94	0.10	0.05	0.01	0.50	0.40	0.45
400-m-Lauf		0.93	0.95	0.08	0.03	0.02	0.55	0.43	0.40
1500-m-Lauf			0.92	0.12	0.07	0.05	0.52	0.45	0.46
Hürdenlauf				0.07	0.02	0.06	0.51	0.42	0.44
Speerwerfen					0.93	0.95	0.45	0.50	0.47
Diskuswerfen						0.96	0.48	0.52	0.46
Kugelstoßen							0.49	0.49	0.50
Stabhochsprung								0.89	0.93
Hochsprung									0.95

Tabelle 1: Mögliche Korrelationen zwischen den Zehnkampfdisziplinen

Die Korrelationsmatrix zwischen den zehn Teildisziplinen des Zehnkampfes lässt sich auf wenige Faktoren zurückführen.

Rein rechnerisch wird man die Anzahl der Faktoren ermitteln, die notwendig sind, um möglichst viele Korrelationen »aufzuklären«. Bei der Interpretation der Faktoren bestehen verschiedene Möglichkeiten. Die oben genannten Autoren haben zwei Möglichkeiten vorgestellt (siehe Abb. 3 und Abb. 4).

Zunächst lassen sich alle Leistungen des Zehnkämpfers mit Hilfe der Faktoren »Kraft« und »Geschwindigkeit« oder »Schnelligkeit« »aufklären«.

Abb. 3: Zwei Faktoren-Deutung

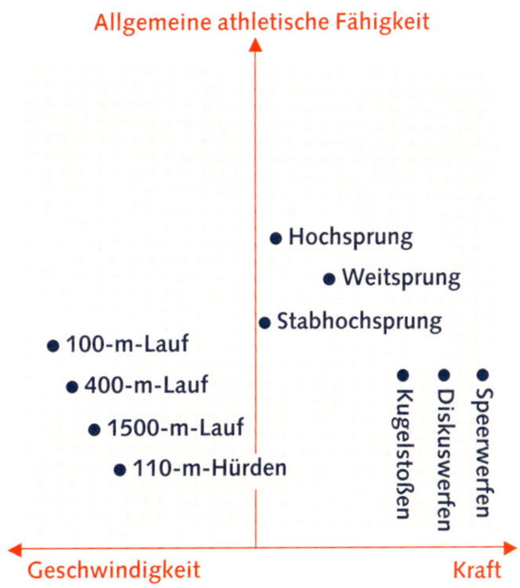

Abb. 3a: Drei Faktoren-Deutung

Man könnte aber auch annehmen, dass die Leistungen eines Zehnkämpfers eine »allgemeine athletische Fähigkeit« voraussetzen. Eine solche Fähigkeit wäre vor allem für die Leistungen in den Sprungdisziplinen wichtig. Der Faktor Kraft bestimmt das Erzielen guter Leistungen in den Wurfdisziplinen und der Faktor Schnelligkeit die Leistungen in den vier Laufdisziplinen.

Beispiel Erziehungsstilforschung

Die Leistungen der Faktorenanalyse lassen sich mit den Beispielen aus der Erziehungsstilforschung gut veranschaulichen. Mit Hilfe der Fragebogenmethode oder auch mit Hilfe der Beobachtung in realen sowie experimentellen Situationen wurden sehr viele Daten über das Erzieherverhalten erhoben. Die faktorenanalytische Verarbeitung der erhaltenen Information führte nach Reinhard und Annemarie Tausch (1977) zu fünf »Dimensionen« des Erzieherverhaltens. Diese Grunddimensionen sind:

Missachtung-Kälte-Härte	**versus**	**Achtung-Wärme-Rücksichtnahme**
Kein einfühlendes Verstehen	**versus**	**Vollständig einfühlendes Verstehen**
Fassadenhaftigkeit-Unechtheit	**versus**	**Echtheit-Aufrichtigkeit**
Keine fördernde, nicht-dirigierende Tätigkeiten	**versus**	**Viele fördernde, nichtdirigierende Tätigkeiten**
Keine Dirigierung-Lenkung	**versus**	**Starke Dirigierung-Lenkung**

Vier Jahre davor, im Jahr 1973 hat das Ehepaar Tausch ein zweidimensionales, gegenpoliges Modell erarbeitet (siehe Abb. 4).

Aus der Lenkungs- und der emotionalen Dimension ergeben sich nach Tausch/Tausch Typenkonzepte des Erzieherverhaltens, die »sozial-integrativ, »autokratisch« und »gleichgültig« oder »Laissez-Faire genannt wurden.

Abb. 4: Erziehungsstile (Typenkonzepte)

Abb. 5, rechte Seite: Zweidimensionale Darstellung des Erzieherverhaltens und mögliche Auswirkungen auf die Kinder (nach Stapf u. a. 1972)

Die Erziehungsstilforscher Stapf u. a. haben die Ergebnisse vieler Untersuchungen zusammengefasst und auch die Frage der Auswirkungen des Erzieherverhaltens miteinbezogen und so die sehr komplexe Wirklichkeit in einem Modell überschaubar zusammengestellt oder veranschaulicht (siehe Abbild. 5 auf der nächsten Seite).

Beispiel Intelligenz

Mit Hilfe der Faktorenanalyse konnten auch interessante Modelle zur Intelligenzstruktur sowie zum Aufbau der Persönlichkeit entwickelt werden.

Bereits 1938 führte L. L. Thurstone die in 57 Einzeltests erzielten Leistungen der Versuchspersonen auf sieben Primärfähigkeiten zurück. Diese sieben »Primärfaktoren der Intelligenz« sind: Raumvorstellung, Sprachverständnis, Wortflüssigkeit, Rechenfertigkeit, logisches oder schlussfolgerndes Denken, Wahrnehmungsgeschwindigkeit und Gedächtnis. Diese sieben Primärfähigkeiten haben sich als theoretische Grundlage für die Konstruktion verschiedener Intelligenz- und Leistungstests, die heute noch in der Praxis vielfach Verwendung finden, bewährt.

Beispiel Persönlichkeitsfaktoren nach R. B. Cattell

Als einer der bekanntesten Vertreter des faktorenanalytischen Vorgehens bei der Ermittlung der »Persönlichkeitsstruktur« gilt der amerikanische Psychologe R. B. Cattell. Die Vielzahl der erfassten und gemessenen Verhaltensmerkmale und Eigenschaften hat er mit Hilfe mathematischer Modelle immer mehr auf nur wenige »Dimensionen« der Persönlichkeit zurückgeführt. Bei der Ermittlung der Persönlichkeitsstruktur geht man von der Annahme aus, dass solchen Verhaltensweisen, die in verschiedenen Situationen immer wieder auftauchen, eine innere Verhaltensbereitschaft, eine »Gewohnheit« (habit strength) zu Grunde liegt. Die Dimensionen der Persönlichkeit im Sinne der Gewohnheiten werden direkt aus den beobachteten Verhaltensweisen erschlossen. Aus der statistisch bestimmten Abhängigkeit zwischen mehreren Dimensionen wird eine nicht mehr beobachtbare oder direkt erschließbare Grunddimension (Eigenschaft) der Persönlichkeit postuliert.

Solche Grunddimensionen der Persönlichkeit sind nach Cattell0.

Extraversion ◄ ► Introversion
emotionale Anpassung ◄ ► Neurotizismus
hohe Gefühlsbestimmtheit ◄ ► geringe Gefühlsbestimmtheit.

Die Extraversion zeichnet sich durch »einfache Eigenschaften« (Gewohnheiten) Zyklothymie, Dominanz, Beschwingtheit, Vertrauen, Gruppenbezogenheit und Mut aus. Auf der Seite der Introversion stehen diesen Eigenschaften Schizothymie, Unterwerfung, Gedrücktheit, Misstrauen, Selbständigkeit, und Scheu gegenüber.

Ich-Stärke, Vertrauen, Selbstsicherheit, hohe Selbstkontrolle und geringe Spannung sind bestimmend für die emotionale Anpassung. Ich-Schwäche, Misstrauen, Ängstlichkeit, geringe Selbstkontrolle und hohe Spannung sind charakteristische Eigenschaften des Neurotizismus. Eigenschaften der hohen Gefühlsbestimmtheit sind Sensitivität, Kreativität und Naivität, die der geringen Gefühlsbestimmtheit sind Realismus, Praktiker und Scharfsinn.

Als weitere Faktoren der Persönlichkeit führt Cattell noch hohe versus geringe Intelligenz (geistiges Defizit), positive oder negative Auswirkungen des Über-Ich (Gewissen) und den politischen Radikalismus und Konservativismus auf. Mit diesen Faktoren und den drei gegenpoligen Grunddimensionen mit den jeweils aufgeführten Eigenschaften glaubt Cattell die individuelle (personale, im Inneren der Person liegende) Grundlage (Verhaltensbereitschaft oder Disposition) für jede mögliche Verhaltensweise gefunden zu haben.

2.6 Geisteswissenschaftliche Methoden: Hermeneutik und Phänomenologie

Hermeneutik wird als die »Kunst im Auslegen von Texten« oder auch als »Lehre vom Verstehen« definiert. Die »Phänomenologie« als Methode zur Gewinnung von Erkenntnissen ist bestrebt, das Allgemeine, das Eigentliche, das Charakteristische oder das »Wesen« einer Erscheinung (Phänomen) zu entdecken. Daher wird sie auch als »Wesensschau« bezeichnet. »Schauen« ist dabei wörtlich gemeint: Es geht um das Wahrnehmen des Wesens, um das Sehen und nicht nur um das Durchdenken oder Nachdenken. Phänomenologie zielt auf eine umfassende Beschreibung, nach dem

Motto »Zu den Sachen selbst«. Das phänomenologische Denken ist darauf ausgerichtet, die verschiedenen Dinge, Sachverhalte, Werte, Erscheinungen des menschlichen Lebens möglichst »vorurteilslos, voraussetzungslos und umfassend« zu »sehen« und zu beschreiben. Phänomenologische Erkenntnisse sind deutlich, klar, einsichtig, werden nicht weiter hinterfragt. Als Beispiel könnte man die Axiome der Kommunikation nach Watzlawick aufführen (vgl. Thema 6.1 im Baustein 7).

Die phänomenologische Auseinandersetzung mit einem Vorgang, Sachverhalt, Gegenstand sucht in der Regel Antworten auf folgende Fragen:

1. Mit welcher Bedeutung wird das Wort (z. B. Gedächtnis, Trieb, Intelligenz, Lernen) als Bezeichnung für eine bestimmte Erscheinung gebraucht? Wie sieht es mit der Herkunft (Etymologie) des Wortes aus?
2. Wie lässt sich die Erscheinung näher beschreiben? Wer ist beteiligt? Was wird gemacht? Wie wird es gemacht? Welche Merkmale sind wichtig? Wie ist es aufgebaut? usw.
3. Wie lässt sich die Erscheinung von anderen, gegenteiligen oder ähnlichen abgrenzen?
4. Wer hat bisher die Erscheinung erforscht, beschrieben? Welche Rolle spielt die Erscheinung innerhalb der Wissenschaft? Warum ist die Auseinandersetzung mit dem Phänomen von Bedeutung?
5. Wodurch wird das Phänomen verursacht? Was sind die Folgen der Erscheinung? Warum sind die Erkenntnisse wichtig?

Das Kriterium der Wahrheit ist die »Evidenz«, d. h. das Erleben einer subjektiven Überzeugungsgewissheit, ein »Ja, so ist es!«-Erlebnis.

Wolfgang Klafki gliedert die »Kunst des Interpretierens oder Auslegens«, also die hermeneutische Vorgehensweise, in folgende Schritte oder Prinzipien:

Da Personen, Situationen, Gegebenheiten und auch bereits vorhandene Meinungen und Theorien (Texte) mit Hilfe des Vorverständnisses analysiert werden, ist eine Prüfung bzw. Hinterfragung oder Reflexion des Vorverständnisses notwendig. Vertreter der Hermeneutik nehmen an, dass jeder Realität ein Sinn, eine Bedeutung oder Intention innewohnt. So gesehen werden alle psychologischen Sachverhalte von Menschen mit einer Zielsetzung hervorgebracht oder mit einem bestimmten Interesse verfolgt. Durch konkrete Beobachtungen, durch Berücksichtigung eigener Erfahrungen sowie durch Einfühlung und Berücksichtigung gemeinsamer (auch historischer) Erfahrungen kann man, so meinen die Vertreter der Hermeneutik, Sinnzusammenhänge erschließen.

Die Natur erklären wir, das Seelenleben verstehen wir!

(Wilhelm Dilthey)

Werden Dokumentationen der Sachverhalte interpretiert, so sind nur die Originaltexte zu verwenden. In die Analyse muss auch die Entstehungsgeschichte und der Adressatenkreis eingehen. Es folgt die semantische Analyse, d. h. es gilt herauszufinden, wie der Autor (Wissenschaftler) die verwendeten Wörter versteht und verwendet.

Der Gedankengang des Verfassers wird rekonstruiert und dabei wird auch die Syntax (der Satzbau) in die Überlegungen miteinbezogen. Sind weitere Quellen vorhanden, werden sie berücksichtigt. Unter Berücksichtigung des Interesses oder der Intention des Autors wird auch die innere Widersprüchlichkeit der Texte geprüft und bei der Auslegung gewürdigt.

Das Ziel der Hermeneutik ist: Das Verstehen eines Textes muss nachprüfbar sein. Das gilt auch für das »Verstehen« des Verhaltens und Handelns unserer Mitmenschen. Das Einfühlen, Sichhineinversetzen in den Anderen nennt Hermann Nohl die »hermeneutische Grundregel« und W. Dilthey umschreibt sie mit dem Satz: »Das Verstehen ist ein Wiederfinden des Ich im Du«. Aber der Rückgriff auf eigene Erfahrungen ist problematisch, denn meine Erfahrungen können Grundverschieden von denen der Mitmenschen sein. So stellt Wolfgang Brezinka heraus, dass es sich bei hermeneutischen Auslegungen des Daseins um Glaubensentscheidungen und nicht um wissenschaftliche Erkenntnisse handelt.

Wenn ein Kind weint, weil es geschlagen wurde, kann ich das Weinen des Kindes mit Hilfe der Ursache (Schläge) erklären. Wenn ich mich aber in die innere Situation des Kindes einfühle, mich in die Lage des weinenden Kindes versetze, die Gedanken, Absichten, Ziele und Wünsche des Kindes zu erspüren versuche, dann bin ich dabei, auf Grund einer äußeren Erscheinung ein Inneres zu erfassen. Bin ich wirklich in der Lage, das Kind richtig zu »verstehen«?

2.7 Zusammenfassung

Auf den Menschen können sehr viele verschiedene äußere Reize einwirken, z. B. Licht, Farben und Formen, Töne, Gerüche, Druck, Wärme, Kälte und soziale Einflüsse, wie Gruppendruck, kulturelle Symbole, Rollenerwartungen und innere Vorgänge wie Vorstellungen, Gefühle, Wünsche, Gedanken usw. Da jeder Mensch einzigartig ist, stehen praktisch tätige Psychologen (Berater, Therapeuten, Gutachter, Verkehrs-, Werbe-, Polizei-, Schulpsychologen u. a.) sowie diejenigen, die sich in der Forschung und Wissenschaft engagiert haben, vor sehr komplexen Problemen. Wenn sie als Wissenschaftler anerkannt werden wollen, müssen sie in der Forschung viele methodische Regeln beachten.

Das Verhalten des Menschen wird nach der Formel V = f (R und P) gedeutet. Verhalten ist eine Funktion der Umwelt und der Reize (R) aus der Umwelt sowie der Persönlichkeit (P). Mit dem Begriff Persönlichkeit werden alle Merkmale (z. B. Körperbau, Gesichtsform, Größe, Pulsfrequenz, Blutdruck), Eigenschaften (z. B. erregbar, konservativ, dominant, einfühlsam, ängstlich), Fähigkeiten (z. B. Intelligenz, Sprache, Gedächtnis, Kreativität) und auch Prozesse (wie Denken, Lernen, Wahrnehmen) zusammengefasst, die auf das Verhalten Einfluss nehmen.

Wegen der Komplexität des Gegenstandes kommen in der Forschung empirische, geisteswissenschaftliche und auch sozialwissenschaftliche Methoden zur Anwendung. Angestrebt werden überprüfbare, relativ allgemein gültige Erkenntnisse mit dem Ziel der Beschreibung, Erklärung und Anwendung. Für die Erfassung der Sinnzusammenhänge, der Zielgerichtetheit des menschlichen Handelns, der vielfältigen Intentionen, die in psychologischen Sachverhalten eine wichtige Rolle spielen, sind Einfühlung und Verstehen notwendig.

Bei der Datenerhebung, Auswertung und Darstellung bzw. Mitteilung sind methodische Regeln zu beachten, damit die gewonnenen Erkenntnisse dem Anspruch der Allgemeingültigkeit nahe kommen und damit die Konsumenten der Erkenntnisse durch ihre Darstellung nicht getäuscht werden.

3 Untersuchungen zum Bindungsverhalten

Die zentrale Frage nach der Entwicklung des emotionalen und sozialen Verhaltens bildete einen Forschungsschwerpunkt der Psychologie. Die Kenntnis der Untersuchungen von John Bowlby, Harry Harlow, René Spitz und Mary Ainsworth gehört inzwischen zur Allgemeinbildung. Die Ergebnisse dieser Untersuchungen sind von großer praktischer Bedeutung, wenn es um die Frage geht, durch welche Erziehung ein Grundstein für die Entwicklung des Gefühlslebens, der Beziehungsfähigkeit und der Friedfertigkeit gelegt werden kann.

Allen Untersuchungen gemeinsam ist die Frage nach der Bedeutung der Mutter-Kind-Beziehung. Mit Hilfe der Experimente mit Affenkindern fand Bowlby heraus, wie sich die Trennung der Kinder von der Mutter auf die Entwicklung des sozialen Verhaltens und der Beziehungsfähigkeit auswirkt. Harlow hat sich interessante Experimente mit Rhesusaffen ausgedacht, um das Bindungsverhalten von Kindern genauer zu erfassen und um Aussagen darüber machen zu können, welche Rolle dabei der Anlage, also der genetischen Information zukommt. Spitz hat durch Beobachtungen in Frauengefängnissen, in Waisenhäusern und später in Krankenhäusern sehr wichtige Erkenntnisse über die Bedeutung der Zuwendung, der Ansprache und des Körperkontaktes von Bezugspersonen zusammengetragen. Mary Ainsworth erfand ein experimentelles Verfahren, um genauer beschreiben zu können, wie sich Mütter und Kinder einander zuwenden und welche Rolle eine gesicherte oder eine unsichere Bindung spielt.

3.1 Die Thesen von John Bowlby

Der britische Kinder-Psychiater John Bowlby interessierte sich für angeborene Verhaltensmuster von Säuglingen. Er stellte die These auf, dass Säuglinge auf solche Verhaltensweisen programmiert sind, die fürsorgliches Verhalten hervorrufen, z. B. auf Lächeln, Weinen, Kriechen in Richtung auf andere Personen, Glucksen. Aus der Perspektive der Evolution sind solche angeborenen Verhaltensmuster von entscheidender Bedeutung für das Überleben der Säuglinge. Sie sorgen dafür, dass Babys die für das Überleben notwendige Zuwendung bekommen.

Eine intensive Mutter-Kind-Beziehung führt nach Bowlby zu einer sozial-emotionalen Bindung, die dem Säugling grundlegende psychische Sicherheit vermittelt. Das Verhalten, das Nähe und Kontakt einer ausgewählten, schützenden Person garantiert, wird Bindungsverhalten genannt. Die sozial-emotionale Bindung eines Säuglings an bestimmte Personen erkennt man an folgenden Anzeichen:

1. Die Bindungsperson (oder Bezugsperson) kann das Baby besser beruhigen als andere Menschen.

2. Säuglinge wenden sich an die Bindungsperson, wenn sie spielen und getröstet werden wollen.
3. In Anwesenheit der Bindungsperson sind Säuglinge weniger ängstlich als in ihrer Abwesenheit.

Das Bindungssystem und Bindungsverhalten wird durch Gefahren und neuartige Situationen aktiviert. Es wird beendet, sobald das Kind Sicherheit spürt. Wenn Säuglinge ängstlich, müde, hungrig oder auf eine andere Weise belastet sind, suchen sie die Nähe der Mutter, wollen in die Arme genommen werden.

Solange eine Bezugs- oder Bindungsperson, z. B die Mutter anwesend ist, können Säuglinge diese ignorieren und spielen. Fühlen sie sich bedroht oder unsicher, wenden sie sich sofort an die anwesende Bezugsperson. Eine neue Umgebung erkunden Säuglinge nur dann, wenn die Bindungsperson anwesend ist und sie z. B. durch Lächeln, Gelassenheit im Gesichtsausdruck, durch die eigene Sicherheit ermutigt. Zeigt die Mutter ein besorgtes oder ängstliches Gesicht, kriechen oder laufen Säuglinge sofort zur Mutter und beenden das Erkundungsverhalten.

3.2 Die Experimente von Harry Harlow

Im Jahr 1958 veröffentlichte Harlow seine Untersuchungen an Affenbabys, die in einfachen, naturwissenschaftlich orientierten (es handelte sich um experimentelle Manipulation) und auch grausamen Untersuchungen klare Hinweise »auf das Wesen der Liebe« – wie Harlow es ausdrückte, ergaben.

Harlow trennte Affenbabys wenige Stunden nach ihrer Geburt von ihren natürlichen Müttern und ordnete ihnen systematisch »Ersatzmütter« unterschiedlicher Qualität zu. Als Ersatzmütter baute Harlow Drahtgestelle mit Futtervorrichtung, mit Frottee flauschig verkleidete Drahtgestelle, Draht- und Frotteegestelle mit unterschiedlicher »Körperwärme« (Temperatur). Einfache Drahtgestelle wurden auch dann nicht dem Frotteersatz vorgezogen, wenn das Affenbaby aus ihnen Nahrung entnehmen konnte (Milchflasche).

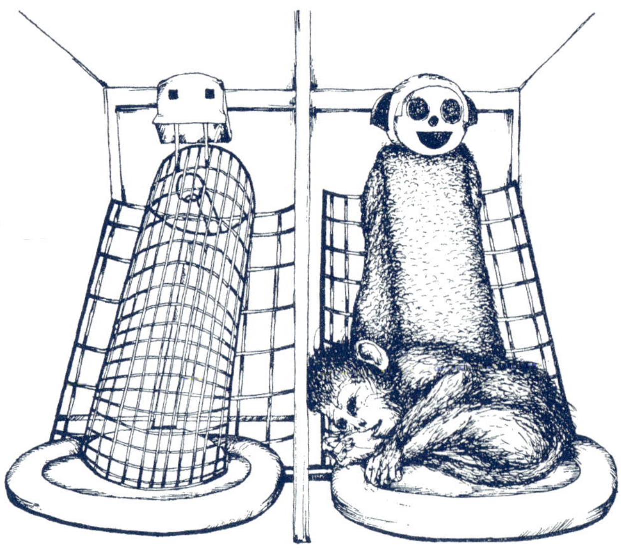

Abb. 6: Die Bindung an die »Stoffmutter« ist wichtiger als Nahrung (Aus: Harlow, H. F. und R. R. Zimmerman: Affectional responses in the infant monkey. Science, 1959)

Wenn dem Affenbaby nur ein Drahtgestell mit Futter zur Verfügung stand, zeigte es besonders schwere Entwicklungsstörungen (Anfälligkeit für Krankheiten, übertriebene Ängstlichkeit, Unfähigkeit mit anderen Affenkindern auszukommen, bei Überleben Unfähigkeit zum Paarungsverhalten). Affenbabys, die in ihrem Käfig sowohl eine Draht- als auch eine Frotteemutter hatten, gingen zur Drahtmutter, wenn sie Hunger hatten, liefen aber dann sofort wieder zur Stoffmutter. An die Stoffmutter klammerten sich die Affenbabys vor allem dann, wenn Gefahr drohte und sie verunsichert wurden. Sie wurden auch stärker von einem beweglichen als von einem feststehenden Ersatz angezogen. In den ersten 15 Tagen haben Affenbabys ein wärmespendendes Drahtgestell einem Frotteegestell vorgezogen, später nicht mehr. Hier wird deutlich, wie wichtig Körperwärme nach der Geburt ist. Wenn Affenbabys mit Gleichaltrigen aufwuchsen und nicht isoliert wurden, konnten die Entwicklungsstörungen weit gehend vermieden werden (Bedeutung des sozialen Kontaktes).

Methodische Hinweise

Bei den Untersuchungen von Harlow handelt es sich um Experimente, weil ein Merkmal (hier Ersatzmutter) willkürlich (geplant, systematisch) vom Forscher eingesetzt (verändert, manipuliert) wurde, um die Auswirkungen auf das Verhalten der Affenkinder (abhängige Variable) zu beobachten.

Die Experimente sind zweifelsohne ethisch fragwürdig.

Es handelt sich um Tierexperimente, wobei Tiere gewählt wurden, die dem Menschen möglichst ähnlich sind (Rhesusaffen). Vom Verhalten der Tiere wird auf das Verhalten der Menschen geschlossen. Dabei ist immer größte Zurückhaltung geboten.

Das Verhalten der Tiere muss möglichst genau aufgezeichnet (beobachtet, fotografiert, gefilmt) werden. Dabei ist wichtig, dass das Verhalten beschrieben und nicht gedeutet wird. Beispiel: Affenbabys liefen sofort nach Nahrungsaufnahme (oder nach 5 Sekunden) zur Stoffmutter, klammerten sich an sie, zitterten usw. Eine Beschreibung wie: Affenbabys liefen zur Stoffmutter, um Geborgenheit, Sicherheit, Schutz zu finden, ist nicht objektiv, sondern interpretierend.

Eine statistische Beschreibung und Auswertung war bei diesen Experimenten nicht notwendig.

Die Experimente liefern sehr aufschlussreiche und interessante Erkenntnisse über die angeborenen Bedürfnisse bei Tieren, über die Bedeutung der frühen Erfahrung auf die spätere Entwicklung und über Auswirkungen sozialer Deprivation. Die Verallgemeinerung der Erkenntnisse auf den Menschen ist mit Hinweis auf die Quelle der Beweisführung möglich.

3.3 Die Untersuchungen von René Spitz

In den 40er Jahren konnte René Spitz nach eigenen Angaben in einem Zeitraum von vier Jahren über 220 Kinder beobachten, davon 186 von Geburt an. Die Entwicklung der Hälfte von diesen Kindern wurde während des gesamten ersten Lebensjahrs beobachtet, und zwar noch sechs Monate nachdem sie »die Anstalt« verlassen haben. Es handelte sich um die Kinder in einem Findelhaus, die zur Adoption frei gegeben wurden. Eine Gruppe der von Spitz untersuchten Kinder lebte in der Kinderstation eines Frauengefängnisses. Beide Gruppen von Kindern wurden physisch gut versorgt. Der Hauptunterschied bestand hinsichtlich des Kontakts zu den Pflegepersonen. Im Findelheim war der Kontakt zu Pflegerinnen stark reduziert, im Frauengefängnis hatten die Kinder dagegen viel Zeit und Gelegenheit mit den Müttern zusammen zu sein.

Im Entwicklungstest haben die Heimkinder in den ersten vier Monaten durchwegs besser abgeschnitten als die Gefängniskinder. Bis zum Ende des ersten Halbjahres sind die Heimkinder in ihrer Gesamtentwicklung gegenüber Gefängniskindern beträchtlich zurückgeblieben. Die Kinder im Frauengefängnis erreichten einen Entwicklungsquotienten, der dem Durchschnitt ihrer Altersgruppe entsprach. Entwicklungsquotient (EQ) wird mit Hilfe von Entwicklungstests ermittelt. Die erzielten Leistungen der Kinder werden mit 100 multipliziert und mit dem Lebensalter dividiert. Bei »normal« entwickelten Kindern ergibt sich so der Wert von 100. Das Entwicklungsalter entspricht dem Lebensalter.

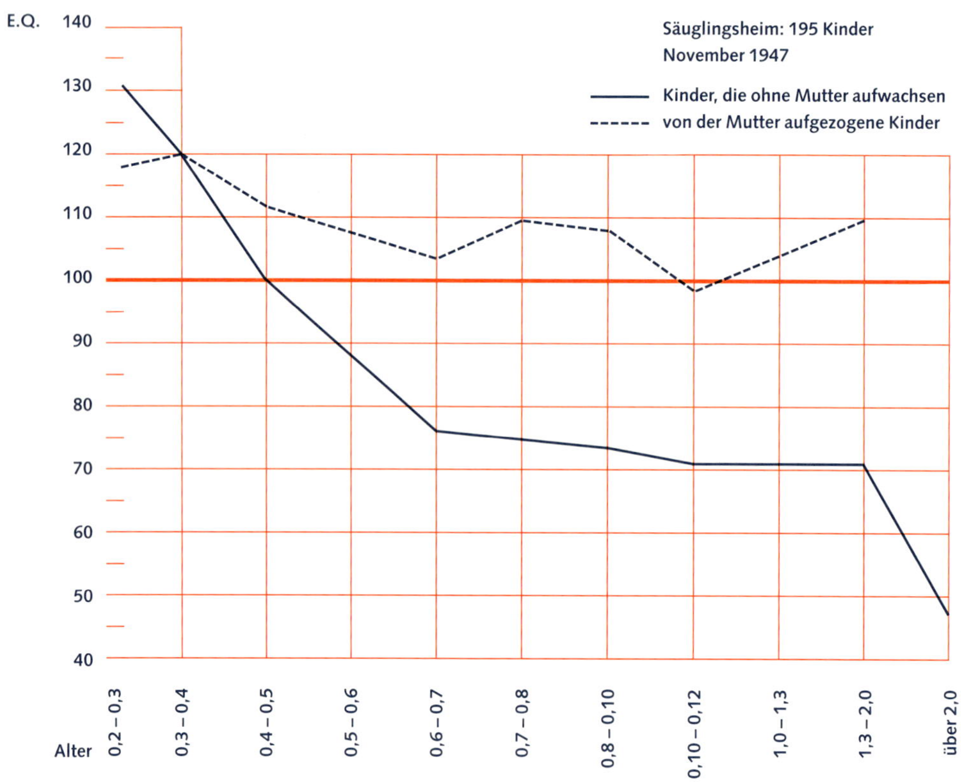

Abb. 7: Auswirkungen der Mutterentbehrung auf den Entwicklungsquotienten

Außer dem allgemeinen Entwicklungsrückstand beobachteten Spitz und seine Mitarbeiter weitere Symptome, die sie »anaklitische Depression« nannten. Zunächst haben die Kinder pausenlos geschrieen, dann wurden sie zunehmend gleichgültiger. Einige Kinder wurden völlig apathisch und zeigten selbstzerstörerische Tendenzen. Diese besonders schwere Folge fehlender emotional-sozialer Zuwendung haben

Forscher »Marasmus« genannt. Spitz hat folgende Symptome als Zeichen fehlender emotionaler Zuwendung beobachtet: Weinerlichkeit, Appetitverlust, Gewichtsverlust, Stillstand der Entwicklung, Fehlen autoerotischer Betätigung, Schlaflosigkeit, Kontaktverweigerung, Abnahme des Bewegungs- und Erkundungsverhaltens, starrer Gesichtsausdruck, Anfälligkeit für Krankheiten.

Wenn die Deprivation länger als 6 Monate anhielt, zeigten sich verschiedene Spätfolgen. Die Spätfolgen, die in der späteren Kindheit oder im Jugendalter auftraten, hat Spitz im »Asozialitätssyndrom« zusammengefasst. Es sind: hochgradige Infantilität des Verhaltens, unermüdliches Streben nach Beachtung durch Erwachsene, »Riesenansprüche« hinsichtlich Kontakt, Beachtung und Besitz, sadistische Aggressivität, Neigung zu Trotzreaktionen bei Frustration, infantile Arbeitshaltung, fehlende Gewissens- und Hemmungsbildung, Fehlen positiver Gruppeninteressen, Verhaftetbleiben in frühkindlichen oralen und analen Verhaltensweisen (Lutschen, Bettnässen).

Kritische Würdigung

Die Beobachtungen von Spitz wurden häufig als Beweis für die Einmaligkeit und Unersetzlichkeit der Mutterliebe angeführt. Spätere Untersuchungen haben gezeigt, dass jede Pflegeperson die Rolle der »Mutter« übernehmen kann.

Man hat Spitz auch vorgeworfen, dass er in seinen Beobachtungen viele Variablen, z. B. die Möglichkeit der Kinder, sich zu bewegen, zu spielen, durch die Umgebung zum Erkundungsverhalten angeregt zu werden, vernachlässigt hätte.

Auch die Überwindung von Entwicklungsschäden, die durch ungenügende sozial-emotionale Betreuung im ersten Lebensjahr entstehen, wird heute nicht mehr so pessimistisch beurteilt wie von Spitz.

Trotz aller Mängel sowohl in der Durchführung der Untersuchung als auch bei der Interpretation von Ergebnissen sind die Untersuchungen von Spitz – mit dem Stichwort Hospitalismus zusammengefasst – zu einem zentralen Thema der Pädagogik geworden. Es gibt kaum ein Pädagogikbuch über die Erziehung in den ersten Lebensjahren, in dem die Arbeiten von Spitz nicht zitiert werden. Sie dienen als Nachweis für die Bedeutung der emotionalen Zuwendung im frühen Entwicklungsstadium.

3.4 Die Experimente von Mary Ainsworth

Ainsworth und ihre Mitarbeiter besuchten alle drei Wochen für 4 Stunden 26 Mutter-Kind-Paare, und zwar von der 3. bis 54. Lebenswoche des Kindes. Die Beobachter notierten die Dauer und die Art des Schreiens, die näheren Umstände, die es auslösten und die das Schreien beendeten. Der Versuchsplan sah vor, dass die Mütter den Raum verließen, um herauszufinden, wie sich die Kinder verhalten. Die Abbildung zeigt, wie häufig die Kinder weinten und dass sie mit zunehmendem Alter der Mutter hinterher krabbelten. Zwischen der 36. und 42. Woche nahm das Weinen ab. Kinder, die versuchten der Mutter zu folgen, begrüßten sie meist auch freudig, wenn sie wieder ins Zimmer kam. Kinder, die viel weinten, fingen häufig an auch dann zu weinen, wenn die Mutter ins Zimmer kam; sie wandten sich ab oder verzogen das Gesicht.

Die Autorinnen interpretierten diesen Umstand als den Unterschied in der Sicherheit der Babys, die Zuneigung der Mutter zu haben.

Kinder der Mütter, die sehr spät oder überhaupt nicht auf das Weinen reagierten, weinten häufiger und länger. Babys, bei denen die Mütter prompt auf ihr Weinen reagierten, weinten als einjährige Kinder viel weniger.

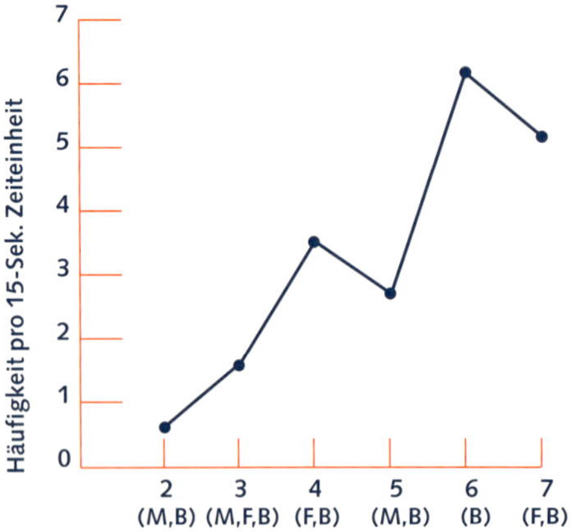

Abb. 8: Auftreten von Weinen nach Ainsworth und Bell, 1970

Besondere Bedeutung wird den Untersuchungen von Ainsworth über das Verhalten von Babys in fremden Räumen beigemessen. Es wurden 56 Kinder beobachtet. Die Abb. 9 zeigt, wie sich das explorative, die Umgebung erforschende Verhalten der Kinder in verschiedenen Situationen (M,B = Mutter und Baby; F,M,B = ein Fremder kommt hinzu; M,B = Mutter und Baby sind wieder allein; B = Baby ist allein; F,B = Fremder und Baby sind allein) ändert. Die nächsten beiden Abbildungen zeigen die Häufigkeit des Weinens und die Suche nach Nähe und Kontakt in den geschilderten Situationen. Die Abbildung rechts zeigt, mit welcher Intensität die Kinder die Umgebung erforschten, wenn sie mit der Mutter allein waren und wenn ein Fremder hinzu kam.

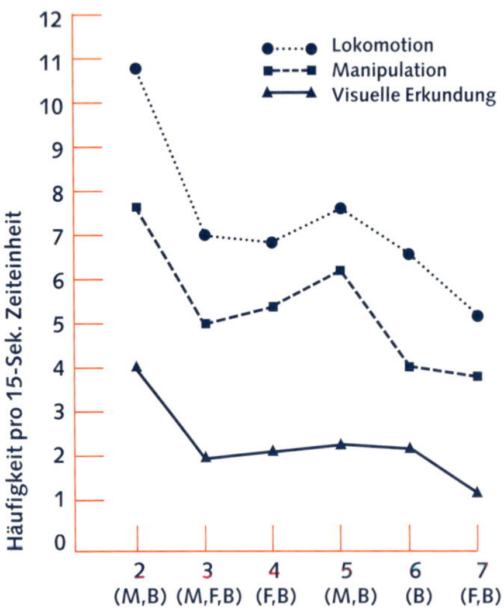

Abb. 9: Vorkommen explorativen Verhaltens nach Ainsworth und Bell 1970, S.57

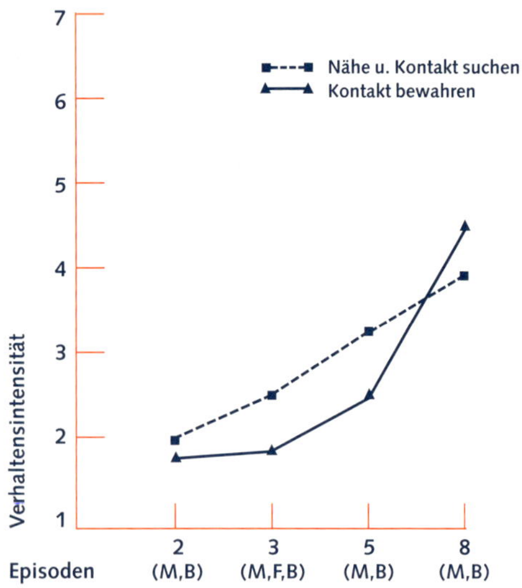

Abb. 9a: Intensität der Suche nach Nähe und Kontakt

Die Untersuchungen von Ainsworth bestätigen, dass Kinder eine fremde Umgebung untersuchen, solange sie sich sicher fühlen. Das wird auch durch andere Untersuchungen bestätigt. Wird die Situation bedrohlich, suchen die Kinder die Nähe einer Vertrauensperson. Die Trennungsreaktion tritt erst im Alter von 6 bis 7 Monaten auf. Bei sehr kleinen Babys tritt nur allgemeine Verwirrtheit und Weinerlichkeit auf.

Besonders wichtig waren zwei Erkenntnisse von Ainsworth. Erstens, dass Kinder mit einer »Sicheren Bindung« an die Mutter oder eine andere Bezugsperson aktiver sind im Erkunden der Umwelt als unsichere Kinder bzw. als Kinder mit einer »schwachen Bindung« an die Mutter.

Zweitens, dass Kinder mit angeborenen Verhaltensweisen ausgestattet sind, um die Mutter an sich zu binden, um Kontakt mit Mutter aufrechtzuerhalten. Die Mutter-Kind-Beziehung ist als eine Interaktion zu interpretieren, wobei die Kinder nicht die »hilflose« Rolle übernehmen.

3.5 Zusammenfassung

Mary Ainsworth hat die Thesen zum Bindungsverhalten der empirischen Forschung zugänglich gemacht und in einfachen, aber ideenreichen Experimenten die unterschiedliche Qualität der Bindung von Kindern an ihre Mütter erfasst. Von entscheidender Bedeutung ist die Feinfühligkeit der Mütter, die subtilen Signale ihrer Kinder wahrzunehmen und richtig zu deuten.

Einige Postulate der ersten Untersuchungen über die Bedeutung der Mutter-Kind-Beziehung (Spitz) konnten durch spätere Untersuchungen relativiert werden. Zwischen Mutterentbehrung und psychopathologischer Entwicklung besteht keine einfache Korrelation oder Ursache-Wirkung-Beziehung. Wesentlicher als zeitweilige Trennung erscheint die Qualität der Beziehung und das gestörte Familienklima. Ungeklärt ist, wie sich die Trennung vom Vater auswirkt. Strittig ist auch die Frage, ob die negativen Folgen auf die fehlende emotionale Zuwendung oder auf die eingeschränkte sensorische Stimulation (zu wenige Ansprache, reizarme Umgebung) zurückzuführen sind.

Die aufgeführten Untersuchungen liefern Erkenntnisse zum Anlage-Umwelt-Problem einerseits und zur Bedeutung der frühen Erfahrung sowie der liebevollen Zuwendung und Pflege andererseits. Bereits Babys sind mit angeborenen Verhaltensweisen ausgestattet, die für eine gesunde Entwicklung wichtig sind. Ebenso wichtig wie die Anlage ist auch die Umwelt, die die Signale der Kinder erkennt und auf sie reagiert.

Die Erkenntnisse zum Bindungsverhalten sind sehr wertvoll und nützlich. Sie liefern direkte Hinweise für die pädagogische Praxis in den ersten Lebensjahren. Sie zeigen, dass Kinder bereits in einem sehr frühen Entwicklungsstadium mit solchen Fähigkeiten ausgestattet sind, mit denen sie sich lebensnotwendige Zuwendung und Sicherheit verschaffen können. Sie sind auch sehr anpassungsfähig. Bei Fehlen der leiblichen Mutter können Babys bei anderen Bezugspersonen oder auch bei Kindern den notwendigen Körperkontakt und die Ansprache finden.

Die Erkenntnisse über das Bindungsverhalten werden auch mit den Experimenten von Konrad Lorenz zum Prägungsverhalten bei Tieren in Verbindung gebracht. Das erste Lebensjahr wird als die kritische oder sensible Phase für die Entwicklung der Beziehung zur Welt (Urvertrauen-Urmisstrauen), für den Aufbau des Gefühlslebens und sozialer Beziehungen angesehen.

4 Freud und Watson – Eine Gegenüberstellung

Die grundlegenden Thesen, mit denen Sigmund Freud (1856–1939) zu Beginn des 20. Jahrhunderts an die Öffentlichkeit trat, sind bis heute noch gültig. Den Begriff »Psychoanalyse« führte Freud 1895 als Bezeichnung für das von ihm entwickelte Verfahren zur Behandlung seelischer Störungen ein. Auch das methodische Vorgehen zur Erforschung solcher psychischer Vorgänge, die mit anderen Vorgehensweisen nicht erreicht werden, weil sie unbewusst ablaufen, nannte er Psychoanalyse (wörtlich »Seelenzergliederung). Heute wird der Begriff Psychoanalyse nicht nur als Bezeichnung für die psychotherapeutische Technik, sondern auch als Bezeichnung für die von Freud entwickelte Theorie des gesunden und gestörten Erlebens und Verhaltens verwendet.

Sigmund Freud

Im Lauf der vergangenen 100 Jahre wurde über die von Freud aufgestellten Thesen sehr viel gestritten. Die Methode von Freud wurde vor allem von naturwissenschaftlich arbeitenden Psychologen als spekulativ, subjektiv und unwissenschaftlich abgelehnt. Die bekanntesten Schüler von Freud, Alfred Adler und Carl Gustav Jung trennten sich von ihm und modifizierten seine Theorie. Die Vorstellungen von Freud zum Verlauf der psychischen Entwicklung (Phasenmodell der Libidoentwicklung, vgl. Thema 3.2 im Baustein 7), zum Aufbau des »psychischen Apparates« (Instanzenmodell der Persönlichkeit, vgl. Thema 3.1 im Baustein 7), zur Abwehr unklarer und unbewusster Ängste (Abwehrmechanismen, vgl. Thema 3.3. im Baustein 7) und zur Bedeutung einer repressionsfreien Erziehung (vgl. Thema 3.4 im Baustein 7) gehören aber immer noch zu den wichtigsten Errungenschaften der Psychologie.

Freud gilt als Begründer der so genannten »Tiefenpsychologie«. Mit diesem Begriff werden alle psychologischen Theorien oder Schulen zusammengefasst, die annehmen, dass das Erleben, Verhalten und Handeln entscheidend durch ein unbewusstes, verborgenes, latentes Spiel seelischer Kräfte bestimmt wird. Die von Freud aufgestellte These, unbewusste Konflikte seien für die Entstehung psychischer Störungen verantwortlich, wurde von der Öffentlichkeit und der Fachwelt noch stärker bekämpft als die Annahme der frühkindlichen Sexualität. Man wollte einfach nicht wahrhaben, dass das Denken, Fühlen und Handeln erwachsener Menschen durch frühkindliche Ereignisse bzw. durch solche unbewussten Kräfte, die in der frühen Kindheit entstanden sind, determiniert sei.

Inzwischen wird die Existenz des Unbewussten nicht mehr in Frage gestellt, da unbewusste Vorgänge und deren Auswirkungen auch experimentell nachgewiesen wurden. Außerdem kann nur mit Hilfe unbewusster Prozesse das Auftreten bestimmter Erscheinungen (Träume, Versprecher) erklärt werden. Der von Freud durchgeführten Analyse des »kleinen Hans« hat John B. Watson die experimentell erzeugten Ängste des »kleinen Albert« gegenübergestellt, um die Thesen von Freud in Frage zu stellen.

John Broadus Watson

Der Amerikaner John B. Watson (1878–1958) konnte als ein Anhänger der naturwissenschaftlich arbeitenden Psychologie und als Behaviorist, der nur beobachtbare Erscheinungen als Gegenstand der Forschung zulässt, die Thesen von Freud nicht akzeptieren. Steven Schwartz äußert in seinem Buch »Wie Pawlow auf den Hund kam. Die 15 klassischen Experimente der Psychologie« die Überzeugung, dass Watson gemeinsam mit seiner Assistentin Rosalie Rayner das Lernexperiment mit dem »kleinen Albert« nur deswegen durchgeführt hat, um nachzuweisen, dass Phobien durch Konditionierungsvorgänge entstehen. Als Behaviorist musste Watson die Deutung der Pferdephobie des »Kleinen Hans« von Freud, bezweifeln und seine Zweifel durch einen »Gegenbeweis« begründen. Wie wurden die beiden »klassischen« »Beweise« methodisch durchgeführt?

4.1 Der kleine Hans

Im Jahr 1909 veröffentlichte Sigmund Freud die »Analyse der Phobie eines fünfjährigen Knaben«. Die von Freud dargestellte Analyse wurde fast ausschließlich per Briefwechsel mit dem Vater von Hans, einem mit Freud befreundeten Arzt durchgeführt. Freud begegnete dem Jungen als dieser 19 Jahre alt war und beschrieb ihn als einen »strammen« jungen Mann im »Vollbesitz seiner seelischen Gesundheit«.

Der Vater von Hans war Anhänger der freudschen Ansichten und bemühte sich, den damals knapp fünf Jahre alten Hans ohne Druck und Zwänge zu erziehen. Mit Bestürzung stellte er fest, dass sein Sohn Hans ein halbes Jahr nach der Geburt seiner Schwester Hanna eine ihm

Der kleine Albert

Im Jahr 1913 erschien in der Zeitschrift »Psychological Review« ein Artikel des damals noch unbekannten Psychologen John B. Watson unter dem Titel »Psychologie, wie der Behaviorist sie sieht«.

Nach Watsons Auffassung müsste die Psychologe als Naturwissenschaft mit den Begriffen wie Seele, Bewusstsein, Unbewusstes, Empfindung, Denken, Wille und Aufmerksamkeit gründlich aufräumen. Die Methode der Introspektion lehnte Watson ab und meinte, jede Forschung, die sich mit oben aufgezählten Begriffen befasse, sei spekulativ und keine Wissenschaft. Watson ließ nur beobachtbare Tatsachen zu, und das waren für ihn Reize und Reaktionen.

unerklärliche Phobie vor Pferde entwickelte. Aus Angst vor Pferden wollte Hans mit seinem Kindermädchen nicht mehr auf die Straße gehen. Der Vater bat Freud schriftlich um Hilfe.

Nach Anleitung von Freud beobachtete der Vater seinen Sohn Hans und stellte ihm die von Freud gewünschten Fragen. Die Ergebnisse seiner Beobachtungen und die Antworten von Hans teilte er Freud schriftlich mit, woraufhin er neue Anweisungen von Freud erhielt. Da Freud bei der Beschreibung des »Falles Hans« aus der Korrespondenz mit dem Vater zitieren kann, ist das sein am besten dokumentierter Fall.

Der »kleine Hans«, 5 Jahre alt, ist ein aufgewecktes, normal entwickeltes Kind.

Zu seiner Mutter hat er ein besonders zärtliches Verhältnis. Oft darf er sich zum »Kuscheln« zu ihr ins Bett legen. Seinem Vater gegenüber behauptet er, dass er die Mama so gern habe und dass er sie heiraten möchte. Hans ist glücklich, wenn sein Vater verreisen muss. Dann hat er seine »Mama ganz für sich allein«.

Ein halbes Jahr nach der Geburt seiner Schwester Hanna entwickelt Hans eine ausgeprägte Furcht vor Pferden. Ihn quält die Vorstellung, dass Pferde vor seinen Augen ausrutschen oder umfallen könnten. Zu bestimmten Zeiten getraut sich Hans nicht aus dem Haus oder hat sogar Angst, ans Fenster zu gehen, weil er dort womöglich Pferde sehen könnte.

Eines Tages hat er einen angsterregenden Traum: *»Wie ich geschlafen hab', da hab' ich gedacht du (Mutter) bist fort und ich hab' keine Mami zum schmeicheln.«* Am Tag nach dem Angsttraum geht Hans mit dem Kindermädchen in den Park. Dabei zeigt er sich sehr ängstlich. Er will gleich wieder nach Hause. Der Mutter erklärt er: *»Ich hab' mich gefürchtet, dass mich ein Pferd beißen würde.«*

Freudsche Analyse und Deutung der Phobie des »kleinen Hans« hatte die damalige Psychologie stark beeinflusst. Bei Phobien ging man davon aus, dass unbewusste Konflikte vorliegen, die durch phobisches Verhalten kontrolliert werden.

John Watson konnte als Behaviorist die Interpretation von Freud nicht akzeptieren. Sie erschien ihm zu subjektiv und zu spekulativ. Er kritisierte nicht nur die Methode von Freud, sondern glaubte in einem der Briefe einen Hinweis auf die »wirkliche« Ursache der Phobie entdeckt zu haben. Der Vater schrieb Freud, sein Sohn hätte einmal miterlebt, wie große Pferde, die einen schwer beladenen Wagen zogen, zu Boden stürzten und wie ein sehr lautes, lärmendes Durcheinander entstand.

Watson war überzeugt, dass dieses Erlebnis die Phobie verursacht hatte, und zwar auf dem Wege einer Konditionierung, wie sie kurz davor von Pawlow beschrieben worden ist. Für ihn gab es keinen Grund, die Ursache der Angst in unbewussten ödipalen Konflikten zu suchen. Er beschloss, seine These experimentell nachzuweisen.

Als Versuchsperson wählte er gemeinsam mit seiner Doktorandin Rosalie Rayner ein 11 Monate altes Kind namens Albert B. Die Mutter von Albert war Amme am Harriet-Lane-Hospital, an dem Watson damals arbeitete. Albert wurde als ein artiges, ruhiges und vollkommen gesundes Kind geschildert. Schon seit Wochen hatte er gern mit einer weißen Ratte gespielt.

Zunächst stellten Watson und Rayner fest, dass Albert große Angst vor lauten Geräuschen hatte und vor allem dann, wenn mit einem Hammer auf ein 120 cm langes Stahlrohr geschlagen wurde. Diesen Reiz wählte Watson als angeborenen Angstauslöser.

Das Experiment begann, als Albert 11

Hans muss oft zusehen, wie seine kleine Schwester von der Mutter liebevoll umsorgt wird. Er stellt auch bestürzt fest, dass seine kleine Schwester keinen »Wiwimacher« hat wie er. Wenn sich der kleine Hans mit seinem »Wiwimacher« beschäftigt, droht ihm die Mutter mit Strafe.

Der Vater ist in den Augen von Hans Schuld daran, dass er das Schlafzimmer der Eltern verlassen musste, und nur noch zu Mama ins Bett darf, wenn der Vater nicht da ist. Aus den Briefen an Freud geht hervor, dass Hans gegenüber dem Vater folgenden Wunsch äußerte: *»Ja, du solltest auf einen Stein anstoßen und da soll Blut fließen.«*

Freud analysierte die Briefe von Hans Vater. Dabei fiel ihm auf, dass Hans seinen Vater oft mit ähnlichen Worten beschrieben hatte wie die Pferde. Freud stellte auch fest, dass der Vater einen schwarzen Vollbart und eine Brille trug. Aus den Briefen ging hervor, dass sich Hans vor allem vor Pferden fürchtet, die etwas Schwarzes ums Maul haben.

Es sei noch erwähnt, dass eines Tages Handwerker im Haus einen Wasserhahn reparierten. Der kleine Hans schaute zu und bekam unerklärliche Ängste, als er die Zange sah.

Aus den zahlreichen solchen Schilderungen in den Briefen stellte Freud eine Erklärung für die Entstehung der Phobie zusammen.

Freud glaubte aus den Schilderungen vom Vater den Nachweis ableiten zu können, dass es sich bei der Angst des kleinen Hans vor Pferden um den Versuch der Bewältigung eines unbewussten Konflikts handelt. Hans fühlte sich (sexuell) sehr zu seiner Mutter hingezogen. Er war eifersüchtig auf den Vater, den er als Rivalen erlebte. Er hasste seinen Vater, erlebte aber diese feindseligen Gefühle gleichzeitig als Bedrohung. Er hatte Angst (unbewusst), sein Vater könne ihn

Monate und 3 Tage alt wurde. Die weiße Ratte wurde vor das Kind gehalten. Gerade als seine linke Hand die Ratte berührte, wurde unmittelbar hinter seinem Kopf auf das Eisenrohr geschlagen. Albert erschrak, fiel nach vorne und vergrub sein Gesicht in der Matratze. Dieser Vorgang wurde noch einmal wiederholt. Als Albert 11 Monate und 10 Tage alt war, wurde die Ratte erneut in die greifbare Nähe von Albert gebracht. Albert zögerte, zeigte aber keine ausgesprochene Angst. Daraufhin wurde der Konditionierungsvorgang fünfmal wiederholt. Als ihm die Ratte allein gezeigt wurde, fing Albert zu weinen an, fiel nach vorne und krabbelte schnell weg. Albert hatte also gelernt, auf die Ratte mit Furcht zu reagieren. Die Forscher waren überzeugt, dass Albert eine Phobie vor Ratten entwickelt hatte.

Fünf Tage später wollten die Forscher sehen, ob die konditionierte Reaktion angehalten hatte. Zunächst ließen sie ihn mit Bauklötzen spielen, die sie während der Konditionierung sorgfältig entfernt hatten. Albert fing sofort an, nach Bauklötzen zu greifen. Daraufhin wurde ihm die Ratte gezeigt. Albert fing an zu wimmern, zog die Hand zurück und wandte den Kopf ab. Daraufhin wurden Albert nacheinander ein Kaninchen, ein Hund, ein Mantel aus Seehundfell, Menschenhaar (Watson hielt seinen Kopf in greifbare Nähe vor Albert), eine Nikolausmaske und Wattebäuschchen gezeigt. Vor allem beim Kaninchen schreckte Albert auf und versuchte weg zu krabbeln. Beim Hund war die abweisende Reaktion eher schwach, auf Pelzmantel reagierte er »mürrisch«, drehte sich um und fing an zu schreien. Auf Watte reagierte er nicht so heftig. Als Watson seinen Kopf vor Albert so hinhielt, dass er seine Haare berühren konnte, weigerte sich Albert, die Haare zu berühren.

bestrafen, z. B. durch Kastration. Diese Angst wurde durch seine Beobachtung, dass seine Schwester keinen Penis hatte, verstärkt. Hans konnte, bereits durch die Geburt der Schwester »geschwächt«, die Angst nicht mehr ertragen.

Freud glaubte, dass Menschen in einer solchen Situation die angstauslösenden Hassgefühle (auf den Vater) loswerden müssen, z. B. durch eine Verschiebung oder Übertragung. Hans hat seine unbewusste Angstproblematik auf die Pferde übertragen und entwickelte Angst vor ihnen.

Die Angst vor Pferden ist nach Freud nur ein Symbol oder Symptom für eine andere Angst, die nicht bewusst werden darf. Die Phobie hat die Funktion, die Angst zeigen zu dürfen, ohne Gewissensbisse oder Schuldgefühle. Die nicht akzeptablen Gedanken und Gefühle konnten so ausgelebt und kontrolliert werden.

Aus den Briefen geht auch hervor, dass Hans nach und nach mit seinem Vater immer besser zurecht kam. Folgende Äußerung von Hans wird zitiert: »*Ja, und so einen Schnurrbart wie du möchte ich auch haben und solche Haare auf der Brust.*«

Solche Äußerungen veranlassten Freud zu der Deutung, dass der Konflikt letztendlich über die Identifikation mit dem Vater bewältigt wird.

Die Analyse der Aufzeichnungen vom Vater von Hans veranlasste Freud zu der Entwicklung der These vom Ödipuskonflikt. In vielen Analysen, die Freud später durchführte, stieß er immer wieder auf Inzestphantasien gegenüber dem andersgeschlechtlichen Elternteil und auf Hass, Wut und Eifersucht gegenüber dem gleichgeschlechtlichen Elternteil. Die emotional belastende Dreiecksbeziehung nannte er in Anlehnung an die griechische Sage Ödipuskonflikt. Mit dem Wunsch, eines

Kurz danach kam Albert nach Hause und wird in der wissenschaftlichen Literatur nicht mehr erwähnt.

Das Vorgehen von Watson und Rayner wird von Steven Schwartz heftig kritisiert. Er schreibt: »*Das war das ganze Experiment. Es gab keine Kontrollgruppe, kein sorgfältiges Aufzeichnen der CR und einige Verwirrung dadurch, dass auch Kaninchen und Hund als bedingter Reiz eingesetzt wurden, nicht nur die Ratte. Es ist sogar zu bezweifeln, ob Alberts Furcht vor der Ratte wirklich als Phobie bezeichnet werden kann. Die Forscher beobachteten lediglich, dass er keinerlei Furcht zeigte, solange er am Daumen lutschen konnte. Watson und Reyner berichteten. ›In dem Augenblick in dem die Hand den Mund erreichte, wurde er unzugänglich für den angsterregenden Reiz. Wieder und wieder mussten wir ihm den Daumen aus dem Mund nehmen, bevor wir die bedingte Reaktion erzielen konnten.‹ Was für eine Phobie das wohl war? Und was für ein Experiment?*«

Die Fragen von Schwartz sind berechtigt. Aus ethischer Sicht ist das Experiment nicht zu verantworten. Wissenschaftler sind dazu verpflichtet, ihren Versuchspersonen keinen Schaden zuzufügen, und wenn doch Nachteile entstehen, dann müssen sie alles unternehmen, um sie zu beheben.

Auch die Kritik, die Schwartz an der Methode übt, ist berechtigt. »*Watsons und Reyners Experiment war aus methodischer Sicht vollkommen unangemessen. Ihr Vorgehen war kaum kontrolliert, ihre Messmethoden äußerst ungenau. Vergleichen Sie zum Beispiel die von Pawlow akribisch gezählten Speicheltropfen des Versuchshundes mit Watsons und Reyners Beschreibung von Alberts Reaktion auf den Pelzmantel (›er* kleinen Jungen, die Mutter zu besitzen und den Vater zu verdrängen entstehen aber auch Phantasien darüber, welche Rache der Vater üben könnte. Wenn der Junge nun ein Mädchen beobachtet, das keinen Penis hat, dann phantasiert er, der Vater könnte ihm den Penis abschneiden. So kam Freud auf die Idee der Kastrationsangst.

Aus den Berichten geht hervor, dass nach mehreren Monaten alle Ängste vorbei waren.

quengelte‹). Und dennoch ist das Experiment wahrhaft ein Klassiker. Es wird seither in fast jedem Psychologielehrbuch zitiert und hat viele Psychologen davon überzeugt, dass es eine Alternative zur freudschen Psychoanalyse gibt.«

4.2 Der kleine Peter – Behandlung der Angst

Nach Ermittlungen von Steven Schwartz wurde das Experiment von Watson in der psychologischen Literatur immer wieder abgewandelt und verändert. Entgegen manchen Berichten steht fest, dass Albert ohne den Versuch der »Heilung« aus dem Krankenhaus entlassen wurde.

Mary Cover-Jones, der oft die Behandlung des kleinen Albert zugeschrieben wird, hat nicht ihn, sondern einen »kleinen Peter« behandelt.

Mary Cover-Jones, die in derselben Klinik wie Watson gearbeitet hatte, behandelte die Angst eines zwei Jahre und zehn Monate alten Jungen namens Peter, der auch Ängste vor weißen Ratten (und Kaninchen) wie Albert zeigte. Peters Ängste waren nicht experimentell, sondern zu Hause entstanden.

Mary Jones ging folgendermaßen vor: Während in einem Drahtkäfig ein Kaninchen in einen 12 Meter langen Raum gebracht wurde, bekam Peter etwas zu essen, was er sehr gern gemocht hat. Das Kaninchen wurde so weit weg von Peter aufgestellt, dass es ihn beim Essen nicht störte. Am nächsten Tag brachte man das Kaninchen etwas näher an Peter heran. Der Vorgang wurde so lange beibehalten, bis Peter keine Angstreaktion mehr zeigte. Laut Abschlussbericht konnte die Abneigung gegenüber dem Kaninchen völlig abgebaut werden.

Man stellte anschließend fest, dass Peters Angst vor Watte, Pelztieren und anderen ähnlichen Objekten auch völlig abgebaut wurde. Nach dem Bericht von Jones fand eine Generalisierung der Löschung statt. Die Erfolge dieses Experiments von 1924 konnten in späteren Untersuchungen nicht immer erzielt werden. Statt der angestrebten Löschung der Angst wurde diese oft auf angenehme Tätigkeiten oder Reize übertragen.

Dieses Experiment von Jones wird in der psychologischen Literatur als Beweis für das »Verlernen« emotionaler Reaktionen geführt und als Anstoß zur Entwicklung der »systematischen Desensibilisierung« zum Abbau phobischer Ängste.

4.3 Fallanalyse als Methode

In einer Fallstudie oder Fallanalyse wird eine einzelne Person gründlich untersucht, um ein Problem, das diese Person hat, möglichst genau zu beschreiben und zu erklären. Fallstudien sind beschreibende und interpretierende Verfahren, die häufig dazu führen, dass neue Hypothesen formuliert werden.

Mit einigen ausgewählten Zitaten aus der Veröffentlichung »Zwei Kinderneurosen« wird verdeutlicht, wie Freud seine Überlegungen und Deutungen belegte.

Im Alter von 3 1/2 Jahren beobachtet die Mutter, wie Hans mit seinem Penis spielt. Sie droht: »*Wenn du das machst, lass' ich den Dr. A. kommen, der schneidet dir den Wiwimacher ab. Womit wirst du dann Wiwi machen?*« Hans: »*Mit dem Popo.*«

Freud dazu: Hier antwortet Hans noch ohne Schuldbewusstsein, es liegt noch kein Kastrationskomplex vor.

Freud erzählt viele Ereignisse, die verdeutlichen, wie sehr sich Hans für seinen Penis sowie für die Sexualität bei seiner Mutter, seinem Vater und für die verschiedener Tiere interessiert. In diesem Interesse sieht Freud Äußerungen des Sexualtriebes.

Die Entstehung der Phobie deutet Freud als Übertragung unbewusster Angst auf Pferde.

Es wird berichtet, dass Hans Angst vor großen Badewannen hat. Der Vater von Hans teilt Freud schriftlich sein Gespräch mit Hans am 11. April mit (Zitat aus dem Brief):

Ich fragte ihn, wovor er sich fürchtet.

Hans: »*Weil ich hineinfall*«.

Ich: »*Warum hast du dich aber nie gefürchtet, wenn du in der kleinen Badewanne gebadet worden bist?*«

Hans: »*Da bin ich ja gesessen, da hab' ich mich nicht hinlegen können, die war ja zu klein.*«

Ich: »*Wenn du in Gmunden Schinakel gefahren bist, hast du dich nicht gefürchtet, dass du ins Wasser fällst.?*«

Hans: »*Nein, weil ich mich angehalten hab', und da kann ich nicht hineinfallen. Ich fürchte mich nur in der großen Badewanne, dass ich hineinfall.*«

Ich: »*Da badet dich doch die Mama. Fürchtest du dich, dass dich die Mama ins Wasser werfen wird?*«

Hans: »*Dass sie die Hände weggeben wird und ich falle ins Wasser mit dem Kopf.*«

Ich: »*Du weiß doch, die Mami hat dich lieb, sie wird doch nicht die Hände weggeben.*«

Hans: »*Ich hab's halt geglaubt.*«

Ich: »*Warum?*«

Hans: »*Das weiß ich bestimmt nicht.*«

Ich: »*Vielleicht weil du schlimm warst und du geglaubt hast, dass sie dich nicht mehr gerne hat.*«

Hans: »*Ja!*«

Ich: »*Wenn du dabei warst, wie die Mammi die Hanna gebadet hat, hast du vielleicht gewünscht, sie soll die Hand loslassen, damit die Hanna hineinfällt?*«

Hans: »*Ja.*«

Kommentar Freud: »Wir glauben, dies hat der Vater sehr richtig erraten.« Auch hier glaubt Freud, Anzeichen für das Wirken unbewusster Ängste zu sehen. Die Angst entwickelt sich aus dem vom Über-Ich verbotenen Triebwunsch, die Schwester Hanna soll ertrinken.

Ein Zitat aus dem Bericht vom 21. April:

Nachmittag vor dem Haus. Hans läuft plötzlich ins Haus, als ein Wagen mit zwei Pferden kommt. Ich fragte ihn, was er hat. Er sagt: *»Ich fürchte mich, weil die Pferde so stolz sind, dass sie umfallen.«* (Die Pferde wurden vom Kutscher scharf am Zügel gehalten, so dass sie in kurzem Schritte gingen, die Köpfe hochhaltend – sie hatten wirklich einen stolzen Gang.)
Ich fragte ihn, wer denn eigentlich so stolz sei.
Er: *»Du, wenn ich ins Bett zur Mammi komm'.«*
Ich: *»Du wünschtest also, ich soll umfallen?«*
Er: *»Ja, du sollst als Nackter (er meint: barfüßig wie seinerzeit Fritzl) auf einen Stein anstoßen und da soll Blut fließen und wenigstens kann ich mit der Mammi ein bisschen allein sein. Wenn du in die Wohnung heraufkommst, kann ich geschwind weglaufen von der Mammi, dass du's nicht siehst.«*
Ich: *»Kannst du dich erinnern, wer sich am Steine angestoßen hat?«*
Er: *»Ja, der Fritzl.«*
Ich: *»Wie der Fritzl hingefallen ist, was hast du dir gedacht?«*
Er: *»Dass du am Steine hinfliegen sollst.«*
Ich: *»Du möchtest also gern zur Mammi?«*
Er: *»Ja.«*

Freud meint dazu: *»Bei der Bildung der Phobie aus den unbewussten Gedanken findet eine Verdichtung statt; darum kann der Weg der Analyse niemals den Entwicklungsgang der Neurose wiederholen.«*

In der Nachschrift zur Analyse des kleinen Hans schreibt Freud im Jahr 1922:

Vor einigen Monaten – im Frühjahr des Jahres 1922 – stellte sich mir ein junger Mann vor und erklärte, er sei der »kleine Hans«, über dessen kindliche Neurose ich im Jahre 1909 berichtet hatte. Ich war sehr froh, ihn wieder zu sehen, denn er war mir etwa zwei Jahre nach Abschluss seiner Analyse aus den Augen geraten, und ich hatte seit länger als einem Jahrzehnt nichts von seinen Schicksalen erfahren. Die Veröffentlichung dieser ersten Analyse an einem Kinde hatte viel Aufsehen und noch mehr Entrüstung hervorgerufen, und dem armen Jungen war großes Unheil prophezeit worden, weil er in so zartem Alter »entharmlost« und zum Opfer einer Psychoanalyse gemacht worden ist.

Nichts von all diesen Befürchtungen ist aber eingetroffen. Der kleine Hans war jetzt ein stattlicher Jüngling von 19 Jahren. Er behauptete, sich durchaus wohl zu befinden und an keinerlei Beschwerden oder Hemmungen zu leiden. Er war nicht nur ohne Schädigung durch die Pubertät gegangen, sondern hatte auch eine der schwersten Belastungsproben für sein Gefühlsleben gut bestanden. Seine Eltern hatten sich voneinander geschieden und jeder Teil eine neue Ehe geschlossen. Er lebe infolgedessen allein, stehe aber mit beiden Eltern gut und bedaure nur, dass er durch die Auflösung der Familie von seiner lieben jüngeren Schwester getrennt worden sei.

Eine Mitteilung des kleinen Hans war mir besonders merkwürdig. Ich getraue mich auch nicht, eine Erklärung für sie zu geben. Als er seine Krankengeschichte las, erzählte er, es sei ihm alles fremd vorgekommen, er erkannte sich nicht, konnte sich an nichts erinnern, und nur als er auf die Reise nach Gmunden stieß, dämmerte ihm etwas wie ein Schimmer von Erinnerung auf, das könnte er selbst gewesen sein. Die Analyse hatte also die Begebenheit nicht von der Amnesie bewahrt, sondern war selbst der Amnesie verfallen. Ähnlich ergeht es dem mit der Psychoanalyse Vertrauten manchmal im Schlafe. Er wird durch einen Traum geweckt, beschließt, ihn ohne Aufschub zu analysieren, schläft, mit dem Ergebnis seiner Bemühung zufrieden, wieder ein, und am nächsten Morgen sind Traum und Analyse vergessen.

Aus: Sigmund Freud: Zwei Kinderneurosen. Band VIII: Analyse der Phobie eines fünfjährigen Knaben (»Der kleine Hans«). Frankfurt am Main 1969, Fischer Verlag.

4.4 Das Instanzenmodell von S. Freud

Durch systematische Beobachtungen von Patienten entwickelte Freud mit dem Instanzenmodell eine Persönlichkeitstheorie von großer Bedeutung (vgl. Baustein 7, Thema 3.1). Mit Hilfe des Instanzenmodells lässt sich die Dynamik zwischen Lustprinzip, Realitätsprinzip und Moralprinzip gut beschreiben. Die gegenseitige Beeinflussung und Durchdringung von Natur und Kultur in einem Menschen wird ebenso deutlich wie das Zusammenwirken einzelner Persönlichkeitsmerkmale (starkes, evtl. mit verdrängten Triebwünschen überladenes Es, starkes/schwaches Ich, strenges/nachlässiges Über-Ich).

Mit Hilfe des Modells von Freud lässt sich das Verhalten der Menschen in vielen Situationen gut interpretieren (deuten), erklären und voraussagen. Einige Beispiele:

- Häufiges, heftiges Streiten zwischen Geschwistern
- Trotz Angst vor der Prüfung wird das Lernen unterlassen
- Straftaten, Verhaltensweisen, die man bei einem bestimmten Menschen nie erwartet hätte
- Misshandlungen von Kindern oder von Ehefrauen

Beim häufigen Streiten zwischen den Geschwistern liegt möglicherweise folgende innerpsychische Dynamik vor: Es-Wünsche der Geschwister sind elternbezogen, daher werden Geschwister als Rivalen erlebt (Ich-Funktion). Aufgrund häufiger Gebote der Eltern ist im Über-Ich die Forderung vorhanden: Geschwister müssen sich lieben. Es entsteht eine Ambivalenz zwischen Liebe (Über-Ich) und Hass (Begehren der Eltern, Rivalen). Aggressive Wünsche müssen häufig unterdrückt werden (Ich-Leistung, Realitätsprinzip, z. B. in Anwesenheit der Eltern) daher ist viel angestaute Energie vorhanden. In einer Streitsituation kommt die angestaute Energie zur Entladung, es entsteht eine heftige, aggressive Auseinandersetzung

Ist man trotz Angst nicht in der Lage für eine Prüfung zu lernen, so kann man annehmen, die Angst zu versagen könnte eine Folge der Ich-Schwäche (Ich-Funktionen wie Gedächtnis, Konzentration sind schwach) oder auch eine Folge zu hoher Ansprüche durch das Über-Ich (Ideal-Ich) sein. Normale Reaktion wäre sich mehr anzustrengen und zu lernen, sich gut vorzubereiten. Diese unterbleibt, weil zu strenges Über-Ich und zu hohes Ich-Ideal zu viel Druck auf das Ich ausüben. Das Ich muss den Druck bewältigen und daher Energie aufbringen. Wird zu viel Ich-Leistung für die Bewältigung der innerpsychischen Dynamik beansprucht, so bleibt keine Energie für das Lernen übrig. Das Ich kann sich nicht realitätsgerecht (Prüfungsvorbereitung) verhalten.

Unerwartete Verhaltensweisen sind nach dem Denkmodell von Freud dann zu erwarten, wenn Es-Wünsche wegen einem zu strengen Über-Ich nicht realisiert werden können.

Es ist wahrscheinlich noch Ich-Schwäche vorhanden. Solche Menschen verhalten sich sehr angepasst (strenges Über-Ich, Ich-Schwäche, nicht angepasste Wünsche bleiben unbefriedigt). Die entstandene Situation verdeutlicht Freud mit einem Dampfkesselmodell: Das Ich braucht viel Energie, um die verdrängte Energie unter Kontrolle zu halten und die Anpassung an die Realität zu leisten. Bei »günstigen« äußeren Umstände (z. B. keiner sieht, dass ich stehle, das Geld liegt herum, Überredung durch Kumpels, viele Schüler sind auf den Lehrer böse) setzt sich das Es mit angestauter Energie durch. Das Ich kann nicht mehr vermitteln, Folge ist Stehlen, bei Aggressionen der Kumpels mitmachen, den Lehrer beleidigen. (Neben dieser Deutung sind je nach Sachlage auch andere denkbar).

Misshandlungen deuten auf verdrängte Sexual- (Zärtlichkeit, Begehren, Besitzen) und Aggressionswünsche (Wünsche des Schlagens, Zerstörens). Eine strenge Erziehung (evtl. häufige Strafen) führt zur Entwicklung des strengen Über-Ichs und zur Ich-Schwäche, d. h. das Ich kann kaum Erfahrungen machen, um eigene aggressive Wünsche realitätsgerecht zu befriedigen oder um die Frustration zu ertragen (wenig Frustrationstoleranz). Verhaltensweisen der Kinder oder der Ehefrau werden als Angriff, Anreiz, als unverschämt, nicht erlaubt, erlebt. Bei Ich-Schwäche kommt es zu unkontrolliertem, realitätsunangepasstem Befriedigen der aggressiven Es-Wünsche = Kindes- bzw. Ehefraumisshandlung. (Auch hier sind andere Deutungen möglich).

4.5 Leistungen der Abwehrmechanismen im Einzelfall

Aus den Fallbeispielen von Freud werden hier zur Veranschaulichung einige, teilweise abgewandelte Deutungen zusammengestellt (zur Erläuterung der Abwehrmechanismen vgl. Baustein 7, Thema 3.3).

Beim Fall F handelt es sich um eine junge »Fürsorgerin« (heute Sozialpädagogin). Im Erwachsenenalter sucht sie Hilfe beim Psychoanalytiker. Sie gilt der Außenwelt nicht als krank, aber sie leidet intensiv. Sie meidet Situationen, die Neid, Eifersucht, Hassgefühle hervorrufen könnten. Es ist ihr gelungen, die Fiktion, dass sie die Mutter liebt, zu erhalten. Sie besucht oft ihre Mutter, aber in ihrer Nähe fühlt sie sich angespannt, gehemmt. Sie fühlt sich von der Mutter nicht geliebt. Sie fühlt sich voller Hass und verachtet und misstraut sich dafür. Ihr Ich fühlt sich ständig in einem Zustand der gespannten Unruhe, der Wachsamkeit und eines intensiven Gequältseins.

Frau F ist als mittleres Kind zwischen zwei Brüdern geboren. Ihre Kindheit wird von einem stürmischen Penisneid auf den älteren und jüngeren Bruder ausgefüllt und von Eifersucht, vor allem gegenüber dem jüngeren Bruder. Neid und Eifersucht verbinden sich schließlich zu einer starken Feindseligkeit gegen die Mutter. Da die Liebesbindung an die Mutter aber nicht geringer ist als ihr Hass gegen sie, verhält sie sich zunächst wild, ungehemmt, aggressiv. Sie entwickelt Angst vor den Strafen der Mutter. Sie hat Angst, die Liebe der Mutter durch die Äußerung ihrer Hassgefühle zu verlieren. In dieser Angst und in diesem Gefühlskonflikt kritisiert sie sich selbst aufs Schärfste für ihre verbotenen Rachegelüste.

Nach der Einschulung (Latenzperiode) kommt Frau F mit der Lehrerin nicht zurecht. Sie ist sehr schüchtern, passiv, möchte nicht mehr in die Schule, weil sie Angst vor der Lehrerin hat. Zu Hause zerstört sie ab und zu Stofftiere des Bruders und »misshandelt« eigene Puppen. Der Mutter und dem jüngeren Bruder gegenüber verhält sie sich sehr zärtlich, fürsorgerlich, anhänglich. Die inneren »Machtkämpfe« fallen so nicht auf.

Freud nimmt an, dass Hassgefühle gegenüber der Mutter durch Verschiebung und Projektion auf die Lehrerin und Spieltiere abgewehrt werden. Übersteigerte Liebe gegenüber der Mutter und dem Bruder sei ein Ergebnis der Reaktionsbildung.

Ihre Passivität ist als Folge der Energieverluste zu deuten, aber auch als Folge der Projektionen eigener Hassgefühle auf Personen in ihrer Umgebung. Sie fühlt sich verfolgt und benachteiligt (Realitätsverlust) – aber gleichzeitig auch von eigenen Angst- und Schuldgefühlen entlastet. Sie entwickelt paranoide Züge, die ihr Leben in der Jugend und im Erwachsenenalter außerordentlich erschweren.

Freud schreibt, dass die gleiche Problematik (Mutterhass) in einem anderen Fall von Frau K durch eine Verdrängung bewältigt wurde. Der Hass gegen die Mutter und gegen den Bruder wird aus dem Bewusstsein gestrichen und allen ähnlichen Gefühlen wird der Zutritt zum Ich verwehrt. Das Ich entwickelt phobische Vermeidungen, um sich zu schützen. Da die aggressive Energie im Unbewussten vorhanden ist, wird sie, weil bei Frau K somatische Neigungen (labil, krankheitsanfällig) vorhanden sind, in Krankheitssymptome (Asthma, Herzattacken, hysterische Ausbrüche) verwandelt (Konversion).

Im Fall von Frau S. hat sich in der Psychoanalyse herausgestellt, dass Mutterhass, Penisneid und Geschwisterhass zuerst durch die Verdrängung bewältigt werden. Gegen die Rückkehr der verdrängten Energien sichert sich das Ich durch Reaktionsbildung (Zärtlichkeit, Hilfsbereitschaft, Fürsorge gegenüber dem Bruder und der Mutter). Da die Aggressionen immer noch vorhanden sind, werden die geliebtgehassten Personen durch zwanghafte Handlungen geschützt. Das gesunde Gefühlsleben der Patientin und auch eine normale Beziehung zur eigenen Weiblichkeit geht allerdings damit verloren. Da viel Energie des Ichs in Form der Gegenbesetzung (Dampfkesselmodell) verbraucht wird, können andere lebenswichtige Aktivitäten nur mit Mühe erledigt werden. Die innere Unruhe, die neurotische Angst ist bewältigt worden, durch In-Kauf-Nehmen des Realitätsverlustes.

4.6 Zusammenfassung

Sowohl die Deutung der Kinderneurose durch Freud als auch Watsons klassisches Experiment hat in Fachkreisen wie in der breiten Öffentlichkeit für beträchtliches Aufsehen gesorgt. Beide, Freud wie Watson, haben zur Etablierung einer psychologischen Richtung beigetragen. Die tiefenpsychologischen Schulen haben ebenso wie der Behaviorismus sowohl die Forschung als auch die Anwendungspraxis nachhaltig beeinflusst.

Die psychoanalytisch orientierte Pädagogik betont die Bedeutung frühkindlicher Erfahrungen, traumatischer Erlebnisse und innerpsychischer, meist unbewusster Konflikte. Die lerntheoretische Pädagogik stellt nachdrücklich die Bedeutung der Erfahrungen und der Umwelt heraus. Beide haben Extrempositionen bezogen, die nicht verwirklicht werden konnten. Das gilt für die Erziehung ohne Triebfrustration ebenso wie für die Vorstellung von Watson, Kinder ohne Rücksicht auf ihre Anlagen erziehen zu können.

Watson schrieb: »*Geben Sie mir ein Dutzend gut gebaute, gesunde Säuglinge und meine eigene ganz spezielle Welt, in der ich sie aufziehen kann, und ich garantiere: Ich nehme zufällig irgend einen heraus und trainiere ihn, ein beliebiger Spezialist zu werden – Arzt, Rechtsanwalt, Künstler, Kaufmann und, ja, selbst Bettler und Dieb, unabhängig von seinen Talenten, Vorlieben, Neigungen, Fähigkeiten oder der Rasse seiner Vorfahren.*«

Pädagogen, z. B. Steiner oder Montessori, würden nie eine solche Behauptung äußern. Vom Gewinnen wissenschaftlicher Erkenntnisse und Deuten verborgener, in der Tiefe oder im Unbewussten vorhandener Konflikte ist noch ein langer Weg zur Anwendung und praktischen Nutzung zurückzulegen. Die Erkenntnisse von Freud und von Watson haben beinahe 100 Jahre Psychologiegeschichte beeinflusst und zur Entwicklung anerkannter psychotherapeutischer Methoden beigetragen. Sowohl die Psychoanalyse als auch die Verhaltenstherapie sind von Krankenkassen als wissenschaftlich anerkannte und erprobte Methoden zum Behandlung psychischer Störungen akzeptiert.

5 Die Erforschung des Lernens

Das Lernen, das Gewinnen und Verarbeiten von Informationen sowie das Ändern des Verhaltens auf Grund gemachter Erfahrungen ist von entscheidender Bedeutung für die Anpassung des Menschen an verschiedene Umweltbedingungen. Jeder Mensch muss lernen. Die meisten Lernprozesse, die direkt zur Verhaltensänderung und Anpassung führen, lassen sich dem Klassischen Konditionieren oder Signallernen, dem instrumentellen Konditionieren oder Verstärkungslernen und dem Nachahmungs- oder Beobachtungslernen zuordnen. Jede dieser Lernarten oder Lerntheorien stützt sich auf ein eigenes klassisches Experiment und ist untrennbar mit den Namen Pawlow, Skinner und Bandura verbunden.

Iwan Petrowitsch Pawlow

5.1 Klassische Konditionierung

Iwan Petrowitsch Pawlow (1849–1936) wurde am 26. September 1849 In Rjasan als der älteste Sohn eines Pfarrers geboren. Er hatte sieben Brüder und zwei Schwestern. Höhere Schulbildung erwarb Pawlow im Priesterseminar in Rjasan. Es wird angenommen, dass die Schüler im Priesterseminar intensiv über Darwin und das

»Leib-Seele-Problem« diskutierten und dass sich Pawlow bereits damals für das Studium der Naturwissenschaften entschloss.

An der damals berühmten Petersburger Universität studierte Pawlow seit 1870 Naturwissenschaften mit dem Hauptfach die Physiologie der Tiere. Nach einer Deutschlandreise im Jahr 1877 bestand Pawlow 1879 das Ärzteexamen und wurde Militärarzt. Für seine wissenschaftlichen Arbeiten auf dem Gebiet der »Hauptverdauungsdrüsen« (Physiologie und Pathologie der Verdauung) erhielt Pawlow 1904 den Nobelpreis.

Bis Dezember 1935 hat Pawlow in seinem Laboratorium gearbeitet. Am 27. Februar 1936 starb er, 86 Jahre alt, an einer Lungenentzündung.

5.1.1 Leistungen der höheren Nerventätigkeit

Im Jahr 1913 hielt Pawlow auf dem Internationalen Physiologen-Kongress in Gronningen einen Vortrag über die »Erforschung der höheren Nerventätigkeit«. Pawlow setzte alle Anpassungsleistungen der höheren Tiere und der Menschen mit der höheren Nerventätigkeit gleich. Die angeborenen Reflexe und Instinkte waren nach Pawlow die »niedere Nerventätigkeit«.

Pawlow war vor allem an der Erforschung menschlicher Anpassungsleistungen interessiert. In seiner Madrider Rede im Jahr 1903 beschrieb er die Bedeutung der Anpassung und des Gleichgewichts: *»Die großartige Kompliziertheit der höheren und auch der niederen Organismen als Ganzes (bleibt) nur solange bestehen, wie alle Teile, aus denen sie sich zusammensetzen, untereinander fein abgestimmt mit den Bedingungen der Umwelt genau verbunden sind und sich im Gleichgewicht befinden. ... Der Tierorganismus existiert als System inmitten der ihn umgebenden Natur nur dadurch, dass er sich ständig durch dieses System mit dem äußeren Milieu ins Gleichgewicht bringt, und zwar durch bestimmte Reaktionen des lebenden Systems auf die von außen einfallenden Reize, was bei höheren Tieren vorzugsweise durch das Nervensystem in Gestalt der Reflexe geschieht.«* Das Verhalten des Menschen setzt sich nach Pawlow auch aus Reflexen zusammen, ist aber weit komplizierter als das der Tiere.

Die Herstellung des Gleichgewichts hat Pawlow mit Hilfe der Prozesse im Gehirn, vor allem in der Hirnrinde, die er als Erregung und Hemmung bezeichnete, beschrieben. Psychische Störungen bzw. Neurosen sind nach Pawlow Ausdruck des gestörten Gleichgewichts zwischen Hemmung und Erregung. Diese Auffassung hat Pawlow durch Experimente zur »Erzeugung von Neurosen« bewiesen. Nach einer Überschwemmung 1924 in Leningrad stand das Labor unter Wasser und die Hunde konnten nur mit Mühe gerettet werden. Alle Hunde hatten ihre bedingten Reize »vergessen« und die schwachen, leicht hemmbaren Hunde waren lange Zeit nicht mehr in der Lage, bedingte Reflexe zu bilden. Nach Pawlow entsteht die Neurose durch sehr starke Reize (»Überlastungshemmung«) oder durch schwierige Differenzierungsaufgaben zwischen Hemmung und Erregung. Wenn der Hund zwischen zwei Reizen, z. B. zwischen Ellipse und Kreis, nicht mehr differenzieren kann, dann wird das Gleichgewicht zwischen Erregung und Hemmung zerstört: Das Tier ist motorisch unruhig, winselt, befindet sich im Stress. Nach Pawlow wurde in solchen Fällen die höhere Nerventätigkeit »zerstört«, weil die Hunde nicht mehr in der Lage sind, zu lernen, d. h. bedingte Reflexe auszubilden.

5.1.2 Der Mensch als System

Nach Pawlow ist der Mensch »ein System«, das wie alles andere in der Natur den Naturgesetzen unterworfen ist. Dieses System ist nach Pawlow »einzigartig«, weil es zur »höchsten Selbstregulation« fähig ist. »*Unser System aber ist ein im höchsten Grade sich selbst regulierendes System, das sich selbst erhält, sich wiederherstellt, korrigiert und sogar vervollkommnet. Der wesentlichste, stärkste und ständig bleibende Eindruck beim Studium der höheren Nerventätigkeit mit unserer Methode ist die außerordentliche Plastizität dieser Tätigkeit und ihrer kolossalen Möglichkeiten. Es bleibt nichts unbeweglich und unnachgiebig, sondern alles kann erreicht werden, sich zum Besseren ändern, wenn nur die entsprechenden Bedingungen verwirklicht werden.*«

5.1.3 Das Experiment zur Ausbildung bedingter Reflexe

Mit seinen Experimenten über Verdauung wies Pawlow nach, dass der Appetit die Art und Menge des Magensafts beeinflusst. Er schrieb: »*In der entdeckten Psychologie der Speicheldrüsen finden wir alle Elemente dessen, was wir seelische Tätigkeit nennen: Gefühl, Wunsch, leidenschaftslose Vorstellung, Gedanken über die Eigenschaften dessen, was in den Mund geraten ist.*« Als Beweis dazu führte Pawlow zwei Arten von Versuchen an: »Physiologische Versuche«, bei denen er den Hunden Sand, milde Säuren oder Kieselsteine in den Mund legte. Die Tiere reagierten mit angepassten Reaktionen: Kieselsteine regten keinen Speichelfluss an und wurden ausgespuckt. Sand und Säuren wurden mit viel Speichelfluss ausgespült. Bei »psychischen Versuchen« muss es nicht zu einer direkten Reizung der Mundhöhle kommen. Pawlow stellte fest, dass die gesamte Umgebung, der Futternapf, die Schritte oder die Stimme des Wärters, als Reiz wirken kann. Die »psychische Reaktion« des Hundes nannte Pawlow 1903 einen »bedingten Reflex«, weil die Anpassungsleistung nicht angeboren und direkt an bestimmte Organe gebunden war, sondern neu entwickelt wurde. »*Bei psychischen Versuchen hingegen wird das Tier durch Eigenschaften äußerer Gegenstände gereizt, die für die Funktion der Speicheldrüsen unwesentlich oder sogar zufällig sind.*«

5.1.4 Die Versuchsanordnung

Pawlow hat seine Versuchsanordnung an verschiedenen Stellen genau beschrieben. Er hatte sich für Speichelfluss entschieden, weil die »Sekretion sehr genau gemessen« werden kann. Da nach Pawlow der »Experimentator selbst eine Quelle unendlich vieler Reize« ist, muss der Versuchsraum schalldicht sein, um die Wirkung einzelner Reize genau beobachten zu können. Bevor der Hund in das Gestell geschnallt wurde (siehe Abb. 10), musste man ihm ausreichend Gelegenheit geben, sich an den Raum zu gewöhnen (er wurde z. B. gestreichelt, allein gelassen, er durfte alles beschnuppern).

Danach wurde als Erstes die Intensität des unbedingten Reflexes (Menge des Speichelflusses bei Futter) geprüft. Dann wurde geprüft, ob der Reiz, z. B. ein Klingelzeichen neutral oder indifferent ist, ob wirklich kein Speichelfluss ausgelöst wird. Dann wurde die Orientierungsreaktion gelöscht, d. h. das Klingeln wurde isoliert solange wiederholt, bis es keine Reaktion (z. B. Wenden des Kopfes) mehr auslöste.

5.1.5 Ausbildung bedingter Reflexe

Der indifferente oder neutrale Reiz wird kurz vor dem Erscheinen des unbedingten Reizes eingeschaltet. Der nachfolgende unbedingte Reiz wirkt nach Pawlow als Bekräftigung des zuvor dargebotenen indifferenten Reizes. Nach mehrmaliger Wiederholung der Kopplung wird der unbedingte Reiz weggelassen und die Speichelreaktion gemessen. Löst der bisher neutrale Reiz den unbedingten Reflex aus, so ist er zum bedingten Reiz geworden. Damit die Wirkung des bedingten Reizes erhalten bleibt, muss er von Zeit zu Zeit durch den unbedingten Reiz verstärkt werden. Tritt der bedingte Reiz konsequent ohne den unbedingten auf, so wird seine Wirkung gelöscht.

In vielen Experimenten haben Pawlow und seine Mitarbeiter die Ausbildung verschiedener bedingter Reflexe geprüft. Wenn man z. B. den unbedingten Reiz 3 Minuten nach dem neutralen Reiz zur Wirkung brachte, wurde der so genannte »verzögerte« bedingte Reflex ausgebildet. Der Speichelfluss erfolgte erst drei Minuten nach der Einwirkung des Reizes.

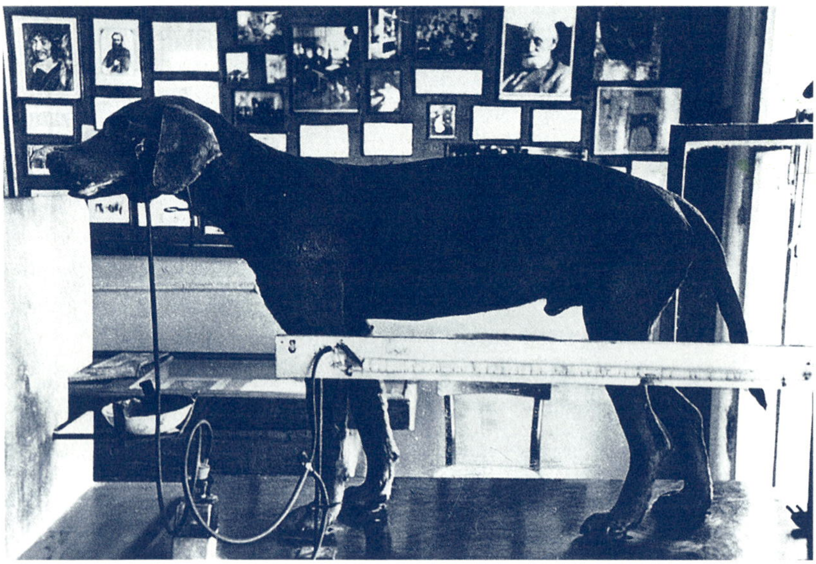

Abb. 10:
Die Versuchsanordnung von I. P. Pawlow; der Hund befand sich in einem schalldicht isolierten Raum

Lässt man einen Reiz, z. B. das Ticken eines Metronoms längere Zeit auf den Hund einwirken und füttert man den Hund drei Minuten nach dem Aufhören des Tickens, dann bilden sich nach Pawlow so genannte Spurenreflexe aus. Während der Einwirkung des Reizes erfolgt keine Reaktion. Erst nach seinem Aufhören reagiert der Hund mit Speichelfluss.

Pawlow schrieb dazu: »*So kann jede Erscheinung der Natur, die in Gegenwart eines Tieres entsteht, in einen bedingten Reiz verwandelt werden. Aber auch das Aufhören einer Erscheinung kann zu einem bedingten Reiz werden. Es mag zum Beispiel in einem Versuchszimmer das Metronom fortwährend ticken. Während dieses Tickens wird ein Hund ins Zimmer gebracht, das Ticken geht ununterbrochen weiter.*

Wenn wir jetzt unter diesen Umständen das Ticken unterbrechen und sofort nach Stillstand des Metronoms einen unbedingten Reflex hervorrufen, in unserem Falle also Futter reichen oder dem Tier Säure ins Maul gießen, so wird nach einigen solchen Kombinationen das Aufhören des Tickens als bedingter Erreger dieser unbedingten Reaktion wirken.«

Pawlow hat auch die Bildung bedingter Reflexe »höherer Ordnung« beschrieben. *»Wir müssen zwei Arten der Bildung bedingter Reflexe unterscheiden: Einmal die Bildung mit Hilfe eines unbedingten Reflexes, zum anderen die Bildung mit Hilfe eines gut ausgearbeiteten bedingten Reflexes.«*

Die Wirkung des neutralen Reizes kann man nicht nur durch einen angeborenen, sondern auch durch einen gelernten, also durch einen bedingten Reflex verstärken.

Bereits vor dem Jahr 1909 machte Pawlow viele Versuche, um zu überprüfen, wie Reizgeneralisierung, also die Übertragung der Wirkung bedingter Reize auf ähnliche Reize, stattfindet und wie Reizdifferenzierung, die Unterscheidung zwischen Reizen, abläuft. Durch diese Versuche glaubte Pawlow nachweisen zu können, dass bei der Herstellung des Gleichgewichts zwischen Erregung und Hemmung zwei Arten von Hemmung wirksam sind: Die »äußere« und die »innere« Hemmung. Alle Arten der äußeren oder unbedingten Hemmung, die die Wirkung bedingter Reflexe stören, sind angeboren. Als innere oder bedingte Hemmung bezeichnete Pawlow alle diejenigen Reize, die gelernt sind und einen Hemmungsprozess im Gehirn hervorrufen. Im Schlaf ist nach Pawlow das Großhirn generell gehemmt.

Im Jahr 1923 berichtete Pawlow in Amerika von den Versuchen, die er zur Überprüfung , ob bedingte Reflexe vererbt werden, durchgeführt hatte. Er nahm an, dass Mäuse der fünften Generation ohne Lernen auf ein Klingelzeichen zum Futterplatz laufen. Seinem Bericht zu Folge fand er experimentelle Belege für diese Annahme.

5.1.6 Löschung bedingter Reflexe

In einer Vorlesung im Jahr 1924 hat Pawlow einen idealen Verlauf der Löschung beschrieben:

Auftreten des bedingten Reizes (allein)	Latenzzeit in Sekunden	Speichelsekretion in Tropfen
1	3	10
2	7	7
3	5	8
4	4	5
5	5	7
6	9	4
7	13	3

Von Darbietung zu Darbietung verlängert (unregelmäßig) sich die Latenzzeit, d. h. die Zeit, die bis zur Absonderung des ersten Speicheltropfens verstreicht, und die Menge des Speichelflusses nimmt ab.

Tritt längere Zeit kein bedingter Reiz auf, so erholt sich die Wirkung, d. h. beim erneuten Auftreten löst der bedingte Reiz wieder mehr Tropfen Speichel aus und die Latenzzeit verringert sich. Diesen Vorgang nannte Pawlow »Spontanerholung«.

5.1.7 Zusammenfassung und methodische Würdigung

I. P. Pawlow war ein genialer Forscher. Seine Forschungsmethoden und Experimente entsprechen dem heutigen Standard naturwissenschaftlich denkender und arbeitender Forscher. Seine Erkenntnisse über die »höhere Nerventätigkeit« haben wahrscheinlich weit stärker als alle anderen bis dahin unternommenen Versuche – man denke an das psychologische Laboratorium in Leipzig – zu der Überzeugung geführt, dass man die Psychologie als Naturwissenschaft etablieren kann. Ohne Pawlow hätte es bestimmt keinen Behaviorismus gegeben.

Es war ein Glücksfall für die Entwicklung der Psychologie, dass auf der einen Seite S. Freud und seine Nachfolger (Alfred Adler, Carl Gustav Jung u.a.) und auf der anderen Seite I. P. Pawlow und seine Nachfolger (J. B. Watson, F. B. Skinner u.a.) völlig gegensätzliche inhaltliche und methodische Vorstellungen zum Erleben und Verhalten des Menschen entwickelt haben.

Pawlows Arbeiten und seine Sichtweise des Psychischen darf man nicht auf die Erforschung des bedingten Reflexes beschränken. Er war sich des engen Zusammenhangs zwischen Körper und Psyche bewusst. Mit seiner Erregungs-Hemmungs-Theorie konnte Pawlow viele psychische Sachverhalte auf neurologische Tätigkeit zurückführen und z. B. die Entstehung und Funktionsweise von Neurosen erklären.

Pawlows Erkenntnisse waren auch für die Anwendungspraxis der Psychologie von großer Bedeutung. Sie haben die Entwicklung therapeutischer Verfahren beeinflusst und werden z. B. auch vielfach in der Werbung berücksichtigt.

5.2 Operante Konditionierung

Frederic Burrhus Skinner

Frederic Burrhus Skinner (1904–1990), amerikanischer Psychologe, war ab 1937 Professor an der University of Minnesota, von 1945–1948 Professor an der Indiana University und ab 1948 Professor an der Harvard University. Skinner wurde beeinflusst durch die Ideen **Pawlows** und **Watsons** und gilt als wichtigster Vertreter der naturwissenschaftlich orientierten neo-behavioristischen Psychologie.

Skinner schuf durch seine tierexperimentelle Forschung über Lernprozesse (Skinner-Box, Problemkäfig) die Grundlagen des operanten Konditionierens (auch instrumentelles Konditionieren genannt). Aufgrund seiner Erkenntnisse über die operante Konditionierung entwickelte Skinner auch Lernprogramme zum programmierten Unterricht.

Skinner wollte durch viele verschiedene Experimente mit Tieren (vor allem Tauben) herausfinden, wie sich Konsequenzen des Verhaltens auf das Lernen auswirken. 1948 veröffentlichte Skinner den Roman »Walden Two« (Futurum II). In diesem Roman beschreibt Skinner eine utopische Lebensgemeinschaft, die mit Hilfe behavioristischer Prinzipien den Traum der Menschheit verwirklicht, gesund, friedlich, zufrieden und harmonisch zusammenzuleben. Lange Jahre glaubte Skinner an diese Utopie. Später ist er angesichts vieler Rückschläge pessimistisch geworden und gab die Idee auf.

5.2.1 Skinners methodisches Vorgehen und Einstellung zur Statistik

Skinner war kein Anhänger der Aufstellung und Prüfung von Hypothesen. Er schrieb: *»Wenn man zufällig auf etwas Interessantes außerhalb der Hauptfragestellung stößt, dann sollte man bei dieser neuen Sache fortfahren und alles andere (vorläufig) zurückstellen.«*

Oft hat Skinner seine Versuchsanordnung geändert, um z. B. bei der Durchführung von Messungen und Beobachtungen weniger eingreifen zu müssen, und dabei haben sich neue Fragestellungen ergeben.

Skinner war überzeugt von der »Kunst, etwas zu finden, während man nach etwas anderem gesucht hatte«.

Ein Beispiel: Da die Futterpillen mit der Hand aus einer Paste geformt wurden, war Skinner auf sparsamen Umgang mit Pillen angewiesen. Bei der Suche nach einer »sparsamen Lösung« beschloss er, die Ratten und andere Versuchstiere nur noch in bestimmten Zeitintervallen bzw. nach Quoten (z. B. jede Dritte Reaktion) zu verstärken. So entdeckte Skinner die »intermittierende«, d. h. eine Verstärkung, die nicht nach jeder Verhaltensweise erfolgt.

Mit Glück und Zufall, durch Vereinfachung der Apparate bzw. der Versuchsanordnung (z. B. dass die Tiere nicht per Hand an den Startplatz zurückgebracht werden müssen, sondern dass sie selbst wieder dahin laufen), und auch durch Versagen der Apparate fand Skinner immer neue Hypothesen und Erkenntnisse.

Um dem Problem der nicht beobachtbaren Auslöser (Reize von innen) zu entgehen, hat Skinner die Bezeichnung »operant« für solche Aktivitäten eingeführt, die nicht durch beobachtbare Reize ausgelöst werden. Die »operanten« Reaktionen werden produziert, die »respondenten« werden durch Reize »ausgelöst«.

Skinners Hauptarbeit lag in der Hypothesenfindung, nicht in der Hypothesenprüfung und der Verallgemeinerung von Erkenntnissen.

Unter dem Druck der Methodenkritik erhöhte Skinner die Zahl der Versuchstiere von 4 auf 96. So glaubten er und seine Mitarbeiter, problemlos »signifikante« Ergebnisse erzielen zu können. Sie wurden enttäuscht. Auf der Suche nach Genauigkeit und unter Berücksichtigung großer Stichproben musste sich Skinner auf die Untersuchung von Hypothesen beschränken, die bereits aus Vorversuchen bekannt waren. So konnte Skinner die Verhaltensformung, die wichtigste Erkenntnis zur Erklärung des komplexen Verhaltens, nicht an großen Stichproben studieren. Jedes Tier erreichte die Teilziele zu verschiedenen Zeitpunkten und musste auch zu verschiedenen Zeitpunkten verstärkt werden. Das war individuell nicht durchführbar.

Skinner hat seine Erkenntnisse zur Löschung und zur intermittierenden Verstärkung durch die Änderung der Versuchsanordnung oder durch andere Zwänge (Sparsamkeit) und nicht durch die Hypothesenformulierung und -prüfung gefunden.

Skinner war Gegner der Statistik und der statistischen Signifikanzprüfung. Er meinte, dass sich durch die Signifikanzprüfung nicht feststellen lässt, welches Tier, was und wie gut gelernt hat. *»Kein Mensch«*, so schrieb Skinner, *»geht in den Zir-*

kus, um den durchschnittlichen Hund signifikant öfter durch einen Reifen springen zu sehen als es ein untrainierter Hund kann, der unter denselben Bedingungen aufgezogen wurde.« Er meinte, dass wichtige Erkenntnisse durch die Konzentration auf das Einzelindividuum eher sichtbar werden als durch »Massenversuche«. Da das »kranke Verhalten« niemals durchschnittlich ist, kann es nach Skinner nur durch direkte und intensive Beobachtung eines Individuums (wie von Freud beim Kleinen Hans durchgeführt) oder Organismus erforscht werden.

5.2.2 Die Definition der Verstärkung und das Problem der Zirkularität

Positive Verstärker sind nach Skinner Ereignisse, die die Auftrittswahrscheinlichkeit einer Reaktion erhöhen. Beispiele für positive Verstärker sind Futter, Wasser, Sex-Kontakt, Gelegenheit zu Exploration und Aktivität usw. Bei der Definition der Verstärkung stützt sich Skinner auf beobachtbare Sachverhalte. Er verzichtet auf die Erklärung, warum Verstärker wirksam sind. Er weist den Vorwurf der Zirkularität zurück, weil sein Kriterium der Verstärkung ein empirisches und objektives ist, während Thorndike in seinem Effektgesetz von angenehmer und unangenehmer Wirkung spricht.

Bereits vor Skinner hat Lee Edward Thorndike folgende »Gesetze« des Lernens formuliert: Kann ein Mensch oder Tier in einer Situation nicht mit bereits gelernten Verhaltensweisen reagieren, so geht er probierend vor (Versuch-und-Irrtum-Verhalten). Von allen ausgeführten Verhaltensweisen werden diejenigen beibehalten und häufiger gezeigt, die zum Erfolg führen (Gesetz des Effekts). Nicht erfolgreiche Verhaltensweisen werden seltener gezeigt. Die gelernte Verbindung zwischen Reiz und Reaktion ist umso stärker und dauerhafter, je häufiger sie praktiziert wird (Gesetz der Übung oder Frequenzgesetz). Gelernt wird allerdings nur, wenn der Organismus infolge Triebspannung dazu bereit ist (Gesetz der Bereitschaft).

Skinner hat nie eine Hypothese darüber aufgestellt, warum ein Verstärker verstärkend wirkt. Die Frage, warum verstärkt ein Verstärker oder wie ist seine Wirkung zu erklären, ist für Skinner nicht relevant. Die Erklärungen, weil der Reiz auf den Organismus »angenehm« oder »befriedigend« wirkt, hält Skinner im Rahmen einer Naturwissenschaft für nicht akzeptabel.

Skinner betont, dass eine Konsequenz nicht die bereits ausgeführte Reaktion verstärkt, sondern nur die Auftrittswahrscheinlichkeit dieser Reaktion. Nach Skinner darf man nicht sagen, ein Individuum verhält sich so, weil es bestimmte Konsequenzen erreichen will oder ein Ziel verfolgt. Man darf nur behaupten, ein Individuum verhält sich so, weil das Verhalten dieser Art in der Vergangenheit »bestimmte Konsequenzen hatte«.

5.2.3 Verstärkungspläne und negative Verstärkung

Skinner hat verschiedene Verstärkungspläne experimentell überprüft. Es sind Quotenverstärkung (z. B. jedes dritte Hebeldrucken wird durch die Futterpille belohnt), Intervallverstärkung (die Futterpille wird immer nach 2 Minuten verabreicht), gemischte Verstärkungspläne und Auszeit (time out, TO). Auszeit ist die Zeit, in der das Tier am Reagieren gehindert wird, z. B. durch Herausnehmen aus der Skinner box (siehe Abbildung), durch Blockieren der Reaktionstaste oder z. B. durch Ausschalten des Lichts. Verhaltensweisen, die über intermittierende (nicht jede gezeigte Verhaltensweise wird verstärkt) Verstärkung aufgebaut werden, sind schwerer zu löschen (löschungsresistent) als solche, die über kontinuierliche Verstärkung gelernt wurden.

Negative Verstärker sind Ereignisse, die durch ihre Entfernung (aus der Reizsituation) die Auftrittswahrscheinlichkeit einer Reaktion erhöhen. Beispiele für unangenehm wirkende Reize sind elektrische Reizung, laute Töne, sehr helles Licht, extreme Hitze oder Kälte und andere Schmerzreize. Führt eine Verhaltensweise dazu, dass die unangenehme Wirkung solcher Reize aufgehoben oder wenigstens verringert wird, so liegt eine negative Verstärkung vor. Die angenehme Konsequenz (die Wirkung des aversiven Reizes wird aufgehoben) führt zur Erhöhung der Auftrittswahrscheinlichkeit der Reaktion oder Verhaltensweise, die negativ verstärkt wurde.

Negative Verstärkung darf nicht mit Bestrafung verwechselt werden. Bestrafung kann erfolgen über den Entzug eines positiven Verstärkers und über die Darbietung eines aversiven, negativ wirkenden Reizes.

Bestrafung kann dazu führen, dass sich die Auftrittswahrscheinlichkeit des bestraften Verhaltens verringert, weil z. B. das Verhalten in Anwesenheit der bestrafenden Person unterdrückt wird, sie hat aber – lerntheoretisch gesehen – nicht den gegenteiligen Effekt von Verstärkung, indem sie zum Abbau des unerwünschten Verhaltens im Sinne einer Löschung beiträgt. Durch Bestrafung erfolgt kein Verlernen. Unerwünschte Reaktionen dürfen nach Skinner nicht verstärkt, müssen aber nicht bestraft werden. Bestrafung ist nur dann sinnvoll, wenn es notwendig ist, schädliche Reaktionen kurzzeitig zu unterdrücken, und wenn dies nur mit ihrer Hilfe erreicht werden kann.

5.2.4 Skinner-box und verschiedene Typen der Konditionierung

Die Lernexperimente hat Skinner überwiegend mit Tauben und Ratten durchgeführt, die er in der von ihm konstruierten Anlage, der so genannten Skinner-box unter standardisierten Bedingungen beobachtete.

Durch die Box wurden alle Außenreize abgeschirmt, die Reaktionen des Tieres automatisch aufgezeichnet, die Belohnungen in Form von Futterkugeln durch einen »Futtergeber« verabreicht. Die Bestrafungen erfolgten über elektrische Schläge über ein Fußbodengitter.

Skinners Maße sind Reaktionsraten pro Zeiteinheit und Extinktionsresistenz, mit der erfasst wird, wie oft und wie lange die Reaktion nach Abschluss der Verstärkung gezeigt wird, bis die gleiche Reaktionswahrscheinlichkeit vorhanden ist wie vor der Konditionierung.

Skinner unterscheidet die Konditionierung vom Typ S nach Pawlow (S = Stimulus, Signallernen); hier wird eine Reiz-Reaktions-Verbindung hergestellt, die vorher im Verhaltensrepertoire des Organismus nicht vorhanden war.

Weiter die Konditionierung vom Typ R = operante Konditionierung (R = reaction), bei der die Auftrittswahrscheinlichkeit einer Verhaltensweise verstärkt wird.

Eine Extinktion vom Typ R tritt ein, wenn die operante Reaktion wiederholt zu keiner Verstärkung führt. Die Extinktion vom Typ S erfolgt, wenn der konditionierte Reiz konsequent ohne den unkonditionierten Reiz dargeboten wird.

a) Lichtzeichen
b) Futtergeber
c) Hebel
d) Fußbodengitter

Abb. 11: Skinner box

5.2.5 Zusammenfassung und kritische Würdigung

Skinner hat Jahrzehnte lang einzelne Tiere unter systematisch kontrollierten Bedingungen beobachtet, um möglichst genau zu erfassen, wie sich die Konsequenzen des Verhaltens auf das Lernen auswirken.

Die wichtigsten Erkenntnisse gewann er durch Beobachtungen einzelner Tiere. Unter dem Druck der Methodenkritik bildete er große Stichproben (bis 96 Tiere) und musste feststellen, dass er auf diese Weise die bereits erkannten Zusammenhänge zwar bestätigen konnte, aber die so gewonnenen Erkenntnisse auf das »Durchschnittsverhalten« beschränkt waren, das bedeutet, dass sich das Verhalten mancher Tiere über den Einsatz von Verstärkern nicht ändern ließ. Sie waren sozusagen – aus welchen Gründen auch immer – nicht lernfähig oder lernbereit.

Sein Bestreben, keine Erklärungsbegriffe zu verwenden, die nicht direkt beobachtbar sind, hat ihm den Vorwurf, die Verstärker zirkulär definiert zu haben, eingebracht. Die größte Leistung von ihm besteht in der Ergänzung der positiven durch die negative Verstärkung und im Nachweis, dass der Einsatz aversiver Reize (Bestrafung) nicht zum Löschen oder Verlernen, sondern nur zum Unterdrücken des bestraften Verhaltens führt.

Skinners Erkenntnisse zum operanten oder instrumentellen Konditionieren haben nachhaltig das pädagogische Denken und die Bemühungen um den Aufbau des erwünschten Verhaltens durch die Erziehung geführt. Sie haben sich auch bei der Erklärung der Entstehung psychischer Störungen und bei der Entwicklung psychotherapeutischer Verfahren (Verhaltenstherapie) bewährt.

5.3 Beobachtungslernen (Imitationslernen)

Albert Bandura wurde 1925 in Alberta (Kanada) geboren. Nach dem Studium der Psychologie an der University of Yowa war er zunächst als klinischer Psychologe tätig. Seit 1964 ist er Professor für Psychologie an der Stanford University in Stanford, Kalifornien. Seine Arbeitsgebiete sind die Theorie des sozialen Lernens und der damit verknüpften kognitiven Prozesse, Prozesse sozialer Beeinflussung, Persönlichkeitsentwicklung und Psychotherapie (vor allem auf der Basis der sozialkognitiven

Theorie). Er wird auch als der »denkende Behaviorist« bezeichnet.

Nach der Theorie von Albert Bandura werden die meisten Verhaltensweisen durch Beobachtung von Modellen erlernt. Mit Hilfe der klassischen und operanten Konditionierung lässt sich seiner Auffassung nach das Auftreten völlig neuer Verhaltensweisen und vor allem komplexer Verhaltensweisen im sozialen und sprachlichen Bereich nicht erklären.

Albert Bandura

Albert Bandura hat mit seinen Mitarbeitern (vor allem mit Dorothea Ross und Sheila A. Ross) über 100 Experimente zum Beobachtungslernen oder Lernen am Modell durchgeführt. Das 1963 durchgeführte Experiment mit der Modellperson »Rocky« wird in der pädagogischen und psychologischen Literatur am häufigsten zitiert und gehört zu den »Klassikern« der Lernpsychologie.

5.3.1 Beschreibung des am häufigsten zitierten Experiments

An dem Experiment zum Lernen am Modell nahmen 33 Jungen und 33 Mädchen im Kindergartenalter (zwischen 3 ½ und 6 Jahren, Durchschnittsalter betrug 51 Monate) teil, die alle den gleichen Kindergarten besuchten (Stanford University Nursery School). Die Kinder wurden nach dem Zufallsprinzip in 3 Gruppen mit je 11 Jungen und 3 Gruppen mit je 11 Mädchen eingeteilt.

Das Experiment bestand aus drei Phasen. Zuerst (Beobachtungs- oder Lernphase) sahen alle Kinder einen zu diesem Zweck gedrehten Film. Eine Modellperson namens »Rocky« fügte einer Gummipuppe in Form eines Clowns vier physische und vier verbale Aggressionen zu.

Aggression 1 + 2: Rocky geht auf die lebensgroße Puppe los, setzt sich auf sie drauf, boxt ihr auf die Nase und schreit dazu: »Puh, direkt auf die Nase, bum-bum«.

Aggression 3 + 4: Rocky schlägt der Puppe mit einem großen Holzhammer auf den Kopf und schreit: »Verdammt…, bleib stehen«.

Aggression 5 + 6: Mit gezielten Fußtritten befördert Rocky die Puppe quer durch den Raum und schreit: »Flieg weg«.

Aggression 7 + 8: Rocky wirft mit Gummibällen nach der Puppe und sagt dazu lauthals »päng«.

Das Ende des Films war für die Gruppen unterschiedlich. Die erste Experimentalgruppe (11 Jungen und 11 Mädchen) sah, wie ein Erwachsener Rocky für seine Aggressionen mit Süßigkeiten belohnte und mit Worten wie »großer Held«, »starker Champion« lobte.

Die nächste Experimentalgruppe sah, wie Rocky von einem Erwachsenen wegen seiner Aggressionen mit einer zusammengerollten Zeitung geschlagen und als »brutaler Kerl« beschimpft wurde.

Die letzten beiden Gruppen sahen keine Bestrafung oder Belohnung von Rocky. Seine Aggressionen blieben ohne Konsequenzen.

In der zweiten Phase (spontane Imitationsphase) wurde jedes Kind einzeln in einen Raum geführt, in dem sich alle Gegenstände befanden, die die Kinder vorher im Film gesehen haben. Jedem Kind wurde erklärt, dass es mit allen Gegenständen spielen darf. Der Versuchsleiter verließ den Raum und beobachtete jedes Kind 10 Minuten lang durch eine Einwegscheibe.

In der dritten Phase (Verstärkungsphase) wurde jedes Kind ermuntert, das Modell nachzuahmen und für jede imitierte Reaktion erhielt das Kind ein hübsches Abziehbild als Belohnung.

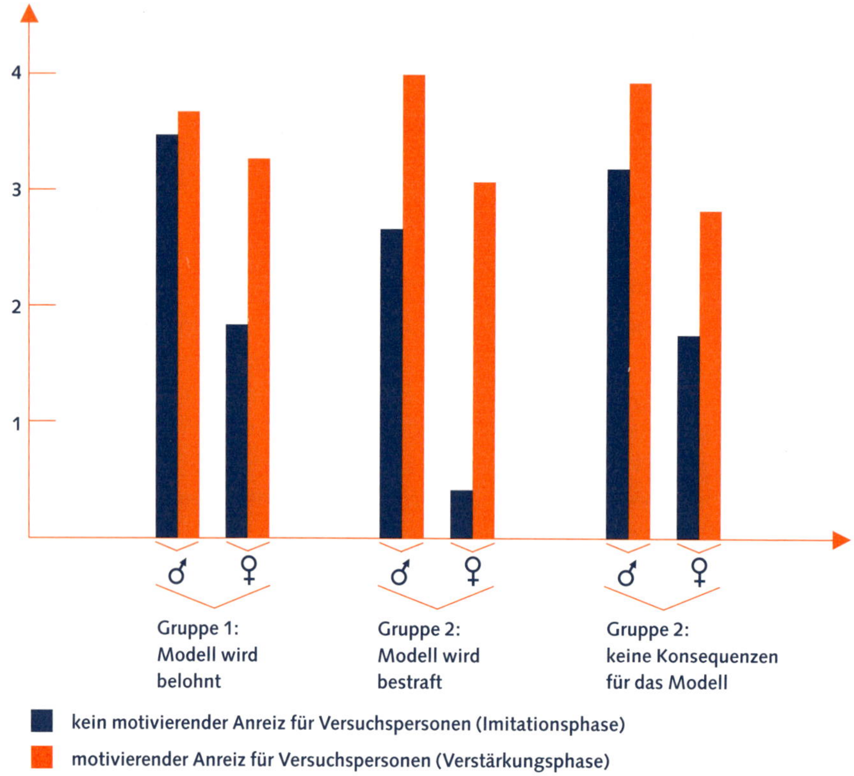

Abb. 12: Die durchschnittliche Anzahl nachgeahmter aggressiver Akte

Die Ergebnisse des geschilderten Experiments verdeutlichen:

- Jungen sind aggressiver als Mädchen
- Wichtiger als Konsequenzen, die das Modell für sein Verhalten erhält, sind Belohnungen, die Kinder für die Nachahmung der beobachteten Verhaltensweisen erhalten.
- Das beobachtete Verhalten wird im Gedächtnis gespeichert (latentes Lernen) und erst nach Ermunterung oder Belohnung gezeigt.

5.3.2 Anmerkungen zur Methode

Bandura und seine Mitarbeiter haben ein sorgfältig geplantes Experiment durchgeführt. Die Aggressionen der Kinder sind leicht zu beobachten und auszuzählen. Mit 11 Kindern sind die einzelnen Gruppen relativ klein. Die errechneten Durchschnitte für die gezeigten aggressiven Akte sind aber aussagekräftig. Die Aufteilung der Kinder in einzelne Gruppen erfolgt nach dem Zufallsprinzip. Man kann annehmen, dass die Bereitschaft der Kinder, aggressive Modelle nachzuahmen, in jeder Gruppe in gleichem Ausmaß vorhanden war. Die Ergebnisse des Experiments lassen sich gut veranschaulichen. Das Experiment ist genau beschrieben und jederzeit nachprüfbar.

5.3.3 Die kognitive Wende

Wie schon erwähnt haben Bandura und seine Mitarbeiter in den 60er und 70er Jahren über 100 Experimente zum sozialen Lernen durchgeführt. Die meisten Experimente wurden mit Kindergartenkindern durchgeführt. In der Regel hat er mehrere Experimentalgruppen und eine Kontrollgruppe gebildet. Im Experiment, durchgeführt 1963 gemeinsam mit Dorothea Ross und Sheila A. Ross sahen die Experimentalgruppen reale aggressive Modelle, filmische aggressive Modelle, aggressive Cartoons. Der Kontrollgruppe wird jede Beobachtung der Aggression vorenthalten. In einem weiteren, im gleichen Jahr durchgeführten Experiment, sieht die erste Experimentalgruppe, gebildet aus 20 Jungen und 20 Mädchen (Kindergartenalter), wie das Modell für sein aggressives Verhalten belohnt wird und die zweite Experimentalgruppe sieht, wie das Modell bestraft wird. Die Kontrollgruppe beobachtet ein nicht aggressives Modell bzw. die Kinder dieser Gruppe werden in den gleichen Spiel- und Beobachtungsraum geführt wie alle anderen Kinder, haben aber vorher keinen Film gesehen. Mit dieser Kontrollgruppe wollen die Wissenschaftler herausfinden, wie groß die Aggressionsbereitschaft an sich vorhanden ist.

Vom Experiment zu Experiment hat Bandura die Bedeutung kognitiver Prozesse entdeckt. Zuerst fiel ihm gegen Ende der 60er Jahre auf, dass das Lernen durch Beobachtung von Modellen vor allem dann erfolgreich abläuft, wenn die Aufmerksamkeit des Beobachters geweckt und nicht gestört wird und wenn das gedächtnismäßige Speichern durch eindeutige Vorführungen sowie durch die Sprachunterstützung gefördert wird. Danach fiel Bandura auf, dass Instruktionen, Anweisungen und auch Autosuggestionen allein schon genügen, um ein Verhalten auszuführen. So entwickelte sich die so genannte »kognitive Wende«. Gegen Ende der 70er Jahre meinte Bandura, Kognitionen seien wichtiger als die Realität.

5.3.4 Untersuchungen zum therapeutischen Einsatz des Lernens am Modell

Bandura war sehr an der praktischen Nutzung seiner Erkenntnisse zur Änderung des Verhaltens interessiert. Mit seinen Mitarbeitern hat er über 30 Untersuchungen zum Einsatz des Lernens am Modell zu psychotherapeutischen Zwecken durchgeführt. In diesen Untersuchungen wurden durch den Einsatz von Kontrollgruppen gesicherte Erkenntnisse zu folgenden Fragen gesammelt: Mit welchen auf der Basis lerntheoretischer Erkenntnisse entwickelten therapeutischen Methoden lassen sich Phobien, Zwangsstörungen, Vermeidung sozialer Kontakte und mangelnde Selbstsicherheit effektiv behandeln? Muss ein Klient reale oder filmische Modelle beobachten oder können Behandlungseffekte auch durch Vorstellungen des Modellverhaltens (stellt sich der Klient/Klientin ein Modell sehr intensiv vor, das die Verhaltensweisen zeigt, die er/sie als Zielverhalten anstrebt, so spricht man vom »verdeckten Modell-Lernen) allein erzielt werden? Wie lassen sich Prüfungsängste behandeln? Ist Behandlung von Ängsten durch »stellvertretende Desensibilisierung«, d. h. durch die Beobachtung der systematischen Desensibilisierung an Modellen möglich?

Die im Jahr 1969 von Albert Bandura, Edward B. Blanchard und Brunhilde Ritter durchgeführte Untersuchung mit Schlangenphobikern wird auf dem Gebiet des Modell-Lernens am häufigsten zitiert, weil es sich um ein sehr gründlich geplantes Experiment handelt. Die Veröffentlichung des Experiments erfolgte unter dem Titel: »Die relative Wirksamkeit von Desensibilisierung und Modell-Lernverhalten bei Verhaltens-, Affekt- und Einstellungsänderungen.«

Das Experiment

Im Experiment zur Behandlung von Phobien mit dem »partizipierendem Modell-Lernen« haben Bandura und seine Mitarbeiter die Wirkung der Verfahren

1. systematische Desensibilisierung,
2. symbolisches Modell-Lernen und
3. partizipierendes Modell-Lernen

miteinander verglichen. Sie wollten unter kontrollierten Bedingungen herausfinden, wie stark sich mit Hilfe der genannten Therapietechniken

a) Verhaltensweisen,
b) gefühlsmäßige Reaktionen und
c) Einstellungen gegenüber Schlangen ändern lassen.

Die Stichproben

Aus den Personen, die sich auf ein Zeitungsinserat, in dem für ein Experiment Menschen mit Schlangenangst gesucht wurden, gemeldet haben, wurden nach einem Vortest 48 Probanden mit Schlangenangst (5 männlich und 43 weiblich im Alter von 13 bis 59 Jahren; Durchschnittsalter betrug 27 Jahre) ausgesucht. In nahezu allen Fällen schränkte die Phobie das Verhalten der Probanden unnötig ein. So waren sie z. B. nicht in der Lage, sich in Situationen zu begeben, in denen auch nur die geringste Möglichkeit bestand, einer Schlange zu begegnen (Einschränkung der Freizeitaktivitäten).

Vortest

Mit einem Fragebogen wurden Daten zur Entstehung der Phobie erhoben. Knapp 70 % der Befragten gaben an, sie wurden bei Spaziergängen, beim Zelten oder sonstigen Gelegenheiten durch plötzliches Auftauchen von Schlangen erschreckt. Einige hatten als Kinder erlebt, wie Schlangen erschlagen wurden. 56 % der Vpn hatten Angst vor Schlangen bei Familienmitgliedern erlebt. 58 % der Vpn glaubten, ihre traumatischen Erfahrungen beruhten auf Beobachtungen von Filmen und Fernsehsendungen (Menschen wurden grausam von Schlangen getötet). Bei 62 % der Vpn wurde die Schlangenangst durch andere Kinder verstärkt, die von ihrer Schlangenphobie wussten und sie mit toten Schlangen erschreckten. Keine einzige Vpn hatte jemals direkt durch eine Schlange einen Schaden erlitten.

Die Vpn wurden sachlich über Schlangen informiert, z.B. dass sie sich kühl anfühlen, trocken und nicht schleimig sind und dass sie oft Zunge ausstrecken, weil sie schlecht sehen und mit der Zunge die Umgebung erkunden.

Danach wurden mit Hilfe des semantischen Differentials und 6 Einstellungsskalen die Einstellungen der Probanden gegenüber Schlangen gemessen.

Alle Probanden wurden einem Vermeidungstest durch eine 1,20 m lange Königsschlange unterzogen. Sie sollten die in einem Glasbehälter liegende Schlange anschauen, sie zunächst mit Handschuhen und dann mit bloßen Händen berühren, sie aus dem Behälter herausnehmen, im Zimmer frei lassen, sie wieder aufheben und nahe an das Gesicht bringen (ca. 13 cm) und zuletzt auf einem Stuhl sitzend die Schlange frei auf dem Schoß kriechen lassen. Wer die Schlange mit Handschuhen 5 Sekunden lang halten konnte, wurde vom Experiment ausgeschlossen.

Während des Vermeidungstests haben die Vpn die Intensität ihrer Angst auf einer 10-Punkte-Skala mündlich eingeschätzt. Eine Versuchsleiterin und ein neutraler Beobachter haben das Verhalten der Vpn und ihre Angaben über die Intensität der Angst protokolliert. Die Mittelwerte dieser Beurteilungen dienten als Maße der Erwartungs- und Ausführungsangst.

Nach dem Vermeidungstest füllte jede Vpn einen ausführlichen Angstfragebogen aus. Die Forscher wollten herausfinden, ob sich evtl. Reduktion der Schlangenangst auch in anderen Lebensbereichen angstvermindernd auswirkt.

Danach wurden die Vpn per Zufallsverfahren einer der 4 Gruppen zugeteilt.

Die Durchführung der Behandlung

Mit den Vpn der Gruppe 1 (systematische Desensibilisierung), der Gruppe 2 (symbolisches Modell-Lernen) und der Gruppe 3 (partizipierendes Modell-Lernen) wurde eine Einzelbehandlung vom maximal 5 Stunden und 15 Minuten Dauer (ohne Entspannungstraining) durchgeführt. Die Vpn der Kontrollgruppe nahmen nur an den diagnostischen Verfahren des Vortests teil.

In der Gruppe 1 wurde die von J. Wolpe entwickelte Standardform der systematischen Desensibilisierung durchgeführt. Als Erstes wurde Muskelentspannung eingeübt. Nach der Aufstellung einer individuellen Angsthierarchie (34 Szenen mit Schlangen wurden in eine Rangreihe von der »die stärkste Angst auslösende Szene« bis zur »die schwächste Angst auslösende Szene« gebracht) begann die Desensibilisierung. Im entspannten Zustand sollten sich die Vpn die Szene mit der schwächsten Angst vorstellen. Blieb die Angstreaktion aus, ging man zur Vorstellung oder Darbietung der nächst höheren Szene. Sobald eine Vpn Angst signalisierte, wurde die Vorstellung oder Darbietung unterbrochen und die Entspannung wieder eingeübt. Erst wenn eine Szene keine Angst mehr auslöste, wurde die Desensibilisierung mit der nächsten Szene fortgesetzt. Das Verfahren wurde bis zur letzten Szene fortgesetzt oder nach der maximalen Behandlungsdauer von 5 Stunden und 15 Minuten abgebrochen.

In der Gruppe 2 wurde das selbst gesteuerte symbolische Modell-Lernen eingesetzt. Jede Vpn sah einen Farbfilm von 35 Minuten Dauer, der kleine Kinder, Jugendliche und Erwachsene mit einer Schlange zeigte. Sie beschäftigten sich zuerst mit einer Plastikschlange (harmlose Situation), dann fassten sie eine Königsschlange an (etwas bedrohlichere Situation), dann ließen sie die Schlange über ihren Körper kriechen. Die Vpn konnten über Fernsteuerung die Filmvorführung stoppen, rückwärts laufen lassen und sich die gefährlichen Szenen so lange anschauen, wie sie wollten (Selbststeuerung). Mit den Vpn wurde Muskelentspannung eingeübt, und sie wurden aufgefordert, sich bei Angst auslösenden Szenen zu entspannen und erst dann zur nächsten Szene zu wechseln, wenn sie keine Angst mehr hatten. Die Behandlung war beendet, wenn die Vpn keine Angst mehr hatten, bzw. sie wurde nach der maximalen Dauer von 5 Stunden und 15 Minuten unterbrochen.

Bandura und seine Mitarbeiter haben angenommen, dass eine selbst gesteuerte Form des Modell-Lernens bessere Ergebnisse erzielen würde als eine Filmvorführung ohne Rücksicht auf den Beobachter. Die Vpn der dritten Gruppe beobachteten als Erstes durch eine Einwegscheibe, wie ein Modell die Schlange an sein Gesicht hielt, sie durch den Raum kriechen und auch über den Körper gleiten ließ, um zu zeigen, dass ein intensiver Kontakt mit der Schlange keine negativen Folgen hat.

Nach dem das Modell die Schlange zurück in den Glasbehälter gelegt hatte, bat es vier Vpn in den Raum zu kommen und auf den unterschiedlich weit weg von der Schlange aufgestellten Stühlen Platz zu nehmen. Der Versuchsleiter nahm die Schlange aus dem Behälter und forderte die Vpn auf, seinen Umgang mit der Schlange – zunächst waren es harmlose Übungen – nachzuahmen. Den immer engeren Kontakt mit der Schlange – und für die Vpn den stärker angsterzeugenden – führte der Versuchsleiter immer zuerst vor und ermunterte die Vpn, es ihm nachzumachen. So wurde über das Modellverhalten schrittweise die Annäherung an die Schlange eingeübt.

Zunächst lernten die Vpn mit Handschuhen die Schlange zu berühren. Dabei hielt der Versuchsleiter den Kopf und den Schwanz der Schlange fest. Bei Angst bot er den Vpn an, ihre Hand auf seine zu legen, wenn er den Körper der Schlange berührte. Wenn es den Vpn nichts mehr ausmachte, eine Aufgabe auszuführen, zog er die Hilfe zurück und ließ sie allein weitermachen. Schritt für Schritt wurden die Aufgaben bewältigt, bis die Vpn die Schlange frei laufen lassen, sie wieder einfangen und in den Glasbehälter zurücklegen konnten.

Die Vpn der 4. Gruppe, die zunächst nur bei der Diagnose der Angst mitgemacht hatten, konnten nach dem Experiment zum Abbau ihrer Angst das »selbst gesteuerte symbolische Modell-Lernen« durchführen.

Die experimentellen Therapiesitzungen fanden zweimal in der Woche statt. Die durchschnittliche Behandlungsdauer betrug für die systematische Desensibilisierung 4 Stunden und 32 Minuten, für das symbolische Modell-Lernen 2 Stunden und 46 Minuten und für das partizipierende Modell-Lernen 2 Stunden und 10 Minuten.

Nachtest und Ergebnisse

Nach der Behandlung wurden bei den drei Experimentalgruppen und der Kontrollgruppe die gleichen Messungen und Beobachtungen wie beim Vortest durchgeführt. Um zu prüfen, ob das erlernte angstfreie Verhalten bei verschiedenen Schlangen anhält, testeten die Forscher das Annäherungsverhalten der einen Hälfte von Vpn zuerst gegenüber der vertrauten Königsschlange und der anderen Hälfte gegenüber einer rot gefleckten Kornschlange. Danach wurde der Test in umgekehrter Reihenfolge durchgeführt. Die Angst erzeugenden Eigenschaften beider Schlangen wurden vorher von einer anderen Versuchspersonengruppe als annähernd gleich eingestuft.

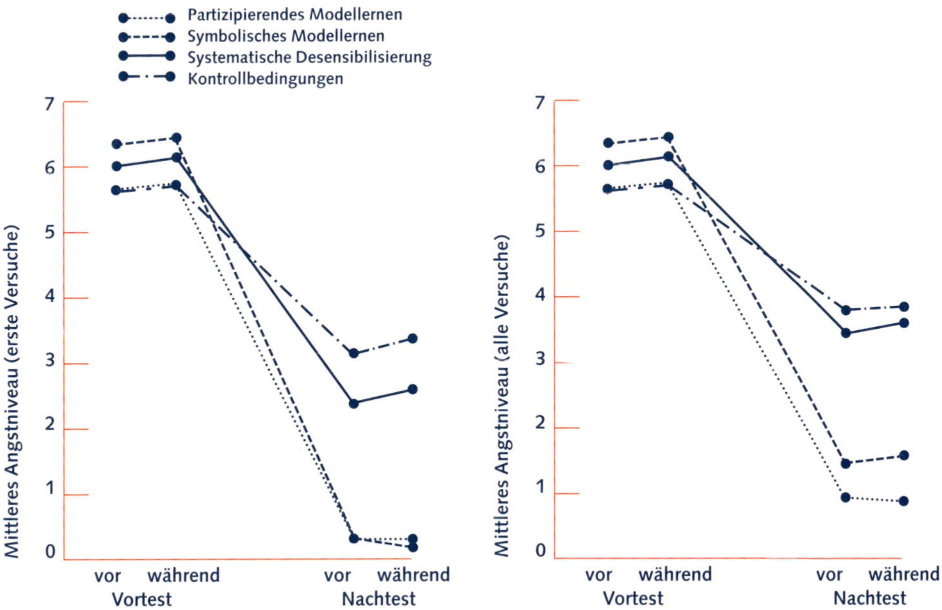

Abb. 13: Mittleres Angstniveau vor, während und nach der Behandlung

Alle drei Techniken bewirkten eine generalisierte und dauerhafte Reduktion der Angst. Auch die negative Einstellung gegenüber Schlangen hatte sich erheblich geändert. Die eindeutig stärksten Wirkungen wurden mit der Technik des partizipierenden Modell-Lernens erzielt. Die Vpn der Kontrollgruppe hatten ihr Vermeidungsverhalten nicht verändert.

Die Graphik zeigt die Mittelwerte der Annäherungsreaktionen aller vier Gruppen beim Vortest und Nachtest.

Die Forscher berichten, dass beim partizipierenden Modell-Lernen 92% der Versuchspersonen in der Lage waren, die schwierigste Annäherungsaufgabe zu bewältigen. Beim symbolischen Modell-Lernen waren es 33% und beim systematischen Desensibilisieren 25%. Die Ergebnisse der Experimentalgruppen unterscheiden sich signifikant (1% Niveau) von denen der Kontrollgruppe. Im Vergleich zur Kontrollgruppe hat sich in den Experimentalgruppen die negative Einstellung gegenüber Schlangen am stärksten geändert.

23 Vpn, die mit der Technik der systematischen Desensibilisierung oder mit dem selbst gesteuerten symbolischen Modell-Lernen behandelt worden waren, haben sich einer »Nachbehandlung« mit dem partizipierenden Modell-Lernen unterzogen. 22 von ihnen konnten die schwierigste Annäherungsaufgabe bewältigen.

Die einen Monat später durchgeführte »Nachuntersuchung« zeigte, dass die Vpn immer noch in der Lage waren, die gleichen Leistungen im Annäherungsverhalten zu erbringen wie im Nachtest.

Die Analyse der Antworten im Angstfragebogen zeigte auch eine Abnahme der Angst in anderen Bereichen, vor allem bei Angst vor Tieren und Verletzungen.

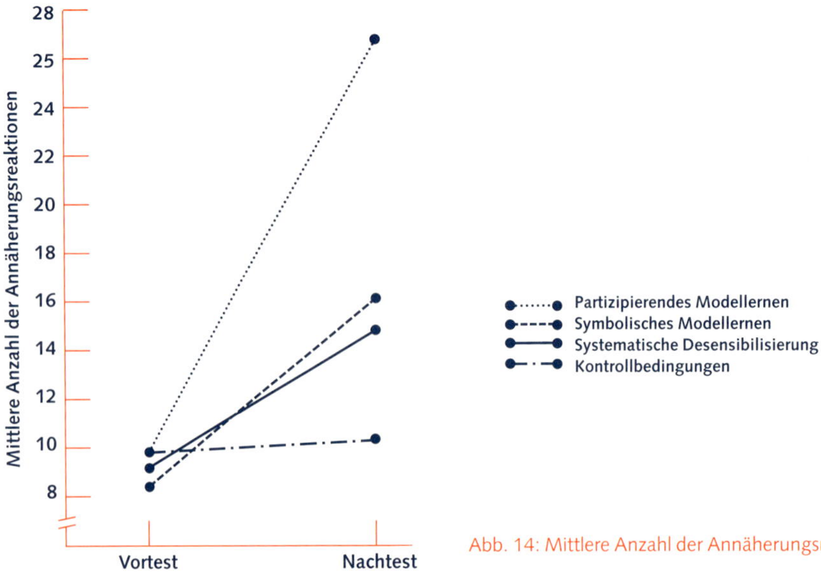

Abb. 14: Mittlere Anzahl der Annäherungsreaktionen

5.3.5 Einige Zitate von Bandura und ergänzende Informationen

Mit Hilfe der Begriffssprache und der Symbole ist der Mensch nach Bandura in der Lage, sein Verhalten und Handeln intentional und effektiv zu organisieren.

»Die Fähigkeit, Symbole zu verwenden, erweist sich für die Menschen in ihrem Umgang mit der Umwelt als außerordentlich nützlich. Durch Sprach- und Vorstellungssymbole verarbeiten und speichern sie ihre Erfahrungen. So können sie ihr zukünftiges Verhalten nach ihnen ausrichten. Die Fähigkeit zum intentionalen Handeln hat ihre Wurzeln in den symbolischen Aktivitäten. ... Mittels Symbole können Menschen Probleme lösen, können wahrscheinliche Konsequenzen verschiedener Handlungen voraussehen und ihr Verhalten entsprechend verändern.«

Das von Bandura entwickelte Konzept der so genannten »Selbstwirksamkeit« spielt sowohl in der Pädagogik als auch in der Therapie eine wichtige Rolle.

»Ein weiteres Merkmal der sozial-kognitiven Lerntheorie ist die besondere Rolle, die sie der Selbststeuerung einräumt. Durch ein entsprechendes Arrangement der Umweltreize, durch die Ausbildung kognitiver Hilfen und durch selbstgeschaffene Handlungskonsequenzen sind Menschen in der Lage, ihr Verhalten in gewissem Ausmaße selbst zu kontrollieren.«

Die Frage nach dem Verhältnis von Anlage und Umwelt bei der Ausbildung einzelner komplexer Verhaltensweisen ist nach Bandura nicht sinnvoll.

»Komplexe Verhaltensweisen treten nicht als einheitliche Verhaltensmuster auf den Plan, sondern werden durch die Integration vieler Teilaktivitäten unterschiedlichen Ursprungs geschaffen. Aus diesem Grund ist es sinnvoller, die Determinanten der Verhaltensprozesse zu analysieren, als die Verhaltensweisen in erlernte oder angeborene zu klassifizieren bzw. den Versuch zu unternehmen, die relative Bedeutung dieser Faktoren zu bestimmen.«

Die so genannte »mechanistische« Auffassung des Behaviorismus lehnt Bandura ab.

»Anders als man nach der mechanistischen Auffassung meint, bringen die Handlungsergebnisse die Verhaltensänderungen beim Menschen im Wesentlichen durch den intervenierenden Einfluss des Denkens zustande. Handlungskonsequenzen wirken dadurch bekräftigend, dass sie die Handelnden darüber informieren, was sie tun müssen, um nützliche Ergebnisse zu erzielen und aversive zu vermeiden.«

Ted L. Rosenthal schreibt zum Wesen des Modell-Lernens: *»Der Mensch ist ein geselliges Geschöpf. Wissen und Wertmaßstäbe bezieht er von Handlungsweisen, Glauben und Gewohnheiten, die andere ihm vorleben. Die Sprache, die er spricht, die Art, wie er Probleme löst, seine Einstellung zur Umwelt, all dies wird durch das beispielhafte Tun anderer geprägt. Der Begriff Modell-Lernen bezieht sich, im weitesten Sinne, auf das Lernen durch wahrgenommene Taten, Worte und Strategien und auf die Folgen, die in der Umgebung entstehen, wenn sich das Vorbild oder Modell betätigt. ... Die Beobachtung erspart dem Zuschauer überflüssige Fehler und Irrtümer.«*

Der Vorteil des Modell-Lernens liegt also darin, dass der Beobachter mit einer relativ endgültigen Form des komplexen Verhaltens an die Lösung einer Aufgabe herangeht, das Verhalten durch Übung verbessern kann, die Konsequenzen des Verhaltens aus der Beobachtung kennt und daher auch vorwegnehmen kann.

Dem Bemühen des Beobachters, ein Verhalten zu erlernen, kann Demonstration (Vorführung), Instruktion (Erklärung, Beschreibung) oder bildhafte, symbolische Darstellung vorausgehen.

Die Aufmerksamkeit des Beobachters wird gefördert durch Belohnungen des Modells, wenn die Beobachter die Lage des Modells ähnlich ihrer eigenen empfinden. Stellvertretende Verstärkungen sind oft wirksamer als die direkten, wenn es um Hinweise geht, welches Verhalten richtig ist; sie sind weniger wirksam, wenn Ansporn zum Handeln gefragt ist. Ansporn ist wichtig, wenn Ablenkungen auftreten.

Von klein auf wird der Mensch seitens der Gesellschaft für verschiedene Formen der Selbstregulation belohnt. Die Selbstregulierung ist auf Wertmaßstäbe, auf verinnerlichte Leistungsnormen, auf ein individuelles Anspruchsniveau angewiesen. Das Erreichte kann so bei einem Anfänger wegen dem niedrigen Anspruchsniveau Selbstlob auslösen, bei einem Spezialisten hingegen Selbstverachtung.

5.3.6 Zusammenfassung

Der »denkende« Behaviorist Albert Bandura hat viele sorgfältig geplante Experimente vor allem mit Kindergartenkindern durchgeführt. Mit Hilfe der so gewonnenen Erkenntnisse zum Lernen am Modell hat er zur Versachlichung der Diskussion über die Wirkung von Gewaltdarstellungen in den Medien beigetragen.

Sein Interesse an praktischer Nutzung gewonnener Erkenntnisse über das Lernen an Modellen führte zur Planung und Durchführung von Experimenten, die zur wissenschaftlichen Absicherung therapeutischer Methoden beigetragen haben.

In seiner sozialkognitiven Theorie hat Bandura die Bedeutung sozialer und kognitiver Faktoren bei der Entwicklung und Änderung des Verhaltens aufgezeigt und zu einem Verhaltensmodell zusammengefügt. Danach wird das menschliche Handeln vor allem von Überzeugungen gesteuert, indem man sich Vorstellungen davon bildet, auf welche Weise bedeutsame Situationen verändert werden und in welchem Maße man sich selbst dazu in der Lage sieht, solche Veränderungen persönlich bewirken zu können.

Die empirisch gewonnenen Erkenntnisse von Bandura zum Lernen bzw. zum Erwerb von Erfolgserwartungen und von Kompetenzerwartungen bilden die Grundlage für die »Theorie der Selbstwirksamkeit« (vgl. Thema 4.3 im Baustein 7). Die uralten Vorstellungen über die Bedeutung von Vorbildern, über Selbsterziehung, Selbstdisziplin und Selbststeuerung sind wissenschaftlich rehabilitiert und neu belebt worden. Die »Ladenhüter der Pädagogik«, nämlich Belehren, Beurteilen, Belohnen und Bestrafen, können dank Bandura durch detaillierte Anleitungen zum Aufbau von positiven Selbstwirksamkeitserwartungen ersetzt werden. Menschen mit positiven Selbstüberzeugungen wählen sich schwierigere, herausfordernde Aufgaben aus, investieren mehr Anstrengung und bleiben auch dann standhaft und ausdauernd, wenn Erfolge zunächst ausbleiben oder gar Rückschläge auftreten.

6 Der Zusammenhang zwischen Kognition, Emotion und Motivation

Bereits Charles Darwin hat die Bedeutung der Gefühle für unser Überleben entdeckt. Er meinte, dass wir wissen, was andere fühlen, weil es »ihnen im Gesicht geschrieben steht«. In verschiedenen Experimenten hat sich herausgestellt, dass die Deutung des Gesichtsausdrucks (in Experimenten wurden entsprechende Bilder verwendet) in verschiedenen Kulturen sehr übereinstimmend erfolgt. Neben dem Gesichtsausdruck gibt es viele weitere Informationsquellen oder Hinweisreize auf den Gefühlszustand anderer Menschen. Es sind vor allem: Stimme, Körperhaltung, Hände ringen, Art der Bewegungen und eine allgemeine Erregung.

Kurz nach der Jahrhundertwende hat man festgestellt, dass Gefühle durch die Reaktionen des autonomen Nervensystems gesteuert werden. Im Laufe der Jahrzehnte sind verschiedene Vorstellungen zur Entstehung der Gefühle, zum Zusammenhang zwischen Emotionen und Kognition und zur Bedeutung der Gefühle in sozialen Situationen entwickelt und auch experimentell überprüft worden.

Ebenso wie Gefühle zählen auch Motive, Triebe und Bedürfnisse zu psychischen Kräften. Motive, Interessen und Bedürfnisse bestimmen, worauf wir unsere Aufmerksamkeit richten, welche Informationen wir auswählen und im Gedächtnis speichern, welche Denkprobleme wir lösen wollen und ob wir bestimmte Verhaltensweisen ausführen oder unterdrücken. Motivation ist ein gedankliches Konstrukt, mit dem Prozesse beschrieben werden, die unser Verhalten und Handeln aktivieren, auf ein Ziel hin steuern und die Intensität und Ausdauer des Verhaltens bestimmen (vgl. auch Thema 1.7 im Baustein 7).

6.1 James-Lange-Theorie der Emotionen

Der amerikanische Psychologe William James und der dänische Psychologe Carl Lange haben über die Entstehung der Gefühle die gleiche Auffassung vertreten. Diese ging als »James-Lange-Theorie der Emotionen« in die Geschichte der Psychologie ein.

Sie waren überzeugt, dass in vielen Situationen durch bestimmte Reaktionen des Nervensystems der Körper in einen Erregungszustand versetzt wird, den wir anschließend als Gefühlszustand erleben und deuten. Nach dieser Deutung sind wir »traurig, weil wir weinen«, sind wir »glücklich, weil wir lachen«, »fürchten wir uns, weil wir wegrennen« usw. Diese Theorie postuliert, dass für jedes Gefühl ein spezifisches Erregungsmuster vorliegen muss und dass körperliche Vorgänge nicht die Folge, sondern die Ursache der Gefühle sind. Da sich in vielen Untersuchungen die physiologische Erregung (in der Regel »Arousal« genannt) als unspezifisch erwiesen hat, suchte man nach einer neuen Theorie der Gefühle.

6.2 Cannon-Bard-Theorie der Emotionen

In den Jahren 1927 (Walter Cannon) und 1928 (P. Bard) wurde die so genannte Cannon-Bard-Theorie der Emotionen entwickelt. Die beiden Wissenschaftler nahmen an, dass eine emotional aufregende Situation eine Region im Zwischenhirn (Thalamus) aktiviert. Diese Region schickt dann gleichzeitig eine Botschaft an die Großhirnrinde und an das autonome Nervensystem, das seinerseits für die Erregung des Körpers verantwortlich ist. Die physiologischen Begleiterscheinungen und die kognitive Bewertung werden nach dieser Theorie gleichzeitig und unabhängig voneinander durch die Reaktion des Zwischenhirns hervorgerufen.

Die spätere Erforschung des Nervensystems hat gezeigt, dass nicht der Thalamus, sondern der Hypothalamus und das limbische System im Gehirn für Gefühle verantwortlich sind. Die Frage, wieso wir ganz bestimmte Gefühle erleben, wenn die Reaktionen des autonomen Nervensystems unspezifisch sind, führte zu dem von Schachter und Singer durchgeführten Experiment. Die beiden Wissenschaftler stimmten zwar der Vorstellung von Cannon und Bard zu, waren aber nicht davon überzeugt, dass die Theorie von James und Lange völlig falsch war.

Sie kamen auch zu der Überzeugung, dass bei der Entstehung von Emotionen nicht nur die Wahrnehmung der Situation, sondern vor allem auch soziale Einflüsse und die Bewertung der wahrgenommenen Situation eine wichtige Rolle spielen mussten. Die von Schachter und Singer experimentell gewonnen Erkenntnisse zum Zusammenhang zwischen Gefühlen und Bewertungen (Kognitionen) sind als »Kognitive Theorie der Gefühle« in die Geschichte der Psychologie eingegangen. Die moderne Attributionstheorie, die von der Annahme ausgeht, dass der Mensch laufend nach Erklärungen sucht, worauf er seine Erregung oder Aktivierung zurückführen kann, bestätigt die Überlegungen von Schachter. Als rationales Wesen ist der Mensch bestrebt, Ursachen für Ereignisse zu finden, eigene Gefühle zu verstehen und ein stimmiges Weltbild zu haben.

6.3 Das Experiment von Schachter und Singer

Stanley Schachter wurde 1922 in New York geboren. 1944 machte er Examen in Psychologie an der Yale-Universität. Während des Zweiten Weltkriegs diente er bei der Luftwaffe und war mit psychologischen Untersuchungen von Sehschwierigkeiten bei Piloten beauftragt. Im Jahre 1950 promovierte er an der Universität von Michigan.

Schachter war zunächst Assistenzprofessor an der Universität von Minnesota in Minneapolis. Als Professor für Psychologie wechselte er 1958 an die Columbia Universität. Er hatte großen Einfluss auf die amerikanische Psychologie. 1969 wurde er von der Amerikanischen Psychologen-Vereinigung mit dem Preis für besondere wissenschaftliche Leistungen ausgezeichnet. Neben dem klassischen Experiment über den Zusammenhang von Emotion und Kognition bei der Entstehung von Gefühlen, das er zusammen mit seinem Kollegen Jerome Singer zu Beginn der 60er Jahre durchführte, sind auch seine Experimente über den Zusammenhang von Angst und Affiliation (Geselligkeitsbedürfnis, Bedürfnis nach sozialer Zugehörigkeit) bekannt geworden. Beide Experimente fanden viele Nachahmer, wurden aber auch methodisch kritisiert.

Stanley Schachter

6.3.1 Das experimentelle Design

Die Forscher suchten mit einem Aushang freiwillige Versuchspersonen für einen Versuch, in dem die Wirkung des Vitaminpräparats Suproxin auf das Sehvermögen getestet werden sollte. Von den 185 Personen, die sich auf das Inserat zur Mitwirkung gemeldet hatten, waren 184 bereit, sich eine Injektion verabreichen zu lassen.

1. Phase: Die Teilnehmer wurden in zwei Gruppen eingeteilt: Den Vpn der Kontrollgruppe wurde Placebo eingespritzt. Die Vpn der Experimentalgruppe erhielten eine schwache Dosis Adrenalin. Diese Vpn wurden nach Zufallsprinzip drei Gruppen zugeteilt. Die Vpn der drei Gruppen wurden unterschiedlich über die Wirkung des angeblich verabreichten Suproxin informiert.

Die erste Gruppe (N = 27) haben Forscher »Epinephrine Informed« (EpiInf) genannt, weil sie über die zu erwartende Wirkung, die etwa 15 bis 20 Minuten andauern sollte, richtig informiert wurden. Ihnen wurde gesagt, die Erfahrungen hätten gezeigt, dass bei den meisten Vpn das Zittern der Hände, Herzklopfen und Hitzewallungen sowie gewisses »Glühen« des Gesichts auftreten.

Die zweite Gruppe (N = 26) wurde »Epinephrine Ignorant« (EpiIgn)genannt, weil diesen Vpn versichert wurde, das verabreichte Medikament sei völlig harmlos und bisher hätten keine körperlichen Reaktionen beobachtet werden können.

Die dritte Gruppe (N = 26) wurde Epinephrine Misinformed« (EpiMis) genannt. Den Vpn dieser Gruppe wurde falsche Information über die zu erwartende Wirkung des Medikaments gegeben. Statt Hitzewallungen und Herzklopfen wurden diesen Vpn kalte Füsse, Hautjucken und leichte Kopfschmerzen vorausgesagt. Diese falsch informierte Gruppe war als Kontrollgruppe eingeplant, um die Angst vor den vorausgesagten Auswirkungen experimentell kontrollieren zu können.

2. Phase: Nach der Injektion sollten die Vpn 20 Minuten warten, damit sich die Wirkung des Medikaments voll entfalten kann. Diese Zeit sollten die einzelnen Vpn zusammen mit einer anderen Person in einem Raum verbringen. Den Vpn wurde gesagt, die Person im Wartezimmer sei auch Vpn, der die gleiche Injektion verabreicht worden war. In Wirklichkeit handelte sich bei dieser Person um einen Mitarbeiter von Schachter. Nachdem der Versuchsleiter den Raum verlassen hatte, trat die angebliche Versuchsperson in Aktion. Die Hälfte der Vpn aus jeder Gruppe erlebte einen »fröhlichen« Verbündeten der Forscher, die Hälfte einen »ärgerlichen«.

Der »fröhliche« Mitarbeiter malte Männchen auf einen Block, spielte »Basketball«, indem er Papierkügelchen in eine Tasse warf, ließ Papierflugzeuge fliegen, spielte mit einem Hulahup-Reifen und bemühte sich auf alle erdenkliche Weise, eine fröhliche Atmosphäre zu schaffen.

Der »ärgerliche« bzw. »wütende« Mitarbeiter des Versuchsleiters regte sich über das »blöde« Warten auf. Besonders ärgerlich fand er den Fragebogen, den beide Vpn ausfüllen sollten. Im Fragebogen, 5 Seiten lang, wurden auch provozierende Fragen gestellt. Als Antwortmöglichkeiten auf die Frage, »Mit wie viel Männern hatte ihre Mutter außereheliche Beziehungen« wurden angeboten: »Unter vier…; fünf bis neun…; zehn und mehr…«. Der Mitarbeiter der Forscher wurde immer wütender, zerriss den Fragebogen mit den Worten: »Ich verschwende hier nur meine Zeit. Ich gehe!«

Schachter und Singer wollten herausfinden, wie die »soziale Situation« die Deutung der durch Adrenalin verursachten Erregung beeinflussen wird.

6.3.2 Die Beobachtung und Ergebnisse

Durch einen Einwegspiegel beobachteten Schachter und Singer das Verhalten der Versuchspersonen nach vorher genau festgelegten Kategorien oder Abstufungen für Ärger und Freude. Außerdem ermittelten sie mit einem Fragebogen die Selbsteinschätzung der jeweiligen »Gefühlslage« ihrer Versuchspersonen.

Die Erwartungen der Forscher wurden bestätigt. Die sozialen Hinweise, die Vpn von der im Wartezimmer anwesenden Person erhielten, führten zu der Etikettierung ihrer Erregung. Vpn, die in Gesellschaft des fröhlichen Mitarbeiters gewartet hatten, fühlten sich fröhlich, und diejenigen wütend, die die Wartezeit in Gesellschaft des wütenden Mitarbeiters verbracht hatten.

Falsch informierte Vpn berichteten von ähnlichen Gefühlen, die sie bei der mit ihnen wartenden Person erlebt hatten. Die Forscher sahen ihre Erwartung bestätigt, dass Menschen, die sich in einer Erregung befinden, diese nach dem sozialen Kontext beurteilen; wird die Situation anders beurteilt, so ändert sich das Gefühl.

Bei der Placebo-Gruppe wurde erwartet, dass die Vpn keine Gefühle erleben würden, weil die Erregung fehlte. Auch diese Vpn gaben an, ähnliche Gefühle wie der Mitarbeiter des Versuchsleiters gehabt zu haben. Man nimmt an, dass die Wahrnehmung der Gefühle an Mitmenschen auch bei dem Beobachter ähnliche Erregungen auslöst. Das wäre nach Meinung vieler Psychologen die Grundlage für die Einfühlung, für die Fähigkeit, sich in die Gefühlslage anderer hineinzuversetzen.

In einem später durchgeführten Experiment suchten Schachter und Singer nach weiteren Belegen für den Zusammenhang zwischen Kognition und Reaktion des autonomen Nervensystems bei der Entstehung und Deutung der Gefühle. Einer Gruppe von Vpn verabreichten sie Adrenalin mit erregender und der anderen einen Tranqulizer mit beruhigender bzw. dämpfender Wirkung. Danach wurde allen Vpn ein lustiger Film gezeigt. Diejenigen, die Adrenalin bekommen hatten, fanden den Film lustiger als die mit Beruhigungsmittel. Erregte Vpn mussten annehmen, dass es der Film war, der sie in Erregung versetzte. Daher mussten sie ihn als lustig einstufen.

6.3.3 Angst und Affiliation

Wem etwas Schreckliches bevorsteht, der hält sich lieber in Gesellschaft von Leidensgenossen auf als allein. Diese These hat Stanley Schachter im Jahr 1959 experimentell überprüft. Dazu bildete Schachter zwei Gruppen von Vpn. Der einen Gruppe wurden sehr schmerzhafte Elektroschocks angekündigt und die Angst durch bedrohlich wirkende Elektroapparate verstärkt. Der anderen Gruppe wurde nur gesagt, die Versuche seien völlig harmlos und schmerzfrei. Danach wurden beiden Gruppen Angstfragebogen vorgelegt. Den Vpn wurde weiterhin angekündigt, dass sie die etwa 10-minutige Pause, die notwendig war, um den Raum für die Experimente herzurichten, in einer Reihe von bereitgestellten Räumen allein oder gemeinsam mit anderen Vpn verbringen konnten. Erneut wurden die Vpn aufgefordert auf einem Fragebogen anzugeben, ob sie die Zeit allein oder gemeinsam mit anderen verbringen wollten und wie wichtig es ihnen war, dass ihr Wunsch erfüllt wurde. Alle Vpn, die schmerzhafte Schocks erwartet hatten, zogen es vor, gemeinsam mit anderen zu warten. Die Angst steigerte das Bedürfnis nach sozialer Nähe, nach Geselligkeit (Affiliation) und sozialem Kontakt.

6.3.4 Interpretation der Ergebnisse und Nachwirkungen

Schachter und Singer waren überzeugt, den Beweis dafür gefunden zu haben, dass die Erregung tatsächlich unspezifisch ist, und dass sich das Erleben der Gefühle nach der Wahrnehmung und Beurteilung der Situation richtet, in der die Erregung auftritt. Die Entdeckung des Zusammenhangs zwischen Kognition und Emotion führte zu vielen Ideen für psychologische Experimente. Man wollte Schachters Emotionstheorie auch für therapeutische Zwecke nutzen. Ein Beispiel: Patienten mit Einschlafstörungen gab man ein Placebo (Zuckerpille). Der Hälfte der Vpn sagte man, die Tablette bewirke Entspannung, der anderen Hälfte deutete man an, die Tablette führt zur Anspannung und Erregung. Danach wurde fest gehalten, wie lange die Vpn brauchten, um einzuschlafen. Etwa 40 % der Patienten mit »Entspannungspille« brauchten länger zum Einschlafen als sonst. Etwa 20 % der Patienten mit »Anspannungspille« schliefen schneller ein als sonst. Wie kann man die Beobachtung deuten?

Man nahm an, dass Patienten mit »Anregungspille« eine Ausrede für ihren Wachzustand hatten und daher schneller einschlafen konnten, weil sie für ihre Gefühle äußeren Ursachen hatten. Patienten mit »Entspannungspille« ärgerten sich, weil sie sich trotzdem nicht entspannen konnten, bekamen also stärkere Gefühle und hatten mehr Einschlafprobleme als sonst.

Richard Lazarus führte Studenten als Versuchspersonen einen emotionsgeladenen Film vor, der Initiationsriten (Furcht erregende Operation an Geschlechtsorganen) australischer Ureinwohner zeigte. Er bildete drei Experimental- und eine Kontrollgruppe. Die Kontrollgruppe sah den Film ohne Tonbegleitung (Stummfilm). Bei der ersten Experimentalgruppe waren die Bilder durch Kommentierung als blutrünstig und traumatisch hervorgehoben, bei der zweiten Gruppe hatte man die Bilder als harmlos heruntergespielt und bei der dritten Gruppe waren die Bilder als anthropologisch und für die Entwicklung pubertierender Jugendlicher besonders bedeutsam herausgestellt.

Während des Zuschauens wurden die Herzfrequenz und der Hautwiderstand der Vpn gemessen – Indikatoren für die Erregung des autonomen Nervensystems. Im Vergleich zu der Kontrollgruppe, die den Stummfilm gesehen hatte, zeigten Vpn der Gruppe, bei der die Bilder als traumatisierend geschildert wurden, weit mehr Erregung. Bei den Vpn der beiden Gruppen, denen die Bilder als harmlos oder als wichtig für die Entwicklung junger Menschen dargestellt wurden, traten so gut wie keine Veränderungen im Herzschlag und Hautwiderstand auf. Damit hatte Lazarus den Beweis dafür geliefert, dass kognitive Interpretationen nicht nur darüber entscheiden, welches Gefühl man zu erleben glaubt, sondern auch darüber, ob es überhaupt zu einer Aktivierung des autonomen Nervensystems kommt. Damit war die zentrale Idee für die Stressforschung gefunden.

Die Erforschung des Zusammenhangs zwischen körperlicher Erregung, dem erlebten oder etikettierten Gefühlszustand sowie den Kognitionen hat nicht nur die psychologische Forschung, sondern auch die Anwendung psychologischer Erkenntnisse nachhaltig beeinflusst. Emotionen, die physiologische Erregung und kognitive Prozesse umfassen, treten in Situationen auf, die wir als persönlich bedeutsam (bedrohlich, Gewinn bringend, lustvoll, aggressiv usw.) bewerten. Wenn es gelingt, die Bewertung und die Kognitionen zu ändern, dann könnte man auf diese Weise Änderungen belastender Gefühle bewirken. In Anlehnung an diese Idee wurde von A. Ellis die so genannte »rational-emotive Therapie« entwickelt. Die irrationalen Denkmuster, Bewertungen und Interpretationen, die belastende Gefühle produzieren, werden erkennbar gemacht und vom Klienten geändert.

7 Beobachtungen zur kognitiven Entwicklung

Bereits in den von einigen Psychologen und Ärzten geführten Kindertagebüchern wurden wesentliche Probleme der Entwicklung von Kindern aufgezeigt. Das vom deutschen Arzt Wilhelm Preyer 1881 veröffentlichte Tagebuch »Die Seele des Kindes« enthielt bereits detaillierte Angaben über die Entwicklungsvorgänge in den ersten drei Lebensjahren und regte die entwicklungspsychologische Forschung weltweit an. Anstöße zur Erforschung der kindlichen Entwicklung gab auch das von Freud erarbeitete Phasenmodell der Libidoentwicklung.

Berühmt geworden sind die Beobachtungen und auch die Versuche des Psychologen Jean Piaget. Der von ihm durchgeführte »Umschüttversuch« zählt sicher zu den Klassikern der psychologischen Forschung.

7.1 Experimente und Erkenntnisse von Piaget

In der Ethologie (Verhaltensforschung) und in der Entwicklungspsychologie spielt die Methode der direkten Beobachtung unter natürlichen Bedingungen die entscheidende Rolle. Diese Methode bildete den Ausgangspunkt für die klassischen Versuche von Piaget. Um seine interessanten und aufschlussreichen Beobachtungen unter natürlichen Bedingungen an eigenen Kindern zu präzisieren und um die gewonnenen Erkenntnisse verallgemeinern zu können, führte Piaget die einzelnen Versuche, z. B. das Umschüttexperiment, an vielen Kindern gleichen Alters durch, um Gemeinsamkeiten und Unterschiede in den Reaktionen der Kinder herauszufinden und um zu den so genannten Altersnormen zu kommen. Man spricht in der Entwicklungspsychologie von der Längsschnittbeobachtung, wenn die gleiche Stichprobe von Kindern zu verschiedenen Zeitpunkten und Lebensabschnitten untersucht wird. Untersucht man die Kinder verschiedenen Alters in mehreren Stichproben, dann handelt es sich um die Querschnittsmethode. Mit beiden Methoden lassen sich Entwicklungsnormen und Angaben über den Verlauf der Entwicklung gewinnen.

Jean Piaget

Jean Piaget (1896–1980), der berühmte Genfer Kinderpsychologe und Philosophieprofessor, hatte die ersten präzisen Beobachtungen zur kognitiven Entwicklung an seinen drei eigenen Kindern gesammelt.

Piaget war so etwas wie ein Wunderkind. Bereits mit 10 Jahren hatte er seinen ersten wissenschaftlichen Artikel veröffentlicht und mit 21 Jahren hatte er an der Universität von Neuchâtel den Doktortitel erworben. Am Ende seiner Laufbahn hatte Piaget mehr als 60 Bücher und Hunderte von Artikeln veröffentlicht.

Seine Untersuchungen zur Intelligenzentwicklung machten ihn weltweit bekannt. Sie wurden an vielen Universitäten nachvollzogen.

Die Untersuchungen von Piaget zur stufenweisen Abfolge der Denk- und Urteilentwicklung von Kindern führten in Genf zum Aufbau eines großen Forschungsinstituts. Im Mittelpunkt des Interesses stand die Frage: Was ist Erkenntnis? Wie kommt sie zustande? Wie entwickelt sich die Erkenntnisfähigkeit von Kindern? Wie verläuft die Entwicklung der Wahrnehmung und die Ausbildung von moralischen Urteilen?

Aufgrund seiner Beobachtungen formulierte Piaget die Theorie der kognitiven Entwicklung des Kindes, die auch als strukturgenetische Theorie bekannt ist.

Die Beschreibung des »Umschüttversuchs«: Vor den Augen eines fünfjährigen Kindes schüttete Piaget eine Flüssigleit aus einem breiten vollen Glas in ein gleiches Glas um, bis in beiden nach Angaben des Kindes gleich viel Flüssigkeit enthalten war. Danach schüttete er erneut unter genauer Beobachtung des Kindes die Flüssigkeit aus einem Glas in ein hohes schmales Glas um. Er fragte das Kind, ob in beiden Gläsern die gleiche Menge Flüssigkeit vorhanden sei. Das Kind antwortete: »Nein! Im hohen Glas ist mehr drin.« Das Kind schien nicht zu verstehen, dass die Flüssigkeitsmenge sich durch das Umgießen nicht verändert hatte. Die von Piaget befragten Kinder begründeten die unterschiedliche Flüssigkeitsmenge nach dem Umschütten sehr individuell. Kein einziges fünfjähriges Kind war in der Lage, die richtige Antwort zu geben. Dieses von Piaget durchgeführte Experiment wurde vielfach mit anderen Materialien (Kugeln, Münzen) wiederholt. Die Erkenntnisse von Piaget wurden immer bestätigt. Piaget folgerte daraus, dass fünfjährige Kinder noch keinen Konstanzbegriff besitzen und zwei Vorgänge oder Dimensionen (Breite und Höhe der Gläser) nicht gleichzeitig beachten können.

Die Frage des Wissens und der Erkenntnisse ist in der Geschichte der Philosophie kontrovers diskutiert worden. Die Auffassung des griechischen Philosophen Aristoteles, wonach nichts im Geist oder Intellekt vorhanden sein kann, was nicht vorher durch Sinne erfahren wurde, wird von vielen Philosophen geteilt. Oft hat sich die Auffassung von Plato, dem Lehrer von Aristoteles durchgesetzt, der meinte, der Mensch könne nur dann über reale Gegebenheiten Wissen gewinnen und Erkenntnisse sammeln, wenn in seinem Geist bereits entsprechende Ideen a priori, d. h. bereits vor dem Wahrnehmungsakt und nicht erst a posteriori, d. h. nach der Sinneserfahrung vorhanden seien. In seiner Theorie der kognitiven Entwicklung hat Piaget eine Synthese beider Positionen gefunden. Um die Welt zu begreifen, braucht der Mensch entsprechend ausgebildete kognitive Strukturen oder Denkschemata. Die Anpassung der Welt an das jeweilige Denkschema nennt Piaget Assimilation. Wenn die Anwendung eines Denkschemas zu keinem Gleichgewicht mehr führt, dann ändert der Mensch das Denkschema. Diesen Vorgang nennt Piaget Akkommodation. Die Gründe für die Entstehung des Ungleichgewichts sieht Piaget in der Reifung, im Sammeln eigener Erfahrungen und in der Informationsübermittlung durch Erzieher.

Piaget befasste sich mit der Entwicklung und der Funktion, dem Anpassungswert des Wissens. Welches Wissen braucht der Mensch, um sich effektiv mit der Umwelt auseinander zu setzen? Wie gelingt die Anpassung an die Erfordernisse der Umwelt?

Er kam zu der Erkenntnis, dass sich Erwachsene und Kinder hinsichtlich der Denkfunktion nicht unterscheiden. Sowohl das Denken der Kinder als auch das der Erwachsenen dient der Anpassung. Kinder denken aber anders als Erwachsene.

Um die Entfaltung des menschlichen Erkennens und Beurteilens zu erforschen, hat Piaget die

- Entwicklung des Zahlen- und Mengenbegriffs
- Entwicklung des logischen Denkens
- Entwicklung des kausalen Denkens
- Entwicklung des moralischen Urteils

beobachtet. Aus Gesprächen und Demonstrationsversuchen mit Kindern verschiedenen Alters hat Piaget altersspezifische Formen des Denkens und Erkennens erschlossen und innere Strukturen als Denkwerkzeuge, mit denen das Kind die Welt konstruiert, ermittelt.

Nach der Art der auf einzelnen Altersstufen vorherrschenden inneren Strukturen hat Piaget die Denkentwicklung eingeteilt in das Stadium der

- Sensumotorischen Intelligenz (0 – 2. Lebensjahr, Wahrnehmung wird mit Motorik verknüpft, zunächst wendet das Kind die mitgebrachten Reflexe vor allem das Saugschema an; weitere Schematas sind Greifen, Interesse an Wirkungen eigener Handlungen, Zweck-Mittel-Verhalten, z. B. suchen nach verschwundenen Gegenständen, Beginn des Probehandelns und des Symbolspiels),

- das Stadium der konkreten Denkoperationen (das Denken ist an Wahrnehmungen und Handlungen gebunden; das anschauliche Denken ist »eingleisig«, d. h. das Kind kann die Operation nicht in der Vorstellung »rückwärts« ablaufen lassen; es entwickelt sich der Begriff der Invarianz, d. h. Gegenstände bleiben trotz Veränderungen erhalten) und in

- das Stadium des formalen Denkens. Erst 12 bis 13-jährige Kinder können mit abstrakten Größen wie Zeit, Raum, Volumen und Begriffen wie Freiheit, Verantwortung oder Gerechtigkeit umgehen.

Piaget glaubt an das Streben des Menschen, nach neuen, über den jeweils erreichten Erkenntnisstand hinausgehenden Einsichten. Die Eigenschaften und Strukturen, die ein Kind an einem Objekt oder Gegenstand wahrnimmt, werden nach Piaget nicht vom Gegenstand abgelesen, sondern an ihn herangetragen. Man kann erst etwas erkennen, wenn man über das dazugehörige Schema verfügt. Wir können nur das wahrnehmen und erkennen, wofür wir über geeignete Begriffe verfügen, so kann z. B. das Kind ein Verhalten der Erwachsenen erst dann nachahmen, wenn es Vorstellungen von diesem Verhalten besitzt. Interessant ist auch Piaget's Vorstellung über das Verhältnis zwischen der emotionalen und kognitiven Entwicklung. Piaget vertritt die Auffassung, *»dass die Affektivität die Rolle einer Energiequelle spielt, von der zwar das Funktionieren, nicht aber die Struktur der Intelligenz abhängen, so wie der Kraftstoff den Motor antreibt und damit bewirkt, dass das Automobil fährt, nicht aber die Konstruktion der Maschine ändert. (...) Somit könnte man sagen, dass die Energetik des Verhaltens der Affektivität entspringt, während die Strukturen aus kognitiven Funktionen hervorgehen. Diese Unterscheidung zwischen Struktur und Energetik zeigt sehr deutlich, dass wir Intelligenz und Affektivität als in ihrer Art verschieden ansehen müssen, auch wenn sie im konkreten Verhalten stets untrennbar sind.«*

7.2 Die Entwicklung des moralischen Urteils

Besonders bekannt geworden sind die Untersuchungen von Lawrence Kohlberg, der die Studien von Piaget zur moralischen Entwicklung des Menschen fortgeführt hat.

Aus der Entwicklung des moralischen Urteils geht auch der Wandel kognitiver Strukturen vom konkreten, anschaulichen zum abstrakten formalen Denken klar hervor.

Übersicht über die Entwicklung des moralischen Urteils nach Kohlberg

Entwicklungs-stufen	Art des moralischen Urteils	Moralische Begründung (Maxime)	Beispiel
Phase 1	Ergebnis der Handlung ist entscheidend.	Schlecht ist, was schadet. Orientierung an Bestrafung und Gehorsam.	Der Teller ist kaputt – jetzt gibt's Haue!
Phase 2	Moralisch ist, was der Befriedigung der Bedürfnisse dient.	Gut ist, was in guter Absicht geschieht. Gut ist, wofür man belohnt wird.	Ich hatte Hunger. Ich wollte was zu essen. Den anderen macht das nichts aus.
Phase 3	Gut ist, was mit der Beurteilung anderer Personen übereinstimmt.	Gut ist, was andere gut finden. Man will Missfallen oder Abneigung anderer vermeiden.	Die Eltern haben gesagt, dass ich ein liebes Kind bin.
Phase 4	Gut ist, was den über-individuellen Regeln entspricht.	Was gut ist, ist in den Vorschriften, Gesetzen, Lebensregeln festgelegt.	Bei Rot darf man die Straße nicht überqueren.
Phase 5	Gut ist, was den über-individuellen Regeln entspricht, die begründbar oder relativierbar sind.	Man handelt moralisch, wenn man den Sinn der Regeln einsieht. Orientierung an Gesetzen und Prinzipien der Gesellschaft.	Am Sonntag fahren hier sehr wenig Autos. Wenn man gut aufpasst, kann man bei Rot die Straße überqueren.
Phase 6	Gut ist, was den allgemein geltenden ethischen Grundsätzen entspricht.	Was ich tue, dürfen auch andere tun. Was für mich gilt, gilt auch für andere. Orientierung an persönlichen Gewissensgrundsätzen.	Alles, was dem menschlichen Leben schadet, ist unmoralisch.

7.3 Kritische Würdigung

Neben den Untersuchungen zum Bindungsverhalten dürften die Beobachtungen von Piaget als die interessantesten entwicklungspsychologischen Erkenntnisse eingestuft werden. Die von Piaget entwickelte Theorie der kognitiven Entwicklung hat sehr stark das pädagogische Denken und die Organisation der Bildung und Erziehung – vor allem in den Schulen – beeinflusst. Piagets Auffassung, dass Kinder aktiv nach Wissen und Erfahrungen suchen (vgl. auch Montessori im Baustein 5) wird in der Psychologie heute von niemandem mehr bezweifelt.

Die Vorstellungen von Piaget stimmen auch weit gehend mit denen von R. Steiner (siehe Baustein 5) überein. Nur dann, wenn sich die Erziehung und die Förderung des Kindes an der jeweiligen geistigen Stufe des Kindes orientiert, erreicht sie das Kind und kann die Entwicklung seiner Anlagen unterstützen. Pädagogische Bemühungen, die das Kind nicht aufnehmen und verarbeiten kann, werden in der Pädagogik als Über- bzw. als Unterforderung in Frage gestellt.

Sowohl Piagets Vorstellung von der Ablösung des instabilen Gleichgewichts zwischen Person und Umwelt durch Aufbau neuer Denkschematas als auch seine Annahme, dass der Mensch mit Hilfe innerer Strukturen die Welt konstruiert und damit die Tätigkeit des Erkennens einen maßgeblichen Einfluss auf das Erkannte selbst hat, haben sich in der Psychologie durchgesetzt und verschiedene Denkmodelle der Entwicklungspsychologie maßgeblich beeinflusst.

8 Klassische Experimente der Sozialpsychologie

Der Mensch ist ein soziales Wesen. Er sucht die Nähe anderer, vor allem dann, wenn er Angst hat. Bereits in den 30er Jahren haben empirisch arbeitende Psychologen sozialpsychologische Fragestellungen entdeckt. Die Erforschung der sozialen Wahrnehmung (»social perception«) begann in den 30er Jahren, als man zu der Überzeugung kam, dass die Wahrnehmung nicht nur vom Reiz, sondern auch von den individuellen Faktoren (Erwartungen, verinnerlichte Normen, Wertvorstellungen und Einstellungen, Interessen und Bedürfnisse) beeinflusst wird.

Die klassischen Experimente von Sherif und Asch haben eine Reihe von Nachuntersuchungen zur sozialen und zur Personwahrnehmung ausgelöst. Weitere Forschungsschwerpunkte waren Entstehung und Änderung sozialer Einstellungen und das Thema Gewalt und Aggression.

8.1 Die Wahrnehmungsexperimente

Die Fragestellung, wie sich verinnerlichte Faktoren in der Wahrnehmung auswirken, wurde um eine Zweite erweitert: Wie beeinflusst die Anwesenheit anderer Menschen unsere Wahrnehmung? Bahnbrechend waren die »klassischen« Untersuchungen von Asch (1956) und von Sherif (1936). In der Untersuchungssituation von Asch ist die Reizsituation recht eindeutig (die beiden gleichzeitig hinsichtlich der Länge zu beurteilenden Strecken sind eindeutig unterschiedlich lang), in der Untersuchungssituation Sherif ist die Reizsituation unklar bzw. maximal unbestimmt (ein Lichtpunkt wird in totaler Dunkelheit dargeboten. Ein Lichtpunkt ohne Bezugsrahmen beginnt sich zu bewegen. Man spricht vom »autokinetischen Phänomen«. Die Vpn sollen das scheinbare Bewegungsausmaß des Lichtpunktes beurteilen, schätzen, wie groß die Strecke ist, die der Lichtpunkt scheinbar zurücklegt).

Es stellt sich die Frage: Wird durch die Anwesenheit anderer Personen die Wahrnehmung und das Wahrnehmungsurteil bzw. Ergebnis oder nur die Mitteilung, also Wiedergabe der Wahrnehmung, beeinflusst? Man könnte annehmen, dass in der maximal unsicheren Situation von Sherif die Wahrnehmung von Vpn durch die Gruppe beeinflusst wird. In der Situation von Asch könnte sein, dass die Vpn die Länge der Linien richtig wahrnehmen und sich wegen des Gruppendrucks in der Mitteilung den anwesenden Personen anpassen, weil sie verunsichert sind und nicht auffallen wollen.

Die Laborsituation ist in beiden Fällen so konstruiert, dass der Einfluss der Gruppe (die Mehrheit der Anwesenden gibt gleiche, aber falsche Urteile ab) auf die Vpn maximal ist (die Vpn hat keine Unterstützung, muss sich gegen die Majorität behaupten).

8.1.1 Das Experiment von Sherif

Der Psychologe Muzafir Sherif führte im Jahr 1936 ein Experiment zum so genannten autokinetischen Phänomen durch. Wird ein Lichtpunkt in einem vollständig dunklen Raum auf eine Wand projiziert, so scheint er sich im Raum zu bewegen.

Sherif hat zunächst die Vpn allein in den dunklen Raum gesetzt und sie gebeten, den Lichtpunkt aufmerksam zu beobachten. Anschließend wurden sie gebeten, die

Richtung und die Entfernung anzugeben, die die Bewegung des Lichts zurückgelegt hat. Die Distanzschätzung variierte sehr stark von Versuchsperson zu Versuchsperson. Manche meinten, das Licht hätte sich nur einige Zentimeter bewegt, andere gaben sogar mehrere Meter an.

Danach bildete Sherif kleine Gruppen von solchen Versuchspersonen, deren Schätzungen sehr stark voneinander abgewichen waren und bat sie, das Licht noch einmal zu beobachten und ihr Urteil in der Gruppe laut mitzuteilen. Nach einigen Versuchsdurchgängen wurden die Urteile der Gruppenmitglieder einander immer ähnlicher (siehe Abb. 15).

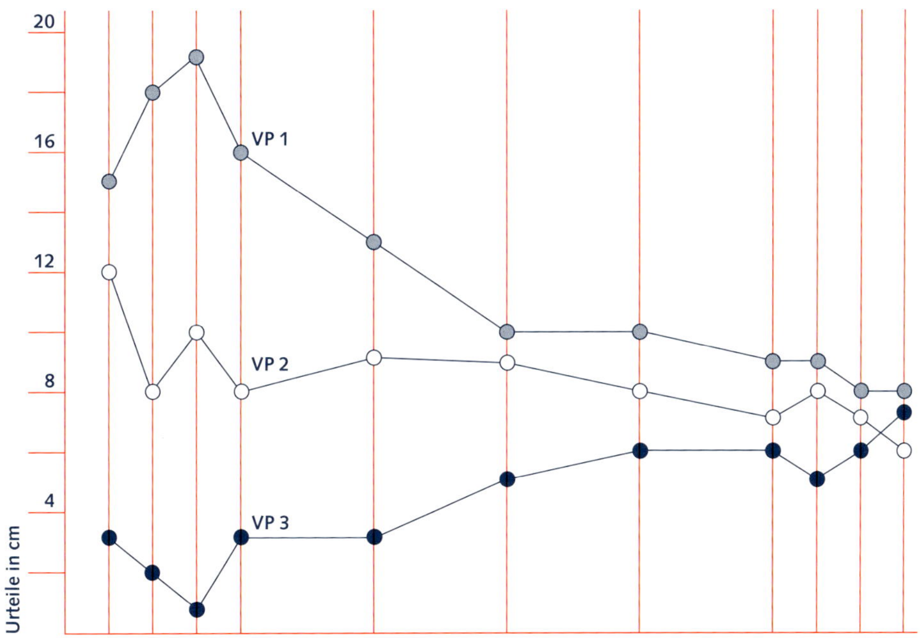

Abb. 15: Die Annäherung der Schätzungen bei autokinetischen Phänomen nach Sherif

Die Gruppenmitglieder änderten ihre Einschätzungen, um zu einem gemeinsamen Urteil zu kommen (Konformität). Danach wurden die Versuchspersonen noch einmal individuell getestet. Sie blieben bei dem Gruppenurteil und kehrten nicht mehr zurück zu der im ersten Durchgang gegebenen individuellen Schätzung.

Vor der Interpretation der ermittelten Ergebnisse sind folgende Bedingungen zu beachten: Sherif forderte die Versuchspersonen nicht auf, zu einem gemeinsamen Gruppenurteil zu kommen. Es wurden auch keine Sanktionen für abweichende Meinung von der Gruppe angekündigt.

Keine Versuchsperson versuchte irgendwie, andere von der eigenen abweichenden Meinung zu überzeugen.

Es handelte sich um eine mehrdeutige Wahrnehmungssituation. Die Vpn konnten ihre Wahrnehmung nicht an der Realität überprüfen; es waren keine »objektiv« richtigen Antworten möglich, denn sie beurteilten die Bewegung eines tatsächlich stillstehenden Lichtpunktes.

Es wird angenommen, dass sich Menschen in unsicheren Situationen an der »sozialen Realität« (Urteile der Gruppe) orientieren und ihre persönliche Meinung der Gruppe anpassen. Man muss annehmen, dass diese Konformität und Anpassung nicht aus Angst geschieht, von der Gruppe bestraft oder missachtet zu werden, sondern aus dem Bedürfnis nach Sicherheit, aus dem Bestreben »richtige« Antworten zu geben.

Die nahe liegende Annahme, Menschen würden sich nicht konform verhalten, wenn die Reizsituation eindeutig und objektiv überprüfbar ist, hat Asch mit seinem klassischen Experiment überprüft.

8.1.2 Das Experiment von Asch

Salomon Asch wurde im Jahr 1907 in Warschau geboren. Da seine Familie nach Amerika auswanderte, studierte er an der City-Universität in New York Psychologie und promovierte im Jahr 1932 an der Columbia-Universität. Ab 1947 wirkte er als Professor an verschiedenen Universitäten und lehrte als Gastdozent an der Harvard Universität, dem Massachusetts Institute of Technology, dem Centre for Advanced Studies in the Behavioral Sciences an der Stanford-Universität und am Institute for Advanced Studies in Princeton.

Salomon Asch

Von der amerikanische Psychologenvereinigung wurde er mit dem Preis für außergewöhnliche wissenschaftliche Leistungen ausgezeichnet und als Mitglied in die Amerikanische Akademie für Kunst und Wissenschaft aufgenommen.

Seine Untersuchung, wie sich der Einfluss der Anwesenheit anderer Personen auf die Wahrnehmung auswirkt, wurde in die Reihe klassischer Experimente der Psychologie aufgenommen.

Aus einer Gruppe freiwilliger Versuchspersonen hat Asch nach Zufall eine Experimental- und eine Kontrollgruppe gebildet. Vpn der Experimentalgruppe wurden zusammen mit sieben anderen Personen in einen Raum mit acht in einer Reihe aufgestellten Stühlen geführt. Allen sieben Personen (Mitarbeiter des Forschers) gelingt es, die Stühle vor der »echten« Versuchsperson zu besetzen. Bei der Abgabe des Wahrnehmungsurteils kommt die Versuchsperson so als Letzte an die Reihe.

Der Versuchsleiter beschreibt die Aufgabe: Er sei daran interessiert, herauszufinden, wie gut Menschen die Länge von Linien schätzen können. Er zeigt die gerade Linie X. Dann werden drei Vergleichslinien A, B und C dargeboten mit der Aufforderung, diejenige Linie auszuwählen, die der Standardlinie am nächsten kommt.

Die Versuchspersonen werden gebeten, ihr Urteil laut abzugeben.

Nach einigen Durchgängen, bei denen die eingeweihten Personen richtige Schätzungen abgeben, beginnt die experimentelle Manipulation. Die erste Person gibt die falsche Schätzung ab. Dieselbe falsche Antwort wird auch von der zweiten, dritten, vierten bis zur siebten Person abgegeben.

Als Letzte kommt die echte Versuchsperson an die Reihe. Sie muss sich entscheiden: Soll sie sich dem Gruppenurteil anschließen und die falsche Einschätzung abgeben oder soll sie auf ihre eigene Urteilsfähigkeit vertrauen? Wie sich die Schätzungen der Experimentalgruppe im Vergleich zu der Kontrollgruppe verändern, zeigt die Abb. 16.

Da die Wahrnehmungssituation recht eindeutig ist, muss man nicht die »soziale Realität« zu Hilfe nehmen, um die richtige Antwort herauszufinden.

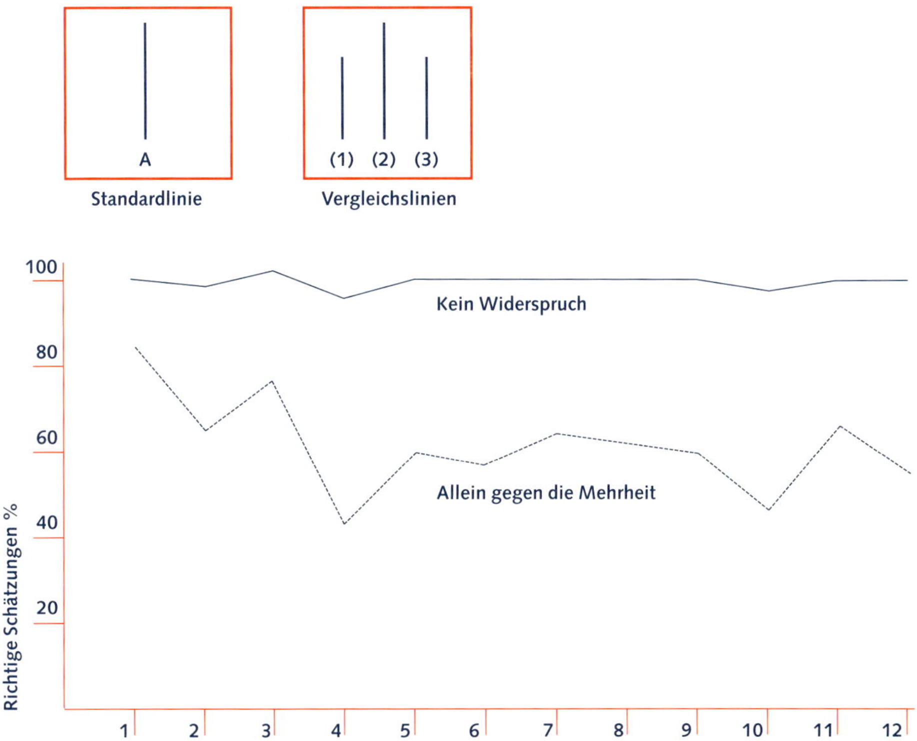

Abb. 16: Auswirkungen des Gruppendrucks auf die naive Versuchsperson im Experiment nach Asch

Es liegt ein Konflikt vor zwischen dem subjektiven Wissen, zwischen der persönlichen Überzeugung und der »sozialen Realität« (Gruppendruck).

Etwa 35% der echten Vpn richten sich nach dem Urteil der Gruppe. Da die Teilnehmer der Kontrollgruppe kaum einen Fehler bei der Einschätzung von Vergleichslinien machten, konnte Asch nachweisen, dass das Verhalten von Versuchspersonen nicht durch Aufgabenschwierigkeit, sondern allein durch Gruppendruck bestimmt wurde.

Nach dem Experiment wurden die Vpn befragt, warum sie sich dem Gruppenurteil angepasst hätten? Manche meinten, sie wollten nicht auffallen und aus der Gruppe ausscheren, andere behaupteten, sie hätten ihre Wahrnehmung geändert.

Um herauszufinden, ob sich durch den Gruppendruck die Wahrnehmung ändert oder nur die »öffentliche Reaktion« hat Asch die experimentelle Situation verändert. Die echten Vpn hörten die Urteile der anderen, sie selbst konnten aber das eigene Urteil »still« (schriftlich) abgeben. In dieser Situation gingen die Vpn nicht konform mit der Gruppe. Das bedeutet, dass sich Menschen nur »äußerlich« bzw. »öffentlich« entgegen der eigenen Meinung konform verhalten.

Das Experiment von Asch ist in vielen Variationen oft wiederholt worden. Dabei konnten folgende Erkenntnisse gewonnen werden:

- Mindestens ein Viertel der Versuchspersonen verhält sich konsequent nicht konform.
- Konformität tritt nur dann auf, wenn die Gruppe einheitlich reagiert. Wenn nur ein anderes Mitglied der Gruppe nicht einheitlich reagiert, ist auch die Versuchsperson nicht mehr zum konformen Verhalten bereit.
- Konformisten haben ein geringeres Selbstbewusstsein als Nonkonformisten.
- Gruppendruck scheint erst vorhanden zu sein, wenn drei Menschen gleiche Urteile abgeben. Die Meinung von einer oder von zwei anderen Personen wird offensichtlich als »Privatmeinung« erlebt. Der Gruppendruck steigert sich kaum mit der Gruppengröße.

8.1.3 Die Personwahrnehmung

Beliebter Forschungsgegenstand der sozialen Wahrnehmung ist die Personwahrnehmung. Dabei ging es um zwei Fragestellungen: Wie gut ist die Menschenkenntnis? Welche Faktoren beeinflussen und verfälschen die Wahrnehmung von Personen? Wie unterscheidet sich die Personwahrnehmung von Frauen und Männern? Die Experimente zur Personwahrnehmung konnten zeigen, wie die Wahrnehmung als ein aktiver Prozess organisiert wird, der zu einer bedeutungsvollen, subjektiven Erfahrungswelt führt. Es wurde erneut deutlich, dass die von der Gestaltpsychologie entdeckten Merkmale der Wahrnehmung Struktur (Ordnung), Stabilität (Konstanzen) und Bedeutung (Sinn, Funktion, Zweckgerichtetheit) als grundlegende Charakteristika der Informationsverarbeitung zu sehen sind.

So konnte in einer als klassisch geltenden Untersuchung (1946) Asch demonstrieren, dass Gestaltprinzipien auch für die Personwahrnehmung gelten. Asch gab Vpn mehrere Adjektive vor mit der Instruktion, daraus ein Persönlichkeitsbild von Menschen zu formen, auf die diese Adjektive zutreffen.

Beispiel für eine solche Liste: Energisch, selbstbewusst, gesprächig, kalt, ironisch, wissbegierig.

Asch bildete zwei Gruppen von Vpn und konfrontierte sie bis auf das Adjektiv »kalt« bzw. »warm« mit identischen Listen. Bei der Bildung des Persönlichkeitsbildes ergaben sich bedeutungsvolle Unterschiede, die nicht nur auf das Austauschen eines Adjektivs zurückgeführt werden konnten.

Die Wahrnehmung von Personen wird beeinflusst durch Einstellungen und Persönlichkeitsmerkmale der Beurteiler, durch ihre Erwartungen und auch durch deren Geschlecht.

- Vom Sympathiefehler spricht, wenn man Personen, die man als sympathisch erlebt, bevorzugt positive Eigenschaften zuschreibt.

- Als Kontrastfehler äußert sich die Tendenz, den Beurteilten solche Eigenschaften bevorzugt zuzuschreiben, die man selbst nicht hat oder glaubt, nicht zu haben.
- Als Ähnlichkeitsfehler tritt die Tendenz auf, beim Beurteilten bevorzugt ähnliche Eigenschaften wahrzunehmen, die man selbst hat oder glaubt zu haben.
- Es wurde vielfach nachgewiesen, dass Erwartungen, z. B. der Lehrer, deren Wahrnehmung (das Übersehen von Fehlern bei Korrekturen) beeinflussen.
- Da sich Erwartungen auch auf die Kommunikation und das Interaktionsverhalten auswirken, beeinflusst der Beurteiler das Verhalten des Beurteilten im Sinne einer sich selbst erfüllenden Prophetie. Diesen Effekt konnte Robert Rosenthal experimentell nachweisen. Er wird als Versuchsleitereffekt oder als Rosenthal-Effekt in der methodologischen Literatur thematisiert.
- Es wurde in mehreren Experimenten nachgewiesen, dass Frauen bei der Beurteilung anderer Personen eher auf erschlossene, nicht direkt beobachtbare Eigenschaften wie intelligent, hilfsbereit, einfühlsam und Männer eher auf äußere, beobachtbare Merkmale wie groß, robust, stark zurückgreifen.

8.1.4 Experimente zur sozialen Wahrnehmung

Die Einstellungen haben eine selektive und eine akzentuierende Wirkung auf die Wahrnehmung. Bei der selektiven Wirkung spricht man auch von »Wahrnehmungsabwehr«. Diese wurde z. B. in einem Experiment von McGinnies (1949) nachgewiesen. Als unabhängige Variable hat McGinnies tachistoskopisch (sehr kurzzeitig) neutrale Wörter und tabuisierte Wörter von 0,01 sec Dauer aufwärts dargeboten. Als abhängige Variable hat er

- die erforderliche Darbietungsdauer bis zum Erfassen des Wortes
- den psychogalvanischen Hautreflex und
- die Häufigkeit von Sinnentstellungen

erfasst.

Das Ergebnis: Die Häufigkeit von Sinnentstellungen bei tabuisierten Wörtern war erheblich höher als bei neutralen, der psychogalvanische Hautreflex war stärker ausgeprägt und die tabuisierten Wörter wurden erst nach erheblich längerer Zeitdauer erkannt als die neutralen.

Bruner und Goodman (1974) haben in einem Experiment geprüft, wie sich der Wert eines Gegenstandes auf die Einschätzung der Größe auswirkt. Vpn waren 30 10-jährige Kinder. Die Forscher stellten zwei Hypothesen auf:

1. Die Akzentuierung wirkt sich umso stärker auf die Wahrnehmung aus, je höher der soziale Wert des Objekts ist.
2. Die Akzentuierung ist umso ausgeprägter, je höher der subjektive Wert des Objekts ist.

Zur Überprüfung der ersten Hypothese gab Goodman 20 Kindern der Experimentalgruppe unterschiedlich wertvolle Münzen zur Einschätzung der wahrgenommenen Größe. 10 Kinder der Kontrollgruppe erhielten nur wertlose Pappscheiben. Das Ergebnis zeigt die Abbildung 17 auf Seite 240.

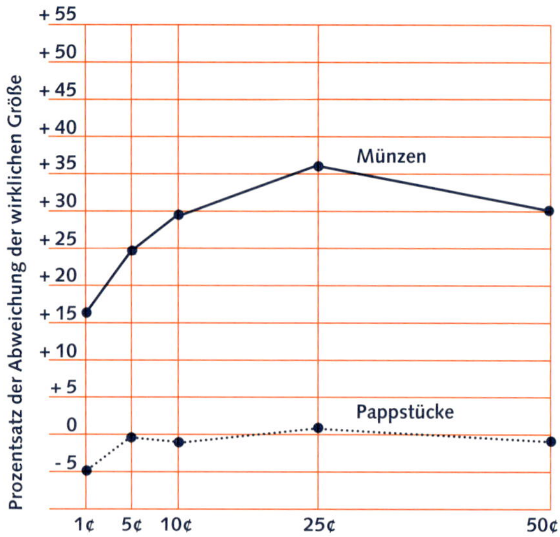

Abb. 17: Abweichungen der Schätzungen von der wirklichen Größe bei Münzen und Pappstücken

Zur Überprüfung der zweiten Hypothese wurde die »experimentelle Gruppe« in eine Gruppe »armer« (die Eltern waren Slumbewohner) und eine Gruppe »reicher« (Eltern waren Geschäftsleute und Akademiker) Kinder aufgespalten.

Das Ergebnis zeigt die Abbildung Nr. 18. Das Experiment mit »reichen« und »armen« Kindern wurde methodisch kritisiert, weil die Forscher die tatsächlich vorhandenen Erfahrungen der Kinder mit Münzen nicht kontrolliert hatten.

In späteren Untersuchungen, in denen die Erfahrungen mit dem Wert der Münzen im Experiment kontrolliert wurden, konnten die Ergebnisse von Bruner und Goodman bestätigt werden.

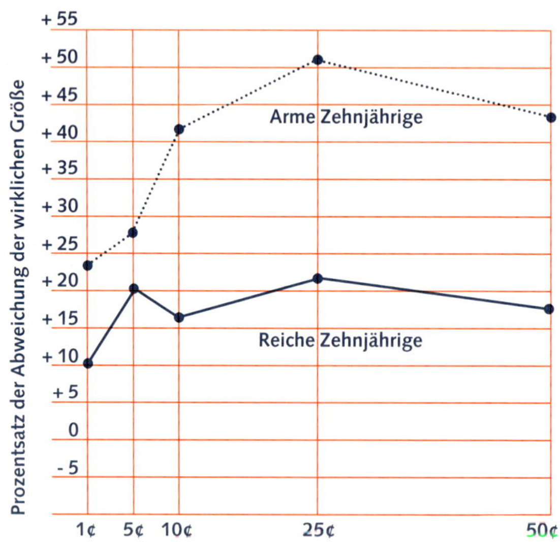

Abb. 18: Schätzungen armer und reiche Kinder im Vergleich

8.1.5 Zusammenfassung

Die Experimente zur sozialen und zur Personwahrnehmung bildeten den Höhepunkt der empirischen Wahrnehmungsforschung. Schon bevor der Einfluss sozialer Faktoren auf die Wahrnehmung zum Mittelpunkt der Wahrnehmungsforschung wurde, hat man herausgefunden, dass die Wahrnehmung nicht als Abbildung, sondern als »Konstruktion« der Wirklichkeit funktioniert. Der Mensch informiert sich, indem er sich die ihm genehme Welt »schafft« und die Wirklichkeit sowohl nach angeborenen Organisationsprinzipien als auch nach aktuellen Befindlichkeiten (Bedürfnisse, Gefühle, Interessen) zur subjektiv bedeutungsvollen Welt aufbaut.

Die Experimente zur sozialen und zur Personwahrnehmung sind auch aus methodischer Sicht interessant, weil sie durch die Entdeckung der Versuchsleitereffekte und typischer Personwahrnehmungsfehler zur Verbesserung der Beobachtung und damit auch zur Optimierung psychologischer Datensammlungen beigetragen haben.

8.2 Gehorsam gegenüber Autoritäten

Die Motivation für diese Experimentalreihe lieferten die Ereignisse des 3. Reiches. Wieso waren unter dem NS-Regime so viele Menschen bereit, sich in den Dienst der Tötungsmaschinerie der Nationalsozialisten zu stellen? Lag es an einem grundsätzlichen Charakterfehler dieser (deutschen) Menschen oder gibt es Situationen und Umstände, unter denen möglicherweise jeder in der Lage wäre, andere Menschen zu quälen und zu töten? Es kann sein, dass Stanley Milgram nicht nur durch die Gräueltaten im 3. Reich, sondern auch durch die Gewaltanwendung in verschiedener Form während des Vietnam-Krieges dazu angeregt wurde, das Problem der Gewaltbereitschaft von Menschen zu untersuchen. Zum Mittelpunkt seiner Forschung wurde – möglicherweise durch die Planung der experimentellen Manipulation – die Beziehung zwischen Gehorsam gegenüber Autoritäten und Gewalt.

Stanley Milgram wurde 1933 in New York geboren. Er begann mit dem Psychologiestudium, als die Verbrechen im 3. Reich jedem Menschen noch frisch in Erinnerung waren. Im Jahr 1960 promovierte er an der Harvard Universität, wo er einige Jahre als Dozent arbeitete. Danach wechselte er als Professor an die Yale-Universität, wo sein klassisches Experiment durchgeführt wurde.

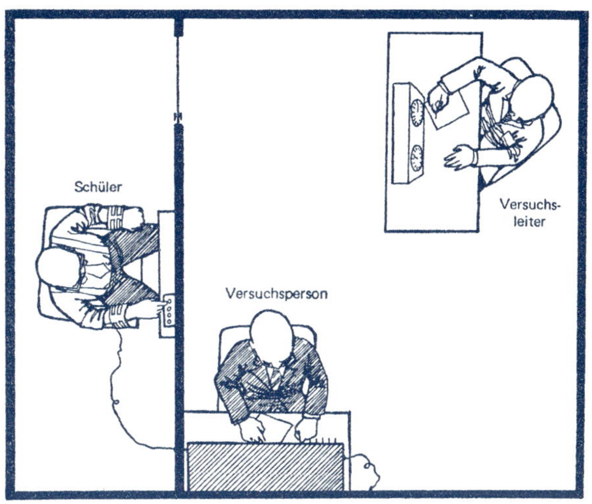

Versuchsanordnung:
Der Schüler bittet um Schock

Es handelt sich um eines der bekanntesten, aber sowohl aus ethischen als auch aus versuchstechnischen Gründen um eines der umstrittensten Experimente der Psychologie. Die Frage, die der Sozialpsychologe Stanley Milgram in den 60er Jahren beantworten wollte, bezog sich auf die Bereitschaft ganz normaler Menschen, sich einer Autorität zu beugen und offensichtlich »unmenschliche« Anordnungen zu befolgen.

1983 wurde Milgram in die Amerikanische Akademie für Kunst und Wissenschaft gewählt.

8.2.1 Schilderung des Experiments in der Vorlesung

Das Milgram-Experiment begann in einer Vorlesung und nicht im Labor. Psychiater, Studenten und Berufstätige waren gekommen, um sich einen Vortrag über Gehorsam gegenüber Autoritäten anzuhören. Die Zuhörer wurden gebeten, sich das später tatsächlich durchgeführte Experiment vorzustellen.

Steven Schwartz schildert ausführlich den Vortrag von Milgram: »Als Reaktion auf eine Zeitungsanzeige, in der vier Dollar fünfzig (1963 ein angemessener Betrag) für die Teilnahme an einem Experiment über ›Gedächtnis und Lernen‹ geboten werden, melden Sie sich und treffen eines schönen Tages an der Psychologischen Fakultät der Yale-Universität ein. Dort zeigt man Ihnen ein großes Labor und stellt Sie dem Versuchsleiter vor, einem 31-jährigen Mann im grauen Techniker-Kittel. Der Versuchsleiter benimmt sich förmlich und eher ernst; außerdem lernen Sie eine zweite Person im Raum kennen, die, wie man Ihnen erklärt, sich ebenfalls freiwillig für das Experiment gemeldet hat. Im Gegensatz zum Versuchsleiter ist der Freiwillige freundlich und sympathisch.

Nach einigen einführenden Worten erklärt der Versuchsleiter, das Ziel des Experiments bestehe darin, die Auswirkung von Bestrafung auf das Lernverhalten zu untersuchen, wie viel Bestrafung zum Lernen nötig ist, welche Rolle es spielt, wer als Lehrer fungiert (die Bestrafung verabreicht) und wer als Lernender (die Bestrafung erhält). Sie und die andere Versuchsperson werden dann aufgefordert, je ein Los aus einem Hut zu ziehen, um so zu entscheiden, wer Lehrer und wer Schüler ist. Sie ziehen das Lehrer-Los.

Alle drei gehen daraufhin in einen angrenzenden Raum, wo die andere Versuchsperson sorgfältig auf einem Stuhl fest gebunden wird. Die Riemen, so der Versuchsleiter, seien nur dazu da, starke Bewegungen einzuschränken; doch Sie erkennen an der Art, wie die Riemen befestigt werden, dass der Festgebundene damit gehindert wird, sich selbst zu befreien. Dann wird dem Lernenden eine Elektrode am Handgelenk befestigt und eine Elektrodenpaste wird aufgetragen mit der Bemerkung, das sei nötig, um Blasen und Verbrennungen zu vermeiden. Man erklärt Ihnen und der anderen Versuchsperson, dass die Elektrode mit einem Elektroschockgenerator im nächsten Raum verbunden ist. Die Schocks sollen als Bestrafung im Experiment dienen. Als der ›Schüler‹ fragt, ob die Elektroschocks wehtun werden, antwortet der Versuchsleiter: ›Die Schocks können zwar äußerst schmerzhaft sein, aber sie werden keine dauerhaften Gewebeschäden verursachen‹.

Dann führt der Versuchsleiter Sie in das nächste Zimmer, wo er Ihnen den Elektroschockgenerator zeigt. Der Apparat hat 30 Schalter, jeder davon ist mit einem Schild versehen, es beginnt mit 15 und endet mit 450 Volt. Außerdem sind jeweils vier Schalter mit einem gemeinsamen Etikett versehen. Diese reichen von **Leichter Schock** *am oberen Ende, über* **Milder Schock, Starker Schock, Sehr starker Schock, Äußerst intensiver Schock** *und* **Gefahr: Schwerer Schock**. Die beiden äußerst rechts befindlichen Schalter tragen die Aufschrift **xxx**.

Elektroschockstufe							
1 2 3 4	5 6 7 8	9 10 11 12	13 14 15 16	17 18 19 20	21 22 23 24	25 26 27 28	29 30
Spannung in Volt							
15 30 45 50	75 90 105 120	135 150 165 180	195 210 225 240	255 270 285 300	315 330 345 360	375 390 405 420	435 450
Leichter Schock	Milder Schock	Starker Schock	Sehr starker Schock	Intensiver Schock	Äußerst intensiver Schock	Gefahr: kritischer Schock	XXX
⊙ ⊙ ⊙ ⊙	⊙ ⊙ ⊙ ⊙	⊙ ⊙ ⊙ ⊙	⊙ ⊙ ⊙ ⊙	⊙ ⊙ ⊙ ⊙	⊙ ⊙ ⊙ ⊙	⊙ ⊙ ⊙ ⊙	⊙ ⊙

Abb. 19: Die Beschriftung an der Schalttafel, die die Vpn zu bedienen hatten

Man erläutert Ihnen, dass es im Experiment darum geht, Wort-Verbindungen zu lernen, wobei Sie als Lehrer dem Schüler eine Reihe von Wortpaaren vorlesen sollen. Die Aufgabe des Schülers besteht darin, sich daran zu erinnern, welche Worte zusammengehören. Bei zukünftigen Durchgängen werden Sie nur noch jedes erste Wort vorlesen und dann dem Schüler für das dazugehörige Wort vier Begriffe zur Auswahl geben. Der Schüler muss anzeigen, welches dieser vier mit dem erstgenannten Wort zusammengehörte. Solche Begriffspaare können z. B. sein: blue-box, nice-day *oder* wild-duck. *Im Test lesen Sie dann zum Beispiel* blue, *gefolgt von* sky, ink, box, lamp. *Die Aufgabe des Schülers besteht darin, anzuzeigen, dass die drittgenannte Antwort,* box, *beim ersten Durchgang mit* blue *zusammen genannt wurde. Da sich der Schüler in einem anderen Raum befindet, übermittelt er seine Antworten, indem er einen von vier Knöpfen drückt, die an seinem Stuhl befestigt sind. Diese Knöpfe bringen dann eine von vier Lampen auf dem Schockgenerator zum Aufleuchten; die Lämpchen korrespondieren mit den vier Antwortmöglichkeiten.*

Der Versuchsleiter fordert Sie dann schließlich auf, der Versuchsperson bei jeder falschen Antwort einen Elektroschock zu verabreichen – zu Beginn 15 Volt, doch mit jedem Fehler sollen Sie eine nächsthöhere Voltzahl nehmen. Um sicherzugehen, dass der Apparat auch funktioniert, gibt Ihnen der Versuchsleiter einen Probeschock.

Jetzt beginnt das Experiment. Der Schüler findet die Aufgabe schwierig und macht mehrere Fehler. Nach jedem Fehler verabreichen Sie ihm einen Elektroschock. Zunächst sind die Schocks schwach, doch bald geht es in die höheren Voltbereiche. Nach dem Schock von 75 Volt stöhnt der Schüler so laut auf, dass Sie es durch die Wand hindurch hören; dasselbe geschieht bei 90 und 105 Volt. Bei 120 Volt sagt der Schüler, die Schocks wären jetzt schmerzhaft, und bei 150 Volt schreit er auf: ›Lassen Sie mich raus! Ich werde an dem Experiment nicht länger teilnehmen. Ich weigere mich, weiterzumachen!‹ Proteste dieser Art folgen mit steigender Intensität. Wenn Sie an dieser oder einer späteren Stelle während des Experiments den Versuchsleiter fragen, ob Sie fortfahren sollen, gibt dieser zur Antwort, Sie sollen weitermachen. Wenn Sie die Frage noch einmal nachdrücklich stellen, entgegnet er Ihnen, das Experiment hänge davon ab, dass Sie weitermachen. Er sagt vielleicht sogar, Sie hätten keine andere Wahl, Sie müssten weitermachen. Wenn sich die Schocks weiter steigern, schreit der Schüler: ›Ich kann die Schmerzen nicht aushalten!‹ und beginnt sich aufzubäumen. Bei 300 Volt können Sie hören, wie der Schüler gegen die Wand klopft. Danach reagiert er nicht mehr auf die Aufgabenstellung, er schreit nur noch auf, wenn er einen Schock erhält. Nach 330 Volt hört man nichts mehr von dem Schüler. An dieser Stelle erklärt Ihnen der Versuchsleiter, Sie sollten die Tatsache, dass der Schüler nicht reagiert, als eine falsche Antwort zählen und fortfahren, die Schockstärke zu erhöhen.«

8.2.2 Die Vorhersagen

Nachdem das Experiment im Vortrag so beschrieben wurde, sollte jeder Zuhörer über das Experiment nachdenken und sich überlegen, wie er wohl selbst reagiert hätte. Alle Gruppen, Psychiater, Studenten und die Berufstätigen antworteten ähnlich. Zwischen 120 und 135 Volt wollten alle aussteigen (siehe Graphik).

Es war niemand dabei, der glaubte, er würde jenseits von 300 Volt noch einen Schock verabreichen. Da Milgram angenommen hatte, die Zuhörer stellen sich selbst im bestmöglichen Licht dar, fragte er sie, wie sie glauben, dass sich andere verhalten werden. Anderen Personen trauten die Zuhörer schon stärkere Schocks zu. Die Psychiater glaubten, dass nur vier Prozent der Lehrer in der Lage wären, den Schalter mit 300 Volt zu betätigen, und nur krankhafte Sadisten würden noch weitergehen.

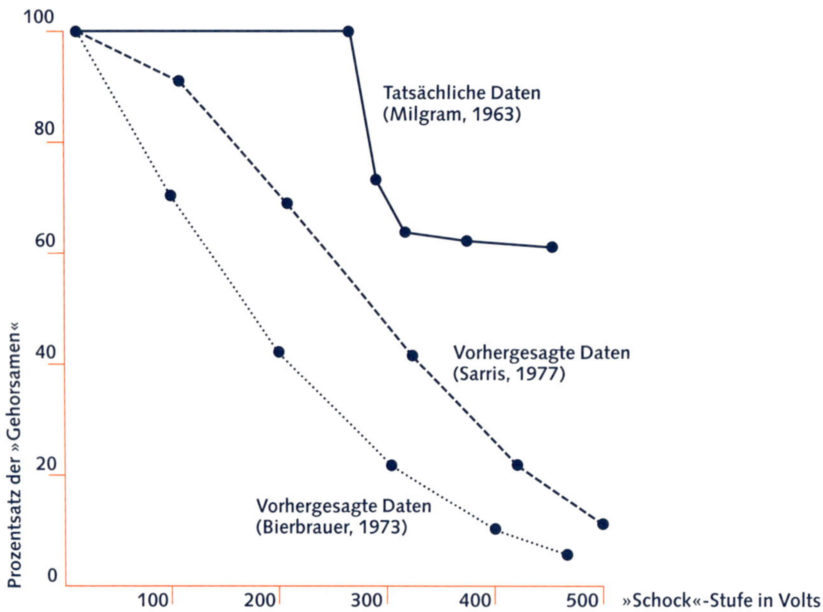

Abb. 20: Vorhergesagte und tatsächlich erteilte Elektroschocks

Die Ergebnisse des Experiments wichen ganz erheblich von den Vorhersagen ab. Die Mehrheit aller Versuchspersonen – mehr als 60 % – gehorchte dem Versuchsleiter und teilte Schocks bis zu 450 Volt aus! Es wird angenommen, dass der Irrtum der Schätzer durch den so genannten Attributionsfehler – typisch für Laienpsychologie

– verursacht wurde. In der Common-Sense-Psychologie (Vgl. Baustein 2) wird die Rolle der Persönlichkeit bei der Erklärung des Verhaltens überschätzt und die Macht der Situation unterschätzt. Versuchspersonen widersetzten sich auf Grund eigener Verantwortung dem Versuchsleiter nicht, sondern handelten »gehorsam«, d. h. sie haben sich vom »Wissenschaftler« zum gewalttätigen Handeln überreden lassen.

8.2.3 Das Experiment

An Milgrams Experiment an der Yale Universität nahmen im Jahr 1963 40 amerikanische Männer (!) unterschiedlichen Alters, Berufs und Bildungsstandes teil, wobei die Experimentalbedingung wie von Steven Schwartz geschildert gestaltet wurde.

Sämtliche Versuchspersonen empfanden die Situation als äußerst unangenehm, sie protestierten, baten den »Schüler« dringend, doch zu reagieren und richtig zu antworten, um keine Schocks mehr verabreichen zu müssen, aber nur 14, d. h. 1/3 der Versuchspersonen, weigerten sich definitiv, das Experiment zu Ende durchzuführen, allerdings erst zwischen 200 und 400 Volt.

Keine Versuchsperson verweigerte den Gehorsam vor 200 Volt, und 26 Versuchspersonen, d. h. fast 2/3 der Teilnehmer verabreichten Schocks von 450 Volt (markiert mit der Bemerkung: Gefahr!).

Spätere Variationen der Versuchsanordnung zeigten, dass sich der Effekt des Gehorsams noch verstärkt, wenn

a) die körperliche Distanz zum Opfer größer wird
b) der so genannte »Lehrer« unter direkter Aufsicht der Autorität steht und
c) eine Versuchsperson als Mittelsperson handelt, die einer anderen hilft, die tatsächlichen Schocks zu verabreichen.

8.2.4 Methodische Fragen und kritische Würdigung

Nach den Versuchen waren die Versuchspersonen ausnahmslos sehr erregt und einige geradezu gebrochene Menschen. Sie waren sich also offensichtlich bewusst, was sie getan hatten und verweigerten dennoch nicht den Gehorsam.

Auch wenn sich die Tendenz, die das Milgram-Experiment in erschreckender Weise deutlich gemacht hat, sicherlich auch heute noch zu ähnlichen Ergebnissen führen würde, kann man davon ausgehen, dass es nicht mehr in ganz so krasser Form geschehen würde. Kritiker machen auf folgende Punkte aufmerksam, die sich vor allem auf die Generalisierbarkeit der Ergebnisse beziehen.

1. Milgram hat das Experiment nur mit Männern durchgeführt, was die Frage, ob Frauen genauso oder ähnlich handeln würden, offen lässt.
2. Die Versuchspersonen wurden bezahlt, was eine gewisse Vorauswahl der Versuchspersonen bedeutet.
3. Die Versuchspersonen der 60er Jahren sind allgemein wesentlich strenger und autoritärer erzogen worden als die nachfolgenden Generationen.
4. Die Yale-Universität genoss auch ein großes und seriöses Ansehen, was nicht ausschließt, dass die Versuchsteilnehmer sich anderen Autoritäten eher widersetzen würden.

(Die ethische Bedenklichkeit braucht an dieser Stelle wohl nicht mehr erwähnt zu werden.)

Dennoch sind die Ergebnisse, wenn auch im Detail nicht ganz hieb- und stichfest – von ihrer Grundaussage her nicht zu leugnen. Prinzipiell ist also (fast?) jeder Mensch unter gewissen Umständen zu Taten bereit, die er sich vorher überhaupt nicht vorstellen kann. Umfragen nach dem Motto: »Wie weit würden Sie in einer Milgram-Situation gehen?« ergeben dagegen völlig konträre Werte. Kaum jemand glaubt von sich selbst, sich in einer solchen Situation der Autorität zu beugen.

Das Ergebnis dieser Untersuchung zeigt also dem Einzelnen ganz deutlich, wie unmöglich es sein kann, sich selbst wirklich zu kennen. Somit scheint niemand in der Lage zu sein, sein Verhalten für Extremsituationen vorauszusagen, auch wenn der subjektive Eindruck, es sei so, sehr stark ist.

Obwohl niemand in diesem Experiment die Elektroschocks erhielt und die Situation nur vorgetäuscht war, wurde das Experiment stark kritisiert hinsichtlich der Wirkung auf die »Lehrer«. Die Situation haben die Vpn als sehr realistisch erlebt und die verabreichten Schocks als äußerst schmerzhaft eingestuft. Viele Vpn fingen bei höheren Voltzahlen an zu zittern, zu stottern, sich auf die Lippen zu beißen, zu stöhnen und sich die Fingernägel in die Haut zu pressen. Viele lachten nervös.

Ein Beobachter beschrieb den emotionalen Druck der Lehrer: *»Ich beobachtete einen reifen und anfänglich sehr selbstsicher auftretenden Geschäftsmann, der das Labor lächelnd und voller Selbstvertrauen betrat. Innerhalb von 20 Minuten war aus ihm ein zuckendes, stotterndes Wrack geworden, das sich rasch einem Nervenzusammenbruch näherte. Er zupfte dauernd an seinen Ohrläppchen herum und rang die Hände. An einem Punkt schlug er sich mit der Faust gegen die Stirn und murmelte: ›Oh Gott, lass uns aufhören.‹ Und doch reagierte er weiterhin auf jedes Wort des Versuchsleiters und gehorchte bis zum Schluss.«*

Natürlich wurden die »Lehrer« nach dem Experiment über den Täuschungsmanöver aufgeklärt. Sie wurden befragt, warum sie weitergemacht hatten. Die meisten antworteten: »Weil der Versuchsleiter sagte, machen Sie weiter!«

Auf die Frage, ob der Schüler hätte etwas sagen können, was sie dazu veranlasst hätte aufzuhören, sagten die meisten: »Ich glaube nicht.«

Ein 39-jähriger Sozialarbeiter wurde zu Beginn des Experiments als verantwortungsbewusst, intelligent und fürsorglich geschildert. Im Laufe des Experiments begann er zu lachen, wobei das Gelächter, durch die Schreie des Schülers ausgelöst, immer lauter wurde. Im Nachgespräch stufte diese Versuchsperson ihr Verhalten »als schrecklich merkwürdig« ein.

Im Milgram-Experiment weigerten sich vor allem diejenigen Versuchspersonen stärkere Schocks zu verabreichen, die sich für ihr Handeln verantwortlich fühlten. Die anderen betonten, sie hätten einfach die »Befehle ausgeführt«.

Milgram berichtete, dass 84 % der Versuchspersonen im Interview nach dem Experiment geäußert hätten, sie wären froh, am Experiment teilgenommen zu haben. Sie behaupteten, etwas über sich gelernt zu haben.

Wegen der Kritik, die Ergebnisse kämen nur in einer »künstlichen Laborsituation« zustande, hat man folgendes Experiment unter »natürlichen« Bedingungen durchgeführt: Diensthabende Krankenschwestern verschiedener Krankenhäuser erhielten den Telefonanruf eines Arztes, den sie nicht kannten. Der Arzt meinte, er hätte vor einigen Stunden einen auf der Station liegenden Patienten untersucht und käme bald zurück, wolle aber, dass der Patient sofort ein bestimmtes Medikament bekäme. Er bat die Krankenschwester, im Medizinschrank nachzusehen, ob das Medikament **Astroten** vorhanden sei. Die Schwestern schauten nach und fanden eine Packung mit der Aufschrift:

Astroten
5 mg Kapseln
Durchschnittsdosis: 5 mg
Tägliche Höchstmenge: 10 mg

Als die Schwestern zum Telefon zurückkehrten, ordnete der Arzt an, sie sollen dem Patienten 20 mg Astroten geben. Er käme in 10 Minuten, um die Anweisung zu unterschreiben. Ein beobachtender Dienst habender Arzt beendete das Experiment, nachdem er das Verhalten der Krankenschwester notiert hatte.

Nach den Krankenhausregeln war es nicht erlaubt, telefonische Anweisungen zu befolgen und Medikamente zu verabreichen, die nicht auf der Medikamentenliste des Krankenhauses standen. Obwohl die doppelte Menge der Tagesdosis verabreicht werden sollte, begannen 95 % der Schwestern, das Medikament zu verabreichen.

8.2.5 Zusammenfassung

Milgram hat mit einer einfachen Täuschung (fingiertes Lernexperiment, elegantes Laboratorium) der Versuchspersonen gearbeitet. Wann lässt sich – methodisch gesehen – der Einsatz eines Täuschungsmanövers bei der Durchführung psychologischer Experimente rechtfertigen? Als Rechtfertigungsargumente werden in der Fachliteratur die besondere wissenschaftliche Relevanz und überraschende Befunde entgegen der Schätzung von Experten aufgeführt.

Milgrams-Experiment ist in Australien, Südafrika und mehreren europäischen Ländern mit ähnlichen Ergebnissen wiederholt worden. Die Nachfolgeexperimente zeigten, dass Männer und Frauen gleichermaßen gehorchten, dass die Anwesenheit des Versuchsleiters sehr wichtig war und dass bei Berührungsnähe zum Schüler nur 30 % der Versuchspersonen bereit waren, die Hand des Schülers auf die Metallplatte zu drücken.

Die Ergebnisses eines unter »natürlichen« Bedingungen durchgeführten Experiments verdeutlichen, wie leicht sich Menschen zu Handlungen verführen lassen, die sie nicht verantworten können.

8.3 Die Theorie der kognitiven Dissonanz

Mit dem Begriff Kognitive Dissonanz hat Leon Festinger den konflikthaften Zustand bezeichnet, den jemand erlebt, nachdem er eine Entscheidung getroffen, eine Handlung begangen hat oder Informationen ausgesetzt worden ist, die zu seinen bisherigen Meinungen, Gefühlen, Werten im Widerspruch stehen. Festinger nahm an, dass mit kognitiver Dissonanz ein Zustand des Unbehagens, verbunden mit der Motivation, diesen abzubauen, entsteht.

Die Theorie der kognitiven Dissonanz wurden von Festinger entwickelt, um Hypothesen zur Änderung von Einstellungen zu entwickeln und zu überprüfen. Festinger nahm an, dass soziale Einstellungen immer dann geändert werden, wenn Menschen in Dissonanz geraten und die Dissonanz mit dem geringsten psychischen Aufwand nur über die Änderung von Einstellungen reduzieren können.

Soziale Einstellungen sind erworbene Verhaltensbereitschaften, sich gegenüber bestimmten Objekten oder Personen auf eine beständige positive, bejahende oder negative, ablehnende Art und Weise zu verhalten. Solche Verhaltensbereitschaften bestehen aus Meinungen (Gedanken, Urteile, Überzeugungen), aus Gefühlen oder Äußerungen über Gefühle und aus Handlungen oder Absichten zu bestimmten Handlungen gegenüber den Personen und Objekten, auf die sie sich beziehen.

Zwischen den Einstellungen und Verhalten besteht keine 100-%ige Übereinstimmung. In einer bereits 1934 durchgeführten und als klassisch geltenden Untersuchung von La Piere haben Hotelbesitzer, die in schriftlicher Befragung überzeugt waren, sie würden keine Chinesen bedienen (= Einstellung), alle bis auf eine Ausnahme (von über 100 befragten Hotelbesitzern) ein chinesisches Ehepaar bedient, als es in ihrem Hotel ein Zimmer haben wollte. Vielleicht haben sich diese Hotelbesitzer entgegen ihrer Einstellung verhalten, weil sich das chinesische Ehepaar nicht entsprechend ihrer Erwartung oder Vorstellung verhielt oder weil sie um das Image ihres Hauses fürchteten und die Sorge um den Verdienstausfall ihr Handeln bestimmte.

Festinger ging von der Annahme aus, dass vorhandene Dissonanzen oder dissonante Kognitionen wie z. B. bei den Hotelbesitzern im Fall La Piere über die Änderung der Einstellung beseitigt werden können. Er musste feststellen, dass sich die Dissonanzen auf verschiedene Art und Weise reduzieren lassen: Man kann neue Kognitionen hinzufügen (Es waren besonders gebildete Chinesen.) oder die bestehenden ändern (Die Meinung über Chinesen ist nicht zutreffend.) oder das Verhalten und die Einstellung ändern (Ich habe keine Vorurteile gegenüber fremden Nationen.) nach dem Motto: Ich habe die Chinesen bedient, weil ich das irgendwie schon immer gewollt habe.

In den klassischen Experimenten zur Dissonanztheorie hat sich gezeigt, dass sich die Einstellung zu einem Einstellungsobjekt vor allem dann ändert, wenn die Belohnung für das einstellungsdiskrepante Verhalten eher geringer ist.

8.3.1 Experimente zur Theorie der kognitiven Dissonanz

Zur Überprüfung der Theorie der kognitiven Dissonanz wurden sowohl in Amerika als auch in Deutschland viele Experimente durchgeführt. In den meisten Experimenten wurde folgendes Grundschema angewandt: Durch einen Vortest werden Vpn mit einer ausgeprägten positiven oder negativen Einstellung ausgewählt. Diese Vpn werden in mehrere Experimentalgruppen eingeteilt und es wird evtl. zusätzlich eine Kontrollgruppe gebildet. Danach wird bei allen Gruppen (bis auf die Kontrollgruppe) kognitive Dissonanz erzeugt. In den einzelnen Experimentalgruppen werden unterschiedliche Möglichkeiten der Dissonanzreduktion angeboten. Danach wird erneut die Einstellung gemessen. Die im Vortest und Nachtest gemessenen Einstellungswerte werden miteinander verglichen und die Unterschiede auf Signifikanz geprüft.

Im Jahr 1959 haben Festinger und Carlsmith folgendes Experiment durchgeführt: Die Vpn nahmen an einer ziemlich langweiligen Aufgabe teil. Man hat ihre Einstellung zu der Aufgabe erfasst und sie in zwei Gruppen eingeteilt. Danach hat man die Vpn beider Gruppen gebeten, dem Versuchsleiter einen Gefallen zu tun und den nachkommenden Vpn zu sagen, die Aufgabe sei sehr interessant gewesen und es hätte Spaß gemacht. Die eine Hälfte der Vpn erhielt für dieses »Gefallen« 20

Dollar Belohnung, die andere Hälfte nur einen Dollar. Die Forscher nahmen an, die Vpn mit 20 Dollar Belohnung hätten eine ausreichende Entschuldigung für ihre Lüge und könnten die Dissonanz reduzieren, ohne ihre Einstellung zur Aufgabe zu ändern.

Die Vpn der zweiten Gruppe mussten folgende Dissonanz reduzieren: Die Aufgabe war für mich langweilig. Für nur einen Dollar habe ich den anderen erzählt, sie sei spaßig und interessant gewesen. Ich hatte keinen guten Grund dazu. Der Nachtest hat ergeben, dass diese Vpn ihre Einstellung geändert haben und überwiegend die Meinung vertraten, die Aufgabe sei doch interessant und spaßig gewesen. Im Vergleich dazu änderten die Vpn der 20 Dollar-Gruppe ihre Bewertung nicht.

Der Sozialpsychologe Martin Irle hat viele Experimente von Festinger in Deutschland erneut mit kleinen Variationen durchgeführt. Die von Festinger berichteten Ergebnisse konnten nicht immer bestätigt werden. Nach dem gegenwärtigen Stand der Forschung sind dissonante Zustände nur dann zu erwarten, wenn sich Vpn unter völliger Entscheidungsfreiheit gegen ihre Einstellung verhalten, das einstellungsdiskrepante Verhalten öffentlich zeigen, die Verpflichtung zum dissonanten Verhalten mit minimaler Rechtfertigung erreicht wird und die »Illusion der Wahlfreiheit« der Person, sie hätte sich auch anders entscheiden können, betont wird.

Unter solchen Umständen fühlt sich die Person für die Konsequenzen ihrer Entscheidung verantwortlich und wird so »zum überzeugendsten Überredungskünstler für sich selbst«.

Festinger hat im Jahr 1956 in einer berühmt gewordenen Untersuchung herausgefunden, dass Mitglieder einer Sekte, deren Voraussage eines an einem bestimmten Tag eintreffenden Weltuntergangs nicht in Erfüllung ging, anstatt an ihrem Glauben zu zweifeln, verstärkt angefangen haben, neue Mitglieder für ihre Sekte zu werben. Einerseits wird die eigene Dissonanz reduziert, wenn man andere Menschen von der Richtigkeit des eigenen Glaubens überzeugen kann, und andererseits führt der geleistete Aufwand bei der Werbung um neue Mitglieder zu der Tendenz, die Anstrengung als Rechtfertigung für den eigenen Glauben einzusetzen.

Interessante Ergebnisse wurden auch durch so genannte »erzwungene Einwilligung« oder »soziale Einwilligung« erzielt. Vpn verhalten sich entsprechend den Vorschlägen, Bitten, Überredungen anderer, haben aber das Gefühl, es freiwillig zu tun. Wenn es gelingt, Menschen zu kleinen öffentlichen Handlungen zu verpflichten, dann sind sie zur Übernahme immer größerer Verpflichtungen bereit. Eine kleine öffentliche Verpflichtung führt anscheinend zu einem »Fuß-in-der-Tür-Phänomen«. J. L. Fredmann hat im Jahr 1966 folgendes Experiment durchgeführt: Eine Gruppe von Vpn wurde gebeten, die Aufstellung einer großen, hässlichen Plakatwand mit der Aufschrift: »Bitte vorsichtig fahren!« auf dem Rasen vor ihrem Haus zu gestatten. 83 % der befragten Hausbesitzer verweigerten die Aufstellung. 76 % der Vpn einer zweiten Gruppe gaben dieser Bitte nach. Wie kam es zu diesem Unterschied?

Die Vpn der zweiten Gruppe wurden zwei Wochen davor gebeten, die Aufstellung einer kleinen, 10 x 10 cm großen Tafel mit der gleichen Aufschrift zu gestatten. Dieser Bitte stimmten fast alle Hausbesitzer zu. Zwei Wochen später kam eine andere Person mit der Bitte um Aufstellung der großen Tafel. Diese Vpn gaben bereitwilliger der großen Bitte nach, weil sie zwei Wochen davor eine kleine Verpflichtung eingegangen waren.

Bereits 1944 konnte Kurt Lewin experimentell nachweisen, dass die aktive Beteiligung an einer Gruppendiskussion bei der Einstellungsänderung weit effektiver ist als andere Formen der Informationsübermittlung. Janis und King führten 1954 folgendes Experiment zur Änderung der Einstellung durch Eigenaktivität mit der Methode des Rollenspiels durch. Ausgehend von der Annahme, dass fast jeder Mensch Alltagsrollen spielen kann, wollten sie diese Fähigkeit zur Änderung von Einstellungen einsetzen. Sie glaubten, dass es durch die Vorbereitung der Rolle zum gründlichen Nachdenken und evtl. auch zur Identifikation mit der Rolle kommt. Sie bildeten zwei Gruppen von Studenten: Die eine Gruppe von Vpn übernahm in einem Theaterstück Rollen, die im Widerspruch zu ihrer Überzeugung und Einstellung standen. Die andere Gruppe schaute sich das Theaterstück nur an. Die aktiven Rollenspieler änderten weit stärker ihre Einstellung als die Zuschauer.

8.3.2 Zusammenfassung

Zur Überprüfung der Theorie der kognitiven Dissonanz wurden viele kreative und interessante sozialpsychologische Experimente durchgeführt. Dabei ist hervorzuheben, dass Festinger und andere Anhänger seiner Theorie nicht in der Lage waren, die Begriffe »kognitive Elemente« und »kognitive Dissonanz« eindeutig zu definieren. Auch hier wird das Dilemma psychologischer Forschung deutlich: Das Gewinnen interessanter und für die praktische Nutzung aufschlussreicher Erkenntnisse gelingt eher dann, wenn strenge methodische Prinzipien (Operationalisierung, Überprüfbarkeit, Wiederholbarkeit, Objektivität, Allgemeingültigkeit) nicht sklavenhaft beachtet werden.

Die Erkenntnisse zur Änderung von Einstellungen kommen in der Beratung, in der Gesundheitsvorsorge, in der Werbung, in der Politik (Wahlkampf), in der Verkaufspsychologie zur Anwendung und sie können sicher auch in den Schulen zum Einsatz kommen (vgl. Thema 6.6 im Baustein 7).

8.4 Die Untersuchung in den Hawthorn-Werken

Die Untersuchungen, wie sich unterschiedliche Arbeitsbedingungen auf die Effektivität der Arbeit auswirken, führten zur Entdeckung sozialpsychologischer Einflussfaktoren auf die Arbeitsleistung.

In dem Buch »Die Probleme industrieller Arbeitsbedingungen« (erschienen 1950) berichtet Elton Mayo über die Ende der 20er Jahre durchgeführten Experimente in den »Hawthorn-Werken« (in Chicago).

Das zwischen dem Nationalen Forschungsrat und »Western Electric« im Jahre 1927 erarbeitete Forschungsprogramm dauerte sechs Jahre und wurde unter der Leitung des Harvard Professors Elton Mayo durchgeführt.

Im wichtigsten und ersten Experiment dieses Forschungsprogramms wollten die Wissenschaftler die Auswirkungen der Ermüdung am Arbeitsplatz untersuchen. Dabei interessierten sie sich auch für die Frage, wie sich veränderte physikalische Bedingungen (Lichtverhältnisse, Temperatur, Luftfeuchtigkeit und Pausengestaltung) auf die Produktivität auswirken. Man verglich die Leistung von Arbeiterinnen an einem besonders hell beleuchteten Arbeitsplatz (Experimentalgruppe) mit der Leistung von Arbeiterinnen an einem normal beleuchteten Arbeitsplatz. Dabei fand man nur geringe Beziehung zwischen Leistung und verbesserten Lichtverhältnissen.

Danach wurden innerhalb der gleichen Abteilung zwei Gruppen gebildet. Bei der Versuchsgruppe wurden die Lichtverhältnisse laufend verbessert; die Kontrollgruppe arbeitete unter konstanten Bedingungen weiter. Beide Gruppen wurden intensiv beobachtet. Beide Gruppen zeigten in etwa gleiches und deutliches Ansteigen der Produktivität. Dieses Ergebnis schien zunächst völlig unerklärlich. Noch verwirrender erschienen die Ergebnisse, als die Produktivität in einer Versuchsgruppe sogar dann noch anstieg als die Lichtintensität verringert wurde.

Im April 1927 begannen die Wissenschaftler mit einem über zwei Jahre dauernden Folgexperiment, das unter streng kontrollierten und vielfach veränderten Bedingungen durchgeführt wurde, um die verblüffenden Ergebnisse des ersten Experiments zuverlässig interpretieren zu können. Die Durchführung des Experiments teilten die Wissenschaftler in 13 Abschnitte ein, die im Einzelnen vier Wochen bis drei Monate dauerten. In den einzelnen Abschnitten wurde die Pausenregelung, Beginn und Ende der Arbeitszeit, Bezahlung und Samstagsarbeit geändert. Im 10. Abschnitt wurden die gleichen Arbeitsbedingungen eingeführt wie im 7. Abschnitt, im 12. Abschnitt die des 3. Abschnitts und im 13. Abschnitt noch einmal die Bedingungen der 7. Zeitphase. Vom Abschnitt 1 bis zum Abschnitt 13 wies die Produktivität einen ungebrochenen gleichmäßigen Anstieg auf, und zwar völlig unabhängig von den Arbeitsbedingungen und von der Rückkehr zu den früheren Arbeitsumständen. Zu Beginn des Experiments produzierten die Frauen etwa 2400 Telefonrelais pro Woche und ca. 3000 im Abschnitt 13.

Die Arbeiterinnen selbst konnten nicht erklären, warum sie im Laufe der Zeit immer mehr produzierten. Aus den Aufzeichnungen der Beobachter ging hervor, dass sich die Arbeiterinnen des Experiments anders verhielten als die »normalen« Fabrikarbeiterinnen. Sie blieben kaum der Arbeit fern. Ihre Arbeitsmoral schien weit höher zu sein. Sie freundeten sich mit der Zeit untereinander an und trafen sich auch außerhalb der Arbeitszeit. Sie halfen sich gegenseitig, z. B. wenn eine krank wurde. Die Tatsache, dass sie für das Experiment ausgewählt worden waren, rief bei ihnen den Eindruck hervor, etwas Besonderes zu sein. Die Forscher waren nun überzeugt, die Lösung des ersten Experiments gefunden zu haben. Für die Steigerung der Produktivität waren nicht die objektiven Arbeitsbedingungen, sondern die Beziehungen innerhalb der Gruppe und das Gefühl, im Mittelpunkt des Interesses zu stehen, verantwortlich.

So entstand die so genannte »Human-Relations-Bewegung« (Bewegung für die Humanisierung der Arbeitswelt), für die die Qualität menschlicher Beziehungen am Arbeitsplatz wichtiger war als optimale physikalische Bedingungen. Elton Mayo glaubte vor allem, dass das Gruppenzusammengehörigkeitsgefühl und die aktive Beteiligung von Arbeitern bei der Umgestaltung von Arbeitsplätzen von entscheidender Bedeutung sind.

In den Hawthorn-Werken wurden später noch weitere Experimente durchgeführt. So wurde z.B. eine Gruppe von neun Männern von anderen Arbeitern getrennt, um die Wirkung eines ausgeklügelten Stücklohns zu testen. Die Forscher stellten fest, dass die Arbeiter ihre Leistung nicht steigerten. Nach der Einschätzung ihrer Leistung befragt meinten die Arbeiter übereinstimmend, 6000 Schaltungen pro Tag fertig zu stellen sei eine »gute Tagesleistung«. Diese »Norm« hat die Einschätzung der persönlichen Leistung bestimmt. Diejenigen, die mehr produzierten, stapelten tief, die mit geringerer Leistung, meinten sie hätten mehr geschafft. Die Forscher folgerten daraus, dass die Gruppe sich eine eigene Gruppennorm gesetzt hätte, die eingehalten werden musste. Wer sich nicht an die Norm hielt, wurde geächtet.

Kann sein, dass die Arbeiter die Leistung niedrig hielten, weil ihre Arbeitszeit angesichts der weltwirtschaftlichen Depression immer mehr gekürzt wurde. Möglicherweise wollten sie ihren Arbeitsplatz länger erhalten. Diese Deutung haben die Wissenschaftler zunächst vernachlässigt. Ihre Interpretation führte nach dem Zweiten Weltkrieg zu vielen sozialpsychologischen Untersuchungen über die Bildung so genannter »informeller« Gruppen am Arbeitsplatz und über die Auswirkungen verschiedener Gruppennormen.

Kritische Würdigung

Die Hawthorn-Experimente haben die psychologische Forschung stark beeinflusst. Sie werden immer noch kontrovers diskutiert. Man hat der Hawthorn-Gruppe vorgeworfen, mit menschlichen Beziehungen unmenschliche ökonomische Verhältnisse und Arbeitsbedingungen zur Bedeutungslosigkeit heruntergespielt zu haben. Manche meinen auch, dass Mayo und sein Team die Ergebnisse übertrieben und widersprüchliche Daten ignoriert haben.

Die ersten Experimente haben eine wichtige methodische Erkenntnis gebracht, die als »Hawthorn-Effekt« in jedem Lehrbuch über psychologische Methoden zu finden ist. Die Erkenntnis lautet: Menschen ändern in sozialpsychologischen Experimenten bereits durch die Teilnahme am Experiment ihr Verhalten.

9 Paul Watzlawick und Carl Rogers

Paul Watzlawick und seine Mitarbeiter haben viele verschiedene Situationen menschlicher Kommunikation (z. B. Politik, Familie, Partnerschaft) im Alltag genau analysiert und die Erkenntnisse im Jahr 1969 (Menschliche Kommunikation. Formen, Störungen, Paradoxien) als 5 Axiome (grundlegende Aussagen, Postulate, die nicht weiter hinterfragt werden, offensichtliche Weisheiten) veröffentlicht. Es handelt sich also um Beobachtungen unter natürlichen Bedingungen, um deutende Auslegung (Hermeneutik) und um phänomenologische Reduktion im Sinne des Philosophen Husserl. Mit Hilfe der phänomenologischen Methode glauben einige Psychologen, die jeweilige Lebenswelt der Menschen in den Wesenszügen und auch in Details erfassen zu können. Die phänomenologische Psychologie stellt sicherlich eine Alternative zu der weit mehr bekannten und anerkannten empirisch orientierten Psychologie dar. Das von Karl Jaspers mit Hilfe der Phänomenologie entwickelte Lehrbuch der »Allgemeinen Psychopathologie« ist heute noch ein Standardlehrbuch. Auch die humanistische Psychologie und die Selbstwerttheorie von Carl Rogers sind durchwegs phänomenologisch geprägt. In Anlehnung an Husserl sind phänomenologisch arbeitende Psychologen überzeugt, mit Hilfe einer »vorurteilsfreien Beschreibung« psychischer Erscheinungen zu gesicherten und praktisch bedeutsamen Erkenntnissen kommen zu können. Es wurde bereits erwähnt, dass Jean Piaget teilweise mit

Hilfe der phänomenologischen Methode interessante Erkenntnisse über die Entwicklung des Denkens gewinnen konnte. Viele Phänomene, die Watzlawick und seine Mitarbeiter im Bereich der menschlichen Kommunikation beobachtet haben, führten dazu, dass sich Watzlawick sowohl in der wissenschaftlichen Darstellung als auch in seiner therapeutischen Praxis immer mehr der Theorie des Konstruktivismus (Welt ist keine Rekonstruktion oder Wahrnehmung des Realen, sondern eine individuelle, im jeweiligen Kopf entstandene Konstruktion) und dem Systemdenken angenähert hat.

9.1 Paul Watzlawick: Wissenschaftler und Therapeut

Paul Watzlawick wurde 1921 in Villach, Österreich geboren. Er studierte Philologie und Psychologie. Als Forschungsbeauftragter wirkte er am Mental Research Institut in Palo Alto/Kalifornien und als Professor an der Stanford University.

Paul Watzlawick

Bekannte Veröffentlichungen von ihm sind »Menschliche Kommunikation. Formen, Störungen, Paradoxien« 1969, »Wie wirklich ist die Wirklichkeit?« 1977 und »Anleitung zum Unglücklichsein« (Bestseller, erschienen 1986). Weitere Veröffentlichungen in deutscher Sprache sind: »Lösungen. Zur Theorie und Praxis menschlichen Wandels« (mit John Weakland und Richard Fisch) 1976, »Die Möglichkeit des Andersseins« 1978, »Gebrauchsanweisung für Amerika. Ein respektloses Reisebrevier« 1981, »Die erfundene Wirklichkeit. Wie wissen wir, was wir zu wissen glauben?« (Hrsg.) 1983, »Vom Schlechten des Guten oder Hekates Lösungen« 1988, »Die Unsicherheit unserer Wirklichkeit. Ein Gespräch über den Konstruktivismus« 1991, »Das Auge des Beobachters« (mit P. Krieg) 1992, »Vom Unsinn des Sinns oder vom Sinn des Unsinns« 1992, »Zur Theorie und Praxis menschlichen Wandels« 1992 und »Paul Münchhausens Zopf oder Psychotherapie und ›Wirklichkeit‹ » 1992.

1987 wurde Dr. Paul Watzlawick – Psychotherapeut und Bestsellerautor – die höchste wissenschaftliche Auszeichnung seiner Geburtsstadt Villach, der Paracelsusring, verliehen.

Die von Watzlawick entwickelte Kommunikationstherapie versucht, menschliche Probleme als Kommunikationsstörungen zu analysieren. In Anlehnung an seine Erkenntnisse praktiziert eine kleine Gruppe von Psychotherapeuten recht engagiert und erfolgreich den Einsatz so genannter paradoxer Interventionen. Der Therapeut fordert z. B. den Klienten auf, sein Problem weiter zu praktizieren und nach Möglichkeit seine Schwere zu vergrößern. Wenn ein Patient ängstlich ist, dann wird er auf eine provozierende und evtl. auch humorvolle Weise aufgefordert, sich noch ängstlicher zu machen nach dem Motto: »Mehr desselben«. Bewährt haben sich auch negative Umdeutungen, mit denen den Klienten oder Familien auf provozierende Weise klar gemacht wird, dass sie für ihr Leiden selbst die Verantwortung tragen: z. B. »Du würdest wahrscheinlich doch lieber so tun, als seiest du dazu zu dumm«; »Viele Familien schaffen das, ihre gehört aber vielleicht nicht dazu«. Man kann z. B. Verzicht als Loyalität umdeuten: »Sie haben sich entschlossen, anderen (hier kann man konkrete Personen nennen) zuliebe auf die Verwirklichung Ihrer Möglichkeiten zu verzichten. Diese wiederum haben sich ihrerseits entschieden auf … (z. B. ihre Hilfe oder auf ihre Einmischungen,…) zu verzichten.« Die Therapie nach Watzlawick geht davon aus, dass Menschen über ihre Kommunikationen, damit also im weitesten Sinn über ihre Sprache miteinander eine gemeinsame Wirklichkeit erschaffen und aufrechterhalten. Es gilt, da zu »stören«, wo diese Sprache leiderzeugende Muster mit sich bringt. Eine Technik ist dann kunstvoll angewandt, wenn sie im Gegenüber einen Zweifel wachruft, ob die Wirklichkeit denn tatsächlich so ist, wie er oder sie sie sich und anderen konstruiert hat und danach auch lebt. Dieser Zweifel, diese Verstörung sind heilsam: Wenn »alles auch anders sein« könnte, anders gesehen werden könnte, ist schon viel dafür getan, dass die Dinge nicht mehr so fest gefahren und rigide erlebt werden, wie bisher.

9.1.1 Pragmatische Theorie der Kommunikation

Die von Watzlawick entwickelte Pragmatische Theorie der Kommunikation (pragmatisch = Analyse des kommunikativen Handelns, Ermittlung der Bedingungen) ist als »Axiome der Kommunikation« weltweit bekannt geworden. Mit Hilfe von 5 Axiomen konnte Watzlawick zeigen, warum menschliche Kommunikation in vielen Situationen zum Scheitern verurteilt ist.

Die von Watzlawick und seinen Mitarbeitern gewonnenen Erkenntnisse wurden pragmatische Theorie genannt, weil sie eine Analyse des kommunikativen Handelns, also der Praxis der Kommunikation darstellten, weil es sich um eine Ermittlung von Voraussetzungen und Bedingungen der Kommunikationspraxis handelte und weil diese Theorie auch als die Lehre von der Zweckmäßigkeit und Richtigkeit der Kommunikationspraxis bezeichnet werden kann.

Die wichtigsten Annahmen über Merkmale menschlicher Kommunikation, die für den erfolgreichen oder gestörten Verlauf von entscheidender Bedeutung sind, lauten:

Man kann nicht nicht kommunizieren. Auch Schweigen und Sich-der-Kommunikation-entziehen-wollen haben Mitteilungscharakter.

Jede Kommunikation hat einen Inhaltsaspekt (Informationen, Daten, Sachaussagen) und einen Beziehungsaspekt (das Verhältnis, die Sympathie oder Antipathie zwischen kommunizierenden Personen). Auf der »sachlichen« Ebene werden die Inhalte mitgeteilt, auf der »Beziehungsebene« wird kommuniziert, wie Inhalte aufzufassen sind und was man vom Kommunikationspartner hält.

Menschliche Kommunikation ist nicht in Kausalketten auflösbar. Niemand kann genau angeben, wer beispielsweise bei einem Streit wirklich »angefangen« hat. »Anfänge« werden nur subjektiv gesetzt, als so genannte »Interpunktionen«. Bei negativer Beziehung werden die Abläufe der Kommunikation so strukturiert, dass für Störungen immer der Partner verantwortlich ist, z. B. nach dem Motto: »Du hast angefangen!«

Kommunikation bedient sich digitaler und analoger Modalitäten; die digitale besteht aus Worten und Sätzen, die bestimmten Objekten zugeordnet sind. Diese Sprache ist logisch, abstrakt und repräsentiert den Inhaltsaspekt. Analoge Botschaften werden in der Regel für Mitteilungen über die Beziehung eingesetzt und sind oft schwer richtig zu entschlüsseln.

Wenn Inhalts und Beziehungsaspekt nicht übereinstimmen, werden oft analoge Botschaften widersprüchlich mit den digitalen gesendet. Das ist z. B. der Fall, wenn eine Mutter verbal (digital) Liebe von ihrem Kind verlangt, im Verhalten und im Ausdruck jedoch (analog) zu verstehen gibt, dass sie die Liebesbezeugungen des Kindes ablehnt. Sie wird beispielsweise bei Umarmungen, die sie zuvor als erwünscht signalisiert hat, steif wie ein Stock, und kommuniziert dadurch: »Ich will deine Liebe nicht«. Das Kind lebt somit in einer Doppelbindung (double-bind): Es soll die Mutter lieben, darf das aber nicht. Wenn bestimmte Inhalte nicht wirkungsvoll digital kommuniziert werden können (aus welchen Gründen auch immer), kann eine Kommunikationsweise im Analogen gesucht werden, die oft in körperlichen Symptomen zum Ausdruck kommt (»Ich brauche Liebe, siehst du nicht, wie krank ich bin?«).

Zwischenmenschliche Kommunikationsabläufe sind entweder symmetrisch oder komplementär, je nachdem, ob die Beziehung zwischen den Partnern auf Gleichheit oder Unterschiedlichkeit beruht.

Im ersten Fall ist das Verhalten der beiden Partner sozusagen spiegelbildlich und ihre Interaktion daher symmetrisch. Dabei ist es gleichgültig, worin dieses Verhalten im Einzelfall besteht, da die Partner sowohl in Stärke und Schwäche, Härte wie Güte und jedem anderen Verhalten ebenbürtig sein können. Im zweiten Fall dagegen ergänzt des Verhalten des einen Partners das des anderen, wodurch sich eine komplementäre Beziehung ergibt. Symmetrische Beziehungen zeichnen sich also durch das Streben nach Gleichheit und Verminderung von Unterschieden zwischen den Partnern aus, während komplementäre Interaktionen auf sich gegenseitig ergänzenden Unterschiedlichkeiten basieren.

In der komplementären Beziehung gibt es zwei verschiedene Positionen. Ein Partner nimmt die so genannte übergeordnete, bestimmende, primäre Stellung ein, der andere die entsprechende untergeordnete, sekundäre. Diese Begriffe dürfen jedoch nicht mit »stark« und »schwach«, »gut« und »schlecht« oder ähnlichen Gegensatzpaaren verquickt werden. Komplementäre Beziehungen beruhen auf gesellschaftlichen oder kulturellen Kontexten (wie z.B. im Fall von Mutter und Kind, Arzt und Patient, Lehrer und Schüler). Weitere Ausführungen zur pragmatischen Theorie der Kommunikation sind auch in den Themen 6.1, 6.2 und 6.3 im Baustein 7 enthalten.

9.1.2 Kommunikation aus der Sicht des Konstruktivismus

Der Konstruktivismus besagt: Wahrgenommenes wird nach individuellen Regeln verarbeitet und führt zu Bildern, die kaum bei einem anderen Menschen so wieder zu finden sein dürften. Unser Bild von der Welt ist keine Rekonstruktion des Realen, sondern eine individuelle, im jeweiligen Kopf entstandene Konstruktion. Die so entstandenen Bilder mehrerer Menschen stehen zunächst gleichberechtigt nebeneinander. Konstruktion erfolgt weder wertfrei noch objektiv, sondern ist von unserer individuellen mentalen Struktur, unseren Zielen, Wünschen und Erwartungen bestimmt. Da es jedoch zu einer Wechselwirkung zwischen Beobachter und Beobachtetem kommt, kann das, was wir zu erkennen glauben, nicht die Abbildung einer vom Erleben unabhängigen Welt sein.

Eine solche Betrachtungsweise räumt mit der Vorstellung einer absoluten Realität, die durch unsere Sinne erfasst werden kann, gründlich auf: Wahrnehmung ist nicht Abbildung einer Wirklichkeit, sondern kognitive Konstruktion. Oder, wie Heinz von Foerster es provokant formuliert hatte: *»Die Umwelt, so wie wir sie wahrnehmen, ist unsere Erfindung«*. Watzlawick betont: *»Der Konsens, was die Wirklichkeit sei, ist weniger tragfähig als das dünnste Eis.«* Ein Geschehen, das wir mit anderen gemeinsam durchgeführt oder erlebt haben, wird von jedem Beteiligten anders gesehen und interpretiert.

Dies hat mit dem neurophysiologischen Mechanismus unserer Wahrnehmung zu tun. Aus einer unstrukturierten Fülle unspezifischer Wahrnehmungsdaten werden im Gehirn möglichst stabile, sinnstiftende »Wirklichkeiten« errechnet. Diese Konstruktion erfolgt weder wertfrei noch objektiv, sondern ist von unserer individuellen mentalen Struktur, unseren Zielen, Wünschen und Erwartungen bestimmt. Da es jedoch zu einer Wechselwirkung zwischen Beobachter und Beobachtetem kommt, kann das, was wir zu erkennen glauben, nicht die Abbildung einer vom Erleben unabhängigen Welt sein. Damit wird Abschied von der vermeintlichen Trennung zwischen beobachtendem Subjekt und beobachtetem Objekt genommen, schließlich aber auch von der Fiktion einer absoluten Objektivität: *»Objektivität ist die Illusion, dass Beobachtungen ohne einen Beobachter gemacht werden können«*.

Für Ernst von Glasersfeld stellt sich nun die Frage nach dem neuen Verhältnis von Wirklichkeit und Wissen. Erkenntnis bedeutet nicht mehr die ikonische Übereinstimmung mit einer absoluten Wirklichkeit, sondern die Suche nach »passenden« Verhaltens- und Denkweisen. An Stelle der Abbildung tritt die zweckorientierte Anpassung: Wir erschließen uns die Welt, in dem wir »Schlüssel schmieden«. Ebenso, wie verschiedene Schlüssel ins Schloss passen können, gibt es auch mehrere mögliche Wege, deren Wert sich erst im praktischen Nutzen erweist.

Da Erkenntnis nicht mehr die Übereinstimmung mit einer absoluten Realität bedeutet, wird die Eigenverantwortung und Handlungsfähigkeit des Individuums in den Vordergrund gestellt. Der Mensch ist für seine Konstruktion der Wirklichkeit ebenso verantwortlich wie für »die Gesellschaft, welche er mitkonstruiert«.

»Wir erzeugen die Welt, in der wir leben, buchstäblich dadurch, dass wir sie leben«. Und *»Handle stets so, dass weitere Möglichkeiten entstehen«*. In Anlehnung an Martin Buber betont Watzlawick, dass eine »menschliche Gesellschaft« dadurch entsteht, in dem sich ihre Mitglieder in ihren Eigenschaften und Fähigkeiten einander bestätigen.

Weiterhin stellt Watzlawick die Verantwortung des Individuums für seine von ihm konstruierte Welt und die Toleranz für die Wirklichkeit anderer heraus: *»Aus dem Konstruktivismus folgt die Toleranz für die Wirklichkeit anderer sowie ein Gefühl absoluter Verantwortlichkeit. Glaube ich, dass ich meine eigene Wirklichkeit schaffe, bin ich für diese verantwortlich und kann sie nicht jemand anderem in die Schuhe schieben.«* Außerdem muss sich nach Watzlawick jeder Mensch bewusst werden, dass er frei ist und sich auch eine andere Wirklichkeit aussuchen kann. Er allein ist verantwortlich für das, was er tut, und er kann niemandem, falls z. B. eine Kommunikation misslingt, die Schuld übertragen.

Nach Watzlawick »konstruiert« der Mensch die »Wirklichkeit I. Ordnung« über die direkte Wahrnehmung durch seine Sinnesorgane und schafft sich dann eine eigene Wirklichkeit II. Ordnung durch die Zuschreibung von Bedeutung und Sinn. Wir wollen niemandem Rechenschaft darüber abgeben, welche Bedeutung und welchen Sinn wir der Wirklichkeit zuschreiben. An dieser Stelle zitiert Watzlawick Carl Jaspers: *»Das Unheil menschlicher Existenz beginnt, wenn das wissenschaftlich Gewusste für das Sein selbst gehalten wird, und wenn alles, was nicht wissenschaftlich wissbar ist, als nicht existent gilt.«* Diese Überlegungen belegt Watzlawick mit folgendem Beispiel: Als man im Diagnostisch-statistischen-Handbuch, das in Amerika und inzwischen auch in Europa als Grundlage für die Diagnose psychischer Erkrankungen herangezogen wird, die Homosexualität aus dem Verzeichnis psychischer Krankheiten gestrichen hatte, waren »mit einem Federstrich Millionen von Menschen von ihrer ›Krankheit‹ geheilt«. Im Sinne des Konstruktivismus handelt es sich bei dem »Federstrich« um ein geniales therapeutisches Verfahren. Dass wir die Wirklichkeit nicht finden, sondern erfinden, mag für viele Menschen schockierend sein.

Die hier zitierten Erkenntnisse von Watzlawick bilden die Grundlage für seinen Bestseller »Anleitung zum Unglücklichsein«. Watzlawick hat aufgedeckt, wie Menschen ihre Wirklichkeit konstruieren, um sich und ihre Partner – aus der Sicht der Verantwortung – »unglücklich zu machen«. Solange unsere Wirklichkeitskonstruktionen »passen«, leben wir im Frieden und Harmonie mit uns selbst und mit unseren Mitmenschen. Wenn die Wirklichkeitskonstruktionen zusammenbrechen, kommt es zum Leid, zu Störungen, zum Wahnsinn und Verzweiflung. Der Text auf dem Umschlag des Buches »Anleitung zum Unglücklichsein« verdeutlicht diese Sichtweise: *»Man kann Paul Watzlawicks Buch mit einem lachendem und einem weinendem Auge lesen. Jeder Leser dürfte etwas von sich selbst darin wieder finden. - nämlich seine eigene Art und Weise, den Alltag unerträglich und das Triviale enorm zu machen.«* Nach der Zeitschrift Brigitte handelt es sich um *»ein Lesevergnügen mit paradoxem Effekt. Das Nichtbefolgen der ›Anleitung‹ ist die Voraussetzung dafür, glücklich sein zu können.«*

Watzlawick erläutert verschiedene Quellen oder Maßnahmen, die Menschen anwenden, um sich und andere unglücklich zu machen.

a) Man kann die Vergangenheit zur Quelle von Unglücklichkeit machen: Wenn man sich mit der Vergangenheit beschäftigt, braucht man nicht zu sehen, was die Gegenwart zu bieten hat. Die Wirkung dieser »Methode« belegt Watzlawick mit Hinweis auf Frau Lot, die sich umdrehte und wurde zu einer Salzsäule. Als ein weiteres Beispiel nennt Watzlawick »das schicksalhafte Glas Bier«. Man hätte es damals besser wissen sollen, jetzt ist es zu spät, jetzt ist man Opfer des eigenen Fehltritts. Die Technik »mehr desselben« ist ein wirkungsvolles Katastrophenrezept. Es handelt sich um ein stures Festhalten an Anpassungen und Lösungen, die irgendwann einmal in der Vergangenheit durchaus erfolgreich oder sogar die einzig mögliche Lösung waren. Die Umstände haben sich geändert, man ist aber blind, dass es noch eine ganze Reihe möglicher Lösungen gibt. Der Leidensdruck führt zu der Überzeugung, noch nicht genug für die Lösung getan zu haben. Man wendet also noch mehr derselben Lösung an und erreicht noch mehr desselben Elends. Das Mehr-desselben-Rezept nennt man auch Neurose. Auch nach Sigmund Freud ist die Neurose die Wiederholung des Verhaltens, das uns unglücklich macht.

b) Eng miteinander verzahnt sind »Vermeidungen als Verewigungen des Problems« und »Prophezeiungen eines Ereignisses, die zum Ereignis der Prophezeiung führen«. Wenn man ein Problem gedanklich pflegt und im Vermeiden der gefürchteten Situation die einzig vernünftige Lösung sieht, dann wird man auf diese Weise nie herausfinden, dass die Gefahr nur »im Geiste« existiert oder schon längst vorbei ist. Watzlawick sagt: »Abergläubische Handlungen sind unzuverlässig, auf die Wirkung der Vermeidung kann man sich verlassen«. Jede Vermeidung führt zu der Überzeugung, dass man eine schmerzliche Erfahrung erfolgreich beseitigt hat. Erwartungen, Überzeugungen und Voraussagen (Prophezeiungen), die von außen oder durch irgendwelche inneren Vorgänge und Gedanken ausgelöst werden können, veranlassen uns sofort zum Ergreifen von Gegenmaßnahmen, um die bevorstehende »Tatsache« zu vermeiden. Die Vermeidung führt dann sehr schnell zur Erfüllung der Prophezeiung. Beispiel: Wenn wir annehmen – begründet oder grundlos, spielt dabei keine Rolle –, dass sich andere über uns lustig machen, dann sagt uns der gesunde Menschenverstand, dass wir aufpassen müssen. Es ist nur eine Frage der Zeit, bis wir die anderen beim konspiratorischen Augenzwinkern erwischen.

c) Mit der »Sei spontan«-Paradoxie wird eine Wirklichkeit konstruiert, die es dem Partner unmöglich macht, sich in Wirklichkeit spontan zu verhalten. Mit dem Schlüsselwort »wirklich« kann nach Watzlawick diese Maßnahme von Unglücklichkeit noch gesteigert werden. Beispiele: »Wenn du mich wirklich liebtest, würdest du gerne Knoblauch essen!« »Mache deine Hausaufgaben, aber gern!« »Geh auf dein Zimmer und komme erst wieder heraus, wenn du gut gelaunt bist!« Wenn man sich vorhält, weder Grund noch Recht auf Traurigkeit zu haben, dann führt dies sicherlich zur Verlängerung der Depression. Nach Watzlawick eignet sich jedes spontane Verhalten für paradoxe Vorgänge. Dabei ist es völlig egal, ob man sich »Sei glücklich!«-Paradoxie selbst vorschreibt oder von anderen auferlegt bekommt. *»Geliebt zu werden, ist auf jeden Fall mysteriös. Nachzufragen, um Klarheit zu schaffen, empfiehlt sich nicht. Bestenfalls kann es der andere Ihnen überhaupt nicht sagen, schlimmstenfalls stellt sich sein Grund als etwas heraus, was sie nicht für ihre charmanteste Eigenschaft hielten.«*

d) »Illusion der Alternativen« und »Kollusion« sind nach Watzlawick zwei weitere Möglichkeiten von Unglücklichkeit. Die Tatsache, dass jede Kommunikation eine Objekt- und eine Beziehungsebene hat, bringt uns bei der Konstruktion der Wirklichkeit rasch in Schwierigkeiten. *»Ein wirksamer Störfaktor in Beziehungen besteht also darin, dem Partner zwei Möglichkeiten zur Wahl zu geben und, sobald er eine wählt, ihn zu beschuldigen, sich nicht für die andere entscheiden zu haben.«* Illusion der Alternativen ist gegeben, weil wenn der Partner A tut, hätte er B tun sollen, tut er B, hätte er A tun sollen. Beispiele: Bitten Sie jemanden, ihnen einen Gefallen zu tun, sobald er angefangen hat, bitten sie ihn, ihnen einen anderen Gefallen zu tun. Wenn er die erste Tätigkeit abschließt, können sie sich beschweren, dass er Ihre zweite Bitte ignoriert hat. Tun oder sagen Sie etwas, was man sowohl scherzhaft als auch ernsthaft auffassen kann, und beschuldigen Sie dann ihren Partner, eine ernste Sache ins Lächerliche ziehen zu wollen, oder keinen Sinn für Humor zu haben.

Kollusion liegt vor, wenn wir uns auf der Beziehungsebene (unbewusst) durch den Partner als das bestätigen lassen, wie wir uns selbst sehen. Das bedeutet, dass der Partner »von sich aus, so sein muss, wie ich ihn haben will«, denn ansonsten bestätigt er meine Sicht ja nicht. Damit handelt es sich um eine »Sei spontan«-Paradoxie. Warum brauchen wir nach Watzlawick einen solchen Partner? Ganz einfach: damit unsere Konstruktion von uns selbst durch den Partner zur Wirklichkeit wird. Es gibt keine Mutter ohne Kind und keinen Kranken ohne Arzt. Dabei kommt es in Kollusionen oft vor, dass »die Rolle die er (der Partner) spielen muss, um mich ›wirklich‹ zu machen, die Rolle ist, die er selbst spielen will, um seine eigene Wirklichkeit herzustellen«. Hier wird Symmetrie und Komplementarität in Kommunikation deutlich. Dabei können nach Watzlawick »fatale« Resultate auftreten: Baut eine Zweierbeziehung auf der Hilfe des einen für den anderen auf, so kann die Hilfe erfolglos bleiben oder sie ist erfolgreich. Im ersten Fall – weil erfolglos – zieht sich der Helfer enttäuscht und bitter aus der Hilfe zurück. Ist er erfolgreich, dann braucht der, dem geholfen wurde, die Hilfe nicht mehr und die Zweierbeziehung bricht auseinander. Bei diesem Beispiel wird das Systemdenken schon deutlich sichtbar.

9.1.3 Systemische Deutung der Kommunikation

Nach der Systemtheorie (z. B. Niklas Luhmann, Humberto R. Maturana und Francisco J. Varela) können Systeme sich selbst reproduzieren, sich selbst organisieren und erzeugen mit ihren eigenen Operationen ihre eigenen Strukturen und ihre eigenen Grenzen. Der Terminus Autopoiese beschreibt eine bestimmte Organisationsform. Er stellt eine besondere Beziehung zwischen den einzelnen Komponenten eines (lebenden) Systems heraus, nämlich deren stete, systemetablierende und systemerhaltende Reproduktion aus sich selbst (griech. autos = selbst; poiein= machen). Autopoietisch organisierte Systeme wie die Zelle zeichnen sich dadurch aus, »dass sie sich – buchstäblich – andauernd selbst erzeugen«.

Um systemische Autopoiese theoretisch zu erklären, vollzieht Luhmann innerhalb seiner Theorie eine Umorientierung von Einheit auf Differenz als Startpunkt: »Am Anfang ist die Differenz« von System und Umwelt. Als das organisierende Prinzip eines Systems wird dessen Grenzziehung zur Umwelt hin (und nicht ein Zentrum) angenommen. Neben der »Selbstreproduktion« ist die »Selbstreferenz« (das Selbsttun, in Bezug auf sich selbst) ein grundlegendes Merkmal der lebenden Systeme. So können auch Kommunikationen als lebende soziale Systeme aufgefasst und analysiert werden. Nicht die Umwelt und ihre Reaktionen oder Einflüsse (in der Kommunikation der Partner) sind bei der Erzeugung der Elemente und der Beziehungen in einem System von Bedeutung, sondern die Selbstbezüglichkeit. d. h. Hervorbringung des Geschehens durch sich selbst und die Rückbeziehung auf sich selbst. Diese, dem durchschnittlichen Leser nur ganz schwer zugänglichen Gedanken, Begriffe und Annahmen der Systemtheorie haben Watzlawicks Analyse des Kommunikationsalltags beeinflusst. Dazu einige Beispiele aus den Werken »Vom Unsinn des Sinns oder Vom Sinn des Unsinns« und »Vom Schlechten des Guten oder Hekates Lösungen«.

Zunächst stellt Watzlawick fest, dass ein Leben ohne eine Annahme der Wirklichkeit, d. h. ohne Bedeutungsverleihung, ohne Zuschreibung von Sinn unerträglich wäre. Das Problem dabei ist, dass Sinnverleihung oft zu unsinnigen Lösungen führt. Wenn z. B. die Mitarbeiter das autoritäre Verhalten eines Vorgesetzten als sehr belastend und störend empfinden, dann erscheinen ihnen die verschiedenen Versuche, das Verhalten des Vorgesetzten zu ändern, als sehr sinnvoll. Führen die Bemühungen zum Erfolg, d. h. der Vorgesetzte ändert sich, dann stellen die Mitarbeiter bald fest, dass die Lösung des Problems auch »unsinnig« ist, denn sie haben keinen Sündenbock mehr und müssen mehr arbeiten als bisher. Sie glauben jetzt, der nicht mehr existierende Zustand war doch sinnvoller. Hier begenen wir nach Watzlawick dem »Unsinn des Sinns«.

Oft versuchen Menschen ein Problem zu lösen, in dem sie sich fragen, was sie tun müssten, um die Lage zu verbessern. Alle Verbesserungsversuche – im Sinne des »Mehr desselben« – führen dazu, dass die Lage noch hoffnungsloser wird. Man müsste sich eher fragen, was man tun soll, um eine Verschlechterung des Problems herbeizuführen.

Diese Umdeutung wird in der Therapie erfolgreich praktiziert. Nach Herstellung einer positiven Beziehung zwischen Klient und Therapeut, kann der Therapeut auf überzeugende oder humorvolle Weise den Klienten auffordern, sich Gedanken zu machen, wie er sein Problem noch verschlechtern könnte.

Mit Hilfe verschiedener Beispiele verdeutlicht Watzlawick, dass kompromissloses Streben nach dem höchsten Gut – sei es Sicherheit, Friede, Freiheit, Glück – eine Kraft ist, »die stets das Gute will und stets das Böse schafft«. Wir sind immer auf der Suche nach einem Ziel. Das Erreichen des Zieles, die Erfüllung des Herzenswünsches ist ein »ernüchterndes Ereignis«. Wir müssen nach neuem Sinn suchen. Streben nach Sicherheit ist für ihn eine »Patendlösung« (statt Patentlösung eine »Patent-Endlösung«). Watzlawick spricht vom »Schlechten des Guten«. Hier sieht er das Problem des Wohlstandes. Wer überhaupt keine (materielle) Sorgen hat, der wird nach dem Sinn suchen und wahrscheinlich feststellen, dass noch mehr Geld und Luxus diesen Sinn erfüllen könnten. Bald wird er dann feststellen müssen, dass Luxusartikel doch nicht den Sinn des Lebens ausmachen.

Da die Wirklichkeit, über die Menschen miteinander oder mit sich selbst kommunizieren, nie die Wirklichkeit an sich, sondern nur die »gewusste« Wirklichkeit ist, muss man nach Watzlawick bei der Suche nach Sinn und Unsinn auch die Sprache beachten. Oft sind Menschen z. B. nicht in der Lage, zwischen »verstehen« und »einverstanden sein« zu differenzieren. Es ist möglich, den Standpunkt des anderen voll zu verstehen, ohne deswegen der gleichen Meinung, also einverstanden zu sein. Weil man aber eine gemeinsame Sprache spricht, entsteht sehr leicht die Illusion, dass der andere mit der Wirklichkeit einverstanden ist, wie ich sie sehe oder konstruiere. Die Illusion hat dann Konflikte und Trennung zur Folge. Oskar Wilde betont, dass die gemeinsame Sprache zwischen Männern und Frauen »trennt«, weil sie die Illusion erzeugt, mit der

Wirklichkeit des anderen einverstanden zu sein. Watzlawick schlägt folgende Übung vor: Partner A stellt den Standpunkt des Partners B so genau und vollständig dar, bis der Partner B die Darstellung für richtig erklärt. Dann ist Partner B an der Reihe. So erfährt man, was der andere »wirklich« denkt, während man davor glaubt, genau zu wissen, was der andere denkt. Das führt nach Watzlawick unweigerlich zur Entschärfung des Problems.

9.1.4 Beispiele aus »Anleitung zum Unglücklichsein« und »Vom Unsinn des Sinns oder vom Sinn des Unsinns«

In seinem Buch »Anleitung zum Unglücklichsein« hat Watzlawick die therapeutische Intervention durch paradoxe Intention begründet. Den Menschen wird deutlich, dass sie an einer durch sich selbst konstruierten Wirklichkeit leiden, wenn man sie auffordert, noch »mehr desselben« zu tun. Die Argumente, Beispiele und Erkenntnisse hat er im Stil der paradoxen Intention abgefasst. Das Beispiel »Sinn oder Un-Sinn unserer Wirklichkeitsvorstellung« enthält viele Bilder, die das Systemdenken in der Kommunikation verdeutlichen. Es folgen einige Beispiele (Zitate).

Verdeutlichung der sich selbst erfüllenden Prophetie

Unglücklich sein kann jeder; sich unglücklich machen aber will gelernt sein, dazu reicht etwas Erfahrung mit ein paar persönlichen Malheurs nicht aus. Doch selbst in der einschlägigen, das heißt hauptsächlich psychiatrischen und psychologischen Literatur sind dementsprechende Hinweise und brauchbare Informationen sehr dünn gesät und meist ganz unbeabsichtigt. So weit mir bekannt ist, haben sich nur wenige meiner Kollegen an dieses heiße Eisen herangewagt. Selbsterfüllende Prophezeiungen haben einen geradezu magischen, »wirklichkeits«-schaffenden Effekt und sind daher für unser Thema sehr wichtig. Und sie haben ihren Stammplatz nicht nur im Repertoire jedes Unglücklichkeitsaspiranten, sondern auch im gröberen gesellschaftlichen Rahmen. Wird zum Beispiel einer Minderheit der Zugang zu bestimmten Erwerbsquellen (etwa Landwirtschaft oder Handwerk) deswegen verwehrt, weil diese Menschen nach Ansicht der Mehrheit faul, geldgierig und vor allem »volksfremd« sind, so werden sie dazu gezwungen, sich als Trödler, Schmuggler, Pfandleiher und dergleichen zu betätigen, was die abschätzige Meinung der Mehrheit »klar« bestätigt. Je mehr Stoppzeichen die Polizei aufstellt, desto mehr Fahrer werden zu Verkehrssündern, was die Aufstellung weiterer Stoppzeichen »notwendig« macht. Je mehr eine Nation sich vom Nachbarn bedroht fühlt, desto mehr wird sie sich zu ihrer Verteidigung rüsten und desto mehr wird die Nachbarnation ihre eigene Aufrüstung für das Gebot der Stunde halten. Der Ausbruch des (längst erwarteten) Krieges ist dann nur noch eine Frage der Zeit. Je höher die Steuersätze eines Landes hinaufgeschraubt werden, um die Hinterziehungen der natürlich für unehrlich gehaltenen Steuerzahler zu kompensieren, desto mehr werden auch ehrliche Bürger zum Schwindeln veranlasst.

Jede von einer genügend großen Zahl von Menschen geglaubte Prophezeiung der bevorstehenden Verknappung oder Verteuerung einer Ware wird (ob die Voraussage »faktisch« richtig ist oder nicht) zu Hamsterkäufen und damit zur Verknappung oder Verteuerung der Ware führen. Die Prophezeiung des Ereignisses führt zum Ereignis der Prophezeiung. Voraussetzung ist nur, dass man sich selbst etwas prophezeit oder prophezeien lässt und dass man es für eine unabhängig von einem selbst bestehende oder unmittelbar bevorstehende Tatsache hält. Auf diese Weise kommt man genau dort an, wo man nicht ankommen wollte.

Unterscheidung zwischen Beziehungs- und Inhaltsaspekt

Doch der Fachmann weiß, wie er das Ankommen vermeiden kann. Davon sei nun die Rede. Vor Ankommen wird gewarnt. It is better to travel hopefully than to arrive, zitiert R.L. Stevenson die Weisheit eines japanischen Sprichworts. Wörtlich übersetzt heißt das natürlich: Es ist besser, hoffnungsfroh zu reisen, als anzukommen; etwas sinngemäßer: Im Aufbruch, nicht am Ziele liegt das Glück. Die Japaner sind freilich nicht die Einzigen, denen vor dem Ankommen nicht recht geheuer ist. Schon Laotse empfahl, das Werk zu vergessen, sobald es beendet ist. Auch George Bernard Shaw kommt einem zu diesem Thema in den Sinn mit seinem berühmten, oft plagiierten Aphorismus: »Im Leben gibt es zwei Tragödien. Die eine ist die Nichterfüllung eines Herzenswunsches. Die andere ist seine Erfüllung.« Versuchen wir, an das Thema einigermaßen methodisch heranzugehen. Schon vor 70 Jahren verwies Bertrand Russel darauf, dass Aussagen über Dinge und Aussagen über Beziehungen streng zu trennen sind. »Dieser Apfel ist rot«, ist eine Aussage über eine Eigenschaft dieses Apfels. »Dieser Apfel ist größer als jener« ist eine Aussage, die sich auf die Beziehung zwischen den beiden Äpfeln bezieht und die daher nichts mit dem einen oder dem anderen Apfel allein zu tun hat. Die Eigenschaft des Größerseins ist keine Eigenschaft eines der beiden Äpfel, und es wäre glatter Unsinn, sie einem der beiden zuschreiben zu wollen. Diese wichtige Unterscheidung wurde später vom Anthropologen und Kommunikationsforscher Gregory Bateson aufgegriffen und weiterentwickelt. Er stellte fest, dass in jeder Mitteilung immer beide Aussagen enthalten sind; oder in anderen Worten, dass jede Kommunikation eine Objekt- und eine Beziehungsebene hat. Damit hat er uns geholfen, besser zu verstehen, wie man mit einem Partner- irgendeinem Partner, aber je näher desto besser – rasch in Schwierigkeiten kommen kann. Nehmen wir an, eine Frau fragt ihren Mann: »Diese Suppe ist nach einem ganz neuen Rezept – schmeckt sie dir?« Wenn sie ihm schmeckt, kann er ohne Weiteres »ja« sagen, und sie wird sich freuen. Schmeckt sie ihm aber nicht und ist es ihm außerdem gleichgültig, sie zu enttäuschen, kann er ohne weiteres verneinen. Problematisch ist aber die (statistisch viel häufigere) Situation, dass er die Suppe scheußlich findet, seine Frau aber nicht kränken will. Auf der so genannten Objektebene (also was den Gegenstand Suppe betrifft) müsste seine Antwort »nein« lauten. Auf der Beziehungsebene müsste er »ja« sagen, denn er will sie ja nicht verletzen. Was sagt er also? Seine Antwort kann nicht »ja« und »nein« sein, denn das Wort »jain« gibt es in der deutschen Sprache nur als Witz. Er wird also versuchen, sich irgendwie aus der Zwickmühle zu winden, indem er zum Beispiel sagt: »Schmeckt interessant«, in der Hoffnung, dass seine Frau ihn richtig versteht. Die Chancen sind minimal. ...

Die Puristen unter den »Kommunikationstrainern«, die treuherzig annehmen, es gebe so etwas wie »richtige« Kommunikation, deren Grammatik man erlernen kann wie die einer Fremdsprache, haben dazu allerdings eine Antwort; etwa »Die

Suppe schmeckt mir nicht, aber ich bin dir herzlich dankbar für die Mühe, die du dir damit gemacht hast«. Nur in den Büchern dieser Fachleute fällt ihm die Frau dann gerührt um den Hals....

Nützlich ist auch die Forderung nach einer Stufenleiter von Versicherungen, von denen jede, sobald gegeben, auf der nächsthöheren Stufe sofort in Frage gestellt wird. Meisterhafte Beispiele dafür finden sich in bereits erwähntem Buch »Knoten«. Dabei spielt das Schlüsselwort wirklich eine entscheidende Rolle. Ebenfalls von ihm stammt das Musterbeispiel: »Do you love me?« » Yes.« »Really?« »Yes, really!« »But really really?« Was darauf folgt, sind vermutlich Urwaldlaute.

Paradoxe Kommunikation

Ob man die »Sei glücklich!«-Paradoxie sich selbst vorschreibt oder von anderen auferlegt bekommt, spielt keine besondere Rolle. Und ferner ist zu bemerken, dass sie nur eine der vielen möglichen Variationen des Grundthemas »Sei spontan!« ist. Wie wir schon sahen, eignet sich praktisch jedes Spontanverhalten als Rohstoff für diese paradoxen Arabesken: die Forderung nach spontanem Erinnern oder Vergessen; der Wunsch nach einem Geschenk und die Enttäuschung, wenn man es »nur«. deswegen erhält, weil man diesen Wunsch äußerte; der Versuch, eine Erektion oder einen Orgasmus durch Willensanstrengung herbeizuführen, und der genau das unmöglich macht, worauf er abzielt; einzuschlafen, weil man unbedingt einschlafen will; oder die Unmöglichkeit, zu lieben, wo Liebe als Pflichtübung gefordert wird. Wer liebt, ist natürlich bereit, dem geliebten Wesen zu helfen. Für besonders edel und gut gilt es aber, auch dort hilfreich zu sein, wo keine besonderen Liebesbande bestehen, also zum Beispiel einem Fremden gegenüber. Selbstlose Hilfe ist ein hohes Ideal und enthält angeblich ihre eigene Belohnung. Das braucht uns keineswegs abzuschrecken, denn wie jede andere gute Tat kann auch Hilfsbereitschaft von des Gedankens Blässe angekränkelt werden. Das sahen wir bereits beim Thema Liebe. Um Zweifel an der Selbstlosigkeit und Reinheit unserer Hilfsbereitschaft zu entwickeln, brauchen wir uns nur zu fragen, ob wir dabei nicht doch Hintergedanken haben. Tat ich es als Einzahlung auf mein himmlisches Sparkonto? Um zu imponieren? Bewundert zu werden? Um den anderen zur Dankbarkeit mir gegenüber zu zwingen? Ganz einfach, um meinen seelischen Katzenjammer zu kurieren? Sie sehen bereits, der Macht des negativen Denkens sind kaum Schranken gesetzt, denn wer sucht, der findet. ... Dem Reinen ist angeblich alles rein; der Pessimist dagegen entdeckt überall den Pferdefuß, die Achillesferse, oder was es dafür auf dem Gebiet der Podiatrie noch andere Metaphern gibt. Wem dies Schwierigkeiten bereitet, der nehme sich nur die einschlägige Fachliteratur vor. Die wird ihm die Augen schon öffnen. Da findet er heraus, dass der brave Feuerwehrmann in Wirklichkeit ein verhinderter Pyromane ist; der heldenhafte Soldat lebt seine tief unbewussten selbstmörderischen Triebe, beziehungsweise seine mörderischen Instinkte aus; der Polizist gibt sich mit den Verbrechen anderer Menschen ab, um nicht selbst zum Verbrecher zu werden; der berühmte Detektiv hat eine nur mühsam überdeckte paranoide Grundeinstellung; jeder Chirurg ist ein verkappter Sadist; der Gynäkologe ein Voyeur; der Psychiater will Gott spielen. Voila – so einfach ist's, die Fäulnis der Welt zu entlarven.

Aber auch der Helfer, dem diese Art des Entdeckens der »wahren« Beweggründe nicht liegt, kann Hilfe zu einer den Laien besonders verblüffenden Form der Hölle machen. Wir brauchen uns dazu nur eine Zweierbeziehung vorzustellen, die sich hauptsächlich auf der Hilfe des einen für den anderen Partner aufbaut. Es liegt in der Natur einer solchen Beziehung, dass sie nur zu einem von zwei möglichen Resultaten führen kann, und beide sind fatal: Entweder bleibt die Hilfe erfolglos oder sie ist erfolgreich (eine dritte Möglichkeit gibt es wieder einmal nicht). Im ersteren Falle wird auch der eingefleischteste Helfer endlich genug haben und sich tief enttäuscht und verbittert aus der Beziehung zurückziehen. Ist der Helfer aber erfolgreich, und bedarf der Geholfene daher der Hilfe nicht mehr, dann bricht die Beziehung gerade deswegen auseinander. Ihr Sinn und Zweck hat sich damit ja erschöpft.

Nicht Opfer, sondern Täter

Wie man in den Wald ruft, so schallt es heraus. Das hat man uns schon gesagt, als wir noch Kinder waren. Und in unserem Kopf wissen wir es auch; aber glauben tun es nur einige wenige Glückliche. Glaubten wir es nämlich, dann wüssten wir, dass wir nicht nur die Schöpfer unseres eigenen Unglücklichseins sind, sondern genauso gut unsere Glücklichkeit selbst schaffen könnten. Mit Dostojewski begann diese Anleitung, mit ihm soll sie enden. In den Dämonen sagt eine der zwiespältigsten Persönlichkeiten, die Dostojewski je schuf: »Alles ist gut. … Alles. Der Mensch ist unglücklich, weil er nicht weiß, dass er glücklich ist. Nur deshalb. Das ist alles, alles! Wer das erkennt, der wird gleich glücklich sein, sofort, im selben Augenblick…« So hoffnungslos einfach ist die Lösung.

Der verlorene Schlüssel oder »mehr desselben«

Unter einer Straßenlaterne steht ein Betrunkener und sucht und sucht. Ein Polizist kommt daher, fragt ihn, was er verloren habe, und der Mann antwortet: »Meinen Schlüssel. Nun suchen beide. Schließlich will der Polizist wissen, ob der Mann sicher ist, den Schlüssel gerade hier verloren zu haben, und jener antwortet: »Nein, nicht hier, sondern dort hinten – aber dort ist es viel zu finster.« Finden Sie das absurd? Wenn ja, suchen auch Sie am falschen Ort. Der Vorteil ist nämlich, dass eine solche Suche zu nichts führt, außer mehr desselben, nämlich nichts. Hinter diesen beiden einfachen Worten, mehr desselben, verbirgt sich eines der erfolgreichsten und wirkungsvollsten Katastrophenrezepte, das sich auf unserem Planeten im Laufe der Jahrmillionen herausgebildet und zum Aussterben ganzer Gattungen geführt hat. Es handelt sich dabei nämlich um ein Spiel mit der Vergangenheit, das unseren tierischen Vorfahren schon vor dem sechsten Schöpfungstag bekannt war. Im Gegensatz zum oben erwähnten Mechanismus der Zuschreibung von Ursache und Schuld an die Force majeure vergangener Ereignisse, beruht dieses vierte Spiel auf dem sturen Festhalten an Anpassungen und Lösungen, die irgendwann einmal durchaus ausreichend, erfolgreich oder vielleicht sogar die einzig möglichen gewesen waren. Das Problem mit jeder derartigen Anpassung an gegebene Umstände ist nur, dass letztere sich mit der Zeit ändern. Und hier setzt dieses Spiel an. Einerseits ist es klar, dass sich kein Lebewesen der Umwelt gegenüber planlos

– das heißt, heute so und morgen ganz anders – verhalten kann. Die lebenswichtige Notwendigkeit der Anpassung führt unweigerlich zur Ausbildung bestimmter Verhaltensmuster, deren Zweck idealerweise ein möglichst erfolgreiches und leidensfreies Überleben wäre. Aus Gründen, die den Verhaltensforschern noch recht schleierhaft sind, neigen aber andererseits Tiere wie Menschen dazu, diese jeweils bestmöglichen Anpassungen als die auf ewig einzig möglichen zu betrachten. Das führt zu einer zweifachen Blindheit: Erstens dafür, dass im Laufe der Zeit die betreffende Anpassung eben nicht mehr die bestmögliche ist, und zweitens dafür, dass es neben ihr schon immer eine ganze Reihe anderer Lösungen gegeben hat oder zumindest nun gibt. Diese doppelte Blindheit hat zwei Folgen: Erstens macht sie die Patentlösung immer erfolgloser und die Lage immer schwieriger, und zweitens führt der damit steigende Leidensdruck zur scheinbar einzig logischen Schlussfolgerung, nämlich der Überzeugung, noch nicht genug zur Lösung getan zu haben. Man wendet also mehr derselben »Lösung« an und erreicht damit genau mehr desselben Elends. Die Bedeutung dieses Mechanismus für unser Thema liegt auf der Hand. Er kann ohne die Notwendigkeit einer Spezialausbildung auch vom Anfänger angewandt werden – ja, er ist so weit verbreitet, dass er seit den Tagen Freuds Generationen von Spezialisten ein gutes Ein- und Auskommen bietet; wobei allerdings zu bemerken ist, dass sie ihn nicht das Mehrdesselben-Rezept, sondern Neurose nennen. Doch nicht auf den Namen soll es uns ankommen, sondern auf den Effekt. Dieser aber ist garantiert, solange der Unglücksaspirant sich an zwei einfache Regeln hält: Erstens, es gibt nur eine mögliche, erlaubte, vernünftige, sinnvolle, logische Lösung des Problems, und wenn diese Anstrengungen noch nicht zum Erfolg geführt haben, so beweist das nur, dass er sich noch nicht genügend angestrengt hat.

Zweitens, die Annahme, dass es nur diese einzige Lösung gibt, darf selbst nie in Frage gestellt werden; herumprobieren darf man nur an der Anwendung dieser Grundannahme.

Sinn oder Un-Sinn unserer Wirklichkeitsvorstellung

Es gibt jedoch ein grauenhaftes Beispiel für die Folgen, die aus der Annahme, die Wahrheit erfasst zu haben, entstehen können. Der Graf Friedrich von Spee (1591–1635), der vielen Hexenprozessen beigewohnt hatte, wollte die Behörden darauf aufmerksam machen, dass es aufgrund der von ihnen gewählten gerichtlichen Verfahrensweise unmöglich war, dass ein der Hexerei Verdächtigter oder eine der Hexerei Verdächtigte – es waren ja meistens Frauen – jemals als unschuldig erkannt werden würde. Er schrieb daher das Buch »Cautio criminalis«, in dem er folgende Beispiele brachte: Eine Annahme war, dass Gott eine Unschuldige von Anfang an schützen und aus dieser Lage retten würde. Die Tatsache, dass Gott die betreffende Hexe nicht rettete, war bereits ein Beweis für die Schuld der Frau. Eine weitere Annahme bestand darin, aus dem Vorleben einer Verdächtigen zu erkennen, ob sie rechtschaffen war oder nicht. War das Vorleben nicht rechtschaffen, so war das ein weiterer Grund für den Verdacht. War das Leben dieser Betreffenden jedoch rechtschaffen, dann bewies das nur, dass sie wahrscheinlich eine Hexe war, denn Hexen können bekanntlich den Eindruck rechtschaffener Menschen erwecken. Im Gefängnis verhielt sich die Hexe entweder furchtsam oder aber furchtlos. Beides war wiederum Beweis ihrer Schuldhaftigkeit. War die Frau nicht furchtsam, dann deshalb, weil Hexen sich darauf verlassen, dass der Teufel sie retten wird. Ich will mit diesen Beispielen zeigen, dass sich aus den Annahmen, die wir der Wirklichkeit zuschreiben, entsetzliche Folgen ergeben können.

Andererseits gibt es keinen Zweifel, dass ein Leben ohne eine Annahme über die Wirklichkeit, das heißt ohne einen Sinn, unerträglich ist. Die Langeweile ist die verdünnteste Form von Angst und Leere. Daher unsere dauernde Suche nach dem Sinn. Wir lesen schon in den Psalmen: »Wie der Hirsch nach dem Wasser, so schreit meine Seele nach dir, oh Herr.« Denken Sie an die wunderbare Bildhaftigkeit der Idee der blauen Blume von Novalis, die irgendwo im Verborgenen blüht und deren Finden dem Leben endgültige Bedeutung und Sinn verleiht. Diese Idee ist hochinteressant, weil sie nur zwei Möglichkeiten offen lässt. Entweder ich suche und suche endlos, denn es gibt endlos viele mögliche Fundorte. Oder aber ich komme zur Einsicht, dass es die blaue Blume nicht gibt. In dem Fall ist mein Leben sinnlos und untragbar.

Eine weitere Komplikation tritt dann auf, wenn wir an einem erhofften Ziel ankommen. Wir sind wie gesagt immer auf der Suche nach dem von uns für die Erfüllung gehaltenen Ziel. Ein junger Mann, zum Beispiel, will Arzt werden. Für ihn ist das Erreichen der Doktorwürde die Erfüllung. Nur muss er dann feststellen, dass das Ankommen am Ziel keineswegs der wunderbaren Stimmung, der Erwartung entspricht. Das ist ein sehr ernüchterndes Erlebnis. Das Streben nach einem Ziel scheint »sinnvoller« zu sein als das Erreichen des Ziels.

Irgendwie ist das paradox, und Watzlawick spricht zurecht vom »Sinn oder Unsinn unserer Wirklichkeitsvorstellung«. Menschen sind unzufrieden, wenn sie sich wichtige Wünsche nicht erfüllen können. Sie scheinen aber noch unglücklicher zu sein, wenn ihre Wünsche in Erfüllung gehen. Denn nach der Wunscherfüllung entsteht für sie erneut das Problem der Suche nach dem Sinn. Eine endlose Suche, die nach Watzlawick »tragisch« genannt werden kann.

Auch Ernst Bloch schrieb über dieses merkwürdige Phänomen der »Melancholie der Erfüllung«.

Es gibt noch eine weitere Variante des Verhaltens nach Erreichen des angestrebten Zieles, die Leuten meines Faches sehr wohl bekannt ist. Nehmen wir eine Liebesbeziehung, die zunächst einmal alles zu versprechen scheint. Dann kommt es zu ihrer Verwirklichung, z. B. durch die Heirat, und auf einmal ist die Sache ihrer Wunderbarkeit beraubt. Die Beziehung bricht auseinander. Sofort stellt sich das Phänomen des verlorenen Paradieses ein. Dann ist dieselbe Beziehung, weil nicht mehr existierend, plötzlich wieder der Inbegriff alles zu Erhoffenden. Und es kommt eventuell zur Wiederverheiratung und zu genau demselben Ablauf. Hier also begegnen wir dem »Unsinn des Sinns«.

> Vielleicht meinte Rilke etwas Ähnliches, als er in seiner ersten Duineser Elegie sagte: *Denn das Schöne ist nichts als des Schrecklichen Anfang, den wir gerade noch ertragen, und wir bewundern es so, weil es gelassen verschmäht, uns zu zerstören.*

9.1.5 Kurze Würdigung

Watzlawicks Reduktion der außerordentlich komplexen Vorgänge im Verlauf einer Kommunikation ist ein Meisterwerk der phänomenologischen Methode. In fünf Axiomen und in interessanten Beispielen, die Watzlawick entweder in der Literatur (sowohl in der Fachliteratur als auch in der Belletristik) oder durch unvoreingenommene Beobachtung im Alltag findet, gelingt es ihm, all die Erkenntnisse zusammenzustellen, mit deren Hilfe sich die Entstehung gestörter Beziehungen und gestörter Kommunikation erklären lässt.

Watzlawicks Methode der paradoxen Intention, also der Aufforderung zur Steigerung des problematischen und störenden Verhaltens hat sich als therapeutische Intervention bewährt. In abgewandelter Form erscheint sie auch zum Abfassen »wissenschaftlicher« oder – um das Wort wissenschaftlich zu vermeiden – »lehrreicher« Texte geeignet. Sind Sie beim Lesen der vorangestellten Beispiele auch zu dieser Meinung gekommen? »Wirklich?«

9.2 Carl Rogers

Carl Rogers wurde im Jahr 1902 in Chicago als viertes von sechs Kindern geboren. Von 1919 bis 1931 studierte er Agrarwissenschaften und Geschichte, dann Theologie und klinische Psychologie. Im Jahr 1922 reiste er nach China. 1924 heiratete er gegen den Willen der Eltern seine Frau Helen, bekam zwei Kinder und ernährte durch die Berufstätigkeit neben dem Studium die Familie. Ab 1926 war er in der Jugendarbeit tätig. In seiner ersten Arbeitsperiode wirkte er als Erziehungsberater und Therapeut für verhaltensgestörte Kinder und Jugendliche. Während seiner zweiten Arbeitsperiode von 1940 bis 1960 entwickelte er die klientenzentrierte Therapie. Von 1957 bis 1963 erprobte er die klientenzentrierte Therapie an psychotischen Patienten und danach wurde er freier Mitarbeiter am »Center for Studies of the Person« in La Jolla, Kalifornien. Er weitete den »personorientierten Ansatz« über die individuelle Psychotherapie hinaus auf Encountergruppen, den schülerzentrierten Unterricht, auf interkulturelle Großgruppen (mit 100 – 800 Teilnehmern, viele davon in Problemzonen, wie mit Schwarzen und Weißen in Südafrika oder mit Katholiken und Protestanten in Nordirland) und engagierte sich in der Friedenspolitik. Rogers wurde für den Friedensnobelpreis vorgeschlagen, starb aber im Februar 1987.

Carl Rogers

9.2.1 Der personzentrierte Ansatz

Beim personzentrierten Ansatz handelt es sich um einen »way of being«, um eine, wie Rogers oft meinte, »zentrale Hypothese«. Gemeint ist die Grundüberzeugung, dass jede Person in sich unermessliche Ressourcen zu ihrer Selbstentwicklung, Selbstverwirklichung und Selbstveränderung hat. Diese Möglichkeiten können allerdings nur innerhalb eines förderlichen Beziehungsklimas realisiert werden. Die klientenzentrierte Psychotherapie beruht ganz wesentlich auf dieser Überzeugung.

Im personzentrierten Ansatz von Rogers spielt der Begriff Aktualisierungstendenz eine entscheidende Rolle: Der Organismus als Ganzes ist ein seine Erhaltung und Weiterentwicklung selbst organisierendes System. Das ist eine dem Organismus als Ganzem innewohnende Tendenz zur Entwicklung seiner Möglichkeiten – dies jedoch in Richtung Weiterentwicklung des Organismus.

»Der innerste Kern der menschlichen Natur, die am tiefsten liegenden Schichten seiner Persönlichkeit, die Grundlage seiner animalischen Natur ist von Natur aus positiv, von Grund aus sozial, vorwärtsgerichtet, rational und realistisch.« Rogers meint nicht, die menschliche Natur sei positiv, sondern nur ihr innerster Kern, also ihre Grundlage. In einer Diskussion mit Rollo May hat Rogers großen Wert auf diese Klarstellung gelegt: *»Wenn Rollo meint, dass ich den Menschen für gut halte, so glaube ich nicht, dass ich das jemals gesagt habe. Was ich zu sagen versuchte, ist, dass wenn ein bestimmtes psychologisches Klima hergestellt wird, die Person dazu neigt, sich in Richtung auf einen sozial konstruktiven Organismus zu entwickeln.«* Schon hier wird deutlich, wie wichtig es Rogers war, die Bedeutung der Umwelt, der Erziehung und natürlich auch der Therapie für das Wachstum und die Selbstaktualisierung des Menschen herauszustellen.

»Leben ist ein autonomes Ereignis, das sich abspielt zwischen dem Organismus und dem Umfeld. Lebensprozesse erhalten nicht nur Leben, sondern transzendieren den gegenwärtigen Status quo des Organismus.« Nach Rogers ist das Bewusstsein immer schon auf die Welt bzw. ein Objekt gerichtet (wir denken immer an… , freuen uns über… , handeln, um zu…, streben nach…, wollen erreichen, dass…, fühlen uns hingezogen zu… etc.). Aufgrund dieser Intentionalität des Bewusstseins muss der Klient nach Rogers der Experte für seine Inhalte bleiben. Die Therapeuten sind hingegen die Experten für die Art und Weise des Erlebensprozesses, für die Überprüfung und Reflexion der Art und Weise der Auseinandersetzung einer Person mit sich selbst und der Umwelt.

Alle Erfahrungen, die eine Person mit sich selbst und der Umwelt macht, werden nach Rogers positiv oder negativ bewertet, je nach dem, ob sie zur Selbstverwirklichung beitragen oder nicht. Ebenso wichtig wie eigene Bewertungen sind auch die Bewertungen durch andere Menschen. Mit *»dem Gewahrsein des Selbst entwickelt das Individuum das Bedürfnis nach positiver Beachtung. Dieses Bedürfnis ist ein Wesenszug des Menschen. Es ist allgegenwärtig.«* Nach Rogers handelt es sich um ein angeborenes Bedürfnis. Inzwischen haben die empirischen Forschungsergebnisse im Rahmen der Bindungstheorie klar gezeigt, dass Säuglinge und Kleinkinder das angeborene Bedürfnis haben, sich an eine eng begrenzte Zahl vertrauter Personen zu binden und sich der zuverlässigen Verfügbarkeit und Zuwendung dieser Bindungspersonen zu versichern.

Rogers ist überzeugt, dass menschliches Handeln positive Beachtung durch andere zum Ziel hat, um so zu einer positiven Selbstachtung zu kommen.

9.2.2 Selbstkonzept und Selbstaktualisierung

Kinder haben also das grundlegende Bedürfnis, von ihren Bezugspersonen/Eltern geliebt zu werden. Eltern sind aber oft nicht bereit oder in der Lage, ihre Kinder bedingungslos zu lieben. Sie haben bestimmte Vorstellungen, wie ihr Kind sein soll, was für ein Kind sie haben wollen. Manchmal wünschen sie sich (oft unbewusst) die Verwirklichung ihrer eigenen Wünsche und Träume durch das Kind. Aus diesem Grund senden die Eltern oft »Beziehungsbotschaften«, wie z.B. »Du bist mein bestes Kind, wenn du brav bist«, »Ich kann dich nicht lieben, wenn du schüchtern bist«, »Wir mögen dich, wenn du fröhlich und unbeschwert bist«, »Du bist nicht willkommen, wenn du weinerlich oder wütend bist«.

Neben den Beziehungsbotschaften müssen die Kinder oft auch Zuschreibungen oder Ettiketierungen über sich ergehen lassen, z. B »Du bist ein tapferer Junge«, »Ein Junge wie du weint nicht«, »Du bist ein liebes Mädchen«, »Dafür bist du noch zu dumm!« usw.

Um Zuwendung und Beachtung ihrer Eltern zu bekommen, versuchen Kinder, den Wünschen der Eltern zu entsprechen. Sie nehmen Botschaften und Zuschreibungen auf und machen sie zu einem Teil ihres Selbstkonzeptes. Neben diesen Äußerungen sind aber auch die direkten Erfahrungen, die Kinder mit ihrem Verhalten und Handeln machen, ein Teil ihres Selbstkonzeptes. Unter direkten Erfahrungen versteht Rogers die körperlichen Reaktion und damit vor allem die Gefühle, die Kindern bewusst werden.

Diese verinnerlichten (»geschluckten«) Wertvorstellungen können nun ein unbefangenes, Bewerten und Akzeptieren der eigenen Erfahrungen und Empfindungen stören.

Kinder lernen, z.B. die Teile ihrer Wahrnehmungen und Empfindungen zu ignorieren oder zu verzerren, die im Widerspruch zum gelernten Konzept stehen. Wenn nun ein Kind mit dem gelernten Selbstkonzept »Ich bin ein braves Mädchen und habe meine Eltern lieb« Wut, Hass oder Aggression auf die Eltern bei sich wahrnehmen und zulassen soll, gerät es in Schwierigkeiten. Die Gefühle stimmen nicht mit dem gelernten Selbstkonzept überein. Kinder, die von den Eltern viel gelobt und auf ein Podest gestellt werden, entwickeln oft Angst, ihre Gefühle zu zeigen.

Das Vermeiden und Verzerren von Erfahrungen behindert die Selbstaktualisierungstendenz des Menschen. Da es sich bei der Selbstaktualisierung um ein angeborenes Bestreben des Menschen, sein persönliches Potential zu verwirklichen, handelt, bleibt diese Tendenz in jedem Falle wirksam. Im Menschen entsteht eine Spannung und ein Konflikt zwischen den körperlichen Reaktionen gefühlsmäßiger Art und den gelernten Bewertungsprozessen.

Diese Diskrepanz zwischen dem »direkten« Erleben des Organismus und der Wahrnehmung aufgrund des Selbstkonzeptes bezeichnet Rogers als Inkongruenz. In dieser Inkongruenz sieht Rogers den Ausgangspunkt für schwer wiegende Störungen im menschlichen Leben. Im Gegensatz dazu bezeichnet Rogers eine hohe Übereinstimmung zwischen dem Selbstkonzept und den Erfahrungen des Körpers als Kongruenz. Der Zustand der Kongruenz ist nach Rogers Ziel der Persönlichkeitsentwicklung.

Nach Rogers entstehen Inkongruenzen (Unstimmigkeiten, Deckungsungleichheit) auch dann, wenn direkte positive Erfahrungen mit einem Verhalten (wenn das Verhalten Lust bringend, angenehm ist, positive Gefühle bewirkt) negative Reaktionen anderer hervorrufen. Die Erkenntnis, dass eigene Gefühle und Verhaltensweisen die Bedingungen für Wertschätzung durch andere nicht erfüllen, führt zu Angst vor dem Verlust positiver Beachtung. Diese Erfahrung, dass positive Bewertung und Beachtung durch andere an Bedingungen geknüpft ist, d. h. dass man nur dann geliebt wird, wenn man sich auf bestimmte durch andere vorgeschriebene Art und Weise verhält, führt nach Rogers zu einer schmerzlichen Diskrepanz oder Inkongruenz. Um die Inkongruenz zu vermindern, nehmen Menschen entweder eigene Erfahrungen und Gefühle verzerrt wahr, wobei es auch zur Leugnung (Abwehr) eigener Gefühle kommen kann, oder sie wehren die Bewertungen anderer ab. Je mehr Inkongruenz und Abwehr oder Verzerrung der Wahrnehmung vorliegt, desto schwer wiegender sind nach Rogers die psychischen Probleme und Störungen.

Vereinfacht wird die Inkongruenz zwischen den eigenen Erfahrungen und der an Bedingungen gebundenen Wertschätzung durch andere als eine Diskrepanz zwischen Realselbst (so wie ich mich wahrnehme, wie ich tatsächlich bin) und Ideal-Selbst (so wie ich sein möchte, wie die anderen mich haben wollen) dargestellt. Wenn man unter Idealselbst die verinnerlichten Bewertungen oder Bedingungen für die Wertschätzung durch andere (ich möchte so sein, wie die Mitmenschen wollen, damit ich ihre Zuneigung und Anerkennung bekomme) zusammenfasst, dann kommt diese Darstellung der ursprünglichen Auffassung recht nahe.

9.2.3 Die klientenzentrierte Therapie

Auf dem Weg zur Entwicklung der »klientenzentrierten Psychotherapie« betonte Rogers die Bedeutung der »nondirektiven« Vorgehensweise. Den Anstoß zur nondirektiven Vorgehensweise bildete folgende Erkenntnis: Wir nehmen unsere Erfahrung als Realität wahr; wir leben also nicht in unserer »objektiven« Umwelt, sondern immer in unserem eigenen »phänomenalen Wahrnehmungsfeld«. Daraus folgt, dass keine andere Person ein potentiell größeres oder besseres Gewahrsein unserer subjektiven Realität besitzen kann als wir selbst. Rogers betonte immer wieder, dass die Person ein »unendliches« Potential für konstruktive Veränderung besitzt, das durch eine wertschätzende, an keine Bedingungen geknüpfte positive Beziehung aktiviert werden kann. Damit war bereits die »Nondirektivität« überschritten, denn die wesentliche therapeutische Kraft sieht Rogers in einem individuellen Beziehungsangebot, in einer personalen Begegnung, welche die Herstellung der Kongruenz und die Wiederherstellung eines nicht mehr abwehrenden Erlebens anstrebt.

Will der Therapeut dies erreichen, muss er den Klienten in seinem gesamten Erleben »empathisch« (einfühlend) Verstehen und ohne Wenn und Aber wertschätzen. Diese Haltung kann die Selbstveränderung des Klienten ermöglichen.

Es hat sich gezeigt, dass eine »klientenzentrierte Gesprächstherapie« nicht ausreicht, wenn bestimmte Aspekte des inkongruenten Selbst (z. B. der Zugang zu eigenen Gefühlen ist total blockiert) und des Therapieprozesses (die Fähigkeit der Selbstaktualisierung und der Selbstverwirklichung kann nicht zur Wirkung gebracht werden) blockiert sind. Dann sind Interventionen notwendig, die auf die Weckung der Eigenverantwortlichkeit abzielen. Man muss der Tatsache Rechnung tragen, dass die Veränderung der Art des Klientenerleben bzw. dessen Vertiefung sich auch in der Therapie oftmals nicht von selbst ergibt.

Man hat festgestellt, dass bei vielen Störungen ein »Verstehen durch Einfühlung« kaum möglich ist, sondern erst durch »mitfühlendes Wissen« (über Erleben, Merkmale und Entstehung von Störungen) ermöglicht wird.

Erst nach dem Erkennen der existentiellen Bedeutung des Symptoms kann man die Art und Weise der Auseinandersetzung mit dem Symptom bearbeiten. In diesem Sinne wird neben der Beziehungsebene auch die »Bearbeitungsebene«, d.h. die Art, wie jemand seine Erfahrungen verarbeitet und mit seinem Erleben umgeht, zum Mittelpunkt der Therapie. Dies kann nur mit Hilfe geeigneter Bearbeitungsangebote durch den Therapeuten geschehen.

In der Regel müssen folgende Bearbeitungsstufen durchlaufen werden: Der Klient lässt sich nur auf sachbezogene Berichte ein; persönlich relevante Aspekte werden weggelassen. Danach folgt das Intellektualisieren. Nach dem Berichten, d. h. nach der konkreten äußeren Schilderung persönlicher Inhalte folgt die Bewertung der Inhaltsaspekte. Erst danach lässt sich der Klient auf die persönliche Bewertung des Inhalts ein, wobei die Bedeutung des Inhalts gefühlsmäßig erfahren wird. Hier setzt dann die klientenzentrierte Bearbeitung an durch Angebote der Therapeuten (wie Paraphrasieren, Explizieren, direkte Nachfrage), die den Bearbeitungsprozess verflachen, vertiefen oder gleichhalten können. Vertiefende Angebote sind erst dann angezeigt, wenn eine vertrauensvolle Beziehung besteht und der Therapeut den Kern des Problems verstanden hat.

9.2.4 Kritische Würdigung

Als »Basisvariablen« der Gesprächstherapie (nicht-direktive Therapie, klientenzentrierte Therapie) werden in der Regel »einfühlendes Verstehen« (Empathie), »Echtheit« (Kongruenz) und »Verbalisierung der Gefühle« aufgeführt. Aus den vorangestellten Ausführungen geht hervor, dass die klientenzentrierte Psychotherapie mit Hilfe der drei Basisvariablen nur sehr unvollständig beschrieben wird.

Zunächst gilt es, zwischen dem »personzentrierten Ansatz« (= Persönlichkeitstheorie) und der »klientenzentrierten Therapie« zu unterscheiden. Aus den Erkenntnissen über die angeborene Tendenz nach Selbstverwirklichung, nach positiver Bewertung durch sich selbst und andere und aus der Überzeugung, dass jeder Mensch autonom ist, die Inhalte seines Lebens selbst bestimmt, eine stark ausgeprägte Tendenz zur Selbstaktualisierung besitzt, entwickelte Rogers ein Therapiekonzept, das auf der ganzen Welt verbreitet ist und sich in der Praxis vielfach bewährt hat.

Am Beispiel der humanistischen Psychologie von Carl Rogers kann man sehr deutlich das Zusammenwirken von Theorie und Praxis beobachten. Aus einer gut begründeten Persönlichkeitstheorie konnte eine erfolgreiche Methode zur Bearbeitung der Art und Weise, wie sich Menschen mit psychischen Problemen mit sich selbst und mit der Umwelt auseinander setzen, entwickelt werden.

10 Literatur

Asch, S. E. (1946).
Form in impressions of personality.
In: Journal of Abnormal and Social Psychology, Jg. 41, S. 258 - 290
Asch, S. E. (1955).
Opinions and Social Pressures. In: Scientific American, 193, S. 31 - 35,
Asch, S. E. 1956.
Studies of indipendence and conformity. A minority of one against an unanimous majority. In: Psychological Monographs, Jg. 70, S. 9 Whole No. 416
Bandura, A. (1979).
Sozial-kognitive Lerntheorie. Stuttgart, Klett-Cotta
Bandura, A., Blanchard E. B. und B. Ritter (1969).
Relative efficacy of desensitization and modeling approaches for inducing behavioral, affective, and attitudinal changes. In: Journal of Personality and Social Psychology, 13, S. 173 – 199. Deutsch in: Florin I. und W. Tunner (Hrsg.): Therapie der Angst. München, Urban & Schwarzenberg 1975, S. 100 – 147
Bandura, A., Ross, D. und S. A. Ross (1963).
Imitation of film-mediated aggressive models. Journal of Abnormal and Social Psychology, 66, S. 3 – 11
Bandura, A., Ross, D. und S. A. Ross (1963).
Vicarious reinforcement and imitative learning.
In: Journal of Abnormal and Social Psychology, 67, S. 601 - 607
Biermann-Ratjen, E.-M. et al. (1995).
Gesprächspsychotherapie. (7. Aufl.) Stuttgart, Kohlhammer
Bruner, J. S. und C. C. Goodman (1947).
Value and need as organizing factors in perception.
In: Journal of Abnormal and Social Psychology, Jg. 42, S. 33-44
Eckert, J. u. a. (Hg.) (1997).
Praxis der Gesprächspsychotherapie. Störungsbezogene Falldarstellungen. Stuttgart, Kohlhammer
Festinger. L. (1978).
Theorie der kognitiven Dissonanz. Bern, Huber Verlag
Freud, S. (1926ff).
Gesammelte Werke.
Laing, Ronald D. (1972).
Knoten. Deutsch von Herbert Elbrecht, Rowohlt Taschenbuch, Reinbek b. Hamburg
Piaget, J. (1974).
Biologie und Erkenntnis. Frankfurt a. M., Fischer Verlag
Rogers, C. (1972).
Die nicht-direktive Beratung. München, Kindler, auch als Fischer-Tb
Rogers, C. (1973).
Entwicklung der Persönlichkeit. Stuttgart, Klett Verlag
Rogers, C. (1974).
Lernen in Freiheit. München. Kösel Verlag
Rogers, C. (1978).
Die Kraft des Guten. München: Kindler auch als Fischer-Tb
Rogers, C. (1981).
Der neue Mensch. Stuttgart: Klett-Cotta
Schachter S. und J. E. Singer (1962).
Cognitive, social and physiological determinations of emotional state.
In: Psychological Review, 69, S. 379 – 399
Schwartz, S. (1988).
Wie Pawlow auf den Hund kam. Die 15 klassischen Experimente der Psychologie.
Weinheim, Beltz Verlag
Sherif, M. (1935).
A study of some social factors on perception. Archives of Psychology, Jg. 27, S. 187
Thurstone, L. L. (1938)
Primary mental abilities. Chicago, University of Chicago Press
Watzlawick, P. (1995).
Vom Unsinn des Sinns oder Vom Sinn des Unsinns, R. Piper Verlag
Watzlawick, P. (1986).
Vom Schlechten des Guten oder Hekates Lösungen, R. Piper Verlag
Watzlawick, P. (1983).
Anleitung zum Unglücklichsein. München, R. Piper Verlag
Watzlawick, P. (1977).
Wie wirklich ist die Wirklichkeit?, München, R. Piper Verlag
Watzlawick, P., Beavin, J. H. und D. Jackson (1969).
Menschliche Kommunikation. Formen, Störungen, Paradoxien, Bern, Huber Verlag

Zentrale Themen, Aufgaben und Fragen der Pädagogik und Psychologie mit Lösungen

Einführung

Ein Schulbuch, ein Buch für die Hand des Lehrers und Schülers, muss vielseitig einsetzbar und verwendbar sein. Während Lehrer hauptsächlich daran interessiert sind, mit Hilfe einzelner Texte des Lehrbuchs Gruppenarbeit und Selbsttätigkeit der Schüler steuern zu können, haben Schüler vermutlich vor allem die Eignung des Buches für die Prüfungsvorbereitungen im Auge. Für eine gezielte Prüfungsvorbereitung sind die nachfolgend behandelten zentralen Themen der Pädagogik und Psychologie gedacht. Die Themen sind nach dem Lehrplan für Pädagogik und Psychologie für Fach- und Berufsoberschulen in Bayern zusammengestellt. Es handelt sich hierbei um Themen, die in verschiedenen Schularten der Sekundarstufe II in der Regel im Unterricht behandelt und auch geprüft werden.

Die Themen oder Lerninhalte sind so gewählt bzw. formuliert, dass eine Abhandlung auf zwei gegenüberliegenden Buchseiten möglich und angemessen ist. Natürlich könnte man zu jedem Thema statt zwei zehn, zwanzig oder fünfzig und mehr Seiten schreiben. Die Beschränkung auf zwei Seiten erfolgt aus folgenden Gründen:

- Das für Prüfungen verschiedener Art zu lernende Wissen muss auf einen sinnvollen Umfang reduziert werden.
- Die Beschränkung des Inhalts auf zwei Seiten steht auch im Einklang mit wichtigen gedächtnispsychologischen Erkenntnissen. Bei zwei Seiten kann man leicht einen Überblick gewinnen, sich Fragen zum Text stellen, wichtige Begriffe hervorheben, ein »mindmap« anlegen und sich im Rückblick den Inhalt wieder ins Gedächtnis rufen.
- Zwei gedruckte Seiten ergeben ca. vier handgeschriebene Seiten. Erfahrungsgemäß können Prüflinge in einer Zeitstunde (60 Minuten) Bearbeitungszeit ca. vier Seiten Text verfassen. Geht man davon aus, dass Schüler aus dem Unterricht und aus der Arbeit mit anderen Bausteinen dieses Buches oder aus der Literatur, die sie in Eigeninitiative oder aus Eigeninteresse gelesen haben und auf Grund eigener Erfahrung bereits wichtige Fachkenntnisse besitzen und diese in der Prüfung mit verwerten können, dann ist der hier zusammengestellte Inhalt von zwei Seiten für die Bearbeitung von Prüfungsaufgaben gedacht, für die eine Stunde Bearbeitungszeit zur Verfügung steht.
- Zum Inhalt von zwei Seiten lassen sich überschaubare Unterrichtseinheiten planen und durchführen. Sowohl für Lehrende als auch für Lernende ergibt sich eine klare Struktur, die das Unterrichten und das Vorbereiten von Prüfungen erleichtert.

Zu den einzelnen Themen sind im Anhang Aufgaben oder Fragen formuliert, wie sie typischerweise in Prüfungen verschiedener Art gestellt werden. So können die Ausführungen zu den einzelnen Themen auch als mögliche Musterlösungen für Prüfungsaufgaben bzw. für die im Anhang formulierten Themen angesehen werden.

Mit Hilfe der zweiseitigen Texte können auch so genannte Transferübungen durchgeführt werden. Im Unterricht oder vom Lehrer werden neue Aufgaben oder Themen formuliert. Anschließend kann man überlegen, welche Themen, die bereits auf zwei Seiten aufgearbeitet sind, möglicherweise Ausführungen und Lösungen enthalten, die zur Bearbeitung der neu formulierten Aufgaben herangezogen werden können. So kann man z. B. bei der Bearbeitung der Aufgabe »Erörtern Sie mit Hilfe geeigneter Erkenntnisse über Erziehung und Entwicklung des Menschen, was Erzieher beachten müssen, wenn sie die Verwirklichung der Zielvorstellung Mündigkeit der Person anstreben!« Inhalte folgender Themen berücksichtigen: 2.5 (Pädagogischer Bezug und Autorität in der Erziehung), 3.4 (Instanzen-modell und Erziehung, Phasenmodell und Erziehung), 4.4 (positives Denken) und 5.4 (Entwicklung und Erziehung) verwerten.

1. Allgemeine Psychologie

1.1 Psychologie als Wissenschaft

1 Zum Begriff Psychologie

Das Wort Psychologie wurde von Phillipp Melanchthon (1497–1560) als »Seelenlehre« übersetzt. Der Mensch wird von der Psychologie (und auch von der Philosophie) als »Leib-Seele-Geist-Einheit« verstanden. Psychische Vorgänge wie Fühlen, Denken, Wollen sind eng mit körperlichen wie Erregung, Zittern, Atmung, Herzschlag usw. und den geistigen wie Glauben, sich Ziele setzen, nach dem Sinn des Lebens suchen verknüpft.

Nach Richard Pauli ist Psychologie eine Wissenschaft, »von den subjektiven Lebensvorgängen, die gesetzmäßig mit den objektiven verknüpft sind«. Die Psychologie untersucht damit Vorgänge, die von ihrem Träger, dem Subjekt erfahren werden; es handelt sich um das Erleben und Verhalten sowie Handeln. Diese Vorgänge sind eng mit äußeren, aus der Umwelt kommenden (Reize genannt) und inneren, aus dem Körper kommenden Erscheinungen verknüpft.

Die Psychologie ist wegen des schwer fassbaren Gegenstandes und wegen verschiedener Methoden, die zur Anwendung kommen, eine komplexe Wissenschaft.

Geforscht wird mit Hilfe naturwissenschaftlicher (empirischer) Methoden (Experiment, Beobachtung), mit Hilfe sozialwissenschaftlicher Methoden (Interview, Befragung, Soziometrie) und mit Hilfe geisteswissenschaftlicher Methoden (Phänomenologie = umfassende Analyse und Beschreibung von Erscheinungen, Hermeneutik = Deutung und Interpretation – auch von Quellen und Texten).

Die meisten Psychologen behaupten von sich, Sozialwissenschaftler zu sein, die Erkenntnisse zum individuellen, sozialen, wirtschaftlichen und kulturellen Leben sammeln, in Theorien, Modellen und Paradigmen (Betrachtungsweise, begrifflicher Rahmen) ordnen und in verschiedenen Lebensbereichen anwenden.

2 Teilgebiete und Richtungen der Psychologie

Als komplexe Wissenschaft wird die Psychologie in viele Teilgebiete (z.B. Wahrnehmungspsychologie, Motivationspsychologie, Denkpsychologie, Lernpsychologie) und Teildisziplinen (z.B. Sozialpsychologie, Entwicklungspsychologie, Klinische Psychologie, Allg. Psychologie, Pädagogische Psychologie, Angewandte Psychologie) aufgegliedert.

Die bekanntesten Richtungen der Psychologie sind: Behaviorismus, Tiefenpsychologie und kognitive Psychologie. Der Behaviorismus akzeptiert nur beobachtbare Erscheinungen als Gegenstand der Forschung. Es wird auch von Reiz-Reaktions-Psychologie gesprochen, weil sich die Forschung darauf konzentriert hat, was geschieht, wenn bestimmte Reize vor oder nach dem Verhalten auf den Menschen einwirken. Die wichtigsten Erkenntnisse dieser Richtung sind uns als Lerntheorien bekannt.

Als Begründer der Tiefenpsychologie gilt Sigmund Freud (1856–1939). Die Tiefenpsychologie geht von der Annahme aus, dass das Erleben und Verhalten weit mehr durch unbewusste Vorgänge als durch beobachtbare Einwirkungen in Form der Reize gesteuert wird. Die Psychoanalyse von S. Freud ist die bekannteste tiefenpsychologische Theorie.

Die kognitive Psychologie legt großen Wert

auf kognitive Prozesse (Denken, Erwarten, Planen, Bewerten) und hat verschiedene Wurzeln. Sie stützt sich sehr stark auf Erkenntnisse der kognitiven Lerntheorie von Albert Bandura und auf die Persönlichkeitstheorie von Carl Rogers (humanistische Psychologie), der die Bedeutung der Selbsthilfekräfte und des Selbstkonzeptes herausstellt.

3 Gegenstand der wissenschaftlichen Psychologie

Als Gegenstand wiss. Psychologie (Forschung und Anwendung) werden das Erleben, Verhalten und Handeln genannt. Vom Verhalten spricht man, wenn Aktivitäten und Reaktionen des Menschen beobachtet werden können. Das Verhalten kann als Reaktion auf äußere Einwirkungen (Reize, Energien verschiedener Art, die auf die Sinnesorgane und das Nervensystem einwirken), auf innere Vorgänge (z. B. Schmerzen, Impulse, Gefühle, Triebe) erfolgen oder auch durch bewusste Überlegungen, durch konkrete Pläne und Ziele gesteuert sein. In diesem Fall spricht man vom Handeln der Menschen. Handlungen sind also zielgerichtete, intentionale, zu einem bestimmten Zweck eingesetzte, überlegte Verhaltensweisen oder Aktivitäten.

Das Erleben des Menschen ist in der Regel nicht direkt beobachtbar. In der wiss. Psychologie wurde Selbstbeobachtung zum Zweck der Erforschung des Erlebens eingesetzt. Häufig wurden mit Hilfe verschiedener Geräte Begleiterscheinungen des Erlebens z .B. Hautwiderstand, Muskelspannung, EEG-Wellen, Hormonausschüttung usw. beobachtet und gemessen.

Mit der Alltagsfrage »Was hast du erlebt?« wird in der Regel danach gefragt, was jemand gesehen, gehört, gefühlt hat in einer bestimmten Situation. Beispiele für das Erleben des Menschen sind Gefühle (Angst, Zorn, Ärger, Liebe, Freude, Trauer), Vorstellungen aller Art (Phantasien, Träume), Wünsche, aber auch Gedanken, Schmerz usw. Das Erleben lässt sich nicht immer eindeutig vom Verhalten abgrenzen. Ebenso ist es oft schwer zu entscheiden, ob bei bestimmten Aktivitäten ein Verhalten oder ein Handeln vorliegt.

4 Ziele der wissenschaftlichen Psychologie

a) Genaue Beschreibung des Erlebens, Verhaltens und Handelns und Bestimmung der Begriffe. Wie lässt sich eine Erscheinung eindeutig von anderen, ähnlichen abgrenzen?
b) Herausfinden gesetzmäßiger Zusammenhänge (wodurch wird das Erleben, Verhalten und Handeln verursacht? Welche Zusammenhänge bestehen zwischen Persönlichkeitsmerkmalen und bestimmten Verhaltensweisen? Wie entstehen, entwickeln sich die betreffenden Persönlichkeitsmerkmale? Welche innerpsychischen oder organismischen Vorgänge laufen bei bestimmten Verhaltensweisen oder in bestimmten Situationen ab? Wie lässt sich das Auftreten bestimmter Verhaltensweisen erklären?)
c) Anwendung gewonnener Erkenntnisse zum Zwecke der Prognose (Wie wird sich ein Mensch in bestimmten Situationen sehr wahrscheinlich verhalten? Was wird sehr wahrscheinlich in bestimmten Situationen geschehen? Was soll man tun, um das Auftreten bestimmter Verhaltensweisen zu verhindern?) und zum Zwecke der Behandlung, der Beeinflussung bestimmter Menschen, Menschengruppen (z. B. zum Zwecke der Therapie, um Menschenführung zu verbessern, um Unterricht zu verbessern, um Konflikte zu lösen, Kommunikationsstörungen zu beseitigen, Unfälle zu vermeiden...).

1.2 Psychologie als Erfahrungswissenschaft

1 Die Suche nach der »richtigen« Methode

Der wissenschaftlich arbeitende Psychologe sucht (forscht) nach Erkenntnissen oder bedient sich bei seiner Arbeit »gesicherter« unter Anwendung anerkannter Methoden gewonnener Erkenntnisse. Einige Wissenschaftler vertreten die Auffassung, dass Interpretation, Neuordnung, Vergleich und Strukturierung von Informationen (jeglicher Art) zu neuen Erkenntnissen führt und genauso wichtig ist wie deren Gewinnung durch Zusammentragen von Fakten (Messen, Beobachten, Zählen, Erfahrungen sammeln). Diejenigen, die Erfahrung als Erkenntnisquelle bevorzugen, werden Empiriker oder Erfahrungswissenschaftler genannt. Psychologen, die geisteswissenschaftliche Vorgehensweisen bei der Erkenntnisgewinnung bevorzugen, gehen von einem allgemein anerkannten Grundsatz, einer intuitiven Ahnung oder einem bestimmten Kenntnisstand aus, um neue Belege für ihre bisherigen Sichtweisen zu finden. In beiden Fällen gilt die Feststellung, dass die Erkenntnis nur so gut sein kann wie die Methode, mit der sie gewonnen wurde.

2 Erfahrung und Erkenntnis

Angezogen von den großen Fortschritten der Naturwissenschaften glaubten auch viele Psychologen, die Psychologie als Erfahrungswissenschaft etablieren zu müssen. Da viele psychische Vorgänge und Erscheinungen im Verborgenen ablaufen und nicht direkt beobachtbar sind, mussten forschende Psychologen auf viele schwierige Fragen Antworten finden. Ist auch Selbstbeobachtung als Erfahrung und als Erkenntnisquelle anzuerkennen? Wie kann man nicht direkt beobachtbare Vorgänge genau definieren? Wie kann man sichere induktive Schlüsse ziehen, d. h. wie kann man aus Fakten, die in Stichproben gesammelt wurden, Schlüsse auf die gesamte Population ziehen? Die Bemühungen, methodisch korrekt die Brücke von der Erfahrung zur Erkenntnis zu bauen, führten zu sprachlichen Neuschöpfungen, die uns in der Fachliteratur z. B. als »operationale Definition«, »hypothetisches Konstrukt«, »intervenierende Variable«, »Signifikanz« (vgl. Wörterbuch) usw. begegnen. Auf induktivem Wege konnten mit Hilfe von Beobachtungsdaten viele Beziehungen (Gesetzmäßigkeiten, Wenn-dann-Beziehungen) formuliert werden. Die großen Fortschritte verdankt die Psychologie den genialen Einfällen einiger eher geisteswissenschaftlich denkender Wissenschaftler. Zur Einführung in die Psychologie gehört aber auch die Kenntnis wichtiger empirischer Methoden, die Jahrzehnte lang die Forschung beherrscht haben.

3 Beobachtungsarten und Regeln

Wie in jeder Erfahrungswissenschaft so werden auch in der Psychologie die »Daten« (quantitative oder qualitative Beschreibung von Erscheinungen) durch geplante, systematische und zielgerichtete (entsprechend der Fragestellung) Beobachtungen (Faktensammlung) gewonnen. Systematische Beobachtung setzt einen Beobachtungsplan voraus, in dem festgelegt wird: Was oder wer (Stichprobe) ist zu beobachten, wer beobachtet, wann und wie lange, wie werden die Beobachtungen protokolliert und welche Auswertung der Daten ist vorgesehen.

In der Methodenlehre der Psychologie werden folgende Beobachtungsarten diskutiert: Selbst- (Introspektion) und Fremdbeobachtung, offene und verdeckte Beobachtung, teilnehmende und nicht-teilnehmende Beobachtung, freie (keine speziellen Beobachtungsanweisungen) und strukturierte Beobachtung nach vorher festgelegten Kategorien (Strichliste) und Zeitplan. Wie bei der Wahrnehmung allgemein bekannt, so sind auch bei der Beobachtung verschiedene Einflüsse (Vorurteile, Interessen, Gefühle, Werturteile, Beurteilungstendenzen wie Mildeeffekt, Ermüdung) wirksam, die zu Verzerrungen und Beobachtungsfehlern führen. Beobachtungsfehler können auch durch unklar definierte Beobachtungsmerkmale oder fehlerhafte Auswahl von Versuchspersonen entstehen.

4 Das Experiment

Der Vorteil des Experiments gegenüber der Beobachtung unter natürlichen Bedingungen besteht in der Wiederholbarkeit (der Vorgang kann oft provoziert werden) in der Willkürlichkeit (der Forscher kann den Ort, die Zeit und andere Bedingungen festlegen) und in der Variierbarkeit (die Bedingungen, deren Wirkung geprüft wird, können in unterschiedlicher Ausprägung eingesetzt werden). Um sicher zu sein, dass die beobachteten Veränderungen (abhängige Variable) durch die absichtlich eingesetzte unabhängige Variable bewirkt wurden, können Wissenschaftler eine »Kontrollgruppe« einsetzen. Die Vpn der Kontrollgruppe werden nicht dem Einfluss der unabhängigen Variable ausgesetzt. Einschränkungen des experimentellen Vorgehens in der Psychologie ergeben sich aus moralischen und rechtlichen Bedenken. Außerdem besteht die Gefahr, dass sich das Verhalten unter künstlichen Bedingungen ändert.

5 Tests

Tests sind Messinstrumente der Psychologie, die in der Regel so konstruiert sind, dass Menschen hinsichtlich bestimmter Merkmale (z. B. Leistung) miteinander verglichen werden können. In der Regel bestehen Tests aus vielen Aufgaben verschiedener Art und von unterschiedlichem Schwierigkeitsgrad, die Reaktionen der getesteten Person provozieren. Durch die Erprobung der Tests an viele Personen werden vor ihrem Einsatz Vergleichswerte (Normen oder Standardwerte) gewonnen. Zum Einsatz kommen nur solche Leistungs-, Entwicklungs- und Persönlichkeitstests, die im Besonderen Maße objektiv, reliabel und valide sind. Ein Test ist objektiv, wenn viele Beobachter (Auswerter) zu gleichen Ergebnissen kommen. Mit dem Kriterium Reliabilität wird angegeben, wie zuverlässig (nicht störanfällig) ein Test ist. Ein Test ist zuverlässig, wenn unter verschiedenen Bedingungen (Tageszeit, Müdigkeit, Lärm) gleiche Ergebnisse erzielt werden. Die Validität oder Gültigkeit gibt Aufschluss darüber, wie gut ein Test das Merkmal misst, das er zu messen vorgibt.

6 Kritische Würdigung

Die Fortschritte einer Wissenschaft sind sehr eng abhängig vom Einsatz geeigneter Methoden. Beim Einsatz empirischer Methoden besteht die Gefahr, dass sowohl bei Erhebung von Daten als auch bei deren Auswertung (Einsatz der Statistik, mathematische Aufbereitung zum Zweck der Interpretation) Fehler begangen werden. Die interessantesten Erkenntnisse der Psychologie verdanken wir den genialen Einfällen bei der Planung von Untersuchungen und Ideen, die entweder aus Zufallsbeobachtungen entstanden sind oder durch die Interpretation bereits vorhandener Theorien gewonnen wurden.

1.3 Wahrnehmung – Prozesse und subjektive Ergebnisse

1 Bedeutung der Informationsverarbeitung
2 Begriff Wahrnehmung
3 Selektivität der Wahrnehmung
4 Angeborene Organisationstendenzen
5 Emotionale und soziale Einflüsse
6 Subjektivität der Wahrnehmung

1 Bedeutung der Informationsverarbeitung

Will der Mensch die Anforderungen einer Situation erfolgreich bewältigen, d.h. sinnvoll auf äußere Einflüsse reagieren, dann ist er auf eine »gut funktionierende« Informationsverarbeitung angewiesen. Da in einer Situation nur wenige Reize (Energien aus der Umwelt und dem Körperinneren) und Informationen, die auf den Menschen einwirken, für die Anpassung bedeutend und nützlich sind, kommt es bei der Informationsverarbeitung auf ein optimales Zusammenspiel zwischen individuellen Bedürfnissen und Umweltangeboten an. Interessante Erkenntnisse über dieses Zusammenspiel liefert die Wahrnehmungspsychologie.

2 Begriff Wahrnehmung

Der Begriff Kognition – ein zentraler Begriff der modernen Psychologie – gilt als Sammelbezeichnung für alle Vorgänge der Informationsverarbeitung und Erkenntnisgewinnung. Sind bei der Informationsaufnahme Sinnesorgane beteiligt, so spricht man von Wahrnehmung. Spezialisierte Nervenzellen, auch Rezeptoren genannt, wandeln die durch Sinnesorgane aufgenommene Reizenergie (Licht, Schall, Druck, chemische Reize wie Geruch, Geschmack) in körpereigene elektrische Potentiale um. Eine erste Stufe der Wahrnehmung bilden Empfindungen. So wird das Bewusstwerden der Einwirkungen der Reize auf den Organismus genannt, deren Energie ausreicht, um als »Erregung« zu entsprechenden Zentren im Gehirn geleitet zu werden. Zum Wahrnehmungsvorgang gehört nicht nur die Aufnahme der Reizenergie durch Sinnesrezeptoren und die Weiterleitung der Erregung zu Projektionszentren im Gehirn, sondern auch die Verarbeitung der angekommenen Informationen zu bedeutungsvollem »Wissen«.

3 Selektivität der Wahrnehmung

Die Wahrnehmung ist eine Erscheinung von faszinierender Funktionalität. Damit die Informationsverarbeitung nicht überlastet wird und »zusammenbricht«, schützt sich der Mensch vor Reizüberflutung durch die Selektivität (Auswahl) der Informationen über die spezielle Eigenschaft der Sinnesorgane einerseits und durch die Aufmerksamkeit andererseits. Im Bewusstsein werden nur solche Informationen verarbeitet, die unsere Aufmerksamkeit geweckt haben. Mit Aufmerksamkeit wenden wir uns Situationen zu, die uns interessieren, die bestimmte Gefühle auslösen, die unerwartet, neuartig sind, die wegen aktueller Bedürfnisse von Bedeutung sind.

4 Angeborene Tendenzen

Die menschliche Wahrnehmung zeichnet sich durch hohe Effizienz, Robustheit (nicht anfällig für Störungen), Anpassungsfähigkeit und Flexibilität aus, die bisher technisch nicht realisierbar ist. Diese Vorzüge werden auch über angeborene »Organisationstendenzen« erreicht. Viele Reize erhalten ihre Bedeutung aus dem Gesamtzusammenhang (Kontext, Gestaltgesetze). Die Wahrnehmung hat die Tendenz, verschiedene Elemente des Reizangebots unterschiedlich stark abzubilden (Konturierung, Kontrasteffekte, Figur-

Grund-Differenzierung). Objekte werden als gleich bleibend wahrgenommen trotz verschiedener Reizbedingungen: Objekte behalten trotz verschiedener Entfernung ihre Größe bei (Größenkonstanz), ihre Form trotz verschiedener Lage des Objekts (Formkonstanz), die Farbe trotz verschiedener Beleuchtung (Farbkonstanz), ihre Helligkeit bei unterschiedlichen Lichtverhältnissen (Helligkeitskonstanz). Zu Beginn des 20. Jahrhunderts haben Gestaltpsychologen nachgewiesen, dass sich die Wahrnehmung einzelner Reize nach dem Gesamtbild, nach der Gesamtsituation richtet. Die Organisation der »Einzelteile« zu Figuren oder Gestalten erfolgt dabei nach Prinzipien, die als Gestaltgesetze bekannt sind. Reize, die ähnlich sind (Gesetz der Ähnlichkeit), die nahe beieinander liegen (Gesetz der Nähe) oder die gleiche Bewegung aufweisen, werden als zusammengehörig, als ein Bild oder eine bedeutungsvolle Figur wahrgenommen. Als übergreifendes Prinzip hilft bei der Organisation der Wahrnehmung die sog. Prägnanztendenz. Sie besagt, dass die Wahrnehmung danach strebt, einfache, abgeschlossene, gute Gestalten zu bilden und dass jede Situation für unser Wahrnehmungssystem etwas »Prägnantes« besitzt, eine Qualität, die unsere Wahrnehmung in eine bestimmte Richtung »drängt«. Durch die Prägnanztendenz werden die Situationen für uns »gefährlich«, »aggressiv«, »typisch Schule«, »intim«, »tabuisiert« usw.

5 Emotionale und soziale Einflüsse

In verschiedenen Experimenten konnten Psychologen nachweisen, dass sich aktuelle Gefühle und Bedürfnisse auf die Wahrnehmung auswirken (sind wir traurig, sehen wir bevorzugt »negative« Situationen, im Zustand des Glücks vor allem freudige Ereignisse). Arme Kinder überschätzen die Größe von Münzen mit höherem Wert stärker als reiche. Sind wir hungrig, dann erscheinen uns Essgegenstände größer, schöner, wohlschmeckender als im satten Zustand.

Die Wahrnehmung wird sehr stark durch die Sprache bestimmt. Wörter sind nicht nur Bezeichnungen für etwas, sondern suggerieren uns über sog. »Nebenbedeutungen« (Konnotationen) auch bestimmte Eigenschaften (stark, schwach, dumm, hart, kalt, passiv) von einem Gegenstand, einer Situation oder einem Vorgang. Sind Menschen unsicher, so orientieren sie sich in der Wahrnehmung sehr stark an den Urteilen der Gruppe (Gruppendruck) oder der sog. Meinungsführer. Natürlich wird unsere Wahrnehmung durch die Kenntnis der Rolle von einer Person (»Polizist«, »Lehrer«, »Künstler«) beeinflusst. Weitere Tendenzen in der Wahrnehmung und Beurteilung von anderen Personen sind: Der letzte und der erste Eindruck sind entscheidend, das Bild des Menschen wird nach einer besonders deutlich wahrgenommenen Eigenschaft geformt (Halo- oder Hof-Effekt), es werden solche Merkmale eines Menschen gesehen, die logisch zusammengehören (logischer Fehler).

6 Subjektivität der Wahrnehmung

Die aufgeführten Prozesse der Wahrnehmungsorganisation haben die »Subjektivität der Wahrnehmung« zur Folge. Es gibt keine objektive Welt, sondern der Mensch handelt und kommuniziert auf Grund einer Welt, die er durch die Wahrnehmung »konstruiert« hat. Dabei ist der Mensch vom »wahren Charakter« seiner Wahrnehmung überzeugt und wird jeden Vorwurf, er sei subjektiv, als unberechtigt bekämpfen.

1.4 Mehrspeichermodell des Gedächtnisses

1 Bedeutung der Informationsspeicherung
2 Begriffe Gedächtnis, Behalten, Vergessen
3 Mehrspeichermodell
4 Prozedurales und deklaratives Wissen
5 Metagedächtnis
6 Zusammenfassung

1 Die Bedeutung der Informationsspeicherung

Von der sehr komplexen Umwelt wird der Mensch mit unzähligen Informationen überflutet. Daher ist er auf eine optimale Informationsauswahl und Zeit sparende -speicherung angewiesen. Im Zeitalter der Computerwissenschaft wurde die klassische Gedächtnispsychologie, die interessante Ergebnisse zum Verlauf des Vergessens (Vergessenskurve) sowie zur Steigerung der Gedächtniskapazität ermittelt hat, um verschiedene Erkenntnisse der Informationsverarbeitung erweitert. Generell lassen sich die Prozesse Verschlüsselung (Enkodierung), Speicherung (Behalten) und Abruf (Reproduktion) unterscheiden. Da die Kapazität der Informationsverarbeitung begrenzt ist, wird angenommen, dass der Mensch Informationen über verschiedene Mechanismen (z. B. über die Aufmerksamkeit) selektiert (auswählt) und kontrolliert, d. h. dass bestimmte Informationen nur vorübergehend im Bewusstsein »lebendig gehalten« werden.

2 Begriffe Gedächtnis, Behalten, Vergessen

Mit Gedächtnis bezeichnet man die Fähigkeit eines Organismus, Informationen zu lernen und zu speichern. Das Wort Behalten wurde in der Psychologie für die Menge an Informationen gebraucht, die der Mensch nach einer bestimmten Lern- oder Übungszeit beherrscht, zur Verfügung hat. Es ging z. B. um die Frage, wie viele sinnlose Silben der Mensch in einer Minute »behalten« kann und wie viele »verloren« gehen. Mit Behalten wird herausgestellt, dass der Mensch bestimmte Informationen auf Wunsch wieder reproduzieren, erinnern oder wieder erkennen kann. Im Gedächtnis sind auch Informationen vorhanden, die der Mensch nicht reproduzieren kann. Man sagt dann, dass der Zugriff nicht vorhanden ist. Der Verlust an Informationen und an Wissen, das ein Mensch bereits im Gedächtnis gespeichert hatte und abrufen konnte, wird Vergessen genannt. Das Vergessen wird nicht als reines Verblassen von Spuren im Gehirn gedeutet. Man nimmt an, dass es sich beim Vergessen um einen aktiven psychischen Vorgang handelt und dass verschiedene Bedingungen diesen Vorgang beschleunigen können. So können starke Gefühle, vor allem Ängste, den Zugang zu Informationen »versperren« oder Informationen ins Unbewusste verdrängen. Die Tatsache, dass Informationen im Traum erscheinen können oder in Hypnose erinnert werden, spricht dafür, dass es sich beim Vergessen nicht um einfache Löschung von Informationen handelt.

3 Mehrspeichermodell

Im Mehr-Speicher-Modell des Gedächtnisses werden drei unterschiedliche Speichersysteme angenommen. Im sensorischen (Sinnes-) oder Ultrakurzzeitgedächtnis (= UKG; manche sprechen auch von Gegenwartsbewusstsein) wird die Situation für kurze Zeit abgebildet (Reizregistrierung).

Es wird angenommen, dass das bereits vorhandene Wissen darüber entscheidet, wie bewusst einem die Informationen im UKG werden. Man geht davon aus, dass in etwa der zwanzigste Teil der Informationen, die vom UKG aufgenommen werden, die Filter- oder Kontrollstelle zum Kurzzeitgedächtnis (KZG) passiert, in dem ca. 7 Einheiten (z. B. eine Telefonnummer) für kurze Zeit gespeichert werden. Die Zeitspanne des KZG wird in der Literatur mit 20 Sekunden bis zu einer Minute angegeben. Das KZG wird auch primärer Speicher oder Arbeitsspeicher genannt. Es wird betont, dass die nur im KZG gespeicherten Informationen spätestens nach 20 Stunden völlig vergessen werden. Es gibt Belege dafür, dass Informationen im Langzeitgedächtnis biochemisch gespeichert werden. Bereits im KZG findet eine erste Verarbeitung, z. B. die Bildung von Gruppen von Informationen statt (Arbeitsspeicher). Das LZG verfügt über einen sehr großen Speicher. Die Informationen werden sehr stark miteinander verflochten, wodurch die Gefahr von Entstellungen und Verzerrungen oder Verwechslungen entsteht.

4 Prozedurales und deklaratives Wissen

Deklaratives Wissen, d. h. wissen, welche Ereignisse in einem bestimmten Jahr stattfanden oder aus welchen Bestandteilen etwas besteht (Faktenwissen), besitzt man oder besitzt man nicht (Alles-oder-Nichts-Prinzip). Prozesswissen oder prozedurales Wissen, »Wissen, wie«, kann man zum Teil beherrschen. Wissen, wie man Fahrrad fährt, ist eine Abfolge von Muskelbewegungen und Rückmeldungen über die Lage der Körperteile. Wissen, wie man Klavier spielt oder Schreibmaschine schreibt, kann von unterschiedlicher Qualität sein. Prozedurales Wissen wird gelernt durch Übung, der Vorgang kann einem gezeigt oder erklärt werden.

5 Metagedächtnis

Gedächtnismodelle nehmen an, dass Informationen über Bildung von Knoten und Verbindungen (Assoziationen) gespeichert werden. Die Netzwerke dürften hierarchisch aufgebaut sein, d. h. wichtigere oder abstraktere Informationen sind in der Hierarchie höher angeordnet. Es wurde auch erkannt, dass unser Wissen in Schematas organisiert ist. Wir haben ein »Schema«, wie man Geburtstag feiert, wie ein Schultag abläuft, wie Lebensmittel eingekauft werden usw. Darüber hinaus besitzen wir ein Metagedächtnis oder Metawissen darüber, welche Anstrengungen das Speichern bestimmter Informationen beansprucht, wie eine Information am leichtesten einzuprägen ist und was man speichern muss, um die gespeicherten Informationen abrufen zu können. Wir legen uns eine Strategie zurecht, d. h. wir überlegen, mit welchen Gedächtnishilfen (Eselsbrücken) wir einen schwierigen Stoff behalten und reproduzieren können. Metagedächtnis hilft uns auch Gedächtnishemmungen, d. h. blockierende Bedingungen beim Speichern von Informationen zu vermeiden. Gedächtnishemmungen können durch Ähnlichkeiten zwischen gelernten Informationen, durch starke Gefühle und durch vorauswirkende oder rückwirkende Überlagerung von Informationen bewirkt werden.

6 Zusammenfassung

Das Gedächtnis des Menschen funktioniert so, dass das Wissen nicht nur gespeichert, sondern auch organisiert wird. Die Verarbeitung der Informationen erfolgt zunächst durch Auswahl an den Filterstellen zwischen den einzelnen Speichern (UKG,KZG,LZG), durch unterschiedliche Behandlung des deklarativen und prozeduralen Wissens und vor allem durch Strukturierung von Informationen zu hierarchisch angeordneten Gruppen. Die Funktion des Metagedächtnisses ist von ähnlicher Bedeutung wie das Vermeiden von sog. Gedächtnishemmungen (vgl. auch Thema 1.5).

1.5 Lern- und Studiertechniken

1 Was sind Lerntechniken?

In den vergangenen drei Jahrzehnten sind auf der Grundlage interessanter gedächtnispsychologischer Erkenntnisse und aus dem Bestreben, das Lernen von Informationen angesichts deren unermässlicher Fülle möglichst rationell zu gestalten, viele Fachbücher mit Anleitungen zur Verbesserung des Lernens erschienen. Solche Anleitungen werden oft mit den Begriffen Lern- und Studiertechniken zusammengefasst. Um das Lernen bzw. die Gedächtnistätigkeit zu steigern, ist das Einüben verschiedener »Techniken« notwendig. Es sind:

»Stoffverarbeitungs- oder Gedächtnistechnik«: Stoff gliedern, Zusammenhänge herstellen und einprägen, Stoff verstehen, mit allen Sinnesorganen lernen, Gedächtnishemmungen umgehen;

»Lesetechnik«: Überblick gewinnen, Fragen stellen, kritisch lesen, d. h. gezielt nach Antworten suchen, wichtige Stichworte und wichtige Informationen wiederholen, in Erinnerung rufen, memorieren, Pausen einlegen und noch einmal Überschriften wiederholen;

»Notiztechnik«: Wichtige Begriffe, Zusammenhänge, Erinnerungshilfen notieren, Text gut strukturieren;

»Entspannungstechnik«: Es sind die persönlichen Möglichkeiten der Entspannung, z. B. über Meditation, Spazierengehen, Sport oder auch durch Computerspiele oder Fernsehen herauszufinden und einzuüben;

»Motivationstechnik«: Sich der Lernmotive bewusst werden, Motivationskonflikte vermeiden, sich Ziele setzen und sich über erzielte Erfolge freuen, über Probleme sprechen, Selbstgespräche überprüfen, positiv denken.

2 Gedächtnispsychologische Erkenntnisse

Eine entscheidende Rolle beim Lernen von Informationen spielt das Vergessen. Das Vergessen wird als Verblassen von Spuren im Gehirn, aber auch als aktives Zurückhalten von Informationen gedeutet. Der Vorgang des Abrufens kann blockiert werden durch störende Hinweise (Verwechslung bei ähnlichen Stoffen, starke Gefühle) oder weil die Hinweise fehlen, weil sich die Situation beim Abrufen zu stark von der beim Lernen unterscheidet (Kontextabhängigkeit des Lernens) oder die Hinweise selbst störend und nicht angemessen sind. Die Interferenztheorie des Vergessens nimmt an, dass sich die Erinnerungen überlagern und gegenseitig hemmen. Wenn eine alte, wichtige Erinnerung eine neue stört, so spricht man von proaktiver (vorauswirkender) Hemmung, wenn eine neue Information die alte überlagert, so sagt man, dass diese wegen retroaktiver (rückwirkender) Hemmung vergessen wurde.

Aus den Erkenntnissen über Speichern, Vergessen, aus dem Mehrspeichermodell des Gedächtnisses, über die Funktion der Filter zwischen einzelnen Speichern, über die Wirkung der Gefühle und Interessen und über die Funktion des Metagedächtnisses ergeben sich wichtige Hinweise auf Möglichkeiten, das Gedächtnis zu verbessern. Zu nennen sind: Richtige Pausengestaltung, verteiltes Lernen, Stoff verstehen, statt Einzelwissen Bedeutungen behalten, Strukturen bilden, Hinweise zum Reproduzieren speichern, individuelle Gedächtniskapazität und Lerngewohnheiten überprüfen, positive Gefühle und Einstellungen zum Lernstoff entwickeln, sich motivieren und Selbstverstärkungen einplanen.

3 Bedeutung von Erfahrungen, Emotionen und Gewohnheiten

Die Gedächtnisleistung ist ein »Gemeinschaftswerk« der Psyche und des Körpers. Beteiligt sind Emotionen und Einstellungen, Denken, bisherige Erfahrungen und Gewohnheiten.

Will man das eigene Lernen verbessern, dann muss man in Bezug auf Emotionen und Einstellungen überlegen: Wie ist mein emotionales Befinden während des Lernens (z. B. im Fach Mathematik), erlebe ich Lernen als unangenehme Pflicht, aus welchen Motiven lerne ich, wie ist meine Einstellung zum Lernen, wie ist mein Selbstbild, habe ich Vertrauen in meine Fähigkeiten, erwarte ich Erfolgserlebnisse oder Misserfolg, lasse ich mich bei Schwierigkeiten schnell entmutigen usw.?

Erfahrungen und Wissen sind wichtig, um sinnvolle und rationelle Arbeitsformen einzusetzen, um Informationen zu beschaffen, um in einem Fach Informationen nach Vorkenntnissen zu gliedern und zu strukturieren und um den Stoff zu verstehen.

Auch Gewohnheiten beim Lernen, z. B. wie gehe ich »gewöhnlich« mit meiner Zeit oder mit Schwierigkeiten um, sind zu überprüfen und gegebenenfalls zu ändern.

Will ich mein Lernen verbessern, dann muss ich bei mir anfangen. Ich muss mein persönliches Lerntempo herausfinden, meine bevorzugten Lerntechniken, meinen Lieblingslernort, mein persönliches Zeitmanagement.

Effizientes Lernen ist eine komplexe Aufgabe für alle Kräfte im Menschen! Daher sind folgende Trainings für die Psyche von Vorteil:

- Selbstvertrauen statt Selbstzweifel
- Entspannung statt Verkrampfung
- Erfolgserwartung statt negative Selbstbewertung
- Konzentration und Aufmerksamkeit statt Ermüdung und Anstrengung.

4 Begründung verschiedener Maßnahmen

Konzentration, Aufmerksamkeit, Entspannung und Wahl sinnvoller, bedeutungsvoller Informationen sind wichtig, damit die Informationen die Filterstelle zum Langzeitgedächtnis passieren, d. h. damit die Informationen über das Kurzzeitgedächtnis zum Langzeitgedächtnis weitergegeben werden.

Pausen sind wichtig, um die Wirkung von Gedächtnishemmungen weitgehend auszuschalten.

Aktive Lernpausen, Meditation, Entspannung, Selbstvertrauen, Erfolgserwartung sind wichtig, weil das Gedächtnis ein »Gemeinschaftswerk« ist (beteiligt sind Gefühle, Bedürfnisse, Einstellungen, Gewohnheiten, Erfahrungen).

Über alle Kanäle lernen ist wichtig, um mehr Informationen ins Gegenwartsbewusstsein aufzunehmen.

Unbekanntes an Bekanntes anbinden ist wichtig, um den Zugriff zu den Informationen zu sichern.

Optimale Lese- und Notiztechnik sind wichtig, weil die Speicherkapazität und Speichergeschwindigkeit begrenzt sind; über gute Lesetechnik und Notiztechnik wird die begrenzte Speichergeschwindigkeit und -kapazität erweitert.

5 Zusammenfassung

Mit einem »schlechten Gedächtnis« muss man sich nicht abfinden. Die Kenntnis gedächtnispsychologischer Erkenntnisse allein genügt aber nicht, um die Effektivität des eigenen Lernens zu verbessern. Will man die Effektivität des eigenen Lernens steigern, so muss man zur Selbsterkenntnis bereit sein, man muss vorhandene Interessen und Motive reflektieren und sich realistische Ziele setzen, positive Gedanken und Gefühle entwickeln, die eigene Zeit realistisch planen und sich durch Selbstverstärkung motivieren.

1.6 Begriff, Funktionen und Formen des Denkens

1 Die Bedeutung des Denkens
2 Begriff und Funktion des Denkens
3 Begriffsbildung und schlussfolgerndes Denken
4 Problemlösendes Denken
5 Kreatives oder produktives Denken
6 Zusammenfassung

1 Die Bedeutung des Denkens

Gedanken sind rätselhafte Dinge. Schon immer hat der Mensch versucht, sie zu entschlüsseln. Die Griechen glaubten, dass Gedanken in der Brust wohnen. Das lateinische Sprichwort »Mens sana in corpore sano« – ein gesunder Geist in einem gesunden Körper – steht für die Überzeugung, dass das Denken untrennbar mit körperlichen Vorgängen verbunden ist. René Descartes glaubte, dass Gedanken auch unabhängig vom Körper fließen können. Von den sog. Rationalisten, die an die Allmacht des Denkens und der Vernunft (Ratio) glaubten, wurde die enge Verbindung zwischen Geist und Körper in Frage gestellt. Schon Sigmund Freud hat deutlich gezeigt, dass sich der Mensch nicht an logische Schlussfolgerungen hält, wenn verdrängte Impulse im Spiel sind. Die Geschichte verdeutlicht uns, dass sich das Denken bestimmten Interessen unterordnet (z. B. der Kirche oder der Machtinhaber). Es ist gut, wenn wir unser Leben rational erklären und gestalten können. Aber die menschliche Vernunft funktioniert nicht so wie die Logik eines Computers. Menschen können sich durch negative Gedanken das Leben und die Bewältigung der Zukunft erschweren oder sich durch positive Gedanken selbst helfen.

2 Begriff und Funktion des Denkens

Das Denken wird definiert als eine von der Außenwelt unabhängige, innen gesteuerte Umwandlung des Wissens über die Erscheinungen der Welt. Es handelt sich dabei um eine interpretierende und ordnungsstiftende Verarbeitung von Informationen, um Erfassung oder Herstellung von Bedeutungen (z. B. Funktion), Beziehungen (z. B. Ursache-Wirkung) sowie um Bewertungen (z. B. Sinn oder Gefahr erkennen, nach gut und böse ordnen).

Ziel oder Funktion des Denkens besteht im Lösen von Problemen, d. h. im Herausfinden der besten Handlungsalternative, im Ziehen logischer Schlussfolgerungen und vor allem in der Bildung von Begriffen. Eine wichtige Funktion des Denkens wird im sog. »Probehandeln« gesehen. Es ist sicher vom Vorteil, wenn man Konsequenzen einer Handlung durch das Denken vorwegnehmen und – wenn negative Folgen zu erwarten sind – entweder diese vermeiden oder Vorsorge treffen kann.

3 Begriffsbildung und schlussfolgerndes Denken

Denken wird auch als »die Suche nach Ordnung« bezeichnet. Die Ordnung von Informationen und Eigenschaften der Umweltgegenstände wird erzielt über Bildung von Begriffen (Erfassung von Merkmalen, das Wesentliche eines Wortes, das Bezeichnete). Es gibt konkrete wie Baum, Messer und abstrakte Begriffe, z. B. Mutter, Werkzeug, Freiheit, Logik, Schule, Erziehung. Mit Hilfe des Denkens wird Ordnung zwischen den Begriffen hergestellt. Nach gemeinsamen oder Unterscheidungsmerkmalen werden Begriffe zusammengefasst und es werden Begriffshierarchien gebildet, z. B. Sport für Leichtathletik, Ballspiele, Laufen, Springen, Werfen. Dabei spielt die Sprache eine wichtige Rolle. So wird z. B. angenommen, dass man mit der Sprache auch eine bestimmte Wahrnehmung von der Welt erlernt und entwickelt anschließend dazu die passenden Begriffe. Die Sprache bestimmt den Rahmen, in dem das Denken ablaufen kann.

Auch beim schlussfolgernden Denken spielen Begriffe und die Sprache eine wichtige Rolle. Beim induktiven Schließen werden aus vielen Einzelbeobachtungen allgemein gültige Aussagen gebildet, wobei die Gefahr einer unzulässigen Verallgemeinerung besteht. Beim deduktiven Schließen geht man umgekehrt vor: Aus allgemeinen Sätzen werden Eigenschaften von konkreten Objekten oder Personen abgeleitet. Durch das sog. analoge Denken werden Beziehungen zwischen Merkmalen und Prozessen hergestellt, die miteinander in keiner direkten Beziehung stehen. Das Verwenden von Symbolen (Kreuz, Fahne), das Verdeutlichen von Vorgängen mit Modellen (z. B. Instanzenmodell nach Freud) oder das Deuten körperlicher Erkrankungen mit psychischen Vorgängen (Magengeschwür – Stress) bedient sich des analogen Denkens.

4 Problemlösendes Denken

Denkpsychologen haben herausgefunden, dass das Lösen von Problemen (Suche nach einem Ausweg) in der Regel in vier Stufen erfolgt: Auf die Analyse der Ausgangssituation mit dem Ziel, das Problem genau zu bestimmen, folgt die Analyse von Entwicklungstendenzen mit dem Entwurf einer Strategie. Nach dem Treffen der Entscheidung und der Durchführung der Strategie folgt die Überprüfung des Vorgehens und die Bewertung des Erfolgs.

In Gruppen wird bei der Suche nach Problemlösungen häufig die Technik des »brainstorming« angewandt. Ohne Bewertung sammelt und notiert man zunächst alle, auch ungewöhnliche, Lösungsvorschläge. Gestaltpsychologen meinen, dass sich die Lösung als ein »Aha-Erlebnis« plötzlich einstellt bzw. dass die Lösung über »Einsicht«, d. h. durch eine Umstrukturierung der Wahrnehmung »gesehen« wird.

5 Kreatives und produktives Denken

Das Denken wird kreativ (schöpferisch, produktiv) genannt, wenn nach neuartigen (Erfindungen) Lösungswegen gesucht wird. Ergebnisse des Denkens werden erst dann kreativ genannt, wenn sie nützlich, gesellschaftlich bedeutsam und ethisch vertretbar sind. Kreatives Denken wird oft mit dem divergenten Denken nach J. P. Guilford in Verbindung gebracht. Im Gegensatz zum konvergenten Denken, bei dem nach einer »richtigen« Lösung gesucht wird, entwickelt das divergente Denken viele Lösungswege. Um verschiedene Lösungen zu finden, muss man sich von Konventionen und Normen frei machen.

6 Zusammenfassung

Das Denken als innengesteuerte Umwandlung des Wissens hat eine interpretierende, ordnungsstiftende, problemlösende und bewertende Funktion. Bei der Bewertung geht es um die Beurteilung von Begriffen bzw. von Gegenständen und Ereignissen nach ihrer Nützlichkeit und Funktion (bevorzugte Bewertungskriterien) sowie mit Hilfe bestimmter Maßstäbe wie Durchschnitt, Idealwert und Norm. Es wird auch von Urteilsbildung gesprochen. Die Bewertung von Begriffen und Informationen durch das menschliche Denken ist sehr subjektiv, richtet sich oft nach gängigen Klischeevorstellungen und Vorurteilen und beeinflusst stark die Wahrnehmung, die Speicherung von Informationen und das menschliche Handeln.

Das Denken hat eine sehr wichtige informationsverarbeitende Funktion und hilft uns beim Lösen vieler Probleme. Das Handeln entzieht sich der Denkkontrolle, wenn irrationale Kräfte im Spiel sind.

1.7 Merkmale von Emotion und Motivation

1 Die Logik des Herzens
2 Begriffe Emotion und Motivation
3 Entstehung und Funktion der Gefühle
4 Antriebskräfte des Menschen
5 Zusammenfassung

1 Die Logik des Herzens

Der geniale Mathematiker Blaise Pascal hat zwei Erkenntnisweisen als grundverschieden und gleichwertig beschrieben: Den »Geist der Exaktheit« oder die »Ordnung der Vernunft«, den »Geist der Differenziertheit« oder die »Ordnung des Herzens«. Offensichtlich hat Pascal erkannt, dass wir mit unserem Verstand und unserer Logik nicht in der Lage sind, alle Bereiche der lebendigen Wirklichkeit zu begreifen. Ludwig Wittgenstein schrieb dazu 300 Jahre später: »Wir fühlen, dass selbst wenn alle möglichen wissenschaftlichen Fragen beantwortet sind, unsere Lebensprobleme noch gar nicht berührt sind.« Nach Pascal bringt unser Verstand die Wahrnehmung der Welt in eine begriffliche Ordnung, die gleichen Eindrücke ordnet aber das Gefühl nach qualitativen Wertmaßstäben, d. h. nach den Kriterien des Angenehmen und Unangenehmen, Schönen und Hässlichen, Guten und Bösen. Gefühle entstehen aus einer Beziehung (Interaktion) zwischen Person und Umwelt. Sie sind nicht abstrakt und neutral wie viele Denkurteile oder naturwissenschaftliche Analysen. Mit Gefühlen wird das Ganze einer Situation erfasst, mit Verstand werden die Dinge in die Elemente zerlegt und nach richtig-falsch geordnet. Die größere Verlässlichkeit der Urteilskraft der Gefühle besteht nach Pascal in ihrer Nähe zu den leiblichen Bedürfnissen und Körperwahrnehmungen. Mit seinem Verstand und seiner »geistigen Tätigkeit« entfernt sich der Mensch oft von der Umwelt, verliert die Nähe und den direkten Bezug.

2 Begriffe Emotion und Motivation

Emotionen und Motivation zählen nach H. Rohracher zu »psychischen Kräften«, d. h. es handelt sich um Energien, die uns antreiben, unser Verhalten aktivieren und steuern.

Emotionen oder Gefühle sind das Gegenteil von Gleichgültigkeit. Von Gefühlen sprechen wir, wenn wir aus dem Normalzustand herausgerissen sind, wenn uns ein angenehmes oder unangenehmes Erleben »widerfährt« oder uns »überfällt«, ohne dass wir uns wehren können. Komponenten der Gefühle sind: Subjektives Erleben (Freude, Glück, Trauer, Angst) des Erregt- und Berührtseins oder der Betroffenheit. Mit dem subjektiven Erleben eng verknüpft ist das Bewusstwerden körperlicher Reaktionen oder physiologischer Veränderungen wie Herzklopfen, Schweißausbruch, schnellere Atmung, Muskelspannung. Als dritte Komponente wird der »Ausdruck der Gefühle« genannt. Gefühle lösen Verhaltensweisen aus, die als Gesichtsausdruck (Mimik), Körperbewegungen (Gestik) und Stimme (Tonfall) beobachtet werden können. Die Erlebniskomponente lässt sich mit Hilfe des Merkmals oder der Pole Lust-Unlust, die körperlichen Veränderungen mit Erregung-Beruhigung und das Verhalten nach Spannung-Lösung näher beschreiben.

3 Entstehung und Funktion der Gefühle

Gefühle sind eng mit Reaktionen des autonomen Nervensystems verknüpft und entziehen sich zunächst der rationalen Kontrolle. Die Fähigkeit, in bestimmten Situationen gefühlsmäßig zu reagieren, ist angeboren (Gefühlserregbarkeit). Im Laufe der Entwicklung (individueller Werdegang oder Lerngeschichte) findet die Differenzierung der Auslöser (Situation), des subjektiven Erlebens und des Gefühlsausdrucks statt. Im Laufe der Biographie werden sog.

»emotionale Schemata« aufgebaut, in denen eine Kopplung enthalten ist zwischen Zustandswahrnehmung, Situationswahrnehmung und Emotionsbenennung. Kognitionen (Gedanken, Informationen, Wahrnehmung) sind auch mit Gefühlen ganz eng verknüpft: Einerseits verleihen sie der Basisaktivierung die »Richtung« (angenehm-unangenehm), und die Gefühle beeinflussen dann ihrerseits das Denken und die Leistungsfähigkeit.

Bereits in der Einleitung wurde die Bedeutung der Gefühle angesprochen. In der Fachliteratur wird von emotionaler Intelligenz oder von der Urteilskraft der Gefühle gesprochen. Ohne Gefühl gibt es kein lebenstüchtiges Denken und keine rationalen Entscheidungen, schreibt Carola Meier-Seethaler in ihrem Buch »Gefühl und Urteilskraft«. Neurophysiologische Untersuchungen belegen, dass alle Hirnteile eng miteinander vernetzt sind und liefern den Beweis, das »geistige« Aktivität durch Gefühle beeinflusst wird. Ohne gegenseitige emotionale Anteilnahme kann keine Gemeinschaft entstehen. Gefühle schützen uns vor Gefahren, Gefühle bilden die Grundlage für moralische Entscheidungen. Gefühle können die Gesundheit gefährden, aber auch heilsam wirken, denn ohne Einfühlung und Empathie ist therapeutische Einflussnahme kaum möglich.

4 Antriebskräfte des Menschen

Mit der Frage, was den Menschen dazu bewegt, etwas Bestimmtes zu tun, beschäftigt die Motivationsforschung. Motivation wird in der Psychologie als Bezeichnung für Kräfte und Prozesse verwendet, die unser Verhalten oder Handeln aktivieren, es auf ein bestimmtes Ziel hin steuern und die Aktivität trotz möglicher Widerstände aufrechterhalten (Anstrengung, Beharrlichkeit). Emotionen und Motivation sind zwei Aspekte einer Erscheinung. Folgender Unterschied wird artikuliert: Emotion = »Was-bin-ich-Modus« und »Wie-geht-es-mir-Modus«; Motivation richtet sich auf die Frage »Warum«, »Was-will-ich-Modus«.

Triebtheorien gehen davon aus, dass das Verhalten durch biologische Triebe aktiviert wird. Psychologische Theorien gehen davon aus, dass von bestimmten Situationen eine Anreizwirkung ausgeht, die vorhandene Bedürfnisse und Motive aktiviert. A. Maslow geht von einer Hierarchie der Bedürfnisse aus, wobei die nächste Stufe erst auftritt, wenn die vorausgehenden Bedürfnisse ausreichend befriedigt wurden. Es sind: Physiologische Bedürfnisse, Bedürfnis nach Sicherheit, nach Zuwendung, nach Anerkennung und Macht und nach Selbstverwirklichung.

5 Zusammenfassung

Zu den Antriebskräften des Menschen zählen angeborene Triebe, Bedürfnisse, erlernte Motive und äußere Anreize. Als psychische Kräfte leisten Gefühle und Bedürfnisse wichtige lebenserhaltende Funktionen. Bereits beim Kind zeigt sich ein deutlich ausgeprägtes angeborenes Bindungsverhalten an Bezugspersonen. Als soziales Wesen sucht der Mensch nach der Nähe anderer Menschen (Anschlussmotivation). Bei dieser Suche kann er sich auf die Urteilskraft seiner Gefühle verlassen.

Gefühle sind Zustände, die sich aus einer besonders engen Verbindung zwischen Körper, Seele und Geist einerseits und der Situation andererseits ergeben. Ein Gefühl zu haben, heißt ein Werturteil abgeben über die Situation, in der man sich befindet. Gefühle sind Orientierungshilfen: Sie helfen uns, die Situation ganzheitlich zu erfassen und geben uns Rückmeldung über unseren Umgang mit der Situation. Damit sind Gefühle auch Basis der Verantwortung.

1.8 Stress und Stressbewältigung

1 Kritische Lebensereignisse
2 Begriff Stress
3 Stressmodell nach R. S. Lazarus
4 Stressbewältigung
5 Zusammenfassung

1 Kritische Lebensereignisse

Ereignisse, die unvorhersehbar sind, plötzlich auftreten, die nicht im Bereich unserer Einflussmöglichkeiten stehen, denen wir daher hilflos ausgeliefert sind und die unser Leben verändern, weil sie eine Anpassung erfordern, werden in der psychologischen Fachliteratur »kritische Lebensereignisse« (Life-Event-Forschung) genannt. Solche Ereignisse sind z. B. Tod eines Lebensgefährten, Scheidung der Eltern, Unfall, plötzliche schwere Erkrankung, Sitzenbleiben in der Schule, Verlust der Freunde wegen Umzug, Arbeitsplatzverlust. Solche Ereignisse bringen emotionale Belastungen mit sich, die als Trauer, Angst oder Depression auftreten, das Erleben und Verhalten stark beeinträchtigen und bei längerer Dauer zu einer Lebenskrise führen können. Die Beeinträchtigungen bestehen im Verlust positiver emotionaler Grundstimmungen, in der Einbuße von Interesse, Initiative, Neugierde, Selbstvertrauen, Vertrauen in die Zukunft und in der Herabsetzung allgemeiner Handlungskompetenz, die sich als Unsicherheit, Meidungsverhalten, Rückzug aus sozialen Kontakten und Ängstlichkeit äußert. Der Auseinandersetzung der Psychologie mit kritischen Lebensereignissen ging die Stressforschung und Beschreibung so genannter Bewältigungsstrategien oder des Coping-Verhaltens (R. S. Lazarus) voraus.

2 Begriff Stress

Mit Stress hat H. Seyle die »unspezifische Reaktion des Organismus auf jegliche Anforderungen« bezeichnet. Zunächst wurde in der Forschung zwischen Stress-Reiz (Situation, Stressor) und Stress-Reaktion (Adrenalinausschüttung, Erhöhung des Herzschlags, kalte Hände, Schweißausbrüche, Stocken der Atmung, Erhöhung des Blutzuckergehalts, Müdigkeit, Appetitmangel, Anfälligkeit für Erkrankungen) unterschieden. Stress gilt als Bezeichnung für zeitlich begrenzte »Belastungs- oder Beanspruchungssituationen«, die bei einer Person das Gefühl auslösen, die Situation bzw. die Folgen der Situation nicht bewältigen zu können.

Seit der Life-Event-Forschung werden physikalische (Schmerz, Lärm, Hitze, Isolation, Unfälle), psychische (Versagen, Überforderung, Prüfungen, Verlust, Bedrohung) und soziale Stressoren (Konflikte, Verlust näherer Angehöriger, soziale Ablehnung) aufgeführt.

3 Stressmodell nach R. S. Lazarus

Im kognitiven Stressmodell nach Lazarus wird die Trennung zwischen Stressor und Stress durch die Herstellung einer Interaktion zwischen Person und Umwelt über kognitive Vorgänge wieder aufgehoben. In einem ersten Bewertungsprozess prüft ein Mensch, ob es sich bei einer Situation um Formen von Schädigung, Bedrohung und Verlust handelt oder um eine Herausforderung. Wird eine Situation als »bedeutungsvoll« eingestuft, so folgt ein »sekundärer Bewertungsvorgang«, in dem die Bewältigung geprüft und eingeschätzt wird. Geprüft werden sowohl eigene Bewältigungsfähigkeiten (»Wie gut bin ich?«, »Was kann ich?«) als auch Bewältigungsmöglichkeiten (»Welche Wege gibt es?«). Den Prozess der Bewertung und Bewältigung von Stress nennt Lazarus »coping«. Manche Autoren sprechen erst dann von Stress, wenn die gewählte und eingesetzte Bewältigungsstrategie (coping) nicht zum Ziel führt und entsprechende negative emotionale Belastungen entstehen.

4 Stressbewältigung

Zur Stressbewältigung gehören a) Lösung des Problems und b) Änderung negativer, belastender emotionaler Zustände. Lazarus und seine Mitarbeiter haben vier Bewältigungsformen herausgestellt:

1. Die Informationssuche dient der Lösung des Problems und steigert auch das Wohlbefinden, weil man mit gewonnenen Informationen entweder die getroffene Entscheidung rechtfertigen oder neue Verhaltensalternativen entwickeln kann.

2. Mit direkten Aktivitäten wie Scheidung, neue Partnerschaft eingehen, Ärger ausleben, neue Wohnung suchen oder Flucht lassen sich stressige Situationen verändern und bewältigen.

3. Die Zurückhaltung nach dem Motto »dann kann ich wenigstens nichts falsch machen«, wird »Aktionshemmung« genannt und ist, weil so auch negative Handlungen wie Einnahme von Tabletten unterlassen werden, als echte Bewältigungsform anerkannt.

4. Zu den »intrapsychischen Bewältigungsformen« gehören alle kognitiven Umdeutungen wie Selbsttäuschung, Verleugnung, Vermeidung, Verdrängung und Selbstinstruktion. Der Stress wird über die Verminderung der emotionalen Belastung bewältigt, Menschen fühlen sich wohler, weil sie sich einreden, klüger, erfolgreicher und schöner zu sein als sie sind.

Besonders wichtig für eine erfolgreiche Stressbewältigung sind so genannte »positive Ressourcen«, womit in etwa individuelle Stärken, Kräfte, Fähigkeiten, Entspannungsmöglichkeiten und Energiereserven gemeint sind. Neben den persönlichen »Reserven« und Fähigkeiten ist aber auch soziale Unterstützung sehr wichtig. Das Unterhalten von Beziehungen zu verschiedenen Personen, also das Eingebundensein in ein »soziales Netzwerk«, kann zum Stressabbau beitragen, wenn wir von anderen gelobt, bewundert, anerkannt werden (Selbstwertunterstützung), über Beratung notwendige Informationen erhalten oder uns direkte materielle Hilfe oder instrumentelle Unterstützung gegeben wird (Geld, Wohnung, Hilfe bei Pflege). Nicht zuletzt leisten Freunde oft eine Art emotional/motivationale Unterstützung durch Solidarität, Ermutigung, Zuwendung, Zuhören und Ähnliches.

5 Zusammenfassung

Die Stress- und Life-Event-Forschung beschäftigen sich mit den Auswirkungen kritischer Lebensereignisse und mit der Entstehung und Bewältigung von Stress. Als Mediziner hat Hans Selye die Reaktion des Körpers auf Belastung beschrieben. Ganz im Sinne der Lebenserhaltung (Selye sagt, »Stress ist ein Lebensgesetz«) reagiert der Organismus zuerst mit einer »Alarmreaktion«. Dauert die Belastung länger, findet eine Anpassung organismischer Funktionen an die Situation statt. Dauert die Situation sehr lange oder ist sie sehr ernst, dann bricht die Anpassung zusammen und es tritt ein Zustand der Erschöpfung ein.

Lazarus und andere haben Stress als Wechselwirkung zwischen Mensch und Umwelt gedeutet und die psychologische, vor allem die kognitive Seite näher untersucht. In schwierigen Situationen und vor allem bei Eintreten unvorhersehbarer kritischer Lebensereignisse ist schon die erste Bewertung der Situation von entscheidender Bedeutung. Ich kann eine Situation als Schädigung und Bedrohung oder als Chance und Herausforderung einschätzen. Nach der ersten Bewertung folgt die Planung der Bewältigungsstrategie. Für den Einsatz effektiver Bewältigungsstrategien sind individuelle Ressourcen und soziale Unterstützung sehr wichtig.

1.9 Zentrale Erkenntnisse der Persönlichkeitspsychologie

1 Carpe diem
2 Begriff Persönlichkeit
3 Beschreibungsmodelle
4 Humanistisches Menschenbild
5 Psychoanalytisches Modell
6 Zusammenfassung

1 Carpe diem

Carpe diem – nutze den Tag, ist ein viel zitierter Satz, mit dem verdeutlicht werden soll, dass jeder Mensch für sein Leben verantwortlich ist.

Das Erleben, Verhalten und Handeln der Menschen wird in der Psychologie gedeutet aus dem Zusammenwirken von »Innen« und »Außen«, von Person und Umwelt. Da jeder Mensch einzigartig ist, kann man das Rätsel des Verhaltens nur lösen, wenn es gelingt, die das Verhalten bestimmenden (determinierenden) Eigenschaften, Merkmale und Fähigkeiten herauszufinden und zu beschreiben. Von praktischem Nutzen können diese Beschreibungen erst dann sein, wenn es gelingt, die Unterschiede zwischen den Menschen auf wenige, aussagekräftige Modelle zu reduzieren.

2 Begriff Persönlichkeit

Mit dem Begriff Persönlichkeit werden in der Psychologie alle individuellen Verhaltensbereitschaften (Dispositionen) beschrieben, die durch Umwelteinflüsse aus der Anlage unter Mitwirkung der Selbststeuerung entwickelt wurden. Die Persönlichkeit ist das, was der Mensch aus dem Zusammenwirken von Anlage und Umwelt »macht«.

Die das Erleben und Verhalten bestimmenden Dispositionen sind relativ stabil und lassen sich in psychische Fähigkeiten und Fertigkeiten wie z. B. Intelligenz, Gedächtnis, Sprachfähigkeit, Kreativität, in psychische Funktionen wie z. B. denken, wahrnehmen, erinnern, urteilen, Probleme lösen und in psychische Kräfte wie z. B. Motive, Triebe, Interessen, Bedürfnisse, Gefühle, Wünsche und Ziele aufgliedern.

Zwischen den genannten Merkmalen besteht ein Strukturzusammenhang, d. h. sie bilden eine innere Ordnung und einen Integrationszusammenhang, d. h. sie durchdringen und beeinflussen sich gegenseitig, sind voneinander abhängig. Die Persönlichkeit kann betrachtet werden als eine Leib-Seele-Geist-Einheit.

3 Beschreibungsmodelle

In der Psychologie wurden viele Versuche unternommen, um die Vielfalt von Persönlichkeitsmerkmalen zu ordnen und zu Typen zusammenzufassen. Die ältesten Charakter- oder Persönlichkeitstypen wurden bereits in der Antike nach den Körpersäften eingeteilt und heißen: Choleriker (erregbar, aufbrausend), Sanguiniker (lebendig, redselig, sorglos), Phlegmatiker (sorgfältig, friedfertig, ruhig) und Melancholiker (pessimistisch, traurig, ängstlich).

E. Kretschmer ordnete die Temperamente den Körperbautypen zu. Nach seinen Beobachtungen neigen Menschen mit einem leptosomen Körperbau (schlank, leichter Knochenbau) zum »schizothymen« Charakter (ungesellig, kühl, reserviert, introvertiert). Der pyknische Körperbau (Neigung zu Rundungen, kleinwüchsig) zeigt Eigenschaften des »zyklothymen« Temperaments (heiter, gesellig, extravertiert, stark ablenkbar, orientiert sich an Farben). Der Athletiker (Menschen mit starken Knochen, breiten Schultern, muskulös) neigt zum »viskösen« Temperament, ist also explosibel und geistig wenig beweglich.

Nach dem zweiten Weltkrieg ist das von Theodor Adorno und anderen beschriebene Modell der »autoritären Persönlichkeit« bekannt geworden. Der autoritären oder antidemokratischen Persönlichkeit werden folgende Eigenschaften zugeschrieben: Antisemitismus (Ablehnung von Juden), Ethnozentrismus (positive Klischeevorstellungen von der eigenen Gruppe), Konservativismus (positive Haltung zu Werten wie Besitz, Arbeit, Eigentum und Bejahung der sozialen Ungleichheit), Rigidität (Neigung zu Vorurteilen, Intoleranz, Neigung zu Schwarz-Weiß-Denken und zu Bewertung nach gut und böse) und Faschismus oder Autoritarismus (Projektion eigener Impulse auf Minderheiten, Übereinstimmung mit Normen und Werten der Majorität, Tendenz, Konformität auch von anderen zu fordern).

Eines der wichtigsten Persönlichkeitsmerkmale wird zurzeit im Selbstkonzept gesehen. Es handelt sich um die Gesamtheit aller Urteile einer Person über sich selbst. Das Selbstkonzept spielt im humanistischen Menschenbild eine wichtige Rolle.

4 Humanistisches Menschenbild

Nach 1960 hat sich in Amerika die humanistische Psychologie etabliert, die folgende Grundideen zur Persönlichkeitsstruktur vertrat: Jeder Mensch strebt nach Selbstverwirklichung, d. h. nach Entfaltung der in ihm vorhandenen Fähigkeiten. Er strebt danach, seinem Leben einen persönlichen Sinn zu geben. Körper, Geist und Seele sind eine Einheit und beeinflussen sich gegenseitig. Jede Veränderung in einem Bereich hat Veränderungen im anderen zur Folge. Jedes Verhalten hat eine positive Absicht und jeder Mensch macht das, was er am besten kann.

Der amerikanische Psychologe Carl Rogers ist der bekannteste Vertreter der humanistischen Position. Aus dem »Drang, sich zu entfalten,... alle Fähigkeiten des Organismus auszudrücken und zu aktivieren«, bewertet – und zwar unbewusst über Gefühle und Reaktionen des Körpers – jede Person die Erfahrungen danach, ob sie zur Selbstverwirklichung beitragen oder nicht. Erhält der Mensch positive Beachtung durch andere, so steigert dies eine positive Selbstachtung. Probleme entstehen, wenn »die Bedingungen für die Wertschätzung« (ein Junge weint nicht) und eigene Erfahrungen und Gefühle (Weinen hilft mir) nicht übereinstimmen oder inkongruent sind. Um diese Inkongruenz zu beseitigen, muss man die Wirklichkeit verzerrt wahrnehmen (Verlust an Erfahrungen), Kontakt mit ihr vermeiden oder wirkliche Gefühle an das Selbstkonzept anpassen. Rogers spricht auch von Diskrepanzen zwischen Ideal- und Realselbst.

5 Psychoanalytisches Modell

Als Leib-Seele-Geist-Einheit stellt der Mensch ein dynamisches (Spiel der Kräfte), ökonomisches (Energiehaushalt) und topisches (Bewusstes-Unbewusstes) System dar. Das »Kräftespiel« läuft zwischen Trieben, die Freud der Es-Instanz oder dem Lustprinzip zuordnet und Moral, nach Freud das Über-Ich. Man könnte auch sagen, dass das Ich, also das Realitätsprinzip oder die handelnde Instanz mit Strebungen der Natur und Ansprüchen der Kultur zurechtkommen muss. Als Vermittler zwischen Es und Über-Ich verbraucht das Ich Energie ebenso wie für das Bewältigen der Anforderungen seitens der Umwelt (vgl. auch Thema 3.1).

6 Zusammenfassung

Mit dem Instanzenmodell nach Freud, mit dem Selbst, das alles umfasst, was im Bewusstsein an Erfahrungen vorhanden ist oder mit typisch ausgeprägten Verhaltensdispositionen lässt sich der Einfluss der Persönlichkeit auf das Erleben und Verhalten deuten.

2 Grundbegriffe der Pädagogik

2.1 Pädagogik als Wissenschaft

1 Erziehungspraxis im Unterricht
2 Begriffe Pädagogik und Erziehungswissenschaft
3 Gegenstand und Teilgebiete
4 Wissenschaftliche Methoden
5 Pädagogik und Nachbarwissenschaften

1 Erziehungspraxis im Unterricht

Vom Unterricht über Erziehungsfragen versprechen sich Bildungspolitiker, Lehrer, Eltern und Schüler eine »Verbesserung« der Erziehungspraxis. Pädagogik als Unterrichtsfach wurde bereits 1908 durch die Reform des preußischen Mädchenschulwesens eingeführt. In den 60er und 70er Jahren wird Pädagogik unter der Bezeichnung »Erziehungslehre« oder »Erziehungskunde« in der Sekundarstufe I (Hauptschule und Realschule) und unter dem Namen »Erziehungswissenschaft« oder »Pädagogik« in der Sekundarstufe II (Gymnasium) sowie im beruflichen Schulwesen als Hauptfach eingerichtet. Als Ziele des Pädagogikunterrichts werden angegeben: Bewusstseinserweiterung und Selbsterfahrung, Berufsfindung und Handlungspropädeutik (Vermittlung von praktischen Fähigkeiten) und Wissenschaftspropädeutik (Einführung in das erziehungswissenschaftliche Denken).

2 Begriffe Pädagogik und Erziehungswissenschaft

Das Wort Pädagoge stammt aus dem Griechischen und bedeutet »Knabenführung«. Ältere Sklaven wurden in der Regel dazu eingesetzt, um Söhne des Herrn zum Privatlehrer zu begleiten oder »zu führen«. Ab dem 18. Jahrhundert wird Pädagogik als »Führungskunst« gebräuchlich. Pädagogik ist eine »praktische Wissenschaft«, d. h. sie befasst sich mit der Aufgabe des Pädagogen, dem jungen Menschen zur Mündigkeit zu verhelfen. Die Pädagogik als Wissenschaft erforscht alles, was mit der Erziehungspraxis zusammenhängt. So entsteht eine Theorie »der Veranstaltungen und Maßnahmen, der Institutionen, Organisationsformen und Mittel, die der Pädagoge durchführt oder deren er sich bedient, um seinen Auftrag zu erfüllen« (Elisabeth Badry, Grundlagen und Grundfragen des Pädagogischen).

Diese Theorie enthält »Regelwissen« über die pädagogische Praxis allgemein und konkretes »Handlungswissen« über das Vorgehen in konkreten Einrichtungen (z. B. Schule, Kindergarten) zur Erfüllung des Erziehungsauftrags. In neuerer Zeit wurde im Bereich der Universitäten der Begriff Erziehungswissenschaft dem Wort Pädagogik vorgezogen. H. Scárbath definiert Erziehungswissenschaft als »Sammelbezeichnung für all jene Bemühungen und (jene vorläufigen) Ergebnisse der Forschung, der Theoriebildung und der vernünftigen Diskussion, die sich auf pädagogisches Handeln bzw. auf pädagogisch bedeutsame Prozesse beziehen«. Da sich eine Erziehungswissenschaft nicht auf die Erforschung dessen, was ist (Realität, Merkmale und Prozesse, z. B. Lernen, die mit Erziehung zu tun haben) beschränken kann, sondern auch Aussagen darüber machen muss, was sein oder erreicht werden soll (Sinn und Ziele des Handelns), ist eine Unterscheidung zwischen den Begriffen Pädagogik und Erziehungswissenschaft kaum möglich.

3 Gegenstand und Teilgebiete

Setzt man sich mit pädagogischen Texten auseinander, so wird man immer wieder folgenden Grundbegriffen begegnen: Erziehung, Erzieher,

Zögling bzw. Edukand (vom »Educandus« = der zu Erziehende), Bildung, Erziehungsziele, Erziehungsmittel und -stile, Erziehungseinrichtungen oder -institutionen, Lernen und Verhaltensmodifikation (Änderung des Verhaltens). Zum Gegenstand pädagogischer Diskussion gehören auch Themen wie Autorität in der Erziehung, Anlage-Umwelt-Problem, Gestaltung des Unterrichts (Didaktik), Enkulturation, Sozialisation und Personalisation, Entwicklung und Erziehung sowie soziale Kommunikation und Interaktion in der Erziehung.

Da das Erziehungsgeschehen sehr komplex ist, von vielen verschiedenen Bedingungen beeinflusst wird und die Erzieher viele Probleme der Praxis lösen müssen, ist die Pädagogik in verschiedene Disziplinen oder Teilgebiete aufgegliedert. Zu nennen sind: Allgemeine Pädagogik, Schulpädagogik, Sozialpädagogik, Sonder- oder Heilpädagogik, Medienpädagogik, Freizeitpädagogik, Erwachsenenbildung, Sexualpädagogik, Geschichte der Pädagogik und Vergleichende Pädagogik. Jede der hier genannten Teildisziplinen lässt sich weiter untergliedern. Wichtige Themenbereiche der Sozialpädagogik sind z. B. allgemeine Theorien des sozialpädagogischen Handelns (z. B. der ökologische Ansatz), Methoden der Sozialpädagogik, Kindergarten- und Vorschulpädagogik, Heimerziehung, Jugendhilfe (Jugendpflege, Jugendschutz, Resozialisierung).

4 Wissenschaftliche Methoden

Die Pädagogik hat an den deutschen Universitäten erst nach 1920 den Rang einer selbständigen Wissenschaft erhalten. Bis dahin haben sich vor allem Philosophen und Theologen mit Fragen der Erziehung auseinander gesetzt. Sie suchen nach zutreffenden bzw. wahren Aussagen über Erziehung und Bildung mit Hilfe der Phänomenologie (Nachdenken über die Wirklichkeit, Erschließen der Erscheinungen mit Hilfe des Beobachtens, Denkens und Vergleichens) und der Hermeneutik (historische Auslegung, Interpretation und Deutung der Quellen, z. B. philosophischer Texte und Abhandlungen). Da es sich bei Phänomenologie und Hermeneutik vorrangig um geisteswissenschaftliche Methoden handelt und Ziele, Zweck und Sinn der Erziehung den Schwerpunkt der Auseinandersetzung bildeten, spricht man von einer geisteswissenschaftlichen oder auch normativen Pädagogik. Eine andere Richtung der Pädagogik ergab sich aus der Anwendung sog. empirischer oder erfahrungswissenschaftlicher Methoden (Beobachtung, Experiment, Interview, statistische Auswertung und Verallgemeinerung).

5 Pädagogik und Nachbarwissenschaften

Wie kaum eine andere Wissenschaft ist die Pädagogik auf die Erkenntnisse anderer Wissenschaften vor allem auf die der Psychologie und Philosophie angewiesen. Bedeutend für die Reflexion der pädagogischen Praxis sind auch Erkenntnisse der Biologie, Soziologie und Medizin. Philosophische Erkenntnisse über das Wesen des Menschen werden bei der Beantwortung von Fragen nach Sinn und Zielen der Erziehung und Bildung herangezogen. Psychologische Erkenntnisse über die Entwicklung des Menschen, über das Lernen und die Funktionsweise des menschlichen Gedächtnisses sind grundlegend für die Reflexion der Erziehungspraxis in der frühen Kindheit und in der Schule.

Hinweis: Wichtige Informationen zum Theorie-Praxis-Verhältnis, einem zentralen Merkmal der Pädagogik finden sich im Baustein 2.

2.2 Anthropologie und Pädagogik

1 Anthroplogie und Pädagogik
2 Vergleich zwischen Mensch und Tier
3 Geisteswissenschaftliche Erkenntnisse
4 Folgen der fehlenden Pflege oder der unzulänglichen Erziehung
5 Die natürliche Begabung zum Aufbau sozialer Beziehungen
6 Zusammenfassung

1 Anthropologie und Pädagogik

Als eine Teildisziplin der Philosophie versucht die Anthropologie die Frage nach den Wesensmerkmalen des Menschen zu beantworten. Die Anthropologen hoffen, die Antwort auf diese Frage durch den Vergleich mit höheren Säugetieren zu finden. Tatsächlich gibt es aufschlussreiche Unterschiede: Z. B. hat der Mensch keine Instinkte, die Sinnesorgane des Menschen sind oft viel schwächer als die der Tiere, die Tiere sind Spezialisten und der Mensch ist nicht an eine bestimmte Umwelt gebunden. Die Tatsache, dass der Mensch ohne liebevolle Pflege in der frühen Kindheit nicht überleben kann und die außerordentlich komplexe Kultur, in die er hinein wachsen muss, machen deutlich, dass der Mensch erziehungsbedürftig ist (muss erzogen werden, er braucht Erziehung, ist auf Erziehung angewiesen). Die Erfahrungen, dass der Mensch sehr schnell und sehr viel lernen kann, dass er vernunftbegabt ist, dass er durch Instinkte nicht festgelegt ist sind Belege für seine Erziehungsfähigkeit (kann erzogen werden, Erziehung ist möglich). Daher spricht man oft von Erziehungsbedürftigkeit und Erziehbarkeit des Menschen.

2 Vergleich zwischen Mensch und Tier

Aus dem Vergleich zwischen Mensch und höheren Säugetieren geht klar hervor, aus welchen Gründen Erziehung notwendig ist.

Der Mensch ist ein instinktreduziertes Wesen (Nikolas Tinbergen), ein Lebewesen ohne ausreichende Instinkte, durch die z.B. Fortpflanzung, Ernährung, Schutzverhalten gesteuert wären. Folge: Er ist lernfähig, weil sein Verhalten durch Instinkte nicht festgelegt ist und er muss Ersatz für fehlende Instinkte erwerben, z.B. Normen und Werte zur Steuerung des Trieblebens, Sprache zur Verständigung. Man spricht auch von einem weltoffenen Wesen, da der Mensch in verschiedenen Umwelten überleben kann.

Der Mensch ist nach Arnold Gehlen ein biologisches Mängelwesen, ohne natürliche Waffen, ohne Schutz- und Fluchtorgane, mit nicht besonders leistungsfähigen Sinnesorganen ausgestattet und wird von »Spezialisten« im Tierreich weit übertroffen. Die Mängel der Natur muss er über Kultur, Institutionen und Technik ausgleichen. Dazu ist Erziehung notwendig.

Der Mensch kommt nach Adolf Portmann im Vergleich zu Nestflüchtern ein Jahr zu früh auf die Welt (physiologische Frühgeburt). Folge: Als hilfloser Nestflüchter braucht er in diesem extrauterinem Frühjahr besondere Pflege, Schutz, Geborgenheit im sozialen »Mutterschoß der Familie«. In diesem 1. Lebensjahr ist er besonders lernfähig, hier werden Grundlagen (auch Vernetzungen im Gehirn) für das spätere Leben gebildet.

3 Geisteswissenschaftliche Erkenntnisse

Der Mensch ist ein Wesen mit Geist und Vernunft, er besitzt Begriffssprache, Urteils- und Reflexionsvermögen, ist kreativ, kann seinem Leben einen Sinn verleihen und Werte verwirklichen. Er kann planen, sich Zeit einteilen, frei entscheiden, über die Zukunft nachdenken, sich Ziele setzen. Diese Fähigkeiten des Menschen entfalten sich nicht von selbst. Das ist eine Aufgabe der Erziehung und Bildung.

Der Mensch wird ein soziales und kulturelles Wesen genannt. Zur Kultur gehören alle vom Menschen im Laufe der Jahrtausende hervorbrachten Regelungen des Zusammenlebens; es sind Kunst, Wissenschaft, Religion, Wert- und Normvorstellungen, Sprache, nonverbale Formen der Verständigung, Ritualien, Sitten, Gebräuche und Symbole. Als soziales Wesen wird der Mensch erst durch das »Du« zum »Ich« (Martin Buber). Der Mensch ist auf Mitmenschen angewiesen, er braucht soziale Kontakte, Anerkennung, Unterstützung; er will aber auch Macht ausüben und Leistungen vollbringen.

4 Folgen der fehlenden Pflege oder der unzulänglichen Erziehung

Ohne Erziehung, Pflege und ohne liebevolle Zuwendung wird der Mensch krank (Hospitalismus), seine sozialen Fähigkeiten verkümmern stark, so dass er in der Kultur nicht zurechtkommt. Symptome (krankhafte Erscheinungen) des Hospitalismus sind:

Ernährungsstörungen, Gewichtsabnahme, Wachstumsverzögerung; erhöhte Anfälligkeit für Infektionskrankheiten; verstärkte Weinerlichkeit, apathisches, teilnahmsloses Verhalten, Desinteresse an der Umwelt, Gleichgültigkeit gegenüber Mitmenschen; gesteigerte Ängstlichkeit oder Misstrauen und Aggressivität; Verhaltensauffälligkeiten wie monotones Kopfwackeln, Nägelbeißen, Einnässen, Haareausreißen.

Besonders schwer wiegend sind die langfristigen Folgen des Hospitalismus. Es zeigte sich, dass hospitalisierte Kinder das ganze Leben lang große Störungen im Gefühlsleben und im Sozialverhalten aufweisen. Sie sind auch als Erwachsene entweder übertrieben ängstlich oder aggressiv, neigen zur Niedergeschlagenheit, Traurigkeit, Kontaktarmut oder entwickeln ein übersteigertes Bedürfnis nach Anerkennung und Beachtung, sie sind unfähig, sich in eine Gruppe einzugliedern und echte Partnerschaften einzugehen.

5 Die natürliche Begabung zum Aufbau sozialer Beziehungen

Die Untersuchungen zum »Bindungsverhalten« der Kinder in den ersten Lebensjahren haben einerseits den Beweis erbracht, dass der Mensch von Geburt an mit der Fähigkeit ausgestattet ist, soziale Beziehung im Sinne der Interaktion (gegenseitige Beeinflussung) aufzubauen. Diese Untersuchungen und vor allem auch die Experimente von Harlow mit Rhesusaffen zeigten, dass eine stabile Bindung zwischen Mutter und Kind bzw. zwischen einer Bezugsperson, die für das Kind da ist, die das Kind als einen sicheren Ort zur Erkundung der Umwelt erlebt, die beste Voraussetzung dafür ist, um im späteren Leben verschiedene Belastungen und Stress aktiv zu bewältigen.

6 Zusammenfassung

Berichte über verwilderte Kinder und Erkenntnisse der Hospitalismus-Forschung zeigen, dass der Mensch nicht von Natur aus (schon bei der Geburt) zu einer humanen Lebensführung befähigt wird, sondern diese erst lernen muss. Die Ausprägung der menschlichen Lebensweise braucht langjährige Anregung und Lernhilfe. Versäumnisse in der Kindheit können später nicht mehr ausgeglichen werden. Man kann sagen: Der Mensch wird erst durch Mitmenschen zum Menschen. Als instinktreduziertes, weltoffenes und als biologisches Mängelwesen kann und muss der Mensch erzogen werden. Es handelt sich um Erziehungsfähigkeit und Erziehungsbedürftigkeit des Menschen.

2.3 Begriff Erziehung

1 Erziehung – ein mehrdeutiger Begriff

Jedes Kind weiß aus eigener Erfahrung, was Erziehen und Erziehung bedeutet. Fragt man aber genau nach, wie man Erziehung von anderen Handlungen wie Belehrung, Bestrafung oder Prozessen wie Lernen, Selbstständig-Werden oder Kommunizieren abgrenzen könnte, entsteht Ratlosigkeit – sowohl bei Laien als auch bei Wissenschaftlern. Es ist interessant, dass Schüler und auch Eltern erfolglose Maßnahmen der Erzieher und solche, die unerwünschte Folgen haben, nicht zur Erziehung zählen. Problemlos wird aber Kindern, die sich unangemessen verhalten, nachgesagt, sie seien »schlecht erzogen worden«. Der Begriff Erziehung darf nicht vom Erfolg abhängig gemacht werden, ebenso wie eine vom Arzt durchgeführte Therapie nicht erfolgreich verlaufen muss.

Es steht fest, dass mit Erziehung eine bestimmte Praxis, ein Tun, um etwas zu bewirken, bezeichnet wird.

2 Begriffsbestimmungen

Der zentrale Inhalt des Begriffs Erziehung wird durch die nachfolgenden Definitionen verdeutlicht: Erziehung ist die Errichtung von Verhalten, das für die Einzelperson und für andere irgendwann in der Zukunft von Vorteil sein wird (B. F. Skinner). In der Erziehung geht es darum, dass Änderungen und Lernvorgänge im Bereich des Verhaltens und Erlebens bei Menschen bewirkt werden, gemäß bestimmten Zielen, die von ethischen Anschauungen und Normen, den tradierten Auffassungen sowie Lebensgewohnheiten und Forderungen der Gesellschaft gesetzt werden (R. Tausch).

Die Aufgabe der Erziehung besteht darin, den Menschen auf den Weg bringen, sein Menschsein zu verwirklichen. Der Mensch ist nämlich ein Werk der Natur und damit ein Wesen der Notwendigkeit, ein Werk der Gesellschaft und damit ein Rollenträger und -spieler und er ist ein Werk seiner selbst. Niemand kann ihm die Aufgabe abnehmen, sein Leben zu führen, zu gestalten, »ja« sagen zu diesem und »nein« zu jenem, weil er frei ist, verantwortlich und seine Gründe hat (J. H. Pestalozzi).

Der Erzieher ist ein Denk-Gefährte, Dialogpartner, Einübungsgehilfe, Berater, nicht jedoch ein »Erziehungs-Techniker«, der aus Kindern und Jugendlichen etwas macht, der etwas »behandelt« oder etwas produziert (wie in der Industrie oder im Handwerk). Es handelt sich nach I. Kant um moralisch-praktisches, auf sittliche Ziele bezogenes, der Verantwortung verpflichtetes Handeln des Menschen.

Erziehung heißen alle jene einen Menschen verändernden oder seine Lebensführung bestimmenden Umstände, Prozesse und Handlungen, die positiv auf ihn wirken und ihn »besser« machen, die eine Persönlichkeit, einen freien Menschen aus ihm machen.

Handlungen der Erzieher, die aus erzieherischer Absicht erfolgen, werden oft intentionale Erziehung, und alle unbeabsichtigten Einflüsse, die zum Erreichen von Erziehungszielen beitragen, funktionale Erziehung genannt.

3 Verschiedene Sichtweisen des Begriffs Erziehung

Das Wort Pädagoge stammt aus dem Griechischen und bedeutet »Knabenführer« und Pädagogik daher »Führungskunst«. Das Wort

»erziehen« bezieht sich auf das lateinische Wort educare und wäre mit Aufzucht, Pflege zu übersetzen.

Aus der Sicht der Lernpsychologie bedeutet Erziehung Lernen, Lernförderung, Lernhilfe, Lernprozesse, Verhaltensänderung (Verstärker, Vorbild);aus der Sicht der Sozialpsychologie bedeutet Erziehung Begegnung, soziale Kommunikation und Interaktion, Beeinflussung, Gespräch, Einstellungsänderung.

Aus philosophischer Sicht wird man unter Erziehung Bildung verstehen, d.h. die Befähigung des Menschen, in der Welt »gebildet« aufzutreten, im »Bilde« zu sein, die Welt zu verstehen, sie zu begreifen – dazu ist vor allem die Sprache wichtig. Erziehung geht der Bildung (Schulbildung, Berufsausbildung) voraus; sie betrifft den Leib und die Seele (Charakterbildung) und Bildung eher den Geist (Intellekt).

Die Strukturmerkmale (Ordnungselemente, Bestandteile) der pädagogischen Situation sind: Planmäßiger Umgang von Erwachsenen mit Kindern und Jugendlichen (zwei Generationen) mit der Zielsetzung, jungen Menschen zu selbständiger und verantwortlicher Lebensführung zu verhelfen unter je spezifischen situativen Bedingungen, im Rahmen von Institutionen und unter bestimmten gesellschaftlich-politischen Forderungen.

Der Mensch muss lernen, muss eine soziale und kulturelle Lebensform entwickeln. Mit Erziehung bezeichnen wir alle Bemühungen, Maßnahmen, Einflüsse einer Person, die diese Lebensform bereits beherrscht, gegenüber einer Person, die diese erst lernen muss. Damit ist die Erziehung Lernhilfe, Eingliederungshilfe in die Kultur (Enkulturationshilfe) und Gesellschaft (Sozialisationshilfe), Hilfe zur Entwicklung einer selbständigen, verantwortungsbewussten Lebensführung (Personalisationshilfe).

4 Grundlegende Merkmale der Erziehung

a) Es handelt sich um ein Geschehen zwischen Menschen verschiedener Generationen. In der Regel übernehmen Personen der älteren Generation die Verantwortung und die Rolle des Erziehers.
b) Erziehung erfolgt in Form der gegenseitigen Beeinflussung; damit ist die Erziehung eine besondere Form der Interaktion und Kommunikation.
c) Durch die Beeinflussung wollen die Erzieher in der Regel Wissen vermitteln, Eingliederung in die Kultur und Gesellschaft und Selbständigkeit der Kinder erreichen, d. h. Erziehung hat Lernen zum Ziel.
d) Das wichtigste Merkmal der Erziehung ist die Autorität der Erzieher, d. h. sie müssen das Vertrauen der Kinder besitzen und selbst Vorbild sein (vgl. Thema 2.5 in diesem Baustein).
e) Erziehung ist eingebunden in die Umwelt und wird von der Umwelt beeinflusst.
f) Die »leidenschaftliche Beziehung« zwischen Erzieher und Kind wird von H. Nohl als »pädagogischer Bezug« näher definiert (vgl. Thema 2.5).

5 Zusammenfassung

Erziehung ist Beziehung. Zum Wortfeld »erziehen« gehören Verben wie »anleiten, behüten, belohnen, bilden, erklären, ermutigen, lehren, umsorgen, zeigen«. Die Tätigkeiten lassen sich als Zuwendung und emotionale Nähe, Lenkung und Information sowie als Pflege, Schutz und Betreuung zusammenfassen. Erziehung ist Interaktion aber nicht jede Beziehung ist Erziehung. Erziehung ist Enkulturations-, Sozialisations- und Personalisationshilfe. Erzieherische Einflüsse erfolgen in der Regel gemäß bestimmten Zielen und Normen.

2.4 Zielvorstellungen der Erziehung (Normen und Ziele)

1 Der Weg ist das Ziel

Wenn man nach dem Sinn des Lebens fragt, dann wird oft die Antwort gegeben: »Der Weg ist das Ziel«. Was wird mit dieser Aussage verdeutlicht? Die Gestaltung des Lebens macht den Sinn des Lebens aus, oder das Leben an sich ist schon sinnvoll. Man darf nicht nach dem Sinn oder Ergebnis fragen. Es gibt nichts, was außerhalb des Lebens liegt und das Leben sinnvoll »macht«. Der Sinn des Lebens liegt im Leben selbst.

Das gilt ähnlich für die Erziehung. Das Ziel der Erziehung ist, die Erziehungspraxis so zu gestalten oder zu verwirklichen, dass sich die im Kind vorhandenen Begabungen und Kräfte entwickeln können. Erzieher sind nicht »Bauherren« des Kindes, die – gleichsam wie Architekten – in der Realisierung des »Bauplanes« das Ziel ihres Tuns sehen. Das Ziel der Erziehung muss zunächst sein, dem Kind zu ermöglichen, zu seiner Selbstverwirklichung zu kommen, ein freies, menschenwürdiges Leben zu führen. Bewertet man die Erziehung nach dem Motto »Der Weg ist das Ziel«, so wird auch die Frage gegenstandslos, wie man die in die Zukunft gerichteten Ziele begründen kann. Auf die Gestaltung der Gegenwart kommt es an.

2 Funktion der Zieldiskussion

Die in der wissenschaftlichen Pädagogik gründlich geführte Auseinandersetzung um die Ziele der Erziehung ist aus verschiedenen Gründen sinnvoll und notwendig. Durch sie konnte verdeutlicht werden, dass Erziehungsziele gesellschafts- und kulturbedingt sind, dem geschichtlichen Wandel unterliegen und als Normen oder Idealvorstellungen missbraucht werden können. Sie führte zur Verdeutlichung der Wesensmerkmale des Menschen, die durch Erziehung anzustreben sind und zur Klarstellung, dass manche (politischen) Erwartungen der Gesellschaft und Normen sowie Werte der Kultur (Pluralismus, widersprüchliche Normen) die Erziehung erschweren. Wissenschaftlich begründete Erziehungsziele dienen auch der Planung und Reflexion der Erziehungspraxis.

3 Zielvorstellungen der Pädagogik

Erziehungsziele sind bewusst gesetzte Soll-Werte über das Ergebnis der Erziehung; sie erläutern das Wohin und Wozu der Erziehung. Schon der berühmte deutsche Philosoph Imanuel Kant hat im 18. Jahrhundert das Ziel der Erziehung in der Mündigkeit oder in der »Selbstbefreiung aus der Unmündigkeit« gesehen. Der Pädagoge Heinrich Roth hat in seinem zweibändigen Werk »Pädagogische Anthropologie« das »Erziehungskonzept Mündigkeit« als Leitvorstellung der Erziehung detailliert ausgearbeitet und begründet.

Mündig ist nach Roth ein Mensch, der im besonderen Maße kompetent ist (zuständig, fähig) im Umgang mit der Umwelt, mit sich selbst und mit seinen Mitmenschen. Dieses Können des Menschen beschreibt Roth als Sachkompetenz, Selbstkompetenz und Sozialkompetenz. Teilaspekte der Sachkompetenz sind unter anderen Wissen, Denkfähigkeit, Kritik- und Urteilsfähigkeit, Kreativität, Sprachfähigkeit. Teilaspekte der Selbstkompetenz sind Selbstbestimmung, Autonomie, Selbstkontrolle, Selbsterkenntnis, Verantwortungsbewusstsein, Leistungsbereitschaft, Frustrationstoleranz, Verzichten-Können. Zur Sozialkompetenz gehören Einfühlungsvermögen, Hilfsbereitschaft, Kontaktfähigkeit, Toleranz, Durchsetzungsvermögen, Sprachkompetenz usw. Die Zergliederung der Mündigkeit in die drei Kompetenzen und weitere Differenzierung innerhalb der Kompetenzen ist nur »theoretisch« möglich und zur Verdeutlichung der Mündigkeit sinnvoll. In Wirklichkeit muss der Mensch immer als Ganzheit gesehen werden, jede Teilfähigkeit ist in jedem Lebensbereich wichtig und nur durch das Zusammenwirken verschiedener Kompetenzen kann sich der Mensch »mündig« verhalten und Probleme wie z. B. Umweltschutz lösen.

4 Einstellungen der Erzieher

Es ist nicht die Leitvorstellung »Mündigkeit«, die das konkrete Handeln der Erzieher motiviert und kontrolliert, sondern es sind ihre persönlichen Einstellungen, Bedürfnisse, bewusste oder unbewusste Wertvorstellungen, die Erinnerungen an die eigene Erziehung und natürlich die Merkmale der jeweiligen Situation. Befragt man die Eltern, was sie sich als Ziel ihrer Erziehung vorstellen, so antworten sie spontan, dass ihnen Selbständigkeit, freier Wille und berufliche Tüchtigkeit sehr am Herzen liegen. Fast die Hälfte der Befragten nennen an erster oder zweiter Stelle Ordnungsliebe und Fleiß. Noch im Jahr 1967 hat ein Viertel der Befragten auf die Frage, auf welche Eigenschaften die Erziehung vor allem hinzielen sollte, Gehorsam und Unterordnung genannt.

5 Wandel der Normen und Erziehungsziele

Sowohl die Vorstellungen über die Ziele der Erziehung als auch die realen Zielsetzungen, die das Handeln der Erzieher bestimmen, werden beeinflusst durch so genannte zielsetzende Instanzen. Zu nennen sind politische Parteien und Regierungen, Kirchen und Wirtschaftsverbände sowie Wissenschaft und Kulturträger. Mit dem Wandel der Gesellschaft und Kultur ändern sich auch die Erziehungsziele. Die Geschichte der Pädagogik und auch Untersuchungen in verschiedenen Kulturen zeigen, dass sich beim Setzen von Erziehungszielen weniger das Wohl der Kinder und eher die Interessen des Staates oder die kulturellen Werte durchgesetzt haben. Es wird oft darauf hingewiesen, dass das Festlegen von Erziehungsstilen stark durch Ideologien beeinflusst werden kann.

6 Zusammenfassung

Wie jede organisierte und institutionalisierte Tätigkeit steht auch die Erziehung im Dienst bestimmter Interessen. Die anthropologisch (mit Hilfe der Wesensmerkmale des Menschen), pragmatisch (mit Aufgaben der Zeit und Zukunft) und kulturell (mit allgemein anerkannten Normen und Werten der Kultur) begründeten Leitvorstellungen der Erziehung sind wertvolle Orientierungshilfe – vor allem bei der Planung und Reflexion der Erziehungspraxis.

Im konkreten Alltag bestimmen die Einstellungen und die jeweiligen Lebensumstände das Handeln der Erzieher. Mit dem Wandel der Gesellschaft und Kultur ändern sich Erziehungsziele. Der Wert- und Normenpluralismus, die virtuelle Welt der Computer und die Macht der Medien erschweren die Suche der Erzieher nach einer klaren Linie. Wenn man bedenkt, dass durch die Erziehung teilweise widersprüchliche Ziele erreicht werden sollen wie Anpassung und Selbständigkeit, Pflichtbewusstsein und Freiheit, Emanzipation und Unterordnung, und dass die Kinder mit ihren Begabungen und Ansprüchen auch noch ein Wort mitreden, wird deutlich, dass das Thema Erziehungsziele noch auf lange Sicht ungelöst bleiben wird.

2.5 Zielvorstellung Mündigkeit und Erziehungspraxis

1 Einleitung
2 Pädagogischer Bezug nach H. Nohl
3 Phasenmodell und Erziehung
4 Positives Denken und Erziehung
5 Schlussbemerkung

1 Einleitung

Will man die Zielvorstellung Mündigkeit realisieren, so muss man sich an der Entwicklung des Kindes orientieren. Das bedeutet, dass entwicklungspsychologische Erkenntnisse zu berücksichtigen sind. Außerdem ist zu beachten, dass die Beziehung zum Kind stimmt. Hierzu sind die Ausführungen von Herrmann Nohl zum pädagogischen Bezug interessant. Auch in der sozialkognitiven Theorie von Bandura sind wichtige Anregungen zu finden, z. B. zur Förderung der Selbstwirksamkeit oder des positiven Denkens. Nicht zuletzt hat Freud mit der Entwicklung des Instanzen- und Phasenmodells interessante Begründungen für die Gestaltung einer erfolgreichen Erziehung geliefert.

2 Pädagogischer Bezug nach H. Nohl

Der Begriff »Pädagogischer Bezug« wurde von H. Nohl (vgl. auch Thema 2.6) geprägt. »Grundlage der Erziehung ist das leidenschaftliche Verhältnis eines reifen Menschen zu einem werdenden Menschen, und zwar um seiner selbst willen, dass er zu seinem Leben und seiner Form komme«.

Als Maßstab der Erziehung gilt nach Nohl das Wohl des Kindes. Das pädagogische Verhältnis hat nach Nohl die naturgegebenen familiären Beziehungen als Grundlage und ist als Lebensgemeinschaft anzusehen. Im Einzelnen führt Nohl weiter aus:

Die Liebe des Erziehers bejaht das Kind wie es ist, d. h. mit all seiner Unzulänglichkeit, mit seinen Schwächen und Fehlern. Die Liebe des zu Erziehenden verlangt keine Gegenleistung, durch die intensive Zuwendung kann sich beim Kind Vertrauen entwickeln.

Durch das Vertrauen des Kindes erlangt der Erzieher Autorität. Der Erzieher zielt auf Selbständigkeit des Kindes und damit auf die Auflösung des pädagogischen Verhältnisses.

Gelingt es dem Erzieher die hier dargestellten Merkmale des pädagogischen Bezugs zu verwirklichen, so wird das Kind in seiner Entwicklung optimal unterstützt, es kann über Vorbildverhalten sowie die Geborgenheit, in der es aufwächst, soziale Kompetenzen lernen wie Einfühlung, Kontaktaufnahme, Vertrauen zu Mitmenschen, Beziehungsfähigkeit und Bereitschaft, eigene Familie zu gründen. Es kann Fähigkeiten zum kompetenten Umgang mit der Umwelt ausbauen durch selbständige Lösung von Problemen sowie durch Anerkennung des Erziehers als Autorität, der entsprechendes Wissen besitzt und es kann einen kompetenten Umgang mit sich Selbst erlernen, z. B. durch die Übernahme der Verantwortung, über die Geduld und Weisheit des Erziehers, über die Annahme des Kindes mit all seinen Schwächen und Stärken.

3 Phasenmodell und Erziehung

Damit das Kind in der oralen Phase die Hilflosigkeit zu Gunsten des Urvertrauens überwinden kann, braucht es Zuwendung, Liebe, Zärtlichkeit, Hautkontakt, Stillen. Eine Bezugsperson soll für das Kind Zeit haben, es vor allem in der Nacht nicht allein lassen und bei Schreien herausfinden, was das Kind braucht.

Damit der innerpsychische Hass-Liebe-Konflikt in der analen Phase (vgl. auch Thema 3.2) im Sinne der Autonomie, des Selbstwertgefühls gelöst werden kann, müssen die Erzieher eine zu frühe und zu strenge Reinlichkeitserziehung vermeiden, dem Kind Spiele im Sand, mit Lehm, mit Fingerfarben, Ton und anderem verformbaren Material ermöglichen.

Damit das Kind aus dem ödipalen Konflikt, aus dem Dilemma zwischen Angst und Geborgenheit als »Gewinner« hervorgeht, in dem es sich mit dem gleichgeschlechtlichen Elternteil identifiziert, sind besonders wichtig: Positive Beziehung zwischen den Eltern, eine entspannte Familienatmosphäre, Vorbildwirkung des gleichgeschlechtlichen Elternteils, keine Bestrafung des Begehrens des gegengeschlechtlichen Elternteils, Erlauben der Doktorspiele und Ermöglichen der Rollenspiele (Puppen, Kleider).

Aus den Erkenntnissen von Freud geht hervor, dass in der oralen Phase bei entsprechender Erziehung (siehe oben) die Beziehung zur Welt, Urvertrauen und damit die Grundlage für Neugier, für den Erwerb des Wissens und der aktiven Problemlösefähigkeit im Sinne der Sachkompetenz aufgebaut wird.

In der analen Phase lernt das Kind bei entsprechender Erziehung Aggressionen und Zwänge zu vermeiden, es baut eine positive Beziehung zu sich selbst auf, es entwickelt Ich-Identität und damit die Grundlage für den Aufbau der Selbstkompetenz.

In der ödipalen Phase bildet sich die Grundlage für die Entwicklung der Sozialkompetenz: das Kind lernt Geborgenheit zu empfangen und zu geben, es lernt sozusagen den Umgang mit dem Du.

4 Positives Denken und Erziehung

Der Nachweis von Bandura, dass das Verhalten und Handeln sehr stark durch kognitive Prozesse gesteuert wird, hat die Aufmerksamkeit auch auf die Bedeutung des »positiven Denkens« (Schlagwort) gelenkt. Das positive Denken kann nicht wie eine Technik eingeübt oder trainiert werden. Das Konzept des positiven Denkens betont, dass die gedankliche Vorwegnahme des Erfolges (im Sinne der Erfolgserwartung nach Bandura) und die vorstellungsmäßige Vorwegnahme der eigenen Kompetenz (Kompetenzerwartung nach Bandura) die wichtigsten Voraussetzungen für das Erreichen bestimmter Ziele darstellen (vgl. auch Thema 4.3).

Wie wichtig positives Denken ist, hat Bandura auch mit seinen Ausführungen zur »Selbstwirksamkeit« des Menschen herausgestellt. Menschen mit hoher Kompetenz- und Erfolgserwartung setzen sich realistische Ziele, nehmen im Denken den Erfolg vorweg und motivieren sich dadurch zu angemessenen Aktivitäten. Die Fähigkeit zum positiven Denken entwickeln Kinder, die Möglichkeiten zum Üben haben, positive Rückmeldungen bekommen, unterstützt und ermutigt werden, deren Selbstwertgefühl gestärkt wird und deren Erzieher eine »positive« Sprache benutzen.

Es wird deutlich: Erzieher, die den Kindern ermöglichen, viele Probleme selbständig zu lösen, die sie bei der Suche nach der Lösung unterstützen und dazu ermutigen, an das Gelingen zu glauben, leisten einen wichtigen Beitrag zur Verwirklichung der Zielvorstellung Mündigkeit. Mit dem Erwerb einer hohen Kompetenz- und Erfolgserwartung ist die Grundlage der Selbstwirksamkeit im sachlichen, sozialen Bereich und auch im Umgang mit sich selbst geschaffen. Menschen, die positiv denken, sind angenehme Freunde und Weggefährten (Sozialkompetenz), sind erfolgreich im Beruf (Sachkompetenz) und bereit zur Selbsterkenntnis (Selbstkompetenz).

5 Schlussbemerkung

Über eine Erziehung, die Mündigkeit anstrebt, kann mit Hilfe verschiedener Erkenntnisse reflektiert werden. Die ausgewählten Beispiele verdeutlichen, was Erzieher beachten müssen, wenn sie für die Verwirklichung der Selbst-, Sach- und Sozialkompetenz in der Kindheit einen wichtigen Grundstein legen wollen.

2.6 Bedeutung des emotionalen Bezugs und der Umwelt in der Erziehung

1 Hört ihr die Kinder weinen
2 Wandel der Eltern-Kind-Beziehung
3 Pädagogischer Bezug nach H. Nohl
4 Die Autorität in der Erziehung
5 Einflüsse der Umwelt
6 Jedes Kind braucht »seine« Liebe und Umwelt

1 Hört ihr die Kinder weinen

Mit »Hört ihr die Kinder weinen?« tituliert Lloyd de Mause das Buch über die Geschichte der Kindheit. Bis in die Mitte des 17. Jahrhunderts hat die Menschheit der Tatsache, dass Kinder ohne Liebe nicht aufwachsen können, keine Beachtung geschenkt. Das verwundert, denn bereits im 13. Jahrhundert schrieb der Chronist Salimbeni: »Denn Kinder können nicht leben ohne das lächelnde Gesicht und ohne die Worte ihrer Mütter und ohne die Lieder, die man deswegen Wiegenlieder nennt.« Mit diesen mahnenden Worten schloss der Chronist seinen Bericht über den Kaiser Friedrich II., der 20 Kinder von Amen pflegen ließ, ihnen aber strengstens verbot, mit den Kindern ein Wort zu wechseln oder sie anzulächeln. Der wissensdurstige Monarch wollte herausfinden, welche Sprache die Kinder erben und ob dies die Sprache der Heiligen Schrift sei.

2 Wandel der Eltern-Kind-Beziehung

Bis in die Mitte des 17. Jahrhunderts spielte die emotionale Beziehung zwischen Eltern und Kindern in der Diskussion um die optimale Entwicklung der Kinder keine Rolle. Bis zu diesem Zeitpunkt schrieben die Gelehrten, dass Kinder eine »gute Erziehung« brauchen, ab dem 5. Lebensjahr den Eltern helfen müssen und dass fremde Pflege von Säuglingen kein Problem sei. Denn, wird ein Kind beschützt und umsorgt, so betrachtet es die Pflegerin als die natürliche Mutter. Man war der Auffassung, dass für die Kinder Strenge wichtiger sei als emotionale Zuwendung.

Erst Rousseau warnte, dass es nicht angehen könne, wenn Eltern keine emotionalen Bindungen zu ihren Kindern aufbauen würden. Mitte des 19. Jahrhunderts wurde die Ansicht, dass Kinder mütterliche Liebe ganz entscheidend für ihr Wohlergehen brauchen, von vielen Autoren geteilt.

3 Pädagogischer Bezug nach H. Nohl

Der Begriff »Pädagogischer Bezug« wurde von H. Nohl geprägt. »Grundlage der Erziehung ist das leidenschaftliche Verhältnis eines reifen Menschen zu einem werdenden Menschen, und zwar um seiner selbst willen, dass er zu seinem Leben und seiner Form komme«.

Als Maßstab der Erziehung gilt nach Nohl das Wohl des Kindes. »Alle erzieherischen Maßnahmen und Ansprüche müssen die Lebenssituation des Kindes, dessen momentane Fähigkeit und zukünftige Möglichkeiten berücksichtigen«.

Das pädagogische Verhältnis hat nach Nohl die naturgegebenen familiären Beziehungen als Grundlage und ist als Lebensgemeinschaft anzusehen. Im Einzelnen führt Nohl weiter aus:

Die Liebe des Erziehers bejaht das Kind wie es ist, d. h. mit all seiner Unzulänglichkeit, mit seinen Schwächen und Fehlern.

Die Liebe des zu Erziehenden verlangt keine Gegenleistung, durch die intensive Zuwendung kann sich beim Kind Vertrauen entwickeln.

Durch das Vertrauen des Kindes erlangt der Erzieher Autorität, nicht im Sinne eines Machtverhältnisses, sondern im Sinne von »Wertvermittlung zwischen einem, der mehr hat, z. B. Wissen, Erfahrung, Können, aber auch Güte, Geduld, Menschlichkeit, Weisheit und Humor und einem der – sagen wir es positiv – noch mehr davon brauchen kann«.

Der Erzieher zielt auf Selbständigkeit des Kindes und damit auf die Auflösung des pädagogischen Verhältnisses.

Zusammenfassend ergeben sich also folgende Momente des pädagogischen Bezugs: Vertrauen und Verantwortung; Autorität und Gehorsam; päd. Liebe und päd. Takt; Vorbild und Leitbild; Befreien und Binden; Nähe und Distanz; Einfühlsames Handeln, Warten, Gewähren und auch Handeln im richtigen Moment.

4 Autorität in der Erziehung

Erziehung kann nur gelingen, wenn soziale Interaktion und Kommunikation erfolgreich gestaltet werden und wenn der Erzieher vom zu Erziehenden als Autorität anerkannt und akzeptiert wird. Mit Autorität ist hier ein Vertrauensverhältnis gemeint, die Macht des Erziehers beruht auf Wissen, Können, Erfahrung, auf Liebe und Wertschätzung des Kindes. Das Kind wird akzeptiert mit seinen Stärken und Schwächen und fühlt sich nicht unterdrückt. Der Erzieher kann sich in die Situation des Kindes einfühlen und seine Maßnahmen und Anordnungen begründen. Der Erzieher ist eine Sachautorität wegen Sachkenntnis und Personautorität aufgrund seiner Persönlichkeit (Verantwortung, Wertschätzung, Liebe, Geduld).

Voraussetzung für die erfolgreiche Kommunikation und Interaktion ist eine gute Beziehung zwischen Kind und Erzieher. Die sprachlichen und nicht sprachlichen Botschaften des Erziehers stimmen überein, der Erzieher nimmt sich Zeit für das Kind, akzeptiert die Bedürfnisse des Kindes ohne zu verwöhnen, achtet auf die Gefühle des Kindes, ohne Mitleid zu haben. Der Erzieher glaubt an das Gute im Kind. Er kann dem Kind auch dann mit Liebe und Wertschätzung begegnen, wenn es »Schwierigkeiten« macht.

Der Erzieher unterstützt und fördert Aktivitäten des Kindes, hat Zeit für gemeinsames Handeln, gibt Anerkennung und vermittelt dem Kind Geborgenheit und Sicherheit.

5 Einflüsse der Umwelt

Die Umwelt, das ungezwungene oder angespannte familiäre Klima, die autoritäre oder freundschaftliche Atmosphäre in der Schule, die Aggressionen auf dem Schulhof und Erpressungen auf dem Weg nach Hause, die Bilder in den Nachrichten und in den virtuellen Welten im Internet, und auch die Großeltern, die in der Regel die Kinder zu sehr verwöhnen, alle erziehen mit. Da die erzieherische Wirkung dieser Umweltbedingungen nicht durchschaubar und kontrollierbar ist, wird gelegentlich von »geheimen Miterziehern« gesprochen.

6 Jedes Kind braucht »seine« Liebe und Umwelt

In der Fachliteratur wird oft vom Konzept der ökologischen Umwelt gesprochen. Ob man die Lebenswelt der Kinder in ökologisches Zentrum (Familie), Nahraum (Nachbarschaft, Kindergarten) und Peripherie (z. B. Urlaub) einteilt, oder einfach von geheimen Miterziehern spricht, mag von sekundärer Bedeutung sein. Mit dem Begriff Ökologie werden Beziehungen zwischen den Menschen und ihrer Umwelt bezeichnet. Das bedeutet: Eine Umwelt an sich gibt es nicht. Ebenso wenig gibt es Liebe, die immer die Entwicklung fördert. Jedes Kind ist anders. Ein begabtes Kind zu lieben und zu fördern, dürfte keine Kunst sein. Welche Umwelt braucht ein krankes Kind? Wie kann eine überforderte, gestresste, übermüdete und von der Sorge um das alltägliche Auskommen geplagte allein erziehende Mutter den pädagogischen Bezug und die Umwelt für ihre Kinder gestalten, darauf kommt es an. Jedes Kind braucht »seine« individuelle Liebe.

3 Psychoanalyse und Erziehung

3.1 Psychoanalytische Theorie – Instanzenmodell

1 Über 100 Jahre Sigmund Freud
2 Die Aspekte des Psychischen
3 Lust- und Moralprinzip
4 Realitätsprinzip
5 Die Dynamik zwischen den Instanzen
6 Zusammenfassung

1 Über 100 Jahre Sigmund Freud

Einigen Schülern, die heute zwischen 16 und 20 Jahre alt sind, sind Begriffe wie »Couchtherapie«, »Seelenzergliederung«, »Freud«, »Traumsymbolik« bekannt, andere schütteln nur verneinend den Kopf. Sigmund Freud wurde 1856 in Freiberg (Mähren) geboren und erwarb mit 25 Jahren in Wien den medizinischen Doktorgrad. Er ist einer der bekanntesten aber auch der umstrittensten Vertreter der »wissenschaftlichen« Psychologie. Dass Sigmund Freud ein genialer Psychologe war, steht außer Zweifel. Die Anhänger einer reinen, nachprüfbaren Wissenschaft, die mit naturwissenschaftlicher Präzision zu fälschungssicheren und eindeutig bewiesenen Aussagen kommt, wagen den Wert der von Freud entwickelten psychoanalytischen Theorie zu bezweifeln. Nach 100 Jahren sind die meisten seiner Aussagen jedoch immer noch ein Erkenntnisgewinn für die Menschheit. Sie haben uns nicht nur die Augen für viele unsichtbare Vorgänge in der Tiefe der menschlichen Seele geöffnet, sondern haben z. B. auch die Praxis der Erziehung nachhaltig beeinflusst. Lediglich seine Therapie, die anstrebt, psychische Störungen samt ihrer Wurzel, die möglicherweise in den ersten Lebensjahren ihre Nahrung findet, zu beseitigen, scheint uns in der heutigen Welt, in der alles schnell und wirtschaftlich rationalisiert gelingen muss, viel zu kostspielig und zu aufwendig. Mit dem Instanzenmodell hat Freud den psychischen Apparat, mit dem Phasenmodell die Entwicklung der Persönlichkeit und mit seinem Neurosenmodell gesunde und kranke Dynamik der Psyche erläutert und veranschaulicht.

2 Die Aspekte des Psychischen

Die Entdeckung der Bedeutung des Unbewussten ist die entscheidende Erkenntnis der Psychoanalyse. Alle Theorien, die unbewusste Vorgänge und Kräfte anerkennen, werden »tiefenpsychologisch« genannt.

Mit seiner Behauptung, sämtliche Verhaltensweisen des Menschen, egal ob gesund, abweichend oder krankhaft, seien weit mehr durch unbewusste seelische Prozesse bestimmt als durch Denken und Wollen, hat er die damalige Weltanschauung tief erschüttert. Diese Sichtweise wird psychischer Determinismus genannt. Als Naturwissenschaftler war Freud überzeugt, dass psychische Vorgänge im Sinne eines Energiehaushalts (ökonomisches Prinzips) und als Spiel der Kräfte (dynamisches Prinzip) zu deuten sind. In jedem konkreten Fall galt es herauszufinden, wofür die psychische Energie verbraucht und woher neue bezogen wird. Da Freud die bewussten und unbewussten Prozesse auch räumlich anordnete, wird sein Modell auch topisch genannt.

3 Lust- und Moralprinzip

Nach 1920 hat Freud die unbewussten Kräfte und Vorgänge den Instanzen Es und Über-Ich zugeordnet. Das Es ist der Ort des natürlichen, vererbten Strebens nach Lust und nach Selbsterhaltung (Sexualtrieb und Aggressionstrieb). Das Es wird auch Lustprinzip genannt. Das Über-Ich ist der Ort des Gewissens (Moralprinzip), das sich über Verbote, Tadel und Strafe entwickelt, und des Ich-Ideals, das über Lob, Anerkennung und Identifizierung mit den Eltern entsteht.

4 Realitätsprinzip

Das Ich hat die Aufgabe, die Es-Wünsche an die Umwelt anzupassen, mit den Ansprüchen der Außenwelt fertig zu werden und Forderungen des Über-Ich mit den Es-Wünschen in Einklang zu bringen. Damit ist das Ich nach Freud ein »armer Esel«, der drei »Herren« dient. Um die genannten Aufgaben lösen zu können, ist das Ich mit so genannten Ich-Funktionen ausgestattet. Es sind Wahrnehmen, Erinnern, Fühlen, Denken, Probleme lösen, Urteilen und die willkürlichen Bewegungen. Das Es und Über-Ich sind Energieinstanzen. Das Ich muss seine Kräfte und Funktionen einsetzen, um zwischen Es und Über-Ich zu vermitteln, und gleichzeitig Anpassung an die Realität zu leisten. Das Ich muss Konflikte lösen und gegebenenfalls auch unerlaubte Wünsche verdrängen (vom Bewussten fern halten) oder es muss Leiden wegen Schuldgefühlen um Frieden mit dem Moralprinzip zu erreichen.

5 Die Dynamik zwischen den Instanzen

Das Es wird von Freud als ein »Kessel voll brodelnder Erregungen« gesehen. Im Über-Ich sind alle Gebote, Verbote, Strafen, Lob und Werte sowie Normen verinnerlicht, die Eltern mit Nachdruck vertreten haben. Diese Inhalte des Über-Ich sind nicht neutral, sondern energiegeladen. Wenn aus dem Es Wünsche bewusst werden »wollen«, die das Über-Ich nicht zulässt, muss das Ich die Es-Wünsche vom Bewusstsein fern halten. Freud vergleicht das Geschehen mit einem Dampfkesselmodell: Durch die Energie des Es steht der Dampfkessel unter Druck. Das Ich muss Gegendruck ausüben und verbraucht Energie. Wenn das Ich sehr viel Energie für die Kontrolle der unerlaubten Es-Wünsche verbraucht, dann entsteht ein schwaches Ich. Ein schwaches Ich kann die Anpassung an die Realität – vor allem bei Belastungen – nicht mehr leisten. Es besteht Gefahr von Störungen, z. B. des Leistungsversagens in der Schule. Um zu vermeiden, dass eine Ich-Schwäche entsteht, sollen die Erzieher dafür sorgen, dass möglichst viele Triebwünsche des Es befriedigt und damit die Energie abgeführt wird. Außerdem wäre es wichtig, dass kein zu strenges Über-Ich entsteht. Ein zu strenges Über-Ich verbietet zu viele Es-Wünsche. Die Spannung bleibt erhalten und muss kontrolliert werden.

6 Zusammenfassung

Das Erleben und Verhalten wird nach Freud bestimmt durch unbewusste Kräfte und Vorgänge. Im Menschen begegnen sich Natur in Form der Triebe, die die Selbsterhaltung und Fortpflanzung sichern sollen und Kultur in Form der Moral und der Idealvorstellungen.

Der Mensch lebt in diesem Spannungsfeld und ist keineswegs frei. Sein Erleben und Verhalten ist bestimmt (determiniert) durch unbewusste Triebwünsche und Normen und Werte. Der Mensch handelt nicht, um etwas zu erreichen, sondern, weil er nicht anders kann. Das Bettnässen eines Kindes würde Freud nicht als Suche nach Zuwendung durch die Mutter deuten, sondern als unausweichliche Folge der innerpsychischen Konflikte. Das problematische Verhalten ist nicht final zu verstehen, sondern kausal zu erklären.

Mit Hilfe der Instanzen Es, Ich und Über-Ich beschreibt Freud den »psychischen Apparat«. Das Geschehen in diesem Apparat wird als Energiehaushalt (ökonomischer Aspekt), Kräftespiel (dynamischer Aspekt) und als räumliche Ordnung (topischer Aspekt) begriffen und analysiert.

3.2 Entwicklung aus der Sicht der Psychoanalyse

1 Die Idee der Entwicklungsphasen
2 Die orale Phase
3 Die anale Phase
4 Die ödipale oder phallische Phase
5 Aufbauende Entwicklungsphasen
6 Kritische Würdigung

1 Die Idee der Entwicklungsphasen

Die vielfältigen Prozesse und Veränderungen, die im Laufe menschlicher Entwicklung stattfinden, zu ordnen, Zusammenhänge zu entdecken und Erklärungsmodelle zu finden, ist das zentrale Anliegen der Entwicklungspsychologie. Auf der Suche nach Lösungen haben Entwicklungspsychologen entdeckt, dass die Entwicklung einer so genannten »sachimmanenten Entfaltungslogik« folgt (nach Lotte Schenk-Danzinger) und dass sich die Veränderungen als Stufen (z. B. Oswald Kroh) oder als spiralenförming aufeinanderaufbauende Phasen beschreiben lassen (z. B. Heinz Remplein). Frank Busemann stellte fest, dass sich die Entwicklung als eine aufeinander folgende Abfolge von Erregungs- und Beruhigungsphasen beschreiben und deuten lässt. Zu erwähnen ist noch die Auffassung des großen Entwicklungspsychologen Jean Piaget, nach der sich die kognitive (seine Forschung beschränkte sich zunächst auf diesen Bereich) Entwicklung als Streben nach Gleichgewicht zwischen den Prozessen Assimilation und Akkommodation (vgl. Wörterbuch) beschreiben und erklären lässt.

Die Entdeckung von Freud, dass die Entwicklung der Libido (nach Lust und Befriedigung strebende Lebensenergie) in Phasen verläuft, dass die in einzelnen Phasen erlebten Triebererfahrungen tiefe Spuren im Unbewussten hinterlassen und das gesamte spätere Leben beeinflussen, ist heute noch ein anerkannter und viel beachteter Beitrag zur Entwicklungspsychologie.

2 Die orale Phase

Im ersten Lebensjahr ist nach Freud der Mund (oral) die erogene (lustspendende) Zone. Über den Mund reagiert der Säugling die Triebspannung ab und über Saugen, Beißen, Lutschen, in den Mund stecken, Essen stellt er die ersten Beziehungen zur Umwelt her. Bekommt der Säugling viel Zuwendung, Hautkontakt, Zärtlichkeit, Ruhe, Wärme und Pflege, so entsteht eine Grundhaltung des Urvertrauens – im negativen Fall die des Urmisstrauens. Der Aufbau der Beziehung zur Welt kann als die wichtigste Entwicklungsaufgabe in dieser Phase gedeutet werden. Übertriebene Frustration der kindlichen Triebwünsche kann eine spätere Entstehung von Depression und Ängstlichkeit begünstigen.

3 Die anale Phase

Im zweiten und dritten Lebensjahr ist die Afterregion (anal) die erogene Zone. Die für diese Phase charakteristischen Triebwünsche sind das Hergeben oder Zurückhalten der Ausscheidungsprodukte, das Manipulieren von Kot, Matsch, Ton, Sand. In dieser Phase lernt das Kind Nein zu sagen (Trotzalter). Der Aufbau der Beziehung zum Ich ist die Entwicklungsaufgabe in diesem Lebensabschnitt. Von den Erziehern wird gefordert: Keine zu strenge und zu frühe Reinlichkeitserziehung, dem Kind Spiele im Sand, mit Lehm, mit Fingerfarben, Ton und anderem verformbaren Material zu ermöglichen, das Autonomiestreben des Kindes zu unterstützen (»Ich will...«beim Essen, Anziehen), kindliche Aggressionen – vor allem gegenüber jüngeren Geschwistern und gegenüber Eltern – zu akzeptieren. Bei solcher Erziehung dürfte Selbstvertrauen entstehen. Vor allem eine zu strenge Reinlichkeitserziehung kann eine spätere Entstehung von Zwangsneurosen, Pedanterie und Geiz begünstigen.

4 Die ödipale oder phallische Phase

Im vierten und fünften Lebensjahr treten nach Freud genetisch bedingte Triebwünsche auf, die die Entwicklung des sozialen Verhaltens bzw. den Aufbau der Beziehung zum Du voran treiben. Geschlechtsorgane werden zur erogenen Zone. Weil sich die Triebwünsche insbesondere als Begehren des gegengeschlechtlichen Elternteils äußern, wird der Entwicklungsabschnitt nach der griechischen Sage »ödipale« Phase genannt. Weitere typische Wünsche in dieser Phase sind das Spielen mit Geschlechtsorganen, sich nackt zeigen, Doktorspiele, Puppenspiele. Da sich das Kind in dieser Phase in einem innerpsychischen Konflikt zwischen Angst (vor Bestrafung durch den gleichgeschlechtlichen Elternteil, Kastrationsangst) und Geborgenheit (die es in der Nähe des gegengeschlechtlichen Elternteils wünscht und erfährt) befindet, braucht es zur Lösung des Konflikts ein positives Familienklima sowie tolerante und verständnisvolle Eltern. Die Lösung des Konflikts erfolgt nach Freud über die Identifikation mit dem gleichgeschlechtlichen Elternteil und damit wird auch die Geschlechterrolle übernommen, die die spätere Entwicklung des Sexuallebens mitbeeinflusst.

5 Aufbauende Entwicklungsphasen

Nach der ödipalen Phase wird die Libidoenergie auf andere, nicht sexuelle Ziele umgeleitet (sublimiert). Diesen Abschnitt nennt Freud Latenzperiode. Es handelt sich um das Alter nach dem 6. bis zum 12. Lebensjahr. Es ist die Zeit, in der vor allem so genannte Kulturtechniken erlernt und geübt werden. Es folgen Pubertät und reife genitale Phase. Diese Entwicklungsabschnitte bauen auf den ersten drei Phasen auf. In der Latenzperiode wird die in der oralen Phase angebahnte Beziehung zur Welt vertieft und ausdifferenziert, während der Pubertät muss der Jugendliche im Sinne der Beziehung zum Ich (anale Phase) die eigene Identität aufbauen, was oft mit Krisen und heftigen Protesten gegen die Erwachsenen verbunden ist. Mit dem Eingehen dauerhafter Partnerschaften in der genitalen Phase ist die in der ödipalen Phase begonnene soziale Entwicklung abgeschlossen.

6 Kritische Würdigung

Das Phasenmodell der Libidoentwicklung nach Freud leistet mehr als eine Beschreibung der Entwicklungsveränderungen auf einzelnen Altersstufen. Die unsichtbaren innerpsychischen Vorgänge wie Luststreben, Ängste und Gefühlskonflikte hat Freud mit Hilfe der von ihm entwickelten Behandlungsmethode psychischer Störungen aufgedeckt. Das Ziel der psychoanalytischen Behandlung war das Bewusstmachen unbewusster Vorgänge in der frühen Kindheit.

Auch wenn viele Psychologen und Pädagogen die zentrale Rolle des Sexualtriebes (genauer Libido) in der Erklärung der Entwicklung der Persönlichkeit und die Wahl der Bezeichnungen wie Ödipuskomplex, Kastrationsangst, Analcharakter stört, ist die Beobachtung der typischen Triebwünsche in der frühen Kindheit unwiderlegbar.

Ebenso unbestreitbar ist die Auffassung von Freud, dass die frühe Kindheit den kritischen Abschnitt in der Entwicklung darstellt und daher mögliche Erziehungsfehler wie zu viel Verwöhnung oder Versagung (zu einschränkende, strenge Erziehung) der Triebbefriedigung oder gar traumatische Erlebnisse die spätere Entwicklung nachhaltig prägen und beeinflussen. Bereits in der frühen Kindheit kann es zu Störungen der Entwicklung in Form einer Fixierung (Festhalten) oder Regression (Zurückfallen) kommen (vgl. Thema 3.3).

3.3 Angst und Angstabwehr aus psychoanalytischer Sicht

1 Das Leben mit der Angst
2 Quellen der neurotischen Angst
3 Die Abwehr der frei flottierenden Angst
4 Realitätsverlust als Folge der Angstabwehr
5 Zusammenfassung

1 Das Leben mit der Angst

Ein Leben ohne Angst gibt es nicht. Es gibt sehr viele verschiedene Ängste, die vor allem im Leben der Kinder sehr bedrohlich sein können. Die Erwachsenen haben im Vergleich zum Kind viel mehr Möglichkeiten zur Angstbewältigung und Angstüberwindung. Wir können Wissen, Mut, Können, Solidarität und Hilfe der Mitmenschen mobilisieren oder durch Entspannungsübungen die Angst in kleinen Schritten überwinden.

Ängste sind nicht nur bedrückend und quälend, sondern auch Antrieb für neue Entwicklungen zur Überwindung der Angst und von wichtiger lebensschützenden Funktion. Die frühesten Ängste sind für die Entwicklung des Menschen besonders wichtig. Die Angst vor Bedrohung unseres Daseins in der Welt, die Angst vor Trennung und Verlust, die Angst vor Schuld und Strafe und die Angst vor Bedrohung unseres Selbstwertgefühls und unserer Identität zählt Fritz Riemann in seiner psychoanalytischen Theorie der Angst zu den vier Grundängsten, die unvermeidbar zum menschlichen Leben gehören. Die Intensität dieser Ängste und die Möglichkeit ihrer Bewältigung hängt entscheidend von unseren frühkindlichen Erfahrungen und von der Erziehung ab.

Bereits Sigmund Freud hat zwischen Realangst, Moralangst und neurotischer Angst unterschieden. Die Ursache der Realangst ist uns bewusst. Die Realangst schützt uns vor Gefahren und ist leicht, z. B. durch Flucht zu überwinden, wenn sie nicht übermäßig stark ausfällt und uns lähmt. Auch die Moralangst ist nützlich, wenn sie uns vor Begehen einer Straftat schützt. Problematisch wird sie, wenn sie zu unangemessenen Schuldgefühlen führt.

2 Quellen der neurotischen Angst

Die Ursache der neurotischen Angst ist uns nicht bewusst. Sie entsteht, wenn die Triebwünsche des Es vom Über-Ich verboten sind und das Ich fürchtet, sie nicht kontrollieren zu können. Diese Angst ist quälend, lähmend, wird als unerträgliche Spannung erlebt und kann zur Ausbildung einer Neurose führen.

Solche oder ähnliche Ängste entstehen auch, wenn Strafen erwartet werden, wenn der Verlust einer geliebten Person befürchtet wird, wenn die Belastungen übergroß sind und das Ich keinen Ausweg mehr findet, bei Dauerstress (z. B. Krankheit, Geburt des Geschwisterchens, Scheidung der Eltern, durch traumatische Erlebnisse, z. B. bei Unfallschock). Bei der neurotischen oder »frei flottierenden« Angst (Freud) handelt es sich um eine Art Signalangst, um Erwartungsangst, um eine Angst, die aus einer unbewussten innerpsychischen Dynamik entsteht. Man fühlt sich von der Angst »überschwemmt«, ohne das ein Grund erkennbar ist.

3 Die Abwehr der frei flottierenden Angst

Freud und später vor allem seine Tochter Anna Freud haben viele unbewusst ablaufende Mechanismen entdeckt, die das Ich (unbewusst) einsetzt, um die neurotische Angst zu bewältigen, genauer abzuwehren. Von der Abwehr spricht Freud deswegen, weil in der Regel die unbewusste Ursache der Angst beseitigt wird.

Werden eigene, vom Über-Ich verbotene Triebwünsche oder Gefühle, z. B. Hassgefühle und Aggressionswünsche gegenüber der Mutter in anderen Personen gesehen, so setzt das Ich den Abwehrmechanismus der Projektion ein. Verdrängung liegt vor, wenn den verpönten Wünschen der Zugang zum Bewusstsein aktiv versperrt wird. Wird aus einem Paar ambivalenter Gefühle (Liebe-Hass z. B.) die vom Über-Ich als wertvoll eingestufte Seite, also Liebe, übertrieben stark gelebt, damit die Angst machende Wirkung der verbotenen Seite, also des Hasses, ausbleibt, dann liegt der Abwehrmechanismus Reaktionsbildung vor. In der Kindheit muss das Ich bei starken Belastungen und Spannungen oft auf Energien zurückgreifen, die zur Bewältigung einer Entwicklungsaufgabe gebraucht wurden und in Form von »Objekt- oder Personbesetzungen« gebunden sind. Es handelt sich um den Abwehrmechanismus Regression. Der Abwehrmechanismus Rationalisierung besteht im Finden plausibler Gründe für nicht akzeptierte Wünsche oder Gefühle. Weitere Abwehrmechanismen sind Verschiebung, Verkehrung ins Gegenteil, Konversion, Sublimierung und andere mehr.

4 Realitätsverlust als Folge der Angstabwehr

Alle Abwehrmechanismen führen zur Entspannung, mindern die Angst haben aber in der Regel Realitätsverlust zur Folge. Verdrängte Triebenergie ist nicht kontrollierbar und führt zu unangepassten Verhaltensweisen. Bei Projektion werden eigene Wünsche und Gefühle an anderen Personen bekämpft. Regression hat bereits überwundene »kindische« (auch infantil genannte) Verhaltensweisen zur Folge. Die Reaktionsbildung führt dazu, dass sich Kinder entgegen den eigenen Wünschen und Bedürfnissen verhalten und die Erzieher ein völlig falsches Bild von der tatsächlichen psychischen Lage der Kinder bekommen. Die Erzieher verhalten sich dann in bester Absicht so, dass die Probleme noch verstärkt werden. Realitätsverlust bedeutet in der Regel ein Abgleiten in die Neurose, d. h. es kommt zur starken Einschränkung von Handlungsmöglichkeiten und zur Wiederholung des Verhaltens, das »einen unglücklich macht« (Freud). Die Identifikation als ein Abwehrmechanismus besonderer Art bildet hier eine Ausnahme. In der Regel wird die Angst über die Identifikation mit starken Personen bewältigt, wobei es auch zur Übernahme erfolgreicher Verhaltensweisen dieser Personen kommt.

5 Zusammenfassung

Bei entsprechender Unterstützung durch die Umwelt kann die Bewältigung der Grundängste in der Kindheit zu wichtigen Entwicklungsfortschritten führen. Die Existenzangst bildet den Antrieb für die Entwicklung des Urvertrauens, die Trennungsangst für Sicherheit und Selbständigkeit, die Angst vor Schuld und Strafe für Selbstkontrolle und Verantwortung und die Angst vor Minderwertigkeit zum gesunden Selbstwertgefühl. Fehlverhalten der Erzieher kann zur Ausbildung des Urmisstrauens, der Abhängigkeit, zur Überanpassung und Gefügigkeit und zu Mutlosigkeit und Zweifel führen.

Besonders problematisch sind die so genannten neurotischen Ängste, die nach Freud als Folge unbewusster Strebungen nach Lust, die vom Über-Ich nicht zugelassen werden, entstehen. Zur Abwehr dieser Ängste setzt das Ich Mechanismen ein, die unbewusst ablaufen, zur Erleichterung und Entspannung führen, aber gleichzeitig Realitätsverlust zur Folge haben. Die beste Angstabwehr ist eine Erziehung, die das Ich stärkt, Es-Wünsche akzeptiert und ein angemessenes Über-Ich anstrebt. Nützlich sind Realängste, die uns vor Gefahren schützen und Moralängste, die das Begehen von Straftaten verhindern.

3.4 Psychoanalyse und Erziehung

1 Psychoanalytische Pädagogik
2 Instanzenmodell und Erziehung
3 Phasenmodell und Erziehung
4 Quellen der Angst und Erziehung
5 Zusammenfassung

1 Psychoanalytische Pädagogik

Anna Freud schrieb im Jahre 1968: »Was Eltern, Lehrer und Erzieher von der Psychoanalyse erwarten, ist ein geschlossenes System von Regeln und Vorschriften. Was die Analytiker zu bieten haben, sind Meinungen, Warnungen, Einsichten, bestenfalls Ratschläge.« Die pädagogische Bewegung, die sich auf der Grundlage psychoanalytischer Erkenntnisse etabliert hatte, blieb hinter den gesteckten Zielen, durch die Erziehung psychische Gesundheit zu fördern, zurück. Das war auch Anna Freud bewusst, denn sie schrieb: »Die unter dem neuen Regime aufwachsenden Kinder mögen in mancher Hinsicht anders sein als die Kinder früherer Generationen. Sie sind aber nicht freier von Angst und Konflikten und darum neurotischen und psychischen Störungen nicht weniger ausgesetzt. Der Fehler liegt hier nicht in einem Versagen erzieherischen Handelns, sondern in unseren unberechtigten Erwartungen«. Sie meint weiter, dass die Eingliederung in die Kultur unvermeidbar mit der Entstehung psychischer Störungen verbunden ist. Auch ihr Vater hat das Konfliktpotential zwischen Lustprinzip und Kultur erkannt und in seinen Ausführungen zum »Unbehagen in der Kultur« artikuliert. Sicher ist, und das betont auch Anna Freud, dass eine verständnisvolle Erziehung einzelnen Kindern zu Konfliktlösungen verhelfen kann, die dann mit psychischer Gesundheit verträglich sind.

Akzeptiert man die Ideen und Vorstellungen der Psychoanalyse so steht man als Erzieher vor folgender Frage: Wie kann ich eine kulturelle Anpassung und das Bestmögliche an Leistungsfähigkeit erreichen, ohne dass Kinder auf Glück, Lust und Befriedigung ihrer Triebwünsche verzichten müssen?

2 Instanzenmodell und Erziehung

Als Erziehungsziele sind anzustreben

- eine angemessene Befriedigung der **Es**-Wünsche, damit das **Es** nicht durch viele verdrängte und unbewusste Triebwünsche überladen ist
- ein »starkes«, fähiges **Ich** (**Ich**-Stärke statt **Ich**-Schwäche)
- ein weder zu strenges noch zu nachlässiges **Über-Ich**.

Begründung: Durch allzu viele unbewusste Triebwünsche des **Es** wird das **Ich** von sehr starken Spannungen bedrängt, die es nicht lösen kann und durch die es ständig Energie verbraucht.

Ein zu strenges **Über-Ich** verbietet zu viele Triebwünsche, das **Ich** greift möglicherweise zu Ersatzbefriedigungen, was Schuldgefühle und damit erneuten Energieverbrauch zur Folge hat. Ein zu nachlässiges **Über-Ich** lässt zu viele Triebwünsche unzensiert »durch«, es entstehen Konflikte mit der Umwelt (Kultur), was wiederum Angst und Schuldgefühle zur Folge hat.

Erwünschtes Verhalten der Erzieher: Loben, anerkennen, unterstützen, ermutigen, aufrichtig und offen sein, Vorbild sein, Wohlwollen zeigen, das Kind schätzen und akzeptieren, dem Kind angemessene Selbständigkeit gewähren, vermeiden von traumatischen Erlebnissen, konsequente Haltung, Bereitstellen von wertvollem Spielzeug, kindliche Aggressionen akzeptieren, Ersatzbefriedigungen erkennen und diese akzeptieren, kindliche Ängste ernst nehmen.

Es ist auch wichtig, dass sich Erzieher ihres Vorbildverhaltens bewusst sind.

3 Phasenmodell und Erziehung

Bei der Geburt ist das Kind total hilflos und von der Umwelt abhängig. Aus diesem Ausgeliefertsein und seinem Selbsterhaltungstrieb ergibt sich ein innerpsychischer Konflikt von Macht und Ohmacht. Damit das Kind diese Ambivalenzsituation zu Gunsten des Urvertrauens lösen kann braucht es Zuwendung, Liebe, Zärtlichkeit, Hautkontakt, Stillen. Eine Bezugsperson soll für das Kind Zeit haben, es vor allem in der Nacht nicht allein lassen und bei Schreien herausfinden, was das Kind braucht. Die Gefahr der Verwöhnung besteht in dieser Phase nicht.

Aus der oralen Phase bringt das Kind eine enge Bindung an die »Mutter« in die anale Phase mit. Diese stellt jetzt Forderungen an das Kind (Reinlichkeitserziehung). Damit der innerpsychische Hass-Liebe-Konflikt im Sinne der Autonomie, des Selbstwertgefühls gelöst werden kann, müssen die Erzieher eine zu frühe und zu strenge Reinlichkeitserziehung vermeiden, dem Kind Spiele im Sand, mit Lehm, mit Fingerfarben, Ton und anderem verformbaren Material ermöglichen, das Autonomiestreben des Kindes unterstützen (»Ich will…« beim Essen, Anziehen), kindliche Aggressionen – vor allem gegenüber jüngeren Geschwistern und gegenüber Eltern – akzeptieren. Es gilt zu vermeiden, dass die Angst des Kindes vor Schuld und Strafe zu zwanghaftem Verhalten führt.

Damit das Kind aus dem ödipalen Konflikt, aus dem Dilemma zwischen Angst und Geborgenheit als »Gewinner« hervorgeht, in dem es sich mit dem gleichgeschlechtlichen Elternteil identifiziert, sind besonders wichtig: Positive Beziehung zwischen den Eltern, eine entspannte Familienatmosphäre, Vorbildwirkung des gleichgeschlechtlichen Elternteils, keine Bestrafung des Begehrens des gegengeschlechtlichen Elternteils, Erlauben der Doktorspiele, Ernstnehmen der kindlichen Ängste, Ermöglichen der Rollenspiele (Puppen, Kleider) und auch Märchen vorlesen.

4 Quellen der Angst und Erziehung

Nehmen die Eltern die Grundängste des Kindes vor Alleinsein, vor Verlust, Trennung, vor Schuld und Strafe und Angst vor Versagen bzw. vor Minderwertigkeit ernst, dann werden sie ihr Kind ermutigen, es unterstützen, ihm Gelegenheit geben, sich durchzusetzen. Sie werden es nicht mit zu frühen Geboten, Strafen belasten, und werden auf Perfektionismus, Erpressung und orthodoxe, intolerante Moral verzichten. Sie werden sorgfältig mit dem »Eigentum« des Kindes umgehen und es nicht ohne Not allein lassen (Verlust- und Trennungsangst). Unvermeidbare Ereignisse wie Krankenhausaufenthalt, Umzug, Scheidung führen zu Dauerstress, zu allgemeiner Ängstlichkeit und zu einer pessimistischen Grundhaltung, wenn die Bedrohung, die das Kind erlebt, durch geeignete Maßnahmen nicht aufgefangen wird.

5 Zusammenfassung

Man kann ohne Übertreibung behaupten, dass die Psychoanalyse die Erziehung nachhaltig geprägt und teilweise sogar revolutionär verändert hat. Aus dem Instanzen-, Phasenmodell und aus der Angsttheorie ergeben sich klare Forderungen, was durch die Erziehung zu beachten und zu leisten ist und was unbedingt vermieden werden muss.

Der Umsetzung der »reinen Lehre« sind aber auch Grenzen gesetzt. Die Erzieher leiden selbst unter unbewussten Konflikten und Ängsten und ihr Handeln wird stärker durch unbewusste Kräfte als durch ihr Wissen gesteuert. In einer pluralistischen Kultur und Gesellschaft ist eine angstfreie Erziehung unmöglich.

4 Lerntheorien und Erziehung

4.1 Klassische und operante Konditionierung

1 Das Lernen von Tier und Mensch
2 Signallernen nach Pawlow
3 Lernen durch Verstärkung
4 Beide Lerntheorien im Vergleich
5 Kritische Würdigung

1 Das Lernen von Tier und Mensch

Die Anpassung einer Lebewesenart an die Umweltbedingungen erfolgt durch die Evolution, wobei die für das Überleben wichtigen Informationen über die Vererbung von Generation zu Generation weitergegeben werden. Die Anpassung der Individuen erfolgt viel schneller durch Lernen. Lernen wird als Änderung des Verhaltens in Folge der Erfahrung definiert. Zur Anpassung gehört, dass Tiere und Menschen lernen, was einzelne Reize bedeuten oder signalisieren und dass sie lernen, welche Konsequenzen auf ihr Verhalten folgen. Die Evolution hat bei Tier und Mensch das Lernen so organisiert, dass Änderungen des Verhaltens zum eigenen Vorteil herbeigeführt werden. Die systematische Untersuchung, wie das Lernen abläuft, unter welchen Bedingungen welche Lernprozesse, die selbst nicht beobachtbar sind, stattfinden, wurde von Pawlow mit seinen wohl bekannten Versuchen mit Hunden initiiert. Die Erkenntnisse, die lange Zeit vorwiegend durch Tierexperimente gewonnen wurden, scheinen auch für Menschen zu gelten. Erst Jahrzehnte später konnte Alfred Bandura die Psychologiewelt davon überzeugen, dass beim Menschen die kognitiven Prozesse eine bedeutende Rolle spielen.

2 Signallernen nach Pawlow

Der russische Physiologe und Nobelpreisträger Iwan Petrowitsch Pawlow (1849 – 1936) studierte die Verdauung bei Hunden und beobachtete, dass der Speichelfluss nicht nur durch Futter, sondern auch durch den Fressnapf oder durch die Schritte der Pfleger ausgelöst wird. In kontrollierten Experimenten fand er heraus, dass der angeborene Reflex oder die unkonditionierte Reaktion (UCR = Speichelfluss) auch durch solche Reize ausgelöst wird, die ursprünglich keine Signalwirkung besaßen und daher neutrale Reize genannt wurden, z.B. Glockenton. Durch mehrmaliges gemeinsames Auftreten mit Futter (UCS oder angeborener Reiz) übernehmen solche neutralen Reize die Signalwirkung angeborener Reize und werden zu bedingten oder konditionierten Reizen (CS). Im Gehirn der Hunde fand eine Verknüpfung oder Assoziation zwischen den Reizen Futter und Glockenton statt. Es zeigte sich, dass auch Reize, die mit dem konditionierten ähnlich sind, zu Auslösern werden. Diesen Vorgang nennt man Reizgeneralisierung. Findet Lernen durch Verknüpfen von angeborenen und neutralen Reizen statt, so spricht man von Klassischer Konditionierung.

3 Lernen durch Verstärkung

Bereits E. L. Thorndike (1874 – 1949) vertrat die Auffassung, dass der Mensch solche Verhaltensweisen öfter zeigt, die erfolgreich sind (Gesetz des Effekts, Lernen am Erfolg). B. F. Skinner (1904 – 1990) untersuchte mit Hilfe der »Skinner-box«, wie sich Konsequenzen, die dem Verhalten folgen, auf das Lernen auswirken. Mit Hilfe vieler Experimente an Ratten, Tauben und sogar an eigenen Kindern konnte er zeigen, dass positive Konsequenzen zur Erhöhung der Auftrittswahrscheinlichkeit der vorausgegangenen Reaktion führen. Alle Reize, die fähig sind, ein Verhalten zu ändern, nannte er Verstärker. Er spricht von positiver Verstärkung, wenn die Reaktionshäufigkeit durch positive, angenehm wirkende, Lust bringende Reize erhöht wird und von negativer Verstärkung, wenn ein Verhalten deswegen häufiger auftritt, weil es die Entfernung, Aufhebung unangenehm, schmerzhaft wirkender Reize bewirkt hat.

Verstärkung kann in unterschiedlicher Weise geschehen: Entweder als kontinuierliche Verstärkung (jede Reaktion wird verstärkt), als Quotenverstärkung (z. B. jede Dritte) oder als Intervallverstärkung (nach bestimmten Zeitabschnitten). Es werden unterschieden: Primäre (angeborene), sekundäre (gelernte), materielle wie Geld und Spielsachen und soziale Verstärker, z. B. Lob, Ermutigung, Lächeln. Weil eine Aktivität oder eine Reaktion (operant) Voraussetzung des Lernens ist, sprach Skinner von operantem Konditionieren. Mit der Bezeichnung instrumentelles Konditionieren wird hervorgehoben, dass Lernen dann stattfindet, wenn ein Verhalten zum Instrument für Erfolg wird.

4 Beide Lerntheorien im Vergleich

Bei der Klassischen Konditionierung handelt es sich um Reiz- oder Signallernen. Das bereits vorhandene Verhalten, eine angeborene Reaktion oder Reflex, wird durch neue Reize oder Situationen ausgelöst. Operantes Konditionieren führt dazu, dass ein Verhalten häufiger gezeigt wird. Beide Lernarten ergänzen sich, wenn ein Verhalten durch gelernte Reize ausgelöst und danach durch positive oder negative Verstärker stabilisiert wird.

Konditionierte oder bedingte Reize verlieren ihre Signalwirkung, wenn sie konsequent und wiederholt ohne den angeborenen Reiz auftreten. Ein Verhalten wird seltener gezeigt, wenn die positiven Folgen konsequent wegbleiben. In beiden Fällen spricht man von Löschung oder Extinktion.

Strafe ist in der Regel entweder ein angeborener (z. B. Schläge) oder gelernter (Worte, Zeichen, Räume) Reiz mit Angst auslösender Wirkung. Nach Skinner führt Strafe nicht dazu, dass ein Verhalten seltener gezeigt, sondern bestenfalls dazu, dass das Verhalten zeitweise unterdrückt wird. Kann die Wirkung der Strafe verringert oder aufgehoben werden, so wird die Reaktion, mit der man diesen Erfolg erzielt, negativ verstärkt und häufiger auftreten.

Bei der Entwicklung von Angstreaktionen sind oft beide Lernarten beteiligt. Durch plötzliches Bellen oder Beißen (angeborener Angstauslöser) wird ein Hund (zunächst neutraler Reiz), zum gelernten Reiz für Angst. Durch Schutzmaßnahmen (im Haus bleiben, Umweg) oder durch Flucht kann man die Begegnung mit einem Hund und damit das Auftreten der Angst vermeiden. Flucht- oder Vermeidungsverhalten wird negativ verstärkt. Die Angst wird stabilisiert. Diesen Vorgang nannte O. H. Mowrer »Zwei-Faktoren-Theorie« des Lernens.

5 Kritische Würdigung

Durch Tierexperimente konnten wertvolle Einsichten in die Bedingungen der Verhaltensänderung gewonnen werden. Die systematisch geordneten Erkenntnisse werden Lerntheorien genannt.

Die gewonnenen Erkenntnisse haben gezeigt, wie Angst entstehen kann und auch, warum Angst schwer abzubauen ist. Die überwiegend durch Tierexperimente aufgedeckten Bedingungen treffen prinzipiell auch auf Menschen zu, da bis zu einem gewissen Grad Menschen und Tiere über gleiche Anpassungsmechanismen verfügen. Bei der Übertragung der Erkenntnisse des Klassischen und Operanten Konditionierens auf Probleme der Erziehung und Therapie werden schnell viele Schwächen beider Theorien deutlich, weil Menschen über weitere (z. B. kognitive Prozesse) Möglichkeiten verfügen und viele Vorgänge in der konkreten Praxis oder Situation nicht kontrollierbar sind.

4.2 Reiz-Reaktions-Lernen und Erziehung

1 Übertriebener Optimismus
2 Strafe aus lerntheoretischer Sicht
3 Lob und Belohnung
4 Das Lernen der Erzieher
5 Erfolgreiche Anwendungen
6 Kritische Merksätze

1 Übertriebener Optimismus

Der gezielte Aufbau komplexer Verhaltensweisen bei Tieren durch die Anwendung lernpsychologischer Erkenntnisse ermutigte einige Lerntheoretiker, allen voran Watson und Skinner, zu glauben, sie könnten auch das menschliche Verhalten nach Wunsch formen. Über die so genannte Verhaltensformung (shaping of behavior) ist es Skinner gelungen, Tauben Ping-Pong-Spielen beizubringen und die Ratte Barnabus hat gelernt, mit dem Aufzug zu fahren. Bei der Verhaltensformung wird so vorgegangen, dass zuerst das Endverhalten definiert wird und dann schrittweise die zum Endverhalten führenden Verhaltensweisen verstärkt werden. Was im Labor mit Tieren möglich ist, kann und sollte auch in der Erziehung von Menschen nicht gelingen.

Trotz aller Enttäuschungen und Bedenken sind lerntheoretische Erkenntnisse über das Reiz-Reaktions-Lernen oder den Ablauf von Konditionierungen hervorragend geeignet, um die Wirksamkeit verschiedener Erziehungsmittel und Methoden zu reflektieren. Sie haben sich auch bei der Entwicklung verschiedener verhaltenstherapeutischer Maßnahmen bewährt.

2 Strafe aus lerntheoretischer Sicht

Lerntheoretisch gesehen handelt es sich bei den Strafen der Erzieher um Hinzufügen negativ wirkender oder um Wegnehmen positiver Reize. Solche Vorgehensweisen führen zur Verschlechterung der Beziehung zwischen Erzieher und Kind. Die Erzieher wollen mit Strafen den Abbau eines unerwünschten Verhaltens erreichen. Die Erkenntnisse von Pawlow und Skinner zeigen, dass das nicht gelingen kann.

Nach der Klassischen Konditionierung führen Strafen als schmerzverursachende und angstauslösende Reize dazu, dass weitere neutrale Reize zu Auslösern für Angst werden. Im Sinne der negativen Verstärkung werden solche Reaktionen häufiger auftreten, mit denen das bestrafte Kind die Wirkung der Strafe aufheben oder verringern kann. Das bedeutet, dass die Strafe zum Aufbau des Flucht- und Vermeidungsverhaltens wie Passivität, Lügen, Weglaufen führen kann.

3 Lob und Belohnung

Zeigt ein Kind das gelobte und belohnte Verhalten häufiger, dann haben die Erzieher eine effektive Art und Weise der Verstärkung gefunden. Welche Reize zu Verstärkern werden, entscheidet das Kind und nicht der Erzieher. Lerntheoretiker haben auch herausgefunden, dass Kinder vor allem solche Verhaltensweisen lernen, die ohne Eingreifen des Erziehers erfolgreich sind.

Häufiger Einsatz von Lob und Belohnung ist problematisch, weil Kinder lernen, wie sie sich verhalten müssen, um angenehme Konsequenzen zu erreichen. Lob und Belohnung stellen ein Einmischen des Erziehers dar, das Kinder nicht wollen, weil ihnen die eigene Kontrolle der Konsequenzen wichtiger ist. Es besteht auch immer die Gefahr, dass der Erzieher erst dann lobt, wenn das Kind durch wahrscheinlich unerwünschte Verhaltensweisen auf sich aufmerksam macht. Damit lernt das Kind anzugeben, sich auffällig zu verhalten, im Mittelpunkt zu stehen. Die aus lerntheoretischen Erkenntnissen abgeleitete Forderung, Lob und Belohnung sofort nach dem Auftreten der erwünschten Verhaltensweise in angemessener Intensität und nicht zu häufig einzusetzen, ist nur selten realisierbar.

4 Das Lernen der Erzieher

Viele Karikaturen in der pädagogischen Literatur weisen darauf hin, dass das Lernen der Erzieher nach gleichen Prinzipien abläuft wie das der Kinder. Wenn Kinder die Erzieher »zur Verzweiflung treiben«, und mit ihrem negativen Verhalten sofort aufhören, wenn der Erziehung auf gewünschte Art reagiert, dann liegt die negative Verstärkung des Erziehers vor. Wenn sich Kinder »einschmeicheln«, dann bedeutet das aus der Sicht lernpsychologischer Erkenntnisse, dass sie den Erzieher zu einem bestimmten Verhalten motivieren und über Verhaltensformung das gewünschte Endverhalten erreichen wollen.

5 Erfolgreiche Anwendungen

Unter kontrollierten Bedingungen hat sich der Einsatz lernpsychologischer Erkenntnisse bewährt. Das ist insbesondere im Rahmen einer Therapie oder auch in speziellen Einrichtungen der Pädagogik möglich.

Die systematische Desensibilisierung zum Abbau der Angst gehört zu den erfolgreichen verhaltenstherapeutischen Techniken. Um bei einem Kind die Angst vor Kaninchen abzubauen, ging Mary Jones nach dem Prinzip der reziproken Hemmung vor. Mit Hilfe von Schokolade erreichte sie einen mit der Angst unvereinbaren körperlichen Zustand (Entspannung) und zeigte ein Angst auslösendes Tier so weit weg, dass das Kind den Reiz ertragen konnte. Den Vorgang wiederholte sie so lange, bis das durch die Schokolade erzeugte angenehme Gefühl die Angst völlig unterdrückte und das Kind mit dem Kaninchen spielen konnte. Dieses Verfahren – zunächst Gegenkonditionierung genannt – wurde später durch den Einsatz verschiedener Entspannungstechniken als systematische Desensibilisierung weiter ausgebaut.

Die Gegenkonditionierung im Sinne einer Aversionstherapie, bei der z. B. der Genuss oder auch schon das Anfassen von Alkohol oder Zigaretten mit Übelkeit auslösenden Reizen gekoppelt wurde, hat man wegen problematischer Nebenwirkungen wieder aufgegeben.

Bewährt haben sich so genannte Kontingenzverträge. Mit Personen, die mitmachen und daran interessiert sind, ihr Verhalten zu ändern, wird vertraglich vereinbart, mit welchen Folgen unerwünschtes Verhalten beantwortet und wie erwünschtes Verhalten verstärkt wird.

6 Kritische Merksätze

Rein theoretisch lassen sich aus lernpsychologischen Erkenntnissen viele Hinweise darauf ableiten, wie man erwünschtes Verhalten aufbauen und unerwünschtes abbauen könnte. Eine Kontrolle von Lernprozessen ist aber noch keine Erziehung.

Unter natürlichen Bedingungen lernen die Kinder nicht nur das, was Erzieher verstärken wollen, sondern auch, wie sie das Lernen der Erzieher beeinflussen können.

Über die Reflexion kann man herausfinden, wie man sich unter Berücksichtigung von Lernprinzipien verhalten sollte. Damit ist nur ein erster Schritt in Richtung einer erfolgreichen Erziehung getan oder gewagt.

Lernpsychologische Erkenntnisse zwingen die Erzieher zum verantwortungsbewussten Umgang sowohl mit Strafen als auch mit Lob und Belohnung.

Die Entwicklung der Verhaltenstherapie beruht auf lerntheoretischen Erkenntnissen.

4.3 Zentrale Aussagen der sozial-kognitiven Theorie

1 Bedeutung von Vorbildern
2 Lernen am Modell
3 Motivationsprozesse
4 Kognitive Wende
5 Entwicklung von Erwartungen
6 Selbststeuerung und Selbstwirksamkeit
7 Zusammenfassung

1 Bedeutung von Vorbildern

Schon seit der Antike wird in Abhandlungen zur Erziehungspraxis betont, dass man in der Erziehung von Kindern über das Vorbildverhalten am meisten erreichen kann. Nachdem in den 60er Jahren nach der Verbreitung des Fernsehens die Diskussion um die Wirkung von Gewaltdarstellungen in Filmen auf die Kinder entbrannt ist, wollte Bandura mit seinen Mitarbeitern mit Hilfe groß angelegter Experimente mit Kindergartenkindern herausfinden, unter welchen Bedingungen das Vorbildverhalten nachgeahmt wird.

2 Lernen am Modell

Bandura konnte nachweisen, dass Kindergartenkinder, die aggressives Verhalten beobachtet haben, anschließend im Spiel mehr Aggression zeigen als vorher. Im Einzelnen stellte er fest:

Reale (Erzieher, Eltern, Lehrer, Gleichaltrige), filmische (Stars, Comic-Figuren, Märchenfiguren, Politiker) und auch symbolische (z. B. Gebrauchsanweisungen, Instruktion, Kochrezepte) Modelle führen zu Verhaltensänderungen. Bevorzugt nachgeahmt werden solche Modelle, die glaubwürdig und kompetent sind, soziale Macht besitzen, dem Beobachter ähnlich und attraktiv sind (gleichaltrig, schön, erfolgreich). Beobachter, die unsicher, unselbständig, frustriert und emotional erregt sind, neigen eher zur Nachahmung als sichere Personen. Besteht zwischen dem Modell und Beobachter eine enge Beziehung und ist die Situation neuartig, so wirkt sich dies positiv aus. Bandura nimmt an, dass die aufgeführten Bedingungen die Aufmerksamkeit des Beobachters wecken, und ein optimales Erregungsniveau für das Behalten des Gesehenen herbeiführen.

3 Motivationsprozesse

Jeder Mensch weiß, dass nicht alle beobachteten und im Gedächtnis gespeicherten Verhaltensweisen gezeigt werden. Menschen sind motiviert, ihre Vorstellungen, erhaltene Instruktionen und beobachtete Verhaltensweisen umzusetzen, wenn sie Fähigkeiten dazu besitzen und für ihr Verhalten direkt verstärkt werden, wenn sie beobachten, wie ein Modell positive Konsequenzen erhält (stellvertretende Verstärkung) oder der Lernende sich selbst verstärkt (Eigenlob, Selbstverstärkung).

4 Kognitive Wende

Nach 1980 hat Bandura das Lernen am Modell in die sozial-kognitive Theorie umbenannt, um herauszustellen, dass soziale Beziehungen, z. B. die Mutter-Kind-Interaktion, und bestimmte kognitive Erwartungshaltungen für das Erlernen und Zeigen bestimmter Verhaltensweisen von entscheidender Bedeutung sind. Bandura meint, dass die Bewertung und Beurteilung einer Situation und der Folgen eines Verhaltens wichtiger sind als reale Gegebenheiten und Konsequenzen. Diese Sichtweise wird kognitive Wende genannt.

Bandura unterscheidet Kompetenzerwartung, die sich als subjektive Überzeugung von der eigenen Tüchtigkeit definieren lässt und Ergebniserwartung, mit der Bandura die subjektive Überzeugung über den Ausgang einer Situation, über die Folgen einer Aktivität bezeichnet. Die Kompetenzerwartung ist hoch, wenn man überzeugt ist, eine Aktivität gut zu beherrschen, etwas gut zu können und niedrig, wenn diese Selbsteinschätzung fehlt. Ist man überzeugt, dass man positive Ergebnisse erzielen wird, z. B. eine gute Note schreiben, dann spricht Bandura von Erfolgserwartung. Glaubt man, dass man versagen wird, dann ist eine Misserfolgserwartung vorhanden.

5 Entwicklung von Erwartungen

Erwartungshaltungen sind in der Regel stabile Persönlichkeitsmerkmale. Hohe Kompetenzerwartung wird nach Bandura erworben durch Übung, direkte Erfahrung, durch die Beobachtung, dass andere etwas gut können (= stellvertretende Erfahrung), und durch Überredung durch sich selbst (Autosuggestion) oder durch andere (Fremdsuggestion). Erfolgserwartung entwickelt sich durch häufige direkte externe Verstärkung (Lob, Anerkennung, Ermutigung), durch stellvertretende Verstärkung (Modelle sind erfolgreich), durch Selbstverstärkung und auch durch die Instruktion, dass man erfolgreich sein wird. Niedrige Kompetenzerwartung ist oft verknüpft mit niedrigem Selbstwertgefühl, Ängstlichkeit und Depression und führt oft zur Überschätzung der Schwierigkeit einer Aufgabe. Hohe Kompetenzerwartung beflügelt zur richtigen Einschätzung von Problemen und ist oft mit einem gesunden Selbstwertgefühl verknüpft. Menschen mit niedriger Ergebniserwartung (Misserfolgserwartung) neigen zu Aggression und Protest, wenn ihre Kompetenzerwartung hoch ist und zu Hoffnungslosigkeit und Resignation, wenn auch ihre Kompetenzerwartung niedrig ist.

6 Selbststeuerung und Selbstwirksamkeit

Bandura ist überzeugt, dass der Mensch durch sein Denken Einfluss auf das eigene Verhalten nehmen kann. Als »leistungsbesessenes Wesen« neigt der Mensch dazu, sich in solchen Bereichen, die ihm persönlich wichtig sind, Gütemaßstäbe oder Leistungsniveaus zu setzen. Da der Mensch zur Selbstbeobachtung, Selbstbewertung und Selbstverstärkung fähig ist, vergleicht er laufend den Gütemaßstab mit der Realität. Stellt er fest, dass er mehr erreicht hat als er gewollt oder erwartet hatte, so folgt Selbstlob, stellt er fest, dass er schlechter abgeschnitten hatte als beabsichtigt, so folgt Selbstkritik. In schwierigen oder wichtigen Situationen überlegt der Mensch vor der Ausführung der Tätigkeit, z. B. vor einer Prüfung, wie gut er ist (Kompetenzerwartung) und welches Ergebnis er wahrscheinlich erzielen wird (Ergebniserwartung). Diese Vorwegnahme der Selbstbewertung führt dazu, dass auch Selbstkritik oder Selbstlob bereits vor der Handlung wirksam werden. Man spricht von antizipierter Selbstverstärkung oder -bestrafung. Über diese Antizipierung steuert der Mensch sein Handeln.

7 Zusammenfassung und Würdigung

Das Lernen und Ausführen des Verhaltens beruht nach Bandura auf drei tragenden Säulen. Es sind: Soziale Beziehungen, aufmerksames Beobachten des Verhaltens realer oder symbolischer Modelle und deren Folgen und kognitive Prozesse, vor allem Erwartungen und Bewertungen eigener Fähigkeiten und der Ergebnisse. Symbolische Verhaltensabbilder, die im Gedächtnis gespeichert sind, werden nur dann als Verhalten gezeigt, wenn der Mensch dazu motiviert ist. Über kognitive Prozesse kann sich der Mensch selbst zum Handeln motivieren oder behindern. Die Erkenntnisse von Bandura haben viel zur Lösung der Frage, wie sich Gewaltdarstellung in Filmen auswirkt, beigetragen und bilden z. B. auch die Grundlage für das Konzept des positiven Denkens.

4.4 Erziehung und Therapie aus der Sicht der sozialkognitiven Theorie

1 Macht und Ohnmacht der Erzieher
2 Erziehung und kognitive Prozesse
3 Sozialkognitive Theorie und Therapie
4 Positives Denken
5 Kritische Würdigung

1 Macht und Ohnmacht der Erzieher

Eltern sind für die Kinder Personen mit sozialer Macht, mit Ansehen und in den Augen der Kinder in der Regel mit ihren Verhaltensweisen erfolgreich. Bandura konnte nachweisen, dass solche Personen bevorzugt nachgeahmt werden. So gesehen haben die Eltern gute Chance, ihre Kinder über Nachahmungslernen zu beeinflussen. Kinder ahmen aber nicht nur das erwünschte Verhalten nach, sondern auch emotionale Reaktionen, z. B. Angst, die Eltern unbewusst oder ungewollt in Anwesenheit der Kinder zeigen. Außerdem hat Bandura nachgewiesen, dass nicht nur reale, sondern auch filmische Modelle nachgeahmt werden. Kinder suchen sich solche Modelle, die erfolgreich sind. Sowohl in vielen Filmen, z.B. im Fernsehen, aber auch unter Gleichaltrigen z. B. auf dem Schulhof werden oft erfolgreiche aggressive Handlungen vorgeführt. Die Erzieher können nur hilflos zuschauen.

2 Erziehung und kognitive Prozesse

Bandura hat das menschliche Lernen aus dem Reiz-Reaktions-Schema der Konditionierungstheorien befreit. Der Mensch beobachtet Auslöser (Reize, Situationen) des Verhaltens, das Verhalten selbst und Konsequenzen des Verhaltens. Da er denken kann und die Fähigkeit zur Selbstreflexion besitzt, bewertet er die aufgenommenen Informationen, kann Entscheidungen treffen und sein Handeln planen. Auf diese kognitiven Prozesse können Erzieher sowohl über Vorbild, als auch über Instruktion, Überredung und Rückmeldung Einfluss nehmen. Dabei kann das Kind erfahren, dass es für sein Handeln Verantwortung übernehmen und sich selbst steuern kann. Über Ratschläge, den pädagogischen Zeigefinger und Moralpredigten ist dies nicht zu erreichen. Bereits vor Bandura haben Gestaltpsychologen die Möglichkeiten des Lernens durch »Einsicht« beschrieben. Nach ihrer Auffassung sind Umfassende Information (auch über Vorgänge in den Menschen), Wahrnehmung der gesamten Situation, Autonomie, d. h. Möglichkeit zur Übernahme der Verantwortung, Geduld, Ermutigung usw. wichtig, damit die Situation umstrukturiert und neue Lösungen »eingesehen« werden können. Diese Hinweise decken sich mit denen von Bandura zur Bedeutung kognitiver Prozesse.

3 Sozialkognitive Theorie und Therapie

Viele Therapeuten stützen ihr Vorgehen durch die Erkenntnisse der sozialkognitiven Theorie. Im Vergleich zu den Erziehern in natürlichen Situationen haben sie den Vorteil, dass sie das Vorgehen gemeinsam mit ihren Klienten planen, organisieren, realisieren und auswerten können. Gerade bei der Auswertung ergeben sich viele Möglichkeiten, um auf kognitive Prozesse und Erwartungshaltungen der Klienten Einfluss zu nehmen.

Bei der Behandlung von Phobien und anderen Ängsten hat sich »teilnehmendes Modelllernen« bewährt. Der Therapeut demonstriert dem Klienten angstfreies Verhalten, der Klient beobachtet und versucht sein Verhalten dem des Therapeuten schrittweise anzunähern. Zur Unterstützung können »symbolisches Modelllernen« (Einsatz von Filmen) und »verdecktes Modelllernen« (Übung des angestrebten Verhaltens in der Vorstellung) zum Einsatz kommen.

Vor allem in Gruppen können neue Verhaltensweisen beobachtet, die Konsequenzen (stellvertretende Verstärkung) erlebt und neue Verhaltensweisen in einem geschützten Rahmen ausprobiert werden. Die Gruppe besitzt auch viel Macht zur Überredung, dass man etwas kann (Stärkung der Kompetenzerwartung) und zur Unterstützung, damit das Verhalten zum Erfolg führt (Steigerung der Erfolgserwartung).

4 Positives Denken

Der Nachweis von Bandura, dass das Verhalten und Handeln sehr stark durch kognitive Prozesse gesteuert wird, hat auch die Aufmerksamkeit auf die Bedeutung des »positiven Denkens« (Schlagwort) gelenkt. Einige Psychologen haben die Idee auch vermarktet und Anleitungen, z. B. in Form von Tonkassetten, entwickelt und zum Verkauf gebracht.

Das positive Denken kann nicht wie eine Technik eingeübt oder trainiert werden. Das Konzept des positiven Denkens betont, dass die gedankliche Vorwegnahme des Erfolges (im Sinne der Erfolgserwartung nach Bandura) und die vorstellungsmäßige Vorwegnahme der eigenen Kompetenz (Kompetenzerwartung nach Bandura) die wichtigsten Voraussetzungen für das Erreichen bestimmter Ziele darstellen. Mit der Aufforderung, »denken Sie positiv«, oder durch Selbstgespräche wie »Wenn ich positiv denke, dann klappt es«, kann man den Einfluss vorausgegangener Lernprozesse und der Kindheitserfahrungen nicht verringern.

Das bedeutet, dass vor allem Erzieher in der Kindheit einen wichtigen Beitrag zur Entwicklung des positiven Denkens leisten können und müssen.

Wie wichtig positives Denken ist, hat auch Bandura mit seinen Ausführungen zur »Selbstwirksamkeit« des Menschen herausgestellt. Menschen mit hoher Kompetenz- und Erfolgserwartung setzen sich realistische Ziele, nehmen im Denken den Erfolg vorweg und motivieren sich dadurch zu angemessenen Aktivitäten. Die Fähigkeit zum positiven Denken entwickeln Kinder, die Möglichkeiten zum Üben haben, positive Rückmeldungen bekommen, unterstützt und ermutigt werden, deren Selbstwertgefühl gestärkt wird und deren Erzieher eine »positive« Sprache benutzen.

5 Kritische Würdigung

Im Zusammenhang mit dem Modelllernen wird sehr viel über die Wirkung von Gewaltdarstellung in den Medien diskutiert. Selbstbewusste, aktive, positiv denkende Kinder neigen nicht dazu, solche Modelle nachzuahmen, dies tun eher verunsicherte und entmutigte. Hier liegt die Chance der Erzieher. Bandura hat das Zusammenspiel von Beobachtung und Verinnerlichung symbolischer Verhaltensabbilder sowie Denken (Erwartungen) experimentell untersucht und in vielen Einzelheiten beschrieben. Auch wenn der Theorie als Schwäche angekreidet wird, dass einige Begriffe recht ungenau definiert sind und eine entwicklungspsychologische Grundlegung fehlt (Entwicklung der Kognition), hat die sozial-kognitive Theorie einen wertvollen Beitrag zur Verbesserung der Erziehung und der Therapie geleistet.

Da die Änderungen des Verhaltens nicht nur über Versuch-Irrtum-Verhalten, über Koppelung von Reizen, Reaktionen und Konsequenzen, sondern auch über Informationsverarbeitung zustande kommen, sind sehr viele Einflussmöglichkeiten der Erzieher möglich und notwendig. Die Erzieher können »positives Denken« und die Selbstwirksamkeit der Kinder fördern. In der Psychotherapie hat sich teilnehmendes Modellieren bewährt.

5 Entwicklung und Erziehung

5.1 Entwicklung als Differenzierung und Integration

1 Beschreibung und Erklärung

Die Entwicklung wird in der Regel definiert als eine Reihe von untereinander zusammenhängenden Veränderungen des Erlebens und Verhaltens, die normalerweise auf bestimmten Altersstufen auftreten. Bereits Wilhelm Stern hebt in der Definition der Entwicklung hervor, dass es sich dabei um eine Konvergenz innerer (angeborene Eigenschaften) und äußerer Angelegenheiten (Umwelt) handelt. Es wird deutlich, dass die Entwicklungspsychologen die Entwicklung nicht nur beschreiben, sondern auch erklären wollen. Die Erklärungen mit Hilfe der aufgedeckten Gesetzmäßigkeiten und der Prozesse wie Lernen und Reifung sind weit wichtiger für die Anwendung als bloße Beschreibung.

Oft kommt es zu Verständnisproblemen und falschen Deutungen, weil in der Psychologie oft gleiche Begriffe sowohl zum Zwecke der Beschreibung als auch im Sinne der Erklärung verwendet werden. Beispiel: Wenn ein Kind Verhaltensweisen zeigt, die es bereits überwunden hatte, dann wird diese Erscheinung als Regression bezeichnet. Mit dem Begriff Regression wird die Erscheinung beschrieben, aber auch erklärt.

Das gilt auch für die Begriffe Differenzierung und Integration. Zunächst scheint es, dass mit diesen Begriffen Veränderungen im Sinne der Entwicklung nur beschrieben und geordnet werden. Hier wird auch auf die Erklärungsleistung der Begriffe eingegangen.

2 Differenzierung und Integration als Beschreibungsmodell

In der entwicklungspsychologischen Literatur werden Differenzierung und Integration als die wichtigsten Merkmale (= Beschreibung) der Entwicklung aufgeführt.

Das Wort Differenzierung bedeutet Unterscheidung, Trennung, Aufspaltung, Bildung vieler Teile, Verfeinerung, Abweichung, Abstufung und Verschiedensein. Die Entwicklung des Erlebens und Verhaltens verläuft von einem globalen Anfangszustand zu »Spezialeinheiten«, von wenigen zu vielen Einzelteilen, von einfachen zu komplexen Bauteilen, von einem ungegliederten Ganzen zu gegliederten Funktionseinheiten.

Aus einer undifferenzierten Erregung entwickeln sich nach K. M. Bridges in den ersten beiden Lebensjahren die Gefühle Eifersucht, Ärger, Wut, Ekel und Furcht auf der Unlustseite und die Gefühle Neugier, Freude, Vergnügen, Begeisterung, Stolz und Liebe auf der Lustseite. Auch bei der Entwicklung der Motorik kann man das Merkmal Differenzierung beobachten. Aus einfachen Bewegungen entwickelt sich die Fähigkeit zum Gehen, zum Schreiben, zum Spielen eines Instruments. Die Sensumotorik (Verbindung zwischen Wahrnehmung und Bewegung) wird ergänzt durch Psychomotorik (Verknüpfung von Erleben und Bewegungen) und die Grobmotorik wird erweitert durch Feinmotorik. Die Entwicklung der Fähigkeit zur Koordination einzelner Bewegungen zu einem zielgerichteten Bewegungsablauf oder die Fähigkeit, Gefühle zu kontrollieren wird als Integration bezeichnet. Das Wort Integration bedeutet Bildung von Einheiten, Zusammenschließen zu einem Ganzen, Vervollständigung, Herstellung von Beziehungen zwischen Einzelteilen. Die Integration befähigt das Kind, einzelne Leistungen und Aktivitäten koordiniert zum Erreichen bestimmter Ziele einzusetzen.

3 Differenzierung und Integration als Erklärungsmodell

Aus der Beobachtung des Entwicklungsverlaufs konnten die Wissenschaftler Prinzipien oder Gesetzmäßigkeiten der Entwicklung ableiten, mit denen man den Ablauf und das Zustandekommen der beobachteten Veränderungen auch erklären kann.

Die wichtigsten Gesetzmäßigkeiten sind: Die Entwicklungsfortschritte bestehen im Überwinden von Krisen, also von Zuständen des Zusammenbruchs, der fehlenden Anpassung.

Von Hawighurst wird Entwicklung erklärt als Bewältigen von Aufgaben, die sich aus dem Zusammenspiel von Organreifung und Umweltanforderungen ergeben.

Jean Piaget erklärt die (kognitive) Entwicklung als ein Zusammenwirken von Assimilation (Anwendung innerer Denkschemata zur Anpassung an die Umwelt) und Akkommodation (Änderung innerer Strukturen oder Schematas). Dabei stellte er fest, dass der Akkommodation die Assimilation vorausgehen muss. Die Prozesse der Assimilation finden statt, wenn das Kind selbständig handeln kann. Erfahrungen, die das Kind dabei macht, bewirken oft ein Ungleichgewicht zwischen Person und Umwelt. Die so entstandene Störung (des Gleichgewichts) muss über Akkommodation beseitigt werden, wodurch es zu einem veränderten Subjekt-Objekt-Verhältnis kommt.

Auch Differenzierung und Integration werden Gesetzmäßigkeiten in der Entwicklung genannt. Der Integration, der Verarbeitung zu einer funktionierenden Einheit, der Entstehung von Steuerungs- und Koordinierungsinstanzen muss die Ausbildung von Einzelteilen vorausgehen. Man denke hier z. B. an die Ausdifferenzierung der Gefühle oder an die Bedürfnishierarchie nach Maslow. Damit die Entwicklung nicht als Chaos zusammenbricht, muss der Prozess der Integration einsetzen. Es kommt zu Störungen der Entwicklung, wenn in Folge emotionaler Belastung oder einer einseitigen, verfrühten Beeinflussung die Integration nicht mehr geleistet werden kann. Störungen treten auch auf, wenn wegen Deprivation, reizarmer Umgebung oder wegen Erkrankung die Differenzierung behindert oder gehemmt wird. Die Differenzierung und Integration müssen sich laufend ergänzen und gegenseitig unterstützen.

Ohne Integration würden die durch Differenzierung entstandenen vielen Einzelteile, würde das verfeinerte, komplexe, gegliederte und spezialisierte Gebilde zusammenbrechen. Je komplexer ein System ist, desto anfälliger ist es für Störungen; je mehr Möglichkeiten ein Lebewesen besitzt, desto notwendiger ist eine Integration über Einstellungen, Werthaltungen und Sinnfindung. Integration im Sinne der Eingliederung geht mit Entwicklung der Autonomie und Verantwortung einher.

4 Zusammenfassung

Das Zusammenspiel von Differenzierung und Integration gilt als ein zentrales Prinzip der Entwicklung. Zu jedem Zeitpunkt der Vermehrung von Möglichkeiten müssen Steuerungsinstanzen und Anpassungsmechanismen hinzukommen, damit das System überlebensfähig bleibt.

Treten in der Entwicklung Probleme oder Störungen auf, so gilt es herauszufinden, ob die Prozesse der Differenzierung oder die der Integration unterstützt und gefördert werden müssen.

Eine einseitige Förderung bestimmter Fähigkeiten dürfte das Gleichgewicht zwischen Differenzierung und Integration ebenso belasten, wie zu frühe oder zu späte Angebote seitens der Umwelt.

5.2 Zentrale Annahmen einer Entwicklungstheorie

1 Annahmen über nicht beobachtbare Prozesse
2 Zentrale entwicklungspsychologische Aussagen der Psychoanalyse
3 Instanzenmodell und Entwicklung
4 Phasenmodell und Entwicklung
5 Schlussfolgerungen für die Erziehung

1 Annahmen über nicht beobachtbare Prozesse

In der Psychologie wurden verschiedene theoretische Konzepte (Modelle) entwickelt, um das Entwicklungsgeschehen systematisch zu beschreiben und zu erklären. In solchen theoretischen Konzepten spielen Annahmen über nicht beobachtbare Prozesse eine zentrale Rolle. So wird im lerntheoretischen Modell die Entwicklung als Zusammenspiel von Reifung und Lernen beschrieben und erklärt. Als sehr aufschlussreich und nützlich hat sich das psychoanalytische Denkmodell der Entwicklung erwiesen.

2 Zentrale entwicklungspsychologische Aussagen der Psychoanalyse

Motor der Entwicklung ist das Streben nach Lust. Da sich das Luststreben auf einzelnen Altersstufen in Form bestimmter charakteristischer Triebwünsche äußert, konnte Freud ein sog. Phasenmodell der Libidoentwicklung (vgl. Thema 3.2) ausarbeiten. Die Entwicklung vollzieht sich im Spannungsfeld zwischen Natur und Kultur. Dieses Spiel der Kräfte und Energien hat Freud im Instanzenmodell (vgl. Thema 3.1) der Persönlichkeit veranschaulicht.

Das Erleben und Verhalten wird sehr stark durch unbewusste Kräfte gesteuert, vor allem durch solche Inhalte, die in der frühen Kindheit entstehen. Negativ auf die spätere Entwicklung und auf die psychische Gesundheit im Erwachsenenalter wirken sich Folgen sog. Triebschicksale (Frustration, Verwöhnung) in der frühen Kindheit aus. Sie führen zur Entstehung neurotischer Tendenzen.

Die Psychoanalyse lenkt die Aufmerksamkeit auf die entwicklungspsychologische Bedeutung von Geborgenheit, Zärtlichkeit, Hautkontakt, liebevoller Zuwendung und Ansprache durch eine Bezugsperson in den ersten Lebensjahren.

3 Instanzenmodell und Entwicklung

Die drei Hauptakteure des Psychischen sind nach Freud das **Es**, das **Ich** und das **Über-Ich**. Im Verlauf der kindlichen Entwicklung treten sie nacheinander auf. Das **Es** ist von Geburt an vorhanden. Das **Ich** entwickelt sich nach Freud aus dem **Es** und zwar durch das Bemühen des Kindes, seine Bedürfnisse in Auseinandersetzung mit der Umwelt zu befriedigen. Zuletzt entwickelt sich aus dem **Ich** das **Über-Ich**. Das Neugeborene ist nach Freud einzig und allein das **Es** – nach Befriedigung durch Essen, Trinken, Wärme, Mutterliebe usw. suchend.

Mit der Zeit entwickelt sich die erste Wahrnehmung und zwar der sog. Primärvorgang, d. h. das Kind verbindet bestimmte **Es**-Wünsche mit Objekten und Personen, die zur Befriedigung solcher Wünsche beitragen. Es ist das **Ich**, das die Bedürfnisse mit den Anforderungen der Umwelt zu koordinieren versucht. Die Wahrnehmung ist zunächst die wichtigste Funktion des **Ich**. Als Realitätsprinzip dient das Ich als Entscheidungs- und Vermittlungsinstanz zwischen **Es** und Umwelt. Das **Ich** sucht nach Verhaltensweisen, die den besten Kompromiss zwischen **Es** und Umwelt darstellen. Diese Problemlösungskompetenz nennt Freud Sekundärvorgang.

Nach Freud sagt dem Kind keine innere Stimme, was es darf oder nicht darf. Das Kind ist von Geburt an weder moralisch noch unmoralisch, sondern amoralisch. Es kennt weder Gut noch Böse. Moralisch ist, was Lust bringt. Durch die Erziehung übernimmt das Kind Werte und Normen der Umgebung. Es entwickelt sich das **Über-Ich**, das eng mit den Phasen der Libidoentwicklung verknüpft ist. In der oralen Phase wird die Bewertung der Welt geübt, in der analen Phase entwickeln sich Schuld- und Stolzgefühle, die mit der eigenen Person verknüpft sind (Selbstwertgefühle) und in der ödipalen Phase werden Regeln zum Umgang mit Mitmenschen verinnerlicht.

Nach Freud besteht das Über-Ich aus dem Gewissen (Moral-Ich, du-darfst) und dem Ideal-Ich (du-sollst). Da das Ich die Funktion des Vermittlers zwischen **Es** und **Über-Ich** übernimmt, ist es sehr wichtig, dass das **Ich** viele Gewohnheiten, Fähigkeiten und Problemlösungskompetenzen entwickelt. Nach Freud ist ein starkes **Ich** anzustreben. Ein starkes **Ich** sucht nach Lösungen, Kompromissen, evtl. nach Ersatzbefriedigungen; ein schwaches **Ich** neigt eher zu Abwehrmechanismen.

4 Phasenmodell und Entwicklung

Jede psychische und physische Tätigkeit, also jedes Verhalten braucht physische und psychische Energie. Nach Freud wird diese Energie durch angeborene Instinkte bzw. Triebe und zwar durch Lebenserhaltungs- oder Sexualtrieb und durch Aggressions- oder Todestrieb geliefert. Die psychische Energie aus dem Sexualtrieb bezeichnete Freud das Libido. Die beiden Triebe treten ambivalent in Erscheinung: Als Liebe-Hass, Zärtlichkeit-Aggression, Angst-Geborgenheit, Selbsterhaltung-Selbstzerstörung, Macht-Ohnmacht.

In der oralen Phase (0 – 1,6 Jahre) wird je nach Art der Erfahrungen (Frustration/Verwöhnung) Urvertrauen bzw. Urmisstrauen gegenüber der Umwelt aufgebaut. Sinnvolle Verhaltensweisen der Erzieher sind: Zuwendung, Liebe, Zärtlichkeit, Hautkontakt, Stillen, Zeit haben für das Kind, Vermeiden von allein lassen und in der Nacht nicht Schreien lassen.

In der analen Phase (1,6 bis 3,0 Jahre) wird je nach Art der Erfahrungen mit den eigenen Triebwünschen ein gesundes Selbstwertgefühl oder aber ein Minderwertigkeitsgefühl entwickelt. In dieser Phase wird also die Beziehung zum eigenen Ich (Ich-Bewusstsein) aufgebaut. Von den Erziehern wird gefordert: Keine zu strenge und zu frühe Reinlichkeitserziehung, dem Kind Spiele im Sand, mit Lehm, mit Fingerfarben, Ton und anderem verformbaren Material ermöglichen, das Autonomiestreben des Kindes unterstützen, Aggressionen z. B. gegenüber jüngeren Geschwistern und Eltern akzeptieren.

In der ödipalen Phase (3,0 bis ca 6,0 Jahre) wird je nach Art der Erfahrungen eine gesunde Beziehung gegenüber Mitmenschen oder aber die Unfähigkeit, partnerschaftliche Beziehungen einzugehen, angebahnt.

5 Schlussfolgerungen für die Erziehung

Kindliche Triebwünsche sind Ausdruck angeborener Triebe. Von ihnen gehen Entwicklungsimpulse aus. Sie müssen akzeptiert werden, die Befriedigung ist zu erlauben oder zu ermöglichen. Jede Phase der Libidoentwicklung hat eine wichtige entwicklungspsychologische Funktion. Den Erziehern ist die Gefühlsambivalenz der Kinder bewusst, sie unterstützen die Lösung durch Toleranz negativer Gefühle und durch Stärkung der positiven Gefühlsseite. So kann sich eine positive Beziehung zur Welt, zum eigenen Ich und zu Mitmenschen entwickeln.

5.3 Die Wechselwirkung zwischen den Entwicklungsfaktoren

1 Endogene, exogene und autogene Faktoren der Entwicklung
2 Reifung und Lernen
3 Wechselwirkung: Beispiele
4 Das Konzept der Entwicklungsaufgaben
5 Zusammenfassung

1 Endogene, exogene und autogene Faktoren der Entwicklung

In der entwicklungspsychologischen Literatur haben sich für die in der Pädagogik bevorzugten Bezeichnungen Anlage, Umwelt und Selbststeuerung die Begriffe endogene, exogene und autogene Faktoren durchgesetzt.

Mit endogenen Faktoren werden die bei der Geburt vorhandenen, im Organismus liegenden Kräfte oder Baupläne (genetische Informationen) bezeichnet, die Entwicklungsprozesse, insbesondere Reifung, auslösen und Entwicklung in Gang halten.

Mit exogenen Faktoren werden alle Einflüsse bezeichnet, die außerhalb des Individuums liegen, also aus der Umwelt auf das Individuum einwirken und insbesondere Lernprozesse auslösen.

Mit autogenen Faktoren werden alle Kräfte zusammengefasst, die vom Individuum ausgehen. Es handelt sich um Eigenaktivität, Eigeninitiative, Vitalität, Selbststeuerung des Individuums. Zu autogenen Faktoren zählen Bedürfnisse, Gefühle, Interessen, und auch Denkprozesse, die einen erheblichen Einfluss auf die Umwelt und angeborene Begabungen ausüben.

2 Reifung und Lernen

Entwicklungsveränderungen und -fortschritte treten als Folge der Prozesse Reifung und Lernen auf. Reifung wird definiert als ein endogen vorprogrammierter Prozess. Es handelt sich um Zellteilung und Wachstum. Ergebnisse solcher Vorgänge sind funktionsfähige Organe bzw. organismische Funktionsvoraussetzungen des Verhaltens und Denken.

Mit Lernen werden alle nicht beobachtbaren Prozesse im Menschen zusammengefasst, die durch Erfahrung entstehen und Änderungen des Verhaltens zur Folge haben. Lernprozesse bestehen im Verknüpfen verschiedener Reize, von Reaktionen und deren Folgen (Konsequenzen) und im Verarbeiten der Beobachtungen, wie sich Mitmenschen verhalten und welche Konsequenzen auf ihr Verhalten folgen. Entwicklung ergibt sich aus dem Zusammenspiel von Reifung und Lernen.

3 Wechselwirkung: Beispiele

Die genetische Information aktiviert und steuert Reifungsprozesse, und damit das Wachstum wichtiger Organe. Es bilden sich körperliche Voraussetzungen für verschiedene Aktivitäten und Fähigkeiten aus (z. B. Bewegungen, Sprechen, Sinnesorgane, Gedächtnis). Als Folge treten so genannte sensible oder kritische Phasen auf. Weil organismische Funktionsvoraussetzungen vorhanden sind, können bestimmte Lernvorgänge besonders leicht und schnell ablaufen. Das Vorhandensein einer sensiblen Phase erkennt man daran, dass das Kind etwas sehr ausdauernd (z. B. sich Hochziehen), mit Vergnügen (z. B. Lallmonologe), konzentriert (Schubladen ausräumen) und immer wieder neu beginnend tut. Besondere Begabungen (Musik, Sport, Handwerk, Gestaltung) und universelle Bedürfnisse könnten auch vererbt sein. Inzwischen glaubt man nachweisen zu können (Entdeckung des Gens), dass z. B. Schüchternheit genetisch bedingt ist.

Durch Umwelteinflüsse kann die genetisch vorprogrammierte Entwicklung gehemmt oder unterstützt werden. Fehlende Pflege, falsche oder mangelhafte Ernährung behindern Prozesse der Reifung. Wenn in den sensiblen Phasen, in denen Lernprozesse besonders schnell ablaufen, Umweltangebote fehlen, dann kommt es in der Regel zu schwer wiegenden Störungen der Entwicklung (z. B. der Sprache). Die Umwelt bestimmt, welche Erfahrungen ein Kind macht und wann, welche Lernprozesse wie intensiv stattfinden.

Nicht nur die Umwelt beeinflusst die Entwicklung, sondern auch das Kind beeinflusst die Reaktionen der Umwelt. Es handelt sich um eine Interaktion. Mit seinen Aktivitäten, Anstrengungen und seiner Neugier aber auch durch seine Passivität, Gehemmtheit oder Ängstlichkeit leistet das Kind einen wichtigen Beitrag zu seiner Entwicklung.

Es hat sich gezeigt, dass die Selbststeuerung des Kindes dem Prinzip der funktionalen Einheit folgt. Claparéde schreibt: »In jedem Moment seiner Entwicklung stellt ein lebendiges Wesen eine funktionelle Einheit dar, seine Reaktionsfähigkeiten sind seinen Bedürfnissen angemessen und umgekehrt.«

Kinder versuchen durch ihre Aktivität die Befriedigung frustrierter Bedürfnisse zu erreichen. Man spricht vom Prinzip des Minimums. Wenn ein Kind nach Zuwendung und Geborgenheit sucht, dann können z. B. Bemühungen der Eltern um eine Sprachförderung oder pädagogisch wertvolles Spielzeug vergeblich sein.

4 Das Konzept der Entwicklungsaufgaben

Das Konzept der Entwicklungsaufgaben stammt von **R. J. Havighurst.** Nach ihm können »Entwicklungsaufgaben als inhaltlich definierte Verbindungsglieder zwischen gesellschaftlichen Anforderungen und individuellen Bedürfnissen, Interessen und Zielen betrachtet werden«. Es handelt sich um kulturell und gesellschaftlich festgelegte Erwartungen und Anforderungen, die an Personen bestimmten Alters gestellt werden. Die Bewältigung einer Entwicklungsaufgabe begünstigt die Bewältigung einer anderen (ähnlichen) und die Art der Bewältigung, die bei einer angewandt wird, wird wahrscheinlich Auswirkungen haben auf Bewältigungsversuche bei anderen Entwicklungsaufgaben. Gelingt die Bewältigung, so resultieren daraus wichtige Entwicklungsfortschritte.

Dieses Konzept und auch andere Entwicklungsmodelle, z. B. das Phasenmodell der Libidoentwicklung nach Freud (vgl. Thema 3.2) zeigen, dass die Bewältigung der Spannung zwischen Anpassung an die Umwelt und der Durchsetzung genetisch vorprogrammierter Aktivitäten zu Entwicklungsfortschritten führt.

5 Zusammenfassung

Das Kind ist ein aktives und nicht nur ein reagierendes Wesen. Während der sensiblen Phasen zeigt das Kind leidenschaftliches Interesse an bestimmten Tätigkeiten und kann sich sehr intensiv mit Umweltgegebenheiten auseinander setzen. So gesehen ist die Entwicklung das, was ein Kind aus seinen Anlagen und aus seiner Umwelt macht.

Die Entwicklungsfortschritte sind in der Regel das Ergebnis der Bewältigung von Krisen und Entwicklungsaufgaben, die sich aus den Anforderungen der Umwelt und aus dem Streben, eigene Bedürfnisse zu befriedigen, ergeben.

Optimale Entwicklungsbedingungen sind gegeben, wenn genetische Kräfte, Umweltangebote und Aktivitäten des Kindes aufeinander abgestimmt sind. Solche Abstimmung ist während so genanter sensibler oder kritischer Phasen besonders wichtig.

5.4 Entwicklung und Erziehung

1 Der Erzieher: Architekt oder Gärtner?

Im Jahr 1925 schrieb John B. Watson an den Präsidenten der USA: »Geben Sie mir ein Dutzend gesunder Kinder (...) und meine eigene besondere Welt, in der ich sie erziehe! Ich garantiere Ihnen, dass ich blindlings eines davon auswähle und es zum Vertreter irgendeines Berufes erziehe, sei es Arzt, Richter, Künstler, Kaufmann oder Bettler, Dieb ohne Rücksicht auf seine Talente, Neigungen, Fähigkeiten, Anlagen, Rasse oder Vorfahren«. Ermutigt durch lernpsychologische Erkenntnisse vertrat Watson die Position eines extremen Umwelttheoretikers. Der Mensch ist eine leere Tafel und entscheidend sind Erziehung und Umwelteinflüsse. Er glaubte, Erzieher seien Architekten des Menschen.

Eine völlig andere Position vertrat Maria Montessori, deren pädagogisches Modell in diesem Buch skizziert ist. Das Kind ist ein aktives Wesen, sein absorbierender Geist nimmt die Umgebung – vor allem in den kritischen Phasen – in eigener Regie auf, der Erzieher stört das Kind. Seine Aufgabe ist es, für das Kind eine »vorbereitete Umgebung« zu schaffen, damit sich das Kind frei entfalten kann – entsprechend seinen Begabungen. Die Position des Erziehers könnte man mit der eines Gärtners und Trainers vergleichen.

Sicher ist, dass Entwicklung und Erziehung aufeinander angewiesen sind, dass es sich um eine Interaktion, um eine unauflösbare Wechselwirkung handelt.

2 Erziehung als Schrittmacher der Entwicklung

Gemeinsam stehen Entwicklung und Erziehung »im Dienst« des Kindes und seiner Anpassung an die Kultur, in der es lebt. Anhänger des pädagogischen Optimismus (Umwelttheoretiker) glauben, dass das Tempo der Entwicklung durch die Erziehung bestimmt wird. In der frühen Kindheit finden die meisten Entwicklungsveränderungen statt. Da die Umwelt in den Phasen der schnellsten Veränderungen den größten Einfluss ausübt, wäre es nach Meinung der Umwelttheoretiker sehr wichtig, dass die Förderung der Entwicklung möglichst frühzeitig anfängt.

So sollten die Erzieher in den ersten Lebensjahren vor allem die Entwicklung der Sprache und der Intelligenz fördern. Neben der emotionalen Wärme und Geborgenheit wären viele Lernangebote und -anregungen z. B. durch Spiel- und Beschäftigungsmaterial sehr wichtig. Die Erzieher müssten selbständiges Handeln der Kinder ermöglichen und verstärken. Nach dem Konzept der Entwicklungsaufgaben von Havighurst sorgen Erzieher dafür, dass die Entwicklung der Kinder über das Bewältigen von alterstypischen Aufgaben voranschreitet.

3 Entwicklung als Schrittmacher der Erziehung

Für die Erbtheoretiker bestimmen die Anlagen, wie sich der Mensch entwickelt. Da die Erziehung eine bescheidene Rolle spielt, wird diese Haltung pädagogischer Pessimismus genannt. J. A. Comenius schrieb um das Jahr 1650: »Es ist also nicht nötig, in den Menschen etwas von außen hinein zu tragen. Man muss nur das, was in ihm beschlossen liegt, herausschälen, entfalten, und im Einzelnen aufzeigen«. Das Kind bestimmt das Tempo der Entwicklung. Die Aktivitäten des Kindes sind eher reifungsbedingt und die Aufgaben, die das Kind zu bewältigen hat, werden weniger von außen an das Kind herangetragen, sondern sind eher Folge innerpsychischer und innerorganismischer Vorgänge. Die Erziehung ist nicht ganz bedeutungslos. Wenn sich das Kind in Folge der Reifung in einer kritischen oder sensiblen Phase befindet, ist die Unterstützung der Entwicklung, z.B. der Sprache im zweiten und dritten Lebensjahr durch ausgiebiges Sprechen mit dem Kind sehr wichtig. Die Entwicklung bestimmt, welche Förderung seitens der Umwelt wann und in welchem Umfang unerlässlich und sinnvoll sind. Bleibt die Unterstützung der Entwicklung durch die Umwelt aus, so kann es zu dauerhaften Störungen kommen.

4 Erziehung als Schutz der Entwicklung

Sowohl Erb- als auch Umwelttheoretiker müssen anerkennen, dass Kinder auf Schutz, Pflege, Zuwendung, Geborgenheit, Sicherheit, gute Ernährung und auch auf die Unterstützung solcher Lernprozesse angewiesen sind, die die Eingliederung in die Kultur erfordern.

Traumatische Erlebnisse, Krankheiten, Unfälle, falsche Ernährung, häufig wechselnde Bezugspersonen in den ersten Lebensjahren können sich zu einer pathogenen Wirkung aufsummieren (Prinzip der Kumulation nach René Spitz) und Störungen der Entwicklung verursachen. Wenn bestimmte grundlegende kindliche Bedürfnisse nicht befriedigt werden, dann kann die Entwicklung aus dem Gleichgewicht geraten, weil das Kind verschiedene Aktivitäten entwickelt, um die Befriedigung zu erreichen und sich die Entwicklung nach dem am wenigsten befriedigten Bedürfnis richtet (Prinzip des Minimums).

Nach Jean Piaget ist die Aktivität des Kindes der wichtigste Motor der Entwicklung, denn der Akkommodation, also der Änderung eines Denkschemas (= Entwicklungsfortschritt) geht die Assimilation, d. h. eine unbehinderte Anwendung des bereits vorhandenen Denkschemas voraus.

Die Bedeutung des ersten Lebensjahres für die Entwicklung ist unumstritten. Das Kind braucht Schutz, Geborgenheit, Zuwendung, Liebe, Ansprache, Zärtlichkeit, eine angstfreie Umgebung. Wenn in dieser Zeit die Entwicklung des Urvertrauens behindert oder erschwert wird, dann besteht die Gefahr, dass die gesamte spätere Entwicklung gestört verläuft.

5 Zusammenfassende Merksätze

Die Entwicklung eines Menschen ist eng verknüpft mit seinem Hineinwachsen in die Kultur und Gesellschaft.

Die Entwicklung und Anpassung sind als Ergebnis des Zusammenwirkens von Anlage und Umwelt und der Selbststeuerung (Eigenaktivität) des Kindes zu sehen.

Erzieher müssen für eine »störungsfreie« Entwicklung sorgen und das Kind vor allem in den ersten Lebensjahren beschützen und unterstützen.

Die Befriedigung grundlegender Bedürfnisse ist ohne entsprechende Umweltangebote und Maßnahmen nicht möglich.

Die Erzieher können das Kind nicht »begaben«, sie können aber die vorhandenen Begabungen erkennen und ihren Ausbau durch Umweltangebote unterstützen.

Das Kind braucht Möglichkeiten zum lustvollen Erkunden der Umwelt, zum angstfreien Äußern der Wünsche und Gefühle, zum Ausprobieren entdeckter Fähigkeiten in Spiel und Arbeit. Eine Überforderung (zu frühe Forderungen) dürfte ebenso falsch sein wie eine Verwöhnung.

6 Soziale Kommunikation und soziale Einstellungen

6.1 Kommunikationstheorie nach Watzlawick

1 Kommunikation ist mehr als Informationsaustausch
2 Permanenz der Kommunikation
3 Dynamik zwischen Beziehung und Inhalt
4 Strukturierung der Kommunikation
5 Modalitäten der Kommunikation
6 Die Position der Partner
7 Zusammenfassung

1 Kommunikation ist mehr als Informationsaustausch

Besteht zwischen Personen eine enge Beziehung, deren Beendigung nicht ohne Weiteres möglich ist (z.B. Mutter-Kind, Vorgesetzter-Mitarbeiter, Ehefrau-Ehemann), dann ist Kommunikation nicht nur Informationsaustausch; sie wird zum Lebensinhalt. Sie dient der Befriedigung wichtiger Bedürfnisse, wird zum Mittel der Selbstdarstellung, hilft bei Lösung von Konflikten, bedeutet gegenseitige Beeinflussung und ist das wichtigste Instrument der Selbstverwirklichung. Da die Kommunikation für alle Partner einer Beziehung gleich bedeutend ist, sind Schwierigkeiten vorprogrammiert, weil die Menschen verschieden sind, verschiedene Positionen und Ziele verfolgen und ihnen ihr Verhalten in sozialen Situationen oft nicht bewusst ist.

Die interessantesten Einblicke in die Psychologie der Kommunikation verdanken wir Paul Watzlawick, der die wichtigsten Erkenntnisse zum zwischenmenschlichen Verhalten in fünf Axiomen zusammengefasst hat.

2 Permanenz der Kommunikation

»Man kann nicht nicht kommunizieren« – wenn man sich in einer sozialen Situation befindet. Jedes Verhalten, auch Schweigen und Nichthandeln, hat Mitteilungscharakter. Der Versuch, nicht zu kommunizieren, z. B. Weggehen, ist selbstverständlich auch Kommunikation. Immer dann, wenn Menschen befürchten, dass ihnen die Kommunikation zum Nachteil wird, versuchen sie, der Kommunikation auszuweichen. Es kommt zum gestörten Verlauf, weil sie in der Regel ihre Gründe, nicht kommunizieren zu wollen, verschleiern, z. B. über Müdigkeit, Kopfschmerzen, unter Zeitdruck stehen u.a.m..

3 Dynamik zwischen Beziehung und Inhalt

»Jede Kommunikation besteht aus einem Inhalts- und einem Beziehungsaspekt. Der Beziehungsaspekt bestimmt, wie der Sender den Inhalt vom Empfänger verstanden haben möchte.« Die Beziehung zwischen den Kommunikationspartnern übernimmt eine metakommunikative Funktion, weil sie den Inhalt kommentiert und verdeutlicht. Es kommt sehr leicht zu Störungen, weil Menschen dazu neigen, die Beziehung zu testen oder über sie nur indirekt zu kommunizieren und zwar über den Inhaltsaspekt. Ist die Beziehung unklar oder negativ, werden bei jeder möglichen Gelegenheit Nebenkriegsschauplätze eröffnet, d. h. der Beziehungsstreit wird im Inhalt ausgetragen.

4 Strukturierung der Kommunikation

»Die Natur der Beziehung wird durch die Art der Interpunktion der Kommunikationsabläufe bestimmt.« Watzlawick stellte fest, dass Menschen den Verlauf der Kommunikation, also die Ursache und Wirkung so festlegen, dass bei negativer Beziehung für gestörte Kommunikation immer der Partner verantwortlich gemacht wird. Die Aussagen: »Du hast angefangen« und »Du bist schuld«, sind uns allen bekannt. Nach diesem Schema kann man nicht nur vergangene

Auseinandersetzungen gliedern, sondern auch künftige vorwegnehmen, wodurch Mechanismen der Sich-Selbst-erfüllenden-Prophetie in Gang gesetzt werden.

5 Modalitäten der Kommunikation

»Kommunikation bedient sich digitaler und analoger Modalitäten.« Digital (also sprachlich) übermittelte Botschaften sind eindeutig, analog (Mimik, Gestik, Tonfall, Bewegungen, Einsatz der Symbole) verschlüsselte Botschaften sind mehrdeutig. Über die Beziehung wird in der Regel analog kommuniziert, über den Inhalt digital. In schwierigen Situationen, z. B. bei negativer Beziehung neigen Menschen dazu, beide Aspekte oder Modalitäten so zu verbinden, dass so genannte Paradoxien und Doppelbindungen (vgl. Baustein 6) entstehen. Es handelt sich um besonders schmerzliche Kommunikationsfallen, die eine sinnvolle Reaktion oder Erwiderung des Partners unmöglich machen.

6 Die Position der Partner

»Zwischenmenschliche Kommunikationsabläufe sind entweder symmetrisch oder komplementär, je nachdem, ob die Beziehung zwischen den Partnern auf Gleichheit oder Unterschiedlichkeit beruht«. Bei Gleichheit oder gleichrangigen Positionen ist Symmetrie, d. h. ebenbürtiges, gleichberechtigtes Verhalten angemessen. Bei Ungleichheit, wenn eine Person mehr Wissen, mehr Verantwortung, mehr Macht besitzt als die andere, ist eine Über- und Unterordnung die Regel. Es kommt oft zu Problemen, weil Menschen ohne es zu merken, peinlich genau darum besorgt sind, dass Gleichheit oder Komplementarität bestehen bleiben. Glaubt man, dass der andere eine etwas gehobenere oder wichtigere Position beansprucht, so will man wieder Gleichheit herstellen, was zur Steigerung der Symmetrie führt. »Jeder will etwas gleicher sein als gleich«. Es entstehen Rivalitätskämpfe und Machtkonflikte. Auch bei Komplementarität sind Probleme vorprogrammiert, weil die Person in gehobener Position oft an der Ergänzungsbeziehung fest hält, obwohl diese der andere Partner nicht mehr will.

7 Zusammenfassung

Kommunizieren bedeutet, einem anderen etwas mitteilen und eine Erwiderung bekommen. Es werden Botschaften, Informationen, Wissen, Meinungen, Urteile, d. h. subjektive Inhalte »ausgetauscht«. Dieser Austausch unterliegt »Spielregeln«, die uns in der Regel nicht bewusst und auch nicht leicht durchschaubar sind. Man glaubt, bei Bedarf einer Kommunikation ausweichen oder sie einseitig beenden zu können. Dass bei jeder Begegnung nicht nur über eine Sache verhandelt wird, sondern auch über die Beziehung, ist uns selten klar. Wer merkt schon, dass der andere nach unserer Meinung im Unrecht ist, weil wir ihn nicht mögen bzw. weil wir uns verletzt fühlen und nicht deswegen, weil er etwas »Dummes« behauptet.

Wenn eine harmlose Meinungsverschiedenheit zu einem handfesten und lauten Streit ausartet, dann war erstens der andere schuld und zweitens würden wir nie auf die Idee kommen, dass wir genauso wie der Partner zur Eskalation beigetragen haben. Und warum? Weil unser Selbstwertgefühl bedroht war. Es geht nicht, dass ein anderer etwas besser kann als ich.

Die Gestaltung wichtiger Beziehungen erfolgt mit Hilfe der Kommunikation. Da die Beziehung bestimmt, wie miteinander umgegangen wird, kann leicht ein Teufelskreis entstehen. Mit Hilfe der Axiome nach Watzlawick können wir die versteckten Probleme durchschauen und uns selbst helfen oder in der Beratung professionellen Beistand suchen.

6.2 Kommunikationsstörungen

1 Anleitung zum Unglücklichsein

Nach jahrelanger intensiver Beschäftigung mit »Formen, Störungen und Paradoxien menschlicher Kommunikation« (Titel des ersten Buches) hat Watzlawick ein zweites Buch mit dem Titel »Anleitung zum Unglücklichsein« veröffentlicht. Offensichtlich kam er zu der Erkenntnis, dass die Analyse des Umgangs der Menschen miteinander eine Anleitung, wie man es falsch macht, ergibt. Eine Anleitung, wie man kommunizieren soll, damit man glücklich wird, ergibt sich sozusagen durch den Umkehrschluss.

Von einer gestörten Kommunikation sprechen wir, wenn sich Menschen nicht verständigen, einigen können, wenn also der Austausch von Informationen nicht gelingt. Es handelt sich um eine Störung, wenn sich die Wirkung, die das Senden von Botschaften erzielt, sehr stark von der Absicht des Senders unterscheidet.

2 Versuche, nicht zu kommunizieren

In vielen Situationen haben Menschen »keine Lust«, sich auf ein Gespräch mit den anderen einzulassen. Mit ihrem Versuch, der Kommunikation auszuweichen, ist die Kommunikation schon voll im Gange und der gestörte Verlauf vorprogrammiert. Die häufigsten Ausweichmanöver sind: Abweisen (»Darüber will ich mit dir nicht reden«.), das Gesagte entwerten oder verdrehen, Symptome vortäuschen (»Meine Migräne...«), das Gespräch einseitig abbrechen oder den Partner ignorieren.

3 Folgen einer problematischen Beziehung

Ein Vater, der zu seinem Sohn sagt: »Hast du das gemacht?!« teilt durch Tonfall, Mimik, Gestik, Gefühlsausdruck dem Sohn mit, ob er ihn bewundert, ihm misstraut, nicht glaubt, ihm einen Vorwurf macht. Im Alltag sagt man, »der Ton macht die Musik«. Watzlawick stellte heraus, dass der Beziehungsaspekt den Inhalt bestimmt.

Eine problematische Beziehungslage liegt vor, wenn ein Partner das Selbstbild des anderen akzeptiert und der andere nicht, und wenn eine negative Beziehung zwischen zwei Personen ihren Umgang miteinander bestimmt. In solchen Fällen werden Nebenkriegsschauplätze eröffnet, d. h. die Störung der Beziehung oder unklare Beziehung wird auf der Inhaltsebene ausgetragen.

Auch Uneinigkeit auf der Inhaltsebene stört auf Dauer die Beziehung. Vertritt z. B. ein Freund dauernd eine andere Meinung, so findet man ihn mit der Zeit »blöd«.

Uneinigkeit in der Beziehung (z. B. ein Mädchen liebt den Jungen sehr, der Junge findet das Mädchen lediglich sympathisch) führt zu Problemen und Missverständnissen.

Versuche, trotz gestörtem Beziehungsverhältnis auf der Inhaltsebene miteinander zu kommunizieren, können zu Störungen führen.

4 Es ist immer der andere

In der Kommunikation sieht man das eigene Verhalten und Handeln immer als Reaktion auf die Aktivitäten und Botschaften des anderen. Bei einer positiven Beziehung ist das unproblematisch, weil die Aktionen des anderen als angenehm und hilfreich eingestuft werden. Eine negative Beziehung findet laufende Bestätigung, weil die Aktivitäten des anderen als maßlos, unverschämt, ungerecht, bösartig usw. bewertet werden. Man sieht sich als Opfer, als der

Angegriffene, der sich verteidigen muss und sich nicht »alles gefallen lassen kann«.

Die Tendenz der Menschen, sich über künftige Ereignisse Gedanken zu machen, führt dazu, dass Menschen bei einer negativen Beziehung schon vorwegnehmen, dass der andere etwas »falsch« machen wird und dass es »keinen Sinn hat«, sich mit ihm austauschen zu wollen. Diese Haltung oder Erwartung bleibt dem anderen nicht verborgen und führt dazu, dass der Partner sich im Sinne der »sich-selbsterfüllenden Prophezeiung« verhält.

5 Doppelbindungen und Paradoxien

Paradoxien entstehen durch widersprüchliche Handlungsanweisungen, die man »nicht befolgen kann, damit sie befolgt werden«. Einfaches Beispiel: »Sei spontan!« Wenn man mit dem Handeln eines Partners nicht einverstanden ist und nach einer längeren Auseinandersetzung sagt, »mach', was du willst!«, dann ist das offensichtlich eine widersprüchliche Handlungsanweisung.

Eine kommunikative »Zwickmühle«, eine Doppelbindung als ausweglose Situation ist gegeben, wenn sich eine Person so verhält bzw. solche Botschaften »sendet«, dass die andere Person keine Möglichkeit hat, sich zu »befreien«, eine eigene Position zu vertreten. Paradoxien und Doppelbindungen führen zu Störungen, wenn folgende Voraussetzungen gegeben sind: Eine enge, lebenswichtige Beziehung (z. B. Mutter-Kind), widersprüchliche Handlungsanweisungen (analoge Botschaften z. B. Mimik widersprechen den digitalen oder sprachlichen), das Opfer der Handlungsanweisung kann die Beziehung nicht auflösen, die paradoxe Aufforderung kommt oft vor, das Opfer muss, kann aber nicht so reagieren, dass ihm keine weiteren Nachteile entstehen. Das Opfer fühlt, dass es sich mit jeder Reaktion selbst verletzt oder schadet. Nach G. Bateson ist Doppelbindung eine besonders destruktive Form der Kommunikation und kann zur Ausbildung der Schizophrenie führen.

6 Ich bin o.k., Du bist o.k.

In seinem Buch »Ich bin o.k., Du bist o.k.« hat Eric Berne einen wichtigen Grundgesetz menschlicher Beziehungen aufgestellt. Leider ist es oft so, dass wir durch viele unbedachte Bemerkungen unserer Erzieher zu der persönlichen Formel gelangen, »ich bin nicht o.k.«. Aus einer solchen persönlichen Haltung sind Kommunikationsstörungen vorprogrammiert. Die Beziehungen können nur unter Menschen gut sein, die sich selbst annehmen und die den anderen akzeptieren, so wie er ist.

7 Zusammenfassung

»Glücklich sein ist einfach, aber lernen, nicht unglücklich zu sein, kann ungeheuer schwierig werden«, schreibt Wayne W. Dyer in seinem Buch mit dem Untertitel »Die Kunst, nicht unglücklich zu sein«. Das ist der Preis dafür, dass wir mit Kommunikationsstörungen aufgewachsen sind. Oft sind Kommunikationsstörungen unvermeidbar, weil uns nicht bewusst ist, wodurch die Störung verursacht wurde. Keine Mutter will ihr Kind durch Doppelbindungen in die Enge und zur Verzweiflung treiben. In einer gefühlsmäßig schwierigen Situation (mein Kind muss ich lieben, im Moment ist es unmöglich) kann es sehr leicht zu widersprüchlichen digitalen und analogen Botschaften kommen. Ist die Beziehung »angeknackst« passieren immer mehr Pannen, die schwer wieder gutzumachen sind. Ein Ausweg könnte sein: »Ich bin o.k., Du bist o.k.«

6.3 Erfolgreiche Kommunikation

1 Anleitung zum Glücklichsein
2 Vorstellungen von Thomas Gordon
3 Anleihen aus der Therapiepraxis
4 Allgemeine Grundsätze

1 Anleitung zum Glücklichsein

Im Laufe der Erziehung haben wir gelernt, dass für die Gefühle, die wir haben, andere verantwortlich sind. Sehr oft benutzen wir in Auseinandersetzungen mit Mitmenschen folgende Äußerungen: »Du tust mir weh. Du machst mich traurig. Ich kann nichts dafür, dass ich mich über dich ärgere. Du regst mich auf.« So lange wir so denken, werden wir mit Mitmenschen Auseinandersetzungen führen, die uns unglücklich machen.

Die Verantwortung für eigene Gefühle und Respekt vor der Einzigartigkeit anderer Menschen sind die beiden wichtigsten Voraussetzungen für Glücklichsein und für erfolgreiche Kommunikation. Auch Gedanken sind wichtig. Wenn ich über andere so denke und spreche, wie ich wünsche, dass sie über mich denken und sprechen, dann fühle ich mich frei und bin auf dem Weg zur persönlichen Zufriedenheit.

2 Vorstellungen von Thomas Gordon

In seinen Büchern »Familienkonferenz« und »Lehrer-Schüler-Konferenz« hat Gordon Aktives Zuhören und Ich-Botschaften als Möglichkeiten erfolgreicher Kommunikation in schwierigen Situationen beschrieben. Vom aktiven Zuhören können wir sprechen, wenn der/die Partner »hilfreich« zuhören, d. h. herausfinden wollen: »Was will der andere mir sagen?«, wenn sie sich bemühen, die »Welt mit den Augen des Gesprächspartners zu sehen«.

Um dies zu erreichen, ist es notwendig, dem Partner zu signalisieren, dass man sich Zeit nimmt und dass man an der Kommunikation interessiert ist. Die »Sichtweise« des Partners darf nicht in Frage gestellt werden. Weitere Merkmale des Aktiven Zuhörens sind: Die »Hier-und-Jetzt-Haltung« (was geschieht jetzt, wie geht es mir jetzt, was sehe ich...), den Partner ernst nehmen, ausreden lassen, aufmerksam zuhören und keine Lösungen unterbreiten oder Ratschläge erteilen.

Wenn Beziehungsprobleme im Vordergrund stehen, neigen Menschen zu unpersönlichen »Man-Aussagen«. Solche Aussagen verschärfen die Situation, weil es sich in der Regel um Unterstellungen, unzulässige Verallgemeinerungen, sozusagen um Norm-Aussagen handelt (»man« = Norm, d. h., so ist es).

Nach Gordon sind Ich-Aussagen, Ich-Botschaften sehr wichtig und hilfreich. In klarer und eindeutiger Form teile ich dem Partner etwas über mich, über meine Gefühle, Gedanken, Wünsche, Wahrnehmungen mit. Dabei sind versteckte Du-Botschaften zu vermeiden, wie z. B. »Ich glaube, dass du..., Ich kann nicht, weil du,...«. Ich-Botschaften bedeuten einen Standpunkt einzunehmen, Farbe zu bekennen. Durch die Ich-Botschaften wird ein Problem viel klarer definiert und erkannt. Sie verbessern auch die Wahrnehmung eigener Situationen und verhindern das Abgleiten ins Theoretische oder Abstrakte.

3 Anleihen aus der Therapiepraxis

Die Verbalisierung von Gefühlen ist ein entscheidendes Merkmal der Gesprächspsychotherapie. Von der Annahme ausgehend, dass sich jeder Mensch helfen kann, wenn ihm seine Gefühle bewusst werden, wenn er genau herausfindet, was sein Problem ist, wird klar, welche Bedeutung einer richtigen »Versprachlichung« (Mitteilung) der Gefühle zukommt. Durch Einfühlung, d. h., sich tatsächlich in die Lage des anderen einzufühlen, die Welt mit den Augen des Partners zu sehen, die Gefühle zu erspüren und Sprachangebote zu machen, können sich die Partner gegenseitig helfen, sich der eigenen Situation und des eigenen Problems bewusst zu werden. Einfühlen ist zu unterscheiden vom Mitleidhaben. Äußerungen und Bekundungen von Mitleid führen den Partner in die Sackgasse: Er wird Mitleid abwehren wollen oder Depression, Minderwertigkeit entwickeln und sich von seinem wahren Problem und seinen ihn beherrschenden Gefühlen entfernen. Die Verbalisierung von Gefühlen muss ohne Wertung erfolgen und ein Zeichen des echten Mitfühlens (Echtheit, Kongruenz) sein. Der Zeitpunkt der Verbalisierung muss stimmen. Wird bei unpassenden Gelegenheiten (keine Belastungssituation) verbalisiert, so führt dies zu Aggression und Wut.

Auch die Metakommunikation, d. h. ein Gespräch über die Beziehung oder über die Prozesse, die in einer Kommunikationssituation dominierend sind, ist nach Watzlawick immer dann hilfreich, wenn Nebenkriegsschauplätze eröffnet werden, wenn Auseinandersetzungen auf der Inhaltsebene zu heftig werden.

Metakommunikation muss sehr behutsam eingeführt und geführt werden. Sie wird in der Regel eingeleitet mit der Frage: »Was ist los zwischen uns?« »Wieso sind wir so heftig, so aggressiv geworden?« »Ich möchte verstehen, warum ich mich so in die Enge getrieben fühle.« usw. Es ist sehr hilfreich, wenn Metakommunikation unter Einbeziehung eines »neutralen Beobachters« geführt werden kann. Metakommunikation hat nur dann einen Sinn, wenn sich die Partner genug Zeit nehmen und sich nicht zu sehr durch die Erforschung der Vergangenheit (was sagte wer wann usw.) ablenken lassen. Die sog. »schmutzige Wäsche« und der sog. »Grabenkrieg« müssen vermieden werden. Während der Metakommunikation darf man nicht nach dem Ergebnis der Auseinandersetzung fragen, ungeduldig werden und nach dem »Was bringt's?« schauen. Die Gestaltung des Prozesses, die Darstellung der Situation, die Wahrnehmung des Hier-und-Jetzt ist Gewinn bringend.

4 Allgemeine Grundsätze

Sei dir bewusst: Das Bild vom anderen ist ein Machwerk von dir! Es handelt sich um deine Projektionen, Übertragungen, Interpretationen und Phantasien. Überprüfe deine Phantasien! Phantasiere positiv, in Wertschätzung des anderen. In Problemsituationen kommt es auf die Haltung an, die »Technik der erfolgreichen Gesprächsführung« allein wird versagen.

Zur Kommunikation und Interaktion gehören immer zwei oder mehr Personen. Es kann nur dann Dominanz geben, wenn sich jemand unterordnet, es gibt Dauerredner, weil ihnen jemand zuhört, es gibt nur dann ärgerliche Unpünktlichkeit, wenn jemand darauf achtet und sich ärgert, weil ihm Pünktlichkeit wichtig ist.

Die Frage, wer angefangen hat, ist nicht beantwortbar. Es stellt sich nicht die Frage nach dem Anfang und nach der Schuld, sondern: »Was tun wir miteinander?« »Wie können wir unsere Beziehung verbessern?«.

Besser als die Frage nach der Ursache und nach der Klärung des Problems (problemorientiertes Denken) ist die Frage nach dem Wozu, nach dem Ziel (zielorientiertes Denken). Zielorientierte Auseinandersetzung hat Prozesse zur Folge, die aus der Sackgasse führen und die Beziehung verbessern. Sei dir darüber im Klaren, was du willst. Sei dir dessen bewusst, was andere wollen. Finde Wege, dass beide das bekommen, was sie brauchen. In diesem Sinne spricht Gordon von einer Methode ohne Niederlage.

6.4 Soziale Einstellung: Merkmale, Komponenten, Funktionen

1 Soziales und unsoziales Wissen
2 Einstellungen: Begriff und Merkmale
3 Komponenten sozialer Einstellungen
4 Funktionen sozialer Einstellungen
5 Vorteile und Stereotype

1 Soziales und »unsoziales« Wissen

Man äußert sich z. B. in verschiedenen Situationen gering schätzig über Frauen. Man behauptet, sie seien schlechte Autofahrer, verstünden nichts von technischen Dingen und meint, dass weibliche Arbeitnehmer zuerst entlassen werden könnten, wenn Arbeitsplätze knapp seien. Einer Person dieser Auffassung wird nachgesagt, sie sei frauenfeindlich eingestellt, d. h. man schließt aus ihren Äußerungen, dass in ihrem »Inneren«, in ihrer Psyche Vorgänge und Tendenzen vorhanden sind, die das beschriebene verbale Verhalten bestimmen. Es kann sein, dass sich solche Personen gegenüber Frauen ganz anders verhalten: Sie helfen ihnen in den Mantel, lassen ihnen den Vortritt beim Betreten des Fahrstuhls und halten ihnen die Tür auf.

Während ein Mensch in eine Kultur »hineinwächst«, erwirbt er wichtige Kenntnisse darüber, wie er sich in sozialen Situationen und gegenüber bestimmten Personen(gruppen), Institutionen, Sachverhalten aus Politik, Religion und Wirtschaft verhalten soll oder muss. Dieses Wissen wird vermittelt durch Anweisungen der Eltern, Lehrer und anderer Personen oder wird erworben durch Beobachten, was andere tun, sagen oder fühlen. So kommt es, dass Angehörige einer Kultur in vielerlei Hinsicht gleicher positiver oder negativer Meinung sind. Die große Menge des »sozialen Wissens« wird in Schemata zusammengefasst. Das in einem Schema zusammengefasste Wissen muss stimmig sein, eine innere Ordnung aufweisen und wird »soziale Einstellung« genannt. Viele Urteile über Mitmenschen, politische oder wirtschaftliche Vorgänge stützen sich auf vorhandene Schemata. Da viele Schemata eine Ablehnung von Personen und Sachverhalten beinhalten, könnte man auch vom »unsozialen Wissen« sprechen.

2 Einstellungen: Begriff und Merkmale

Der Begriff »soziale Einstellung« ist eine Bezeichnung für eine nicht beobachtbare, innerpsychische Verhaltenstendenz (Verhaltensbereitschaft, Disposition) gegenüber physikalischen und sozialen Objekten (Reizkategorien) aus der Umwelt. Soziale Einstellung ist eine erfundene Bezeichnung, ein hypothetisches Konstrukt, mit dessen Hilfe erklärt werden kann, warum sich manche Menschen gegenüber bestimmten Reizkategorien (z. B. Kirche, Schule, Psychologie, Behinderung, Umweltschutz, Ausländer) auf eine bestimmte (entweder positive oder negative) und auf eine über längere Zeit beständige (konsistente) Art und Weise verhalten.

Durch die Merkmale Erworbenheit (Einstellungen sind gelernt), Objektbezug (Einstellungen sind immer mit einer Reizkategorie verknüpft), Richtung (positiv oder negativ) und Systemcharakter (sowohl Komponenten als auch Einstellungen bilden ein System, eine Ordnung) wird Einstellung von Motiven, Bedürfnissen und Gefühlen abgegrenzt.

3 Komponenten sozialer Einstellungen

Komponenten sozialer Einstellungen beschreiben die unterschiedlichen psychischen Reaktionsweisen gegenüber dem Einstellungsobjekt.

Als kognitive Komponente werden alle Wahrnehmungen, Urteile, Meinungen, Überzeugungen, Wissen, Argumente und andere Leistungen des Verstandes und des Denkens erfasst.

Offen gezeigte oder latent vorhandene Gefühle, affektive Reaktionen, Abneigung-Zuneigung, Reaktionen des autonomen Nervensystems und auch verbale Äußerungen über Gefühle, die mit dem Objekt der Einstellung verbunden sind, gelten als affektive Komponente.

Mit der konativen Komponente werden Tendenzen im Verhalten, offen zutage tretendes Verhalten, alle bewussten und zielgerichteten Handlungen und Auskünfte über Verhaltensziele oder Absichten zusammengefasst.

4 Funktionen sozialer Einstellungen

David **Katz** befasste sich mit der Nützlichkeit, mit dem Sinn sozialer Einstellungen im psychischen Haushalt und erarbeitete eine sog. funktionale Theorie der Einstellung. Er stellte fest, dass Einstellungen einen wichtigen Beitrag liefern zur Befriedigung grundlegender Bedürfnisse nach Sicherheit, nach Orientierung, nach Anerkennung, nach Belohnung, nach Schutz des Selbstwertgefühls, nach Erhaltung des Selbstbildes und des Selbstkonzepts und des Bedürfnisses nach Selbstverwirklichung.

In neuartigen, komplexen, undurchschaubaren Situationen sorgt die Einstellung dafür, dass wir das Gefühl haben, uns auszukennen, orientiert zu sein. Es handelt sich um die Wissens- oder Orientierungsfunktion. In Wahlsituationen ermöglicht die Einstellung solche Wahlen und solches Verhalten, die einen maximalen Gewinn bringen (Erfolg, Anerkennung). Diese Leistung der Einstellung wird Anpassungs- oder Anerkennungsfunktion genannt. In Situationen, die Bedrohung des Selbstwertgefühls, des Selbstbildes oder des Selbstkonzepts darstellen, sorgt die Einstellung für schnellen Schutz, für eine wirksame Verteidigung; es ist die Ich-Verteidigungsfunktion.

In Situationen, die persönliches Engagement ermöglichen oder erfordern, sorgt die Einstellung dafür, dass persönliche Grundüberzeugungen zum Ausdruck kommen, dass sich der Einstellungsträger für die Verwirklichung wichtiger Werte einsetzt; diese Steuerung wird wert-expressive oder Selbstdarstellungsfunktion genannt.

5 Vorurteile und Stereotype

Mit dem Begriff Vorurteil wird eine besondere Form sozialer Einstellungen erfasst. Es handelt sich um sachlich nicht gerechtfertigte, pauschale und oft stark emotional gefärbte Meinungen über Personengruppen oder Objekte und Vorgänge aus der Umwelt, die durch hinzukommende Informationen kaum geändert werden. Diese Änderungsresistenz unterscheidet Vorurteile von sog. Voreingenommenheit, bei der es sich um Überzeugungen handelt, die nicht mit der Realität übereinstimmen, diese Überzeugungen können aber durch die Konfrontation mit der Realität leicht aufgegeben werden.

Vorurteile dürfen nicht mit dem Begriff Stereotyp (Klischeevorstellung) gleichgesetzt werden. Mit Stereotypen werden schablonenhafte Beurteilungen der eigenen Gruppe (Autostereotyp) und der fremden Gruppen oder Völker (Heterostereotyp) bezeichnet. Bekannt sind z. B. folgende Stereotype: Italiener sind leidenschaftlich, künstlerisch, impulsiv; Deutsche sind fleißig, übergenau, intelligent; Juden sind gewinnsüchtig, geizig, schlau; Schwarze sind leichtsinnig, musikalisch begabt und faul.

Diese Klischeevorstellungen beinhalten in der Regel keine feindliche oder freundliche Komponente wie Vorurteile. Vorurteile haben oft ein diskriminierendes Verhalten zur Folge, während Stereotype die Wahrnehmung von Personen stark beeinflussen können.

6.5 Entstehung sozialer Einstellungen

1 Einstellung und Sozialisation
2 Allgemeine Erkenntnisse
3 Lernprozesse
4 Zusammenfassung

1 Einstellung und Sozialisation

Der Mensch ist gesellschaftsbezogenes Wesen, ist auf seine Mitmenschen angewiesen. Der Eingliederungsvorgang in die Gesellschaft dauert lebenslang, denn der Mensch muss sich immer wieder in neue Gruppen einordnen, muss dabei stets neue Normen und Vorstellungen der Gruppe übernehmen. Ein Aspekt der Sozialisation ist die Entwicklung sozialer Einstellungen. Soziale Einstellungen sind nicht vererbt, sie werden im Laufe des Lebens entweder durch den direkten Kontakt und positive oder negative Erfahrungen mit dem Einstellungsobjekt, über Information (Kommunikation, Massenmedien), durch Beobachtung anderer Personen oder auch durch das »Hineinwachsen« in eine bestimmte Kultur und Gesellschaft (Sozialisation, Enkulturation) erworben.

Die von der Gesellschaft gebilligten Verhaltensweisen werden beibehalten bzw. erworben, die nicht erwünschten werden abgelegt. Die Sozialpsychologie konnte nachweisen, dass nahezu jede gefühlsmäßige Reaktion, Meinung, Überzeugung, Erlebnisweise des Erwachsenen von der Kultur und der Gesellschaft mitbestimmt ist. In der Kindheit wird zuerst die konative Komponente der Einstellungen bzw. das Verhalten gelernt, das mit den Einstellungen der Erwachsenen übereinstimmt. Das Verhalten wird mit gefühlsmäßigen Reaktionen verknüpft und es entsteht die affektive Komponente. Danach kommen Informationen verschiedener Art hinzu. Solche, die mit dem Verhalten und den Gefühlen übereinstimmen, werden zur kognitiven Komponente zusammengefasst.

2 Allgemeine Erkenntnisse

Beim Erwerb sozialer Einstellungen spielen Informationsaufnahme und Lernprozesse die entscheidende Rolle. Die Stabilisierung der entwickelten Einstellung und Schutz gegen Änderungen leisten die Einstellungsfunktionen.

Effektiv oder wirksam sind Informationen, die von einem kompetenten, sachkundigen, vertrauenswürdigen und attraktiven (sympathisch, körperlich schön, dem Empfänger ähnlich) Sender stammen. Mäßige emotionale Appelle, das Ansprechen positiver Gefühle (Werbung), und das Platzieren der kritischen Botschaft an den Anfang oder das Ende einer Informationseinheit (z. B. einer Rede) sind ebenso wichtig.

Die aufgenommenen Informationen werden in die vorhandenen eingeordnet. Kommt es dabei zu Unstimmigkeiten, Widersprüchen oder Dissonanzen, strebt der Mensch nach deren Beseitigung. Er sucht nach weiteren Informationen, ändert die bestehenden oder er ändert sein Verhalten. Sowohl für die Entstehung als auch für Änderung von Einstellungen ist es von Vorteil, wenn Menschen bei der Aufnahme von Informationen eine aktive Rolle (Diskussion in Gruppen, Rollenspiel) übernehmen.

Die bedürfnisbefriedigenden Funktionen sozialer Einstellungen sorgen dafür, dass die vorhandenen Einstellungen nur schwer zu ändern sind. Einstellungen, die der Selbstverwirklichung dienen, zum Schutz des Selbstbildes beitragen, für Belohnung und Anerkennung sorgen und das Gefühl des Wissens vermitteln, werden zum festen Bestandteil eines Menschen.

3 Lernprozesse

Neben dem Lernen am Modell spielen auch Konditionierungen eine wichtige Rolle.

Jeder Reiz bzw. Gegenstand oder jede Person kann zum Objekt der Einstellung werden. Treten zunächst neutrale Reize öfter gemeinsam mit unangenehm (Angst auslösend) wirkenden Reizen auf, so übernehmen sie die angstauslösende Wirkung. Es entsteht eine negative gefühlsmäßige Beziehung zu solchen Reizen und damit die affektive Komponente der (negativen) Einstellung. Das Prinzip der Verknüpfung gilt auch für angenehm wirkende Reize bei der Entwicklung positiver Einstellungen.

Werden Aussagen und Handlungen gegenüber einem Einstellungsobjekt (Behinderte, Ausländer, Rauchen, Schule, Kirche) verstärkt, dann erhöht sich ihre Auftrittswahrscheinlichkeit. Das gezeigte Verhalten stabilisiert sich, wird zur Gewohnheit und damit zur konativen Komponente.

Von entscheidender Bedeutung für die Entwicklung von Einstellungen ist das Lernen am Modell. Kinder beobachten laufend Verhaltensweisen im Sinne positiver und negativer Einstellungen. Die Modelle der Kinder sind in der Regel erfolgreich, attraktiv und besitzen soziale Macht (z. B. Eltern). Bei der Entwicklung von Einstellungen spielen sicher auch die Medien eine wichtige Rolle.

Nach Bandura ist neben dem Beobachten von Verhaltensweisen auch der Aufbau von Erwartungshaltungen in Bezug auf eigene Fähigkeiten (Kompetenzerwartung) und hinsichtlich des Erfolges bestimmter Handlungen (Erfolgserwartung) ausschlaggebend für die Entstehung von Einstellungen. Das Verhalten gegenüber einem Einstellungsobjekt wird durch hohe Kompetenz- und Erfolgserwartung motiviert. Hohe Kompetenzerwartung wird erworben durch direkte Erfahrungen mit dem Einstellungsobjekt (Üben), über stellvertretende Erfahrungen und auch durch Überredung, dass man zu einem bestimmten Verhalten fähig ist. Für den Aufbau der Erfolgserwartung sind wichtig: Externe Verstärkung, Selbstverstärkung und die Beobachtung, dass Modelle mit ihren Einstellungen erfolgreich sind. Es ist anzunehmen, dass sich Menschen gegenüber Personen und Objekten ablehnend im Sinne einer negativen Einstellung verhalten (denken und fühlen), wenn sie glauben, nicht kompetent (niedrige Kompetenzerwartung) und wenig erfolgreich (Misserfolgserwartung) zu sein.

4 Zusammenfassung

Die Einstellungen entwickeln sich auf Grund der Erfahrungen, die der Einstellungsträger selbst mit dem Einstellungsobjekt gemacht hat, auf Grund der Erfahrungen, die nahe stehende Personen, z. B. Familienmitglieder gesammelt haben und diese über die Kommunikation weitergeben oder auf Grund der in einer Kultur bestehenden Normen und Werte.

Großen Einfluss auf die Entwicklung der Einstellungen haben auch sog. Peer-groups, Massenmedien und die Informationen, die in vielen Diskussionen in Familie, Schule, Beruf gesammelt werden. Positive oder negative Einstellungen gegenüber einem Einstellungsobjekt können sich entwickeln ohne dass der Einstellungsträger jemals direkt mit dem Objekt der Einstellung in Berührung kam.

Die Entwicklung der Einstellungen kann mit Hilfe der bekannten lerntheoretischen Erkenntnisse (Annahmen) erklärt werden. Über die klassische Konditionierung erwerben Objekte der Umwelt eine bestimmte Signalwirkung, über Verstärkungslernen wird die Erwartung aufgebaut, dass Objekte zur Bedürfnisbefriedigung beitragen, und über das Nachahmungslernen können Verhaltensweisen, Gefühle und Meinungen anderer gegenüber bestimmten Objekten oder Personen übernommen werden. Eine wichtige Rolle spielen auch verhaltenssteuernde Kognitionen.

6.6 Änderung sozialer Einstellungen

1. Interesse an der Änderung von Einstellungen
2. Anliegen der Wissenschaft
3. Die Theorie der kognitiven Dissonanz
4. Theoriegeleitete Praxis
5. Zusammenfassung

1 Interesse an der Änderung von Einstellungen

Auch wenn das Verhalten gegenüber bestimmten Reizkategorien nicht allein von der jeweiligen Einstellung bestimmt wird, sind Menschen aus vielen Gründen an der Änderung von Einstellungen interessiert. Mit Hilfe der Werbung versuchen einzelne Firmen die Einstellungen gegenüber ihren Produkten zu beeinflussen. Im Wahlkampf glauben Politiker die Wähler für sich und die eigene Partei gewinnen zu können.

Oft führten groß angelegte und kostspielige Aktionen, um die Einstellung gegenüber Maßnahmen zur Gesundheitsvorsorge (gegen Rauchen, für Vorsorgeuntersuchungen) zu ändern, nur zu bescheidenen Erfolgen.

2 Anliegen der Wissenschaft

Das Problem der Änderung von Einstellungen stand lange Zeit im Mittelpunkt der Forschung. Die Wissenschaftler wollten herausfinden, warum Reden, Werbespots und sorgfältig formulierte Leitartikel in den Zeitungen ihr Ziel verfehlen und welche Maßnahmen erfolgreicher sein könnten. Mit Hilfe gewonnener Erkenntnisse sind Praktiker inzwischen in der Lage, ihr Vorgehen zur Änderung von Einstellungen effektiv zu planen und Änderungskonzepte zu entwerfen.

Kurt Lewin hat herausgefunden, dass aktive Teilnahme an Gruppendiskussionen weit effektiver ist als Information durch Vorträge. Verhalten sich Menschen gegen ihre Einstellung, z. B. weil sie eine Rolle spielen oder dazu überredet oder überlistet wurden, ist die Wahrscheinlichkeit einer Einstellungsänderung recht groß.

3 Die Theorie der kognitiven Dissonanz

Viele Psychologen sind überzeugt, dass Menschen immer nach einem Zustand des Gleichgewichts, der Ausgewogenheit streben. Leon Festinger meint, dass Menschen für ihr Verhalten und ihre Meinungen Rechtfertigungen suchen, um das Gefühl zu haben, dass sie richtig denken oder handeln. Dabei geht Festinger davon aus, dass sich der Mensch über alles aus seiner Umwelt und über sich selbst kognitive Elemente schafft. Kognitive Elemente stehen in einer relevanten Beziehung, wenn das eine Element in irgendeinem Zusammenhang mit dem anderen steht. Z. B. Ich rauche. Rauchen ist teuer.

Die relevante Beziehung zwischen kognitiven Elementen kann konsonant oder dissonant sein. Sie ist dissonant, wenn das eine Element (oder mehrere) mit einem anderen Element im Widerspruch steht, es negiert oder in Frage stellt.

Nach Festinger streben Menschen danach, ihre kognitiven Elemente im konsonanten Zustand zu halten und die Entstehung der Dissonanzen zu vermeiden. Aus diesem Grund verhalten sie sich selektiv, setzen sich keinen »Gefahren« aus. Sie vermeiden alle Handlungen, die zu einer Dissonanz führen könnten.

Wenn Abwehrmaßnahmen misslingen, dann wird die Dissonanz verursacht durch Informationsaufnahme (Lesen, Vortrag hören, an Diskussion teilnehmen), durch eigene Erfahrung (Konfrontation mit Einstellungsobjekt) und durch allgemeine Überzeugungen und soziale Wert- und Normvorstellungen, die mit der eigenen Meinung im Widerspruch stehen (Rauchen schadet der Gesundheit, die Gesundheit ist wertvoll). Festinger hat auch herausgefunden, dass Menschen auf verschiedene Art und Weise versuchen, die Dissonanz zu reduzieren (beseitigen, verringern).

Sie ändern eines oder mehrere Elemente so, dass der Widerspruch kleiner wird bzw. dass wichtige kognitive Elemente nicht mehr hinterfragt werden.

Sie fügen neue kognitive Elemente so hinzu, dass die störenden Elemente an Einfluss verlieren. Sie ändern die Einstellung und beseitigen so die kognitive Dissonanz.

Bei der Reduktion der Dissonanz geht der Mensch nach dem Prinzip des geringsten Widerstandes vor. Es wird die Möglichkeit der Reduktion eingesetzt, die den geringsten psychischen Aufwand erfordert. Da eine Einstellungsänderung einen hohen psychischen Aufwand erfordert, wird zunächst der Weg der Änderung oder des Hinzufügens von kognitiven Elementen geprüft.

4 Theoriegeleitete Praxis

Für die Praxis der Einstellungsänderung ergeben sich aus der Theorie der kognitiven Dissonanz folgende Hinweise:

Will man die bestehenden Einstellungen ändern, so muss man die Adressaten verunsichern, ihr kognitives Gleichgewicht erschüttern, damit sie ihr selektives Verhalten aufgeben und zur »Mitarbeit« bereit sind.

Will man die Dissonanz über Informationsaufnahme erzeugen, so sind zweiseitige Argumentation (pro und contra), kompetente, attraktive und glaubwürdige Sender effektiver als unpersönliche Botschaften (z. B. Massenmedien). Der Grund: Bei sachkundigen, glaubwürdigen Sendern ist es schwerer die Dissonanz über Hinzunahme neuer kognitiver Elemente zu beseitigen als bei massenmedialer Kommunikation. Die besten Erfolge wurden über aktive Mitarbeit der Personen erzielt, deren Einstellung geändert werden soll. Wenn sich jemand in der Gruppendiskussion engagiert, die Positionen der Gruppenteilnehmer wahrnimmt oder selbst eine aktive Rolle übernimmt, dann ist erstens die Entstehung der Dissonanz gesichert und zweitens fällt es schwer, die Dissonanz über die Hinzunahme neuer (es ist schon alles gesagt worden) oder über Änderung bestehender kognitiver Elemente zu beseitigen. Außerdem hat man sich z. B. im Rollenspiel bereits im Sinne der neuen Einstellung verhalten und evtl. auch Anerkennung durch die Gruppe erhalten.

Wichtige Entstehungsbedingungen der Dissonanz sind: Selbstverpflichtung, Freiwilligkeit, die von der Person erlebte Verantwortlichkeit für die getroffene Entscheidung. Nach einer Entscheidung werden die zurückgewiesenen Alternativen abgewertet und die bevorzugten Alternativen aufgewertet. Festinger meint, dass die Einstellungsänderung umso wahrscheinlicher ist, je geringer die Rechtfertigung z. B. durch Belohnung möglich ist, denn Menschen neigen dazu, den Aufwand, den sie geleistet haben, auch zu rechtfertigen. Vgl. hierzu auch »Experimente zur Theorie der kognitiven Dissonanz im Baustein 6.

5 Zusammenfassung

Die experimentell gut abgesicherten Erkenntnisse von Festinger liefern viele Hinweise zur Gestaltung der Praxis, wenn man Einstellungen ändern will. Wenn Menschen ein einstellungsdiskrepantes Verhalten öffentlich und aus eigener Verpflichtung zeigen, so ist eine Änderung der Einstellung zu erwarten. Effektiv sind auch Gruppendiskussionen, an denen Personen aktiv teilnehmen, deren Einstellung geändert werden soll. Menschen neigen dazu, den Aufwand, den sie geleistet haben, auch zu rechtfertigen.

7 Sozial- und Sonderpädagogik

7.1 Sozialpädagogik – Begriff, Aufgaben, Probleme

1 Die Würde des Menschen
2 Begriff Sozialpädagogik/Sozialarbeit
3 Aufgaben
4 Probleme
5 Zusammenfassung

1 Die Würde des Menschen

Die Bundesrepublik Deutschland ist ein demokratischer und sozialer Bundesstaat (Art. 20, Abs.1 GG). Kriterien des Sozialstaatsprinzips sind Ausgleich sozialer Gegensätze und Ungleichheiten, Fürsorge bei Hilfs- und Schutzbedürftigkeit, Sicherung des Existenzminimums für alle Bürger und Rücksichtnahme auf schwache Schichten in der Sozialpolitik.

Grundmerkmale eines sozialen Rechtsstaats sind Systeme der sozialen Sicherung (Renten-, Kranken-, Pflege-, Arbeitslosen-, Unfallversicherung, Ausbildungsförderung, Beamtenversorgung und bei Versagen aller Systeme die Sozialhilfe), Grundrechte (Recht auf freie Entfaltung der Persönlichkeit, auf Erziehung zur leiblichen, seelischen und gesellschaftlichen Tüchtigkeit, freie Wahl des Berufes und Wohnortes, Beachtung der Menschenwürde) und die sozialen Rechte der Bürger laut Sozialgesetzbuch.

Sozialarbeiter/Sozialpädagogen sind nach der Gesetzgebung erst dann verpflichtet, Menschen in sozialer, materieller oder gesundheitlicher Not zu helfen, wenn alle anderen Sicherungssysteme nicht mehr helfen können. Die Erziehung ist eine Aufgabe der Familie, der Schule, der Berufsausbildung und der Sozialpädagogik (z. B. Jugendpflege). Laut § 170b StGB sind Verwandte in gerader Linie verpflichtet, einander Unterhalt zu gewähren. Sozialhilfe stellt daher Ersatzansprüche. Sozialarbeit hat ihren Ausgangspunkt in der Armenfürsorge, die mit der industriellen Revolution notwendig wurde.

Sozialpädagogen leisten immer Hilfe zur Selbsthilfe – nur solche Hilfe entspricht der Würde des Menschen.

2 Begriff Sozialpädagogik/Sozialarbeit

Die ersten Einrichtungen der Sozialpädagogik wurden zu Beginn des 19. Jahrhunderts von der Kirche getragen, um der Verwahrlosung von Kindern vorzubeugen. Der Begriff Sozialpädagogik wurde zum ersten Mal 1850 von Adolf Disterweg verwendet.

»Man könnte Sozialpädagogik als Sammelbezeichnung für soziales, pädagogisches, soziologisches und psychologisches Handeln außerhalb der Familie, Schule und Berufsausbildung zur Verwirklichung des Rechts auf Erziehung, zur Sicherung der verfassungsmäßig garantierten Grundrechte und zur Ermöglichung eines menschenwürdigen Lebens verwenden« (nach K. Mollenhauer). Damit kann man Sozialpädagogik als Theorie und Praxis der Jugendhilfe (Recht auf Erziehung zur gesellschaftlichen, leiblichen und seelischen Tüchtigkeit) bezeichnen. Sozialpädagogik/Sozialarbeit wird oft auch als pädagogische Antwort auf materielle oder soziale Not verstanden und umfasst sowohl individuelle Hilfen zur Linderung der Not oder zur Wiedereingliederung in die Gesellschaft als auch Überlegungen, Planungen und Maßnahmen zur Veränderung gesellschaftlicher Bedingungen (politischer Aspekt der Sozialpädagogik).

Die Praxis der Sozialpädagogik und Sozialarbeit wird aufgegliedert in Jugendhilfe, Gesundheitshilfe und Sozialhilfe. Mit der Bezeichnung Sozialpädagogik wird stärker der bildnerische und erzieherische Aspekt sozialer Eingliederungshilfen herausgestellt, mit der Bezeichnung Sozialarbeit wird stärker das fürsorgerische, materielle Element der Integrationshilfen für Erwachsene betont.

3 Aufgaben

Sozialpädagogik steht nicht nur im Dienst der Hilfsbedürftigen, sondern auch im Dienst der Gesellschaft. Sie trägt durch Beseitigung von Konfliktursachen und durch Behebung von Missständen einerseits zur Stabilisierung der Gesellschaft bei, andererseits hilft sie durch Aufdeckung von Mängeln und Ungerechtigkeit die Gesellschaft in Richtung mehr Demokratie, Freiheit und Gerechtigkeit fortzuentwickeln.

Der wichtigste Auftrag der Sozialpädagogik besteht in der Realisierung der Grundrechte, des Rechts auf Erziehung und auf ein menschenwürdiges Leben. Sie hat Lebenshilfe im Sinne von Erziehungs- und Gesundheitshilfe zu leisten durch Beratung bei persönlichen Problemen, durch Erschließen und Vermitteln von Hilfsquellen und durch Befähigung zur Selbständigkeit und Kommunikation.

4 Probleme

Sozialpädagogisch/soziale Arbeit hat Probleme zu bewältigen und zu lösen, die im Inneren der Person begründet liegen (z. B. Ängste, Depressionen, Erwartungen von Misserfolgen, Gehemmtheit, mangelnde Motivation, übertriebene Bedürfnisse, Vorurteile,...), die in der Umwelt von Menschen begründet liegen (z. B. zu hohe Mieten, Gewalt in den Medien, Wohngegenden ohne Spielplätze, keine Möglichkeit der Freizeitgestaltung, zu hohe Anforderungen in den Schulen, ...) und die in der Beziehung zwischen Person und Umwelt liegen (z. B. Streit zwischen Kindern und Eltern, zwischen Schülern und Lehrern, ungünstiges emotionales Klima in der Schulklasse, Angst vor bestimmten Lehrern, Angst vor Ämtern, mangelnde Wahrnehmung von gesetzlich garantierten Hilfen, z. B. von Wohngeld).

Praktisch tätige Sozialpädagogen werden mit verschiedenen Problemen konfrontiert, die ihre Arbeit erschweren. Die wichtigsten Probleme sind: Mangelnde Motivation und Mitarbeit und eine negative Einstellung des Klienten gegenüber Beratungsstellen. Sie suchen mit Vorurteilen und mit Widerwillen Beratungsstellen auf, weil sie schon viel Negatives von Therapie und Beratung gehört haben. Andererseits erwarten Menschen in Not schnelle Hilfe. Sie glauben an eine Beseitigung ihres Problems von außen (Fremdhilfe), so als ob sie einen Chirurg aufsuchen würden, der ein krankes Organ durch ein gesundes ersetzen soll.

Ein weiteres Problem stellt die Öffentlichkeit mit ihren Vorurteilen dar. Beklagt werden bürokratische Schwerfälligkeit (Hilfe kommt zu spät), wenig Wohlwollen seitens der Ämter und auch falsche Planungen. Sozialpädagogen stehen oft nur beschränkte finanzielle Mittel zur Verfügung oder sie stehen unter Rechtfertigungsdruck (sie müssen nachweisen, dass die Mittel »produktiv«, »effektiv« im Sinne einer kaufmännischen Rechnung eingesetzt wurden). Oft wenden sich Menschen zu spät an Ämter und Beratungsstellen.

5 Zusammenfassung

Sozialpädagogik leistet gesetzlich garantierte Hilfen zur Verwirklichung eines menschenwürdigen Lebens. Sie ist gefordert, wenn andere primäre Systeme wie Familie, Schule nicht zuständig sind oder versagen (Nachrangigkeit der Sozialpädagogik, Subsidiaritätsprinzip). Sie steht sowohl im Dienst der Gesellschaft als auch der Hilfsbedürftigen. Ihre Arbeit kann erschwert werden durch fehlende Motivation, unerfüllbare Erwartungen der Hilfsbedürftigen wie auch durch Vorurteile und Rechtfertigungsdruck der Gesellschaft.

7.2 Kindergarten – eine Einrichtung der Sozialpädagogik

1 Grenzen der Familienerziehung
2 Begriff Kindergarten
3 Ziele, Aufgaben und Formen erzieherischer Arbeit
4 Probleme
5 Zusammenfassung

1 Grenzen der Familienerziehung

Das Kinder- und Jugendhilfegesetz (KJHG) hat zum 1. Januar 1991 das Jugendwohlfahrtsgesetz (JWG) abgelöst. Im § 1 legt das KJHG das Recht junger Menschen auf Erziehung und den Vorrang des Elternrechts fest: »Jeder junge Mensch hat ein Recht auf Förderung seiner Entwicklung und auf Erziehung zu einer eigenverantwortlichen und gemeinschaftsfähigen Persönlichkeit. Pflege und Erziehung der Kinder sind das natürliche Recht der Eltern und die zuvörderst ihnen obliegende Pflicht.« Die Verwirklichung der Erziehungspflicht ist in den Ein-Kind-Familien, für allein erziehende Mütter oder Väter und angesichts der Berufstätigkeit vieler Mütter bzw. beider Eltern schwierig geworden. Kindergartenerziehung ist notwendig, weil das Spielen auf der Straße mit Nachbarskindern zu gefährlich ist und oft keine Spielplätze in der Nähe der Wohnung vorhanden sind. Im Alter von drei bis sechs Jahren müssen die Kinder lernen, sich von der Mutter abzulösen und andere Personen als Bezugspersonen zu akzeptieren. Auch die Vorbereitung auf die Schule, Sozialerziehung durch die Auseinandersetzung mit Gleichaltrigen in der Gruppe sowie Bereitstellung von pädagogisch sinnvollem Spielzeug ist im Kindergarten eher möglich als in der Familie.

2 Begriff Kindergarten

Friedrich Fröbel gilt als Begründer der Kindergartenerziehung. Im Jahr 1840 richtete er den »Aufruf zur Gründung des Kindergartens an die deutschen Frauen und Jungfrauen«. Dem Aufruf fügte er den »Entwurf eines Planes zur Begründung und Ausführung des Kindergartens, einer allgemeinen Anstalt zur Verbreitung allseitiger Beachtung des Lebens der Kinder, besonders durch Pflege ihres Tätigkeitstriebes« hinzu. Die Idee setzte sich durch.

Der Kindergarten ist eine familienergänzende Einrichtung für Kinder vom 3. bis zum 6./7. Lebensjahr. Der Besuch des Kindergartens erfolgt auf freiwilliger Basis. Pflege und Erziehung wird von ausgebildeten Erziehern/innen und Kinderpflegern/innen geleistet. Der Kindergarten untersteht der Aufsicht durch die Jugendämter und wird von Kommunen, Kirchen, Wohlfahrtsverbänden und von Vereinen getragen.

3 Ziele, Aufgaben und Formen erzieherischer Arbeit

Die Erziehung im Kindergarten strebt eine Förderung der Gesamtpersönlichkeit des Kindes an. Dies geschieht über die Förderung der Motorik (Tanz, Gymnastik, Bewegungsspiele, Umgang mit Messer, Schere); Förderung der Sprache (Vorlesen, Nacherzählen, Singen, gemeinsames Nachsprechen, Gedichte lernen); Förderung des sozialen Verhaltens (Regel- und Rollenspiele, Puppenecke, Austragen von Konflikten, Fürsorge für Jüngere, übernehmen von Verantwortung, Wettspiele, Partnerübungen, Gemeinschaftsarbeit); Förderung kognitiver Fähigkeiten wie Gedächtnis, Denken, Intelligenz, Kreativität (Ratespiele, Zeichnen, Lego, Puzzle, Faltarbeiten, Memoryspiele, Basteln, Spiele mit logischen Blöcken); Förderung der Konzentration, der Wahrnehmung und der Arbeitshaltung sowie Vorbereitung auf die Schule; Förderung des Natur- und Umweltverständnisses (Nachahmen von Tierlauten, Pflege von Tieren, Hör- und Ratespiele, Blumenpflege, Erkundung der Umwelt, z. B. Wald, Erntedank-Fest); Förderung der Fähigkeit, Gefühle zu erleben und zu zeigen (Analyse von Konfliktsituationen, Besprechen von Märchen und Geschichten, Bildbetrachtungen, Nachahmen von Gefühlsausdruck); Förderung der Orientierung und das Vertrautmachen der Kinder mit ihrem Lebensraum (Erkundung der Umgebung, Vorbereitungen zum Feiern von Festen, Besonderheiten der Jahreszeiten kennen lernen).

Hinzu kommen im Sinne des »Situationsansatzes« Verkehrserziehung, ästhetische Erziehung, musikalische Erziehung, Gefühlserziehung (Geburtstag, Nikolaustag, St. Martin, Trauer...)

Auch die Elternarbeit zählt zu einer Art Aufgabe und erzieherischen Arbeit im Kindergarten. Wichtig sind: Elternabende, Feste, Aufnahmegespräche, Diskussionen über Themen, Wochenpläne, Ausstattung des Kindergartens, Elternzeitung, Elterngespräch, Kontaktbriefe, Hausbesuche, Treffs z. B. zum Basteln, Informationen auf dem schwarzen Brett.

Elternarbeit ist wichtig im Interesse des Kindes: Kindergarten und Elternhaus geben sich gegenseitig Erziehungsanregungen und -hilfen. Es findet Informationsaustausch statt, die Arbeit des Kindergartens kann zu Hause weitergeführt und unterstützt werden; es fällt leichter, Probleme zu sehen und aufzugreifen.

Bereits Friedrich Fröbel hat das Spielen als Prinzip der Kindergartenerziehung begründet. Durch Informationsspiele (Tasten, Riechen, Erkunden), Konstruktionsspiele (Basteln, Bauen mit Lego), Rollenspiele (Einkaufen, Vater-Mutter-Kind, Räuber und Gendarm), und Regelspiele (Memory, Brettspiele, Mensch-ärgere-dich-nicht) kann das Kind verschiedene Erfahrungen sammeln und die Auseinandersetzung mit der Umwelt üben.

4 Probleme

Kindergärten können Defizite und Fehler der Erziehung in der Familie nicht beheben oder kompensieren (z. B. bei Sprachproblemen).

Probleme können sich ergeben, wenn im Kindergarten ein anderer Erziehungsstil praktiziert wird als im Elternhaus, wenn Eltern erwarten, dass im Kindergarten gezielt durch bestimmte Übungen auf die Schule vorbereitet wird bzw. Ergebnisse und Leistung zu sehr in den Vordergrund rücken, wenn sich Erwartungen von Eltern nicht mit denen des Kindergartens decken (z. B. im Bereich der religiösen Erziehung), wenn einzelne Kinder zu aggressiv sind, wenn die Eltern von Problemkindern zu wenig Kontakt zum Kindergarten halten, wenn z. B. ausländische Kinder die deutsche Sprache nicht beherrschen.

5 Zusammenfassung

Der Kindergarten unterstützt und ergänzt die familiäre Erziehung. Er hat die Aufgabe, den Kindern den Zugang zur Schule zu erleichtern, die Persönlichkeitsentfaltung zu fördern und die Eltern zu beraten.

Im Kindergarten gilt das Spiel als Prinzip der Pädagogik. Spielerisches und situationsorientiertes Lernen und ganzheitliche Förderung der Sprache, Motorik, Intelligenz, des Sozialverhaltens und der Kreativität stehen im Vordergrund.

Die Erziehungsarbeit des Kindergartens wird erschwert durch schwierige Kinder (Aggression, Sprachprobleme, Egozentrismus), schwierige Eltern, die zu viel vom Kindergarten erwarten und fordern und durch schwierige Rahmenbedingungen (Finanzknappheit, zu große Gruppe, schlechte Ausstattung, geringer Verdienst der Erzieher).

7.3 Handlungskonzepte der Sozialpädagogik – Einzelhilfe

1 Hilfe ohne Praxisschock
2 Einzelhilfe – Begriff und Merkmale
3 Methodische Schritte
4 Handlungsprinzipien
5 Wissenschaftliche Grundlage
6 Zusammenfassung

1 Hilfe ohne Praxisschock

Oft sehen junge Sozialpädagogen, geprägt durch das gesammelte theoretische Wissen und beflügelt durch persönliche Ideale in der Praxis keinen Weg, eigene pädagogische und sozialpolitische Ideen zum Tragen zu bringen. Der so genannte Praxisschock ist die Folge. Jahrzehntelange Erfahrungen haben gezeigt, dass allein eine planerische Einstellung und methodisches Vorgehen als Instrumente des professionellen Handelns verhindern können, in der Praxis »auf den Bauch zu fallen«. Als »klassische Methoden« oder Arbeitsformen der Sozialpädagogik wurden soziale Einzelhilfe, soziale Gruppenarbeit und Gemeinwesenarbeit entwickelt. In diesen Handlungskonzepten wird im Sinne praxisanleitender Theorien beschrieben, wie man durch geplantes und systematisches Vorgehen auf eine professionelle Art Hilfe zur Selbsthilfe leisten kann. Dabei ist eine professionelle Haltung sehr wichtig, denn »Helfer«, die sich aus überwiegend persönlichen Gründen engagieren, sind kaum in der Lage, effektive pädagogische und politische Handlungsstrategien zu planen und zu erproben.

2 Einzelhilfe – Begriff und Merkmale

Vom Handlungskonzept wird gesprochen, wenn in einem Handlungsmodell die Ziele, die Inhalte, die Methoden, Maßnahmen und Verfahren in einen sinnhaften Zusammenhang gebracht und wissenschaftlich begründet werden.

Die soziale Einzelfallhilfe (Casework, Fallarbeit – inzwischen hat sich die Bezeichnung Einzelhilfe durchgesetzt) ist nach **S. Bowers** »eine Kunst, in welcher Kenntnisse der Wissenschaften vom Menschen und Können in der Handhabung von Beziehungen benutzt werden, um Fähigkeiten des Einzelnen und Hilfsquellen in der Gemeinschaft zu mobilisieren, die eine bessere Anpassung des Klienten an seine ganze Umwelt oder Teile derselben herbeiführen können«.

Wesentliche Elemente oder Merkmale des Handlungskonzepts soziale Einzelhilfe sind also: Als Ziel wird eine bessere Anpassung des Klienten angestrebt; dies geschieht über »Hilfe zur Selbsthilfe«. Der Berater sucht nach Energien, Fähigkeiten, die beim Klienten vorhanden sind, nach noch nicht beanspruchten Hilfen der Gemeinschaft (z. B. Wohngeld) und strebt eine Stärkung personaler und sozialer Ressourcen an. Das wichtigste Moment der Hilfe zur Selbsthilfe besteht in der Bestimmung des »wahren« Problems, nach Möglichkeit durch den Klienten selbst. Die wichtigste bewegende Kraft, der Motor der Änderung ist in einer »helfenden Beziehung« zu sehen, d. h. der Berater kann die Beziehung als positive Kraft einsetzen (Können in der Handhabung von Beziehungen). Gleichzeitig bedient sich der Berater wissenschaftlicher Erkenntnisse über das Verhalten und Handeln von Menschen.

3 Methodische Schritte

In der neueren sozialpädagogischen Literatur wird der Verlauf der Einzelhilfe in der Regel in folgende Schritte oder Phasen unterteilt: Analyse, Planung, Handlung und Bewertung.

Die Analyse umfasst die Ermittlung von Daten (Anamnese, Exploration) und präzise Erfassung des Problems (Diagnose). Während der Planung werden gemeinsam mit dem Klienten oder mit der Gruppe Ziele des Handelns (der angestrebten Änderung) festgelegt und Maßnahmen zur Verwirklichung der Ziele gesucht und geplant. Während der Phase der Handlung wird das geplante Vorgehen umgesetzt. Als letzter Schritt folgt die Bewertung mit der Erfassung von Erfolgen oder von Misserfolgen und der Reflexion des Geschehens. Die Prüfung, ob weitere Maßnahmen notwendig sind, führt entweder zu Abschluss oder Neubeginn.

4 Handlungsprinzipien

Die »Kunst in der Handhabung der Beziehung« und die Professionalität des Handelns (berufliche Haltung) lässt sich mit Hilfe einiger Prinzipien beschreiben.

Jeder »Fall« ist einmalig und erfordert individuelle Maßnahmen (Individualisierung). Mit Partnerschaft ist gemeint, dass der Klient mitbestimmt, über Absichten und Vorgehen des Beraters informiert und nicht manipuliert wird. Maßnahmen, die die Menschenwürde verletzen, wie z. B. Erniedrigung, Beraubung der Freiheit, dürfen nicht zum Einsatz kommen. Mit Akzeptieren, Nichtverurteilen des Klienten ist gemeint, dass auch noch so »verwerfliche«, bestimmten Wertvorstellungen des Beraters widersprechende Handlungsweisen des Klienten, z. B. Drogenabhängigkeit, Stehlen, Lügen, Betteln, Gewalttätigsein, nicht verurteilt werden dürfen. Auf geeignete Art und Weise kann der Berater dem Klienten mitteilen, dass er solche Verhaltensweisen ablehnt. Schweigepflicht, Vertraulichkeit, keine Mitteilungen an Dritte, auch nicht gegenüber autorisierten Personen (z. B. Staatsanwalt) sind wichtige Voraussetzungen des Vertrauens.

Die Voraussetzung jeder Beratung ist die Mitarbeit des Klienten. Ohne Motivation des Klienten zur Mitarbeit ist keine Selbsthilfe und Beratung möglich (das Prinzip der Aktivierung).

5 Wissenschaftliche Grundlage

Methodisches, systematisches Handeln erfolgt unter Berücksichtigung wissenschaftlicher Erkenntnisse über das Verhalten von Menschen (z. B. Psychoanalyse, Lerntheorien, Humanistische Psychologie, Gestaltpsychologie, Pragmatische Theorie der Kommunikation).

In Anlehnung an die Psychoanalyse sucht der Berater nach verborgenen, unbewussten, irrationalen Kräften. Das Denkmodell der Psychoanalyse signalisiert ihm, dass die Symptome (sichtbare, problematische Verhaltensweisen) ein Ausdruck des Unbewussten sind. Die problematischen Verhaltensweisen sind sozusagen ein Nebenkriegsschauplatz und deren direkte Bekämpfung wäre eine Sackgasse. In Anlehnung an Lerntheorien sucht der Berater nach Bedingungen verschiedener Lernprozesse.

6 Zusammenfassung

Im Laufe der Jahrzehnte haben Praktiker und Theoretiker der Sozialpädagogik möglichst genau aufgeschrieben, was ein Berater tut, wenn er Einzelfallhilfe leistet. Da vor allem zu Beginn der Berufspraxis kein reichhaltiger Erfahrungshintergrund vorliegt, ist das professionelle, systematische Vorgehen die beste Möglichkeit, um die eigenen Erwartungen mit bescheidenen Erfolgen in Einklang zu bringen.

Die Interaktion zwischen Klient und Berater wird hilfreich im Sinne der Selbsthilfe sein, wenn der Berater eine positive, vertrauensvolle Beziehung herstellt, partnerschaftlich und individuell vorgeht und den Klienten zur Mitarbeit motiviert. Schweigepflicht und Wertschätzung bzw. Nichtverurteilung des Klienten sind weitere zentrale Prinzipien der beruflichen Haltung. In jeder Phase der Beratung (Analyse, Planung, Handlung, Bewertung) orientiert sich das Vorgehen an wissenschaftlichen Erkenntnissen über das Erleben und Verhalten der Menschen.

7.4 Das verhaltensorientierte Handlungskonzept

1 Lerntheoretische Grundlage
2 Verhaltensorientierte Analyse
3 Planung der Intervention
4 Handlung
5 Bewertung und Erfolgssicherung
6 Schlussgedanke

1 Lerntheoretische Grundlage

Wissenschaftliche Grundlage des verhaltensorientierten Konzeptes bilden die Lerntheorien. Dabei geht es im Gegensatz z. B. zur Psychoanalyse nicht um die Behebung innerpsychischer Ursachen von Problemen, sondern allein das problematische Verhalten soll geändert werden, um eine Verbesserung der Lebensqualität des Klienten zu erreichen.

Die verhaltensorientierte Beratung geht von der Grundannahme aus, dass alles Verhalten – auch das unangepasste oder die Störung – erlernt ist und wieder verlernt werden kann. In der Verhaltenstherapie wird zwar auch auf »Ursachen« in der Kindheit geschaut; es wird jedoch eher von einem lerngeschichtlichen Hintergrund ausgegangen. Aktuelle (Fehl)-Verhaltensweisen oder dysfunktionale Denkmuster stehen im Vordergrund.

Das Ziel der Beratung ist deshalb der Abbau unerwünschten Verhaltens und der Aufbau erwünschten Verhaltens durch gezielte Lernhilfen.

2 Verhaltensorientierte Analyse

Die verhaltensorientierte Beratung setzt sich zum Ziel, sämtliche Beziehungen und Umstände des Klienten daraufhin zu untersuchen, ob sie an der Entstehung, Aufrechterhaltung und Stabilisierung des störenden Verhaltens beteiligt sind. Neben der Verhaltensanalyse nach dem SORKC-Schema ist eine genaue Analyse der Rahmenbedingungen (belastende Lebensbedingungen, körperliche Bedingungen, z. B. Krankheiten oder Behinderungen, biographische Bedingungen, Einnahme von Medikamenten, soziale Attraktivität, vorhandene oder fehlende Modelle, mögliche Verstärker usw.) besonders wichtig. Nach dem SORKC-Schema werden ermittelt: der situative Kontext des problematischen Verhaltens (S), der Zustand des Organismus (O) im Bezug auf problematisches Verhalten (z. B. Müdigkeit als organismische Komponente von Arbeitsstörungen), alle Reaktionen oder Verhaltensweisen (R), die im Zusammenhang mit dem unerwünschten Verhalten stehen, Kontingenzen (K), d. h. der zeitliche Zusammenhang sowie die Häufigkeit zwischen Reaktionen und Konsequenzen (C), mit denen negative und positive Folgen, aversive Reize und Verstärker erfasst werden.

Die Kognitionsanalyse befasst sich mit den Vorstellungen, Gedanken und vor allem mit den Erwartungen, die das Problemverhalten begleiten. Wichtig sind z. B. Fragen, wie die Situation erlebt wird, wie das eigene Verhalten bewertet wird, welche Ansprüche an die Mitmenschen gestellt werden, wie die eigenen Fähigkeiten bewertet werden und welche Kontrollüberzeugungen vorliegen (wie schätzt der Klient seinen Einfluss auf die Heilung ein?). Zur Ermittlung der Selbstregulation gehören Fragen nach bisherigen Versuchen, das Problemverhalten zu beeinflussen. Zur Motivationsanalyse gehören vor allem Fragen nach der Veränderungsbereitschaft sowie nach langfristigen, vom Klienten evtl. nicht erkannten Zielkonflikten und Folgen, die die Mitarbeit des Klienten beeinflussen könnten. Die Ermittlung der sozialen Funktion des Problemverhaltens, des sozialen Netzes, der Vorbilder, der Veränderungen der Beziehungs- und Machtstruktur, wenn der Klient seine Gewohnheiten ändert, sind Gegenstand der Beziehungsanalyse.

3 Planung der Intervention

In der Planungsphase geht es darum, aus der Vielfalt möglicher Beschwerden gemeinsam mit dem Klienten diejenigen auszuwählen, die unter Berücksichtigung der Motivation und der Veränderbarkeit des Klienten als Erst- und Zwischenziele geeignet erscheinen. Nach der Festlegung erreichbarer Ziele folgt die Planung und Auswahl geeigneter Methoden zur Vermeidung oder Beseitigung von auslösenden Faktoren, von Verstärkern des Problemverhaltens. Ebenso wichtig ist die Planung von Bedingungen und Verstärkern zum Aufbau des erwünschten Verhaltens (Auswahl von Verstärkern, Aufgliederung des Verhaltens in kleine Schritte, Überlegungen, wie Verstärker eingesetzt werden und ob geeignete Modelle zur Verfügung stehen usw.).

4 Handlung

Die Umsetzung der in der Planung entwickelten Schritte ist eine Aufgabe des Klienten, wobei der Berater motivierend und auch als Vorbild behilflich sein kann. In den Sitzungen können in der Regel nur Anregungen für neue Lernerfahrungen erarbeitet werden, die dann als »Hausaufgaben« praktisch umgesetzt werden müssen, um neue Lernerfahrungen zu sammeln. Das Prinzip der Eigenverantwortung des Klienten gilt von Anfang an.

Als Methoden der Verhaltenstherapie haben sich bewährt: a) Operante Verfahren zum Aufbau des erwünschten und Abbau des unerwünschten Verhaltens z. B. über Einhaltung von Kontingenzverträgen; b) Methoden zur kognitiven Umstrukturierung, zur Veränderung handlungsvorbereitender und handlungsbegleitender Gedanken. Bei einer Depression muss z. B. die negative Sicht des Patienten von sich selbst, von der Umwelt, über seine Zukunft, über Ursachen der Misserfolge und auch z. B. Haltungen wie »Es ist schrecklich, wenn mich nicht alle Mitmenschen mögen!« geändert werden.

Mit der Analyse und Überprüfung solcher Feststellungen lassen sich z. B. wertvolle Einsichten in die kognitive Struktur der Klienten erreichen. c) Konfrontationsverfahren eignen sich zur Behandlung von Ängsten, Phobien, Zwängen, von sozialen Unsicherheiten und auch von psychosomatischen Beschwerden. Die Klienten werden dazu gebracht, die »unerträgliche« Situation auszuhalten, sich dem Problem zu stellen und müssen, da die gefürchteten Konsequenzen ausbleiben, ihre Katastrophenphantasien ändern.

5 Bewertung und Erfolgssicherung

In dieser sehr wichtigen Phase werden Veränderungen im Verhalten des Klienten z. B. durch Selbst- oder Fremdbeobachtung, durch Berichte wichtiger Bezugspersonen oder durch Selbstaufzeichnungen festgehalten. Es gilt zu verhindern, dass die Klienten die Erfolge euphorisch überschätzen und dann bei Rückschlägen zu sehr enttäuscht sind. Es ist daher notwendig, Vereinbarungen zu treffen, wie der Klient mit möglichen Rückschlägen umgehen kann. Es ist wichtig, dass die Unwirksamkeit früherer Selbsthilfeversuche noch einmal zur Sprache kommt und dass die Klienten für den Erfolg die Verantwortung übernehmen und die Wirksamkeit neuer Selbstregulation eindeutig erkennen.

6 Schlussgedanke

Die verhaltensorientierte Beratung hat sich gut bewährt bei Zwängen, Ängsten und Depressionen. Ihr Vorteil ist in der relativ kurzen Beratungs- oder Therapiedauer zu sehen. Einigen Kritikern erscheint das Ausklammern frühkindlicher Erfahrungen bedenklich. Bei der Behandlung von Suchtproblemen stößt die verhaltensorientierte Beratung auf ihre Grenzen. Ebenso wichtig wie das Erfassen von Verhaltensauslösern und -verstärkern ist auch die Änderung problematischer Kognitionen.

7.5 Annahmen des ökologischen Ansatzes mit Beispiel

1 Das Dilemma der Sozialpädagogen
2 Person-Umwelt-Austausch
3 Habitat oder Lebensraum
4 Transaktionen
5 Die Nische
6 Ziele und Anliegen
7 Beispiel: Alleinerziehende Mütter

1 Das Dilemma der Sozialpädagogen

Praktisch tätige Sozialpädagogen haben folgendes Dilemma zu bewältigen: Wenn sie Einzelfallhilfe leisten, dann besteht die Gefahr, dass sie dazu beitragen, dass Umstände, die zu Problemen führen, nicht geändert werden. Damit sind sie nach Mollenhauer »Flickschuster der Nation«, »Pflasteraufkleber« und »Feuerwehr, die Brände löscht und nicht verhindert, dass sie erneut gelegt werden«. Damit die Sozialpädagogik dauerhafte Integrationshilfe leisten soll, wurde der ökologische Ansatz der Sozialpädagogik entwickelt.

2 Person-Umwelt-Austausch und Transaktionen

Ökologie ist die Lehre von den Beziehungen zwischen Organismen und Umwelten. C. B. Germain und A. Gitterman versuchen das Dilemma der Sozialpädagogen zu lösen, in dem sie nicht die einzelne Person, sondern die Person-Umwelt-Beziehung als behandlungsbedürftig ansehen. Probleme der Menschen werden nicht als fehlende Anpassung der Menschen (klassischer klienten-orientierter Ansatz) gedeutet und auch nicht als Probleme, die allein durch die jeweilige Gesellschaft bedingt sind (aggressive, politisch orientierte SP), sondern als Probleme, die als Folge einer ungünstigen Person-Umwelt-Beziehung auftreten. Menschen gestalten und verändern die Umwelt, die von Menschen gestaltete Umwelt beeinflusst das Leben der Menschen und verändert sie. Die so veränderten Menschen können erneut wirksam ihre Umwelt ändern.

Germain und Gitterman haben erkannt, dass zwischen Personen und ihrer Umwelt eine wechselseitige Beeinflussung besonderer Art stattfindet. Diese haben sie Transaktion in Abhebung von Interaktion genannt. Transaktionen werden definiert als die ständige wechselseitige Beeinflussung von Individuum und Umwelt, im Sinne von Wirkung und Rückwirkung. Diese Austauschprozesse formen, verändern oder beeinflussen sich selbst im Verlauf der Zeit (Eigendynamik). Transaktionen können anpassungsfördernd oder anpassungsfeindlich sein.

3 Habitat oder Lebensraum

Da es im ökologischen Ansatz um die Behandlung oder Verbesserung der Person-Umwelt-Beziehung geht, spielen die direkten Lebensbedingungen der Hilfe suchenden Person eine wichtige Rolle. Lebensumstände einer Person oder einer Personengruppe (z. B. von allein erziehenden Müttern, Gastarbeitern, Jugendlichen, alten Menschen, Behinderten) können die Anpassung erschweren oder erleichtern und werden Habitate genannt. Erschwerende Umstände können sein: Fehlende Freizeiteinrichtungen, schlechte Wohnverhältnisse, finanzielle Probleme, Arbeitslosigkeit, Frustrationen im Beruf, Anonymität u.a.m. Habitate, die eine Anpassung erleichtern, weisen z. B. folgende Merkmale auf: Preiswerte Wohnung, gute Nachbarschaft, günstige Verkehrsverbindungen, preiswerte Freizeitmöglichkeiten, Hilfe bei Bedarf durch Verwandte, Freunde, Eltern, Mitgliedschaft in Sportverein, in der Kirchengemeinde u.a.m. Solche Habitate verursachen wenig Lebensstress, weil eine Anpassung an wichtige Bedürfnisse gegeben ist.

4 Die Nische

Der Person-Umwelt-Austausch, der Zufriedenheit und Glück bringt, wurde im ökologischen

Ansatz Nische genannt. Nische ist der soziale Standort, den ein Mensch in einer Gruppe bzw. in der Gesamtgesellschaft einnimmt. Gemeint ist damit das Handlungsfeld einer Person, ein Handlungsfeld, das Zufriedenheit und Wohlbefinden bringt. Ein Mensch hat »seine Nische« gefunden, wenn er ein sinnerfülltes Leben führen kann.

6 Ziele und Anliegen

Will ein Sozialpädagoge erreichen, dass die Person-Umwelt-Beziehung im Sinne einer Nische gestaltet werden kann, so muss er folgende Anliegen verfolgen:

Aktivierung der betroffenen Personen zur Selbsthilfe und zur Selbstbestimmung. Schaffung von Lernmöglichkeiten zur Steigerung der Kompetenz, um den Lebensstress zu bewältigen. Beseitigung von Unterdrückung und Benachteiligung durch die Umwelt wegen besonderer Umstände (Hautfarbe, Alter, Rasse, Krankheit...). Beseitigung von Machtmissbrauch wegen Armut, Arbeitslosigkeit, fehlender Bildung und Erschließung der Hilfsangebote.

7 Beispiel: Allein erziehende Mutter

Frau Eilig ist eine allein erziehende Mutter von zwei Jungen im Alter von 5 und 7 Jahren und wohnt unter Nachbarn, die kinderfeindlich sind. Sie kann sich aus finanziellen Gründen nur eine kleine Wohnung in einer eher schlechten Wohngegend leisten (ungünstige Verkehrsverbindungen, keine Freizeitmöglichkeiten, wenig Kinderspielplätze, wenig soziale Kontakte). Damit ist der Person-Umwelt-Austausch für Frau Eilig erheblich erschwert. Man kann sagen, dass ihr Habitat, wie so oft bei allein erziehenden Müttern, anpassungsfeindlich ist, der viel Lebensstress verursacht.

Entsprechend anpassungsfeindlich sind auch die von Frau Eilig eingesetzten Transaktionen. Sie streitet oft mit den Nachbarn, weil sie nicht verstehen kann, dass sich diese durch das Spielen ihrer beiden Kinder belästigt fühlen. In letzter Zeit gelingt es ihr nicht mehr, die Miete pünktlich zu bezahlen, was ihr Ärger mit dem Vermieter einbringt.

Der ökologisch denkende Sozialpädagoge sucht nach Möglichkeiten zur Steigerung der Anpassungskompetenz. Naheliegend sind: Aufbau einer Selbsthilfegruppe, in der Frau Eilig als allein erziehende Mutter Unterstützung, Solidarität und Informationen über Umgang mit Nachbarn, mit Ämtern erhalten kann. Möglich wären z. B. auch Kommunikationstraining und Übungen zur Stärkung des Selbstbewusstseins, damit sie besser mit den Vorurteilen der Gesellschaft umgehen kann. Anpassungsfördernde Transaktionen könnten am Beispiel der allein erziehenden Mutter Frau Eilig sein: Suche einer preiswerten Wohnung, Finden eines Teilzeitarbeitsplatzes, um finanziell zurecht zu kommen und um für ihre Kinder Zeit zu haben. Einladung der Nachbarn zum Kaffee, damit sie erleben, wie schwer es eine allein erziehende Mutter hat und wie wichtig für die Kinder Spielmöglichkeiten sind. Bei der Suche der neuen Wohnung müsste man auch das Habitat beachten: Wie sind die Verkehrsverbindungen, welche Einkaufsmöglichkeiten gibt es, wie sind die Möglichkeiten der Kinderbetreuung, wie sind die Freizeitmöglichkeiten usw.

Allgemein gesehen wären für eine allein erziehende Mutter Prozesse anpassungsfördernd, die den Bau von Kindergartenplätzen oder von Spielplätzen in der Nähe der Wohnung zur Folge haben, anpassungsfeindlich wären Prozesse, die zu einer zu engen und zu teueren Wohnung führen.

Auch für allein erziehende Mütter gibt es Nischen, in denen sie Anerkennung erhalten und die Entwicklung ihrer Kinder fördern können.

7.6 Problematik der Begriffe Behinderung, Störung, Gefährdung

1 Das unbekannte Leben

Heilpädagogik muss nach Otto Speck als eine »sinn-orientierte Pädagogik« verstanden werden. Auch im Falle von Lebens- und Lernhindernissen muss die Erziehung ein »sinnerfülltes« Dasein ermöglichen. Dabei stellt sich immer neu die Frage: Welchen Sinn kann es haben, wenn ein Kind immer wieder aggressiv wird, wenn es wiederholt mit »nein« reagiert, mit dem Kopf gegen die Wand schlägt und sich jeglicher Zuwendung entzieht. Die Mütter schwer hirngeschädigter Kinder haben sicher oft den Wunsch, mit den Augen ihres Kindes zu sehen, mit seinen Ohren zu hören, mit seiner Haut zu fühlen, weil sie die Reaktionsweisen nicht nachvollziehen können. Die stereotypen Verhaltensweisen von Menschen mit Behinderungen werden gedeutet als »subjektive Sinnstiftungen im Bezug zur Welt und zu sich selbst« (W. Pfeffer). Nur so kann man nach der Meinung von Menschen, die viele Erfahrungen im Umgang mit Behinderungen gesammelt haben, verstehen, warum ein Kind »trotz Zwangsjacke mit dem Fuß Teller und Tassen vom Tisch fegt, kneift und schreit und spuckt« (W. Pfeffer).

2 Das Problem der Norm

Eine klare, objektive und verbindliche Abgrenzung von behindert und nicht-behindert gibt es nicht. Ein Analphabet wird nur in einer Gesellschaft mit verbreiteter Schriftkultur als Schulversager und als anormal eingestuft. Als Normvorstellungen und als Unterscheidungskriterien werden aufgeführt: die statistische Norm, die medizinische Norm und die Idealnorm. Nach der statistischen Norm zählen erhebliche Abweichungen vom Durchschnitt zu Störungen und Behinderungen. Diese Sicht ist fragwürdig, weil sich das Durchschnittsverhalten laufend ändert und weil sowohl Abweichungen nach »unten« als auch nach »oben« als Störung eingestuft werden. Organe, die ihre Funktion erfüllen, sind nach der medizinischen Norm gesund; wenn sie nicht funktionieren, liegt eine Erkrankung und Störung vor. Das Kriterium ist problematisch, weil als Grundlage des Psychischen und des Verhaltens keine »funktionsfähigen« Organe wie für körperliche Funktionen, (Atmung, Kreislauf) vorhanden sind. Körperliche Krankheiten werden nicht als persönliches Versagen angesehen, bei psychischen Beeinträchtigungen neigen die Menschen dazu, die »Kranken« für ihr Versagen verantwortlich zu machen.

Nach der Idealnorm (soziale Norm, gesellschaftliche Norm) gilt als normal, was den Idealen, den allgemein anerkannten Wertvorstellungen, den Erwartungen einer Gesellschaft oder sozialen Gruppe entspricht. Probleme: Ideale und Wertvorstellungen wandeln sich, Wertvorstellungen sind ideologieanfällig (NS-Zeit), soziale Normen gelten als Handlungsanweisungen und üben damit Gruppendruck aus. Kinder und Jugendliche werden ungerecht behandelt, wenn sie z. B. auf Grund einer Behinderung den Normen nicht gerecht werden können. Es werden Stigmatisierungsprozesse und Sündenbockmechanismen in Gang gesetzt.

3 Behinderung, Störung, Gefährdung

Behinderung ist ein relativer und allgemeiner Begriff. Etymologisch ist Behinderung sinnverwandt mit Hindernis, Erschwerung, Einschränkung, Verhinderung. Die Relativität des Begriffs wird deutlich, wenn man bedenkt, dass ein Mensch mit fehlendem Sehvermögen unter bestimmten Umständen hilflos und abhängig wird und unter günstigen Umständen so gefördert wird, dass er sagen kann: Ich fühle mich nicht behindert.

Unter dem Oberbegriff »Beeinträchtigung« unterscheidet H. Bach »Behinderung«, als umfängliche, schwere und langfristige Beeinträchtigung, »Störung« als partielle, weniger schwere und zeitlich begrenzte Beeinträchtigung und »Gefährdung« als »Bedrohtsein«, als Gefahr möglicher Entstehung von Störung oder Behinderung.

U. Bleidick betont den pädagogischen Aspekt und spricht von »Behinderung der Erziehung«. W. Jantzen meint, dass es Behinderung an sich nicht gebe und diese nur als Ergebnis bestimmter gesellschaftlicher Bedingungen auftrete. Otto Speck ersetzt den Begriff Behinderung durch den heilpädagogischen Grundbegriff der »speziellen Erziehungserfordernisse«. Kinder mit Seh- und Hörschädigungen, mit Sprach- und Körperbehinderungen, mit Intelligenzschwäche und mit Verhaltensstörungen brauchen besondere erzieherische Unterstützung. Behinderungen werden in der Regel als Folge organischer Schädigung, Störungen als Folge ungünstiger sozialer Einflüsse (Lernen, Erworbenheit) gesehen.

Von Verhaltensstörungen wird gesprochen, wenn eine Regelübertretung vom Handelnden selbst oder von nahe stehenden Personen als störend und belastend erlebt wird. Eine Verhaltensstörung liegt aber erst dann vor, wenn die Auffälligkeit immer wieder über einen längeren Zeitraum auftritt, erworben ist, d.h. durch ungünstige Umwelteinflüsse entstand, Konflikte mit der Umwelt verursacht (soziale Relevanz) und »behandlungsbedürftig« ist.

Als gefährdende Bedingungen der Entwicklung eines Kindes gelten körperliche Erkrankungen, Isolierung durch Wohnortwechsel, Misshandlungen, Alkoholismus in der Familie und negative Gruppeneinflüsse.

4 Stigmatisierung

Wenn ein Individuum ein Merkmal besitzt, das sich der Aufmerksamkeit der anderen aufdrängt und bewirken kann, dass wir uns abwenden, dann wird nach E. Goffman die Identität des Individuums getroffen und »beschädigt«. Das Individuum wird durch ein Merkmal diskreditiert, das nicht zu seinem Wesen gehört, denn er ist ein Mensch wie jeder andere auch. Stigma-Wörter sind »Krüppel«, »Spastiker«, »Behinderter«.

Vorurteile, Stigmatisierung, Sündenbockmechanismen und Diskriminierung Behinderter können in einer Gesellschaft zur unüberwindbaren Sozialbarriere werden.

5 Zum Nachdenken

Die Verwirklichung eines »guten« und »glücklichen« Lebens ist insbesondere bei Behinderungen auf eine haltgebende Gemeinschaft angewiesen.

Die Achtung der Würde des Menschen kommt in einer selbstverständlichen Bereitschaft zum Tragen, den anderen, sei er auch noch so anders, anzunehmen und zu der Hilfe bereit zu sein, die der andere in Anspruch nehmen will.

Mit Hilfe von Normen wird die Wirklichkeit geordnet, Abweichungen werden als »minderwertig« eingestuft. Während im medizinischen Bereich die Unterscheidung gesund und krank in der Regel möglich ist, sind diese Etikettierungen im psychischen Bereich mit vielen, teilweise unüberwindbaren Problemen verbunden.

7.7 Entstehung von Störungen

1 Ausgangspunkt Familie
2 Ursachenmodell
3 Erscheinungsformen
4 Lerntheoretische Erklärung
5 Tiefenpsychologische Erklärung
6 Belastende Interaktion
7 Zusammenfassung

1 Ausgangspunkt Familie

»Immer muss man lieb sein!« »Warum haut der Papa immer nur mich?« »Meine Eltern haben mich einfach allein gelassen!« So und ähnlich lauten die häufigsten Anklagen der Kinder, wenn sie wegen Verhaltensauffälligkeiten in die Beratung oder Therapie kommen. Zweifelsohne entsteht in der Familie die Grundlage für eine gesunde und auch für eine gestörte Entwicklung. In der Regel werden psychische Störungen nicht nur durch Erziehungsfehler (Beispiele: Misshandlungen, Schläge, strenge Erziehung, Vernachlässigung, inkonsequente Erziehung, emotionale Kälte, Überforderung) verursacht. Verhaltensstörungen entstehen als Folge des Zusammenspiels vieler ungünstiger Faktoren. Oft kann man feststellen, dass sich Kinder trotz massiver Erziehungsfehler normal entwickeln und dass andererseits trotz einer Erziehung, der man keine Fehler nachweisen kann, schwere psychische Krisen und Probleme auftreten.

2 Ursachenmodell

Die bereits erwähnte Multikausalität psychischer Störungen lässt sich aufgliedern in Umwelteinflüsse, biologische Faktoren und individuelle Merkmale oder Personeigenschaften. Man spricht von einem »Bio-Psycho-Sozialen-Modell« der Verursachung oder von einer »kritischen Wechselwirkung zwischen physischen, psychischen und sozialen Faktoren« (O. Speck).

Zu problematischen sozialen Einflüssen zählen Erziehungsfehler, Beziehungskonflikte in der Familie (z. B. Ehescheidung, aggressives Familienklima, Beziehungsfallen), negative Einflüsse durch Medien und durch Gleichaltrigengruppen (z. B. in der Schule) und ungünstige materielle Bedingungen (enge Wohnverhältnisse, Armut, keine Spielplätze). Gefährdet sind zu früh geborene, genetisch belastete (z. B. Chromosomenanomalie), oft kranke (z. B. als Folge einer Immunschwäche), sehr sensible oder impulsive und hyperaktive Kinder (evtl. in Folge einer minimalen Zerebralschädigung). Bei den aufgeführten Bedingungen handelt es sich um organische (biologische, körperliche) Faktoren, die die Entstehung psychischer Störungen begünstigen. In der Entstehungsgeschichte einer Störung spielen sicherlich auch Personeneigenschaften wie übertriebene Ängstlichkeit (Urmisstrauen), Neigung zu Aggression, emotionale Labilität, Gehemmtheit, Schüchternheit, Neigung zu Suchtverhalten, Riesenansprüche, Passivität u. a. m. eine wichtige Rolle.

3 Erscheinungsformen

In der Regel werden folgende Arten von Verhaltensstörungen aufgeführt:

Funktionsstörungen und abnorme Gewohnheiten wie Bettnässen, Einkoten, Schlafstörungen, Essstörungen, Nägelbeißen, Haareausreißen und Sprachstörungen. Zu den Störungen im Leistungsbereich zählen Konzentrations-, Lern- und Denkstörungen, Schulversagen und Leistungsverweigerung trotz normaler Intelligenz. Als emotionale Störungen treten Depressionen, Ängstlichkeit und Phobien auf. Mit sozialen Störungen werden Aggressivität und Autoaggression, Verwahrlosung, Diebstähle, Schuleschwänzen, Streunen, Kontaktstörungen und auch Sexualprobleme zusammengefasst.

4 Lerntheoretische Erklärung

Der Entwicklungsprozess einer Störung wird durch einen bestimmten Auslöser in Gang gebracht. Je nachdem, ob dem auffällig gewordenen Kind gegenüber negativ mit Befremden, degradierendem Mitleid, Distanzierung, Abwertung, Kritik, Ablehnung, Isolierung, Aggression und Feindseligkeit oder positiv mit Verstehen, Akzeptieren, Hilfe, Förderung, Geduld, Solidarität, Ermutigung begegnet wird, finden Lernprozesse statt, die zur Ausbildung dauerhafter Symptome führen. Im Laufe der Auseinandersetzung mit der Umwelt, z. B. mit Eltern, Lehrern und mit Gleichaltrigen finden viele positive und negative Verstärkungen des problematischen Verhaltens statt, die dazu führen, dass das Verhalten verfestigt wird und immer häufiger auftritt. Bei Angstsymptomen sind auch Verknüpfungen zwischen angeborenen Angstreizen und neutralen Reizen von Bedeutung. Das Vermeidungsverhalten, d. h. jede Verhaltensweise, die zur Verringerung oder Vermeidung der Angst führt, wird negativ verstärkt. Viele unerwünschte Verhaltensweisen werden über Modellernen erworben (z. B. Aggression).

5 Tiefenpsychologische Erklärung

Nach der Auffassung von S. Freud entstehen in der Kindheit durch zu viel Verwöhnung oder Frustration kindlicher Triebwünsche so genannte neurotische Tendenzen, die später bei Belastung den Ausbruch von Neurosen bzw. psychischen Störungen begünstigen. Zur Kontrolle vieler verdrängter Triebwünsche verbraucht das Ich Energie, was ein schwaches Ich zur Folge hat. Ein schwaches Ich ist den Anforderungen der Umwelt und den Ansprüchen des eigenen Über-Ichs nicht gewachsen; es kommt zu Fehlanpassungen, zum Realitätsverlust und zu Konflikten mit der Umwelt.

6 Belastende Interaktionen

Einlineare oder monokausale Erklärungsversuche sind nur als Akzentuierungen des komplexen Geschehens zu verstehen. Die Entstehung einer psychischen Störung wird entscheidend auch durch Etikettierungen, Stigmatisierung und Diskriminierung (vgl. Wörterbuch) beeinflusst. Ist eine Auffälligkeit sozial wahrgenommen, dann muss auch das betroffene Kind Stellung beziehen zu der sozial zugeschriebenen Auffälligkeit und zwar nicht nur als »Opfer«, sondern auch als »Täter«. Das Kind definiert sein Selbst neu und verhält sich entsprechend dem durch sich selbst geschaffenen Selbstkonzept. Das Kind ist nicht einfach ein Reaktionsbündel. Das Kind kann sich erleben als jemanden, der mit Schwierigkeiten fertig wird (Erhöhung des Selbstwertgefühls) oder als »Spielball« der sozialen Umwelt (Resignation).

7 Zusammenfassung

Sozial-emotionale Störungen werden in der Regel nicht wie Behinderungen durch eindeutig identifizierbare Schädigungen des Organismus bedingt. Ihre Entstehung wird durch Lernen und Erfahrungen erklärt. Verhaltensstörungen werden von der sozialen Umwelt (durch Urteil der Lehrer oder Eltern) »zugeschrieben«. Die Zuschreibung löst Interaktionen aus, die den Entwicklungsprozess des auffälligen Verhaltens entscheidend beeinflussen können. Da Verhaltensstörungen multikausal bedingt sind, wird man beobachten, dass gleiche Ursachen zu verschiedenen Symptomen führen und gleiche Verhaltensstörungen verschiedene Ursachen haben können. Die Wechselwirkung zwischen physischen, psychischen und sozialen Faktoren wird im »Bio-Psycho-Sozialen-Modell« nach Otto Speck thematisiert.

7.8 Formen und Entstehung von Behinderungen

1 Schicksal und Chance
2 Formen von Behinderungen
3 Mögliche Ursachen
4 Diagnostische Deutung
5 Sinn des Lebens
6 Zusammenfassung

1 Schicksal und Chance

Eltern schwer behinderter Kinder brauchen Hilfe und Unterstützung durch Fachpersonal. Es kann vorkommen, dass angesichts einer Menge immer speziellerer Institutionen und Behörden und einer wenig verständlichen Fachsprache die Hilfe und Entlastung sowie Förderung ihres Kindes auch als Bevormundung und Entmündigung erlebt werden. Die Mutter eines schwer behinderten Kindes hat das mit folgendem Satz ausgedrückt: »Für uns Eltern ist Michael nicht ein möglichst umfangreich zu förderndes Objekt, sondern zuallererst und vor allem unser Sohn, einmalig, liebenswert und unauswechselbar.«

Die Entwicklung einer solchen innigen, liebevollen Beziehung zwischen Eltern und ihren behinderten Kindern braucht Zeit. Auf das Schicksal, ein behindertes Kind zu haben, reagieren die Eltern in der Regel zunächst mit Bestürzung, Angst, Nicht-Wahr-Haben-Wollen und mit der Frage; »Warum gerade ich?« Später berichten viele Eltern, dass sie durch ihr behindertes Kind sehr viel gelernt, viel Glück erfahren und die Antwort auf die Frage nach dem Sinn des Lebens gefunden haben. Vor dem Schicksal eines behinderten Kindes ist niemand geschützt. Die Behinderung ist eine Herausforderung und eine Lebenschance.

2 Formen von Behinderungen

Eine Behinderung der Erziehung und damit die Notwendigkeit einer spezialisierten Erziehung ist gegeben bei Kindern mit Sehschädigungen, mit Hörschädigungen, mit Sprachbehinderungen, mit Intelligenzschädigungen, mit Körperbehinderungen und mit Verhaltensstörungen. Als Folge bestimmter Schädigungen können Mehrfachbehinderungen auftreten. Gehörlosigkeit führt zwangsläufig zur Stummheit und manche zerebrale Schädigung hat geistige und körperliche Behinderung zur Folge.

Lernbehinderungen können sich als Beeinträchtigungen des schulischen Lernens, als soziale Abweichungen (Verhaltensstörungen) und als sprachliche Retardierungen bemerkbar machen.

3 Mögliche Ursachen

Die Ursachen für Blindheit und Sehbehinderungen können in der Vererbung, in Infektionen und Verletzungen liegen. Hörverluste werden verursacht durch Vererbung, Infektionskrankheiten (Meningitis, Masern, Scharlach, Mumps), pränatale Viruserkrankungen (z. B. Röteln) sowie durch Verletzungen (Unfälle). Je nach Ursache werden folgende Bewegungsschädigungen unterschieden: Zerebrale Bewegungsstörungen, angeborene Fehlbildungen, Missbildungen und Lähmungen als Folge von Erkrankungen und Verletzungen, Erkrankungen der Knochen, Muskelerkrankungen und Minderwuchs. Schädigungen der sprachlichen Funktion entstehen durch Funktionsstörungen des Zentralnervensystems und durch Fehlbildungen der äußeren Sprechorgane. Störungen der Sprache werden auch durch Entwicklungsverzögerungen, psychoneurotische Redestörungen (Stottern) und durch Geisteskrankheiten verursacht. Einschränkungen der mentalen Funktionen sind auf Infektionen und Vergiftungen, Verletzungen, Stoffwechselstörungen, Fehlernährung, schwere postnatale Hirnerkrankungen, unbekannte pränatale Einwirkungen (Medikamentenschäden), Chromosomenaberrationen und auf Schwangerschaftsstörungen (Frühgeburt, hormonale Störungen) zurückzuführen.

Oft werden die Ursachen nach dem Zeitpunkt der Einwirkung in prä-, peri- und postnatale aufgegliedert.

Erwähnenswert erscheint in diesem Zusammenhang auch die Tatsache, dass in allen Altersgruppen deutlich mehr Personen männlichen Geschlechts von einer Behinderung betroffen sind. Nach dem Statistischen Jahrbuch der Bundesrepublik sind 3,6 % der Kinder und Jugendlichen im Alter zwischen 6 bis 18 Jahren behindert, davon 4,3 % männlichen und 2,9 % weiblichen Geschlechts.

4 Diagnostische Deutung

Voraussetzung für eine effektive Entwicklungsförderung ist eine möglichst umfassende Erfassung der Lebenswelt des Kindes. Da jeglicher Umwelteinfluss für Verhalten und Entwicklung behinderter Kinder in der Weise bedeutsam ist, wie er vom Kinde wahrgenommen wird und nicht so, wie er sich »objektiv« darstellt, kommt der Diagnostik der Ausgangsbedingungen für eine Therapie besondere Bedeutung zu.

Da das Kind Agent seiner Entwicklung ist und seine Wirklichkeit selbst konstruiert (J. Piaget), sind in der heilpädagogischen Praxis die Eigeninitiative des Kindes und seine Umwelt zu beachten und einzubeziehen. Die Bewegungs- und Sinnesbeeinträchtigungen sind als Bedingungsfaktoren der Interaktion des Kindes mit der Umwelt bedeutsam. Die Diagnostik muss sich von den Defekten im Kind lösen und Möglichkeiten der Weiterentwicklung eruieren.

Was bei der diagnostischen Deutung gefunden wird, ist immer subjektiv und relativ. Diagnosen enthalten keine Tatsachen, sondern nur Interpretationen. Eine Diagnose darf sich auch nicht nur auf die über das Kind gesammelten Daten stützen. Um das Kind zu verstehen und Möglichkeiten der Förderung, vor allem der Frühförderung, herauszufinden, braucht man Informationen über das Umfeld, vor allem über die Eltern, die Geschwister und die materiellen Bedingungen.

5 Sinn des Lebens

Der Umgang mit Menschen darf niemals eine bloße Anwendung von Wissenschaft sein; es sind immer humane Werte und auch Sinnfragen im Spiel. Oft wird die Frage diskutiert, ob man durch eine effiziente genetische Beratung die Geburt schwer geschädigter Kinder verhindern könnte. Dabei wird die Auffassung vertreten, das Leben behinderter Kinder sei so elend, dass man alles tun müsse, um der Geburt behinderter Kinder entgegenzuwirken.

Allerdings ist jeder Mensch unendlich empfindlich und verletzbar. Der Mensch braucht die Hilfe und Unterstützung der Mitmenschen. »Das Leben will leben«, sagte Albert Schweitzer. Sinn des Lebens ist das Leben. Otto Speck betont die »unbedingte Zugehörigkeit« des Menschen zur Gemeinschaft. Die Zugehörigkeit behinderter Menschen darf nicht an Bedingungen geknüpft oder mit Maßstäben der Nützlichkeit bewertet werden.

6 Zusammenfassung

Wenn durch Schädigungen die Erziehung behindert ist, ist spezialisierte Erziehungsförderung gefragt. Funktionsbeeinträchtigungen des Menschen können durch verschiedene Einwirkungen vor, während und nach der Geburt verursacht werden. Zu nennen sind vor allem Krankheiten, Vergiftungen, Verletzungen und auch »Unfälle« in der Vererbung. Fragen nach dem Sinn des Lebens behinderter Menschen erscheinen inhuman und gefährlich.

7.9 Hilfe bei Behinderungen und Störungen

1 Die Macht der Gefühle
2 Einrichtungen der Heilpädagogik
3 Beratung (ambulante Hilfen)
4 Integration und Rehabilitation
5 Allgemeine Prinzipien

1 Die Macht der Gefühle

Die Auffassung, Experten, die über mehr fachliche Kenntnisse und Einsichten verfügen, könnten die Hilfesuchenden direkt beeinflussen, sie zur Annahme von Ratschlägen bewegen, ist falsch. Otto Speck betont, dass jeder Mensch für sich ein System darstellt. Das gilt in gleicher Weise für Behinderte, Verhaltensgestörte, Eltern, Lehrer und Berater. Systeme stehen zwar in gegenseitiger Abhängigkeit, sind aber immer autonom und können sich gegenseitig nicht direkt beeinflussen. Zwischen den Systemen kann Rückkoppelung, Informationsaustausch und kooperative Verständigung stattfinden. Voraussetzung dafür sind Offenheit und gegenseitige Achtung. Wichtige Grundlage der kooperativen Suche nach Lösungen sind folgende Eigenschaften und Qualitäten der Berater: Fähigkeit zur Empathie, Zuhören-Können und Selbstkontrolle, positive Grundeinstellung und unaufdringliches Darlegen des eigenen Standpunktes, Bereitschaft zur Akzeptanz und Toleranz, Sachlichkeit und eine verständliche Sprache, Bereitschaft zur Revision eigener Urteile. Es wird deutlich: Ebenso wichtig wie die Sachkenntnis sind die Gefühle. Mit Hilfe positiver Gefühle lassen sich die Grenzen zwischen den Systemen überbrücken.

2 Einrichtungen der Heilpädagogik

Hilfe für Behinderte und auch für Menschen mit psychischen Störungen wird von vielen verschiedenen Einrichtungen geleistet. In allen Einrichtungen stehen die Hilfeleistenden in einem Spannungsverhältnis zwischen Verwaltung und Erziehung, zwischen Organisation und Herstellung einer behindertengerechten Lebenswelt.

Die wichtigsten Einrichtungen sind: Heilpädagogische Heime (der Erziehungshilfe und der Behindertenhilfe), Einrichtungen der Frühförderung und der Elementarpädagogik (z. B. Sonderkindergärten), Sonderschulen für Erziehung der Kinder mit Seh-, Hör- und Intelligenzschädigungen, mit Sprach und Körperbehinderungen und mit Verhaltensstörungen, Einrichtungen für berufliche Rehabilitation und Erwachsenenbildung.

3 Beratung (ambulante Dienste)

Besondere Erziehungserfordernisse verlangen nach einem differenzierten Angebot an Erziehungs- und Fördermaßnahmen. Ambulante Dienste haben daher nach Otto Speck Vorrang vor stationären und unterstützende sowie beratende Maßnahmen sollen vor den ersetzenden wirksam werden. Die Aufgaben ambulanter und mobiler Dienste sind Frühforderung in den Familien, Beratung, pädagogisch/therapeutische Hilfen (Nachhilfe, Einzeltherapie), schulpsychologischer Dienst und Beratung von Lehrern. Besonders wichtig ist eine partnerschaftliche Zusammenarbeit zwischen den Eltern und Fachdiensten. Aus den Befragungen der Mütter geht hervor, dass diese im Rahmen der Frühförderung Beratung in erzieherischen Fragen, gemeinsame Erarbeitung nächster Förderschritte, Vermittlung des Fachwissens aber auch Gespräche über private Sorgen, ihre Alltagsprobleme und Gefühle, die das Kind betreffen, erwarten. Sie wünschen sich vor allem auch Informationen über Entwicklungsmöglichkeiten ihrer Kinder, Anregungen zum Umgang mit dem Kind, genaue Erklärung einzelner Förderschritte und Klärung der Ursachen, die zu Problemen mit dem Kind führen.

4 Integration und Rehabilitation

Jede spezielle Erziehung, alle heilpädagogischen Maßnahmen und Förderungen sind zuallererst Erziehung. Zielvorstellungen der heilpädagogischen Dienste sind soziale und personale Integration sowie Normalisierung des Lebens beeinträchtigter Menschen.

Will man soziale Eingliederung erreichen, dann dürfen die Hindernisse für eine Verständigung nicht zu groß sein. Nicht alle Eltern (normaler Kinder) sind für die Integration. Die Einstellungen der Eltern wirken sich auf das Verhalten der Kinder aus. Soziale Integration ist ein pädagogischer Auftrag. Für das Gelingen der Integration muss vor allem die Bereitschaft zur Annäherung, zur Kommunikation, zur Solidarität und zur Überwindung der Verständigungshindernisse vorhanden sein oder aufgebaut werden.

Als Teilinhalte personaler Integration sind zu nennen: Lebensbejahende Motivation und Einstellung, tragfähiges Selbstkonzept, reiches und stabiles Gefühlsleben, Einsatz eigener Tüchtigkeit und praktischer Lebensfertigkeiten und relatives gesundheitliches Wohlbefinden.

Als Maßnahmen personaler und sozialer Integration sind zu nennen: Integrative Kontakte und gemeinsames Spielen, Lernen, Wohnen und Arbeiten von beeinträchtigten und normalen Menschen; die Verteidigung der Teilhaberechte behinderter Menschen am gemeinsamen Leben und Öffentlichkeitsarbeit.

Alle Maßnahmen zur Integration lassen sich zu vier Förderungs- oder Handlungskonzepten zusammenfassen. Nach D. Gröschke sind die Förderpflege (Schwerpunkt Leiblichkeit), die psychomotorische Übungsbehandlung (Schwerpunkt Bewegung), heilpädagogische Übungsbehandlung (Schwerpunkt Spielen) und funktionelle Übungsprogramme (Schwerpunkt Lernen) zu nennen. Mit diesen Konzepten sind optimale Entwicklung, Normalisierung und gelingendes Leben zu erreichen, denn Leiblichkeit, Bewegung, Spielen und Lernen sind aus anthropologischer Sicht die Wesensmerkmale des Menschen.

5 Allgemeine Prinzipien

Wenn man niemanden ausgrenzen will, dann gehört in heilpädagogischen Einrichtungen die Pflege schwer Behinderter zur Erziehung und Bildung. Der Kinderarzt J. Trogisch spricht von Förderpflege.

Mit der Motorik sind Wahrnehmung, Denken, Sprache, Kommunikation und Emotionalität eng verknüpft. Daher sind Bewegungsübungen, die Anregung zur Eigenaktivität und das rhythmische Spiel von besonderer Bedeutung.

Über das Spiel lässt sich nicht nur intensiver Kontakt zum Kind herstellen, sondern dem Kind kann es auch gelingen, über das spielimmanente Üben und Wiederholen eigene Defizite und Hindernisse auszugleichen.

Zur »Behandlung« von Teilleistungsstörungen sind inzwischen verschiedene Übungsprogramme zur Förderung der Wahrnehmung, des Lesens und Schreibens entwickelt worden.

Auch mit Musik (Musiktherapie) lassen sich hervorragende Erfolge in der heilpädagogischen Entwicklungsförderung erzielen.

Soziale Zugehörigkeit beeinträchtigter Menschen darf man von keinen Bedingungen abhängig machen. Es gibt viele Möglichkeiten, Leben und Lernen so zu realisieren, dass deren Entwicklung gefördert wird.

Jede Hilfe für behinderte Menschen, sei es spezielle Förderung in Einrichtungen der Heilpädagogik oder beratende und unterstützende Maßnahmen im Rahmen ambulanter Dienste, hat soziale und personale Integration zum Ziel.

8 Klinische Psychologie und Gesundheitspsychologie

8.1 Problematik der Begriffe Gesundheit und Krankheit

1 Die aktuelle Situation
2 Begriffliche Unsicherheit
3 Begriffe Gesundheit und Krankheit
4 Erklärungsmodelle

1 Die aktuelle Situation

Über ein Drittel der Angestellten und über die Hälfte der gewerblichen Arbeitnehmer scheiden aus gesundheitlichen Gründen vorzeitig aus dem Arbeitsleben aus. Zu den so genannten Volkskrankheiten oder Zivilisationskrankheiten zählen Herz-Kreislauf-Erkrankungen, Schlaganfall, Krebs und an vierter Stelle psychische Erkrankungen.

Die Gründe für die Entstehung genannter Erkrankungen werden einerseits im individuellen Risikoverhalten (Rauchen, Alkoholkonsum, falsche Ernährung, mangelnde Bewegung) und andererseits in den Bedingungen der Arbeitswelt (z. B. Überforderung, Zeitdruck, Psychoterror oder Mobbing am Arbeitsplatz, Arbeitslosigkeit, Rollenkonflikte) und Gesellschaft (z. B. hohe Scheidungsraten, schneller Wandel, Leistungsdruck, Vereinsamung, Überalterung) gesehen. Es wird gerechnet, dass mindestens 25 % der Kranken die Arztpraxen aufsuchen oder sich in Krankenhäusern befinden, psychisch krank sind oder dass psychosoziale Bedingungen an der Entstehung der körperlichen Erkrankung stark mitbeteiligt sind.

Angesichts steigender Kosten im Gesundheitswesen werden gesundheitsfördernde und -schützende Maßnahmen gefordert. Dabei wird betont, dass die bisherigen »Gesundheitssysteme« zu wenig »gesundheitsorientiert« arbeiten und zu stark »krankheitsfixiert« (nach Lothar R. Schmidt) sind. Das heißt, die Medizin gibt nach Auffassung der Gesundheitspsychologie zu wenig Anleitungen zur gesunden Lebensführung und zur Erhaltung der Gesundheit. Mediziner beschäftigen sich zu viel mit der Diagnose und Therapie von Krankheiten. Daher steht in den letzten Jahren nicht mehr die so genannte »Pathogenese« (Was macht krank?), sondern immer mehr die »Salutogenese« (Was macht gesund?) im Mittelpunkt des Interesses.

2 Begriffliche Unsicherheit

Der Begriff Gesundheit ist im Vergleich zu Krankheit die abstraktere Bezeichnung. Gesundheit ist im Alltag kein Thema. Sie ist schwerer zu beschreiben als Krankheit. Die Psychologie nimmt an, dass jeder Mensch selbstbezogene Gesundheitskognitionen (Gedanken, Überzeugungen über die eigene Gesundheit und das Risiko, zu erkranken) besitzt.

Mit Fragen der Gesundheit und Krankheit dürften sich vor allem Menschen beschäftigen, die sich krank und gestört fühlen. Was liegt vor, eine Störung, Krankheit oder ein etwas merkwürdiges Verhalten, wenn ein Student lernen will und nicht kann, eine Hausfrau ihre Wohnung nicht nur sauber hält, sondern ständig putzen muss, ein Manager die Arbeit nicht delegieren kann, obwohl er genau weiß, wie man Arbeit an sachkundige Mitarbeiter verteilt, ein Mensch sich ständig waschen und jedes an sich saubere Glas vor dem Trinken noch einmal spülen muss. Man kann den Studenten nicht einfach zum Lernen überreden, man kann nicht der Hausfrau Putzen der Wohnung verbieten und dem Waschzwangkranken die Sinnlosigkeit seiner Handlungen erklären.

Was wir tun können, ist die Achtung vor der Einmaligkeit des anderen, ist der absolute Respekt vor dem Erleben der leidenden Mitmenschen. Leider neigen die Menschen dazu, respektlos zu wissen, dass der Student faul ist, die Hausfrau nicht ausgelastet, der Manager karrieresüchtig und der unter Waschzwang leidende Mensch ein »Neurotiker«.

3 Begriffe Gesundheit und Krankheit

Körperliche Indikatoren der Gesundheit sind Kraft, Wohlgefühl und Belastungsfähigkeit; geistige Merkmale sind Interesse, gutes Gedächtnis und reales Selbstbild. Als psychosoziale Anzeichen für Gesundheit werden Bejahung der eigenen Person, positive Gefühlslage, soziale Integration und selbstbestimmte Lebensführung genannt. Zum Gesundheitsbewusstsein gehören kritische Selbstbeobachtung, realistische Selbstbewertung, angemessene Ressourcenbeurteilung und Bewertung der Stützsysteme.

Zu den Merkmalen einer psychischen Störung zählen dysfunktionales (unzweckmäßiges, belastendes, überflüssiges) Verhalten, Belastung (für Person oder Umwelt), Normabweichung und komplexe Entstehungsbedingungen.

Die häufigsten Schmerzsyndrome sind Kopfschmerzen, die leicht zu Medikamentenmissbrauch führen können (vor allem Migräne), Rückenschmerzen, die oft chronisch werden und zur Arbeitsunfähigkeit führen sowie rheumatische Erkrankungen, die eindeutig organisch verursacht sind.

Allergien sind die häufigsten chronischen Erkrankungen im Kindes- und Jugendalter. Bei Allergien handelt es sich um unangemessene, übersteigerte Reaktion des Immunsystems auf meist ungefährliche Substanzen. Für den Anstieg von Allergien werden neben Luftverschmutzung auch veränderte Lebens- und Entwicklungsbedingungen (z. B. zu viel Verabreichung von Antibiotika) verantwortlich gemacht. Neben äußeren sind auch innere Bedingungen wie genetische Disposition, Lernprozesse, Wissen, Einstellungen und negative Gefühle für die Entstehung von Allergien von Bedeutung.

4 Erklärungsmodelle

»Gesundheitsverhalten« erfordert oft Selbstüberwindung, Ausdauer, Anstrengung oder andere Kosten und Unannehmlichkeiten. Daher hängt es von der Wahrnehmung und Einschätzung der Risiken für Leben und Gesundheit ein, ob wir eine Einschränkung (z. B., mit Rauchen aufhören) in Kauf nehmen oder nicht.

In vielen Studien wurde nachgewiesen, dass die meisten Menschen einem so genannten »optimistischen Fehlschluss« unterliegen. Die Menschen glauben, sie seien weniger gefährdet oder verwundbar als andere Menschen. Es wird angenommen, dass der optimistische Fehlschluss, auch »unrealistischer Optimismus« genannt, auf falscher Information über Krankheitsrisiken oder auf Angstabwehrtendenzen und dem Selbstwertschutz beruht.

Während der »defensive Optimismus« das Risiko zu erkranken erhöht, führt der funktionale Optimismus zur Steigerung des gesundheitsfördernden Verhaltens. Bestandteil des funktionalen Optimismus sind konstruktive Überzeugungen, dass es Handlungen gibt, die vorbeugend wirken (Ergebnis- oder Konsequenzerwartung) und dass ich fähig bin, solche Handlungen auszuführen (Kompetenzerwartung). Diese dürfen nicht unrealistisch sein, d. h. ich darf meine Möglichkeiten nicht überschätzen. In vielen Studien konnte nachgewiesen werden, dass sich der realistische Optimismus gesundheitsfördernd auswirkt.

Der defensive Optimist unterschätzt seine Gefährdung und verzichtet auf vorbeugende Maßnahmen. Der realistische Optimist vertraut auf seine Fähigkeiten, handelt zuversichtlich und ist vom Erfolg überzeugt. Mit diesem Modell subjektiver Überzeugungen wird erklärt, warum Angstappelle weniger wirksam sind als Hinweise auf Früchte der Vorbeugung.

8.2 Klinische Psychologie – Aufgaben und Berufe

1 Der unmotivierte Patient
2 Diagnostik
3 Berufe
4 Die wissenschaftliche Grundlage
5 Zusammenfassung

1 Der unmotivierte Patient

Begeben sich Menschen zum Berater oder Therapeuten, um mit ihren »Problemen« besser fertig zu werden, dann sind in ihrem Unbewussten in der Regel Kräfte vorhanden, die Widerwillen gegen die Therapie wecken. Die meisten Kinder, die von ihren Eltern in die Beratungseinrichtung gebracht werden, dürften zu den unmotivierten Patienten gehören.

Wie soll ein Therapeut einer Frau begegnen, die erklärt: »Mein Mann glaubt, dass mir die Therapie irgendwie helfen wird«? Was macht man mit einer Mutter, die sagt: »Mein Sohn hat ein Problem«? Welche Chancen hat eine gesetzlich vorgeschriebene Beratung von Drogenabhängigen, Vorbestraften oder Eltern mit Kindern, die sich scheiden lassen wollen? Was kann ein klinischer Psychologe in einem psychiatrischen Krankenhaus tun, wenn ein Patient, der Stimmen hört, glaubt, nicht er, sondern der Psychologe sei therapiebedürftig?

In der Fachliteratur wird betont, dass jede Beratung und Therapie nur »Hilfe zur Selbsthilfe« leisten kann und soll. Weiterhin wird herausgestellt, dass die Motivation der Klienten zur Mitarbeit die wichtigste Voraussetzung für das Gelingen der Beratung darstellt. Sind klinische Psychologen bei unmotivierten Patienten hilflos? Nein. Denn das Problem ist bekannt und bereits Sigmund Freud schrieb im Jahr 1917, dass die Widerstände dieser Art zu den besten Stützen der Analyse werden, »wenn eine geschickte Technik es versteht, ihnen die richtige Wendung zu geben«.

2 Diagnostik

Einer erfolgreichen Behandlung geht das Herausfinden »des wahren Problems«, eine genaue Kenntnis der Krankheit voraus. Zur umfassenden Beurteilung eines Menschen gehört mehr als nur die Beachtung seiner Symptome.

Das »Diagnostische und Statistische Manual Psychischer Störungen« der amerikanischen psychiatrischen Vereinigung und das diagnostische System der Weltgesundheitsorganisation (WHO) stellen eine allgemein anerkannte Grundlage für die Klassifikation von psychischen Krankheiten dar. In den beiden Diagnosesystemen wird der Begriff »Krankheit« durch »Störung« ersetzt. Beide Systeme befürworten Erstellung mehrerer Diagnosen für einen Patienten, um der Realität der psychischen Störung möglichst nahe zu kommen.

Als diagnostische Kategorien werden aufgeführt: Organische und psychische Störungen verursacht durch Verletzungen und psychotrope Substanzen (Drogen), schizophrene und andere psychotische Störungen (Wahn), affektive Störungen (z. B. Depression) und Angststörungen (z. B. Phobien), Verhaltensauffälligkeiten mit körperlichen Störungen (z. B. Essstörungen, Schlafstörungen), Persönlichkeits- und Verhaltensstörungen (z. B. psychosexuelle Störungen, Störungen der Impulskontrolle) und Entwicklungsstörungen (z. B. Hyperaktivität, Lernbehinderungen).

Diagnostische Urteile stützen sich auf viele Informationsquellen: Auf Beobachtungen, auf Gespräche mit dem Betroffenen selbst, auf Testdaten und auf medizinische Aufzeichnungen. Das Ziel der Diagnose besteht in der Zuordnung der Störung zu bekannten Klassifikationssystemen, um professionellen Helfern zu ermöglichen, eindeutig über die Patienten miteinander zu kommunizieren, in der Ermittlung der Entstehungsgeschichte (Ätiologie) und in der Herstellung der Zusammenhänge zwischen Ursachen und Symptomen mit Hilfe der Erklärungsmodelle (z. B. Psychoanalyse, Lerntheorie, kognitives Erklärungsmodell).

3 Berufe

Im Mittelpunkt der Forschung und Anwendung der Klinischen Psychologie stehen psychische Störungen. Schwere Störungen werden in Fachkrankenhäusern für Psychiatrie und Psychotherapie stationär behandelt. Nach dem umstrittenen medizinischen Modell werden psychische Störungen als Krankheiten definiert. Die für psychische »Krankheiten« zuständige Disziplin innerhalb der Medizin wird Psychiatrie genannt. Psychiater sind in der Regel Ärzte mit Fachausbildung in Neurologie, Psychopathologie und Psychotherapie.

Da psychisch Kranke in der Regel körperlich gesund sind, muss der Pflegedienst andere Aufgaben übernehmen als in normalen Krankenhäusern. Pflegefachkräfte haben vor allem die Aufgabe, die Patienten zur Mitarbeit in der täglichen Versorgung zu gewinnen, ihre Selbständigkeit zu fördern und in das Zusammenleben zu integrieren. Die Patienten sollen sich in einer selbständigen Lebensführung üben im Hinblick auf die Zeit nach dem Klinikaufenthalt.

In der Psychiatrie übernehmen Diplompsychologen diagnostische und psychotherapeutische Aufgaben. In der Psychiatrie werden in der Regel auch Diplom-Sozialpädagogen, Ergotherapeuten, Krankengymnasten, Beschäftigungstherapeuten, Musiktherapeuten und andere Fachkräfte beschäftigt.

Die Aufgaben der klinischen Psychologie beschränken sich nicht auf Diagnostik und Therapie (siehe Thema 8.4) psychischer Störungen. Sie umfassen auch die Prävention oder Vorbeugung, um der Entstehung psychischer Störungen entgegenzuwirken. Vorbeugende Maßnahmen können Hilfestellungen für den Einzelnen sein oder als gesundheitsfördernde gesellschaftliche Programme durchgeführt werden.

4 Die wissenschaftliche Grundlage

Laiendiagnosen, Selbstdiagnosen und Halbwissen sind immer gefährlich. Es ist möglich, dass im Mittelalter psychotisch Kranke und Menschen, die wegen Vergiftungen (z. B. nach dem Essen von Mutterkorn) Halluzinationen und Wahnvorstellungen hatten, als Hexen verbrannt wurden. Subjektive Überzeugungen und theoretische Ausrichtungen beeinflussen die Wahrnehmung und das Handeln der in klinischem Bereich tätigen Personen. Daher ist es wichtig, dass sich Diagnostiker und Therapeuten immer bewusst sind, mit welchem wissenschaftlichen Denkmodell sie arbeiten. Das in der klinischen Psychologie am meisten angewandte Paradigma (Denkmodell) ist die von Freud entwickelte Psychoanalyse. Mit der Anwendung lerntheoretischer Erkenntnisse ist die Beobachtung präziser geworden. Aus der Sicht der kognitiven Psychologie kommt es auf Informationsverarbeitung und auf die Bewertung der Situation durch den Betroffenen selbst an.

5 Zusammenfassung

Die Klinische Psychologie befasst sich mit der Diagnose, Therapie und Prävention von psychischen Störungen. Psychosen als schwere Störungen des Denkens und Fühlens werden in der Regel in psychiatrischen Krankenhäusern behandelt. Die Psychotherapie von Neurosen erfolgt eher ambulant bzw. durch frei praktizierende Psychotherapeuten. Dabei kommen vor allem das psychoanalytische, lerntheoretische und kognitive Denkmodell zur Anwendung.

8.3 Klinische Psychologie – Psychische Störungen

1 Der Alptraum der Therapeuten

Von Jonathan Kllemann, einem erfolgreichen Schriftsteller und klinischen Psychologen, stammt folgende Schilderung: »Der Borderline-Patient ist der Alptraum des Therapeuten…, weil Borderline-Fälle wirklich niemals besser werden. … Sie sind chronisch depressiv, entschlossen süchtig, zwanghaft geschieden, leben von einem emotionalen Unglück zum anderen. Sie hüpfen von Bett zu Bett, begehen Selbstmordversuche, fahren als Kolonnenspringer und sind traurig blickende Modelle mit Armen zusammengenäht wie Fußbälle und psychischen Wunden, die nie geheilt werden können. Ihr Ego ist so fragil wie gesponnener Zucker, ihre Psyche irreparabel fragmentiert wie ein Mosaik, bei dem die wichtigsten Teile fehlen. … Borderline-Patienten wandern von Therapeut zu Therapeut und hoffen, dass sie die magische Kugel gegen die erdrückenden Gefühle der Leere finden. Sie wenden sich chemischen Waffen zu, schlucken Tranquilizer und Antidepressiva, Alkohol und Kokain. Sie fliegen auf Gurus und jene, die den Himmel auf Erden versprechen. … Eines machen sie nicht: Sich ändern.«

2 Merkmale psychischer Störungen

Aus der zitierten Beschreibung gehen einige Merkmale hervor, die bei vielen Störungen typischerweise zutreffen. Es sind: Emotionale Instabilität, Einschränkung der Lebensqualität, verschiedene Formen der Selbstschädigung, Suche nach Anerkennung bis zum Verlust der Ich-Identität und Notwendigkeit professioneller Hilfe. Die meisten Symptome psychischer Störungen lassen sich auf folgende drei Dimensionen zurückführen: 1. Soziales Engagement: Positiver, freundlicher Umgang mit anderen Menschen (Helfersyndrom, Suche nach Nähe, übertriebenes Streben nach Anerkennung und Bemühung, Aufmerksamkeit auf sich zu ziehen) versus kein Umgang mit anderen (Kontaktstörungen, Passivität, soziale Gehemmtheit, Ängste, schizoide Persönlichkeit). 2. Behauptung und Dominanz (Lügen, Stehlen, Aggressivität, Psychopathie) versus passive Unterwerfung (Schüchternheit, Unselbständigkeit, Abhängigkeit). 3. Ängstliches Grübeln (Angststörungen, Zwangsstörung, Phobien, Depression) versus ausagierendes Verhalten (Manie, Hysterie, Borderline, Impulsivität und Hyperaktivität).

3 Psychose und Neurose

Im bereits erwähnten diagnostischen Manual werden unter der Kategorie »Funktionsstörungen« Psychosen, Neurosen und Persönlichkeitsstörungen zusammengefasst. Mit dem Begriff »Funktionsstörung« wird hervorgehoben, dass für das unangemessene Verhalten und Erleben keine organische Basis vorliegt, wobei damit eine mögliche genetische Grundlage nicht ausgeschlossen wird.

Mit Persönlichkeitsstörungen werden für das eigene Selbst oder für Mitmenschen schädliche und antisoziale Verhaltensweisen bezeichnet wie Alkoholismus, Drogenabhängigkeit, kriminelle Handlungen und Perversionen.

Mit dem Begriff »Neurose« hat der schottische Arzt Wiliam Cullen (1776) alle psychischen Störungen zusammengefasst, für die man damals keine körperliche Grundlage oder Ursache finden konnte. Freud hat mit Neurose »die Wiederholung des Verhaltens, das einen unglücklich macht«, bezeichnet. Charakteristische Merkmale einer Neurose sind: Länger andauerndes, unangemessenes Verhalten, keine unmittelbare organische Schädigung als Ursache, Entstehung durch Erfahrungen, dem Betroffenen ist sein Problem bewusst, er kann sich sein Verhalten nicht erklären und nicht selbst helfen und er leidet unter dem Realitätsverlust. Zu den so genannten klassischen Neurosen zählen Depression, Hysterie, Zwangsneurose und Phobien.

Mit dem Begriff Psychose werden schwere Formen geistig-psychischer Störungen zusammengefasst. Eine Psychose wird diagnostiziert, wenn jemand Stimmen hört, die es nicht gibt, sich hartnäckig verfolgt fühlt, unter Stimmungsschwankungen von Verzweiflung bis Euphorie leidet und völlig »wirr« denkt. Umgangssprachlich werden solche Störungen Geisteskrankheiten (weil Tätigkeiten des Geistes wie Denken betroffen sind) oder Verückt-Sein genannt (weil man die Welt der Kranken nicht mehr nachvollziehen kann). Die häufigsten psychotischen Störungen sind Manisch-depressives-Irresein (Phasen der Hochstimmung begleitet von Ideenflucht, Kaufrausch, zielloser Aktivität, ununterbrochenem Redestrom werden abgelöst von Phasen der tiefsten Verzweiflung begleitet von Schuldgefühlen, Selbstvorwürfen, Schlaflosigkeit, Traurigkeit, Müdigkeit und von Suicidgedanken) und Schizophrenie mit typischen Symptomen wie Größenwahn, Verfolgungswahn, bizarren Bewegungen, Denkstörungen, Halluzinationen, Verlust des Ich-Bewusstseins.

4 Angststörungen

Das diagnostische Manual beschreibt sechs Hauptdiagnosen: Phobien, Panikstörung, Generalisierte Angststörung, Zwangsstörung, Posttraumatische Belastungsstörung und akute Belastungsstörung. Angststörungen sind weit verbreitet. Es wird angenommen, dass 3,4 % der Männer und 8 % der Frauen an Angststörungen leiden.

Phobien werden diagnostiziert, wenn extreme Ängste vor Tieren, geschlossenen Räumen, öffentlichen Plätzen vorliegen, die in keinem Verhältnis zur Gefahr stehen und hartnäckiges Vermeidungsverhalten zur Folge haben. Anfallsartiges und unerklärliches Auftreten von Symptomen wie Herzrasen, Atemnot, Zittern, Schwitzen, Erstickungsgefühle, Schmerzen in der Brust und Angst vor drohendem Unheil wird als Panikstörung diagnostiziert. Generalisierte Angststörung äußert sich als chronische Ängstlichkeit verknüpft mit somatischen Beschwerden (feucht-kalte Hände, trockener Mund, Kloß im Hals, Durchfall, Herzklopfen, Nacken- und Schulterverspannungen) und psychischer Unruhe (reizbar, ruhelos, ungeduldig, entmutigt, extrem kritikempfindlich, leicht depressiv). Zwangsneurosen liegen vor, wenn ein unwiderstehlicher Drang, bestimmte Handlungen (Gedanken, Vorstellungen) ritualisiert wiederholen zu müssen, gegeben ist.

5 Zusammenfassung

Psychische Störungen werden primär auf psychosoziale Ursachen zurückgeführt, obwohl genetische, biochemische und physiologische Faktoren beteiligt sein können.

Zu den Funktionsstörungen zählen Psychosen, Neurosen und Persönlichkeitsstörungen. Weit verbreitet sind verschiedene Angststörungen, aber man nimmt an, dass Abwehr der Angst die Grundlage für alle Neuroseformen bildet.

Psychosen sind Bezeichnungen für schwere Störungen des Gefühlslebens, des Denkens und der Wahrnehmung. Charakteristisch für alle Störungen sind emotionale Instabilität und Einschränkung der Lebensqualität.

8.4 Klinische Psychologie – Themenbereich Therapie

1 Professionelle Hilfe statt Trost
2 Psychosynthese oder Psychoanalyse
3 Humanistische Therapien
4 Die Verhaltenstherapie
5 Individuum oder System
6 Schlussgedanke

1 Professionelle Hilfe statt Trost

Bevor die Menschen einen Therapeuten aufsuchen, haben sie gewöhnlich schon alles Mögliche in Bewegung gesetzt, um sich Entlastung zu verschaffen. Bei Problemen sucht man zuerst Rat bei Freunden, dann werden Selbst-Hilfe-Bücher zu Rate gezogen, anschließend möglicherweise der Hausarzt nach Möglichkeiten der Behandlung gefragt und vielleicht die Telefonseelsorge bemüht. In den meisten Fällen kommt man damit über die Zeit. In manchen Fällen fühlt man sich weiterhin so eingeschränkt, hilflos und hoffnungslos, dass man einen »Nervenarzt«, dann einen Psychiater, eine Beratungsstelle oder einen frei praktizierenden Psychotherapeuten aufsucht.

Was macht der professionelle Helfer anders als der Laienpsychologe? Gehen wir davon aus, dass Probleme, persönliche Krisen und unüberwindbare Schwierigkeiten einen tieferen Hintergrund haben. Mit Logik, mit Erklärungen und Wissen kommt man nicht weiter, weil diese Wege der Hilfesuchende schon viele Male gegangen ist. Seine Gedanken und seine Gefühle »drehen sich im Kreis«. Durch ihr Wissen, Mitleid und Ratschläge verstärken Laienhelfer die Kreise des »Problemgebers«. Der Therapeut darf nicht Wissen vermitteln. Er muss sein Wissen in praktische Lebenshaltung verwandeln, eine vertrauensvolle Beziehung aufbauen und den Gedanken- sowie Gefühlskreisen des Klienten neue Impulse geben. Psychotherapie ist nicht einfach Zuwendung, sondern systematisches, methodisches Geschehen, um Krankheitssymptome zu beseitigen und die Entwicklung einer Person zu fördern.

2 Psychosynthese oder Psychoanalyse

Die Psychoanalyse wird oft als »Seelenzergliederung« übersetzt. Freud ging davon aus, dass unbewusste Motive und Gefühle, vor allem Ängste, das Ich so beanspruchen oder unter Druck setzen, dass es nicht mehr realitätsgerecht und verantwortungsbewusst handeln kann. Um das zu erreichen, setzen Psychoanalytiker freies Assoziieren, Traumdeutung und Bearbeitung von Widerständen (der Patient will das Thema wechseln, scherzt, schaut aus dem Fenster usw., um die Sitzung zu unterbrechen) sowie von Übertragungen (der Patient reagiert gefühlsmäßig auf den Therapeuten, als ob er Vater, Mutter oder eine andere wichtige Person aus seiner Kindheit wäre) als Techniken ein. Der Therapeut muss sorgfältig bemüht sein, den Gang zum Unbewussten nicht durch die eigene Verwundbarkeit zu unterbrechen.

Die Psychoanalyse ist eine »Einsichtstherapie«. Sie geht davon aus, dass das psychische Leben in »Unordnung« geraten ist und dass durch das Aufspüren der wahren Gründe für das Verhalten, Fühlen und Denken wieder die Ordnung hergestellt werden kann. Genau genommen handelt es sich bei der Psychoanalyse nicht um ein Zergliedern, sondern um ein Zusammenbauen, um eine Psychosynthese.

3 Humanistische Therapien

Humanistische Therapien betonen die Entscheidungsfreiheit des Einzelnen. Die »Klientenzentrierte Therapie« nach Carl Rogers, in Deutschland als »Gesprächstherapie« bekannt, ist die bekannteste humanistische Therapie. Die wichtigsten Annahmen sind: Der Mensch ist von Natur aus gut und leistungsfähig. Das Verhalten ist zweck- und zielgerichtet. Dar Patient kann sich selbst helfen, wenn Bedingungen geschaffen werden, damit er frei entscheiden kann. Das bedeutet, der Patient darf nicht manipuliert werden.

Der Therapeut ist fähig, die Welt des Klienten wahrzunehmen, hat den Mut, »echt« zu sein und sich so zu zeigen, wie er selbst denkt und fühlt. Er spricht mit dem Klienten zwanglos und aufrichtig über eigene Gefühle und Gedanken. Diese Qualitäten des Therapeuten werden Empathie (Einfühlung), Echtheit, Kongruenz und die Fähigkeit zur Verbalisierung der Gefühle genannt. Rogers war überzeugt, dass der Therapeut durch seine vorbehaltlose Wertschätzung des Klienten zu dessen Selbstverwirklichung beitragen kann.

4 Die Verhaltenstherapie

Auf der Grundlage lerntheoretischer Erkenntnisse haben Psychologen gehofft, wirksame Verfahren zum Abbau des problematischen und zum Lernen des erwünschten Verhaltens entwickeln zu können.

Joseph Wolpe (veröffentlicht 1958) entwickelte die Technik der »systematischen Desensibilisierung« zum Abbau von Ängsten. Der tief entspannte Patient »arbeitet« sich durch hierarchisch geordnete Angstsituationen durch.

Die Aversionstherapie bedient sich unangenehm wirkender Reize (z. B. Elektroschocks), um dem Trinken oder Rauchen entgegenzuwirken.

Mit verschiedenen Aufbauprogrammen hoffte man über den Einsatz von Modellen und von Verstärkern vor allem bei Kindern das Lernen des erwünschten Verhaltens zu fördern.

Die Verhaltenstherapie geht davon aus, dass jedes Verhalten drei Ebenen umfasst: Die Handlungsebene (z. B. meiden, sich im Unterricht zu melden), die kognitive Ebene (z. B. denken, ich kann es nicht) und die körperliche Ebene (Gefühle der Angst, des Unwohlseins). Außerdem hat jedes Verhalten ein soziales Umfeld, z. B. den so genannten Krankheitsgewinn durch die Zuwendung durch die Mitschüler.

Diese Sichtweise führte dazu, dass in der Verhaltenstherapie immer mehr kognitive Prozesse, Gefühlsreaktionen und Handlungen der Mitmenschen berücksichtigt wurden (vgl. auch Thema 7.4).

5 Individuum oder System

In Gruppen haben Menschen die Gelegenheit, am Modell zu lernen, sie lernen, Rückmeldungen anzunehmen, sich ohne Schutzmaßnahmen zu verhalten und Erleben, welche Gefühle ihr Verhalten bei anderen auslöst. In der Familien- und auch Ehetherapie werden nicht einzelne psychische Symptome, sondern die krankmachenden Beziehungen und Prozesse, z. B. paradoxe Kommunikation, Beziehungsfallen, Ungleichgewicht in der Machtverteilung behandelt.

In mehreren Untersuchungen konnte der Nachweis geführt werden, dass systembezogene Therapien mehr zur Besserung der psychischen Gesundheit der beteiligten Individuen leisten (z. B. Aufhellung der Depression) als personbezogene Therapien zur Verbesserung von Beziehungen beitragen können.

6 Schlussgedanke

»Erkenne dich selbst«, lautet die viel zitierte Überschrift über dem Tempeleingang von Delphi. Handelt es sich dabei um eine Aufforderung, dass man das eigene Selbst ergründen soll oder dass man Selbsterkenntnis selbst betreiben muss, weil diese niemand anderer leisten oder bewirken kann. Der Erfolg einer Therapie hängt davon ab, ob es gelingt, beides zu bewirken. Nur dann können uns Therapien eine Hilfe sein, wenn wir beschließen, uns zu verändern.

8.5 Die wichtigsten Anliegen der Gesundheitspsychologie

1 Aktion Gesundheit
2 Vorbeugen statt Heilen
3 Gesundheitserziehung
4 Krankheitsbewältigung
5 Zusammenfassung

1 Aktion Gesundheit

Steigende Kosten im Gesundheitswesen haben Krankenkassen dazu veranlasst, im Rahmen der »Aktion Gesundheit« Angebote zur Förderung der Gesundheit an die Versicherten heranzutragen. Auch Kindergärten, Schulen und Sportvereine wurden aufgefordert, ihre Bemühungen um die Förderung der Gesundheit zu aktivieren. Angeboten wurden Kursprogramme gegen Risikofaktoren Rauchen, Stress, Übergewicht und Bewegungsmangel. Die Erfolgsüberprüfung ergab, dass nur wenige Zielgruppen erreicht wurden und dass an den Angeboten für Ärzte nur wenige teilgenommen hätten.

2 Vorbeugen statt heilen

Die Pflicht, sich gesund zu verhalten, Risikofaktoren zu meiden und der Entstehung von Krankheiten vorzubeugen, scheint unbestritten. Man kann die Verantwortung für Gesundheit/Krankheit dem Einzelnen oder dem Staat übertragen. Durch Gesetze, Regeln, Steuern, Versicherungsrabatte usw. soll der Staat – und das tut er auch – Einfluss auf die Akzeptanz von Maßnahmen zur Gesundheitsförderung nehmen. Die Aufgabe, Gesundheitsförderung effektiv zu gestalten, ist eine wesentliche Herausforderung für die Gesundheitspsychologie. Es gilt herauszufinden, wie eine größere Akzeptanz von Maßnahmen zur Gesundheitsförderung erreicht werden könnte, wie sich Gesundheitsberatung – statt Krankheitsbehandlung – ausbauen ließe und worin ein gesundheitsförderlicher Lebensstil bestünde. Gesundheitsförderung wird definiert als »gesundheitsbezogenes und soziales Engagement und nicht als eine medizinische Dienstleistung«. Es ist ein handlungsorientierter Ansatz, der auf effektive und konkrete Beteiligung der gesamten Bevölkerung abzielt und sich auf Ursachen und Bestimmungsfaktoren von Gesundheit (nicht Krankheit) konzentriert.

3 Gesundheitserziehung

Die Gesundheitserziehung hat eine viel längere Tradition als Gesundheitspsychologie. Bereits Ende des 18. Jahrhunderts wurden für den Gebrauch an Schulen und für den häuslichen Unterricht so genannte »Gesundheitskatechismen« veröffentlicht. Damals war die Gesundheitserziehung vor allem auf die Aufklärung über notwendige Hygienemaßnahmen ausgerichtet.

In den 50er und 60er Jahren hatte Gesundheitserziehung Aufklärung und Abschreckung zum Ziel (z. B. Drogenaufklärung, Aufklärung über die Gefahren des Rauchens). Da Kinder und Jugendliche stark gegenwartsorientiert sind und für sie die Befriedigung aktueller Bedürfnisse weit mehr zählt als Ereignisse in einer fernen Zukunft, hat sich das Aufklärungskonzept als uneffektiv erwiesen. Neuere schulische Präventionsprogramme haben eine allgemeine Persönlichkeitsstärkung zum Ziel, berücksichtigen die konkreten Lebensumstände von Kindern und Jugendlichen und sind auf Förderung solcher Kompetenzen ausgerichtet, die Kinder und Jugendliche zum Widerstand gegenüber sozialem Druck befähigen. Zu solchen Erziehungsprogrammen gehören Selbstwertstärkung, Übungen zum Umgang mit eigenen Gefühlen und Stress, Vermittlung von Fertigkeiten zur »sozialen Immunisierung«, Erarbeitung von Bewältigungsstrategien in Gruppendiskussionen und Rollenspielen sowie die positive Gestaltung der schulischen Umwelt.

Die Überprüfung der Effektivität solcher psychosozialen Programme ergab, dass das Erlernen des Umgangs mit sozialem Einfluss zum wichtigsten Baustein der Gesundheitserziehung gehört. Die stärkste Reduzierung des Konsums von Tabak, Alkohol und Marihuana wurde durch Maßnahmen erreicht, die von gleichaltrigen oder etwas älteren Kindern und Jugendlichen durchgeführt wurden.

4 Krankheitsbewältigung

Die Bewältigung von eindeutig diagnostizierten Krebserkrankungen und von chronischen Erkrankungen, z. B. Allergien und Asthma steht im Mittelpunkt gesundheitspsychologischer Forschung. Am häufigsten wurde das Verhalten von Brustkrebspatientinnen untersucht. Jährlich erkranken ungefähr 1500 Kinder und Jugendliche an Krebs. In frühen Lebensabschnitten ist Krebs die zweithäufigste Todesursache nach Unfällen.

Krebskranke Kinder haben viele psychosoziale Belastungen zu bewältigen. Zu nennen sind: Die Sonderrolle in der Familie, verknüpft mit Geschwisterkonflikten, schulische Leistungseinschränkungen, Trennung von Bezugspersonen wegen der Klinikaufenthalte, Disziplin im Rahmen der Therapiemitarbeit und Probleme bei der Entwicklung des Selbstbildes sowie Konfrontation mit Krankheit und Sterben. In psychologischen Untersuchungen wurden fünf Bewältigungsformen gefunden: Krankheit wird als Herausforderung aktiv angegangen, sie wird als zusätzliche Last und Prüfung passiv ertragen, als Schicksal erlebt und hingenommen, als Schicksalsschlag mit intensiver Informationssuche bekämpft oder als Strafe empfunden. Enorme Belastungen der Familie erfordern eine Stärkung psychosozialer Ressourcen durch entsprechende Beratungsmaßnahmen.

Chronische Erkrankungen erfordern eine kontinuierliche und langfristige Kooperation des Patienten mit dem Arzt. Mit dem Begriff Compliance wird die »Therapiekooperation« zwischen Arzt und Patient beschrieben. Als zentral werden eine vertrauensvolle Beziehung zwischen Arzt und Patient, die Bereitschaft des Patienten, gesundheitsförderliche Maßnahmen zu ergreifen sowie das Befolgen von Anweisungen des Arztes gesehen. Bei chronischen Erkrankungen sind Patientenschulung, soziale Unterstützung und Maßnahmen zur Stressbewältigung dringend notwendig.

Zum Bewältigungsverhalten krebskranker Patienten sind viele Einzelerkenntnisse gefunden worden. Einerseits ging es dabei um die Frage, wie sich das Bewältigungsverhalten auf den Verlauf der Krankheit auswirkt und andererseits ist man den Möglichkeiten nachgegangen, wie man krankheitsbedingte Belastungen und Beeinträchtigungen des Wohlbefindens (Angst, Stress) verringern könnte.

5 Zusammenfassung

Gesundheitsförderung ist eine Herausforderung der Medizin, der Schulen, des Versicherungswesens und der Politik. Das Erlernen des Umgangs mit sozialem Druck hat sich als eine sehr effektive Maßnahme der Gesundheitserziehung erwiesen, um das so genannte Risikoverhalten vor allem bei Kindern und Jugendlichen zu reduzieren.

Auf die Bewältigung einer Krankheit wirken sich Zusammenarbeit mit dem Arzt, Stärkung persönlicher Ressourcen, aktives Herangehen und soziale Unterstützung positiv aus. Verleugnung und Unterdrückung negativer Affekte führen zu einem eher ungünstigen Krankheitsverlauf. Gesundheitsförderung statt Krankheitsberatung wird als zentrales Anliegen der Gesundheitspsychologie genannt.

9 Verschiedenes: Organisation, Altern, Selbstkonzept

9.1 Menschenführung und Organisationsentwicklung

1 Strategie der Veränderung

Das zentrale Interesse der Organisationspsychologie gilt der Frage, wie individuelle Motive und Bedürfnisse mit den Zielen der Organisation in Einklang gebracht werden können. Die so genannte Human-Relations-Bewegung, die Humanisierung der Arbeit, Arbeitszufriedenheit und insbesondere positive Beziehungen zwischen den Organisationsmitgliedern anstrebte, führte zwar zur Entwicklung neuer Führungsstile und Managementtechniken aber auch zu schwer lösbaren Problemen.

Die Gründe für die Ratlosigkeit der Führungskräfte sind in immer zahlreicheren Pflichten und Vorschriften, im schnellen technischen Wandel, in unzähligen formaljuristischen Zwängen und natürlich auch in einem immer stärkeren Wettbewerbsdruck zu sehen. Der Weg aus der Verunsicherung der Führungskräfte wurde in der Einführung der Organisationsentwicklung (OE) und im Erarbeiten betrieblicher Leitbilder oder so genannter Corporate Identity (CI), d. h. der Unternehmensidentität durch alle in einer Organisation tätigen Mitarbeiter gesehen.

2 Organisation und Führung

In den 70er Jahren wurde im deutschen Sprachraum der Begriff Betriebspsychologie vom Terminus Organisationspsychologie abgelöst. Die Betriebspsychologie konzentrierte sich auf das menschliche Erleben und Verhalten in Industriebetrieben. Organisationspsychologie setzte sich mit den psychologischen Problemen, die in allen Organisationen, also neben den betrieblichen auch in den Organisationen der Verwaltung, der Erziehung, der Rechtspflege, der Gesundheit u. a. auseinander.

Die Organisationspsychologie beschäftigt sich mit der Frage, wie individuelle Motive und Bedürfnisse mit den Zielen der Organisation in Einklang gebracht werden können. Eine Organisation wird von D. Gebert definiert als ein der Umwelt gegenüber offenes System, das über längere Zeit existiert und spezifische Ziele verfolgt. Als soziales Gebilde besteht das System aus Individuen oder Gruppen, wobei sich durch Arbeitsteilung und eine Hierarchie der Verantwortung bestimmte Strukturen ergeben. Die bekanntesten Hierarchie- und Verantwortungsstrukturen sind Liniensystem (Steigerung der Verantwortung von Ebene zu Ebene), Funktionssystem (die Verantwortung verteilt sich auf mehrere für bestimmte Tätigkeiten kompetente Personen) und Stabliniensystem (den einzelnen Führungspositionen werden mehrere Experten zugeordnet).

Mit der Arbeitsteilung in einem Betrieb sind auch viele Organisationsprobleme verbunden. Die Organisation im Betrieb soll den Informationsfluss optimieren, soziale Spannungen und Konflikte vermeiden, die entstehen, wenn sich Entscheidungsbefugnisse überschneiden.

Jedes Unternehmen ist eine Organisation zur Erreichung von Zielen. Menschenführung in einem Unternehmen muss verstanden werden als eine bewusste und gewollte Einflussnahme der Führungskraft auf den Mitarbeiter zum Zwecke der Erreichung von Zielen.

Lange Zeit standen Führungsstile im Mittelpunkt psychologischer Forschung. Nach dem amerikanischen Betriebspsychologen Douglas Mc Gregor lassen sich die verschiedenen Führungsstile auf zwei Grundpositionen zurückführen. Nach der Theorie X sind alle Mitglieder einer Organisation von Natur aus der Arbeit eher abgeneigt und müssen zur Arbeit gezwungen und überwacht werden; nach der Theorie Y sind Mitarbeiter von Natur aus bereit, sich anzustrengen, sind begeisterungsfähig und einsatzfreudig und müssen eher gelobt und unterstützt werden.

3 Allgemeine Probleme

Die von Elton Mayo und seinen Mitarbeitern durchgeführten – in jedem Buch zur Menschenführung zitierten – Untersuchungen in den Hawthorne-Werken in Chicago (1927 – 1932) führten zu der bleibenden Erkenntnis, dass das Erleben und (Leistungs-)Verhalten in Organisationen sehr stark durch zwischenmenschliche Beziehungen, vor allem durch so genannte »informelle Gruppen« beeinflusst wird. Wird die Befriedigung wichtiger individueller Bedürfnisse nach Anerkennung, Ansehen, Selbstentfaltung durch die formale Organisation verhindert oder nicht gesichert, so werden spontan soziale Beziehungen aufgenommen, die zur Bildung von informellen, von der Organisation nicht geplanten Gruppen führen. Probleme entstehen vor allem dann, wenn informelle Gruppen solche Ziele verfolgen, die mit den Organisationszielen nicht vereinbar sind.

Es ergeben sich zwei Aufgabenbereiche der Organisationspsychologie: Die Arbeitsanalyse und Arbeitsgestaltung sowie die Erforschung der Gruppendynamik.

Die Arbeitsgestaltung hat die Anpassung der Arbeit und des Arbeitsplatzes an den Menschen, seine Fähigkeiten und Bedürfnisse zum Ziel. Es geht z. B. um Vermeidung von Ermüdung, Überbelastung, Lärm und Stress, um Sicherheit und optimale Ausnutzung der Leistungsfähigkeit.

Gruppendynamik, d. h. die Interaktion zwischen den Gruppenmitgliedern, Gruppennormen und Gruppenzusammenhalt, sowie die Leistungsbereitschaft und Zufriedenheit in einer Gruppe können durch organisatorische Maßnahmen beeinflusst werden. Wichtig sind z. B. eine klare Aufgabenverteilung, die Übertragung der Entscheidungskompetenz und der Verantwortung an einzelne Gruppen, die Steigerung der Attraktivität der Gruppe nach außen, der Grad der Selbständigkeit und die Übertragung von Projekten.

4 Spezifische Aufgaben

Jede organisierte Tätigkeit, sei es in profitorientierten Unternehmen oder in Non-Profit-Einrichtungen wie z. B. Schule ist etwas ausgesprochen Rationales und Zielstrebiges. Da das Verhalten von Menschen sehr stark auch durch irrationale Kräfte wie Gefühle und Bedürfnisse bestimmt wird, sucht die Organisationspsychologie nach Möglichkeiten zur Zusammenführung unternehmerischer Ziele mit individuellen Anliegen.

Auf der Suche nach Lösungen des skizzierten Problems entwickelten sich folgende spezifische Aufgaben der Organisationspsychologie: Optimierung der Personalauslese (Diagnostik nach dem Motto »Der richtige Mann auf dem richtigen Platz«) und der Personalentwicklung (Schulungsmaßnahmen), Erforschung einer effektiven Führung, Verbesserung der Entscheidungs- und Kommunikationswege sowie Imagepflege der Unternehmen.

Im letzten Jahrzehnt hat sich die Auffassung durchgesetzt, dass alle Mitarbeiter einer Organisation »um das Problem zu versammeln« sind, wenn notwendige Anpassungen anstehen. Die Mitwirkung bei der Suche nach Lösungen fördert die Übernahme der Verantwortung für unternehmerische Ziele und wirkt motivierender als bestimmte Führungsstile. Diese Auffassung findet im Konzept der Organisationentwicklung (OE) ihre praktische Umsetzung.

9.2 Das Konzept der Organisationsentwicklung (OE)

1 Corporate Identity (CI)
2 Begriff und Ziele der OE
3 Der Verlauf der OE
4 Grundsätze der OE
5 Praxisberatung
6 Zwei Merksätze

1 Corporate Identity (CI)

Gerhard Regenthal schreibt im Vorwort zu seinem Buch »Identität & Image«: »Das Verhalten der Menschen wird durch ihre Emotionen bestimmt. Die Menschen entscheiden sich nicht nach dem, wie es ist, sondern nach dem, wie sie meinen, dass es sei.« In seinem Buch setzt sich Regenthal mit »Managementstrategien zur Verbesserung der Innen- und Außenwirkungen von Unternehmen« auseinander. Seiner Meinung nach können angesichts des hohen Entwicklungsstandes der Wirtschaft Spitzenleistungen nur durch »Identität und Image« und nicht mehr durch »harte Führungsstrategien« erreicht werden.

Das Corporate Identity-Konzept kann als Höhepunkt der Organisationsentwicklung eingestuft werden. Eine Unternehmensidentität, die durch alle Mitarbeiter einer Organisation entwickelt wird, stärkt das »Wir-Gefühl«, schafft eine Grundlage für Erwartungen, Bedürfnisse und Werte Einzelner, ermöglicht Identifikation nach Innen und Abgrenzung nach Außen und sichert langfristige Erfolge. Die meisten großen Unternehmen und auch öffentliche Einrichtungen haben inzwischen eine eigene Firmenphilosophie, für alle Beteiligten verbindliche »Leitbilder« oder Formen der Selbstdarstellung entwickelt.

2 Begriff und Ziele der OE

Organisationsentwicklung distanziert sich von isoliert durchgeführten gruppendynamischen Übungen, Beziehungsklärungen und Managementtrainings. Den Ausgangspunkt bildet die Überlegung, dass jede Innovation und Anpassung eines Unternehmens das Zusammenwirken des sozialen Systems (Menschen mit ihren Bedürfnissen, Fähigkeiten und Rollen), des technischen Systems (Maschinen, technische Abläufe), des ökonomischen Systems (Kapital, Preise, Gewinn) und des Leistungs-Systems (Produkt und Nachfrage, Dienstleistung, marktgerechtes Handeln) erfordert. Durch die OE soll nicht nur die Produktivität, sondern auch die Lebensqualität und Problemlösungsfähigkeit innerhalb einer Organisation erhöht werden. Durch Prozesse der OE, an denen alle mitwirken, sollen Erfahrungen und Fähigkeiten der Mitarbeiter für einen geplanten, langfristigen Wandel und die Wettbewerbsfähigkeit genutzt werden.

Ziele der OE sind: Nutzung des Problemlösungspotentials der Mitarbeiter, Berücksichtigung der persönlichen und beruflichen Entwicklungsmöglichkeiten der Mitarbeiter, Verbesserung der Rahmenbedingungen der Arbeit und Steigerung der Leistungsfähigkeit der Organisation. Man spricht von einer »lernenden Organisation«.

3 Der Verlauf der OE

Prozesse der OE verlaufen prinzipiell in fünf Schritten. Es sind: Aktivierung, Motivierung der Mitglieder und Erläuterung der zur Lösung anstehenden Probleme; Analyse der Ist-Situation (zu ermitteln sind Stärken und Schwächen) unter genauer Bestimmung von Ursachen und Hintergründen; Erarbeitung konkreter Ziele und Maßnahmen; Umsetzung der vereinbarten Maßnahmen, Arbeit in Projektgruppen; Auswertung, Ergebniskontrolle und Erfolgssicherung.

Will man die Funktionsweise eines Unternehmens verstehen, kann man nicht von den

Aufgaben, die dort erledigt werden, ausgehen. Der Dreh- und Angelpunkt sind vielmehr die Ziele, welche mit der Erledigung dieser Aufgaben verfolgt werden.

4 Grundsätze der OE

Während der Innovationsarbeit wird großer Wert auf »positive« Prozesse gelegt: Gesammelte Informationen werden allen zugänglich gemacht. Interessen, Ziele und Wünsche der Beteiligten werden offen verhandelt. Gefühle, Beziehungen und Verhaltensweisen sind nur dann Gegenstand der Diskussion, wenn dies für die Erarbeitung von Lösungen unverzichtbar ist. Das Selbstbild der Mitarbeiter wird akzeptiert.

Alle Maßnahmen der OE gehen von dem diagnostizierten Ist-Zustand aus und sind als Hilfe zur Selbsthilfe zu verstehen, denn nur so sind dauerhafte Problemlösungen und Konfliktregulierungen möglich. Zur Selbsthilfe gehört auch die Mitwirkung aller Beteiligten und die Festlegung regelmäßiger Treffen mit dem Ziel, Zwischenbilanz zu ziehen und evtl. Korrekturen vorzunehmen.

Die recht anspruchsvollen Prozesse der OE können nur von einem Team geplant und moderiert werden. Der Einsatz von Beratern, die sozusagen als »Prozessspezialisten« moderierend eingreifen, Alternativen aufzeigen, Methoden zur Datenerhebung und Auswertung vorschlagen, für Sicherung der Arbeitsergebnisse sorgen und auf Transparenz der Prozesse achten, ist dringend angeraten.

5 Praxisberatung

Supervision und Coaching gelten als die wichtigsten Methoden der Praxisberatung. Coaching ist die persönliche Beratung von Führungskräften und Mitarbeitern, um ihnen zu helfen, berufliche Schwierigkeiten zu bewältigen. Wann ist Coaching sinnvoll? Wenn es Schwierigkeiten in einer Abteilung oder auch zwischen zwei Abteilungen gibt, in Situationen, die mit geplanten oder schon laufenden Veränderungsprozessen oder Umstrukturierungen im Unternehmen zusammenhängen und wenn Führungskräfte einfach nicht mehr weiter wissen. Coaching kann helfen, durch andere Betrachtungsweisen neue Lösungsansätze zu schaffen. Coaching sollte eine kurzfristige bis höchstens mittelfristige Begleitung sein.

Das wachsende Interesse an Supervision steht sicher mit der Komplexität unserer Beziehungs-, Lebens- und Arbeitswelt zusammen. Supervision ist eine Beratungsmethode, die zur Sicherung und Verbesserung der Qualität beruflicher Arbeit eingesetzt wird. Supervision stammt aus der Tradition sozialer Arbeit und hat hier ein wichtiges Betätigungsfeld; zunehmend wird sie im Bereich des Gesundheitswesens, der Pädagogik, in Wirtschaft und Verwaltung, Dienstleistungsunternehmen und auch in der Politik nachgefragt.

Supervision arbeitet selbstreflexiv, sie instruiert oder schult nicht. Sie strebt emotionale Entlastung, Verbesserung der Kooperationsfähigkeit von Einzelpersonen, Gruppen oder Arbeitsteams, Entwicklung von Konfliktfähigkeit und Erweiterung der Wahrnehmungsfähigkeit an.

6 Zwei Merksätze

Gute Organisation macht kooperatives Führen möglich. Kooperatives Führen ist partizipativ im Sinne der Einbeziehung der Mitarbeiter in den Führungsprozess.

Das Setzen oder Vereinbaren von Zielen gehört zu den wichtigsten Führungsaufgaben. Unternehmerisches Handeln ist abhängig von Perspektiven und von Visionen.

9.3 Allgemeine Probleme des Alterns

1 Die Vielfalt des Alters

Unsere Lebenserwartung beträgt inzwischen mehr als siebzig Jahre und wird vermutlich weiter steigen. Wir haben vielleicht Angst, alt zu werden, weil uns oft alte Menschen mit Gebrechen und Pflegebedürftigkeit begegnen. Für viele Frauen mag Altwerden mit der Angst um ihr Aussehen verknüpft sein. Während Männer mit grauen Schläfen oder kahlem Kopf noch interessant erscheinen, so glauben viele Frauen, dass sie nur dann beachtet werden, wenn sie jugendlich aussehen.

Die Wissenschaften, vor allem die Psychologie und Psychiatrie haben erst in den letzten Jahren das Thema Alter entdeckt. Es gibt noch immer sehr viele Vorurteile und falsche Informationen über Probleme im Alter. Das 65. Lebensjahr gilt in der Regel als Grenze zwischen »alt« und »noch nicht alt«. Das Alter entwickelt sehr vielfältige Erscheinungsformen. Man hat festgestellt, dass sich alte Menschen untereinander stärker unterscheiden als Angehörige anderer Altersgruppen. Gleichzeitig sei noch erwähnt, dass Ehepaare einander umso ähnlicher werden, je älter sie sind und je länger sie zusammenleben.

2 Vorgänge des Alterns

Die Gerontologie wird als die Wissenschaft oder Lehre vom Altern verstanden. Sie befasst sich mit den psychischen Veränderungen und dem Entstehen von Krankheiten im Zusammenhang mit dem biologischen Altersprozess. Im Mittelpunkt des Interesses steht die Frage, ob das Alter als Verlust, Abbau, Rückzug, Leistungsabfall und Unzufriedenheit zu verstehen ist oder als ein neuer Lebensabschnitt mit wichtigen Veränderungen und neuen Kompetenzen. Der Alterungsprozess beruht auf physiologischen Veränderungen der Organe sowie der chemischen Zusammensetzung des Gewebes und der Sinnesorgane. Veränderungen äußern sich z. B. als Nachlassen der Sehkraft und Hörfähigkeit, durch Zahnprobleme, Beeinträchtigung der Beweglichkeit und durch Verringerung der allgemeinen Leistungsfähigkeit.

Als Ursache vermutet man den Abbau von Nervenzellen und die Verminderung der Leitungsgeschwindigkeit von elektrischen Impulsen in den Nervenbahnen.

In zahlreichen Untersuchungen zu den altersbedingten psychischen Veränderungen wurde in den höheren Altersstufen eine geringere Aufnahmefähigkeit für Neues festgestellt (Abfall der Gedächtnisleistung). Auch Situationen, die eine schnelle geistige Umstellungsfähigkeit erfordern, werden von älteren Menschen schlechter bewältigt. Dafür schneiden ältere Menschen dort besser ab, wo ihnen vermehrte Erfahrung zu gute kommt (z. B. Umfang des Wortschatzes). Bei den sensomotorischen Leistungen ist der alte Mensch zwar langsamer, dafür aber durch sein höheres Verantwortungsgefühl genauer. Im Bereich der Gefühle ist die emotionale Ansprechbarkeit geringer, das Gefühlsprofil dafür ausgeglichener.

3 Modelle des Alterns

Das biologisch-medizinische Defizitmodell des Alterns nimmt einen genetisch vorprogrammierten Abbauprozess von Funktionen und Leistungen an. Dieses Modell wird vielfach kritisiert, weil es von einem Vergleich zwischen gesunden jüngeren und eher kranken, älteren Menschen ausgeht. Ältere Menschen können die gleichen Leistungen wie jüngere erbringen, wenn ihnen mehr Zeit zur Verfügung steht.

Auch die Kompetenzmodelle oder Kompensationstheorien des Alterns akzeptieren den biologisch bedingten Abbau bestimmter Fähigkeiten, Funktionen und Fertigkeiten. Sie betonen aber, dass dadurch kein genereller Leistungsabbau bedingt ist. Vielmehr ist die Frage zu prüfen, ob sich bestimmte Kompetenzen erst im Alter entwickeln können, und welche Aufgaben alte Menschen auf Grund ihrer Kompetenzen übernehmen könnten.

Die Entwicklung älterer Menschen wird in diesem Modell als kompensierende Anpassung verstanden. P. B. Baltes nimmt an, dass ein positives Selbstbild im Alter durch die Mechanismen Selektion, kompensierende Maßnahmen und Optimierung erhalten bleibt. Mit Selektion ist die Beschränkung alter Menschen auf subjektiv wichtige und der Leistungsfähigkeit entsprechende Aufgaben gemeint. Kompensierende Maßnahmen sind nach irreversiblen Ausfällen notwendig. Gemeint sind vor allem Prothetik (Brille, Hörgerät) und Gedächtnistechniken. Optimierung bedeutet Verbesserung der körperlichen und mentalen Reserven durch Übung.

Die Disengagement-Theorie behauptet, ältere Menschen wünschten sich eine Reduzierung sozialer Kontakte, weil dies eine positive Einstellung zum Lebensende fördere und beglückend wirke. Man kann die Verminderung von Interaktionen als ein Zugewinn an Freiheit interpretieren, weil gewisse Normen im Umgang mit anderen nicht mehr eingehalten werden müssen. Ursula Lehr meint, dass eine Verringerung sozialer Kontakte vorübergehend zur Erhöhung der Zufriedenheit führen kann. Ist die Umorientierung geglückt, dann streben alte Menschen wieder nach neuen sozialen Beziehungen und Engagements.

4 Soziale Netzwerke

Bei verschiedenen Problemen und in schwierigen Situationen sind vor allem im Alter soziale Kontakte und Beziehungen vom Vorteil. Mit dem Begriff soziales Netzwerk werden Personen umschrieben, mit denen ein Mensch soziale Kontakte hat und von denen er bei Problemen Unterstützung und Hilfe erhält.

Die Funktion des Netzwerks besteht im emotionalen Beistand bei Trauer und Verlust, in der praktischen Hilfe oder in der instrumentellen Unterstützung bei Problemen sachlicher oder materieller Art (Geldprobleme, Autopanne) und in der Unterstützung kognitiver oder informativer Art, wenn wichtige Entscheidungen zu treffen sind.

Berufliche Ausgliederung, Verlust von Bezugspersonen (wegen Krankheit und Tod), Wohnungswechsel, der aus verschiedenen Gründen notwendig sein kann und auch der gesundheitliche Zustand führen im Alter zur Verkleinerung des sozialen Netzwerks. Die wichtigsten Kontaktpersonen älterer Menschen sind die nächsten Angehörigen (Kinder, Schwiegerkinder, Enkel), Nachbarn und Freunde.

5 Zusammenfassung

Es gibt nicht »das Altern«, sondern sehr unterschiedliche Stile des Alterns und Schicksale von alten Menschen. Nach der kognitiven Alternstheorie sind nicht objektive Ereignisse wie Ausscheiden aus dem Beruf oder Tod des Ehepartners, sondern die subjektive Interpretation und Bewertung der Ereignisse von entscheidendem Einfluss auf das persönliche Wohlbefinden.

Sowohl das Defizit- als auch das Disengagement-Modell des Alterns sind nur teilweise zutreffend. Die Entwicklung im Alter muss sowohl im Abbau als auch im Kompensieren von Defiziten gedeutet werden.

9.4 Spezielle Probleme im Alter

1 Vorurteile über alte Menschen
2 Gesundheit und Krankheit
3 Psychische Störungen im Alter
4 Sterben und Tod
5 Zusammenfassung

1 Vorurteile über alte Menschen

Über viele Vorgänge in der Natur und Gesellschaft gibt es keine zuverlässigen Erkenntnisse oder meist mehrere, sich teilweise widersprechende wissenschaftliche Denkmodelle. Das gilt auch für den Strukturwandel im Alter.

In der heutigen Gesellschaft werden alte Menschen einseitig als Versorgungs- und Pflegeproblem betrachtet. Eine Zunahme älterer Menschen führt nicht notwendigerweise zu einer Zunahme von Pflegebedürftigen. Tatsache ist, dass etwa 40 % der Pflegebedürftigen jünger als 60 Jahre sind und dass etwa nur 2 % der alten Menschen (70 Jahre und älter) pflegebedürftig sind. Die meisten älteren Personen versorgen sich selbst oder werden von den Familienangehörigen mitversorgt.

Die weit verbreitete Vorstellung, wonach Interesse an der Sexualität im Alter erlischt, ist durch wissenschaftliche Untersuchungsergebnisse widerlegt worden. Bezüglich der Sexualität gibt es keine wesentlichen körperlichen Einschränkungen im Alter. Das Vorhandensein sexueller Bedürfnisse im Alter muss auch von der Altenpflege berücksichtigt werden.

Auch die Meinung, alte Menschen seien schlechte Autofahrer, trifft nicht uneingeschränkt zu. Sie fahren insgesamt langsamer sowohl hinsichtlich der Fahrgeschwindigkeit als auch im Bezug auf Beschleunigung und Überholmanöver, verursachen aber weniger Unfälle als 20-jährige Autofahrer.

An diesen Beispielen zeigt sich, dass Bewertungen, die in unserer Kultur vorgenommen werden, ältere Menschen und Behinderte benachteiligen.

2 Gesundheit und Krankheit

Der körperliche Zustand älterer Menschen wird von verschiedenen Faktoren beeinflusst: Zu den normalen, physiologischen Rückbildungsvorgängen im Alter zählen die Abnahme von Gehör- und Sehschärfe, von Reaktionsvermögen, Kraft und Elastizität, von Atmungsvolumen und Pulsfrequenz, Körpergewicht und Muskelmasse. Hinzu kommen klassische, speziell im Alter auftretende Erkrankungen (Tumore, Prostata-Adenome, Knochenentmineralisationserkrankungen, bekannt als Osteoporose).

Auch die vielen im Lauf des Lebens erworbenen chronisch-schädigenden Einflüsse wie die degenerativen Abnutzungserscheinungen des Bewegungs- und Gelenkssystems und die sklerotischen Veränderungen der Blutgefäße als Folge lebenslanger Risiken durch Übergewicht, Nikotin, Fehlernährung, Bewegungsmangel, Stoffwechselkrankheiten und überhöhtem Blutdruck machen sich im Alter in Form schwerer Erkrankungen bemerkbar.

Das Heimtückische der dadurch verursachten stillen, chronischen Veränderungen an den großen und kleinen Blutgefäßen ist, dass nach langjährigen symptomarmen Verläufen, die zur Vernachlässigung der erforderlichen Vorsorge und Behandlungsmaßnahmen verführen, häufig abrupt massive Spätkomplikationen, wie Schlaganfälle oder Herzinfarkte eintreten.

Verschiedene Untersuchungen ergeben folgende Rangfolge der Erkrankungen im Alter: Herz- und Kreislauferkrankungen, rheumatische Erkrankungen, Erkrankungen des Bewegungsapparates, Stoffwechselkrankheiten, Erkrankungen der Verdauungsorgane und der Atemwege. Ca. 20 % der 65–75-Jährigen leiden bekannterweise an der »Alterszuckerkrankheit«.

3 Psychische Störungen im Alter

Neben den vielfältigen körperlichen Erkrankungen älterer Menschen prägen auch seelische Belastungen das Älterwerden. Die meisten psychischen Störungen im höheren Lebensalter sind auf drei wesentliche Ursachen zurückzuführen: Psycho-reaktiv entstandene, situative Depressionen bei Verlust von Lebensaufgaben und des Lebenspartners, Trostlosigkeit der Lebensumstände, soziale Verarmung, Nachlassen der Leistungsfähigkeit, familiäre Streitigkeiten, Entwurzelung durch Umzug oder Aufgabe der Berufstätigkeit und andere Umstellungs- und Trauerreaktionen. Altersbedingte hirnorganische Veränderungen führen oft zur Desorientierung, Verwirrtheit und Altersdemenz.

4 Sterben und Tod

Der Tod ist die letzte Entwicklungsstufe im Leben eines Menschen. Bis heute ist letztlich unklar, welche Körpervorgänge den Tod bewirken. Die Frage, ab wann das Sterben beginnt, ist schwer zu beantworten. Für manche beginnt es mit der Diagnose einer unheilbaren Krankheit, für andere mit dem Zeitpunkt, wenn nichts mehr für die Erhaltung des Lebens getan wird und für Pflegekräfte handelt es sich in der Regel um den unmittelbaren Zeitraum vor dem Tode. E. Kübler-Ross gliedert den Sterbeprozess in fünf Phasen auf: Auf die Phase des Nichtwahrhabenwollens folgt die Phase des Zorns. In der dritten Phase verhandeln Kranke mit Gott und Welt um Aufschub, wonach als vierte Phase ein Stadium der Depressionen folgt. In der fünften Phase wird das Unausweichliche akzeptiert und der Tod angenommen.

Sterben und Tod sind immer noch Tabuthemen. In Altenheimen und Krankenhäusern wird erwartet, dass Sterbende nicht aus »der Rolle fallen« und durch einen »stillen« Tod den Verdrängungsprozess nicht gefährden.

Sterben und Tod lösen in jedem Menschen auf der bewussten und unbewussten Ebene eine Welle von Gefühlen aus. Eigene Ängste vor Krankheit, Altern und Sterben werden berührt und neben eigenen Ohnmachts- und Hilflosigkeitsgefühlen werden immer wieder eigene Trennungsängste wachgerufen.

Helfende können sich nur als Mensch anbieten, der zur Nähe oder Distanz, zum Gespräch oder Gebet, je nach Bedürfnis des Sterbenden bereit ist.

5 Zusammenfassung

Im Alter treten sowohl somatische Krankheiten als auch psychische Störungen vermehrt auf.

Hirnorganische Veränderungen (Volksmund »Verkalkung«) führen oft zur Verwirrtheit und Demenz. Der Verlust an Lebensaufgaben und oft auch des Lebenspartners hat Depressionen zur Folge.

Altersbedingte Abnutzungserscheinungen und Erkrankungen der Blutgefäße sind die häufigsten Gründe für Herz- und Kreislauferkrankungen sowie für rheumatische Beschwerden und Einschränkungen der Bewegungsmöglichkeiten.

In ihrem Buch »Gerontopsychologie« betonen die Autoren Jürgen von Scheidt und Marie-Luise Eikelbeck, dass das Wissen über das Alter nicht als »wahre« und »bewiesene« Erkenntnisse behandelt werden darf und dass das theoretische Wissen für die Praxis von Bedeutung ist aber keineswegs ausreicht, um entsprechend zu handeln. Es sind Einstellungen, Emotionen und Erfahrungen, die unsere Begegnungen mit alten Menschen bestimmen und sich auf das Pflegeverhalten auswirken.

9.5 Lebensqualität im Alter

1 »Vielleicht die besten Jahre?«
2 Negatives »Altersbild« in den Medien
3 Entwicklungspsychologische Sicht
4 Zwei Arten des Alterns
5 Erfolgreich Altern

1 »Vielleicht die besten Jahre?«

»Vielleicht die besten Jahre überhaupt« so lautet der Titel eines Buches, in dem vor allem Lebens-Chancen ab 40 aufgezeigt werden. Optimistische Mediziner sehen realistische Möglichkeiten, die Zeitspanne zwischen Pflegebedürftigkeit und Tod stark verkürzen zu können, wenn es gelingt, die Bevölkerung zu einer gesunden Lebensweise zu erziehen. Gesundheitspsychologen haben herausgefunden, dass ältere Menschen ihre Gesundheit besser einschätzen als sie objektiv ist. Viele Beschwerden und vor allem Schmerzzustände werden – auch von Ärzten – als nicht mehr behandelbar wahrgenommen. Daraus folgt die Frage nach dem subjektiven Bewältigungsstil.

Mit Alter verbindet die Entwicklungspsychologin Charlotte Bühler folgende Begriffe: Genießen, Glück, Erfolg, Wohlstand, Erfahrungsreichtum, Verwirklichung von Idealen, innere und äußere Unabhängigkeit, innerer Frieden. Diese Selbstbestimmung wird höher eingeschätzt als der Verlust an Funktionen und an Leistungsfähigkeit. Die innere Zufriedenheit oder life-satisfaction scheint im Alter nicht an äußere Umstände und gesellschaftliche Anerkennung gebunden zu sein.

Hilfe geben in frühen Jahren und Hilfe nehmen im Alter werden als reziproke Prozesse gesehen. Soziale Unterstützung wirkt sich vor allem dann auf das Wohlbefinden und Gesundheit im Alter günstig aus, wenn sie das Gefühl der Selbstwirksamkeit verstärkt. Präventive Gerontologie fordert einen aktiven alten Menschen.

2 Negatives Altersbild in den Medien

Die anerkannte und viel beachtete Alterspsychologin Ursula Lehr stellte vor einigen Jahren mit Bedauern fest, dass es in der Öffentlichkeit wieder eine Anti-Altersideologie oder Altenfeindschaft gibt. Diese sei etwas Ähnliches wie die Diskriminierung rassischer oder religiöser Minderheiten. Alte Menschen gelten nach allgemeinem Klischee als leistungsschwach, gebrechlich, krank, pflegebedürftig – auch wenn das auf die eigenen älteren Verwandten bezeichnenderweise nur selten zutrifft. Die Medien verbreiten ein »feindliches Bild« vom Alter. Alte seien einsam, isoliert, hilflos, krank oder pflegebedürftig, arteriosklerotisch, senil, vertrottelt, eigensinnig und starrköpfig. Wie kommt es zu diesem Vorurteil? In Wahrheit sind Professorin Lehr zufolge von allen 60- bis 70-Jährigen nur 0,9 % pflegebedürftig und 0,6 % leben in Heimen.

Gerontologen befürchten, dass solche Klischees und Vorurteile als Feind von Außen zum Feind von Innen werden. Es entstehen Selbstbilder, die dem alten Mensch einreden, dass er nichts mehr tauge, die wohlverdiente Ruhe genießen solle, dass er zurückgezogen, schwarz angezogen, möglichst lautlos leben solle. Solche Vorurteile erzeugen häufig »self-fulfilling-prophecies« und sollten überwunden werden.

3 Entwicklungspsychologische Sicht

Altern ist nach Erik Erikson eine Entwicklungsaufgabe. Die erfolgreiche Bewältigung einer Entwicklungsaufgabe fügt unserer Persönlichkeit neue Stärken und Ressourcen hinzu, die die Grundlage für die Bewältigung neuer Aufgaben bilden.

Die drei Stadien des Erwachsenenalters nach Erikson sind: Intimität und Isolierung, Generativität gegenüber Selbstabsorption und Integrität gegen Lebensekel und Verzweiflung.

Intimität ist die Fähigkeit, intensive Bindungen mit anderen einzugehen, Beziehungen und Partnerschaften aufzubauen. Das erfordert verzichten, Opfer bringen und Kompromisse eingehen müssen. Menschen, die sich auf intime Beziehungen nicht einlassen können, entwickeln das Gefühl der Isolierung.

Im vorletzten Entwicklungsstadium befassen sich die Menschen nach Erikson mit dem Anliegen, die Welt zu erhalten, für künftige Generationen zu sorgen, die Fähigkeit der Fürsorglichkeit zu entwickeln. Wir lernen unseren wahren Interessen und Sehnsüchten zu folgen und gleichzeitig Verantwortung zu tragen. Wer es nicht schafft, etwas zum Leben anderer beizutragen, verfällt nach Erikson in den Stillstand und Selbstabsorption.

Im reifen Erwachsenenalter oder dem letzten Entwicklungsstadium entsteht das Gefühl der Integrität, wenn es uns gelingt, verschiedene Teile unseres Selbst zu einem Ganzen zu formen. Wenn die Bewältigung dieser Aufgabe misslingt, entstehen nach Erikson Verzweiflung, weil die uns verbliebene Zeit als zu kurz erlebt wird, und Ekelgefühle.

4 Zwei Arten des Alterns

Gerontologen unterscheiden zwischen einer aktiven und einer passiven Form des Alterns. Erfolgreiches Altern verlangt eine bewusste Entscheidung zur Aktivität und die Verpflichtung zur Selbstdisziplin. Es geht darum, etwas zu haben, wofür man lebt und etwas zu finden, wofür man leben möchte.

Aus medizinischer Sicht ist wichtig, Selbstheilungskräfte zu stärken z. B. durch die Änderung der Ernährung, weniger Medikamenteneinnahme, Vermeidung von Stress und durch Bewegung. Weil die meisten alten Menschen, die Vorurteile der Gesellschaft, sie hätten geistig abgebaut, akzeptieren, unterschätzen sie ihre mentalen Fähigkeiten. Es hilft, sich ein kleines Ziel am Tag zu setzen. Es ist wichtig, aktiv zu bleiben, sich nicht zu isolieren und Verbindung zwischen Geist und Körper zu halten. Körperliche Übungen, z. B. Spaziergänge helfen auch gegen Altersdepression.

Auch im Alter kann seelisches und geistiges Wachstum stattfinden, wenn man jeden Augenblick des Lebens bewusst lebt. Man muss die Zukunft loslassen und die Gegenwart gestalten – ohne Verschieben auf morgen!

5 Erfolgreich altern

Es gibt Menschen, die bereits mit 40 Angst haben, alt zu werden. Offensichtlich haben viele Menschen Probleme, nach vorne zu blicken und zuzugeben, dass man älter wird.

Das Alter kann man als Erfüllung des Lebens sehen: Man kann die Früchte eigener Arbeit ernten, und man hat auch die Zeit dazu. Das Alter ist eine Lebensphase der Unabhängigkeit, man ist frei von beruflichen Verpflichtungen, frei von Ambitionen, »noch was zu werden«.

Die erste Voraussetzung für erfolgreiches Altern ist nach Paula Payne Hardin eine schöpferische Haltung gegenüber den Veränderungen im Leben und die Entscheidung, das Leben, so wie es ist, zu akzeptieren. Es erfordert Mut, realistisch einzuschätzen, an welchem Punkt man sich in seinem Leben befindet. Dieser Entscheidung geht in der Regel Angst vor dem Älterwerden voraus. Zur aktiven Form des Alterns gehören die Bereitschaft, sich auf wenige wesentliche Dinge zu beschränken, gesunde Essgewohnheiten, die Verpflichtung zu lebenslangem Lernen, Humor, Lachen und auch die Fähigkeit, sich mit Sterben und Tod zu beschäftigen.

9.6 Das »Selbst« in der Psychologie und Pädagogik

1 Auf der Suche nach dem Ich
2 Vielfalt der Begriffe
3 Begriffsklärung
4 Selbst als Handlungsregulativ
5 Die Selbstwirksamkeit
6 Schlusswort

1 Auf der Suche nach dem Ich

»Auf der Suche nach dem Ich« ist der Titel eines Buches, in dem sehr viele verschiedene Formen der Psychotherapie vorgestellt werden. In der wissenschaftlichen Psychologie wurden unzählige Abhandlungen zum Thema Ich und Selbst verfasst.

Ichbewusstsein oder Selbstbewusstsein ist das Wissen um die überdauernde persönliche Eigenart. Der Erwerb dieses Wissens ist unvermeidbar und möglicherweise mit Krisen verbunden. Man nimmt an, dass sich Säuglinge im Alter von 2 bis 3 Monaten aus der Symbiose mit der Mutter ablösen, zwischen Subjekt und Objekt unterscheiden können und sich als eigene Wesen erleben. Im Englischen unterscheidet man zwischen I-self und me-self. I-self sei von Anfang an gegeben (der Mensch existiert), me-self entwickelt sich mit etwa 8 Monaten. Mit ca. 10 Monaten können sich Kleinkinder im Spiegel (Spiegelbild) selbst erkennen. Dieses »Selbst« des Kindes ist zunächst ein Fühlendes und Wahrnehmendes, später wird es auch zum Objekt der Selbstreflexion und Selbstbetrachtung (vor allem im Jugendalter).

2 Vielfalt der Begriffe

Aus der Vielfalt der Begriffe, die mit Ich und Selbst verknüpft sind, kann man eine Ahnung von der Bedeutung des Themas gewinnen. Daher seien hier die wichtigsten Begriffe aufgezählt: Selbst, Selbstkonzept, Selbstmodell, Selbstregulation, Selbstwertgefühl, Selbstbewusstsein, Selbststeuerung, Selbstbild, Selbstverwirklichung, Idealselbst, Selbstschema, Selbstkontrolle, Selbstbeherrschung, Selbstzufriedenheit, Selbstzweifel, Selbstachtung, Selbstwirksamkeit, Selbstwertschätzung, Selbstfindung u. a. Hinzu kommen verschiedene Ich-Begriffe: Ich, Ichidentität, Ichbewusstsein, Ich-Stärke, Ich-Ideal, Idealich, Körperich, Ich-Schwäche, Ich-Funktionen u.a.m.

3 Begriffsklärung

Die erste Betrachtung der Begriffe ergibt folgende Klärung: Das Ich wird zunächst als »Zentrum« des Handelns, als eine Instanz oder komplexe Fähigkeit gedeutet, die dem Menschen bewusst wird. Ich erlebe mich als mich Selbst, als die Person, die ich bin. Ich bin mir meiner selbst bewusst.

Im Struktur- oder Instanzenmodell nach Freud (vgl. Thema 3.1) stehen dem Ich das Es und Über-Ich gegenüber. Dem Ich wird die harmonisierende Funktion und die Realitätsprüfung zugeschrieben. Zu den Ich-Funktionen zählen Bewusstsein, Wahrnehmung, Erleben und Ausdrücken der Gefühle (auch von Schuldgefühlen), Denken, Kontrolle der Bewegungen, Gedächtnis, Sprache, Abwehrmechanismen, Kontrolle von Triebenergien.

Das »Selbst« verweist auf den Umgang mit sich selbst. Dieser Umgang kann gefühlsmäßiger (Selbstwertgefühl) oder gedanklicher Art sein (Selbstbewertung, Selbsteinschätzung). Beide Aspekte ergeben eine Konstruktion von mir selbst (Selbstkonzept) und zwar wie ich bin (Realselbst) und wie ich sein möchte oder könnte (potentielles Selbst, Idealselbst). Das Bild von mir selbst wird zum Handlungsregulativ, zur steuernden Instanz (Selbststeuerung, Selbstwirksamkeit, Selbstzweifel).

C.G. Jung versteht das Selbst als zentralen »Archetyp«, als eigentlichen Seelenkern, der sämtliche in der Person angelegten Kräfte keimhaft enthält. Entsprechend dieser Annahme wird die Entwicklung des Menschen als Selbstverwirklichung gesehen. Es handelt sich um eine wichtige Lebensaufgabe, da sich das Selbst in seiner Ganzheit dem Bewusstsein der erlebenden Person entzieht (ist unbewusst) und nur eine Entwicklung in Übereinstimmung mit dem Selbst zur Zufriedenheit führt.

4 Selbst als Handlungsregulativ

Das Selbst ist eine vom Menschen selbst konstruierte Bezugsgröße, die das Erleben, Verhalten und Handeln beeinflusst. Schon Wiliam James hat im Selbstwertgefühl die Spiegelung des Verhältnisses zwischen den Ansprüchen und Zielen und dem, was man erreicht hat, gesehen. Das Selbst und die mit ihm verknüpften Gefühle sind ein Regulativ der Wahrnehmungsselektion. Manche Reize werden von der Wahrnehmung fern gehalten. Den Aspekt der Wahrnehmungsfilterung hat bereits Carl Rogers (vgl. auch Baustein 6) sehr anschaulich benannt: »Die fließende, aber konsistente Organisation, die die Struktur oder das Konzept des Selbst ist, verhindert so das Eindringen einer Wahrnehmung, die im Widerspruch zu ihr steht.«

Das Selbst ist nicht eine Ich-Instanz (Fähigkeit, als System von Denken, Fühlen und Handeln), sondern ein innerer Zustand, die Gesamtheit dessen, wie ich mich erlebe. Ich handle so, wie ich mich erlebe und bewerte.

5 Die Selbstwirksamkeit

Nach der sozial-kognitiven Theorie von Albert Bandura ist zu fragen, welche subjektiven Überzeugungen unser Handeln steuern. Entscheidend sind die Vorstellungen und Überzeugungen davon, auf welche Weise bedeutsame Situationen verändert werden und in welchem Maße man sich selbst dazu in der Lage sieht, solche Veränderungen persönlich bewirken zu können. Zum Handeln werden wir außerdem motiviert durch Einstellungen und soziale Normen und durch situationsspezifische Handlungsergebniserwartungen. Dies sind bewusstseinsfähige Vorstellungen von den Konsequenzen diverser Handlungen.

Mit Selbstwirksamkeitserwartung bezeichnet man dieses Vertrauen in die eigene Kompetenz, auch schwierige Handlungen in Gang setzen und zu Ende führen zu können. Selbstwirksamkeitsgedanken können zum Beispiel folgendermaßen lauten: »Ich bin sicher, dass ich es... kann!«

Der Depressions- und Hilflosigkeitsforscher Martin Seligman von der Universität von Pennsylvania hat herausgefunden, wie seelisch gesunde Menschen ein positives Bild von sich, von der Welt und von der Zukunft entwickeln. Sie verfügen über einen optimistischen Interpretationsstil, indem sie positive Ereignisse sich selbst zuschreiben. Die Ursachen für Negatives werden nicht sich selbst, sondern den äußeren Umständen zugeschrieben.

6 Schlusswort

»Ich bin ich... Mir gehört alles an mir: Mein Körper mit allem, was er tut; Mein Verstand mit all seinen Gedanken und Ideen; Meine Augen mit allen Bildern, die sie sehen; Meine Gefühle, welche auch immer es sein mögen: Wut, Freude, Frustration, Liebe, Enttäuschung oder Aufregung; Mein Mund mit all den Worten, die aus ihm kommen: Höflich, süß oder ungehobelt, richtig oder falsch; Meine Stimme: laut oder leise; und alle Meine Handlungen in Bezug auf mich oder andere. ... Ich gehöre mir, und daher kann ich mich erschaffen. (Virginia Satir, Gestaltpsychologin und Familientherapeutin).

Aufgaben und Fragen zu den wichtigsten Themen der Psychologie und Pädagogik

1 Allgemeine Psychologie

1.1 Bestimmen Sie den Begriff Psychologie. Beschreiben Sie den Gegenstand, die Ziele und Teilgebiete der Psychologie.

1.2 Beschreiben Sie die wichtigsten Methoden der empirischen Psychologie.

1.3 Bestimmen Sie den Begriff Wahrnehmung. Erläutern Sie den Einfluss angeborener Organisationstendenzen sowie individueller und sozialer Faktoren auf den Wahrnehmungsprozess.

1.4 Erläutern Sie anhand eines Gedächtnismodells, wie Informationen gespeichert und abberufen werden.

1.5 Erläutern Sie unter Berücksichtigung geeigneter gedächtnispsychologischer Erkenntnisse Möglichkeiten zur Verbesserung des Lernens (Lern- und Studiertechniken).

1.6 Bestimmen Sie den Begriff Denken. Beschreiben Sie Funktionen und Formen des Denkens.

1.7 Beschreiben Sie anhand von Beispielen verschiedene Merkmale und Funktionen von Emotion und Motivation.

1.8 Verdeutlichen Sie mit Hilfe eines Stressmodells, wie Menschen Stress erleben und welche Möglichkeiten der Bewältigung es gibt.

1.9 Bestimmen Sie den Begriff Persönlichkeit und beschreiben Sie den Aufbau und Struktur der Persönlichkeit mit Hilfe geeigneter Modelle.

2 Grundbegriffe der Pädagogik

2.1 Bestimmen Sie die Begriffe Pädagogik und Erziehungswissenschaft. Erläutern Sie einige Merkmale der Pädagogik als Wissenschaft.

2.2 Erörtern Sie die Erziehungsbedürftigkeit und Erziehungsfähigkeit des Menschen aus der Sicht geeigneter anthropologischer Erkenntnisse.

2.3 Bestimmen Sie den Begriff Erziehung und setzen Sie sich dabei mit verschiedenen Merkmalen der Erziehung auseinander!

2.4 Erörtern Sie Ziele der Erziehung. Beschreiben Sie eine leitende Zielvorstellung, Einstellungen der Erzieher und den Wandel der Erziehungsziele..

2.5 Erläutern Sie die Bedeutung des emotionalen Bezugs und der Umwelt für die Erziehung!

3 Psychoanalyse und Erziehung

3.1 Erläutern Sie grundlegende Annahmen der psychoanalytischen Theorie und beschreiben Sie das Instanzenmodell der Persönlichkeit.

3.2 Beschreiben Sie mit Hilfe des Phasenmodells den Verlauf der Entwicklung aus der Sicht der Psychoanalyse. Erarbeiten Sie eine kritische Stellungnahme.

3.3 Erörtern Sie (evtl. an Beispielen) die Entstehung und Abwehr der Angst aus psychoanalytischer Sicht.

3.4 Welche erzieherische Aufgaben lassen sich aus den Aussagen der Psychoanalyse zur frühkindlichen Entwicklung ableiten? (Evtl.: Zeigen Sie an geeigneten Beispielen auf, wie sich Erziehungsfehler auswirken.)

4 Lerntheorien und Erziehung

4.1 Erläutern Sie Lernen im Sinne der klassischen Konditionierung und der operanten Konditionierung. Erstellen Sie einen Vergleich und eine kritische Stellungnahme.

4.2 Setzen Sie sich kritisch mit der Bedeutung der Erkenntnisse zum Reiz-Reaktions-Lernen (oder der klassischen und operanten Konditionierung) für die Erziehungspraxis auseinander.

4.3 Erläutern Sie grundlegende Aussagen der sozialkognitiven Theorie nach Bandura.

4.4 Verdeutlichen Sie die Bedeutung der sozialkognitiven Theorie für Erziehung und Therapie.

5 Entwicklung und Erziehung

5.1 Beschreiben Sie (evtl. an einem ausgewählten Beispiel) die Entwicklung unter dem Aspekt der Differenzierung und Integration.

5.2 Stellen Sie zentrale Annahmen einer Entwicklungstheorie dar.
Oder: Erörtern Sie den Verlauf der Entwicklung aus psychoanalytischer Sicht.

5.3 Erläutern Sie (evtl. an ausgewählten Beispielen) das Zusammenwirken von exogenen, endogenen und autogenen Faktoren.

5.4 Erörtern Sie verschiedene Auffassungen über das Zusammenwirken von Entwicklung und Erziehung. Oder: Welche Hinweise zur Gestaltung der Erziehung lassen sich aus den Erkenntnissen über die Entwicklung ableiten?

6 Soziale Kommunikation und soziale Einstellungen

6.1 Beschreiben Sie die fünf Axiome der Kommunikationstheorie nach Watzlawick.

6.2 Verdeutlichen Sie mit Hilfe zentraler Annahmen einer Kommunikationstheorie, wie Kommunikationsstörungen entstehen.

6.3 Erarbeiten Sie mit Hilfe zentraler Annahmen einer Kommunikationstheorie Möglichkeiten gelungener Kommunikation.

6.4 Erläutern Sie an einem geeigneten Beispiel den Begriff, die wichtigsten Merkmale, Komponenten und Funktionen von Einstellungen.

6.5 Erklären Sie den Erwerb von Einstellungen mit Hilfe einer Lerntheorie (evtl. an einem Beispiel).

6.6 Zeigen Sie (evtl. an einem Beispiel) Möglichkeiten zur Änderung von Einstellungen auf und begründen Sie Ihre Ausführungen mit Hilfe zentraler Aussagen einer Theorie (mit Hilfe der Theorie der kognitiven Dissonanz).

7 Sozial- und Sonderpädagogik

7.1 Bestimmen Sie die Begriffe Sozialpädagogik und Sozialarbeit und erarbeiten Sie Ziele und Aufgaben sowie Chancen und Probleme sozialpädagogischer Arbeit.

7.2 Erläutern Sie die Aufgaben der Sozialpädagogik am Beispiel einer außerfamiliären Erziehungseinrichtung (z. B. Kindergarten). Oder: Bestimmen Sie den Begriff Kindergarten und beschreiben Sie Aufgaben und Formen der Kindergartenerziehung.

7.3 Erläutern Sie das methodische Vorgehen der Sozialpädagogen am Beispiel der Einzelhilfe. Oder: Erläutern Sie an einem Beispiel das methodische Vorgehen der Sozialpädagogen im Sinne der Einzelhilfe.

7.4 Erläutern Sie die theoretischen Grundlagen und die Phasen der Durchführung des verhaltensorientierten Handlungskonzepts.

7.5 Erläutern Sie grundlegende Annahmen des ökologischen Denkens und beschreiben Sie an einem Beispiel Merkmale, Aufgaben und Strategien ökologischer Sozialarbeit.

7.6 Bestimmen Sie die Begriffe Beeinträchtigung, Behinderung, Verhaltensstörung und Gefährdung. Zeigen Sie die Problematik dieser Begriffe auf.

7.7 Erklären Sie (an einem Beispiel, Fallbeispiel) mit Hilfe geeigneter Aussagen einer Theorie die Entstehung einer Verhaltensstörung. Oder: Erörtern Sie die Entstehung von Störungen.

7.8 Erörtern Sie die Formen und die Entstehung von Behinderungen.

7.9 Setzen Sie sich kritisch mit Möglichkeiten der Beratung und Hilfe bei Behinderungen und Störungen auseinander!

8 Klinische Psychologie und Gesundheitspsychologie

8.1 Erörtern Sie die Problematik der Begriffe Gesundheit und Krankheit. Wie wird das gesundheitsfördernde Verhalten bzw. das Unterschätzen von Krankheitsrisiken erklärt?

8.2 Beschreiben Sie die Klinische Psychologie als eine Teildisziplin der angewandten Psychologie. Oder: Beschreiben Sie Aufgaben und Berufe der klinischen Psychologie.

8.3 Beschreiben Sie Merkmale psychischer Störungen. Gehen Sie dabei insbesondere auf den Unterschied zwischen Psychose und Neurose ein. Wie äußern sich Angststörungen?

8.4 Setzen Sie sich kritisch mit den Methoden und Möglichkeiten verschiedener Psychotherapien auseinander.

8.5 Erläutern Sie die wichtigsten Anliegen und die dazugehörigen Erkenntnisse der Gesundheitspsychologie.

9 Verschiedenes: Organisation, Altern, Selbstkonzept

9.1 Setzen Sie sich mit der Notwendigkeit, den Aufgaben und Problemen der Organisationsentwicklung und Menschenführung kritisch auseinander.

9.2 Beschreiben Sie das Konzept der Organisationsentwicklung. Erläutern Sie dabei die Ziele, den Ablauf und die Grundsätze. Was versteht man unter Praxisberatung?

9.3 Beschreiben Sie Vorgänge und Erklärungsmodelle des Alterns. Berücksichtigen Sie dabei auch die Bedeutung sozialer Netzwerke.

9.4 Erörtern Sie einige spezielle Probleme, die im höheren Alter zu bewältigen sind (z. B. Sterben und Tod, Gesundheitsprobleme, psychische Störungen, Vorurteile).

9.5 Setzen Sie sich kritisch mit der Lebensqualität im Alter auseinander. Welche Entwicklungsaufgaben müssen im Alter bewältigt werden? Erläutern Sie die Grundlagen des »erfolgreichen Alterns«.

9.6 Erläutern Sie die Begriffe »Ich« und »Selbst«. Stellen Sie Zusammenhänge zwischen Selbst (Selbstkonzept) und Erleben, Verhalten und Handeln dar.

Kleines pädagogisches und psychologisches Wörterbuch

Liebe Schüler, liebe Leser, bereits beim Lesen der Falldarstellung im Baustein 1 werden Sie festgestellt haben, dass die Verwendung von Fremdwörtern und von so genannten Fachtermini unvermeidbar ist. Die Fallschilderung informiert über außerordentlich komplexe und geheimnisvolle Vorgänge, die man nicht oder nur teilweise erklären und verstehen kann, und daher viele Deutungen möglich und sinnvoll sind. Die Fallanalyse verdeutlicht auch Grenzen der Psychologie und Pädagogik und macht auf die Notwendigkeit der Fachsprache aufmerksam.

Will man in psychologischen und pädagogischen Texten ein Mindestmaß an Genauigkeit und wissenschaftlichem Anspruch erreichen, so muss man sich einer Sprache bedienen, die über den Wortschatz der Alltagssprache hinausgeht. Auf den nachfolgenden Seiten sind die in der Fachliteratur und in diesem Lehrbuch am häufigsten gebrauchten Fachbegriffe zusammengestellt und kurz erläutert. Dabei wird insbesondere die Bedeutung der Wörter bzw. der Begriffe und der wissenschaftliche Zusammenhang, in dem sie benutzt werden, aufgezeigt.

Das in diesem Baustein nach Lexikonart zusammengestellte Wissen soll das Lesen wissenschaftlicher Texte erleichtern. Erst wenn man die »Schlüsselbegriffe« einzelner Texte korrekt und vollständig beherrscht, kann man sich auf den Inhalt konzentrieren und die einzelnen Aussagen verstehen. Je genauer man die Aussagen versteht, desto besser werden diese im Gedächtnis behalten, um dann für Problemlösungen zur Verfügung zu stehen. Wenn man die Fachsprache beherrscht, kann man Projekte selbständig bearbeiten und im Unterricht qualifiziert mit denken und mitarbeiten. Außerdem kann das »Wörterbuch« auch als Zusammenfassung wichtigster Erkenntnisse angesehen werden. Durch das »Bearbeiten« des Wörterbuchs kann man sich schon so viel Wissen aneignen, dass man in wichtigen Diskussionen sachkundig mitreden kann und auch für jede Prüfung eine solide Grundlage besitzt. Mit Hilfe des Wörterbuchs ist es auch möglich, gezielt das bereits vorhandene Wissen zu testen und zu überprüfen.

Sollten Ihnen Fremdwörter begegnen, die in diesem Wörterbuch nicht auftauchen, müssten Sie zusätzlich ein Fremdwörterbuch benutzen.

- *Abwehrmechanismus* — Von S. Freud entdeckte unbewusste Strategien des Ich, um die Wirkung solcher Ängste zu verringern, die als Folge verbotener Triebwünsche oder negativer Gefühle entstehen.

- *Affekt, affektiv* — Heftiges, starkes Gefühl. Mit affektiv werden alle Erlebnisse und Verhaltensweisen bezeichnet, die durch starke Gefühle bedingt oder mit starken Gefühlen eng verknüpft sind und von gefühlsmäßiger Erregung begleitet werden.

- *Aggression, aggressiv* — Angriff, angriffslustig, streitbar. Verhaltensweisen und Handlungen, die Schädigungen anderer Organismen oder Gegenstände zur Folge haben; aggressiv = angriffslustig, Neigung zu Gewalt, streitbar, Absicht, einen Menschen direkt oder indirekt zu schädigen; Aggression wird als Ausdruck des Aggressionstriebes, als Folge der

Frustration, als Abwehr der Angst und als Ausdruck bösartiger (destruktiver) Neigung gedeutet. Von der instrumentellen oder auch »gesunden« Aggression spricht man, wenn – vor allem bei Tieren – zweckgerichtete, meist angeborene und durch Instinkte gesteuerte Aggressionen z. B. zur Revierverteidigung oder zur Nahrungsbeschaffung auftreten.

- *ambivalent* — Doppelwertig. Zwei widerstreitende Gefühle, z. B. Liebe-Hass, Angst-Geborgenheit; sich zwischen zwei Möglichkeiten nicht entscheiden können.

- *Anale Phase* — Von Sigmund Freud stammende Bezeichnung für die seelische Entwicklung des Kindes im zweiten und dritten Lebensjahr. Lustspendend sind Tätigkeiten, die mit dem Afterbereich (erogene Zone) verknüpft sind. In diesem Entwicklungsabschnitt ist die Lösung des innerpsychischen Konflikts von Liebe und Hass von entscheidenden Bedeutung für die Entstehung einer positiven Beziehung zum Ich (Autonomiestreben).

- *analog, analoges Denken* — Entsprechend, ähnlich, gleichartig. Ausdruck, Mimik, Gestik, Tonfall werden in der Kommunikation analoge Zeichen genannt. Mit Hilfe des analogen Denkens werden Beziehungen zwischen Ereignissen verschiedener Ebenen, z. B. körperliche Krankheit und psychische Belastung hergestellt. Die Erscheinung auf der Ebene des Körpers spiegelt oder symbolisiert (= Analogie) das Geschehen auf der psychischen Ebene. Die Astrologie bedient sich des analogen Denkens.

- *Analyse* — 1. Allg.: Zergliederung, Zerlegung, Untersuchung, Auflösung in Einzelteile. 2. Analyse gilt als Bezeichnung für die von Freud entwickelte therapeutische Methode (vgl. Psychotherapie).

- *Anamnese* — Vorgeschichte einer Krankheit aus der Sicht des Erkrankten; Erhebung der Daten, die dem Kranken bekannt sind; Bezeichnung für die erste Phase bei der Durchführung einer Einzelhilfe, das Sammeln von Informationen.

- *Anima, Animus* — Die von C. G. Jung eingeführte Bezeichnung für das gegengeschlechtliche Bild (Anima beim Mann und Animus bei der Frau), das sich in der Regel zusammensetzt aus Erfahrungen, die die Menschheit mit dem anderen Geschlecht gemacht hat (Archetypus). Anima/Animus setzen sich zusammen aus verdrängten gegengeschlechtlichen Eigenschaften und auch aus Erlebnissen mit dem anderen Geschlecht. Anima oder Animus ist damit eine Bezeichnung für die nicht gelebte Seite, den Schatten in uns.

- *Anlage, Anlage-Umwelt-Problem* — Die Gesamtheit der innerorganismischen Informationen über die Entwicklung eines Menschen, die bei der Geburt vorhanden sind.

Anlagen werden vererbt. Mit Erbe oder Erbgut wird die Gesamtheit der genetischen Information beider Eltern bezeichnet. In der Biologie wird die Anlage mit dem Begriff Genotyp ersetzt. Eine viel diskutierte Frage der Pädagogik und Psychologie ist das sog. Anlage-Umwelt-Problem. Es geht um die Frage, welchen Einfluss bei der Entwicklung individueller Persönlichkeitsmerkmale die genetische Information und welche die Umwelt (Erziehung) ausübt.

- *Anreiz* – Situation, die Wünsche und Motive weckt, die uns anspricht; etwas, das wir zu erreichen oder zu vermeiden versuchen.
- *Anthropologie, pädagogische* – Mit den Bezeichnungen »biologisches Mängelwesen« (Arnold Gehlen), »instinktreduziertes Wesen« (Nico Tinbergen), »physiologische oder extrauterine Frühgeburt« (Adolf Portmann) und »weltoffenes Wesen« (J. v. Üxküll) haben Anthropologen die Merkmale und Wesenseigenschaften des Menschen zusammengefasst, die durch den Vergleich mit Tieren aufgefallen sind. Mit den Begriffen wie »soziales Wesen«, »kulturelles oder soziokulturelles Wesen«, »rationales und geistiges Wesen« werden die Eigenschaften des Menschen herausgestellt, die Tiere nicht besitzen. Aus diesen Erkenntnissen geht hervor, dass der Mensch erziehbar ist (Erziehungsfähigkeit) und Erziehung braucht (Erziehungsnotwendigkeit oder -bedürftigkeit).
- *Antizipation* – Vorwegnahme; gedankliche Vorwegnahme einer Handlung oder der Ergebnisse einer Handlung; Vorstellung, Voraussicht von Ereignissen und Ausrichtung des Verhaltens nach dieser Vorwegnahme. Gedankliche Vorwegnahme oder Erwartung von Ergebnissen einer Handlung und vorausschauende Einschätzung eigener Fähigkeiten spielt in der sozialkognitiven Theorie von Bandura (vgl. dort) eine entscheidende Rolle.
- *Archetypus* – Urbild, Urform. Nach C. G. Jung haben sich im Laufe der Jahrtausende unbewusste Kräfte, Begriffe und Bedeutungen entwickelt, die unser Erleben und Verhalten stark beeinflussen. Beispiele: König, Mutter, Schlange, Hexe, Tod, Unschuld, Schuld usw.
- *Assoziation* – Verknüpfungen, Verbindungen zwischen Gedanken, Vorstellungen, Erinnerungen; Verknüpfungen zwischen Reizen und Reaktionen, zwischen Reaktionen und deren Folgen.
- *Attribution, Attribuierung* – Beigabe, Kennzeichnung, mit Eigenschaft versehen. Aus der Sozialpsychologie stammende Bezeichnung für die Tatsache, dass Menschen sich selbst als Ursache für Erfolge oder Misserfolge ansehen (innere Attribuierung) oder die Ergebnisse als Folge äußerer Umstände erklären (äußere Attribuierung). Da es sich dabei um eine Ursachenzuschreibung handelt, wird auch von Kausalattribuierung gesprochen.

- *Autismus* Selbstabsperrung von der Außenwelt, schwere Kontaktstörung, Verschlossenheit. Autistische Kinder sind beziehungslos, sind auch den Müttern nicht zugänglich, bevorzugen gleichmäßige Bewegungen und strenge Ordnung, reagieren nicht auf Ansprache.

- *Autorität, autoritär* Geltung, Ansehen, Einfluss, Macht einer Person. Autorität (Macht) wird anerkannt Kraft des Amtes (Amtsautorität), dank der Kompetenz und des Wissens (Sachautorität) und auf Grund des Vertrauens (Persönlichkeitsautorität). Autoritätsverhältnis ist wichtige Voraussetzung für eine erfolgreiche Erziehung. Autoritäres Verhalten der Erzieher ist Zeichen für fehlende Autorität. Autoritär hat Kurt Lewin den Führungsstil genannt, für den Drohungen, Kritik, Befehle, Strafen und Machtmissbrauch charakteristisch sind.

- *Aversion* Abneigung, Widerwille; aversive Reize sind unangenehme Reize, die Vermeidungsreaktionen auslösen.

- *Axiom* Anerkannter Beweis, wahrer Grundsatz, eine Aussage, die nicht bewiesen werden muss. Axiome sind einsichtige, wichtige Behauptungen von zentraler Bedeutung. In der Psychologie sind z. B. Axiome von Paul Watzlawick bekannt, mit deren Hilfe sich Kommunikationsstörungen erklären lassen.

- *Bedürfnis* Bezeichnung für das Bestreben der Menschen, bestimmte Defizite, Mangelzustände zu beseitigen. Die wichtigsten Bedürfnisse sind Streben nach Anerkennung, Macht, Geborgenheit, Sicherheit und Selbstverwirklichung.

- *Begriff, Begriffsbildung* Wörter sind Namen, Bezeichnungen, Symbole für das Bezeichnete (das Symbolisierte). Das Bezeichnete oder der Begriff ist eine Zusammenfassung einer mehr oder weniger großen Menge von wesentlichen Merkmalen von etwas. Begriffe sind »Sinngehalt«, Einheiten der Realität, sind Vorstellungen, Produkte des Verstandes. Mit Hilfe der Begriffe können wir eine große Anzahl von Einzeldaten zusammenfassen. Begriffe sind Elemente des Denkens, sind Mittel, um die Wirklichkeit zu verstehen. Mit Hilfe der Definitionen und Umschreibungen wird der »Inhalt« der Begriffe erläutert. Begriffe wie Freiheit, Alter, Sexualität, Tisch, Psychologie bilden sich durch Erfahrung (natürliche Begriffe), sowie über Logik und Denken aus.

- *Behinderung* Behindert werden Menschen genannt, die aufgrund körperlicher (Lähmung, Missbildung, Sinnesschädigung), seelischer (Depression, Sucht) oder geistiger (Unfähigkeit, zu lernen, Geisteskrankheiten), eindeutig nachweisbarer Schäden oder Erkrankungen in wichtigen Lebensbereichen wie Schulbildung, Erwerbstätigkeit, Erziehung, Kommunikation erheblich und dauerhaft beeinträchtigt sind und deshalb besonderer Hilfe bedürfen.

- *Bekräftigung* Bezeichnung für bedürfnisbefriedigende, positive, angenehme Konsequenzen oder Folgen einer Handlung, die dazu führen, dass solch eine Handlung immer öfter ausgeführt wird. Bekräftiger oder Verstärker werden Reize genannt, die die Fähigkeit haben, die Auftrittswahrscheinlichkeit eines Verhaltens zu erhöhen (wegen angenehmer Wirkung).

- *Beratung* Sammelbezeichnung für verschiedene Maßnahmen, die zum Einsatz kommen können und bei Bedarf auch eingesetzt werden, um zur Beseitigung persönlicher (auch finanzieller) und sozialer Probleme beizutragen. Es handelt sich um Hilfe zur Selbsthilfe, d h. das Problem muss vom Problemgeber, vom Ratsuchenden, vom Klienten selbst gelöst werden. Auf dem Weg zur Lösung wird er vom Berater informiert, begleitet, unterstützt und ermutigt. Das Problem wird genau definiert, es werden Rückmeldungen zum Denken und Fühlen gegeben und evtl. auch verschiedene Trainings eingesetzt. In der Beratung sind Ratschläge, Trösten, Deutungen des Verhaltens, Verniedlichungen und wertende Aussagen zu vermeiden. Hilfreich sind Gestaltung der Beziehung, Solidarität, Einfühlung, klare Rückmeldungen, Fachwissen, kreative Einfälle, Wahrnehmungs- und Kommunikationsübungen usw.

- *Bewusstes, Bewusstsein* Bewusstes umfasst nach Freud alle Vorstellungen, Urteile, Ideen, Gedanken, Wahrnehmungen, über die der Mensch Auskunft geben kann. Bewusstsein gilt als Bezeichnung für einen Zustand der Wachheit, für alle Vorgänge, die der Selbstbeobachtung zugänglich sind.

- *Charakter* Bezeichnung für wesentliche, relativ stabile Eigenschaften einer Person. In der wissenschaftlichen Psychologie wird nicht vom Charakter, sondern von Persönlichkeit (vgl. dort) gesprochen.

- *Coping* Bezeichnung für alle kognitiven, emotionalen und verhaltensmäßigen Anstrengungen, um eine Belastung oder Stress zu bewältigen. Lazarus unterscheidet als grundlegende Bewältigungsformen (copingformen) aktive zielorientierte Bemühungen wie Informationssuche, direkte Aktion und eher passives, hilfloses Ertragen oder Abwehren der Belastung durch Entwicklung negativer Gefühle, Drogeneinnahme u. a. Die Wahl der Strategie hängt von der Einschätzung der Belastung als Herausforderung oder als Bedrohung und von der Bewertung eigener Bewältigungsfähigkeiten ab.

- *Denken, Denkstil* Bezeichnung für Problemlösungen und für Herstellungen von Beziehungen oder Zusammenhängen mit Hilfe innerlicher, nicht beobachtbarer, nur der Selbstbeobachtung, Introspektion zugänglicher Prozesse. Es handelt sich um eine Tätigkeit des Geistes, des Verstandes, der Intelligenz. Ergebnisse des Denkens sind Gliederungen (Zerlegung in Einzelteile), Begriffsbildungen, Klassifikationen (Herstellung einer Ordnung), Erfindungen (kreative Leistungen), Problemlösungen, Einsichten (Verstehen einer neuen Situation, Entwurf eines neuen Handlungsplans, Wahrnehmung einer bisher nicht erkannten Eigenschaft). In diesem Sinne könnte das Denken als die interpretierende und ordnungsstiftende Verarbeitung von Informationen angesehen werden. Logisches oder konvergentes Denken sucht eine richtige Lösung, das kreative oder divergente Denken sucht nach neuartigen, nützlichen, bisher nicht gekannten, sinnvollen Lösungen und Ergebnissen. Mit Denkstil, auch Denkgewohnheit oder kognitiver Stil genannt, wird ein beständiger, für einzelne Menschen typischer Umgang mit Informationen bezeichnet. Manche Menschen »denken impulsiv«, andere können Widersprüche nicht ertragen (Schwarz-Weiß-Denken), Dritte nehmen Personen und Objekte immer in Abhängigkeit von der Umgebung wahr (feldabhängiger Denkstil), andere neigen zur Interferenz, d. h. zur Überlagerung und Verquickung verschiedener Informationen.

- *Depression*

Niedergeschlagenheit, traurige Verstimmung. Zustand extremer Gleichgültigkeit, Passivität, Antriebsschwäche, Apathie, Verlangsamung der Bewegungen, Interesselosigkeit, Angst. Die genannten Verhaltensmerkmale werden oft begleitet von vegetativen Störungen wie Gewichtsabnahme, Schlaflosigkeit, Appetitlosigkeit. Depression kann durch belastende Ereignisse ausgelöst werden (exogen) und führt oft zu Selbstmordgedanken. Die Entstehung der sog. endogenen Depression wird als Folge genetischer Faktoren gedeutet.

- *Deprivation*

Entzug aller oder nur bestimmter Reize, z. B., Verhinderung jeglichen sozialen Kontakts (soziale Isolation) während eines längeren Zeitraums. Mit Deprivation, gebräuchlicher ist die Bezeichnung Frustration, wird auch fehlende Bedürfnisbefriedigung bezeichnet. Deprivation kann in der frühen Kindheit zu Entwicklungsstörungen (Hospitalismus, vgl. dort) und später zu psychischen Schäden führen.

- *Determination*

Festlegung, Bestimmung, Begrenzung. In Psychologie und Pädagogik wird oft die Frage gestellt, durch welche Faktoren und Einflüsse ein Verhalten festgelegt, bestimmt, determiniert ist. Beim Anlage-Umwelt-Problem geht es um die Frage, welches Verhalten und zu welchem Ausmaß von der Anlage und welches durch die Umwelt bestimmt ist. Ganz allgemein wird oft gefragt, ob der Mensch in seinem Verhalten frei oder z. B. durch unbewusste Kräfte determiniert ist.

- *Diagnose* Erkennen, Feststellen einer Krankheit. Diagnose beinhaltet das Beschreiben der Symptome, die Ermittlung der Ursachen und die Erklärung des Verlaufs. So wird auch bei Wettervorhersage von Diagnose gesprochen.

- *Differenzierung* Unterscheidung, Trennung, Aufgliederung. In der Entwicklungspsychologie wird die Bezeichnung Differenzierung für die Ausgliederung, für die Entwicklung vieler Einzelteile aus einem globalen Ganzen verwendet.

- *Diskriminierung* In der Wahrnehmungs- und auch Lernpsychologie wird Diskriminierung die Unterscheidung, Trennung zwischen verschiedenen, auch ähnlichen Reizen genannt (Reizdiskriminierung). In der Sozialpsychologie, z. B. beim Thema Vorurteile (vgl. dort), wird mit Diskriminierung die soziale Abwertung von Fremdgruppen oder Rassen, die feindselige Haltung gegenüber Minderheiten und behinderten Menschen bezeichnet.

- *Disposition* Angeborene Anlage für eine bestimmte Eigenschaft oder Fähigkeit; Neigung, Anfälligkeit für Krankheiten. In der Psychologie werden vor allem im Zusammenhang mit dem Begriff Persönlichkeit alle individuellen Verhaltensbereitschaften Dispositionen genannt.

- *Dissonanz* Missklang, Unstimmigkeit, Spannung, Widerspruch. Vgl. auch kognitive Dissonanz.

- *Dominant, Dominanz* Vorherrschend, streben danach, andere zu bevormunden. Dominant werden Erbfaktoren oder Gene genannt, die sich gegenüber schwächeren (rezessiven) im Erscheinungsbild (Phänotyp) durchsetzen. Das Gegenteil von Dominanz ist Unterwerfung (Submission). Mit Dominanz wird auch ein Persönlichkeitsmerkmal bezeichnet, das mit Fragebogen ermittelt wird. Es zeigt sich in der allgemeinen Tendenz, andere zu kontrollieren (dominantes Auftreten).

- *Doppelbindung* Bezeichnung aus der Kommunikationspsychologie. Verknüpfung verschiedener Informationen oder Botschaften, die keine sinnvolle Reaktion zulassen. Zwickmühle in der Interaktion zwischen zwei Personen, die in enger Beziehung stehen (z. B. Mutter - Kind), aus der es kein Entrinnen gibt. Die Situation wird als unausweichlich erlebt. Mit double-bind-hypothesis wird die Auffassung von R. Bateson bezeichnet, dass solche Kommunikation und Interaktion in der Familie schizophrenieerzeugend wirkt. Meist handelt es sich um Widersprüche zwischen sprachlichen (auch digital genannt) und nichtsprachlichen (analogen) Botschaften (Mimik, Gestik, Tonfall usw.). Eine solche Doppelbindung ist erst dann gegeben, wenn wegen der Abhängigkeit zwischen zwei Personen eine Reaktion zwingend erforderlich ist. Der Widerspruch zwischen den Botschaften ist dabei so verdeckt, dass er bewusst nicht erkannt wird und daher unbewusst krankmachend wirkt.

- *Egoismus* Eigenliebe, Ichliebe, Eigennutz, Selbstsucht. Die Tendenz der Menschen in Konkurrenzsituationen an sich zu denken, für eigene Vorteile zu sorgen, eigene Interessen durchzusetzen. Gesunder Egoismus führt in der Regel nicht zu unsozialem Verhalten. Egoismus ist zu unterscheiden vom Egozentrismus. Egozentrische Menschen sind unreif, wollen ständig im Mittelpunkt stehen, streben nach Aufmerksamkeit, nach sofortiger Bedürfnisbefriedigung und können berechtigte Wünsche anderer nicht akzeptieren.

- *Egozentrismus* Ein wesentliches Merkmal des kindlichen Denkens ist der Egozentrismus, d. h. die Meinung des Kindes, nur seine Sichtweise sei richtig bzw. die Schwierigkeit des Kindes, den Standpunkt eines Gegenübers einzunehmen. Das Kind deutet die Welt »aus sich heraus« und sieht alle Dinge als beseelt an (Animismus) oder als von ihm gemacht (Artifizialismus).

- *Einsicht* Die neuartige Sicht eines Problems und zwar so, dass die Lösung »gesehen« wird. In der Psychologie wird betont, dass es sich bei Einsicht um eine Neustrukturierung der Wahrnehmung handelt: Etwas wird neu, anders, aus einer bisher nicht entdeckten Sicht (Aha-Erlebnis) wahrgenommen.

- *Einstellung* Im Laufe der Entwicklung erworbene, relativ stabile Bereitschaften, sich gegenüber bestimmten Objekten, Personen oder Institutionen zustimmend, bejahend oder ablehnend zu verhalten, werden Einstellungen (Attitüde, Haltungen) genannt. Einstellungen bestehen aus drei Komponenten: mit kognitiver Komponente werden das Wissen, die Überzeugungen, mit affektiver die Gefühle und mit konativer das Verhalten (die Verhaltensabsichten) gegenüber dem Objekt der Einstellung zusammengefasst. Mit Hilfe verschiedener Denkmodelle (Theorien) haben Sozialpsychologen versucht, die Entstehung sozialer Einstellungen zu erklären.

- *Einzelhilfe, Einzelfallhilfe* Bezeichnung für die Methode der Sozialpädagogik, die auch Casework oder soziale Fallarbeit genannt wird und sich durch folgende Merkmale näher beschreiben lässt: Berufliche Helfer leisten Menschen in psychosozialen Schwierigkeiten Hilfe zur Selbsthilfe. Dabei berücksichtigen sie wissenschaftliche Erkenntnisse über das Verhalten von Menschen, gehen systematisch vor und mobilisieren Hilfen der Gesellschaft und nicht beanspruchte Kräfte des Klienten. Die Herstellung einer positiven Beziehung und hilfreiche Gesprächsführung sind entscheidend für das Gelingen der Beratung.

- *Emotionen* Gefühle oder Emotionen sind Befindlichkeiten, Ich-Zustände, die den Körper, das Erleben und Verhalten betreffen und den Menschen als Erregung, Spannung oder Beruhigung bewusst werden. Emotionen sind untrennbar mit körperlichen Veränderungen wie schnellerer Atmung, Zittern, Schweißausbrüchen, verstärkter Magen- und Darmtätigkeit, erhöhter Hautwiderstand verbunden und können von unterschiedlicher Intensität sein. Gefühle entstehen spontan, unwillkürlich, rücken den eigenen Zustand (»Wie-geht-es-mir-Modus«) in den Mittelpunkt des Bewusstseins, zeigen sich im Ausdruck (Mimik, Gestik, Bewegung) und haben eine motivierende, aktivierende Funktion (Vermeidung, Annäherung). Dieter Ullich teilt Gefühle in vier Gruppen ein: Zuneigungsgefühle (Liebe, Sympathie, Bindung, Mitgefühl, Stolz, Wohlwollen, Freundlichkeit, Sehnsucht – sie werden auch natürliche Gefühle genannt), Abneigungsgefühle (Ekel, Abscheu, Verachtung, Ärger, Wut, Zorn, Angst, Hass, Eifersucht), Wohlbefindensgefühle (Lustgefühl, Genuss, Freude, Zufriedenheit, Glück) und Unbehagensgefühle (Trauer, Kummer, Niedergeschlagenheit, Müdigkeit, Schuldgefühl, Unruhe, Stress). Gefühle haben wichtige lebenserhaltende und orientierende Funktion. Man spricht von der Urteilskraft der Gefühle, von der emotionalen Vernunft, von der emotionalen oder auch von der sozialen Intelligenz.

- *Empathie*

Mitfühlen, fühlen, als sei man selbst betroffen, Gefühle der Mitmenschen verstehen, nachvollziehen können. Einfühlendes Verstehen ist nach Carl Rogers eines der wichtigsten Merkmale der Gesprächstherapie. Einfühlung wird in der Psychologie gedeutet als »prosoziales Verhalten« (Hilfsbereitschaft), als Perspektivübernahme (Fähigkeit, die Sicht der anderen zu übernehmen), als emotionale Anteilnahme, zu der wir moralisch verpflichtet sind (Hans Jonas).

- *Empirie, empirisch*

Erfahrung, auf Erfahrung oder Beobachtung beruhend. Wissenschaften, die nur Erfahrung als Erkenntnisquelle zulassen, werden empirisch genannt. Empirische Methoden der Erkenntnisgewinnung sind Beobachten, Messen und Experiment.

- *Endogen*

Im Inneren entstehend, von innen kommend. Endogen werden alle psychischen Prozesse und Erscheinungen (z.B. Krankheiten) genannt, die man nicht auf äußere Einflüsse (exogen, von außen kommend) zurückführen kann. Endogen steht für »anlagebedingt« (genetisch vorprogrammiert).

- *Entwicklung*

Mit dem Begriff Entwicklung werden in der Psychologie alle Veränderungen des Erlebens und Verhaltens zusammengefasst, die aus dem Zusammenwirken innerer (endogene, Anlage), äußerer (Umwelt) und der Selbstkräfte des Individuums entstehen, eine logische Reihenfolge ergeben (individueller Lebenslauf), für bestimmte Altersstufen charakteristisch sind und sich als Differenzierung eines globalen Anfangszustandes beschreiben lassen.

- *Enuresis*

Von Bettnässen oder Enuresis spricht man, wenn ein Kind nach dem dritten oder vierten Lebensjahr nachts einnässt. Das Einnässen ist in der Regel eine Folge starker Spannungen, familiärer Belastungen (Geburt des Geschwisterchens), einer zu strengen Reinlichkeitserziehung oder der emotionalen Ablehnung des Kindes.

- *Erfahrung*

Erfahrungen, d.h. Informationen über sich selbst und die Umwelt werden gesammelt über Sinnesorgane (heiß, kalt, schmerzlich), über das Erleben und Gefühle (angenehme oder unangenehme Folgen auf das Verhalten), über das Üben und Rückmeldungen, wie gut einem eine Tätigkeit gelingt, über das Beobachten, was andere Menschen tun und was sie mit ihrem Handeln erreichen. Die Aktivität, z. B. Spielen der Kinder, ist eine der wichtigsten Voraussetzungen der Erfahrung. Oft wird beklagt, dass in der Kindheit heute gegenüber echten Erfahrungen virtuelle (scheinbare, künstlich erzeugte, z. B. mit Hilfe der Computertechnik) und »Quasi-Erfahrungen« (Medien, Bücher, Fernsehen) überwiegen.

- *Ersatzbefriedigung*

Nach Sigmund Freud richtet sich die Energie eines nicht befriedigten Triebwunsches auf ein neues Objekt, Person oder Tier.

- *Erziehung, Erziehungsstile*

Mit dem Begriff Erziehung werden solche Handlungen der für ein Kind verantwortlichen Personen zusammengefasst, die das Ziel der Eingliederung in die Kultur und Gesellschaft sowie die Selbständigkeit der Kinder anstreben. Handlungen der Erzieher lassen sich in die Schwerpunkte »Pflege«, »Zuwendung« und »Lenkung« aufgliedern. Wolfgang Brezinka schlägt folgende Definition der Erziehung vor: »Soziale Handlungen, durch die Menschen versuchen, das Gefüge der psychischen Dispositionen anderer Menschen in irgendeiner Hinsicht dauerhaft zu verbessern oder seine als wertvoll beurteilten Komponenten zu erhalten.« Entscheidende Merkmale der Erziehung sind: Belehren und Lernen, positive emotionale Beziehung zwischen Erzieher und Kind, Anerkennung des Erziehers als Autorität, Hilfe zur Eingliederung in die Kultur, in soziale Gruppen und zur Entwicklung von Mündigkeit. Mit dem Begriff Erziehungsstile werden Merkmale und Möglichkeiten des Erzieherverhaltens zusammengefasst, die sich mit einem charakteristischen Merkmal zusammenfassen lassen (autoritär, demokratisch, sozialintegrativ, Laissez-faire, vgl. dort).

- *Erziehungsziele*

In der Pädagogik sind Erziehungsziele »Konzepte des Wünschenswerten«. Es handelt sich also um gut durchdachte, mit Erkenntnissen der Psychologie, Anthropologie und anderer Wissenschaften begründete Vorstellungen über den Sinn und Zweck der Erziehung und Bildung. Mit Hilfe des Konzepts »Mündigkeit der Person« nach Heinrich Roth wird das Wozu und Wohin der Erziehung (Idealvorstellung) aufgezeigt. Solche Konzepte (vgl. dort) dienen der

Planung, Organisation und Reflexion der Erziehungspraxis. Als Erziehungsziele werden auch Einstellungen, Haltungen, Wünsche und Erwartungen der Erzieher bezeichnet, die diese glauben, mit ihrer Erziehungspraxis verwirklichen zu können. Von Erziehern werden genannt: Berufliche Tüchtigkeit, Selbständigkeit, Ordentlichkeit, Beliebtheit, Lebensfreude, Bereitschaft zum Verzicht, Bereitschaft zum Lernen, Bescheidenheit und auch Liebe und Achtung gegenüber den Eltern. Erziehungsziele sind normative (vorschreibende) Aussagen, die stark mit den bestehenden Werten und Normen der Kultur und Gesellschaft zusammenhängen.

- *Es* — Mit Es bezeichnete Freud das Streben des Menschen nach Lust und nach Vermeiden von Schmerz. Es ist die Persönlichkeitsinstanz oder der Ort in der menschlichen Psyche, in dem unbewusste Wünsche, Triebe, Strebungen ihren Platz gefunden haben (vgl. auch Lustprinzip).

- *Etikettierung* — Mit einem Etikett, mit einer Aufschrift, mit einer Bezeichnung versehen. Die Etikettierungstheorie oder Labeling-Perspektive stellt die Bedeutung gesellschaftlicher Reaktionsmuster bei der Entstehung abweichenden Verhaltens heraus. Auf primäre Regelübertretung folgt Etikette, z. B. Dieb, Alkoholiker, behindert, die dem Betroffenen eine neue Rolle zuweist. Diese Rolle führt zur Entstehung einer dauerhaften Abweichung. Etikette übernimmt die Funktion der sich selbst erfüllenden Prophezeihung.

- *Euphorie, euphorisch* — Zustand übertriebener Heiterkeit. Euphorisch werden Menschen genannt, die sich in einem Zustand übersteigerter Aktivität, in einer äußerst gehobenen Stimmung, im höchsten Lebensgefühl befinden. Euphorie ist charakteristisch für die manische Phase (Überschätzung eigener Kräfte, Allmachtsgefühle), auf die in der Regel tiefe Depression folgt.

- *Exogen* — Durch äußere Einwirkungen entstanden, von außen kommend, durch Umwelteinflüsse bedingt. In diesem Sinne spricht man von exogenen Faktoren der Entwicklung und von exogenen Psychosen (Geisteskrankheiten) oder Neurosen.

- *Exploration* — Untersuchung, Befragung. Mit Exploration bezeichnet man in der Psychologie und Sozialpädagogik das Vorgehen von Beratern (Diagnostiker, Therapeuten, Sozialpädagogen), das der Einholung von persönlichen Stellungnahmen der Klienten, der Erkundung der Lebensumstände dient.

- *Extinktion* — Schwächung, Löschung. Mit Extinktion bezeichnet man in der Psychologie sowohl die Löschung, Abschwächung einer gelernten Reaktion als auch die Prozedur, die dazu führt. Die Verbindung zwischen einem konditionierten und unkonditionierten (angeborenen) Reiz wird durch Darbietung des konditionierten Reizes allein gelöscht. Die Auftrittswahrscheinlichkeit einer Verhaltensweise wird abgeschwächt, indem sie nicht mehr verstärkt wird.

- *Extraversion* — Nach außen gerichtet. Ursprünglich von Carl Gustav Jung (1921) und später von Hans Jürgen Eysenck (1947) eingeführte Bezeichnung für folgende Persönlichkeitseigenschaften: Stark ausgeprägte Geselligkeit und Impulsivität, Suche nach intensiven Stimuli und daher Anfälligkeit für Drogen- und Nikotinsucht, Neigung zu sozialen Aktivitäten. Extravertierte Menschen sind schwerer zu beeinflussen und zu konditionieren als introvertierte.

- *Fähigkeit* — Die zum Vollzug einer Tätigkeit notwendige persönliche Begabung, Vermögen oder Kompetenz wird in der Psychologie Fähigkeit oder ability genannt. Wichtigste allgemeine Fähigkeiten des Menschen: Intelligenz, Gedächtnis, Sprache, Kreativität.

- *Faktor* — Allgemeine Bezeichnung für Einflussgrößen, z. B. für Entwicklungsfaktoren. In der Psychologie werden »Dimensionen«, die mit Hilfe des statistischen Verfahrens Faktorenanalyse gewonnen werden, Faktoren genannt. Es handelt sich in der Regel um Persönlichkeitseigenschaften, Züge oder Merkmale wie z. B. Extraversion und Introversion, Neurotizismus und Psychotizismus nach Hans Jürgen Eysenck.

- *Feed-back* — Vorgang der Rückmeldung, z. B. darüber, wie mein Verhalten auf andere wirkt, oder der Rückkoppelung zwischen körperlichen und psychischen Reaktionen.

- *Fixierung* — Mit Fixierung bezeichnete Freud das Festhalten an bestimmten Verhaltensweisen, was zum Stilstand in der Entwicklung führen kann. Fixierung nannte Freud auch eine sehr enge Bindung zwischen einem Triebwunsch und einer bestimmten Person oder Objekt (Mutterfixierung oder Mutterbindung, die Triebenergie ist an die Person der Mutter gebunden).

- *Frustration* — Erlebnis der Enttäuschung, Versagen einer erwarteten Bedürfnisbefriedigung, Ausbleiben eines erwarteten Erfolges. Als Ursachen für den Frustrationszustand, der von körperlichen Reaktionen wie erhöhte Ausschüttung bestimmter Hormone, Muskelspannung, Anspannung, emotionale Belastung begleitet wird, sind zu nennen: Versagen bei vorweggenommenen Erfolgen, häufige als unangemessen empfundene Strafen, unlösbare Situationen, die man nicht vermeiden kann und länger andauerndes Versagen einer Bedürfnisbefriedigung. Ob auf Frustration mit Aggression reagiert wird, wie es die Frustrations-Aggressions-Hypothese behauptet, hängt von der individuellen Lerngeschichte ab, von den ausgelösten Gefühlen und von der Bewertung der Ursache der Frustration.

- *Funktion* — Tätigkeit, Aufgabe, Leistung, Verrichtung, Abhängigkeit. Das Verhalten wird als Funktion der Reize und der Persönlichkeit gedeutet. So können z. B. schulische Leistungen als eine Funktion der Intelligenzhöhe und der Unterrichtsgestaltung angesehen werden. Die auf einen bestimmten Zweck ausgerichteten Tätigkeiten wie Wahrnehmung, Denken, Erinnern werden psychische Funktionen genannt.

- *Gedächtnis* — Die Fähigkeit des Organismus, Erfahrungen, Informationen, Wissen zu speichern, zu behalten und sie wieder ins Bewusstsein zu rufen. Als Gedächtnisleistungen unterscheidet man Wiedererkennen und Reproduzieren (Erinnern). Im Mehrspeichermodell des Gedächtnisses geht man davon aus, dass bis zu sieben Informationen für kurze Zeit im Ultrakurzzeitgedächtnis oder Gegenwartsbewusstsein auf bioelektrische Art repräsentiert werden. Wichtige Informationen werden ins Kurzzeitgedächtnis transportiert und hier teilweise verarbeitet (Gruppenbildung, Ordnung, Schemata). Ein Bruchteil aller Informationen passieren die Filterstelle zum Langzeitgedächtnis (molekulare Speicherung). Das Vergessen wird als Verblassen von Spuren im Nervensystem, als aktives Fernhalten vom Bewusstsein (vgl. Verdrängung) und als gegenseitige Hemmung und Störung zwischen Informationen (Interferenztheorie, vgl. Interferenz) angesehen.

- *Gefühle* — siehe Emotionen

- *Gelernte Hilflosigkeit* — Wenn Tiere und Menschen unangenehmen (aversiven) Reizen ausgesetzt sind und kein Verhalten beherrschen, mit dem sie sich aus der unangenehmen Situation befreien könnten, dann zeigen sie »hilfloses Verhalten«. Merkmale der gelernten Hilflosigkeit sind Lernschwierigkeiten, Motivationsverlust, kindisches Verhalten, Selbstwertverlust. Entscheidendes Merkmal der gelernten Hilflosigkeit ist die Erwartung, zukünftige Ereignisse nicht kontrollieren zu können. Auf Grund dieser Erwartung zeigen Menschen bereits in solchen Situationen, die an sich lösbar wären, hilfloses, apathisches, passives Verhalten.

- *Gemeinwesenarbeit* — Als klassische Methode der Sozialpädagogik strebt die Gemeinwesenarbeit die Verbesserung von Lebensbedingungen für die Bevölkerung einer räumlichen Einheit an. Durch einen durchdachten Komplex von Initiativen und Maßnahmen sollen die Betroffenen ihre Probleme erkennen, sich solidarisieren, Ohnmachtserfahrungen überwinden und Kräfte zur Beseitigung von Belastungen und Konflikten entwickeln.

- *Gesetz des Effekts* Das Gesetz des Effekts oder Effektgesetz wurde vom Lerntheoretiker Thorndike formuliert. Er nahm an, dass eine Verknüpfung zwischen einem Reiz und einer Reaktion nur dann stattfindet, wenn auf die Reaktion eine angenehme Konsequenz (Lernen am Erfolg) folgt.

- *Gesprächstherapie* Die in den 40er Jahren von Carl Rogers in den USA entwickelte Behandlungsmethode von psychischen Störungen beruht auf den Annahmen der humanistischen Psychologie und wird auch nondirektive oder klientenzentrierte Therapie genannt. Die Gesprächspsychotherapie (abgekürzt GT) geht davon aus, dass der Mensch grundsätzlich die Fähigkeit zur Selbsthilfe besitzt. Der Therapeut hilft nur die dem Menschen innewohnenden Wachstumskräfte zu aktivieren. Die Handlungen des Menschen werden von seinem Selbstkonzept (vgl. dort) bestimmt. Dieses besteht aus einem Realselbst, das alles umfasst, was der Mensch an tatsächlichen Möglichkeiten an sich zum Handeln wahrnimmt und aus dem Idealselbst, dem Bild, wie der Mensch sich gerne sehen würde. Wenn das Fremdbild, also die Erwartungen, die der Mensch glaubt, dass andere an ihn stellen, mit dem Realselbst kollidiert, dann wird die Diskrepanz zwischen Real- und Idealselbst immer größer. Es kommt zu Konflikten und belastenden Gefühlen.

  Wenn ein Klient vom Therapeuten vorbehaltlos geschätzt und akzeptiert wird, wenn ihm der Therapeut mit Empathie (vgl. dort), mit Einfühlung und Verständnis sowie mit echter Anteilnahme begegnet, so werden Wachstumskräfte des Klienten aktiviert. Sein Realselbst wird wirklichkeitsnaher, das Idealselbst weniger anspruchsvoll, so dass der Klient den Erwartungen anderer besser Widerstand leisten kann.

- *Gestalt* Vor allem in der Wahrnehmung, aber auch bei anderen psychischen Vorgängen, z. B. Gefühlen und Denken, neigt der Mensch dazu, nach bestimmten Prinzipien, Einzelteile oder Einzelelemente zu Figuren und Einzelheiten zu Ganzheiten oder zu Produkten zusammenzufassen, die sich klar vom Hintergrund abheben und bedeutend sind. Solche Ordnungsprinzipien wurden Gestaltgesetze und die Figuren und Produkte Gestalten genannt. Die Gestaltpsychologie nahm an, dass der Mensch spontan zur Bildung von Ordnung neigt, und dass die so entstehenden Produkte mehr sind als die Summe der Teile. Zu Figuren oder zusammengehörigen Produkten werden Einzelheiten zusammengefasst, die ähnlich sind, nah beieinander liegen, symmetrisch angeordnet sind, sich gleichförmig bewegen, geschlossene Figuren und oder bedeutungsvolle sowie gute »Produkte« (Gestalten) ergeben.

- *Gestalttherapie* Fritz Perls hat auf den Grundgedanken der Gestaltpsychologie (Prägnanztendenz, Streben nach Ganzheit, Figur-Grund-Differenzierung) und der humanistischen Psychologie (Selbstverwirklichung, Sinnorientierung) die Methode der Gestalttherapie entwickelt. Die Gestalttherapie geht von der Annahme aus, dass der neurotische Mensch die Ansprüche der Umwelt kritiklos übernimmt, seine Wahrnehmung gestört ist und er daher nicht mehr in Kontakt mit der Umwelt treten kann. Als Heilungskräfte werden in der Gestalttherapie das Hier-und-Jetzt-Prinzip (aktuelle Gefühle sind entscheidend), Verhaltensexperimente zur Verdeutlichung des Vermeidungsverhaltens und Körperarbeit sowie erlebnisaktivierende Übungen gesehen.

- *Halo-Effekt oder Hof-Effekt* Fehler bei der Beurteilung von Personen. Der positive oder negative Gesamteindruck bzw. die Orientierung an einer vermeintlichen oder real gegebenen zentralen Eigenschaft beeinflusst die Wahrnehmung weiterer Eigenschaften so, dass ein in sich stimmiges, aber nicht objektiv zutreffendes Gesamtbild entsteht.

- *Homöostase* Physiologisches Gleichgewicht, die Tendenz lebender Organismen zur Konstanthaltung bestimmter organismischer Größen, z. B. Blutzuckerspiegel, Sauerstoff, Körpertemperatur. Der Regelung des Gleichgewichts dienen auch sog. homöostatische Bedürfnisse wie Hunger, Durst, Schlafbedürfnis. Das Streben nach Gleichgewicht führt zur maximalen Stabilität jeder neuen positiven (z. B. gute Leistungen in der Schule) wie negativen (z. B. Suchtverhalten) Entwicklung. Homöostase beim Menschen ist mehr als automatische Aufrechterhaltung des Gleichgewichts nach dem Regelkreissystem, weil der Mensch fähig ist, entsprechend den physischen und sozialen Umweltgegebenheiten sein inneres Milieu neu zu organisieren, z. B. neue Soll-Werte und Normen zu setzen.

- *Hospitalismus* Bezeichnung für eine problematische psychische und körperliche Entwicklung in den ersten beiden Lebensjahren. Hospitalismuserscheinungen wurden zuerst in Säuglingsheimen und Krankenhäusern beobachtet. Typische Symptome des Hospitalismus sind: Erhöhte Anfälligkeit für Krankheiten, erst weinerliches, später apathisches Verhalten, Desinteresse an der Umwelt, allg. Entwicklungsverzögerung, nachhaltige Störungen des Gefühlslebens und sozialen Verhaltens, Verhaltensauffälligkeiten wie rhythmisches Schaukeln (Jaktationen), Kontaktarmut, Resignation, infantile (kindische) Interessen, oft auch Aggressivität, Grausamkeit und Boshaftigkeit. Hospitalismussymptome entwickeln Kinder, die bei einwandfreier Versorgung und Pflege die dauerhafte emotionale Zuwendung einer festen Bezugsperson entbehren müssen, wenig Zärtlichkeiten und Körperkontakt erhalten, in reizarmer Umgebung bei wenig Ansprache aufwachsen.

- *Human, humanistische Psychologie* — Menschlich, menschenfreundlich, gesittet, gebildet. Carl Rogers, Charlotte Bühler und Abraham Maslow sind die wichtigsten Vertreter der Humanistischen Psychologie, die positive Wachstumskräfte des Menschen in den Vordergrund stellt. Grundannahmen der humanistischen Psychologie sind: Jeder Mensch strebt nach Unabhängigkeit, Autonomie, persönlicher Freiheit. Wenn Defizitbedürfnisse (Hunger, Durst, Schlaf) befriedigt sind, setzen Wachstumskräfte und Streben nach Selbstverwirklichung ein. Der Mensch strebt nach einem zielgerichteten und sinnerfüllten Dasein. Der Verlust der Sinnorientierung ist häufig Ursache für die Entstehung psychischer Krankheiten. Die psychischen Prozesse und körperliche Vorgänge des Menschen bilden eine Einheit, Ganzheit. Die Ideen und Annahmen der humanistischen Psychologie haben zur Entwicklung der Gesprächstherapie, Gestalttherapie und der themenzentrierten Interaktion beigetragen.
- *Hypothese* — Annahme, Vermutung. Hypothesen, auch Arbeitshypothesen genannt, sind Hilfsmittel der Forschung. Vor der Durchführung einer Untersuchung werden gut überlegte, nahe liegende, theoretisch durchdachte Erklärungen einer Erscheinung gebildet, die dann z. B. experimentell überprüft werden. Durch die gewonnenen Ergebnisse werden Hypothesen entweder verifiziert (bestätigt) oder falsifiziert (verworfen).
- Hysterie — Charakteristisch für diese Neurose (vgl. dort) sind neben unangemessenen Gefühlsausbrüchen auch verschiedene körperliche Symptome wie Krämpfe, Lähmungen, Ohnmacht, Zittern, Herzschmerzen und Asthma.
- *Ich* — Die Persönlichkeitsinstanz nach Freud, die für den Ausgleich zwischen Es und Über-Ich sorgt, die zwischen den Trieben und den Anforderungen der Gesellschaft vermittelt und daher auch Realitätsprinzip (vgl. dort) genannt wird. Die Aktivitäten des Ich wie Denken, Wahrnehmen, Urteilen, nach Problemlösungen suchen sind dem Menschen in der Regel bewusst.
- *identisch, Identifikation* — Völlig gleich, gleichbedeutend, Gleichsetzung, seelische Bindung an einen anderen Menschen, Nachahmung. Sigmund Freud nahm an, dass sich Menschen mit einer anderen Person unbewusst gleichsetzen und deren Eigenschaften übernehmen, um Ängste abzuwehren. Durch die Gleichsetzung oder Verinnerlichung der Person eines Erziehers werden nach Freud die mit dem Geschlecht zusammenhängenden Eigenschaften übernommen (Geschlechterrolle).
- *Identität* — Bezeichnung für das Bild von sich selbst; Identität ist das, was jemand wirklich ist. Die Suche nach Identität oder Selbstfindung ist die wichtigste Aufgabe des Jugendalters. Jugendliche setzen sich

mit der Beschaffenheit des Selbst auseinander, d. h. sie suchen nach Antworten auf folgende Fragen: Wer bin ich? Wie möchte ich sein? Wie glaube ich zu werden? Für wen halten mich andere? Wie möchten andere mich haben?

- *Image, Imago* — Das Bild, die Vorstellungen und Erwartungen, die mit einer Person, einem Gegenstand, heute auch mit einem Produkt oder einer Firma verknüpft sind. Imago nannte C. G. Jung solche Urbilder, innere Bilder, die unser Verhalten stark beeinflussen. Die größte Bedeutung haben Vater- und Mutter-Imago.

- *Imitation* *imitieren* — Nachahmung von Verhaltensweisen, die an einem Modell bzw. einer Person mit Wirkung, Ausstrahlung, sozialer Macht beobachtet werden.

- *Individualpsychologie* — Bezeichnung für die von Alfred Adler gegründete Richtung der Tiefenpsychologie. Im Gegensatz zur Psychoanalyse (vgl. dort) geht die Individualpsychologie davon aus, dass das menschliche Leben zielgerichtet ist und daher auch final »verstanden« und nicht nur kausal »erklärt« werden soll. Nach Adler kommt es darauf an, was der Mensch aus seinen Erfahrungen macht, welche Ziele er sich setzt, welchen einmaligen Lebensstil er entwickelt. Mit Minderwertigkeitsgefühl bezeichnet Adler jenen Zustand, den das Kind erlebt, wenn es sich nach der Geburt zwangsläufig als unterlegen, als unzulänglich erlebt, weil es die meisten Fähigkeiten zur Bewältigung des Lebens noch nicht besitzt. Negative Erlebnisse und Erfahrungen (Entmutigung, Strafe etc.) können zur Entwicklung eines grundsätzlichen Gefühls des »Nicht-Könnens« zur Entstehung eines verstärkten Minderwertigkeitsgefühls beitragen. Nicht Strenge oder Zärtlichkeit sondern allein die Ermutigung versetzt den Menschen in die Lage, seine Hauptaufgaben im Leben zu lösen.

- *individuell, Individuum, Individuation* — Einzigartig (Gegensatz: generell), vereinzelt, von betonter Eigenart, für eine Person eigentümlich; Mensch als Einzelwesen, einzelne Person. Das Wort Individuum wird in der Psychologie und Pädagogik immer dann gebraucht, wenn man herausstellen will, dass der Mensch als Einzelperson mit unverwechselbaren, einzigartigen Merkmalen und Fähigkeiten ausgestattet ist. Individuation hat C.G. Jung den Prozess der Ich-Findung, die Reise zur Entdeckung des Selbst, das dem Bewusstsein sehr weit entfernt ist, genannt.

- *Infantil* — Kindisch, unentwickelt, kindisches Wesen. Mit infantil und Infantilismus will man in Psychologie und Pädagogik das Zurückbleiben der psychischen Entwicklung, das kindliche Denken und Handeln von Erwachsenen herausstellen. Infantil sind Menschen, die sich wie Kinder benehmen und evtl. körperlich wie Kinder aussehen.

- *Instanz* — Zuständige Stelle, maßgebliches Kontrollzentrum im Menschen. Mit Hilfe des »Instanzenmodells« hat Sigmund Freud die zuständigen Stellen für Triebe (Es), für die Moral und Ideale (Über-Ich) und für die Realität (Ich) veranschaulicht.

- *Integration* — Mit Integration wird in der Pädagogik die soziale Komponente des Lernens, Erziehens und Unterrichtens herausgestellt. Es ist die Eingliederung in bestehende soziale Gruppen, in die Gesellschaft und Kultur gemeint. Soziale Integration hat nicht bloße Anpassung zum Ziel, sondern die Funktionstüchtigkeit des Einzelnen in sozialen Gebilden.

- *Intelligenz* — Die Fähigkeit des Menschen, Probleme zu lösen, zu denken, zu erkennen, sich in neuartigen Situationen zurechtzufinden, haben Psychologen Intelligenz genannt. Menschen werden als intelligent bezeichnet, wenn sie die ihnen gestellten Aufgaben gut lösen können. Da die Intelligenz nicht direkt beobachtbar ist, sondern aus der Anzahl der gelösten Aufgaben verschiedener Art und verschiedener Schwierigkeit erschlossen wird, kann die Intelligenz operational definiert werden »als das, was der Intelligenztest misst«. Intelligenz ist eine komplexe Fähigkeit, die aus mehreren Faktoren oder Intelligenzen besteht. L. L. Thurstone stellte 1938 fest, dass für die Lösung der meisten Intelligenztestaufgaben folgende sieben Primärfaktoren der Intelligenz verantwortlich sind: Sprachbeherrschung (Verbalvermögen), Rechenfähigkeit, Wahrnehmungs- oder Auffassungsgeschwindigkeit, räumliches Vorstellungsvermögen, schlussfolgerndes oder logisches Denken, Gedächtnis und Wortflüssigkeit. Im Modell von J. P. Guilford werden die Leistungen des Menschen auf das Speichern von Erfahrungen (Gedächtnis) und auf die Denkfähigkeit zurückgeführt. Das bisher Gelernte kann nach Guilford zum Herausfinden einer einzig richtigen Lösung (konvergentes Denken) oder zum Produzieren neuer Lösungsmöglichkeiten (divergentes Denken) eingesetzt werden. Die Erkenntnisse bzw. Lösungen werden durch das bewertende Denken (= Urteilsfunktion) auf ihre Richtigkeit und Brauchbarkeit hin überprüft. Bei der Intelligenzmessung wird der an mehreren Hundert Personen ermittelte Durchschnittswert der jeweiligen Alters- und Berufs- oder Bildungsgruppe als Maßstab oder Vergleichswert für die individuelle Intelligenzhöhe (Intelligenzquotient, IQ) zugrunde gelegt. Die Leistungen im Alltag, z. B. in der Schule oder Beruf sind nur zum Teil von der Intelligenzhöhe abhängig. In vielen Situationen kommt es auf die Urteilskraft der Gefühle oder emotionale Intelligenz und auf sog. soziale Intelligenz an. Menschen mit »Erfolgsintelligenz« besitzen nach Robert Sternberg folgende Eigenschaften: Sie motivieren sich selbst, kontrollieren ihre Impulse, machen das Beste aus ihren Fähigkeiten, können durchhalten, setzen Gedanken in Taten um, sind ergebnisorientiert, sind initiativ, führen Aufgaben zu Ende, ertragen Fehlschläge, schieben nichts auf die lange Bank, akzeptieren berechtigte Kritik, lehnen Selbstmitleid ab, können sich konzentrieren, auf Belohnung warten, besitzen Selbstvertrauen, finden den schmalen Grat zwischen Belastung und Langeweile bzw. zwischen Über- und Unterforderung, denken sowohl analytisch als auch kreativ.

- *Intention*

Absicht, Vorhaben. Mit Intention oder Intentionalität wird die Zielgerichtetheit des Verhaltens und Handelns der Menschen hervorgehoben. Diese Tatsache wurde in der Psychologie zu wenig berücksichtigt. Zielgerichtete, absichtliche, bewusst zur Erziehung eingesetzte Handlungen werden intentionale Erziehung genannt.

- *Interaktion, soziale*

Das Verhalten von Mensch zu Mensch, das Wechselspiel von Aktion und Reaktion zum Zweck der gegenseitigen Beeinflussung, das wechselseitige Steuern des Verhaltens, die Vorgänge, wenn Menschen miteinander zu tun haben, werden in der Psychologie soziale Interaktion genannt. Bei jeder Interaktion werden dem Partner Informationen mitgeteilt und jeder Informationsaustausch stellt in irgendeiner Weise auch soziale Beeinflussung dar. Daher werden Interaktion und Kommunikation oft synonym verwendet. Soziale Interaktion ist ein zentrales Thema der Sozialpsychologie. R. F. Bales hat herausgefunden, dass Interaktionspartner eine gewisse Abstimmung von Reaktionen zeigen: Eine Handlung von A ruft eine ähnliche Handlung von B hervor (Imitation); verdoppelt oder verkürzt ein Gesprächspartner seine Beiträge, dann tut der andere das Gleiche; werden Redner mit Lächeln oder Kopfnicken belohnt, dann neigen diese dazu, andere mit Lächeln oder Kopfnicken zu belohnen; Ratsuchende erzählen mehr über sich, wenn die Berater dies auch tun. Mit Belohnung, Anerkennung oder Be-strafung ist es möglich, das Verhalten des Partners zu kontrollieren.

- *Interferenz*

In der Psychologie spricht man von Interferenz, wenn sich psychische Prozesse gegenseitig überlagern und stören. Die Interferenztheorie des Vergessens geht von der Annahme aus, dass beim Speichern von Informationen Gedächtnishemmungen auftreten können. Zwei hintereinander gelernte Inhalte können sich gegenseitig daran hindern, gespeichert zu werden. Die Neigung der Menschen, sich von widersprüchlichen Informationen stören zu lassen, ist individuell unterschiedlich stark ausgeprägt. Die Interferenzneigung wurde durch die Reaktionsverzögerung gemessen. Zeigt man z. B. Versuchspersonen rot gedruckte Pik-Karten oder das Wort »grün« mit roter Farbe geschrieben, so dauert es unterschiedlich lange, bis die Personen die richtige Antwort geben.

- *Interindividuell, intraindividuell* — Mit interindividuell werden Unterschiede zwischen den Menschen betont. Es bedeutet so viel wie »zwischen verschiedenen Individuen«. Mit intraindividuell werden Prozesse und auch Unterschiede innerhalb eines Individuums beschrieben.

- *Introversion* — Nach innen gewandt, weg von Außenwelt. Nach C. G. Jung grenzt sich der introvertierte Mensch mehr von seiner Umwelt ab und beschäftigt sich mehr mit sich. H. J. Eysenck ordnete der Introversion folgende Eigenschaften zu: Schnelles Lernen von Furchtreaktionen (Vermeidungslernen), Neigung zu Neurosen (vgl. dort), Überangepasstheit an soziale Normen, Intoleranz gegenüber Schmerz, Neigung zum abstrakten Denken und Formsehen.

- *Irreversibilität* — Irreversibel ist gleichbedeutend mit nicht umkehrbar. Die von R. Tausch eingeführte Bezeichnung für nicht umkehrbare, ironische, ungeeignete, gering schätzende Äußerungen von Lehrern und Erziehern gegenüber Schülern und Kindern.

- *Item* — Aus dem Englischen übernommene Bezeichnung für eine einzelne Feststellung oder Testaufgabe, die mit ja – nein, stimmt – stimmt nicht, richtig – falsch beantwortet werden kann. Beispiel: Frauen sind intelligenter als Männer. Ja – nein.

- *Jugendhilfe* — Jugendhilfe gilt als Bezeichnung für alle die Familie, Schule und berufliche Ausbildung ergänzenden, ersetzenden, unterstützenden, aufbauenden, ausgleichenden und korrigierenden Einrichtungen und Maßnahmen zur Förderung der Jugend. Es geht um gesellschaftliche Bemühungen zur Sicherung des Rechts der jungen Menschen auf Erziehung zur leiblichen, seelischen und gesellschaftlichen Tüchtigkeit. Ziele der Jugendhilfe sind: Selbstverwirklichung und Selbstbestimmung (Autonomie), Leistungsfähigkeit (Produktivität), humane Liebesfähigkeit (Sexualität), Kommunikations- und Kooperationsfähigkeit (Soziabilität) und Phantasie und Spontaneität (Kreativität). Jugendhilfe umfasst präventive (vorbeugende), aufbauende (Jugendarbeit, Jugendpflege, Freizeithilfen) und besondere Erziehungshilfen (Pflegekinderschutz, Erziehungsberatung, freiwillige Erziehungshilfen, Fürsorgeerziehung).

- *Katharsis* — Reinigung, Läuterung der Seele. Konrad Lorenz und Sigmund Freud nahmen an, dass Triebenergie und psychische Spannung (z. B. Wut auf die Mutter) durch geeignete Verhaltensweisen (z. B. Holzhacken, Fußball spielen) abgeführt, abgebaut, abreagiert werden können. Ein gehemmtes Kind kann z. B. im Spiel mit einer weiblichen Puppe seine negativen Wünsche gegenüber der Mutter abreagieren.

- *Kausalität, kausal* — Ursächlichkeit, Folgezusammenhang von Ursache und Wirkung, ursächlich. Geht einem bestimmten Verhalten immer ein bestimmtes Ereignis voraus, so nimmt man an, dass das vorausgehende Ereignis Ursache ist für das nachfolgende Verhalten. Den zeitlichen Zusammenhang als kausal zu deuten ist bei lebenden Organismen eine sehr fragwürdige Denkweise.

- *Klassifikation* — Einteilung, Einordnung; Ordnen von Merkmalen und Elementen hinsichtlich einer gemeinsamen Eigenschaft. Durch Klassifikation wird die große Variabilität (Vielfalt, Unterschiedlichkeit) psychischer Eigenschaften und Vorgänge auf wenige Grundmuster zurückgeführt.

- *Klassische Konditionierung* — Bezeichnung für die von I. P. Pawlow untersuchte Art des Lernens. Tritt ein neutraler Reiz (ohne jede Wirkung) öfter gemeinsam mit einem angeborenen Reiz (unbedingter, unkonditionierter Reiz) auf, dann erwirbt der neutrale Reiz die Fähigkeit, die Reaktion auf den angeborenen Reiz auszulösen. Der neutrale Reiz wird zum bedingten oder konditionierten Reiz.

- *Klinische Psychologie* — Bezeichnung für eine der wichtigsten Teildisziplinen der Psychologie, vor allem der angewandten Psychologie, die sich mit psychischen Störungen und der Psychotherapie (Behandlung von psychischen Störungen) beschäftigt. Die wichtigsten Themen der klinischen Psychologie sind: Neurosen, Angst, Stress, gelernte Hilflosigkeit, Attribuierung und Etikettierung, Diagnostik (vgl. dort).

- *Koedukation* — Bezeichnung für gemeinsame Erziehung von Jungen und Mädchen in gemischten Schulklassen, Internaten, Heimen.

- *Kognition, kognitiv, kognitive Dissonanz, kognitiver Stil* — Erkenntnis, Wissen, erkenntnismäßig. Bezeichnung für alle psychischen Vorgänge, die etwas mit Erkennen, Wissen zu tun haben. Zur Kognition – Gegensatz von Emotion – gehören: Wahrnehmung, Informationsverarbeitung, Denken, Intelligenz, Sprache, Kreativität, Verstehen, Urteilen, Bewerten, Vorstellungen, Gedächtnis.
Leon Festinger hat bei der Suche nach Gründen für die Entstehung und Änderung sozialer Einstellungen die Theorie der kognitiven Dissonanz formuliert. Nach seiner Auffassung entstehen im Menschen über alles kognitive Elemente, die sich widersprechen oder übereinstimmen können. Tritt ein Widerspruch zwischen kognitiven Elemente auf, so strebt der Mensch danach, die Dissonanz zu reduzieren. Die Reduktion der Dissonanz und das Erreichen der Konsonanz kann auf verschiedenen Wegen erfolgen: Der Mensch kann bestehende Elemente so ändern, dass mehr Übereinstimmung entsteht, er kann neue hinzunehmen, um mehr Konsonanz zu erreichen, er kann das Verhalten im Sinne der Dissonanz erzeugenden Elemente ändern, wodurch wiederum Konsonanz erreicht wird. In den 50er Jahren stellten Psychologen fest, dass Unterschiede bestehen, wie Menschen mit Informationen umgehen.

Kognitiver Stil oder Denkstil wird als Persönlichkeitseigenschaft angesehen. Bekannt sind vor allem folgende kognitive Stile: Analytisch, feldunabhängig als Gegensatz von global, feldabhängig; impulsiv als Gegensatz von reflektierend und Toleranz gegenüber Intoleranz.

- *Kommunikation* — Wenn zwei oder mehrere Personen zusammenkommen (= soziale Situation), dann kommunizieren sie miteinander und beeinflussen sich gegenseitig (Interaktion): Mit Kommunikation wird der Austausch, die Weitergabe und Aufnahme von Informationen bezeichnet. Es ist ein »Prozess des Teilhaben-Lassens und Anteil-Gewinnens an zunächst individuellen Gegebenheiten wie Empfindungen, Gefühlen, Meinungen, Wertvorstellungen, Wünschen« (M. Krejci) gemeint. Kommunikation bedient sich digitaler (eindeutig, Sprache) und analoger (mehrdeutig, Mimik, Gestik, Ton, Beziehung) Modalitäten. Die von Paul Watzlawick formulierten Axiome der Kommunikation haben sehr viel zum Verstehen der Entstehung von Kommunikationsstörungen beigetragen. Diese Axiome (vgl. dort) verdeutlichen, dass in einer sozialen Situation jedes Verhalten Mitteilungscharakter besitzt, dass die Beziehung zwischen den Kommunikationspartnern entscheidend die Entschlüsselung von Botschaften beeinflusst, dass analoge Signale leicht missverstanden werden und dass bei negativer Beziehung die Aktion und Reaktion immer so strukturiert wird, dass für die Entstehung von Störungen der andere schuld ist.

- *Kompensation* — Ausgleich, Aufrechnung. Nach Alfred Adler neigt der Mensch dazu, seine vermeintlichen und wirklich vorhandenen Schwächen, die er als Minderwertigkeit erlebt, durch vermehrte Aktivitäten auf Gebieten, die er gut beherrscht, auszugleichen, zu kompensieren.

- *Kompetenz, Kompetenzerwartung, kompetent* — Zuständigkeit, Befugnis, Fähigkeit. In Pädagogik und Psychologie wird mit Kompetenz das Vorhandensein von Kenntnissen, Fertigkeiten und von Wissen herausgestellt, um in bestimmten Situationen angemessen zu handeln. Häufig gebrauchte Begriffe sind Sozialkompetenz (Fähigkeit zur Verständigung, zum miteinander auskommen), Sprachkompetenz, Sachkompetenz und Selbstkompetenz (Fähigkeit, mit sich selbst, mit dem Selbstkonzept angemessen umzugehen). Alfred Bandura meint, dass Menschen Vorstellungen über die eigene Leistungsfähigkeit entwickeln, dass sie erwarten, in bestimmten Situationen gut oder schlecht zurechtzukommen. Diese Vorstellungen nennt er Kompetenzerwartung. Hohe oder niedrige Kompetenzerwartung wirkt sich sehr entscheidend auf das Ausführen oder Unterlassen bestimmter Handlungen aus.

- *Konditionierung* — Bezeichnung für elementare Formen des Lernens bei Tieren und Menschen. Bei der sog. klassischen Konditionierung (I. P. Pawlow) wird eine neue Reiz-Reaktions-Verknüpfung aufgebaut, bei der operanten Konditionierung (B. F. Skinner) wird über die Konsequenzen, die auf das Verhalten folgen, die Häufigkeit des Auftretens eines bestimmten Verhaltens erhöht oder verringert.

- *Konflikt* — Bei gleichzeitigem Wirken von gegensätzlichen oder sich gegenseitig ausschließenden Wünschen, Impulsen oder Tendenzen entsteht ein Konflikt. Nach Kurt Lewin liegt ein Annäherungs-Annäherungs-Konflikt vor, wenn von zwei gleich lohnenden Zielen nur eines erreicht werden kann. Wenn zwei gleich abstoßende Ziele oder Situationen vorliegen und nur eine vermieden werden kann, dann liegt ein Vermeidungs-Vermeidungs-Konflikt vor. Wenn ein Zielobjekt mit gleicher Intensität sowohl abstoßend als auch anziehend wirkt, dann liegt ein Annäherungs-Vermeidungs-Konflikt vor.

- *Konformität* — Gleichförmigkeit, Ähnlichkeit, Übereinstimmung. Von Konformität spricht man, wenn sich Menschen eng an den Normen einer Gruppe orientieren. Ängstliche Menschen neigen eher zur Konformität als selbstbewusste und kreative.

- *Konsonanz* — Übereinstimmung, harmonischer Zusammenklang. Von kognitiver Konsonanz spricht man, wenn verschiedene Meinungen übereinstimmen, sich gegenseitig ergänzen, übereinstimmend sind (vgl. auch kognitive Dissonanz).

- *Konstanz* — Beständigkeit, Unveränderlichkeit. In der Psychologie spricht man von Konstanz, wenn Menschen trotz Veränderungen gleich, beständig bleiben. Wenn z. B. trotz Veränderung der Beleuchtung oder der Entfernung Gegenstände gleich bleiben, so spricht man von Helligkeits-, Farb- und Größenkonstanz.

- *Konzentration* — Geistige Sammlung, Anspannung, Zustand höchster Aufmerksamkeit. Mit Konzentration ist die Ausrichtung der Aufmerksamkeit zum Zweck der Verbesserung oder Intensivierung eines oder mehrerer Teilprozesse der Informationsaufnahme und -verarbeitung gemeint. Auf Konzentration wirken sich Motivation, Interesse, Wachheit, Vitalität positiv aus, Ermüdung, Krankheit sowie situative Umstände wie z. B. Lärm wirken sich negativ aus.

- *Konzept* — Entwurf eines Vorgehens, erste Fassung, stichwortartige Skizze, Aufstellen von Regeln. Beim Entwurf des Bildes von sich selbst spricht man von Selbstkonzept. Mit Konzept bezeichnet man die (schriftliche) Planung eines Vorgehens, z. B. um eine Einstellung zu ändern. Es werden Ziele des Handelns festgelegt und die zum Erreichen der Ziele ausgewählten Maßnahmen mit Hilfe einer Theorie begründet.

- *Korrelation* — Bezeichnung für den statistisch errechneten Zusammenhang zwischen zwei Merkmalen (z. B. Intelligenzhöhe und Schulnoten, Körpergewicht und Größe, Konzentration und Müdigkeit). Eine Korrelation darf nicht als Ursache-Wirkung-Zusammenhang interpretiert werden.

- *Kreativität* — Schöpferische Begabung, Fähigkeit, etwas zu erfinden, etwas Neues zu schaffen, wobei es zweckmäßig und nützlich sein muss. Kreativ ist ein Mensch, der nicht nur eine richtige Lösung, sondern viele Lösungen findet, der sich nicht an Konventionen (Normen, Vereinbarungen, Übereinkünfte) hält. Analysen großer Erfindungen haben gezeigt, dass diese oft durch ein plötzliches Aha-Erlebnis gefunden werden, diesem Aha-Erlebnis aber lang andauernde, beharrliche und beschwerliche Auseinandersetzungen mit einem Spezialgebiet vorausgehen.

- *Kultur, Kulturtechniken* — Die von Menschen geschaffene, für das Zusammenleben und Überleben sehr wichtige Umwelt wird Kultur genannt. Die wichtigsten Bestandteile der Kultur sind Sprache, Kunst, Normen und Werte, Sitten und Gebräuche, Wohnverhältnisse, Wissenschaft und Religion (Weltanschauung).
  Kulturtechniken sind Verhaltensweisen, die den Erwerb, die Erhaltung und Verbreitung von Kultur gewährleisten. Es sind Lesen, Schreiben, Sprechen; man sagt, dass gegenwärtig der Umgang mit Computer zur Kulturtechnik gehört.

- *Labilität, labil* — Beeinflussbarkeit, leichte Wandelbarkeit, Schwankung; veränderlich, unzuverlässig, leicht aus dem Gleichgewicht zu bringen. In der Psychologie wird oft von Gefühlslabilität gesprochen.

- *Laissez-faire* — Der von Kurt Lewin für die Behandlung von Gruppen 10 bis 12-jähriger Kinder entworfene Laissez-faire Führungsstil zeichnet sich durch Gleichgültigkeit und völliges Gewährenlassen aus. Der Leiter verhält sich passiv, beteiligt sich nicht an Unternehmungen, lobt und straft nicht, verhält sich freundlich und neutral. So geführte Kinder neigen zu Aggression, Leistungsversagen, Plan- und Ziellosigkeit und Unangepasstheit.

- *Latent* — Versteckt, verborgen, ruhend. Den Altersabschnitt zwischen dem 6. und 12. Lebensjahr nennt Freud Latenzperiode in der Entwicklung der Sexualität. Latentes Lernen zeigt sich zunächst nicht im Verhalten, wird aber bei Einführung einer Verstärkung massiv sichtbar.

- *Lernen* — Sammelbezeichnung für alle nicht beobachtbaren Prozesse im Organismus, die durch Erfahrung zustande kommen und zu Veränderungen des Verhaltens führen. Der Erwerb von Wissen im Sinne des gedächtnismäßigen Speicherns ist damit noch nicht Lernen, weil Verhaltensänderung fehlt. Die von der Psychologie erforschten und für die Pädagogik interessanten Formen des Lernens sind: Habituation oder Gewöhnung, klassische Konditionierung, d.h. Verknüpfung neutraler mit angeborenen Reizen, operante Konditionierung oder Lernen am Erfolg, Lernen am Modell oder Nachahmungslernen. Lerntheorien sind Bezeichnungen für das systematisch geordnete Wissen über verschiedene Bedingungen des Lernens. Klassische und operante Konditionierung werden auch Verhaltenstheorien genannt, die Theorie des Lernens durch Nachahmung gehört inzwischen zu der sozialkognitiven Theorie (vgl. dort) der Verhaltensänderung.

- *Libido* — Mit Libido bezeichneten S. Freud und auch C. G. Jung die psychische Energie, die dem Sexual- und Aggressionstrieb innewohnt.

- *Lustprinzip* — Sigmund Freud (und bereits 1848 Gustav Theodor Fechner) haben angenommen, dass der Mensch durch einen angeborenen Mechanismus gesteuert wird, Lust zu suchen und Unlust zu vermeiden. Dabei hat Freud Lust und Unlust nicht als das Ziel des Handelns (finale Sicht, Streben nach Genuss im Sinne des Hedonismus), sondern als Ursache verstanden.

- *Manisch, Manie* — Enthemmt, übertrieben heiter, tobsüchtig; auffallende Antriebsvermehrung, Überschätzung der eigenen Kräfte. Auf den euphorischen, durch unermessliche Aktivität gekennzeichneten Zustand der Manie als Geisteskrankheit (Realitätsverlust, Psychose) folgt eine depressive Phase, gekennzeichnet durch Passivität, Müdigkeit, Schlafstörungen, Schuldgefühle, Selbstmordgedanken, Gleichgültigkeit, Traurigkeit.

- *Medienpädagogik* — Das Ziel der Medienpädagogik besteht im Gewinnen von Erkenntnissen über die Wirkung medialer/massenmedialer Kommunikation, um sie für die Praxis der Medienerziehung nutzbar zu machen. Medienerziehung hat einen kritischen Umgang mit Medien (Fernsehen, Film, Zeitschriften) zum Ziel und gilt auch als Bezeichnung für die Erziehung durch die Medien. Es sieht so aus, dass Medienerziehung nicht verhindern kann, dass sich Kinder über Fernsehen und Computertechnik einen ungehinderten Zugang zur Erwachsenenwelt verschaffen.

- *Metakommunikation* — Bezeichnet folgende Aspekte (Gesichtspunkte, Erscheinungen) der Kommunikation: Die Beziehung zwischen Kommunikationspartnern bestimmt, wie die Botschaften verstanden und entschlüsselt werden. Durch analoge Botschaften werden digitale verdeutlicht (der Ton macht die Musik). Wenn z. B. ein Ehepaar im Rahmen einer Eheberatung über seine Beziehungsprobleme verhandelt, so nennt man diesen Vorgang Metakommunikation. Das gilt auch für den Unterricht, wenn das Thema Kommunikation behandelt wird.

- *Milieu*

Umwelt, Lebensumstände; ökologische, materielle und soziale Umstände, durch die der Mensch beeinflusst wird. In Pädagogik und Psychologie ist die Frage, ob der Mensch in seiner Entwicklung stärker von der Umwelt oder von der Anlage (Vererbung) bestimmt wird, von zentraler Bedeutung.

- *Modell*

Muster, Vorbild. Mit Modellen, d. h. mit Bildern, Skizzen, Analogien wird ein Ausschnitt der Wirklichkeit veranschaulicht. In diesem Sinne wird der Begriff Modell mit dem Begriff Theorie (vgl. dort) weitgehend gleichgesetzt. In der Theorie über das Lernen durch Nachahmung werden Personen, deren Verhalten beobachtet und nachgeahmt wird, Modelle genannt.

- *Motivation*

Beweggründe. Mit Motivation werden in Psychologie und Pädagogik sämtliche Faktoren (innere und äußere), die das menschliche Verhalten und Handeln zu einem bestimmten Zeitpunkt aktivieren, auf ein Ziel hin steuern oder auch schwächen, zusammengefasst. Es gibt vier verschiedene Modelle oder Theorien der Motivation. Nach dem Instinkt- oder Triebmodell wird das menschliche Verhalten durch angeborene Instinkte oder Triebe gesteuert und aktiviert. Das Antriebs- und Anreizmodell nimmt an, dass das Verhalten durch die im Organismus wirksamen Triebe aktiviert und durch Anreize (von außen) gesteuert wird. Psychophysiologen nehmen an, dass die Aktivität und Wachheit des Organismus mit der Funktion bestimmter Hirnzentren zusammenhängt. Nach dem Entscheidungsmodell spielen kognitive Prozesse wie Erwartung, Bewertung des Erfolges neben individuellen Motiven für das Handeln eine wichtige Rolle.

- *Motorik*

Gesamtheit der Bewegungsabläufe des menschlichen Körpers; die Lehre von den Bewegungsfunktionen. Werden die Bewegungen über Sinnesorgane (visuell, auditiv) gesteuert, so spricht man von Sensomotorik. Mit der Bezeichnung Psychomotorik wird auf die enge Beziehung zwischen psychischen Vorgängen und Bewegungen hingewiesen.

- *Mündigkeit*

Nach Heinrich Roth soll das Ziel der Erziehung die Mündigkeit der Person sein. Mündigkeit wird dabei verstanden als Kompetenz im dreifachen Sinn: Sozialkompetenz, Selbstkompetenz und Sachkompetenz. Die Fähigkeit, in sozialen Situationen zurecht zu kommen, zur Kommunikation und zu sozialen Handlungen fähig zu sein, wird als Sozialkompetenz beschrieben. Selbstkompetenz ist die Bezeichnung für die Fähigkeit, für sich selbst verantwortlich handeln zu können, eigene Fähigkeiten richtig einzuschätzen, Selbstwertgefühl zu besitzen. Sachkompetenz steht für die Fähigkeit, in sachlichen Fragen urteilsfähig, handlungsfähig und zuständig zu sein.

- *Mutismus* — Schweigesucht, Stumm-Bleiben, nicht ansprechbar sein. Mutismus ist eine Krankheit, die bevorzugt bei sensiblen Kindern auftritt. Eine sprachliche Kontaktaufnahme zu den mutistischen Kindern ist nicht möglich.
- *Mythos* — Die griechische Mythologie, d. h. Erzählungen über (göttliche) Eigenschaften der Natur und der Menschen, wurde vor allem von der Psychoanalyse (vgl. dort) zur Erklärung und Deutung menschlicher Konflikte und psychologischer Zusammenhänge herangezogen.
- *Naiv* — natürlich, unbefangen, treuherzig, kindlich, ahnungslos, einfältig. Unter dem Stichwort »naive Verhaltenstheorie« wird die Laien-, Alltags- oder Populärpsychologie untersucht.
- *Neurose* — Unangepasstheit, Störung, psychisches Fehlverhalten. Nach C. Krajker spricht man von Neurose, wenn folgende Charakteristika gegeben sind: Länger andauerndes, unangepasstes Verhalten, das durch keine unmittelbar vorhandene organische Schädigung verursacht wird. Der Betroffene leidet unter dem abweichenden Verhalten. Der Betroffene kann sich die Störung nicht erklären und kann sich nicht selbst helfen. Die klassischen Neurosen sind: Depression, Zwangsneurose, Phobie und Hysterie (vgl. dort).
- *Nondirektive Therapie* — Da der Psychotherapeut in der Gesprächstherapie (vgl. dort) an die Wachstumskräfte und Selbsthilfemöglichkeiten des Klienten glaubt und keine direkten Interventionen einsetzt, z. B. Trainings, wird diese Therapieform auch nondirektive Therapie oder »nichtdirektive Gesprächsführung« genannt.
- *nonverbal* — Nichtverbal, nichtsprachlich. Häufig verwendete Bezeichnung für jede Kommunikation, die nicht mit sprachlichen Mitteln erfolgt. Die wichtigsten nonverbalen Mittel sind: Mimik, Gestik, Betonung, Gefühlsausdruck, Einsatz symbolischer und analoger Mittel. Zwischen verbalen und nonverbalen Mitteln kann es leicht zu Widersprüchen kommen, die Kommunikationsstörungen zur Folge haben.
- *Norm, Normalität* — Maßstab, Regel, Gebot, Anweisung, Vorschrift. Mit dem Stichwort Normalität wird in Pädagogik und Psychologie die Diskussion darüber zusammengefasst, welches Verhalten normal und welches als normabweichend, gestört, krank einzustufen ist. Die Frage nach der Normalität eines Menschen schließt eine Wertung, eine Beurteilung, einen Vergleich ein. Als Vergleichskriterien werden oft die statistische Norm, die Idealnorm und die Funktionsnorm herangezogen.
  Nach der statistischen Norm ist normal, was die meisten Menschen tun, was dem Durchschnitt entspricht, was am häufigsten

vorkommt. Nach der Idealnorm sind Verhaltensweisen normal, die den Idealen, den Wertvorstellungen, Ideologien, Zielen einer Bezugsgruppe entsprechen. Bei der Funktionsnorm (auch medizinische Norm genannt) geht man davon aus, dass das Verhalten im Dienste der Anpassung steht und wichtige Funktionen zu erfüllen hat. Verhält sich ein Mensch nicht mehr »angepasst«, kann er nicht mehr den Anforderungen der Umwelt und den eigenen Bedürfnissen gerecht werden, dann »funktioniert« er nicht mehr und wird als gestört oder krank eingestuft. Es wird deutlich: Die aufgeführten Normen sind problematische Vergleichskriterien, sie können missbraucht und zum Instrument der Unterdrückung werden.

- *Ödipale Phase, Phallische Phase*

Nach Sigmund Freud begehrt das Kind im Alter von 4 bis 6 Jahren den gegengeschlechtlichen Elternteil. Der gleichgeschlechtliche Elternteil wird zum Konkurrenten und zur Bedrohung. In der Psyche des Kindes tobt der Gefühlskonflikt zwischen Angst und Geborgenheit. Die Bewältigung der Angst erfolgt über die Identifikation mit dem gleichgeschlechtlichen Elternteil. Mit der Identifikation werden auch Vorstellungen, Erwartungen, Handlungsweisen des Elternteils übernommen. Auf diese Weise entwickelt sich nach Freud die Geschlechterrolle bzw. das Über-Ich, das die Kontrolle über die Beziehungen zum anderen Geschlecht übernimmt.

- *Ökologie*

Ökologie ist die Lehre von den Beziehungen der Lebewesen zu ihrer Umwelt. Der sog. ökologische Ansatz in der Sozialpädagogik ist bestrebt, die Anpassungsfähigkeit der Person zu stärken und gleichzeitig die Umweltbedingungen zu verbessern. Individuum und Umwelt beeinflussen und verändern sich gegenseitig. Aktivitäten und Maßnahmen (im ökologischen Ansatz Transaktionen genannt), mit denen Menschen die Umwelt verändern wollen, können anpassungsfördernd oder anpassungsfeindlich sein. Die Aufgabe der Sozialarbeit/Sozialpädagogik besteht darin, die Umwelt so zu verändern und gleichzeitig die Kräfte und die nicht beanspruchten Reserven des Menschen so zu nutzen, dass eine im Sinne der Anpassung optimale Person-Umwelt-Beziehung entsteht. Diese wird im ökologischen Ansatz Nische genannt.

- *Orale Phase*

Nach Sigmund Freud ist im ersten Lebensjahr der Mund die erogene (lustspendende) Zone. Über den Mund (saugen, lutschen, in den Mund stecken, berühren) stellt das Kind die ersten Beziehungen zur Umwelt her und verschafft sich lustvolle Gefühle. Erhält das Kind ausreichend Geborgenheit, Zärtlichkeit, Wärme, Zuneigung und Sicherheit, so entsteht eine Grundhaltung des Urvertrauens gegenüber der Umwelt, bei Ausbleiben der Bedürfnisbefriedigung die Haltung des Urmisstrauens.

- *Pädagogischer Bezug* Nach Hermann Nohl ist zwischen dem Kind und Erzieher ein besonders »leidenschaftliches« Verhältnis, eine enge emotionale Beziehung, die Liebe, die keine Gegenleistung verlangt, Voraussetzung für das Gelingen der Erziehung.

- *Paradigma* Exempel, Musterbeispiel, Modell. Paradigma ist in der neuesten Literatur eines der am häufigsten benutzten Begriffe, weil vielen Wissenschaftlern das Wort Paradigma neutraler erscheint als die Begriffe Theorie oder Modell. Am besten scheint das Wort Paradigma mit dem Begriff »Betrachtungsweise« übersetzt. Der Wissenschaftler teilt mit der Benennung des Paradigma (z. B. lerntheoretisches, psychoanalytisches, kommunikationspsychologisches) mit, aus welcher Sicht er eine Erscheinung interpretiert, welche Begriffe er bevorzugt heranzieht.

- *Paradox, Paradoxien, paradoxe Intention* Widersinnig, widersprüchlich; Widerspruch in sich, eine zugleich wahre und falsche Aussage, das dem Erwarteten Zuwiderlaufende. Bekannt sind sprachliche Paradoxien. Beispiel: Ein Mann behauptet von sich, dass er immer lüge. Paradoxe Aufforderungen bringen den Empfänger in eine unlösbare Situation. Beispiel: Sei nicht traurig. Sei immer lustig. Sei spontan! Paradoxe Kommunikationen sind in wichtigen emotionalen Beziehungen (z. B. in der Familie) sehr problematisch, weil sich der Empfänger einer paradoxen Botschaft nicht erlauben kann, auf diese nicht zu reagieren. Paradoxien können auch entstehen, wenn sich analoge (Symbol) und digitale Botschaft widersprechen. Beispiel: Dieses Schild ist nicht zu beachten. Viktor Frankl und Paul Watzlawick sind der Meinung, dass es möglich sei, mit Hilfe einer paradoxen Intention (»Ich will stark erröten!«) mit unangenehmen Situationen zurechtzukommen. Der Kampf gegen die Symptome (Zittern, Erröten, Stottern) führt zu Angst und zu deren Aufrechterhaltung. Das Vorhaben, solche Symptome zu zeigen, entzieht ihnen die Energie und verhindert deren »spontanes« Auftreten.

- *Pathologisch* Krankhaft. Pathologisch werden in der Psychologie alle Verhaltensweisen genannt, für die man annimmt, dass sie krankheitsbedingt sind.

- *Persönlichkeit* Mit dem Begriff Persönlichkeit wird in der Psychologie der Gesamtkomplex von Merkmalen und Eigenschaften bezeichnet, die eine Person besitzt und die relativ stabil sind. Solche Merkmale sind psychischer und körperlicher Art (Aussehen, Körperkraft, Intelligenz, Gefühle, Motive, Temperament, Werthaltungen, Einstellungen). Die einzigartige Struktur von Persönlichkeitsmerkmalen wurde mit verschiedenen Modellen gedeutet. Schichtenmodelle sehen die Persönlichkeit als vertikal angeordnete Schichten vom Körper über die Seele bis zum Geist. Im Faktorenmodell wird die Vielfalt von Eigenschaften auf wenige Faktoren, z. B. Extraversion und Introversion (vgl. dort) zurückgeführt. Alle Modelle sehen in der Persönlichkeit sog. Dispositionen, d.h. Verhaltensbereitschaften, die neben den Reizen das Verhalten bestimmen.

- *pervers, Perversion*

  Widernatürlich, abartig; widernatürliche Triebrichtung. Perversionen sind zwanghafte Aktivitäten, die zur sexuellen Erregung und Lust führen, und stark von der gesellschaftlichen Sexualnorm abweichen. Die häufigsten Formen sind: Sadismus (sexuelle Erregung wird durch Erniedrigung des Partners erreicht), Fetischismus (lustspendende Objekte sind Wäsche wie Slips, Büstenhalter), Voyeurismus oder Schaulust (Voyeure gelangen durch heimliches Beobachten sexueller Objekte zur Befriedigung) und Sodomie (sexuelle Betätigung mit Tieren).

- *Phänomen, Phänomenologie*

  Das Erscheinende, sich den Sinnen Zeigende; auch seltene Erscheinung. Mit Phänomenen werden in Pädagogik und Psychologie alle Erscheinungen beschrieben, die zum Gegenstand der Erfahrung werden, die Erlebens- und Wahrnehmungsinhalte bilden können. Phänomenologie ist Bezeichnung für die Gewinnung von Erkenntnissen durch geistige (Denken, Betrachten, Analysieren, Vergleichen, Interpretieren) Auseinandersetzung mit verschiedenen Erscheinungen (= geisteswissenschaftliche Methode).

- *Phantasie*

  Vorstellungskraft, Einbildung, Einfallsreichtum. Von Phantasie und Phantasieprodukten spricht man, wenn den subjektiven Vorstellungen keine realen Gegebenheiten zugrunde liegen. Das Phantasieren hängt sehr stark von aktuellen Bedürfnissen, Gefühlen, Trieben, Frustrationen ab.

- *Phobie*

  Krankhafte Angst. Phobien sind Neurosen (vgl. dort), die durch übertriebene, unbegründete und das Verhalten stark einschränkende Ängste gekennzeichnet sind. Die häufigsten Formen sind: Agoraphobie (Angst, auf weite Plätze zu gehen), Klaustrophobie (Angst in engen Räumen), Spinnen- und Schlangenphobien.

- *Physiologie*

  Lehre von den Lebensvorgängen. Gegenstand der physiologischen Forschung sind Stoffwechsel, Atmung, Ernährung, Blutkreislauf, Sinnesorgane und das Funktionieren der Muskeln. Physiologische Psychologie untersucht Zusammenhänge zwischen physiologischen und psychischen Erscheinungen (Leib-Seele-Zusammenhang). Psychophysiologie untersucht Auswirkungen psychischer Phänomene, z. B. von Stress auf körperliche Vorgänge.

- *Placebo*

  Scheinarzneimittel, Leerpräparat, Medikament ohne spezifische Wirkstoffe. Scheinpräparate können je nach Instruktion, um welches Medikament es sich handelt, therapeutische Wirkungen im Sinne der Suggestion (Hauptsache, man glaubt daran) erzielen.

- *Prägnanz* – Bedeutsamkeit, Genauigkeit, optimale Abhebung und Gliederung eines Gebildes. Mit Prägnanz wird in der Psychologie die Klarheit und Geordnetheit psychischer Inhalte bezeichnet. Dabei ist wichtig zu wissen, dass der Mensch nach Prägnanz strebt und eine Tendenz dazu besteht (vor allem in der Wahrnehmung), gute Gestalten zu bilden, Bewusstseinsinhalte zu ordnen (= Prägnanztendenz).

- *Prognose* – Vorhersage einer künftigen Entwicklung. Vorhersagen des Verhaltens spielen in der Psychologie eine wichtige Rolle in Gutachten, in der Beratung (Vorhersage des schulischen Erfolges) und in der klinischen Psychologie (Vorhersage des Krankheitsverlaufs und des Behandlungserfolges).

- *Projektion* – Hinausverlegen, von innen nach außen verlegen. Nach Sigmund Freud ist Projektion ein Abwehrmechanismus der Angst. Die Angst wird verringert durch die Wahrnehmung eigener unerlaubter, verpönter Wünsche und Gefühle an Objekten und Personen der Außenwelt. In sog. projektiven Tests werden Versuchspersonen aufgefordert, Tintenkleckse oder Bildergeschichten zu interpretieren. Dabei wird angenommen, dass die Testperson in der mehrdeutigen Vorlage ihre eigenen inneren Gegebenheiten »wahrnimmt«.

- *Psychagogik* – Bezeichnung für das pädagogische und therapeutische Vorgehen bei sozial- und lerngestörten Kindern.

- *Psychiatrie* – Lehre von den seelischen Störungen, diejenige Teildisziplin der Medizin, die sich mit der Entstehung und Behandlung von psychischen Störungen vor allem von Geisteskrankheiten befasst. In psychiatrischen Krankenhäusern kommen Psychopharmaka (Behandlung mit Medikamenten) und Psychotherapie (vgl. dort) zur Anwendung.

- *Psychoanalyse* – 1. Bezeichnung für die von Sigmund Freud entwickelte Theorie des Psychischen; 2. Bezeichnung für die von Freud entwickelte Methode der Behandlung von Neurosen. Das Ziel der Analyse (Seelenzergliederung) ist die Bewusstwerdung unbewusster Vorgänge. Dies wird mit Hilfe der Traumdeutung, der freien Assoziation und der Übertragung unbewusster Inhalte auf den Therapeuten angestrebt.

- *Psychogen* – In der Psychologie werden vor allem psychische Störungen, z. B. Neurosen, die ohne organische Ursache entstanden sind, psychogen (psychischen Ursprungs) genannt.

- *Psychomotorik* – Bezeichnung für den Zusammenhang zwischen psychischen Vorgängen und Bewegungsverhalten (vgl. Motorik).

- *Psychose* — Allgemeine Bezeichnung für schwere psychische Störungen. Die Wahrnehmung, das Denken und die Emotionalität sind dabei so schwer gestört, dass man von einem Realitätsverlust sprechen kann. Psychotisch kranke Menschen werden volkstümlich als »verrückt« oder »geisteskrank« bezeichnet.

- *Psychotherapie* — Psychotherapie ist die Bezeichnung für professionelle, durch wissenschaftliche Erkenntnisse abgesicherte und methodisch genau beschriebene Hilfe bei psychosozialen Problemen. Die wichtigsten Psychotherapiemethoden sind: Psychoanalyse, Verhaltenstherapie, Gesprächspsychotherapie und Gestalttherapie (vgl. dort).

- *Rational* — Vernünftig, aus der Vernunft stammend, verstandesmäßig. Häufige Bezeichnung für vernünftige, gut begründete, durchdachte, überlegte, zielgerichtete Entscheidungen und Verhaltensweisen im Gegensatz zu emotionalen (gefühlsmäßigen) und damit auch irrationalen (verstandesmäßig nicht nachvollziehbaren).

- *Realität, Realitätsprinzip* — Wirklichkeit, tatsächliche Gegebenheit. Bei Geisteskrankheiten spricht man von Realitätsverlust. Mit Realitätsprinzip bezeichnete Sigmund Freud die Instanz der Psyche (das Ich), die dafür sorgt, dass Wünsche des Es realitätsgerecht, also unter Berücksichtigung sozialer und moralischer Forderungen und Umweltgegebenheiten befriedigt werden. Durch das Realitätsprinzip wird das Individuum vor Konflikten mit der Umwelt bewahrt.

- *Regression* — Zurückfallen auf bereits überwundene oder durchlaufene Entwicklungsstufen. Regression ist nach Sigmund Freud ein Abwehrmechanismus der Angst. Um mit der Angst, die aus der Dynamik zwischen Es und Über-Ich entsteht, oder mit aktuellen Belastungen fertig zu werden, greifen vor allem Kinder auf psychische Energie zurück, die sonst für bestimmte Leistungen, z. B. für die Beherrschung der Blase benötigt wird.

- *Rehabilitation* — Wiedereinsetzung in einen früheren Stand, Gesamtheit von Maßnahmen zur Wiedereingliederung von Versehrten in die Gesellschaft, auch Ehrenrettung. Mit Rehabilitation werden vor allem alle pädagogischen, medizinischen, psychologischen, beruflichen und sozialen Maßnahmen zur Eingliederung Behinderter zusammengefasst. Neben den Maßnahmen zur Herstellung der Gesundheit oder zur Kompensation der organischen Schäden kommt es auch auf den Abbau von Vorurteilen an, damit die Integration gelingen kann.

- *Reiz, Reizdiskriminierung* — Reize (häufig Stimuli) sind Energien, die Empfindungen auslösen, nachdem sie durch die Sinnesorgane aufgenommen und in körpereigene Energien umgewandelt worden sind. In der Reiz-Reaktions-Theorie der Psychologie werden Reize als Ursache für Reaktionen (Response) angesehen. Mit Reizdiskriminierung heben Lernpsychologen die Fähigkeit des Organismus hervor, zwischen verschiedenen Bedeutungen ähnlicher Reize zu unterscheiden.

- *Resozialisierung* — Schrittweise Wiedereingliederung von Straffälligen in die Gesellschaft. Die Resozialisierung wird durch Bestrafung im Sinne der Gerechtigkeit und der Sühne sowie durch Erfahrungen, die Straffällige im Gefängnis sammeln, erschwert.

- *Retardation* — Verzögerung der Entwicklung. Werden in der psychischen und körperlichen Entwicklung von Kindern erhebliche Verzögerungen oder sogar ein Entwicklungsstop beobachtet, dann spricht man von Retardierung.

- *Rolle* — Das Verhalten von Menschen in bestimmten Positionen (z. B. Vorgesetzter, Lehrer, Mutter) wird durch einen Komplex von Verhaltenserwartungen, auch Rollenerwartungen genannt, bestimmt. Die Rolle beschreibt, welches Verhalten von einem Positionsinhaber erwartet wird. Solche Rollenerwartungen werden im Laufe der Erziehung gelernt und verinnerlicht. Wenn man die Rollenerwartungen nicht erfüllt, riskiert man von Gruppenmitgliedern mit Strafen (Sanktionen) belegt zu werden.

- *Selbst, Selbst-Konzept* — Jeder Mensch entwickelt über seine eigene Person relativ stabile Auffassungen und Vorstellungen. Dieses Bild von sich selbst, auch Selbstkonzept genannt, entsteht durch soziale Kommunikation, durch Erziehung allgemein und durch Rückmeldungen, die man von anderen über das eigene Aussehen, über die Fähigkeiten und Verhaltensweisen erhält. Vgl. auch Gesprächstherapie.

- *Semantik* — Die Lehre von der Wort- und Satzbedeutung. Sprachforscher haben festgestellt, dass Wörter und andere Zeichen neben einer denotativen (Bezeichnung für) auch eine konnotative (Mitbezeichnung, Nebenbezeichnung, Gefühlskomponente) Bedeutung besitzen. Durch semantisches Differential oder Polaritätenprofil (Wörter oder Begriffe werden mit Hilfe vieler Gegensatzpaare beurteilt) stellte man fest, dass sich Nebenbedeutungen auf drei Dimensionen zurückführen lassen. Die Wörter werden in ihrer Nebenbedeutung als stark-schwach, angenehm-unangenehm, ruhig-aktiv erlebt.

- *Sensibilität* — Feinfühligkeit, Empfindsamkeit, Gefühlserregbarkeit, Fähigkeit, Sinnesreize aufzunehmen. Sensibilität ist sowohl eine Bezeichnung für die Fähigkeit der Organismen, Reize aufzunehmen als auch für die Bereitschaft, in bestimmten, z. B. sozialen Situationen feinfühlig zu reagieren.

- *Sensible Phase* — In der frühen Kindheit gibt es Zeitabschnitte, in denen bestimmte Lernvorgänge besonders schnell ablaufen. Diese werden kritische oder sensible Phase genannt. In solchen Zeitabschnitten haben Umwelteinflüsse die größte Wirkung. In der kritischen Phase finden bei Tieren Prägungsvorgänge statt.

- *Sensorisch* — Sinne, Sinnesempfindungen betreffend. Ein wichtiges Thema in der Psychologie ist die sog. sensorische Deprivation (vgl. Deprivation). Sensorische oder sensible Nerven werden sowohl Rezeptoren (Empfänger, Nervenzellen zur Aufnahme äußerer Reize) genannt, die Reize in elektrische Potentiale umwandeln als auch Nervenbahnen, die Erregung zum Zentrum leiten.

- *Signifikant* — Mit Hilfe der sog. Entscheidungsstatistik wird bei Ergebnissen, die an Stichproben gewonnen wurden, geprüft, wie groß die Wahrscheinlichkeit ist, dass sie per Zufall zustande gekommen sind. Ist die Wahrscheinlichkeit des Zufalls geringer als 5%, dann werden die gewonnenen Ergebnisse als signifikant bezeichnet.

- *Somatisch* — Körperlich, auf den Körper bezogen; somatogen bedeutet körperbedingt, organisch verursacht. Die am häufigsten gebrauchten Wörter in der Psychologie sind Psychosomatik, die sich mit solchen organischen Krankheiten befasst, die durch psychische Vorgänge bedingt sind, und Somatotherapie, die organische Vorgänge zu Heilungszwecken psychischer Störungen einsetzt.

- *Sonderpädagogik* — Sammelbezeichnung für alle theoretischen (Forschung) und praktischen (Erziehungspraxis, Organisation der Erziehung in sonderpädagogischen Einrichtungen) Bemühungen, um bei behinderten und verhaltensgestörten Kindern und Jugendlichen optimale Erziehungserfolge im Sinne der sozialen, beruflichen und personalen Integration zu erzielen.

- *Sozialkognitive Lerntheorie* — Nach 1980 hat Albert Bandura seine Theorie des Modellernens in sozialkognitive Theorie umbenannt, um herauszustellen, dass soziale Beziehungen und kognitive Informationsverarbeitung für Änderungen und Steuerung des Verhaltens von entscheidender Bedeutung sind. Die entscheidenden Bestandteile der sozialkognitiven Theorie sind: Erwerb von symbolischen Verhaltensabbildern über Beobachtung, Aufbau von Erwartungshaltungen über Übung, Verstärkung und Rückmeldung und Selbstwirksamkeit oder Selbststeuerung.

- *Sozialpädagogik* — Man kann Sozialpädagogik als Sammelbezeichnung für alle Maßnahmen außerhalb von Familie, Schule und Berufsausbildung zur Verwirklichung des Rechts auf Erziehung bezeichnen. Das Ziel der Sozialpädagogik ist, soziale Integrationshilfen zu leisten, individuelle Notlagen zu beseitigen, menschenwürdiges Leben zu sichern.

Sozialpädagogik / Sozialarbeit umfasst Sozialhilfe, Jugendhilfe und Gesundheitshilfe. Zu Einrichtungen der Sozialpädagogik zählen alle familienergänzenden und -ersetzenden Einrichtungen der Erziehung (Kindergarten, Heime, Einrichtungen der Jugendpflege).

- *Stereotyp* — Klischeevorstellung, Pauschalurteil. Vgl. Vorurteil.

- *Stigmatisierung* — Wundmahl, mit Wundmahlen versehen. Öffentliche Kennzeichnung und Brandmarkung eines Menschen als Behindertem, Vorbestraftem, Sonderschüler, Asozialem führt zu sozialem Ausschluss, zu Verlust des Selbstwertgefühls und damit zu einem Teufelskreis, weil die schon an sich benachteiligten Menschen auch noch mit sozialer Ächtung zu kämpfen haben.

- *Stress* — Der kanadische Arzt Hans Selye hat körperliche Reaktionen, vor allem die Ausschüttung bestimmter Hormone, die bei Belastung auftreten, Stress genannt. Die Reaktion des Organismus läuft nach Selye in drei Phasen ab: Nach der Alarmreaktion folgt eine Widerstandsphase und bei lang andauernder Belastung folgt Erschöpfungsphase. Als Stressfolgen werden allgemeine Anfälligkeit für Erkrankungen, psychische Störungen und Depression beobachtet. Bei Schulkindern treten vermehrt Anzeichen für Schulstress auf.

- *Struktur* — Bezeichnung für komplexes Gefüge, dessen Einzelteile sich gegenseitig beeinflussen, voneinander abhängig sind und ein Funktionsganzes, z. B. Persönlichkeit, Intelligenz, Gruppe ergeben.

- *Symbol* — Sinnbild, Zeichen. Es wird angenommen, dass sich psychische Vorgänge in körperlichen Vorgängen »ausdrücken«. Die Traumdeutung arbeitet mit Traumsymbolen, d. h. der Trauminhalt wird als Zeichen oder Darstellung unbewusster Vorgänge gedeutet.

- *Symptom* — Krankheitszeichen, Krankheitsmerkmal, typisches Zeichen für etwas, was unter der Oberfläche vorhanden ist . Stottern kann Zeichen für innere Spannung sein, Fieber ist Symptom für eine Entzündung.

- *Syndrom* — Eine Anzahl von Symptomen, die für eine Erkrankung oder psychische Erscheinung typisch sind; Hospitalismussyndrom besteht aus folgenden Symptomen: Passivität, Entwicklungsverzögerung, Kontaktarmut, Schaukelbewegungen, Anfälligkeit für Krankheiten, Gefühlsausbrüche u.a.

- *System* — Aufbau, Ordnungsprinzip, Gliederung; systematisch = in ein System gebracht, ordentlich gegliedert, planmäßig, folgerichtig. Mit System wird in der Psychologie eine Ordnung von Einzelteilen bezeichnet, die in gegenseitiger Abhängigkeit und Beeinflussung stehen und eine Tendenz zum Gleichgewicht und zur Erhaltung des Ganzen entwickeln (vgl. auch Homöostase).

- *Theorie, theoretisch* — Lehrmeinung, wissenschaftliche Betrachtung, Lehre; gedanklich, nicht praktisch, rein die Erkenntnis betreffend. Theorie ist nach Karl Popper das Netz, »das wir auswerfen, um die ›Welt‹ einzufangen – sie zu rationalisieren, zu erklären, zu beherrschen«. In der neueren Fachliteratur wird der Begriff Theorie mit dem Begriff Paradigma (vgl. dort) ersetzt. Theoretisches Wissen lässt sich in der Praxis (Erziehung, Therapie, Beratung) nicht direkt anwenden; mit Hilfe von Theorien kann man die Praxis reflektieren, planen, am Schreibtisch organisieren (Konzepte entwerfen, vgl. dort) und Fragestellungen sowie Hypothesen für neue Forschungsvorhaben entwickeln.

- *Therapie* — Behandlung, professionelle Hilfe bei Neurosen (vgl. Psychotherapie).

- *Über-Ich* — Nach Freud ein wesentlicher Teil der menschlichen Persönlichkeit, in dem die verinnerlichten (internalisierten) Gebote und Verbote, Lob und Strafe, Normen und Werte und Ideale enthalten sind. Das Über-Ich wird auch Moralprinzip genannt. Es besteht aus Gewissen oder Moral-Ich und aus Zielen oder Ideal-Ich.

- *Unbewusstes* — Nach Freud wird allen unerlaubten Wünschen, verbotenen Trieben, negativen Gedanken, Impulsen und Kräften und übertriebenen Idealvorstellungen, die Angst verursachen, der Zugang zum Bewussten versperrt. Sie bilden das Unbewusste. Die Inhalte des ES und des Über-Ich sind in der Regel unbewusst.

- *Urvertrauen* — Von E. H. Erikson in die Psychologie eingeführte Bezeichnung für eine grundlegende Haltung gegenüber der Umwelt und sich selbst, für ein zentrales Sicherheits- und Geborgenheitsgefühl, welches sich auf der Grundlage einer engen, zuverlässigen und liebevollen Mutter-Kind-Beziehung in der frühen Kindheit entwickelt. Bei Fehlen einer engen Bindung zwischen Kind und einer Bezugsperson, die für das Kind da ist und ihm Geborgenheit vermittelt, entsteht die Haltung des Urmisstrauens. Das Urmisstrauen führt dazu, dass das Kind in allen neuartigen Situation ängstlich ist, sich nicht traut, die Umgebung zu erforschen, viele Situationen als (lebens)bedrohlich erlebt.

- *Variable* — Veränderliche Größe. Wenn ein Merkmal, z. B. die Intelligenzhöhe, an mehreren Personen gemessen (getestet) wird, dann erhält man eine Messwertreihe (Zahlenreihe), die in der Psychologie Variable genannt wird. Mit Hilfe statistischer Methoden werden für solche Messwertreihen verschiedene für die Variable charakteristischen Maße berechnet, z. B. Durchschnittswert, Abweichungen von Durchschnitt (Streuung) und Zusammenhang zwischen mehreren Variablen (Korrelationsmaß, vgl. dort).

- *Verdrängung* — Werden durch Konflikte zwischen Es und Über-Ich, zwischen Triebwünschen und Moralvorstellungen unbewusste, diffuse Ängste verursacht, so setzt das Ich nach Meinung von Sigmund Freud »Leugnung der Realität« als Maßnahme zur Verringerung der Angst ein. Dieser Abwehrmechanismus der Angst, der sich auf Vergessen, ins Unbewusste abdrängen, aktiv Leugnen von problematischen Triebwünschen stützt, wird Verdrängung genannt.
- *Verhaltensmodifikation* — Abwandlung, Veränderung, durch äußere Faktoren bedingte Änderung des Verhaltens. Auf der Grundlage lernpsychologischer Erkenntnisse wurden verschiedene Verfahren zur gezielten Änderung (Abbau des unerwünschten und Aufbau des erwünschten) Verhaltens entwickelt. Voraussetzung der Verhaltensmodifikation ist eine präzise Verhaltensanalyse. Durch sie wird komplexes Verhalten in einzelne Reiz-Reaktions-Folgen zerlegt, wobei Möglichkeiten der Belohnung einzelner Teilreaktionen ermittelt werden. Das erwünschte Verhalten wird dann über »shaping« (Verhaltensformung, erprobt vor allem an Tieren) aufgebaut. Kleinste Schritte in Richtung des erwünschten Endverhaltens werden konsequent verstärkt.
- *Vitalität* — Lebenskraft, Lebendigkeit, Personen mit viel psychischer und körperlicher Energie.
- *Vorurteil* — Bei sachlich nicht gerechtfertigten, häufig zu negativen aber auch zu positiven Pauschalurteilen vor allem über Personengruppen, die durch hinzukommende Informationen kaum geändert werden, spricht man von Vorurteilen. Schablonenhafte Beurteilungen, vereinfachte Verallgemeinerungen oder Klischeevorstellungen (z. B. Deutsche sind übergenau) über eigene oder fremde Gruppen und Völker sind Stereotype. Vorurteile führen oft zu feindseligem und diskriminierendem Verhalten.
- *Zentrales Nervensystem* — Das Zentralnervensystem (ZNS) wird anatomisch (Aufbau) und funktionell (Aufgabe) aufgegliedert in animalisches Nervensystem, das verantwortlich ist für Reizaufnahme und -verarbeitung (sensorisches NS), für Bewegungsverhalten, Steuerung der Willkürmotorik und für höhere psychische Funktionen (z. B. Sprache, Gedächtnis, Denken) und in vegetatives oder autonomes Nervensystem, das Unwillkürmtorik, die Tätigkeit innerer Organe (Atmung, Herz, Darm) und organische Grundlage der Gefühle und Triebe aktiviert. Das vegetative Nervensystem entzieht sich der willentlichen Beeinflussung.

Stichwortverzeichnis

Vorbemerkung: Das ausführliche Stichwortverzeichnis dient der schnellen Orientierung, der Zuordnung von thematisch zusammengehörenden Begriffen und als Übersicht über den gesamten Inhalt.

Fett gedruckte Begriffe und Seitenangaben verweisen auf ausführliche Behandlung, Seitenangaben mit dem Endbuchstaben **»p«** z. B. **376 p** geben an, dass es sich um Texte handelt, die zur Wiederholung, zur Vorbereitung auf Prüfungen besonders gut geeignet sind. *Kursiv* gedruckte Seitenangaben weisen darauf hin, dass es sich um Begriffserläuterungen handelt, die im Baustein 8 (Wörterbuch) erläutert sind.

Bildquellenverzeichnis

Klett-Cotta, S.215, 267
Süddeutscher Verlag, S.127, 139, 194, 205, 210, 230, 253
Ullstein Bilderdienst, S.208

Leider konnten nicht alle Rechteinhaber ermittelt werden.
Bitte melden Sie sich deshalb im Verlag, wenn wir Abbildungen von Ihnen in diesem Schulbuch veröffentlicht haben.